Mosaik

Ingrid Jantra · Ursula Krüger

Die schönsten Zimmerpflanzen für ein grünes Zuhause

Über 1000 Arten und Sorten für Zimmer, Balkon,
Terrasse und Wintergarten.
Der neue große Ratgeber mit Pflegeplänen, ausführlichem Praxisteil
und kreativen Gestaltungsideen

Herausgegeben von Halina Heitz

Mit Illustrationen von Ushie Dorner

Mosaik Verlag

Bildnachweis

Apel: 68 ol, 128 ol, 180 om, 182 ol, 349 om, 349 um, 353 om, 367 om, 367 ul, 374 um, 374 ur;

BASF: 66 ol, 66 or, 67;

Bärtels: 168 ol, 178 u, 210 u, 352 um, 365 um;

Becherer: 127 or, 130 u, 140 ml, 149 u, 154 u, 156 o, 174 u, 183 o, 196 o, 196 u, 203 u, 205 ur, 215 u, 216 o, 226 ol, 228 mr, 243 u, 245 or, 248 ol, 255 ol, 256 ur, 265 ol, 270 ol, 276 or, 277 ml, 299 ul, 302 ol, 303 ol, 303 m, 304 ol, 314 ol, 324 ol, 327 o, 328 o, 332 u, 337 ul, 342 u, 355 ur, 369 um;

Benary: 150 o, 151 u, 152 ol, 152 ml, 152 ul, 198, 211 ol, 225 ol, 241 u, 310, 341 ul;

Bonsai Centrum Heidelberg/Lesniewiecz: 109, 163 or, 220 or;

Borstell: 2, 750, 99 u, 205 ul, 248 or, 279 ul, 356 um;

Busek: 5 or, 24/25, 126 o, 133 ol, 136 ol, 145 u, 148 u, 189 ol, 206 ol, 206 u, 215 mr, 248 u, 273 ul, 273 mr, 316 om, 327 u, 358 ul, 362 ur, 363 ol, 364 om, 371 or, 371 ur, 375 ol;

Eisenbeiss: 15, 127 ol, 130 ol, 131 ol, 138 ol, 143 or, 145 mr, 157 om, 177 u, 178 o, 197 om, 197 or, 200 ol, 203 or, 241 ol, 246 ol, 255 or, 277 o, 282 ol, 292 ol, 299 or, 300 ol, 325 u, 332 or, 333 or, 334 o, 361 bum, 366 or, 369 ur, 374 ul;

Fischer Pelargonien: 216 u, 280;

Gardena: 42, 43;

Groß: 247 u, 340 ol, 350 um, 375 ur;

Heitz: 17, 27, 68 or, 82, 172 ol, 193 m, 193 or, 193 ur, 257 ol, 263, 340 or, 344 ol, 345 ol, 345 or, 370 um;

Herbel: 352 om, 360 ul;

Kleiner: 23 um, 23 ur, 171 or, 179 ol, 215 ol, 231 ol, 357 ol, 357 or, 366 ur;

König: 75 u, 80 ul, 126 u, 129 o, 134 u, 140 or, 143 u, 152 or, 152 u, 155 or, 161 or, 162 or, 171 ol, 180 or, 184 u, 191 or, 214 u, 253 or, 258 ol, 277 mr, 290 u, 291 or, 297 o, 306 u, 312 ol, 324 u, 330 or, 331 or, 337 ur, 348 om, 350 ul, 351 or, 351 ul, 353 or, 354 um, 354 ur, 356 ul, 357 om, 363 ur, 366 ol, 366 ul, 369 or, 369 ul, 371 ul, 371 um, 372 or, 373 or;

Lade: 22 um, 209 mo, 353 ul; / Ege: 354 or; / Morell: 131 or, 135 o, 143 ol, 145 or, 155 u, 181 or, 181 ul, 202 ol, 209 or, 217 om, 258 or, 262 or, 363 ul, 370 om, 370 ul, 372 ul, 375 um;

Lamontagne: 7 ur, 122/123;

Leni Hydrokultur: 49 o, 49 u, 301 or;

Leue: 209 ol, 209 ml, 209 ul;

Mein schöner Garten/Fischer: 79, 330 ol; / Hanisch: 20 lu; / Jarosch: 260 u; / Atelier-Krieg: 26, 368 ur; / Stork: 53, 65, 76, 77o, 77 ul, 77 ur, 78, 80 m, 95, 103, 120, 148 or, 149 o, 163 u, 188 u, 223 o, 269 ol, 283 u, 295 ol, 309 or, 315 ur, 347; / Welsch: 267 u; / Wetterwald: 321 ol; / Williams: 278 o, 278 om, 278 um, 278 u;

Morell: 14, 128 or, 139 u, 182 or, 205 ol, 208, 210 o, 229 u, 243 mr, 254 ol, 259 u, 267 or, 272 u, 284 om, 336 ol, 350 ol, 350 or, 351 om, 355 ul, 356 ur, 357 um, 359 ol, 359 om, 361 ol, 361 om, 361 ul, 362 ul, 364 ul, 365 or, 368 ul, 373 ur, 374 or, 375 om;

Nova-Photo-Graphik: 168 om, 176 ol, 285 u, 360 um;

Philips/Frark: 13;

PPWW/Smit: 162 om, 197 ur, 294 or, 331 ol, 333 ol, 339 u, 341 o, 349 ul, 352 ol, 368 ol;

Prillwitz: 68 ul, 68 ur, 69;

Rauh: 128 om, 137 or, 141 ol, 215 or, 228 or, 246 ul, 252 or, 266 ol, 276 ol, 284 ol, 300 um, 349 ol, 351 ol, 352 or, 352 ul, 352 ur, 353 ur, 355 om, 355 um, 358 om, 360 ol, 360 om, 360 or, 361 ur, 362 om, 363 or, 363 um, 364 or, 365 ul, 367 ol, 373 ul;

Reinhard Tierfoto: 121, 132 or, 133 or, 137 ol, 137 u, 139 ol, 146 ol, 147 ol, 150 u, 151 o, 161 om, 164 ol, 164 or, 167 o, 167 ur, 169 ol, 170 om, 175 ol, 194 o, 199 o, 201 o, 205 o, 212 u, 217 or, 221 o, 221 u, 222 or, 226 or, 234 or, 235, 237 or, 238 or, 239 ul, 241 or, 242 ol, 243 ol, 245 ol, 250 or, 250 ul, 251 mo, 254 or, 254 u, 259 o, 261, 262 ol, 264 ol, 264 or, 268 o, 269 or, 270 or, 275 ol, 277 u, 282 or, 293 or, 306 o, 320 or, 322 or, 323 o, 326 or, 344 or, 346 u, 348 ur, 350 ur, 351 um, 354 om, 364 ol, 365 ur, 367 or, 367 ur, 372 ol;

Sauer: 66 ul, 66 ur;

Schneiders/Marco 97 u, 281; / Ulrike: 8/9, 195 ur, 286 ol;

Schöner Wohnen/Heye: 34/35, 97 o, 105;

Senghas: 362 um;

Silvestris/Bechtel: 353 um; / Brockhaus: 299 ur; / Bühler: 199 or; / Prato: 298 or; / Stadler: 183 u;

Stehling: 65, 242 om, 250 ol, 341 ur, 346 o;

Stein: 185 ol;

Stork: 23 ul, 268 u, 349 or, 351 ur;

Strauß: 60/61, 134 or, 135 u, 140 mr, 155 ol, 159, 166 om, 175 or, 194 u, 197 ol, 223 u, 284 or, 354 ol;

Tschakert: 5 om, 21, 32/33, 115 o, 115 u, 119;

Wegler: 19;

Welsch: 7 ml, 39 u, 41, 81 o, 81 u, 92/93, 99 o, 101, 107, 132 ol, 132 u, 136 u, 139 or, 147 or, 156 u, 160 o, 170 ol, 174 o, 183 m, 189 u, 192, 195 m, 204 or, 212 ol, 212 or, 213 o, 213 u, 217 ol, 219 m, 220 mr, 222 ol, 227 um, 227 ur, 233, 238 m, 239 ur, 240 or, 244 ol, 244 or, 256 ul, 265 om, 272 o, 275 or, 279 o, 288 or, 290 ol, 294 ol, 304 or, 305 ol, 307 u, 308 or, 311, 318 ol, 320 ol, 324 or, 336 or, 338, 339 o, 348 or, 358 ur, 359 or, 362 or, 369 ol;

Wetterwald: 50 l, 10/11, 18, 22 ul, 22 ur, 63, 83, 108, 112 o, 112 u, 113 o, 113 u, 127 u, 129 u, 130 or, 134 ol, 136 or, 138 or, 140 ol, 141 or, 142 o, 142 u, 143 mr, 144 ol, 144 or, 144 u, 145 ol, 146 or, 148 ol, 153, 154 o, 157 ol, 157 or, 158 ol, 158 om, 158 or, 160 u, 161 ol, 165 ol, 165 or, 166 ol, 166 or, 167 ul, 168 or, 169 or, 170 or, 172 or, 173 ol, 173 or, 176 or, 176 u, 177 o, 179 or, 180 ol, 180 u, 181 ol, 181 ur, 184 ol, 184 or, 185 or, 186 ol, 186 or, 187 ol, 187 or, 188 o, 189 or, 190 ol, 190 or, 191 ol, 199 ul, 199 um, 199 ur, 200 or, 202 or, 203 ol, 204 ol, 206 or, 207 ol, 207 or, 211 or, 214 ol, 214 or, 218 ol, 218 or, 219 ol, 220 ul, 220 ur, 224 o, 224 u, 225 om, 226 om, 228 ol, 229 ol, 229 or, 230 ol, 230 or, 231 or, 231 ul, 232 o, 232 u, 234 ol, 236 ol, 236 or, 237 ol, 237 u, 238 ol, 240 ol, 242 or, 245 u, 246 m, 246 ur, 247 o, 249, 251 ol, 251 or, 252 ol, 253 ol, 253 mr, 256 o, 257 or, 258 ul, 260 ol, 260 or, 265 or, 271 ol, 271 or, 274 ol, 274 or, 275 u, 279 ur, 283 ol, 283 or, 285 o, 286 or, 287 o, 287 ml, 287 mr, 287 ul, 287 ur, 288 ol, 289 ol, 289 or, 290 or, 291 ol, 291 u, 292 or, 293 ol, 295 or, 296 ol, 296 or, 297 u, 298 ol, 300 or, 301 ol, 302 or, 303 or, 305 or, 307 ol, 308 ol, 309 ol, 312 or, 313 u, 313 o, 314 or, 315 ol, 315 or, 316 ol, 316 or, 317 ol, 317 or, 318 or, 318 u, 319 om, 319 or, 319 u, 321 or, 322 ol, 323 u, 325 o, 326 ol, 328 u, 329 o, 329 mr, 332 ol, 334 ul, 334 ur, 335, 337 or, 342 o, 343, 345 u, 346 u, 348 ol, 348 um, 349 ur, 350 om, 353 ol, 354 ul, 355 ol, 355 or, 356 ol, 356 om, 356 or, 357 ul, 357 ur, 358 ol, 358 or, 358 um, 359 ul, 359 um, 359 ur, 360 ur, 361 or, 362 ol, 363 om, 364 um, 364 ur, 365 ur, 366 um, 367 um, 368 om, 368 or, 368 um, 369 om, 370 ol, 370 or, 370 ur, 371 ol, 371 om, 372 om, 372 um, 373 ol, 373 om, 373 um, 374 ol, 374 om, 375 or, 375 ul;

Wohngarten Möbelelemente: 100;

Zecha: 266 or;

Zeltner: 162 ol, 307 or;

Illustration S. 81: Christine Mills, alle anderen: Ushie Dorner

Herausgeber: Halina Heitz, München
Autoren: Ingrid Jantra, Neuried,
Ursula Krüger, Hamburg
Fotos: siehe Bildnachweis
Illustrationen: Ushie Dorner, Plouray
Basis-Layout: Ekkehard Melchert, Ohlsbach

Redaktionsleitung: Halina Heitz, München
Redaktion: Sonnhild Bischoff, Icking
Bildbeschaffung: Ursula Thorbrügge, München
Wissenschaftliche Beratung: Karin Greiner, Dr. Angelika Weber
(Institut für botanisch-ökologische Beratung, München)
Dr. Claudia Renner, Gröbenzell
Umschlaggestaltung: Karoline Droege, München

Der Mosaik Verlag ist ein Unternehmen der Verlagsgruppe Bertelsmann

Repro: Arti Litho, Trento
Layout: Herbert Tausend, München
Satz: Layout & Grafik 1000 GmbH, München
Druck und Bindung: Mohndruck Graphische Betriebe GmbH, Gütersloh
ISBN 3-576-11126-3 · Printed in Germany

INHALT

INHALT

Erfolgreich pflegen und vermehren 32

Grüner wohnen mit Pflanzen

Grüner wohnen mit Pflanzen – wer möchte das nicht? Blühende und grüne Pflanzen bieten so viele Möglichkeiten, unsere Umgebung behaglich zu gestalten. Sie erfreuen uns mit ihrer Schönheit, ihrer dekorativen Gestalt, ihren Farben, ihren Düften. Glücklich, wer einen Garten besitzt und ihn in ein kleines Paradies verwandeln kann! Doch auch im und am Haus, in Wohnräumen, Hausfluren, auf kleinen und großen Balkons und Terrassen, in Gewächshäusern und Wintergärten können Sie grüne und blühende Oasen schaffen, um die Sie jeder beneiden wird. Mit Pflanzen aus Mittelmeerregionen, Tropen und Subtropen, bei uns als Zimmer-, Balkon-, Kübel- sowie Wintergartenpflanzen bekannt, ist dies kein Hexenwerk.

Wenn man ihre Ansprüche kennt, sie artgerecht pflegt und ihre Schönheit optimal zu nutzen versteht.

Pflanzenpracht in Töpfen, Kübeln, Ampeln

Schritt für Schritt zum Erfolg

Dieser durchgehend farbige, reich illustrierte Ratgeber führt Sie Schritt für Schritt in die Pflanzenpflege ein und gibt Ihnen viele Anregungen, Tips und Ideen für die individuelle Gestaltung mit grünen und blühenden Pflanzen im und am Haus.

Zuerst wird erklärt, was Sie bedenken müssen, bevor Sie sich zum Pflanzenkauf entschließen. Dann wird leicht verständliches Basiswissen über Heimat und Lebensweise der Pflanzen vermittelt. (Sie werden staunen, wie spannend Botanik sein kann!) Danach erfahren Sie alles, was Sie über die Wachstumsbedingungen, über Licht, Luft, Wasser, Dünger, Erde, Pflanzengesundheit und Vermehrung wissen müssen.

Wer eine schnelle Information sucht, findet sie in farbigen Textkästen. Im gleichen Farbton unterlegt und daher ebenso rasch und leicht auffindbar, sind auch die jedem größeren Thema folgenden Praxis-Seiten. Hier illustrieren farbige Zeichnungen zahlreiche praktische Arbeiten oder einzelne Arbeitsschritte zu den Themen Gießen, Düngen, Umtopfen, Vermehren, Schneiden, Erziehen und Überwintern. Farbige Symptom-Zeichnungen helfen Ihnen, sofort zu erkennen, welche Schädlinge oder Krankheiten Ihre Pflanze befallen haben und welche Maßnahmen zur Abhilfe einzuleiten sind.

Unter dem Motto: Grüner wohnen, schöner wohnen beginnt ein Kapitel, das Sie zur kreativen Gestaltung mit Pflanzen inspirieren soll. Es ist phantastisch, welche dekorativen Effekte mit Pflanzen drinnen wie draußen erzielt werden können! Lassen Sie sich von neuen Gestaltungsideen und Bepflanzungsvorschlägen überraschen.

Ein kleines Glossar über die wichtigsten Fachausdrücke verhilft Ihnen

Vorwort

zu mehr gärtnerischem Know-how und leitet zum wichtigsten Teil des Buches, dem Steckbriefteil mit den schönsten Pflanzen von A–Z, über.

Pflegepläne für weit über 1000 Arten

Kernstück des Pflanzen-Ratgebers ist eine große Pflanzen-Enzyklopädie. Auf rund 250 Seiten werden mehr als 1000 der bekanntesten und beliebtesten Arten für Haus, Wintergarten, Balkon und Terrasse präsentiert. Alle Pflanzen sind alphabetisch nach ihren international gültigen botanischen Namen geordnet und mit mindestens einem Farbfoto dargestellt. Zu jeder Pflanze gibt es eine Beschreibung und einen ausführlichen Pflegeplan. Darüberhinaus werden – ebenfalls mit Pflegeplan – Arten vorgestellt, die nicht zum Standardsortiment gehören: Neuheiten, die sich noch nicht etabliert haben, »alte« Pflanzen, die ein Comeback erleben, botanische Raritäten und Kuriositäten sowie tropische Nutzpflanzen.

Und da nicht nur Wünsche geweckt, sondern auch erfüllt werden müssen, schließt sich ein Leser-Service mit wichtigen Adressen und Bezugsquellen für Pflanzen und Pflegezubehör an.

Die Autorinnen

Die Autorinnen dieses Buches sind Pflanzenliebhaberinnen, die aus jahrelanger Praxis wissen, worüber sie schreiben.

Ingrid Jantra, Frau des bekannten Gartenjournalisten und -autors Helmut Jantra, hat die Pflegepläne für die große Pflanzenparade geschrieben. Sie pflegt seit über 25 Jahren Hunderte von Pflanzen in Haus und Garten und testet ständig alle Pflanzenneuheiten.

Ursula Krüger ist Autorin der Kapitel Pflege, Botanik und Gestaltung. Sie hält in ihrem Haus ebenfalls viele grüne und blühende Gäste und besitzt einen großen Garten. Sie hat bereits mehrere erfolgreiche Pflanzenbücher verfaßt und schreibt für bekannte Garten- und Wohnzeitschriften.

Die Herausgeberin Halina Heitz leitete 15 Jahre lang bei Europas größter Garten-Zeitschrift »Mein schöner Garten« die Ressorts Zimmer-, Balkon- und Kübelpflanzen. Sie gilt als eine der besten Kennerinnen dieser Pflanzen und zählt zu den international erfolgreichsten Autorinnen von Büchern zu diesen Themen.

Verlag, Autorinnen und Herausgeberin wünschen sich, daß dieses opulente Nachschlagewerk Sie jahrelang begleitet, Ihnen viele Erfolgserlebnisse und Freude mit Pflanzen schenkt und Ihren Traum vom schöneren Wohnen mit Pflanzen wirklich werden läßt.

Wer träumt nicht von einer solchen Pflanzenidylle? Sie verkörpert gleichsam heile Welt und Romantik, sommerliche Vitalität und Lebensfreude. Natürlich, ein bißchen Arbeit machen diese zauberhaft blühenden Pflanzenkombinationen schon, aber der Lohn ist einfach unvergleichlich.

STANDORTWAHL

UND PFLANZENKAUF

Wollen Sie längere Zeit Freude an Zimmer- und Balkonpflanzen haben, müssen Sie ihnen einen Standort geben, der ihrer ursprünglichen Umgebung nahekommt. Die wichtigsten Faktoren sind Licht und Temperatur. Der größte Teil unserer Zimmerpflanzen bevorzugt einen hellen, aber nicht unbedingt sonnigen, warmen Standort und nicht zu trockene Luft. Davon abweichend wollen einige eine halbschattige, warme, luftfeuchte Umgebung, andere leben gerne an schattigen, kühlen Plätzen. Welcher Raum in Ihrer Wohnung den einzelnen Anforderungen entspricht, müssen Sie selber feststellen.

Zimmerpflanzen auf der Fensterbank geben dem Raum eine fröhliche Atmosphäre. Wie man die grünen Freunde pflegt, erfahren Sie in diesem Buch.

Erste Überlegungen zum Standort

In einem Haus gibt es viel Platz für Pflanzen: auf Balkon, Terrasse und Fensterbank, in den Räumen und im Wintergarten. Für fast jeden Standort finden sich geeignete Arten.

Alle Pflanzen vertragen es zwar, für kurze Zeit etwas wärmer oder kälter, heller oder dunkler zu stehen, als es ihren natürlichen Bedürfnissen entspricht. Damit die Pflanzen sich jedoch wohlfühlen und weiterwachsen, sollte man ihnen einen Standort anbieten, der so weit wie möglich ihrem natürlichen Wuchsort entspricht. Im und am Haus stehen die unterschiedlichsten Standorte zur Verfügung.

Wohnräume

In den allermeisten Fällen wird man das Wohnzimmer, den Raum, in dem man sich am häufigsten aufhält, mit Pflanzen verschönern wollen.

Licht. Für die Pflanze spielen Licht, Temperatur und Luftfeuchte eine äußerst wichtige Rolle. Prüfen Sie daher zunächst die Helligkeit an den in Frage kommenden Plätzen in der Wohnung. Verlassen Sie sich dabei nicht nur auf Ihre Augen. Wir Menschen empfinden Licht noch als recht hell, wenn es Pflanzen schon zu dunkel ist. Mit kleinen Meßgeräten (Luxmeter) können Sie die Lichtintensität am ausgewählten Standort prüfen (→ Licht, Seite 36).

Die Helligkeit ist auch nicht das ganze Jahr gleich. Steht vor einem Südfenster zum Beispiel ein großer Laubbaum, wird es auf der Fensterbank im Sommer zwar warm, aber nicht unbedingt hell und sonnig. Im Winter dagegen, wenn der Baum keine Blätter trägt, scheint die Sonne ungehindert auf die Pflanzen. Ein Nordfenster in den oberen Etagen eines Hochhauses ist oft heller als ein Westfenster im Erdgeschoß, vor dem Nadelgehölze oder ein großer Rhododendron stehen. Überdachte Balkone, selbst dünne Gardinen oder die Häuser auf der anderen Straßenseite mindern die Lichtwerte in den Räumen beträchtlich. Nicht zu vergessen die unterschiedlichen Tageslängen im Laufe des Jahres! Die meisten tropischen Zimmerpflanzen sind an je 12 Stunden Tag und Nacht gewöhnt und leiden bei uns viele Monate des Jahres an Lichtmangel.

Auch die Größe des Fensters spielt eine Rolle. In der Natur trifft das Licht von allen Seiten auf die Pflanzen, am Fenster nur von einer. Die meisten Pflanzen sollten daher hin und wieder gedreht werden, damit sie nicht einseitig wachsen.

Je größer die Scheiben jedoch sind, desto weiter der Einfallswinkel.

Temperatur. Ebenso wichtig wie das Licht ist die Temperatur. Stehen die Pflanzen in bezug auf ihre Lichtwünsche am richtigen Platz, dann stimmt es vom Frühjahr bis zum Herbst meist auch mit der Wärme. Problematisch wird es aber im Winter. In ungeheizten Räumen können die Temperaturen jetzt zu niedrig, im warmen Wohnzimmer dagegen zu hoch sein. Sind die Pflanzen »warme Füße« gewöhnt, vertragen große Exemplare, die auf dem Boden stehen, Fußbodenheizungen ausgesprochen gut, und den Topfpflanzen bekommt ein Heizkörper unter dem Fensterbrett. Jetzt aber leiden sehr viele Pflanzen unter der trockenen Luft während der Heizungsperiode. Gibt es in der Wohnung im Winter nur geheizte Räume, haben es jetzt vor allem auch die Pflanzen schwer, die eine Vegetationspause bei niedrigeren Temperaturen brauchen.

Küche und Bad

Viel zu selten werden Küche und Bad in die Suche nach geeigneten Standorten einbezogen. Geeignete Lichtverhältnisse vorausgesetzt, lassen sich auch in diesen Räumen alle Pflanzen, die das ganze Jahr gleichmäßige Temperaturen und eine höhere Luftfeuchtigkeit brauchen, gut unterbringen. In Küche und Bad ist die Luftfeuchtigkeit höher als in den anderen Räumen, und warm ist es meist auch.

Abgesehen von den Kräutern auf der Fensterbank sind blühende Sommerblumen und Ampelpflanzen ein hübscher Schmuck für die Küche. Schlecht bekommt vielen Pflanzen allerdings fetthaltiger Dunst. Da bieten sich dann Pflanzen mit ledrigen Blättern an, die man abwischen kann.

Die verschiedenen Standorte für Zimmer-, Balkon- und Kübelpflanzen

In einem hellen Badezimmer fühlen sich vor allem Farne wohl. Verschiedene stehende und hängende Arten ergeben ein abwechslungsreiches Bild. Ist genügend Platz vorhanden, sehen Bambus oder Fensterblatt *(Monstera deliciosa)* sehr dekorativ aus.

Schlafzimmer

Ein helles, kühles Schlafzimmer, das im Winter kaum geheizt wird und in dem die Temperaturen schon mal auf 10° C sinken, ist der ideale Platz für Pflanzen, die im Winter niedrige Temperaturen brauchen oder vertragen. Hier fühlen sich zum Beispiel Zimmerwein *(Cissus)*, Efeuaralie *(x Fatshedera lizei)*, grünlaubige Strahlenaralie *(Schefflera)* oder Zimmerlinde *(Sparmannia africana)* das ganze Jahr wohl.

Dielen und Treppenhäuser

Zugfreie Dielen und Treppenhäuser bieten sich für größere Pflanzen an, nicht zuletzt als Ausweichquartier, wenn die grünen Gäste den Rahmen des Fensters sprengen. Da es in diesen Räumen vor allem im Winter kühler als in den Zimmern ist, eignen sie sich auch als Winterquartier für Kübelpflanzen und all jene, die eine Vegetationspause bei niedrigen Temperaturen wünschen. Bei Mietwohnungen sollte man allerdings vor dem Aufstellen von Pflanzen den Hauswirt und die Nachbarn um Erlaubnis fragen.

Offene Blumenfenster

Der Unterschied zum normalen Blumenfenster besteht darin, daß die Pflanzen in einem großen Kasten oder einer Wanne wachsen, die tiefer als eine Fensterbank ist und über die ganze Fensterbreite verläuft. Bezieht man Seitenwände und Decke in die Pflanzung mit ein, schaut man wirklich ins Grüne.

Pflanzenleuchten ersetzen in dunklen Ecken das natürliche Licht

Ohne Licht kann keine Pflanze überleben. Wenn die Helligkeit an einem bestimmten Standort nicht ausreicht, helfen Pflanzenleuchten. Sie haben eine dem natürlichen Licht vergleichbare und für die Pflanzen notwendige spektrale Strahlungsverteilung. Mit normalen Lampen funktioniert das nicht.

Geschlossene Blumenfenster

Einige der schönsten Pflanzen kommen mit dem Klima in unseren Wohnräumen überhaupt nicht gut zurecht. Warm, feucht und hell muß ihre Umgebung sein. Diese Ansprüche können wir nur in einer Art Gewächshaus – einem geschlossenen Blumenfenster – erfüllen. Es erfordert jedoch erhebliche Baumaßnahmen und einen beträchtlichen finanziellen Aufwand, ein normales Fenster in ein geschlossenes Blumenfenster umzuwandeln. In Mietwohnungen wird das kaum erlaubt sein, in Eigentumswohnungen schon eher. Am besten ist es jedoch, man plant beim Neubau seines Hauses auf der West- oder Ostseite das Blumenfenster mit Anschlüssen an das Stromnetz und die Wasserleitung sowie einer tiefen Pflanzwanne gleich ein. Temperatur, Beleuchtung, Lüftung und Luftfeuchtigkeit müssen automatisch reguliert werden. Liegt das Blumenfenster gen Süden, darf die Schattierung durch eine Jalousie am Außenfenster nicht fehlen. Der ganze Aufwand lohnt nur, wenn das Fenster groß ist und man viel Zeit für die Pflege der kostbaren Pflanzenschätze hat. Sie brauchen tägliche Betreuung. Kleine Nachlässigkeiten führen in dem künstlichen Lebensraum leicht zu großen Katastrophen, weil sich Schadpilze schnell ausbreiten und Schädlinge rasant vermehren.

Setzen Sie einen Epiphytenstamm als dekoratives Element in das geschlossene Blumenfenster, dann ist der »Regenwald-Look« fast perfekt.

Welche Pflanze wohin?

In den hellen Wintergärten fühlen sich Pflanzen besonders wohl, es darf in den Glashäusern nur nicht zu heiß werden. Rechtzeitiges Schattieren und regelmäßiges Lüften sind unbedingt notwendig.

Pflanzenvitrinen

Die maßvollere, aber nicht so reizvolle Version sind Pflanzenvitrinen, die es in verschiedenen Größen gibt, vom kleinen Glaskasten bis zum großen Standgerät mit Heizung und Beleuchtung. Sie funktionieren nach dem Prinzip der »Wardschen Kästen« (→ Seite 27). Die tägliche Pflege entfällt, weil in dem fast ständig geschlossenen Gefäß Wasserkreislauf, Assimilation und Dissimilation von selbst funktionieren. Die für Vitrinen geeigneten Pflanzen brauchen kaum Nährstoffe und sollen ja auch dem begrenzten Lebensraum entsprechend klein bleiben. Werden die Pflanzen zu groß für den kleinen Raum, gerät der Kreislauf durcheinander, und man muß gelegentlich gießen oder die großen Pflanzen herausnehmen. Verwelkte Blätter und Blüten müssen selbstverständlich sofort entfernt werden.
Für die Pflanzenvitrine eignen sich Pflanzen, die ein feuchtwarmes Klima bevorzugen, schwachwüchsig sind und langsam wachsen.

Wintergärten sind Paradiese für Pflanzen

Wintergärten

Der Wintergarten ist ein optimaler Standort für Pflanzen, weil er mehr Licht bietet als irgendein anderer Raum des Hauses. Wer ihn als grünes Wohnzimmer nutzt und im Winter heizt, kann darin alle wärmeliebenden Pflanzen kultivieren. Ganzjährig ungeheizte bzw. gerade eben frostfreie Glasanbauten sind dagegen ideal für mediterrane Pflanzen und natürlich ein geradezu perfekter Überwinterungsplatz.

Balkon und Terrasse

Alle Überlegungen, die für die Innenräume gelten, sind auch für den Außenbereich relevant. Wie hell ist es, zu welcher Tageszeit und wie lange scheint die Sonne, staut sich die Wärme, sind Balkon oder Terrasse überdacht, ist es oft windig?
Wie sonnig ein Balkon ist, hängt von der Himmelsrichtung und dem Gegenüber ab. Enge Straßen, hohe Häuser und Bäume können lange Schlagschatten werfen, die selbst einen Südbalkon in einen meistens warmen, aber halbschattigen Standort verwandeln. Unverbaute Ost- und Westlagen mit Sonnenschein am Morgen bis in den Vormittag hinein und am Nachmittag bis zum Sonnenuntergang sind ideale Standorte für die meisten Pflanzen. Auf einem Nordbalkon herrschen eher ungünstige Bedingungen. Überdachte Balkone und Terrassen oder Loggias haben Vor- und Nachteile: Regen und Wind richten keinen Schaden an, andererseits staut sich die Wärme. Auf Dachterrassen und Hochhausbalkonen werden Wind und Regen oft zum Problem.
Bei der Gestaltung von Balkonen und Dachterrassen muß man darüber hinaus unbedingt auf die Statik achten. Pflanzen, Kübel und Kästen, Erde, Möbel und wir Menschen selbst bringen ein ganz schönes Gewicht zusammen.
Die Belastung des Bodens pro m^2 darf im allgemeinen 250 kg nicht überschreiten. Außerdem unterliegen Balkone als Teil der Hausfassaden oft bestimmten Auflagen, was die Bepflanzung, das Anbringen der Kästen oder andere Veränderungen betrifft. Erkundigen Sie sich auf alle Fälle vor dem Bepflanzen beim Vermieter, welche Auflagen bestehen.

Standortwahl und Pflanzenkauf

Im folgenden finden Sie einige Beispiele für Pflanzen, die ganz bestimmte Standorte bevorzugen, an denen sie am besten gedeihen (nähere Hinweise zu Standort und Pflege entnehmen Sie bitte den Steckbriefen ab Seite 126).

Pflanzen für sonnige, warme, lufttrockene Plätze
An Süd-, Ost- oder Westfenstern und in Wintergärten kann es viele Stunden am Tag sehr sonnig sein. Für diese Standorte eignen sich z. B.: *Aeonium, Agave, Aloë variegata, Aporocactus flagelliformis, Astrophytum, Beaucarnea, Callistemon citrinus, Cephalocereus senilis, Chamaerops humilis, Cordyline australis, Cycas, Echeveria, Eucalyptus, Nerium oleander, Phoenix, Strelitzia.*

Pflanzen für halbschattige, warme, luftfeuchte Plätze
Die natürlichen Standorte dieser Pflanzen sind Urwälder in den Tropen und Subtropen. Geeignet sind u. a.: *Aglaonema, Alocasia, Anthurium, Asplenium nidus, Miltonia, Phyllitis, Rhipsalis, Scirpus, Streptocarpus.*

Pflanzen für schattige, kühle Plätze
Nur wenige Pflanzen nehmen es nicht übel, buchstäblich in die Ecke gestellt zu werden. Es sind Pflanzen aus kühlen Bergwäldern tropischer und subtropischer Regionen. Gönnen Sie ihnen trotzdem gelegentlich für einige Wochen einen helleren (keinesfalls sonnigen) Platz. Zu diesen Pflanzen gehören u. a.: *Aspidistra elatior, Fuchsia, Hedera, Pteris cretica, Soleirolia.*

Pflanzen für helle, kühle Plätze
In hellen Eingangshallen, Arbeitsräumen, Treppenhäusern oder auf verglasten Balkons fühlen sich Pflanzen aus den Hochgebirgen der wärmeren Klimazonen und aus dem Mittelmeergebiet wohl. Ab und an direkte Sonne schadet ihnen nicht. Im Sommer genießen sie einen Aufenthalt auf Balkon oder Terrasse. Dazu zählen z. B.: *Abutilon, Ampelopsis brevipedunculata, Araucaria heterophylla, Browallia, Campanula, Citrus, Cytisus, Euonymus japonicus, Fatsia japonica, Grevillea robusta, Rhododendron*-Hybriden.

Pflanzen für windgeschützte Plätze
Überdachte Balkone, Atriumhöfe und Terrassen mit seitlicher Begrenzung bieten windempfindlichen Pflanzen einen sicheren Platz. Dazu gehören u. a.: *Abutilon, Arbutus unedo, Aristolochia macrophylla, Begonia, Bougainvillea, Campanula, Campsis radicans, Caryopteris x clandonensis, Cuphea ignea, Dahlia, Datura, Ensete ventricosum, Fuchsia, Heliotropium arborescens, Hibiscus rosa-sinensis, Lagerstroemia indica, Lathyrus odoratus, Plumbago auriculata, Salvia splendens, Thunbergia alata, Tropaeolum peregrinum.*

Regenempfindliche Pflanzen
Pflanzen aus trockenen Gebieten mögen auch bei uns keine Nässe, bei anderen Arten schlägt der Regen vor allem die Blüten kaputt. Ein Dach über dem Kopf wünschen sich z. B.: *Abutilon, Aeonium arboreum, Aucuba japonica, Calceolaria integrifolia, Calliandra tweedii, Capparis spinosa, Chamaerops humilis, Cycas revoluta, Gazania, Gomphrena globosa, Heliotropium arborescens, Hibiscus rosa-sinensis, Impatiens, Mesembryanthemum criniflorum, Nerium oleander, Petunia, Plumbago auriculata, Portulaca grandiflora, Salvia splendens,* Schizanthus-Wisetonensis-Hybriden, *Senecio bicolor, Yucca.*

Pflanzen für Epiphytenstämme
Pflanzen, die in der Natur Baumbewohner sind, fühlen sich auf einem Epiphytenstamm in der feuchtwarmen Umgebung eines geschlossenen Blumenfensters oder einer Pflanzvitrine am wohlsten, z. B.: tropische Farne, viele Bromelien- und Orchideenarten.

Geeignete Pflanzen für ein schattiges Fenster

Ein schattiges Fenster ist der richtige Standort für Efeuaralien (x *Fatshedera lizei*) und viele Farn-Arten wie Büchsenfarn *(Davallia mariesii)* und Nestfarn *(Asplenium nidus)*. Auch die Bergpalme *(Chamaedorea elegans)* fühlt sich hier wohl.

Pflanzen, die mit Vorsicht zu behandeln sind

Viele der schönen Pflanzen, mit denen wir uns so gerne umgeben, sind nicht ungefährlich. Sie enthalten Stoffe, die zu Hautreizungen oder gar Vergiftungen führen, wenn man mit ihnen in Berührung kommt. Vor allem Allergiker müssen sich besonders vorsehen.
Lassen Sie sich aber nicht die Freude an den Pflanzen verderben, nur gehen Sie richtig mit ihnen um:

- Ziehen Sie bei der Pflege Gummihandschuhe an und vermeiden Sie vor allem, daß Pflanzensäfte in die Augen, in den Mund oder in offene Wunden gelangen.
- Leben kleine Kinder im Haus, verzichtet man besser so lange auf gefährliche Pflanzen, bis der Nachwuchs groß genug ist, um die Gefahren zu begreifen.
- Haustiere sind auch nicht immer so klug, wie man ihnen nachsagt. Katzen und Vögel knabbern gerne an Grünpflanzen herum, leider hin und wieder auch an giftigen.

Manchmal sind nur einzelne Arten oder Gattungen mit Vorsicht zu behandeln, oft auch die ganze Familie. Bei manchen Pflanzen befinden sich die Reizstoffe nur in bestimmten Pflanzenteilen, andere wiederum sind in allen Teilen giftig.

Alle giftigen Pflanzen sind in den Steckbriefen mit dem Totenkopf-Symbol gekennzeichnet.

Pflanzen mit hautreizenden Stoffen

In dem weißlichen Saft aller Wolfsmilchgewächse *(Euphorbiaceae)* sind hautreizende Stoffe in unterschiedlichen Konzentrationen enthalten. Zu dieser Familie gehören z. B. so beliebte Pflanzen wie Weihnachtsstern *(Euphorbia pulcherrima)*, Christusdorn *(Euphorbia milli)*, Wunderstrauch *(Codiaeum variegatum)* und Katzenschwanz *(Acalypha)*.
Bei Verletzungen der Pflanze gelangt leicht etwas von dem Milchsaft auf die Haut. Er kann Ekzeme auslösen.

Erste Hilfe bei Vergiftungen

- Wenn Kinder Pflanzenteile verschluckt haben, müssen Sie sofort einen Arzt aufsuchen – auch wenn noch keine Symptome erkennbar sind. Nehmen Sie die Pflanze mit oder notieren Sie sich den botanischen Namen.
- Sind bereits Beschwerden aufgetreten, fahren Sie am besten gleich in eine Klinik. Nehmen Sie Proben von dem Erbrochenen oder bei Durchfall von dem Kot sowie die vermutliche Pflanze mit.
- Falls eine ärztliche Behandlung nicht gleich möglich ist, muß bei Übelkeit das Erbrechen gefördert werden (Finger in den Hals stecken). Geben Sie Kindern warmes Wasser zu trinken.
- Auf keinen Fall darf Milch getrunken werden. Sie bindet fettlösliche Giftstoffe und fördert die weitere Giftaufnahme des Körpers.
- In vielen Städten gibt es Giftnotrufzentralen, die im Telefonbuch stehen oder über Polizei und Notruf zu erfragen sind.
- Bewahren Sie Ruhe und machen Sie möglichst genaue Angaben zu Art und Zeitpunkt der Vergiftung.

Auch einige unter den Zimmerpflanzen befindliche Aronstabgewächse *(Araceae)* enthalten einen giftigen Zellsaft, zum Beispiel Dieffenbachie *(Dieffenbachia)*, Kolbenfaden *(Aglaonema)*, Flamingoblume *(Anthurium)*, Fensterblatt *(Monstera deliciosa)*, Baumfreund *(Philodendron)* und Zimmerkalla *(Zantedeschia)*.
Der Saft, der aus Schnittstellen austritt, verursacht auf den Schleimhäuten von Mund und Rachen starke Schwellungen und Schmerzen, in den Augen Bindehautentzündungen und Veränderungen der Hornhaut.
Auch die Amaryllisgewächse *(Amaryllidaceae)* enthalten einen Zellsaft, der zu Übelkeit, Erbrechen und Durchfall führen kann. Bekannte Vertreter dieser Familie sind Tulpen *(Tulipa)*, Narzissen *(Narcissus)*, Hyazinthen *(Hyacinthus)*, Ritterstern *(Hippeastrum)* und Klivie *(Clivia)*.

- Waschen Sie sich immer sofort gründlich die Hände, wenn bei Verletzungen der Pflanze Milch- oder Zellsaft ausgetreten ist.
- Reiben Sie sich während der Arbeiten mit diesen Pflanzen nicht in den Augen.

Pflanzen mit giftigen Pflanzenteilen

Für ihre Giftigkeit bekannt sind die Nachtschattengewächse *(Solanaceae)*. Zu ihnen zählen u.a. Browallie *(Browallia)*, Brunfelsie *(Brunfelsia)*, Zierpaprika *(Capsicum)* und der Korallenstrauch *(Solanum pseudocapsicum)*, dessen orangefarbene Beeren, ebenso wie die der Klivie *(Clivia)* vor allem für Kinder gefährlich sind. Sie können der Verlockung oft nicht widerstehen und stecken die Früchte in den Mund. Die Beeren verursachen Übelkeit, Brechreiz, Leibschmerzen, später Schläfrigkeit und erweiterte Pupillen. Bei den Vergiftungsfällen durch Zimmer-

Pflanzen können ganz schön wehrhaft sein, man denke nur an Rosen und Kakteen. Auch Palmen schützen sich mit Dornen, wie zum Beispiel die Zwergpalme. Vorsicht ist geboten!

Die Stiele der Zwergpalme (Chamaerops humilis) sind mit Dornen besetzt

pflanzen steht der Korallenstrauch an erster Stelle.

Als sehr gefährlich gelten auch die Hundsgiftgewächse *(Apocynaceae)*. Bekannte Vertreter dieser Familie sind Oleander *(Nerium oleander)*, Goldtrompete *(Allamanda)*, Wachsbaum *(Carissa)*, Singrün *(Catharanthus roseus)*, Dipladenie *(Dipladenia)* und Madagaskarpalme *(Pachypodium)*. Die Pflanzen enthalten Substanzen, die auf die Herztätigkeit wirken. Man muß aber schon große Mengen der Blüten oder Blätter schlucken, um ernsthaft in Gefahr zu geraten. Sie schmecken sehr bitter und verursachen zunächst einmal Brechreiz. Dennoch: Äußerste Vorsicht – vor allem bei Kindern – bei dieser Pflanzenfamilie! Zwar ist der Kontakt mit den unterirdischen Teilen einer Pflanze vergleichsweise selten, aber man sollte doch wissen, ob man beim Umtopfen auf giftige Substanzen achten muß. Lebensgefahr besteht, wenn Kinder die Wurzelknollen der Ruhmeskrone *(Gloriosa superba)* oder der Herbstzeitlose *(Colchicum autumnale)* essen.

Pflanzen, die Allergien verursachen

Arm dran sind Primel-Allergiker. Bei ihnen führt schon die zarteste Berührung mit einer Becherprimel *(Primula obconica)* zu Reizungen oder Entzündungen der Haut. Speziell bei dieser Art tritt ein Exkret aus den feinen Haaren an Blättern und Stengeln, auf das viele Menschen so empfindlich reagieren. Giftig sind Primeln nicht.

Einen ähnlichen Stoff enthalten die Knollen des Alpenveilchens *(Cyclamen persicum)*, mit denen man in der Regel jedoch nur selten in Berührung kommt.

Verletzungen durch Pflanzen

Die Natur hat einige Pflanzen sehr wehrhaft ausgestattet und sie mit scharfen Dornen, Stacheln und Spitzen versehen.

Wie schmerzhaft Kakteendornen in der Haut sind, hat wohl jeder schon einmal gespürt. Auch die harten Blattspitzen der Palmlilie *(Yucca)* sowie vieler Agaven und *Aloe*-Arten verursachen Hautabschürfungen und Wunden, wenn man an die Pflanze stößt oder beim Umtopfen oder Ein- und Ausräumen nicht genügend Vorsicht walten läßt. Fallen Kinder beim Toben auf die scharfen Spitzen, kann es zu ernsthaften Verletzungen, z. B. der Augen, kommen.

Giftpflanzen auf einen Blick

Wüstenrose (Adenium obesum)

Gefährliche Pflanzen für Heimtiere
Pflanzen, die für Menschen gefährlich sind, können auch unseren Heimtieren schaden. Das gilt für Katzen, Hunde, Stubenvögel, Kaninchen, Hamster, Meerschweinchen – für alle, die sich frei in der Wohnung tummeln. Dürfen Katzen nicht täglich ins Freie, um ihren Bedarf an Gras zu decken, beginnen sie an den Zimmerpflanzen zu nagen – auch an den giftigen. Die Behauptung, Tiere würden instinktiv merken, was ihnen bekommt und was nicht, trifft nicht zu. Stellen Sie den Stubentigern immer eine Schale Katzengras auf die Fensterbank. Gerne nagen sie an dem für sie ungefährlichen Zypergras, das

Pflanzen produzieren die stärksten Gifte der Welt. Ein besonders giftiges Exemplar ist die Wüstenrose *(Adenium obesum)* aus der Familie der Hundsgiftgewächse. Man sollte unbedingt vermeiden, mit dem Milchsaft in Berührung zu kommen.

Es gibt Pflanzen, die sind in allen Teilen giftig, andere besitzen nur giftige Blätter oder Früchte, wieder andere führen einen giftigen Milchsaft. Die Tabelle führt die bekanntesten giftigen Zimmer-, Balkon- und Kübelpflanzen auf und weist auf die gefährlichen Pflanzenteile hin.

Botanischer Name	Deutscher Name	Gefährliche Pflanzenteile
Acalypha hispida	Katzenschwanz	Milchsaft
Adenium obesum	Wüstenrose	Milchsaft
Ageratum houstonianum	Leberbalsam	alle Pflanzenteile
Aglaonema	Kolbenfaden	alle Pflanzenteile
Allamanda cathartica	Goldtrompete	alle Pflanzenteile
Alocasia	Pfeilblatt	alle Pflanzenteile
Anthurium scherzerianum	Flamingoblume	alle Pflanzenteile
Asparagus	Zierspargel	Beeren
Aucuba japonica	Aukube	Beeren
Begonia-Semperflorens-Hybriden	Begonien	alle Pflanzenteile
Browallia	Browallie	alle Pflanzenteile
Brunfelsia	Brunfelsie	alle Pflanzenteile
Buxus sempervirens	Buchsbaum	Blätter
Capsicum annuum	Zierpaprika	alle Pflanzenteile
Carissa macrocarpa	Wachsbaum	alle Pflanzenteile außer den Früchten
Cassia	Kassie	alle Pflanzenteile
Catharanthus roseus	Sinngrün	alle Pflanzenteile
Cestrum	Hammerstrauch	alle Pflanzenteile
Clivia miniata	Klivie	alle Pflanzenteile, besonders Beeren
Codiaeum variegatum	Wunderstrauch	Milchsaft
Colchicum autumnale	Herbstzeitlose	alle Pflanzenteile
Convallaria majalis	Maiglöckchen	Beeren
Cycas revoluta	Palmfarn	alle Pflanzenteile
Cytisus	Ginster	alle Pflanzenteile
Datura	Engelstrompete	alle Pflanzenteile
Dieffenbachia	Dieffenbachie	alle Pflanzenteile
Dipladenia	Dipladenie	alle Pflanzenteile

Standortwahl und Pflanzenkauf

robust genug ist, die Beschädigungen durch immer neue Triebe zu ersetzen. Auch an besonders stacheligen Gesellen verletzen sich die Tiere. Auf der Jagd nach Fliegen am Fenster hat sich schon so manche Katze Stacheln statt Beute eingefangen. Die kleinen Wunden brauchen oft viele Wochen, um zu heilen.
Auch Hunde verletzen sich z. B. an den Spitzen der Agaven. Gefahren entstehen für Hunde und Katzen auch durch Pflanzen- und Düngemittel, die aufgelöst im Gießwasser nicht völlig aufgebraucht werden, weil die Vierbeiner gerne jedes Wasser trinken.

Keine Gefahr für Pussy – die Klimme (Cissus rhombifolia) ist nicht giftig

Jeder Katzenbesitzer weiß es: Stubentiger lieben Pflanzen und brauchen zur Verdauung Grünfutter. Draußen fressen sie Gras, drinnen vergreifen sie sich gelegentlich auch an Zimmerpflanzen, wenn kein Katzengras für sie bereitsteht.

Botanischer Name	**Deutscher Name**	**Gefährliche Pflanzenteile**
Euphorbia milii	Christusdorn	Milchsaft
Gloriosa superba	Ruhmeskrone	Knollen
Haemanthus	Blutblume	Zwiebeln
Hedera helix	Efeu	Beeren und Blätter
Heliotropium arborescens	Heliotrop	alle Pflanzenteile
Hippeastrum	Ritterstern	alle Pflanzenteile
Hoya	Wachsblume	alle Pflanzenteile
Hyacinthus orientalis	Hyazinthe	Zwiebeln
Iris	Iris	alle Pflanzenteile
Jatropha podagrica	Flaschenpflanze	alle Pflanzenteile
Lantana	Wandelröschen	alle Pflanzenteile
Lathyrus odoratus	Duftwicke	Samen
Lilium	Lilie	Zwiebeln
Lonicera	Geißblatt	Beeren
Monstera deliciosa	Fensterblatt	alle Pflanzenteile
Narcissus	Narzisse	Zwiebeln
Nerium oleander	Oleander	alle Pflanzenteile
Pachypodium	Madagaskarpalme	Stamm und Blätter
Petunia	Petunie	alle Pflanzenteile
Philodendron	Baumfreund	alle Pflanzenteile
Primula obconica	Becherprimel	alle Pflanzenteile
Ricinus communis	Wunderbaum	Samen
Senecio bicolor	Silberblatt	alle Pflanzenteile
Solanum pseudocapsicum	Korallenstrauch	alle Pflanzenteile, speziell Beeren
Trachelospermum jasminoides	Sternjasmin	Milchsaft
Tulipa	Tulpe	Zwiebeln
Zantedeschia	Zimmerkalla	alle Pflanzenteile

Tips zum Kauf von Pflanzen

Zimmerpflanzen werden heute beinahe an jeder Ecke angeboten. Dem Käufer bleibt die Qual der Wahl. Kaufen Sie teure Pflanzen jedoch unbedingt in einem Fachgeschäft. Hier kann man voraussetzen, daß die Pflanzen gesund sind und artgerecht untergebracht und gepflegt werden, daß das Personal geschult ist und mit Rat und Tat bei der Auswahl zur Seite stehen kann.

Es gibt auch Betriebe, die sich – zumindest schwerpunktmäßig – auf ganz bestimmte Pflanzengruppen wie Orchideen, Bromelien, Palmen, Regenwaldpflanzen, fleischfressende Pflanzen, Kakteen und Sukkulenten oder Kübelpflanzen spezialisiert haben, die Pflanzen direkt verkaufen oder aber auch versenden. Der Versandhandel birgt allerdings einige Risiken: Sie können sich die Pflanze nicht selber aussuchen und wissen auch nicht, wie es der Pflanze auf dem Transport ergangen ist.

Gerne Auskunft über zuverlässige Bezugsquellen geben die Liebhabergesellschaften.

Sommerblumen für Balkon und einjährige Zimmerpflanzen bekommt man meist in guter Qualität auf Wochenmärkten oder direkt aus der Gärtnerei.

Gute oder schlechte Pflanze?

Die Qualität einer angebotenen Pflanze zu beurteilen, ist oft nicht leicht. Abgesehen vom Erscheinungsbild der Pflanze spielen auch die äußeren Umstände in dem Geschäft, in dem die Pflanzen angeboten werden, eine nicht unerhebliche Rolle. Pflanzen sollten in sauberen Töpfen stehen, saubere Blätter besitzen und mit einem Etikett versehen sein, auf dem Name der Pflanze und eine kurze Pflegeanleitung stehen.

Hier einige Tips, worauf Sie beim Kauf achten sollten:

- Die Pflanze sollte gleichmäßig gewachsen, die Blätter sauber und straff, ein Neuaustrieb erkennbar sein.
- Gelbe oder fleckige Blätter und abgestorbene Pflanzenteile lassen auf Schäden schließen. Drehen Sie einige Blätter um, Schädlinge verbergen sich oft auf der Unterseite.
- Bei Blütenpflanzen müssen viele Knospen erkennbar sein. Keine vollerblühten Pflanzen kaufen, Sie haben nicht mehr lange Freude daran.
- Schlaffe, welke Blätter sind meist ein Zeichen für Wassermangel. Fühlt sich das Substrat jedoch feucht an, dann ist dies ein sicheres Zeichen für Wurzelfäule – Pflanze dann auf keinen Fall kaufen!
- Nicht die größten und billigsten Pflanzen wählen.
  Jüngere und kleinere Pflanzen gewöhnen sich oft besser und schneller an eine andere Umgebung.

Standortbedingungen

Vor dem Kauf einer Zimmer- oder Balkonpflanze sollten Sie sich von vornherein im klaren darüber sein, welche Standortbedingungen Sie der Pflanze überhaupt bieten können. Es hat keinen Sinn, sich zum Beispiel eine Pflanze für einen hellen, aber kühlen Standort auszusuchen, wenn man einen solchen Standort überhaupt nicht anbieten kann. Vor dem Kauf von Kübelpflanzen müssen Sie unbedingt auch an die Überwinterung dieser Pflanzen denken.

Einen dunklen, kalten Standort im Winter vertragen: *Agapanthus praecox, Clerodendrum bungei, Erythrina crista-galli, Haemanthus*-Hybriden, *Hedychium gardnerianum, Plumbago auriculata, Punica granatum.*

Einen hellen, kalten Standort im Winter benötigen: *Acca sellowiana, Agave americana, Anisodontea capensis, Araucaria, Arbutus unedo, Callistemom, Chrysanthemum frutescens, Cistus, Cycas revoluta,* Hebe-Andersonii-Hybriden, *Laurus nobilis, Metrosideros excelsa, Nerium oleander, Tibouchina urvilleana, Viburnum tinus.*

Einen hellen, temperierten Standort im Winter benötigen: *Abutilon, Bougainvillea, Brugmansia, Cassia didymobotrya, Cestrum, Citrus limon, Cuphea ignea, Datura, Ensete, Fremontodendron californicum, Fuchsia, Hibiscus rosa-sinensis, Iochroma,* Lantana-Camara-Hybriden, *Musa, Solanum rantonnetii, Tecomaria capensis, Tecomaria stans.*

Einen hellen, warmen Standort im Winter benötigen: Alle wärmeliebenden tropischen Zimmerpflanzen.

Erste Pflege nach dem Kauf

Bevor die Pflanzen bei Ihnen auf der Fensterbank stehen, haben sie eine lange, anstrengende Reise hinter sich. In den Gewächshäusern der Gärtnereibetriebe leben sie in einer idealen Umgebung. Licht, Temperatur, Luftfeuchtigkeit, Wasser, Dünger – alles entspricht das ganze Jahr hindurch optimal ihren Wünschen. Dann erleben sie den ersten Schock, werden verpackt, in Lastkraftwagen oder andere Transportmittel verladen und in einer Blumengroßhalle gestapelt. Dort kaufen Blumenhändler die grüne Ware, packen sie wieder in Autos und stellen sie in Lagerhallen oder Verkaufsräume. Dann kommen Sie, lassen sich Ihre Pflanze einpacken und transportieren den Neuerwerb nach Hause. Das alles bedeutet für die Pflanzen immer wieder Temperaturwechsel, andere Luftfeuchtigkeit, ungewohn-

TIP

Auf Seite 376 nennen wir Ihnen einige Gartenbetriebe, die sich zum Teil auf bestimmte Pflanzengruppen spezialisiert haben. Die Auswahl erhebt keinen Anspruch auf Vollständigkeit. Auch können wir keine Garantie für die Qualität der Ware übernehmen.

Standortwahl und Pflanzenkauf

tes Wasser, eventuell zu wenig Licht. Um diesen Streß zu verkraften, benötigen sie viel Energie. Erwarten Sie von Ihrer neuen Zimmerpflanze nicht gleich in den ersten Tagen Höchstleistungen an Triebfreudigkeit und Knospenbildung. Sie muß sich erst an die neue Umgebung gewöhnen.

Am besten werden Pflanzen im Frühjahr oder Frühsommer mit den Umstellungen fertig. In dieser Zeit ist der Unterschied zwischen Gewächshausatmosphäre, Außentemperaturen und den Bedingungen in Wohnungen am geringsten. Kaufen Sie teure Zimmerpflanzen nicht im Winter und schon gar nicht an offenen Verkaufsständen auf dem Wochenmarkt. Falls sich der Winterkauf nicht vermeiden läßt, muß die Pflanze sorgfältig in mehrere Lagen Zeitungspapier eingewickelt und auf dem schnellsten Weg nach Hause gebracht werden. Packen Sie die Pflanzen gleich aus, damit sie wieder Luft bekommen und sich die Triebe ausbreiten können. Zum Akklimatisieren gibt man ihnen zunächst einen hellen, nicht zu warmen Platz.

Sommerblumen für Balkon und Terrasse, die sehr zeitig im Frühjahr angeboten werden, wurden ebenfalls in Gewächshäusern vorgezogen und vertragen kühle Frühjahrslüfte und heiße Sonnenstrahlen nicht sehr gut. Bepflanzen Sie Ihre Kästen, aber stellen Sie den Blumenschmuck für einige Tage in eine wind- und sonnengeschützte Ecke.

Prüfen Sie das Substrat, bevor Sie zur Gießkanne greifen. Zu viel Feuchtigkeit im Wurzelbereich würde den Streß für die Pflanzen noch erhöhen. Nur wenn der Topfballen trocken ist, muß durchdringend gegossen werden. Wann Sie mit dem Düngen beginnen müssen, läßt sich nicht genau festlegen. Zeigen sich nach etwa zwei Wochen keine neuen Triebe, dann geben Sie etwas Flüssigdünger ins Gießwasser.

In Gärtnereien und gut geführten Blumengeschäften finden Pflanzen eine optimale Umgebung mit der richtigen Temperatur, Helligkeit und Luftfeuchtigkeit vor.

Das Angebot an Zimmer-, Balkon- und Kübelpflanzen in Gartencentern und Blumengeschäften ist groß

Pflanzen mit besonderen Ansprüchen

Manche mögen's heiß und trocken, andere kühl und feucht. Die einen wachsen in der Erde, die anderen auf Bäumen. Es gibt viele Spezialisten unter den Zimmerpflanzen. Dazu gehören Bromelien, Farne, Orchideen, Palmen, Sukkulenten und Kakteen.

Im Pflanzenreich gibt es einige Pflanzengruppen, die eine ganz spezielle Pflege benötigen. Ihre »Extrawünsche« sind das Ergebnis eines Überlebenskampfes – die Anpassung an extreme Bedingungen in ihrer natürlichen Umgebung im Laufe einer langen Evolution. Hier seien jedoch nur generelle Eigenheiten erwähnt, weitere Informationen und Abweichungen von der Regel finden Sie in den Steckbriefen.

Bromelien

Bromelien sind Pflanzen der tropischen und subtropischen Gebiete Lateinamerikas. Man unterscheidet zwischen epiphytisch lebenden Baumbromelien und Erdbromelien. Alle Bromelien besitzen nur schwach entwickelte Wurzelballen und benötigen daher nur kleine, flache Pflanzgefäße. Sie vertragen keinen Kalk und müssen daher in kalkfreies Substrat gepflanzt und mit entkalktem Wasser gegossen werden. Bromelien werden in der Regel über das Substrat gegossen und mit flüssigem Dünger versorgt. Mineralische Dünger werden allerdings nicht gut vertragen und führen leicht zu einer Versalzung des Substrates. Bei Bromelien mit rosettenartigem Wuchs sollte in den Blatttrichtern stets etwas Wasser stehen. Die Pflanzen mögen einen hellen, warmen, Baumbromelien darüber hinaus einen luftfeuchten Standort. Arten mit weichen Blättern vertragen keine pralle Sonneneinstrahlung.

Farne

Farne wachsen auf der ganzen Welt in allen Klimazonen, die eine Vegetation zulassen.

Alle Farne vertragen nur kalkfreies, zimmerwarmes Wasser und Substrate mit einem hohen Anteil an organischem Material. Die meist aus tropischen Gebieten stammenden Zimmerfarne fühlen sich bei ganzjährigen Temperaturen von 18–24° C an einem hellen, jedoch nicht sonnigen Standort und bei einer sehr hohen Luftfeuchtigkeit am wohlsten. Der Wurzelballen sollte stets feucht – jedoch nicht naß – sein. Farne sind salzempfindlich und sollten daher nur mit organischem Dünger in schwacher Konzentration versorgt werden. Wegen der meist waagerecht wachsenden Wurzeln wählt man Pflanzgefäße eher flach und weit als hoch und eng.

Orchideen

Orchideen gehören zu den Kostbarkeiten im Pflanzenreich und bilden gleichzeitig die größte Pflanzenfamilie. Rund 90 % von ihnen stammen aus den heißen Gegenden der Tropen, der Rest wächst in kühleren Regionen. (Heimische Orchideen eignen sich nicht als Zimmerpflanzen.) Bei den Orchideen unterscheidet man, wie bei Bromelien und Farnen, zwischen erd- und baumbewohnenden Arten. Als Zimmerpflanzen kommen vorwiegend epiphytisch lebende Orchideen in Frage.

Orchideen brauchen ein Spezialsubstrat, dürfen nur mit entkalktem Wasser gegossen werden und wachsen in Spezialtöpfen. Dunkle Töpfe sind ungeeignet, weil sie sich zu schnell aufheizen, und das bekommt den Wurzeln nicht gut. Wie alle Pflanzen mit Speicherorganen brauchen auch die Orchideen eine Ruhepause.

Der Standort muß hell, gleichmäßig warm und sehr luftfeucht sein. Pralle Sonne wird nicht vertragen. Das Gießen erfordert den berühmten »grünen Daumen«, das Substrat muß sich trocken anfühlen, bevor wieder gegossen wird.

Palmen

Palmen leben in den tropischen und subtropischen Zonen der ganzen Welt. Sie wachsen in feuchten Regenwäldern, in den höheren, kühlen Regionen der Anden und des Himalajas, an sonnigen Sandstränden, in den Oasen.

Bromelie: Neoregelia-Hybride

Farn: Blechnum brasiliense

Orchidee: Paphiopedilum-Hybride

Standortwahl und Pflanzenkauf

Bei allen Palmen wachsen die Wedel aus einem einzigen Vegetationspunkt. Nach der Form der Wedel unterscheidet man zwei Gruppen: Fieder- und Fächerpalmen. Als Zimmerpflanzen werden hauptsächlich die Arten kultiviert, die einen dicken, längeren oder kürzeren Stamm oder mehrere dünne Stämme bilden.

Palmen wachsen in den unterschiedlichsten Böden, und es gibt keine strengen Richtlinien für das Pflanzsubstrat. Gut bekommt den Exoten eine Erde auf Kompostbasis. Der Fachhandel bietet auch spezielle Palmenerden an. Das Pflanzgefäß muß hoch sein. Der Nährstoff- und Feuchtigkeitsbedarf ist unterschiedlich, auf alle Fälle aber sollte das Gießwasser möglichst weich sein.

Zimmerpalmen benötigen einen hellen, aber nur mäßig besonnten Standort. Sie vertragen eine zeitlang auch ungünstigere Lichtverhältnisse, verkümmern aber, wenn sie auf Dauer in einer dunklen Ecke stehen.

Normale Zimmertemperaturen werden recht gut vertragen. Günstig auf das Wachstum wirkt sich aus, wenn die Pflanzen im Sommer einen wind- und regengeschützten Platz auf dem Balkon oder der Terrasse bekommen.

Sukkulenten

Kaum eine Pflanzengruppe weist so viele unterschiedliche, zum Teil bizarre Formen der ganzen Pflanzengestalt, der Blätter und Blüten auf wie die Sukkulenten. Die meisten Sukkulenten sind in afrikanischen und amerikanischen Trokkengebieten mit starker Sonneneinstrahlung beheimatet, in Gebieten also, in denen es im Laufe des Jahres nur wenige Wochen regnet. Um die Trockenzeiten möglichst gut zu überstehen, haben die Pflanzen einige Anpassungen entwickelt: Sie besitzen meist ein verzweigtes, flaches Wurzelwerk, das dicht unter der Erde liegt, um sofort auch geringe Wassermengen aufnehmen zu können. Zur Reduzierung der Verdunstung sind die Blätter entweder dicht mit feinen Härchen besetzt, mit einem Gespinst dünner Fäden bedeckt, mit einer Wachsschicht überzogen oder sitzen dicht über- und nebeneinander, um die ungeschützte Oberfläche zu verkleinern. Die Haut der Blätter ist oft lederig und dick. Darüber hinaus können die Pflanzen in ihrem Gewebe sehr viel Wasser speichern.

Das Pflanzsubstrat muß vor allem durchlässig sein und mindestens zu einem Drittel aus Sand bestehen. Gut bewährt haben sich Töpfe und Schalen aus Kunststoff. Direkte Sonnenbestrahlung, hohe Temperaturen und trockene Luft bieten ein ideales Umfeld für diese Pflanzen. Zwischen den kräftigen Wassergaben sollte das Substrat ziemlich trocken werden. Zum Düngen Spezialdünger verwenden.

Kakteen

Botanisch gesehen gehören auch die Kakteen zu den sukkulenten Pflanzen. Alle Kakteen müssen mit weichem Wasser gegossen werden und erwarten ein Spezialsubstrat (im Fachhandel erhältlich). Sie benötigen nur wenig Nährstoffe, müssen aber mit einem speziellen Kakteendünger versorgt werden. Kakteen wachsen in fast jedem Pflanzgefäß. Die Wüstenkakteen brauchen unbedingt einen sonnigen Standort, die Epiphyten sollten hell stehen, vertragen aber nur gelegentlich volle Sonneneinstrahlung. Stickige Luft bekommt keinem Kaktus. Im Sommer sind normale Zimmertemperaturen recht, während der Ruhezeit muß es kühler sein. Die jährlichen Ruhezeiten sollten eingehalten werden. Gegossen werden Wüstenkakteen im Sommer, wenn sich das Substrat trocken anfühlt – dann allerdings kräftig. Während der Ruhezeit brauchen sie fast kein Wasser. Während der Vegetationszeit wird leicht gedüngt.

Die natürlichen Standortbedingungen kann man den Pflanzen in der Wohnung kaum bieten. Umgebung und Pflege sollten sich jedoch soweit als möglich diesem Ziel nähern.

Palme: Chrysalidocarpus lutescens

Sukkulente: Haworthia baccata

Kaktus: Lobivia tiegeliana

WAS SIE ÜBER PFLA

NZEN WISSEN SOLLTEN

Pflanzen aus allen Kontinenten geben sich auf unseren Fensterbänken, Balkonen und Terrassen ein Stelldichein. Forscher und Abenteurer brachten vor einigen Jahrhunderten die ersten Exemplare von ihren Reisen in ferne Länder mit. Das Leben der Pflanzen zu studieren, faszinierte nicht nur Naturwissenschaftler, sondern vor allem experimentierfreudige Gärtner.

Dieses Kapitel – ein kleiner Ausflug in die Botanik – macht Sie mit den unterschiedlichen Heimatgebieten, den verschiedenen Pflanzenformen und dem Aufbau der Pflanzen bekannt.

Der Heimatstandort und seine Bedingungen bestimmen eine Pflanzengestalt. Sukkulenz, hier bei Mittagsblumen und Aloë marlothii, ist am südafrikanischen Standort überlebenswichtig. Der Weihnachtskaktus besitzt Blüten, die auf die Bestäubung durch Kolibris spezialisiert sind.

Ein bißchen Pflanzen-Historie

Wohin mit den Pflanzenschätzen im kühlen Mitteleuropa? Es fing mit den Orangerien an, dann kamen die gläsernen Gewächshäuser. In Pflanzenvitrinen eingefangene Urwaldpflanzen kann sich heute jeder ins Wohnzimmer stellen.

Wie so oft, wenn es um historische Entwicklungen in Europa geht, führt uns auch die Geschichte der Zimmer- und Kübelpflanzen ins alte Ägypten. Der Wunsch, sich im häuslichen Bereich mit Pflanzen zu umgeben, setzt eine hohe Wohnkultur voraus. Am Nil lebten die Mächtigen, Reichen und Schönen bereits in festen Häusern und Palästen, als die Menschen nördlich des Mittelmeeres noch in Höhlen und Hütten hausten. Auf rund 3000 Jahre alten ägyptischen Darstellungen sind kleine Bäume und Sträucher in steinernen Vasen und Trögen zu sehen. Vermutlich kamen in den Jahrtausenden vor der Zeitenwende auch in anderen Teilen der Welt Völker mit hochentwickelten Kulturen auf den Gedanken, Pflanzen in Gefäße zu setzen.

Auf dem europäischen Kontinent waren es vor gut 2000 Jahren bekanntlich die alten Griechen und Römer, die als erste Zivilisation und schöne Lebensart zu schätzen wußten. Sie schmückten ihre Atriumhäuser mit Kübelpflanzen. Es handelte sich um Pflanzen der heimischen Umgebung, die man zur Zierde in die Häuser und Innenhöfe holte.

Erst im 15. Jahrhundert, als wagemutige Männer im Auftrag südeuropäischer Könige und Kaufleute auf stolzen Segelschiffen die Meere überquerten und neue Kontinente entdeckten, gelangten neben anderen Kostbarkeiten auch die ersten botanischen Schätze in die Alte Welt. Von den wenigen Pflanzen, die den Transport überstanden, kamen einige mit dem milden südlichen Klima gut zurecht. Die Botaniker jener Zeit erkannten aber bereits, daß Pflanzen aus tropischen Gebieten bei uns eines besonderen Schutzes bedürfen. Man holte sie ins Haus. Wie lange diese ersten »Zimmerpflanzen« überlebten, ist nicht bekannt.

Die exotische Flora Asiens, Afrikas und Südamerikas und sicherlich noch ein paar andere Dinge lockten immer mehr abenteuerlustige Männer auf die beschwerlichen und oft lebensgefährlichen Reisen durch ferne Länder. Als »Pflanzenjäger« gingen mutige Forscher und wißbegierige Botaniker, gottesfürchtige Missionare und furchtlose Glücksritter in die Geschichte ein. Stammten die Eroberer voriger Jahrhunderte meist aus Italien, Spanien und Portugal, so waren es jetzt vor allem Engländer, Franzosen und Deutsche, die sich auf die Suche machten und Pflanzen sammelten.

Pflanzenvitrine mit Epiphytenstamm

Häuser für exotische Pflanzen

Doch wohin mit den empfindlichen Gewächsen im kühlen Mitteleuropa? Die Lösung des Problems begann mit dem Bau eigener Häuser für die Pflanzen. Ende des 16. Jahrhunderts und verstärkt im 17. Jahrhundert ließen sich Fürsten aus Interesse oder Prestige die ersten Gewächshäuser errichten. Es waren zunächst hauptsächlich die geschützten Quartiere für Orangenbäumchen und andere Zitrusgewächse, Palmen und Feigenbäume, auch Orangerien genannt. Auch in vielen botanischen Gärten wurden nach und nach Gewächshäuser erstellt. Es dauerte nicht lange und die reichen Bürger wollten sich ebenfalls mit den schönen Gewächsen umgeben. Statt gemauerter Orangerien wurden leichter gebaute Gewächshäuser und Wintergärten errichtet.

Weltberühmt sind die Gartenanlagen von Versailles

Viele Exoten können in unseren Breiten nur in Kübeln kultiviert werden, weil sie den Winter in einem geschützten Raum verbringen müssen. In Versailles kann man zum Beispiel eine ganze Kübelpflanzen-Parade bewundern.

Der Wardsche Kasten

Fremdländische Pflanzen wurden zum heißbegehrten Gut. Schwierigkeiten bereitete allerdings immer noch der Transport der Pflanzen. Sie vertrockneten oder verfaulten auf den monatelangen Seereisen in ihren muffigen Kisten, nur wenige Exemplare erreichten relativ unbeschadet ihr Ziel. Sie wurden wie kostbare Schätze gehütet und waren dementsprechend teuer.
Erst die zufällige Entdeckung des englischen Arztes Dr. Nathaniel Ward im ersten Drittel des vorigen Jahrhunderts führte zur idealen »Verpackung«. Ward hatte mit Pflanzen wenig im Sinn, sein Hobby waren Schmetterlinge. In Gläser, deren Böden mit Erde bedeckt waren, legte er gewöhnlich seine Raupen, damit sie sich verpuppten. So ein zugestöpseltes Glas geriet für Monate in irgendeiner Ecke in Vergessenheit. Als es wieder zum Vorschein kam, wuchs auf der Erde ein kleiner Farn. Der naturwissenschaftlich interessierte Arzt stellte fest, daß die Feuchtigkeit aus der Erde bei Wärme verdunstete, sich innen an dem Glas niederschlug und bei Abkühlung als Wasser zurückfloß. Auf diese Weise hatte die winzige Farnpflanze in der Erde immer genug Feuchtigkeit, sich zu entwickeln. Nach diesem Prinzip wurden jetzt nicht nur Transportbehälter gebaut, in kunstvollen Ausführungen, groß wie Kommoden, zierten die »Wardschen Kästen« bald die Salons der feinen Gesellschaft. Weil sie fast immer mit Farnen bepflanzt waren, nannte man sie Ferneries (englisch fern = Farn). Auch die geschlossenen Pflanzenvitrinen unserer Zeit funktionieren nach dem gleichen System.

Zimmerpflanzenzucht

Der Handel mit Pflanzen wurde zum einträglichen Geschäft. Bald war man nicht mehr nur auf die Importe angewiesen, die begehrten Objekte wuchsen in großen Gärtnereien, wurden gezüchtet und gekreuzt. Die Erfindung der Zentralheizung machte es möglich, in Gewächshäusern die notwendigen Temperaturen auch im Winter zu schaffen. Viele der heutigen Sorten sind bereits 100 oder 200 Jahre alt. Die langen Winter ohne bunte Blüten und nennenswertes Grün sind wohl der Grund, weshalb sich die Zimmerpflanzenkultur vor allem in Mittel- und Nordeuropa entwickelt hat. Vor allem in Deutschland und Holland erfreuten sich Zimmerpflanzen immer stärkerer Beliebtheit.
In der ersten Hälfte unseres Jahrhunderts wurden Zimmerpflanzen dann zur Selbstverständlichkeit.

Heimat und Pflanzenformen

In diesem Buch werden Pflanzen vorgestellt, die bei richtiger Pflege viele Jahre als Gast in unseren Wohnungen leben können oder wenigstens einen Sommer lang. Fast alle stammen aus anderen Klimazonen. Auch wenn man sie schon lange hier kultiviert, sind sie »Exoten« geblieben. Um diese Pflanzen richtig zu behandeln, ist es wichtig, etwas über ihren Heimatstandort zu wissen.

Tropische Pflanzen

Den Gürtel zwischen dem 23. Grad südlicher und nördlicher Breite (Wendekreise) mit dem Äquator in der Mitte bezeichnet man als Tropen. Rund 40 % der Erdoberfläche liegen in diesem Gebiet. Die Klimaverhältnisse in diesem Gürtel, und damit auch die Flora, sind sehr unterschiedlich. Man kann die tropischen Regionen grob einteilen in tropische Regenwälder, tropische Bergwälder, Savannen und Steppen und Wüsten. Überall einheitlich ist das Fehlen der Jahreszeiten und die Tag- und Nachtgleiche – jeweils 12 Stunden. Die Übergänge von einem Klimagebiet zum anderen sind fließend, und auch Pflanzen einer Familie oder Gattung überschreiten diese imaginären Grenzen.

Tropische Regenwälder. Sie liegen in der Nähe des Äquators, sind tagsüber dampfend heiß und nachts merklich kühler. Es regnet oft, und die Luftfeuchtigkeit beträgt wenigstens 90 %. Das Licht unter dem dichten Blätterdach der Baumriesen wird immer dämmriger, je näher man dem Boden kommt.

- Zimmerpflanzen aus tropischen Regenwäldern kennen keine Ruhezeiten, die bei Pflanzen aus anderen Klimazonen durch jahreszeitliche Licht- und Temperaturschwankungen bedingt sind. Regenwaldpflanzen reduzieren in unseren Wintern jedoch notgedrungen ihre Lebensfunktionen, weil die Tageslichtlänge kurz ist. Sie vertragen keine direkte Sonne und brauchen eine hohe Luftfeuchtigkeit.

Tropische Bergwälder. Viel Regen, reichlich Nebel, der Höhe entsprechend niedrigere Temperaturen und sehr kräftige Sonnenstrahlen kennzeichnen das Klima der tropischen Bergwälder.

- Pflanzen aus diesen Gegenden brauchen viel Licht, eine hohe Luftfeuchtigkeit und einen kühlen Standort.

Winterhart oder nicht winterhart?
Im Zusammenhang mit den Heimatstandorten sind auch die Begriffe winterhart und nicht winterhart zu sehen. Es versteht sich fast von selbst, daß viele Pflanzen aus wärmeren Gebieten bei uns die kalte Jahreszeit im Freien nicht überstehen, also nicht winterhart sind. Annäherungen sind jedoch möglich. In Gegenden mit besonders milden Wintern, z. B. in den Weinbaugebieten, überleben robuste Pflanzen aus den Mittelmeergebieten und anderen subtropischen Teilen der Welt mit einer wärmenden Mulchschicht auf dem Wurzelbereich den Winter auch frei ausgepflanzt im Gartenboden. Einschränkungen dieser bedingten Winterhärte gibt es bei Kübelpflanzen. Ihr Wurzelbereich ist weit weniger geschützt. Frost kann von allen Seiten eindringen. Man muß den Topf rundum in wärmendes Material hüllen. Als winterhart bezeichnet man die heimische und heimisch gewordene Flora.

Savannen und Steppen. Für diese Teile der Tropen sind Regen- und Trockenzeiten, karge, durchlässige Böden sowie hohe Temperaturen und Sonne charakteristisch.

- Viele sukkulente Pflanzen stammen aus Savanne und Steppe. Bei der Pflege auf der Fensterbank müssen vor allem Trockenzeiten und geringer Nährstoffbedarf berücksichtigt werden.

Wüsten. Nur wenige Pflanzen haben sich den extremen Bedingungen der Wüste angepaßt. Die Temperaturunterschiede zwischen Tag und Nacht betragen nicht selten 50° C, Regen fällt fast gar nicht. Etwas Tau am Morgen, das ist oft monatelang die einzige Feuchtigkeit.

- Wüstenpflanzen benötigen nur sehr wenig Wasser, jedoch viel Sonne und Wärme. Man muß ihnen auch ausgeprägte Ruhezeiten (Trockenzeiten) anbieten, in denen die Pflanzen trocken und meist auch kühler gehalten werden müssen.

Subtropische Pflanzen

Die Gebiete zwischen den Wendekreisen bis zu den gemäßigten Klimazonen nennt man Subtropen. Die Übergänge liegen etwa zwischen dem 35. und 40. Grad nördlicher und südlicher Breite. Tageslängen und Niederschläge sind je nach Jahreszeit unterschiedlich, die Temperaturunterschiede im Sommer und Winter aber noch nicht so ausgeprägt wie bei uns. Die Regenzeiten fallen entweder in den Sommer (z. B. in Neuseeland und Chile) oder in den Winter (z. B. in den Mittelmeergebieten und Kalifornien). Auch in den subtropischen Teilen der Welt gibt es verschiedene Vegetationsgebiete: Wälder, kühlere Bergregionen und wüstenähnliche Flächen.

TIP

Im gärtnerischen Sprachgebrauch haben sich für die Temperaturwünsche der Pflanzen zwei Begriffe durchgesetzt: Kalthaus- und Warmhauspflanzen. Im Kalthaus ist es im Sommer warm, im Winter kühl, aber frostfrei. Im Warmhaus ist es ganzjährig um 20° C warm und luftfeucht.

WAS SIE ÜBER PFLANZEN WISSEN SOLLTEN

In asiatischen Wäldern wächst z. B. die Schusterpalme *(Aspidistra)*, im ostafrikanischen Usambaragebirge das Usambaraveilchen *(Saintpaulia)* und in trockenen Gebieten Mexikos und im Süden der USA ist die Palmlilie *(Yucca)* beheimatet.

- Pflanzen aus den Subtropen wollen ihre Ruhezeit und entsprechend den Regenzeiten mehr oder weniger Wasser. Sie sind an die Temperaturunterschiede zwischen Tag und Nacht gewöhnt.

Pflanzenformen

Die Vielfalt im Pflanzenreich ist unermeßlich. Zwar haben im Vergleich zu dem riesigen Angebot der Natur nur wenige Arten den Weg in unsere Wohnzimmer gefunden, aber der Reichtum an Formen, Wuchs und Lebensweise läßt sich auch an ihnen erkennen.

Gehölze. Als Gehölze bezeichnet man Pflanzen, deren Triebe bereits im ersten Jahr verholzen. Von allen Pflanzen werden sie am ältesten. Es gibt Exemplare, die mehrere hundert oder sogar mehrere tausend Jahre auf ihren Ästen tragen und wahrhaftig riesig sind. Zu den Gehölzen gehören auch die Sträucher, die ebenfalls ein stattliches Alter erreichen können. Diese Pflanzen sind mehrjährig. Es gibt laubabwerfende (sommergrüne) und nicht laubabwerfende (immergrüne) Arten. Zu letzteren zählen einige der beliebtesten Zimmerpflanzen, z. B. Zimmertanne *(Araucaria)*, Ardisie *(Ardisia)*, Bougainvillee, Kamelie *(Camellia)*, Citrus-Bäumchen, Feigenbaum *(Ficus)*, Grevillea, Schefflera und Zimmerlinde *(Sparmannia)*. Im Pflanzgefäß erreichen sie nie ihre natürliche Größe, können bei guter Pflege aber viele Jahrzehnte alt werden.

Pflanzen brauchen Ruhezeiten

Viele Pflanzen stellen für einige Wochen im Jahr ihr Wachstum ein und begeben sich in eine Art Winterschlaf. Der Fachmann nennt das Vegetationspause.

Bei unseren heimischen Pflanzen liegt diese Vegetationspause in der sonnenarmen und kalten Zeit von November bis Anfang März.

Pflanzen aus anderen Klimazonen stellen oft in Trockenzeiten ihren Haushalt auf Sparflamme. Diese Ruhezeit muß nicht immer zur Zeit des mitteleuropäischen Winters sein, da ja bekanntlich auf der südlichen Halbkugel der Winter in unseren Sommer fällt.

In den Ruhezeiten wollen die Pflanzen kühl stehen, werden sehr wenig gegossen und nicht gedüngt. Bei vielen Stauden, Zwiebelpflanzen und Knollengewächsen zieht das Laub ein, bei einigen Gehölzen fallen die Blätter ab. Das ist ein ganz natürlicher Vorgang.

Ermöglicht man den Pflanzen diese Pause nicht, wirkt sich das negativ auf Blühfreudigkeit, den Austrieb im nächsten Frühjahr und das gesamte Wachstum aus.

Auch Pflanzen ohne ausgesprochene Ruhezeit durchleben im Laufe eines Jahres unterschiedliche Vegetationsphasen. Die Wachstumsphase beginnt meist im Frühjahr und ist an der Bildung neuer Triebe und Blätter zu erkennen. Jetzt muß die Pflege der Pflanzen intensiviert, d. h. mehr gegossen und gedüngt werden, da die Pflanze jetzt sehr viel mehr Nährstoffe und Kraft zum Wachsen benötigt.

Halbsträucher. Bei den Halbsträuchern sind junge Triebe oder Zuwächse weich und sterben in unseren Breiten im Winter oft ab. Die älteren Teile der Pflanzen verholzen mit der Zeit und treiben immer wieder neu aus. Auch diese Gruppe gehört zu den mehrjährigen Pflanzen.

Halbsträucher aus den Tropen und Subtropen findet man viele auf den Fensterbänken, z. B. Schönmalve *(Abutilon)*, Katzenschwanz *(Acalypha)*, Keulenlilie *(Cordyline)*, Zimmerhopfen *(Beloperone)*, Bleiwurz *(Plumbago)*.

Stauden. Bei den Stauden in unseren Breiten sterben die oberirdischen Teile alljährlich im Herbst ab und treiben aus dem Wurzelbereich im Frühjahr wieder aus.

Die staudigen Zimmerpflanzen stammen aus wärmeren Gegenden der Welt und bleiben das ganze Jahr grün, z. B. Kaladie *(Caladium)*, Zypergras *(Cyperus)*, Dreimasterblume *(Tradescantia)*. Zu den Stauden auf der Fensterbank gehören auch Zwiebelblumen, wie der Ritterstern *(Hippeastrum)*, und Knollenblumen, wie das Alpenveilchen *(Cyclamen)*, die ihre oberirdischen Pflanzenteile verlieren und nach einigen Monaten wieder austreiben. Sie alle sind mehrjährig und werden auch als Topfpflanzen recht alt.

Einjährige- und zweijährige Pflanzen. Viele unserer Sommerblumen sind einjährig. Sie keimen, wachsen, blühen und bilden fertige Samen in einem Jahr und sterben dann ab. Als zweijährig bezeichnet man Pflanzen, die im ersten Jahr keimen und wachsen, im zweiten Jahr blühen, fruchten und dann absterben. Viele blühende Topfpflanzen gehören zu dieser Gruppe.

Der Aufbau einer Pflanze

So unterschiedlich unsere Zimmer- und Balkonpflanzen aussehen, so haben sie doch im wesentlichen den gleichen Aufbau. Sie bestehen aus einem oberirdischen Teil, dem Sproß, an dem Blätter und Blüten sitzen, und einem unterirdischen Teil, der Wurzel.

Habitus (Wuchsform)

Anhand ihres Habitus kann man die Pflanzen in größere Gruppen einteilen. Rosettenartig wachsen viele Sukkulenten, das Usambaraveilchen *(Saintpaulia)* und *Siderasis*. Eine grasartige Wuchsform haben Segge *(Carex)* und Kalmus *(Acorus)*. Eine buschige Form besitzen Schiefteller *(Achimenes)* und diverse Farne. Aufrecht wachsen Korbmarante *(Calathea)* und zahlreiche Kakteen. Einen baumartigen Wuchs zeigen uns die meisten *Ficus*-Arten und die Zimmertanne *(Araucaria)*. Kletternde Triebe haben Efeutute *(Epipremnum)* und Klimme *(Cissus)*, hängende Fuchsien *(Fuchsia)* und Harfenstrauch *(Plectranthus)*.

Sproßachse (Stengel)

Die Sproßachse oder der Stengel ist meist zylinderförmig und wird durch die Blattansätze in Knoten und Internodien (Zwischenknotenstücke) geteilt. Der Stengel kann verzweigt oder unverzweigt, dick oder dünn, weich oder holzig sein. In ihm verlaufen die Leitungen, durch die Wasser und Nährstoffe von den Wurzeln zu den Blättern und Blüten transportiert werden. Stengel sind biegsam, können sich drehen und wenden und sorgen so dafür, daß sich die Blätter immer in einer günstigen Position zum Licht befinden.

Blätter

Blätter, genauer gesagt Laubblätter, sind meist flächige, grüne Pflanzenteile, in denen sich die lebenswichtigen Funktionen Photosynthese und Atmung (→ Seite 37) abspielen. Ein Blatt setzt sich aus der Blattspreite, die von den Blattadern durchzogen wird, und dem Blattstiel zusammen. Blätter gibt es in den verschiedensten Formen, Farben und Größen. Manche Zimmerpflanzen werden eigens wegen ihrer Blätter gehalten und geben, in der richtigen Zusammenstellung auf der Fensterbank, ein vielfältiges und buntes Bild. Verlieren Pflanzen aus nicht natürlichen Gründen ihre Blätter, kann die Pflanze keine Nährstoffe aufbauen und stirbt ab.

Blüten

Die Blüten dienen der Fortpflanzung. Sie tragen die Vermehrungsorgane der Pflanzen, die weiblichen Eizellen und die männlichen Pollen. Ob strahlend schön, auffällig und groß, klein und bescheiden, in kräftigen Farben oder zarten Pastelltönen, angenehm duftend oder eher unangenehm riechend – alle Blüten haben nur eins im Sinn: Sex.
Zur Befruchtung brauchen sie vor allem Insekten, die sie mit ihren Farben und Gerüchen anlocken. Hummeln, Bienen & Co. tragen die Pollen von einer Blüte zur anderen und »verlieren« sie auf der Narbe. Manchmal hilft auch der Wind und trägt den Blüten die begehrten Pollenkörner zu.
Eine Blüte besteht in der Regel aus Kelchblättern, Blütenblättern, Staubgefäßen und Fruchtblättern, in denen die Samenanlagen liegen.
Vereinigen sich mehrere Blüten, so spricht man von einem Blütenstand.
Die Blütenbildung ist nach der Keimung und dem Wachstum die dritte Station auf dem Weg zum Ziel, der Samenreife. Pflanzen produzieren so viele Blüten wie möglich, um die Fortpflanzung zu sichern. Hat die Befruchtung in ausreichendem Umfang stattgefunden, hört die Pflanze auf zu blühen. Alle Kraft steckt sie jetzt in die Ausbildung von Früchten und Samen. Diesen von der Natur so sinnvollen Vorgang nutzt der Zimmer- und Balkongärtner schamlos aus. Indem er verwelkte und meist auch befruchtete Blüten immer wieder abschneidet, veranlaßt er die Pflanze dazu, dauernd neue Blüten zu bilden. In dieser Zeit brauchen Blütenpflanzen viel Dünger, um den Streß zu überstehen.

Samen und Früchte

Der Samen ist der Teil der Pflanze, der nach der Befruchtung der weiblichen Samenanlagen entsteht. Er besteht aus einer derben Hülle, der Samenschale, dem Embryo und einem Nährstoffvorrat zur Erstversorgung des Embryos. Samen können kopfgroß, aber auch staubfein sein, in Einzahl oder Mehrzahl entstehen. Manche werden vom Wind verfrachtet, andere benötigen Tiere als Verbreiter. Vom Wind verbreitete Samen sind meist leicht und mit Fortsätzen, wie Haaren oder Flügeln, versehen. Samen, die durch Tiere verbreitet werden, sind oft von einer leuchtenden, saftigen Hülle umgeben, die zum Fressen einlädt.
Bei Zimmerpflanzen kommt es selten zur Samenbildung. Einmal fehlen die Insekten, zum anderen sind bestimmte Witterungsbedingungen erforderlich, damit die Früchte reifen.

Wurzel

Die Wurzeln dienen dazu, die Pflanze im Boden zu verankern, Wasser und Nährstoffe aus dem Boden aufzunehmen und weiterzuleiten sowie Reservestoffe zu speichern. Dazu entwickeln sich Teile der Wurzel zu Speicherorganen, wie Wurzelknollen, Zwiebeln oder verdickten Wurzelstöcken (Rhizomen).

Was Sie über Pflanzen wissen sollten

In dieser Phantasiepflanze vereinigen sich viele bekannte Blüten-, Blatt- und Wurzelformen. Natürlich zeigt sie nur einen Bruchteil der Vielfalt, mit der Pflanzen ihre Blätter, Blüten, unterirdischen Organe oder auch Früchte gestalten können. Die Entstehung der unterschiedlichen Formen geht vor allem darauf zurück, daß sich die standortgebundenen Pflanzen im Laufe der Evolution optimal an ihren Heimatstandort und die dort herrschenden Bedingungen (Klima, Licht, Bestäuber, usw.) anpassen mußten.

Der Erfindungsreichtum der Flora ist unbegrenzt

ERFOLGREICH PFLEG

EN UND VERMEHREN

Alle Pflanzen, mit denen wir uns im häuslichen Bereich umgeben, wachsen eingezwängt in Töpfen, Kästen und Kübeln, fernab von ihren natürlichen Standorten. Nur mit unserer Hilfe können sie überleben.

In diesem Kapitel erfahren Sie, was Zimmer-, Balkon- und Kübelpflanzen zum Wachsen brauchen, wie man sie richtig düngt und gießt, wann sie umgetopft werden müssen, wie sie vermehrt werden, wie man sie gut über den Urlaub bringt, was bei Schädlingsbefall und Krankheiten zu tun ist und noch vieles mehr.

Jedem größeren Thema folgen farbig illustrierte Praxis-Seiten, auf denen praktische Arbeitsschritte, Schädlinge oder Krankheiten gezeigt werden.

Ob Einpflanzen, Umtopfen, Vermehren – wenn man weiß, wie's gemacht wird, ist der Erfolg so gut wie sicher.

Handwerkzeug und Wachstumsfaktoren

Wenn Zimmerpflanzen Platz, Licht und optimale Pflege haben, werden sie so hoch wie es ihr arteigenes Wachstumsprogramm zuläßt. Diese prächtigen Drazänen haben fast die Zimmerdecke erreicht.

Das Handwerkzeug

Wie für alle Arbeiten, so ist auch zur Pflege der Pflanzen gutes Werkzeug unabdingbar. Die Grundausrüstung für einen Zimmer- und Balkonpflanzengärtner besteht aus:

- Handrechen
- Handschaufel
- Handkralle
- Hand-Grabegabel
- kleine Gießkanne (1–2 l) mit langem, schmalem Gießrohr für buschige Pflanzen
- Gießkanne mit einer Maß-Skala (erleichtert die Dosierung beim Düngen)
- große Gießkanne (5–10 l) für Balkon und Terrasse
- Pumpkanne mit langem, gebogenem Gießrohr, um Ampelpflanzen zu erreichen
- Filtergießkanne zur Aufbereitung von Gießwasser
- Zerstäuber zum Sprühen
- Universal-Gartenschere
- scharfes Messer
- Haushaltsschere
- Gartenhandschuhe
- Blumendraht
- Bast
- Schnur
- Holz- und Bambusstäbe in verschiedenen Größen
- Holzkohlepulver zum Desinfizieren der Schnittstellen
- verschiedene Dünger je nach Art der Pflanzen
- verschiedene Substrate und Zusätze je nach Art der Pflanzen
- verschiedene Pflanzgefäße
- großer Plastikkübel zum Mischen von Erden
- Wasserenthärter, wenn es die Wasserqualität verlangt
- Pflanzenleuchten, wenn die Standorte zu dunkel sind
- Systeme für die Urlaubs- oder Langzeitbewässerung
- Untersetzer mit Rollen für große Pflanzen
- Transporthilfen (Sackkarren) für Kübelpflanzen
- Anschluß für einen Gartenschlauch in Terrassennähe – Kübelpflanzen können sehr durstig sein.

- Das Handwerkzeug muß nach jedem Gebrauch gründlich gereinigt werden.
- Alte Töpfe, die man wiederverwendet, müssen aus Gründen der Hygiene, aber auch Ästhetik, vorher gut gewaschen werden.
- Von Blattglanzmitteln ist abzuraten. Es reicht, wenn man verstaubte Pflanzen ab und zu mit einem weichen, feuchten Tuch vorsichtig abwäscht.

Wachstums- und Pflegefaktoren

Vier Faktoren entscheiden über das Wohlergehen unserer Zimmerpflanzen:

Licht ist die Energiequelle für den komplizierten Vorgang der Photosynthese. Jede Pflanze hat ihren eigenen Lichtbedarf, der bei der Standortwahl unbedingt berücksichtigt werden muß. Zuviel Licht ist ebenso schädlich wie zu wenig.

Wärme ist ein weiterer wichtiger Wachstumsfaktor. Sie regt die Nährstoffaufnahme sowie das Wachstum an und fördert das Bodenleben. Pflanzen, die aus tropischen Regenwäldern stammen, lieben Wärme rund um die Uhr. Tropische Bergbewohner, dazu gehören auch viele Orchideen, sind es gewohnt, wenn die Temperatur nachts einige Grade absinkt und schätzen es daher, wenn wir im Winter nachts die Heizung herunterdrehen. Auch mediterrane Arten müssen, wenn die lichtarme Zeit beginnt, kühler stehen. Eines aber ist für alle Pflanzen wichtig: Bodenwärme. Sie sollte nie tiefer als die Raumtemperatur liegen. »Kalte Füße« sind für unsere grünen Gäste genauso gesundheitsschädigend wie für uns. Wer eine Fußbodenheizung besitzt, wird feststellen, wie prächtig vor allem tropische Pflanzen gedeihen. Da mehr Wärme (und Licht) dazu führen, daß mehr Wasser verbraucht wird, muß man bei hohen Temperaturen und hellem Stand öfter gießen und bei kühlen Temperaturen vorsichtiger mit dem Wasser umgehen.

Luft ist in Verbindung mit der Luftfeuchtigkeit und der Lufttemperatur ein wichtiger Wachstumsfaktor. Durch winzige Poren (Spaltöffnungen) an den Blättern atmen Pflanzen auch das in der Luft enthaltene Kohlendioxid ein, spalten es auf und geben Sauerstoff wieder ab. Auch die Wurzeln brauchen Luft, die in kleinen Hohlräumen lockerer Erde enthalten ist.

Wasser ist das Transportmittel, das alle Nährstoffe in den Leitungsbahnen der Pflanze hin- und hertransportiert. Der Wasserbedarf ist von Pflanze zu Pflanze ganz unterschiedlich und hängt zudem noch von der Jahreszeit, der Temperatur und der Helligkeit ab. Auch hier gilt es, die richtige Menge zu ermitteln – lieber jedoch die Pflanze etwas trockener halten, als sie ersäufen. Pflanzen mit großen, weichen Blättern verdunsten viel Feuchtigkeit über die Blattoberflächen und sind ganz schön durstig.

Nährstoffe nehmen die Pflanzen über die Wurzelorgane auf. Bedarf und »Geschmack« sind sehr verschieden. Einige Arten brauchen mehr Stickstoff, andere mehr Phosphor. Auch hier kommt es auf die richtige Menge zur richtigen Zeit an. Zu viel Nährstoff ist oft schädlicher als zu wenig.

Bild rechts: Drachenbäume (Dracaena) als Kübelpflanzen

Licht – Wachstumsfaktor Nummer eins

Pflanzen empfinden Lichtstärke ganz anders als wir Menschen. Nur direkt am Fenster ist es hell genug für sie. Bereits zwei Meter von der Lichtquelle entfernt, ist es für sie schon zu dunkel. Mit Pflanzenleuchten kann das Defizit jedoch ausgeglichen werden.

Ohne Licht gäbe es keine Pflanzen. Licht ist die Energiequelle, mit deren Hilfe das Chlorophyll in Blättern und Stengeln aus Kohlendioxid Kohlenhydrate (Zucker, Stärke) macht. Diesen Vorgang nennt man Photosynthese (→ Seite 37). Wieviel Licht unsere Zimmerpflanzen für diese Arbeit benötigen, ist sehr unterschiedlich und hängt von den Arten und ihren vom Heimatstandort her gewohnten Bedingungen ab.

Lichtintensität

Direkt am Fenster erhalten die Pflanzen die volle Lichtmenge, also 100 Prozent. Schon einen Meter vom Fenster entfernt, beträgt die Lichtintensität nur noch 50–80 Prozent, je nach Fenstergröße. Bei einer Entfernung von zwei Metern liegt die Lichtintensität bei etwa 25 Prozent, bei einem Abstand von drei Metern bei etwa 10 Prozent. Mathematisch ausgedrückt: Die Lichtmenge nimmt mit dem Quadrat des Abstandes zur Lichtquelle ab.

Die Lichtintensität wird gemessen in Lux. Zum Messen verwendet man die sogenannten Luxmeter.

Bei Werten zwischen 700 und 1 000 Lux können Pflanzen mehr oder weniger lang gerade noch überleben und sehen dementsprechend kümmerlich aus. Ab 2500 Lux normalisiert sich das Wachstum, ab 10 000 Lux sind keine Schäden mehr zu befürchten.

Lichtbedarf

Es würde zu weit führen, für jede Pflanze den Lichtbedarf zu jeder Jahreszeit in Lux aufzuführen. Als Richtlinien gelten die Angaben in den Steckbriefen: sonnig, hell, halbschattig, schattig.

Einiges verraten uns auch die Blätter. Pflanzen mit weiß- oder gelbgemusterten, rötlichen oder sehr dunklen Blättern brauchen meist mehr Licht (keine direkte Sonne) als grünlaubige Arten, weil der Chlorophyllanteil in den Blättern geringer ist, die geringere Menge Chlorophyll aber die gleiche Leistung vollbringen muß wie die größere Menge in völlig grünen Blättern. Um das zu schaffen, wird mehr Energie (= Licht) benötigt. Stellt man Pflanzen mit panaschierten Blättern an einen dunkleren Platz, vergrünen sie mit der Zeit, produzieren also mehr Chlorophyll – eine Maßnahme zur Selbsterhaltung, weil die größere Menge Chlorophyll dann wieder mit der geringeren Lichtmenge auskommt, um die erforderlichen Leistungen zu erbringen.

Weiche Blätter deuten meistens darauf hin, daß die Pflanzen eher halbschattige Standorte bevorzugen.

Pflanzen, die in heißen, sonnigen Gebieten wachsen und viel Licht abbekommen, haben sich im Laufe der Entwicklung einen Licht- bzw. Verdunstungsschutz zugelegt, z. B. Kakteen, die gar keine Blätter haben, Sukkulenten mit dicken, fleischigen Blättern, Pflanzen mit ledergen (Gummibaum), sehr kleinen (Christusdorn), graugrünen (Leuchterblume) oder festen, stark behaarten Blättern (*Kalanchoë*-Arten).

Lang- und Kurztagpflanzen

Die tägliche Lichtdauer am natürlichen Standort der Pflanzen zu bestimmten Zeiten des Jahres hat bei vielen Arten eine große Bedeutung für die Blütenbildung. Man unterscheidet Langtag- und Kurztagpflanzen.

Bei Langtagpflanzen bilden sich nur dann Blütenknospen, wenn die Lichtdauer einige Wochen lang mehr als 12 Stunden beträgt. Kurztagpflanzen dürfen in der Zeit der Knospenbildung nur 12 oder weniger Stunden Tageslicht abbekommen. Bei den sogenannten tagneutralen Pflanzen hat die Lichtdauer keinen Einfluß auf die Blütenbildung.

Im Gewächshaus und Zimmer kann man mit Hilfe spezieller Lampen, die im Fachhandel zu erwerben sind, die Lichtdauer selbst bestimmen, gute Lichtverhältnisse an einem ungünstigen Platz schaffen oder dunkle Tage aufhellen.

Die Lichtverhältnisse in einem Raum sind sehr unterschiedlich

Lichteinfall und Wuchsrichtung

Pflanzen haben also eine intensive Beziehung zum Licht. Einige Arten z. B. sind an einen bestimmten Lichteinfall gewöhnt. Wird die Position nicht eingehalten, werfen die Pflanzen Knospen und Blüten ab. Bei Pflanzen, die zur Blütenbildung an einen gewissen Lichteinfall gewöhnt sind, bringt man am Topf eine Markierung (Lichtmarke) an, die ab der Knospenbildung immer in ein und dieselbe Richtung weisen muß. Andere Pflanzen dagegen müssen gedreht werden, weil sie sonst schief wachsen, dem Licht entgegen.

Veränderungen der Lichtverhältnisse sollten nie plötzlich erfolgen. Will man seinen Zimmerpflanzen im Sommer einen Aufenthalt im Freien gönnen, darf man sie nicht gleich direkter Sonne aussetzen. Auch auf der Fensterbank wird den Pflanzen der Sonnenschein manchmal zu viel. Besonders in den Mittagsstunden müssen empfindliche Arten schattiert werden.

Photosynthese

Die Photosynthese, die hauptsächlich von den Pflanzen ausgeführt werden kann, schafft die Grundlage allen Lebens auf dieser Welt. Vereinfacht dargestellt, funktioniert sie folgendermaßen: Durch winzige Spaltöffnungen an den Unterseiten der Blätter nehmen die Pflanzen tagsüber Kohlendioxid und Wasserdampf aus der Luft auf. Über die Wurzeln nehmen sie wasserlösliche Mineralien auf. Mit diesen anorganischen (körperfremden) Stoffen können die Pflanzen aber nichts anfangen. Also verwandeln sie in einem mehrstufigen chemischen Prozeß das Kohlendioxid und Mineralien mit Hilfe des Chlorophylls in organische (körpereigene) Stoffe, Stärke und Zucker (Assimilation). Diese »chemische Fabrik« muß jedoch durch Energie angetrieben werden, und diese Energie bezieht die Pflanze aus dem Licht (Photosynthese).

Dissimilation

Kohlendioxid wird permanent in großen Mengen produziert. Menschen und Tiere atmen es ständig aus, bei allen Verbrennungsvorgängen entsteht dieses Gas. Gleich groß ist der Verbrauch an Sauerstoff, den die Lebewesen einatmen, ohne den kein Feuer brennt. Der Vorrat wäre bald verbraucht, gäbe es die Pflanzen nicht. Bei der Verarbeitung des Kohlendioxids aus der Luft entsteht in den Blättern – sozusagen als Abfallprodukt – Sauerstoff.

Nachts, wenn die Photosynthese-Fabrik nicht arbeitet, weil das Licht fehlt, wird ein Teil der aufgebauten Stoffe wieder abgebaut. Die Pflanze atmet nun Kohlendioxid aus und Sauerstoff ein (Dissimilation).

Sicherlich reichern die Pflanzen tagsüber im Zimmer die Luft mit Sauerstoff an und verringern den Kohlendioxidgehalt. Sie assimilieren in Räumen jedoch lange nicht so stark wie im Freien.

Schematische Darstellung der Fabrik »Pflanze«

Ununterbrochen laufen chemische Prozesse in den Pflanzen ab. Die wichtigsten sind die Photosynthese (Assimilation), die Dissimilation sowie Atmung und Transpiration: Tagsüber wird Kohlendioxid (CO_2) aufgenommen, in Kohlenstoff (C) und Sauerstoff (O_2) gespalten, der Sauerstoff wird abgegeben. Nachts dagegen atmen die Pflanzen Sauerstoff ein und geben Kohlendioxid ab. Wasser (H_2O) wird ebenfalls aufgenommen und zum Teil über die Blätter auch wieder verdunstet, tags unter Licht- und Wärmeeinfluß mehr als nachts bei Dunkelheit und kühleren Temperaturen.

Lichtmarken (Bild unten) garantieren einen konstanten Lichteinfall.

Lichtmarke

Wachstumsfaktoren Luft und Temperatur

Die relative Luftfeuchtigkeit hat eine wesentliche Bedeutung für das Wohlergehen der Pflanzen. Eine höhere Luftfeuchtigkeit kann durch Sprühen oder Vergrößern der Verdunstungsflächen erzeugt werden.

Die Beschaffenheit der Luft, der Prozentsatz an Wasserdampf, den sie enthält, und die Temperatur sind weitere wichtige Wachstumsfaktoren für die Pflanzen.

Luftqualität

Pflanzen brauchen Luft zum Leben wie jedes andere Lebewesen auch. Da die Blätter als unendlich großer Filter wirken, könnte man meinen, die Qualität der Luft ist den Pflanzen egal. Doch das stimmt nicht. Stickige, gestaute Luft bei zu dichtem Stand, Zugluft, mit Abgasen oder Rauch verunreinigte Luft, Ausdünstungen von Holzschutzmitteln und anderen Chemikalien bekommen den meisten Gewächsen gar nicht.

Es gibt allerdings auch Ausnahmen: So wurde festgestellt, daß bestimmte Grünpflanzen, z. B. die Grünlilie *(Chlorophytum comosum)*, die schädlichen Ausdünstungen des Formaldehyd aufnehmen und »verarbeiten«. Formaldehyd ist u.a. Ausgangsstoff für Kunstharze und Bindemittel, Desinfektions- und Konservierungsmittel, entsteht aber auch bei Verbrennungen und befindet sich in Autoabgasen und Zigarettenrauch. Die von den Pflanzen verarbeiteten Mengen sind allerdings so gering, daß verseuchte Räume durch Blattmasse allein nicht dauernd entsorgt werden könnten.

Andere Pflanzen, in erster Linie Gehölze, haben eine gewisse Widerstandsfähigkeit (Resistenz) gegen Abgase aller Art entwickelt. Der Baumschulfachmann spricht in diesem Zusammenhang von Industrieresistenz. Liegen Balkon oder Terrasse an einer stark befahrenen Straße, so ist es ratsam, beim Kauf von Kübelpflanzen nach entsprechend geeigneten Pflanzen zu fragen.

Unübertroffen an Unempfindlichkeit ist die Schuster- oder Metzgerpalme *(Aspidistra elatior)*. Sie verträgt nicht nur dunkle, kühle Standorte, sondern auch Zugluft und Rauch. Früher traf man diese Pflanze daher sehr häufig in Gaststätten, Läden und Werkstätten an.

Sprühen: direkte Luftfeuchte

Verdunsten: indirekte Luftfeuchte

Nicht nur die Blätter, auch die Wurzeln brauchen Luft, genauer gesagt Sauerstoff. Oft kümmern Pflanzen vor sich hin, weil sich das Substrat im Laufe der Zeit so stark verdichtet hat, daß nur wenig Sauerstoff an die Wurzeln gelangen kann. Lockern Sie die Substratoberfläche gelegentlich auf, ohne jedoch die Wurzeln zu verletzen.

Luftfeuchtigkeit

In engem Zusammenhang mit der Luft steht die relative Luftfeuchtigkeit, die man mit einem Hygrometer messen kann. Je nach Herkunft sind die Ansprüche der Pflanzen an die Luftfeuchtigkeit sehr unterschiedlich. Eine für Mensch, Tier und Pflanze angenehme relative Luftfeuchtigkeit liegt zwischen 60 und 70 Prozent.

Vom Frühjahr bis zum Herbst sind diese Werte leicht zu erreichen, denn in ungeheizten Räumen ist weniger Wasser notwendig, um die notwendige Luftfeuchte zu erzielen als in sehr warmen. Problematisch wird es daher zur Heizperiode im Winter. Heizungsluft ist trocken und enthält oft nur zwischen 40 und 50 Prozent relative Luftfeuchtigkeit. Bei solchen Werten sollte man unbedingt die Luftfeuchtigkeit künstlich erhöhen.

Luftbefeuchter gibt es in verschiedenen Ausführungen, vom elektrischen Apparat über Zimmerspringbrunnen und Lavaquellsteine bis zu einfachen Behältern, die man an den Heizkörpern anbringt.

Um den Pflanzen auf der Fensterbank ein besseres Klima zu verschaffen, läßt man in ihrer näheren Umgebung ständig Wasser verdunsten. Dazu stellt man die Pflanzgefäße auf Schalen oder Wannen, die mit Wasser und Kieselsteinen oder Tongranulat gefüllt sind. Eine andere Möglichkeit besteht darin, die Blumentöpfe in größere Töpfe zu stellen und den Zwischenraum mit saugfähigem Material zu füllen, das ständig feucht gehalten wird. Der Fachhandel bietet auch spezielle Verdunstungsschalen an, bei denen die Pflanzen auf einem Rost über dem Wasser stehen. Das Pflanzgefäß selbst darf die Wasseroberfläche nicht berühren, da permanent nasse Wurzeln schnell faulen.

Die meisten Zimmerpflanzen freuen sich über einen feinen Nebel aus dem Sprüher, besonders Epiphyten, die im verstärktem Maße Wasser über die oberirdischen Pflanzenteile aufnehmen.

Temperatur

Unsere Zimmer- und Balkonpflanzen stammen aus allen Klimazonen der Welt. Manche Arten sind das ganze Jahr an hohe, gleichmäßige Temperaturen gewöhnt, andere stammen aus Gebieten mit ausgeprägten Jahreszeiten, andere wiederum brauchen einen Temperaturunterschied zwischen Tag und Nacht. Es versteht sich von selbst, daß man in einem Wohnzimmer nicht jede beliebige Klimazone simulieren kann, man kann aber auf jeden Fall Pflanzen mit gleichen Ansprüchen zusammenstellen und das Klima künstlich beeinflussen.

Lufttemperatur. An die Lufttemperatur passen sich viele Pflanzen erstaunlich gut an. Bedenkt man die Tatsache, daß über die Blätter an warmen Tagen mehr Wasser verdunstet als an kühlen, und stimmt man die Wassermengen auf die jeweiligen Temperaturen ab, gießt also bei warmem Wetter häufiger als bei kühlem und besprüht die Blätter einmal mehr, überstehen die Pflanzen Abweichungen von der Norm ohne Schäden. Die meisten Pflanzen sind mit Temperaturen von 18–24° C zufrieden.

Bodenwärme. Eine große Bedeutung hat jedoch auch die Temperatur des Bodens – was oft übersehen wird. Wärme regt das Leben der Mikroorganismen im Boden an, veranlaßt die Wurzel, in stärkerem Maße Nährstoffe und Wasser aufzunehmen und setzt das Wachstum in Gang. Wir erleben diesen »Start« alljährlich im Frühjahr. Während der Vegetationszeit darf der Boden dann nicht wieder stark auskühlen, weil sonst die lebensnotwendigen Aktivitäten ins Stocken geraten. Hinter der Glasscheibe kann es bei Sonnenschein sehr warm werden. Die Blätter verdunsten nun viel Feuchtigkeit. Das Substrat im Topf ist jedoch kälter, weil es meist durch Blätter beschattet ist. Die Pflanze bekommt »kalte Füße«, und die Wurzeln reduzieren ihre Arbeit. Sie transportieren also nicht so viel Wasser in die Blätter, wie diese der hohen Verdunstung entsprechend benötigen. Das Resultat sind schlappe Pflanzen trotz feuchtem Substrat.

Heizmatte für Topfpflanzen

Kälte im Wurzelbereich verträgt keine Pflanze. Elektrische Heizmatten sorgen für die notwendige Bodenwärme. Es gibt sie in unterschiedlichen Größen.

Viele Zimmerpflanzen stehen im Sommer gerne draußen

Sommerfrische auf Balkon oder Terrasse ist für viele Zimmerpflanzen wie Urlaub. Stellen Sie die Pflanzen aber erst nach den Eisheiligen ins Freie und holen Sie sie wieder ins Haus, wenn die Nachttemperaturen auf 10–12° C absinken. Achten Sie darauf, daß der Wind sie nicht umwerfen kann und daß Pflanzen mit wasserempfindlichen Blättern und geringem Durst nicht im Regen stehen.

Lebensnotwendiges Wasser

Pflanzen bestehen zu einem großen Teil aus Wasser. Es dient zum einen als Transportmittel, zum andern zum Straffhalten der Pflanze.

Transportmittel Wasser

Über die Wurzeln werden die »Rohstoffe« hinauf zur »Fabrik Blatt« geleitet, die fertigen »Produkte« weiter zu den Triebspitzen, damit sich neue Zellen bilden können, und zurück in die Wurzeln (Knollen, Zwiebeln, Rhizome), um Vorrat für schlechte Zeiten zu speichern oder zu den Blüten, weil sich dort die Früchte entwickeln.

Bekommen die Pflanzen zuwenig Wasser, werden sie schlaff, gibt man ihnen zuviel Wassser, lassen sie ebenfalls die Blätter hängen. Das schlaffe Aussehen veranlaßt viele Pflanzenfreunde, immer wieder zur Gießkanne zu greifen, und sie vergrößern ungewollt den Schaden. Der übermäßige Anteil Wasser im Substrat verdrängt nämlich fast alle Luft aus dem Wurzelbereich. Luft ist aber Voraussetzung für die äußeren, feinen Haarwurzeln, Wasser aufsaugen zu können. Bei zu viel Wasser in der Erde, können die Wurzeln also nicht die notwendige Menge zu den Blättern transportieren. Fast kann man sagen, die Wurzeln ertrinken und die Blätter vertrocknen.

Wieviel Wasser?

»... und wie oft muß ich diese Pflanze gießen?« ist wohl die häufigste Frage, die beim Kauf gestellt wird. Und es gibt keine exakte Antwort. Meistens beschränken sich die Auskünfte auf »reichlich«, »mäßig« und »sparsam« und beschreiben lediglich den grundsätzlichen Bedarf.

Reichlich heißt: Die Erde muß immer feucht sein, lediglich die Oberfläche darf sich trocken anfühlen. Bei mäßigem Wasserbedarf sollte die oberste Schicht 2–3 cm austrocknen, bevor Sie wieder zur Kanne greifen. Bei sparsamem Gießen dürfen 2/3 des Substrats trocken werden. Testen Sie das Substrat in diesem Fall, indem sie einen hölzernen Schaschlikspieß vorsichtig hineinstecken – feuchte Erde bleibt daran haften.

Zimmerpflanzen, die unbedingt weiches Wasser benötigen:

Anthurium
Aphelandra
Begonia
Bromelien
Camellia
Citrus
Dieffenbachia
Dipladenia
Dizygotheca
Fittonia
Gardenia
Hydrangea
Ixora
Jasminum
Leptospermum
Maranta
Medinilla
Myrtus
Orchideen
Pentas
Rhododendron
Zimmerfarne
Zimmerpalmen

Die Wassermenge hängt bei jeder einzelnen Pflanze von der Jahreszeit, dem Material und der Größe des Pflanzgefäßes, der Zusammensetzung des Substrats und der örtlichen Temperatur ab, die sich von einem zum anderen Tag ändern kann. Beim Gießen ist Fingerspitzengefühl – im wahrsten Sinne des Wortes – gefragt und ein wenig Wissen über die Bedeutung und Funktion des Wassers im Leben der Pflanzen.

Wassertemperatur

Eine wichtige Rolle spielt auch die Temperatur des Wassers, die ungefähr den gleichen Wert wie die Temperatur des Substrats haben soll: zimmerwarm, also etwa 20° C. Meistens erreicht man diesen Wert, wenn die gefüllte Gießkanne einen Tag lang im Raum steht. Auf einer zugigen Fensterbank aus Marmor oder Fliesen allerdings wird das Wasser sich nicht auf Raumtemperatur erwärmen.

Wasserqualität

An ihren natürlichen Standorten werden alle Pflanzen mit Regenwasser »gegossen«, und einige bestehen auch in Kultur auf weichem Wasser. Sehr viele nehmen jedoch mit normalem Leitungswasser vorlieb; sehr hartes Wasser muß aber unbedingt entkalkt werden. Es gibt verschiedene »Weichmacher«. Bei einer Härte vom 8°dH bis 9°dH reicht es, das Wasser fünf Minuten zu kochen. Der Kalk fällt aus und bleibt als Kesselstein im Topf zurück. Für härteres Wasser bietet der Fachhandel Chemikalien und Filtergeräte zum Enthärten des Wassers an. Achtung: Destilliertes Wasser vertragen Pflanzen nicht.

Richtig gießen

Einige Pflanzen haben besonders wasserempfindliche Blätter, Herzen oder Knollen. Diese Arten werden hauptsächlich über den Untersatz gegossen. Bekommen sie ihre Rationen jedoch immer nur »von unten«, wandert das Wasser nur in einer Richtung durch das Substrat, nämlich von unten nach oben. Es wird von der Erde aufgesogen, steigt aber gleichzeitig aus eige-

TIP

Was tun, wenn der Wurzelballen einer Pflanze vollkommen ausgetrocknet ist? Stellen Sie den Topf in einen mit Wasser gefüllten Eimer. Damit die trockene Erde nicht nach oben schwimmt, das Substrat mit größeren Kieselsteinen beschweren. Lassen Sie den Topf so lange im Wasser stehen, bis keine Bläschen mehr aufsteigen. Nach dieser Prozedur rinnt ein Teil des aufgesogenen Wassers durch das Abzugsloch in den Untersatz. Vergessen Sie nicht, diesen Überschuß auszugießen.

nem Antrieb nach oben, um an der Oberfläche zu verdunsten. Das hat zur Folge, daß sich die Nährsalze auch nur in dieser Richtung bewegen und sich im oberen Teil des Substrats sammeln, wo sie der Pflanze wenig nützen. Aufgenommen werden sie nämlich von den feinen Haarwurzeln im unteren Bereich des Ballens. Gießen Sie diese Pflanzen alle vier Wochen vorsichtig von oben, damit die Nährstoffe wieder in den unteren Teil des Topfes geschwemmt werden.
Eine allgemeingültige Gießregel gibt es nicht, aber eine grundsätzliche Empfehlung: Gießen Sie lieber zu wenig als zu viel! Wenn Sie dann noch folgende Hinweise beachten, werden Ihre Pflanzen weder ertrinken noch vertrocknen.

- Gießen Sie nach dem Bedarf der Pflanze und nicht einfach nur regelmäßig.
- Steigern Sie nach der Vegetationsruhe die Wassermengen langsam und reduzieren Sie die Menge allmählich zum Ende der Vegetationszeit.
- Immer mit zimmerwarmem Wasser gießen, kaltes Wasser »schockt« die Wurzeln.
- Gießen Sie morgens, niemals während der Mittagssonne (Verbrennungsgefahr) und nur in Notfällen abends.
- Wenn gewässert wird, dann kräftig. Häufige, kleine Wassergaben schaden mehr als sie nützen, weil nur die Oberfläche benetzt wird und kaum Feuchtigkeit bis zu den Haarwurzeln dringt.
- Gießen Sie nicht immer an der gleichen Stelle. Es bilden sich mit der Zeit Rinnen im Substrat, durch die das Wasser läuft und sich nicht in der Erde verteilt.
- Überschüssiges Wasser aus Untersätzen oder Übertöpfen etwa eine halbe Stunde nach dem Gießen auskippen.
- Wassertropfen trocknen auf den Blättern und hinterlassen graue Flecken. Bei Sonnenschein wirken die Tropfen wie Brenngläser und verursachen braune Stellen.
- Kalkhaltiges Wasser enthärten. Bei einer Wasserqualität bis 8°d ist das nicht notwendig. Den Härtegrad Ihres Wassers erfahren Sie bei Ihrem Wasserwerk.
- Mehr Wasser brauchen die Pflanzen in der Wachstumsperiode, an einem hellen Standort, bei hohen Temperaturen, bei geringer Luftfeuchtigkeit, bei weichen, großen Blättern, zu kleinen Töpfen oder Tontöpfen, bei sehr torfhaltigem oder lehmigem Substrat, wenn die Pflanzen bei Wind und Wärme im Freien stehen.
- Weniger Wasser brauchen die Pflanzen während der Ruhezeit, an einem dunklen Standort, bei niedrigen Temperaturen, bei hoher Luftfeuchtigkeit, wenn sie im Regen stehen, wenn das Substrat gemulcht oder dicht bewachsen ist, wenn sie ledrige Blätter haben, wenn das Laub mit einer Wachsschicht überzogen ist, wenn sie in zu großen Töpfen stehen, wenn die Töpfe aus Kunststoff sind oder glasiertem Ton.

Geweihfarne (Platycerium) wachsen gut in Pflanzkörben aus Holz

Schwierig ist das Gießen bei Pflanzen, die in einem besonders durchlässigen Substrat und in einem nicht geschlossenen Gefäß wachsen, z. B. Orchideen oder Farne in Pflanzkörben. Tauchen Sie die Körbchen für eine kurze Zeit in einen Eimer voll Wasser. Vor dem Aufhängen gut abtropfen lassen.

Urlaubsbewässerung

Das automatische Urlaubsbewässerungs-Set garantiert die Versorgung von bis zu 36 Topfpflanzen. Das System besteht aus einem Transformator mit Zeitschaltuhr, einer 14-V-Niederspannungspumpe, Verteilerschlauch und Tropfschlauch, Schlauchhalter, drei Tropfverteilern mit jeweils 12 Anschlüssen und Verschlußkappen für unbenutzte Anschlüsse. Die Tropfverteiler geben einmal am Tag unterschiedliche Wassermengen ab (15, 30, 60 ml), so daß man dem Wasserbedarf der Pflanzen entsprechend den richtigen Tropfverteiler einsetzen kann.

Für den Pflanzenfreund ist der Urlaub die schönste Zeit des Jahres, für die Pflanzen geraten diese Wochen oft zur Durststrecke. Besonders dann, wenn sie im Sommer allein über die Runden kommen müssen. Die beste Urlaubsbewässerung sind zuverlässige Nachbarn und Freunde, aber nicht immer stehen sie zur Verfügung – zumindest nicht so häufig, wie es die Pflanzen wünschen. Die Lösung des Problems: Langzeitbewässerungen, die 10 oder 14 Tage ohne fremde Hilfe bewältigen und deren Wasservorrat bei einem längeren Urlaub nur gelegentlich aufgefüllt werden muß. Die Methoden reichen vom selbstgemachten, pfiffigen Trick bis zum gekauften, ausgeklügelten System. Wie lange der Vorrat reicht, hängt vom Volumen der Wassertanks ab. Vor Reiseantritt werden die Pflanzen gründlich gegossen und an einen schattigen, kühlen Platz gestellt, um Wasserbedarf und Verdunstung zu reduzieren. Das gilt auch für Balkonkästen und Terrassenkübel. Hier einige Tips zur Urlaubsbewässerung:

Pflanzen unter der Haube

Das verlängerte Wochenende überstehen manche Pflanzen ganz gut unter durchsichtigen Plastiktüten, die so übergestülpt werden müssen, daß sie die Pflanze nirgends berühren. Dünne Stäbchen wirken als Abstandhalter. Hauben vertragen nur Gewächse, die kurzfristig hohe Luftfeuchtigkeit tolerieren. Ein gewisser Verdunstungsschutz wird auch erreicht, wenn man nur das Substrat mit Folie abdeckt.

Flaschenbewässerung

Mit Wasser gefüllte Flaschen, die kopfüber in Töpfe und Kästen gesteckt werden, helfen kurzzeitig auch über die Runden.

Da allerdings aus unverschlossenen Flaschen das Wasser zu schnell herausläuft, sollte man die Öffnung mit einem Korken verschließen, in den man zuvor ein Loch gebohrt hat.

Dochtmatten

Der beste Platz für dieses System ist die Küchenspüle. Ein Teil der extrem saugfähigen Dochtmatte liegt gut angefeuchtet auf der Geschirrablage, der andere Teil hängt in das gefüllte Wasserbecken. Durch das Abzugsloch des Pflanzgefäßes steckt man dann das eine Ende eines gut angefeuchteten Spezialdochts in

Automatische Urlaubsbewässerung für Topfpflanzen

das Substrat, das andere Ende liegt auf der feuchten Matte und wird durch das Gefäß bedeckt und beschwert – es darf nichts hervorschauen. Dochtmatten und Spezialdochte gibt es im einschlägigen Fachhandel.

Saugdochte

Mit Hilfe dicker Spezialdochte oder -bänder läßt man Wasser aus einem Eimer in die Pflanzgefäße ziehen. Die Dochte werden gut angefeuchtet. Das eine Ende zieht man mit Hilfe einer Sacknadel durch das Abzugsloch bis zur Oberfläche, verteilt das Band gleichmäßig und streut etwas Substrat darüber. Das andere Ende befindet sich mit einem Stein beschwert am Boden des gefüllten Eimers. Der Topf steht auf Holzlatten, die über dem Eimer liegen.

Bei einer anderen Methode werden Dochte, Bänder oder saugfähige Vliesstreifen von oben in das Substrat gesteckt. Das andere Ende liegt beschwert auf dem Boden des Wassergefäßes, das höher als die Pflanze stehen muß.

Je dicker die Dochte, Bänder oder Vliesstreifen sind, desto mehr Wasser wird transportiert.

Pflanzen am Tropf

Preiswert und langlebig sind Plastiktüllen, die per Schlauch mit dem Wasservorrat verbunden sind. Die Spitzen der Tüllen werden mit Watte verstopft, wodurch eine Saugwirkung durch Unterdruck hergestellt wird. Die Watte wirkt wie ein Filter und muß je nach Wasserhärte früher oder später erneuert werden, sonst bleibt die Saugwirkung aus.

Tonkegel

Gut gewässerte Tonkegel werden mit Wasser gefüllt, verschlossen und in das Substrat gesteckt. Die Tonkegel werden durch dünne Verbindungsschläuche mit einem Vorratsbehälter verbunden.

Achtung: Im Ton setzt sich Kalk aus dem Wasser ab, verschließt mit der Zeit die Poren und macht die Kegel undurchlässig und unbrauchbar.

Gefäße mit doppeltem Boden

Der Handel bietet Pflanzgefäße für Fensterbank und Balkon an, deren untere Teile Wassertanks darstellen. Im Prinzip funktionieren diese Systeme nach der Saugdocht-Methode. Dicke Bänder oder Schnüre stellen die Verbindung zwischen Wasservorrat und Substrat her. Derartige Kästen und Töpfe vereinfachen das Gießen nicht nur im Urlaub, denn es wird immer so viel Wasser angesaugt, wie die Pflanzen gerade benötigen.

Automatische Bewässerung

Wer viele Pflanzen auf Balkon oder Terrasse zu versorgen hat, erleichtert sich mit einer automatischen Bewässerungsanlage die Arbeit während der ganzen Saison. Voraussetzungen sind Wasser- und Stromanschluß. Ein Schlauchsystem verbindet die Pflanzgefäße mit der Wasserleitung und in jedem Gefäß befindet sich eine »Wasserquelle«. Geregelt werden diese Anlagen durch Schaltuhren, die zu vorher programmierten Zeiten den Wasserhahn öffnen. Besser arbeiten diese Anlagen in Verbindung mit Feuchtigkeitsfühlern (Tonkörper, Quellholzregler), die in der Erde stecken und mit dem System verbunden sind. Die Ventile öffnen sich dann nur bei Bedarf, der von den Fühlern signalisiert wird.

»Automatische Gießkanne« für Kübelpflanzen

Auch auf Balkon oder Terrasse funktioniert das auf Seite 42 beschriebene Bewässerungs-System. Man muß nur dem größeren Wasserbedarf der Pflanzen entsprechend zwei, drei oder mehr Tropfschläuche mit den Schlauchhaltern auf dem Substrat befestigen. Ein freundlicher Nachbar muß jetzt nur noch hin und wieder den Wasservorrat auffüllen.

Gießen auf einen Blick

Feuchtigkeitsmesser bieten dem Anfänger in der Zimmerpflanzen-Haltung eine gewisse Hilfe beim Gießen, ersetzen aber nicht Fingerspitzengefühl und Erfahrung. Die Geräte werden in verschiedener Qualität angeboten.

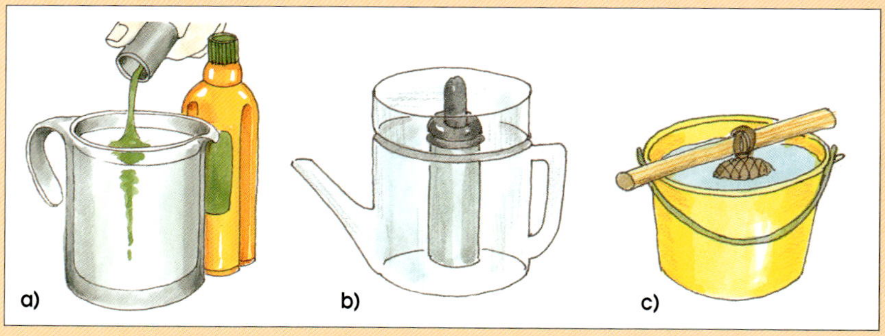

Wasser enthärten. Zum Enthärten des Gießwassers für unsere Zimmerpflanzen bieten sich verschiedene Möglichkeiten an, z. B.:
a) Flüssige oder pulverisierte Enthärtungsmittel, die man dem Gießwasser zufügt.
b) Filtergießkannen, die eine Kartusche mit Ionenaustauschern enthalten, die man regelmäßig erneuern muß (Sondermüll!).
c) Über Nacht ein mit ca. 500 g Torf gefülltes Stoffsäckchen in einen Eimer mit 10 Liter Wasser hängen. Der Torf entzieht dem Wasser den Kalk. Nach dreimaliger Benutzung muß der Torf dann erneuert werden.

Gießen von oben oder unten?
a) Pflanzen mit wasserempfindlichen Blättern und Knollen werden von unten gegossen, indem man den Untersetzer mit Wasser füllt. Nach 30 Minuten den Wasserüberschuß auskippen.
b) Beim Gießen von oben nicht alles Wasser an einer Stelle zufügen und auch nicht immer an der gleichen Stelle gießen. Es bilden sich sonst Krater und Rinnen im Substrat, und das Wasser verteilt sich nicht mehr gleichmäßig.

Bromelien gießen. Bei Bromelien, die in ihrer Heimat auf Bäumen leben und das Wasser von oben bekommen, muß immer Wasser im Blatttrichter (Zisterne) stehen. Es wird aber auch auf das Substrat gegossen.

Kakteen gießen. Damit der Pflanzenkörper nicht naß wird, verwendet man zum Gießen von Kakteen eine Kanne mit langer Tülle. Kakteen nicht oft, aber durchdringend gießen, Substrat zwischendurch trocknen lassen.

TIP

Wen man nicht ganz sicher ist, ob die Pflanze Wasser braucht oder nicht, sollte man sich lieber für »Nein« entscheiden. Es gehen mehr Pflanzen an zuviel als an zuwenig Wasser zugrunde.

Tauchbad. Ausgetrocknete Pflanzen taucht man solange in ein Gefäß mit Wasser, bis keine Luftblasen mehr aufsteigen. Pflanzsubstrat eventuell beschweren, damit es nicht weggeschwemmt wird.

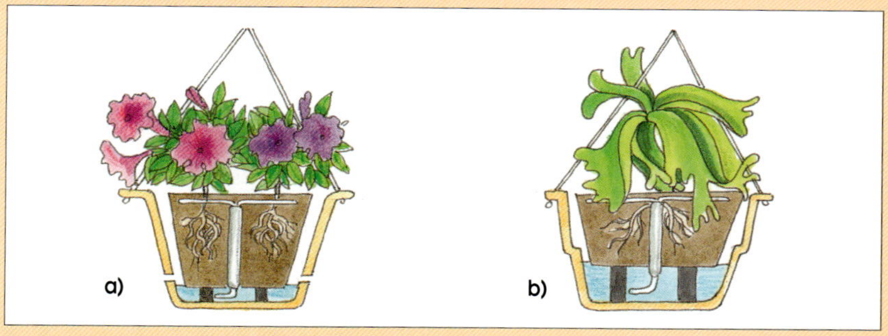

Das Gießen von Ampelpflanzen. Ampelpflanzen zu gießen ist nicht einfach, da man meist nicht in den Topf sehen kann, und dann das Wasser oft überläuft.
a) und **b)**: Hilfreich sind Ampelgefäße mit integriertem Wasserbehälter, bei denen die Pflanztöpfe auf Abstandshaltern stehen und ein Docht die Feuchtigkeit aus dem Wasserbehälter in das Substrat saugt.
Gießkannen mit extrem langen Tüllen erleichtern ebenfalls das Gießen von Ampelpflanzen und machen riskante Turnübungen auf Stühlen und Hockern überflüssig.

Pflanzen mit Haube. Pflanzen, die hohe Luftfeuchtigkeit tolerieren, können ein verlängertes Wochenende unter einer durchsichtigen Plastikhaube verbringen. Die Hülle darf die Blätter nicht berühren.

Tonkegel. Mit Wasser gefüllte, verschlossene Tonkegel werden in das Pflanzsubstrat gesteckt. Durch den Ton wird ständig Wasser an das Substrat abgegeben und über einen Schlauch, der in einem Vorratsbehälter hängt, angesogen.

Saugdochte. Durch das Abzugsloch zieht man einen dicken, feuchten Docht bis zur Oberfläche, legt ihn in Windungen um die Pflanze, bedeckt ihn mit Substrat und läßt das untere Ende in einen Behälter mit Wasser hängen.

Flaschen-Bewässerung. Auf dem Balkon können Pflanzen mehrere Tage überstehen, wenn man mit Wasser gefüllte, verkorkte Flaschen in das Pflanzsubstrat steckt. In den Korken hat man vorher ein mittelgroßes Loch gebohrt.

Zeitungspapier als Wasserspeicher. Muß man drei oder vier Tage seine Zimmerpflanzen allein lassen, so stellt man sie an einem kühlen Platz in eine Plastikwanne auf eine dicke Lage aus feuchtem Zeitungspapier und stopft auch die Zwischenräume zwischen den Pflanzgefäßen mit feuchtem Papier aus. Das Wasser aus dem Papier verdunstet und sorgt rund um die Pflanzen für eine hohe Luftfeuchtigkeit. Die Blätter geben dann weniger Wasser ab. Pflanzen vorher gut gießen.

Dochtmatte auf der Küchenspüle. Mit einem Spezial-Vlies erspart man seinen Zimmerpflanzen während des Urlaubs längere Durststrecken. Das Vlies hängt mit einem Ende in dem mit Wasser gefüllten Spülbecken, der Rest liegt auf der Abtropffläche und darauf stehen die Pflanzgefäße. Durch das Abzugsloch der Pflanzgefäße zieht man mit einer Sacknadel je einen dicken Saugdocht in das Substrat. Das aus dem Abzugsloch hervorschauende Ende liegt unter dem Topf.

Automatische Bewässerung. Mit einer automatischen Bewässerungsanlage spart man viel Arbeit. In den Gefäßen stecken kleine Keramikkegel, die durch eine Leitung miteinander und mit der Hauptleitung verbunden sind. Trockenheit in den Keramikkegeln erzeugt eine Saugspannung, durch die Ventile geöffnet werden, so daß Wasser fließen kann. Die Wasserzufuhr aus der Hauptleitung erfolgt über einen Druckreduzierer.

Erdballen in Tongranulat. Eine ideale Art der gleichmäßigen Bewässerung ist das Einstellen der Pflanzen in größere Hydrokulturgefäße, die mit Tongranulat aufgefüllt werden. Auf den Boden des Gefäßes kommt eine etwa 3 cm dicke Schicht Tongranulat, darauf setzt man die Pflanzen mit den Erdballen und füllt mit Tongranulat soweit auf, daß der Erdballen 2–3 cm bedeckt ist.

Alle Urlaubsbewässerungen, auch die perfektesten Systeme, können versagen. Man sollte sie daher vor Urlaubsantritt unbedingt ein Wochenende lang ausprobieren.

Pflanzsubstrate

Die Erde gibt den Pflanzen Halt und liefert die notwendigen Nährstoffe. Ihre Zusammensetzung ist je nach Standort unterschiedlich. In der Natur leben in gesunder Erde Milliarden von Mikroorganismen und Kleinstlebewesen, die aus den natürlichen Abfällen (Laub, abgestorbenem Holz, Pflanzen- und Tierresten) immer wieder neue Erde und Nährstoffe produzieren.
Im Pflanzgefäß findet dieser Kreislauf nicht statt, der Mensch muß für die richtige Erde, ihre Erneuerung und die Nährstoffe sorgen.

Verschiedene Pflanzsubstrate

Die meisten Zimmerpflanzen wachsen und gedeihen in guten Industrieerden, Rindenkultursubstraten und torffreien- oder torfarmen Substraten. Bestimmte Pflanzengruppen haben Sonderwünsche, für die es dann Spezialsubstrate gibt (→ Seite 48/49).
Der Begriff Pflanzsubstrat bedeutet so viel wie »Nährboden« oder »Unterlage« und beinhaltet auch alle Erdersatzstoffe bzw. Zusatzstoffe wie Blähton, Tongranulat (Lecadan, Terraton, Seramis), Perlite, Lava, Glimmergranulat, Bimskies, Schaumstoffschnipsel (Styromull, Hygromull), Korkschrot, Holzspäne, Reisspelzen oder Steinwolle, die vielfach in Gärtnereien für die Pflanzenaufzucht verwendet wird.
Fertigerden enthalten im allgemeinen einen Langzeitdünger, der die Pflanzen 2–3 Monate mit den notwendigen Nährstoffen versorgt (→ Dünger, Seite 50/51).

Blumenerde

In Blumenerden sind hauptsächlich Torf, Kompost, Rindenhumus, Ton, Lehm, Lauberde (kompostierte Blätter) und Sand in unterschiedlichen Mengen enthalten.
Damit die Pflanzen auf Fensterbank und Balkon nicht verkümmern, sollten normale Blumenerden einige Bedingungen erfüllen:

- Eine gute Erde muß Wasser speichern können und gleichzeitig durchlässig und locker sein, damit genug Luft an die Wurzeln gelangen kann.
- Die lockere Struktur soll lange stabil bleiben. Das bedeutet, die pflanzlichen Stoffe dürfen nicht schnell verrotten, weil die Erde sonst fest und undurchlässig wird.
- Die Erde muß Nährstoffe binden und freisetzen können, damit Sie den Pflanzen zur Verfügung stehen. An Sand rinnen Wasser und Nährstoffe ab, Ton dagegen kann Nährstoffe zu fest binden.
- Alle Substrate sollen frei von Krankheitserregern, Wildkrautsamen und Pestizidrückständen sein.
- Der für die meisten Zimmerpflanzen ideale pH-Wert liegt zwischen 5 und 6,5.

Blumenerden sind zum Massenartikel geworden und niemand weiß so recht, was wirklich in den Tüten steckt. Eine Bewertung ist schwierig und erfordert aufwendige, chemische Analysen. Leider ist nicht auszuschließen, daß Rückstände von Pflanzenschutzmitteln und Schwermetallen aus der allgemeinen Luft- und Bodenverschmutzung auch in den Blumenerden enthalten sind.

- Greifen Sie nicht zu den billigsten Produkten und achten Sie darauf, daß die Bestandteile auf den Packungen angegeben sind.
- Sie können auch aus dem Produktnamen einiges erkennen. Unter der Bezeichnung »Blumenerde« angebotene Substrate unterliegen keinen bestimmten Normen und können in der Qualität sehr unterschiedlich sein. Nur aus Torf besteht ein »Torfkultursubstrat«, zum größten Teil aus Torf eine »Einheitserde«.

Torf gehört ins Moor

Fest steht, es wird unnötigerweise viel zu viel kostbarer Torf verwendet. Die Torfkultursubstrate (TKS 1, TKS 2) bestehen zu 100 Prozent aus Weißtorf, der aufgekalkt wurde, um den niedrigen pH-Wert von Torf zu erhöhen. Außerdem enthalten diese Produkte Nährstoffe, bei TKS 1 in geringer Konzentration für salzempfindliche Pflanzen und zur Anzucht, bei TKS 2 in höherer Konzentration.
In anderen Produkten ist ebenfalls reichlich Torf vorhanden (60–80 Prozent, der Rest besteht aus Ton), vor allem in den Einheitserden (z. B. ED 73).
Würde man Rückschlüsse von der »Notwendigkeit« torfhaltiger Substrate auf die natürlichen Standorte ziehen, gäbe es auf der Welt fast nur Moorpflanzen. Die Argumente der Hersteller für den großen Torfanteil: hohe Speicherkapazität für Wasser, krümelige, lockere Struktur der Erde, gute Strukturstabilität und – dank Aufkalkung – ein günstiger pH-Wert im Bereich »leicht sauer« (5–6,5), den die meisten Zimmerpflanzen bevorzugen.
Weißtorf speichert von allen Substrat-Bestandteilen das meiste Wasser (900 Gramm pro Liter Torf), das bedeutet aber nicht, daß dieses Wasser den Pflanzen vollständig zur Verfügung steht. Die Saugkraft, mit der Torf das Wasser festhält, ist sehr stark. Die Saugkraft der Wurzeln reicht dagegen nur aus, etwa 45 Prozent des vorhandenen Wassers zu nutzen. Torfhaltiges Substrat fühlt sich also noch feucht an, wenn die Pflanzen schon auf dem Trockenen sitzen. Natürlich verdunstet Wasser auch über die Oberfläche. Ist Torf einmal ausgetrocknet, kann er nur schwer wieder benetzt werden. Das Wasser rinnt beim Gießen an den ausgetrockneten Torffasern herunter. Da hilft

TIP

Immer häufiger wird sogenannte Öko- oder Bio-Erde angeboten. Sie enthält sehr viel weniger Torf als die meisten anderen Substrate. Den Zimmer- und Balkonpflanzen bekommt dieses Gemisch sehr gut. Nur für Pflanzen, die ausgesprochen sauren Boden brauchen, ist die Öko-Erde ungeeignet.

dann auch ein Tauchbad gar nichts oder wenig, obwohl die Einheitserden nicht aus reinem Torf bestehen. Sie können einen Beitrag zum Umweltschutz leisten und Substrate mit nur geringem Torfanteil oder ganz ohne Torf verwenden.

Rindenhumus
Die Alternative zum Torf ist Rindenhumus. Es gibt inzwischen verschiedene ausgezeichnete Produkte, die zu 30–50 Prozent aus kompostierter Rinde bestehen und einem geringeren Anteil Torf und Ton. Sie eignen sich für Zimmer-, Balkon- und Kübelpflanzen.
Achten Sie beim Kauf auf das Gütezeichen »RAL – Rinde für Pflanzenbau«. Es gibt jedoch auch gute Substrate ohne Gütesiegel. Zur Lockerung und Stabilisierung der Substratstruktur werden heute von umweltbewußten Herstellern auch Kokosfasern, Holzfasern und Reisspelzen beigemengt oder – nicht ganz so umweltfreundlich – Schaumstoffschnipsel.

Gartenerde und Kompost
Für die Zimmerpflanzenkultur eignen sich Gartenerde und Kompost nur mit Einschränkungen und sollten immer nur einen Teil des Substrates ausmachen. Beide enthalten Wildkrautsamen und eventuell auch Krankheitserreger oder Schädlinge. Gartenerde kann zu lehmig oder zu sandig sein, reifer Kompost ist sehr nährstoffreich. Verwenden Sie Gartenerde und Kompost immer nur sterilisiert (30 Minuten bei 120° C in den Backofen stellen) und gesiebt.
Für viele Kübelpflanzen auf Balkon und Terrasse kann humusreiche, lehmige Gartenerde verwendet werden. Sie hat außerdem den Vorteil, schwerer als Industrieerde zu sein und gibt den Kübeln mehr Standfestigkeit. Auch Kompost bekommt den großen Pflanzen gut. Verwenden Sie jedoch Gartenerde und Kompost immer nur gesiebt und als Teil des Substrats.

Rindenmulch
Weniger für Zimmergärtner, aber für Freunde von Kübelpflanzen und Besitzer größerer Pflanzflächen auf Dachgärten ist Rindenmulch ein gutes Hilfsmittel. Wird die Erde damit bedeckt, bleibt sie länger feucht und unkrautfrei. Es gibt neben dem normalen Mulchmaterial aus der Rinde von Nadelgehölzen auch Rosenmulch, der aus Rosenschnitt hergestellt wird. Wenn möglich sollte man sich im Herbst oder Winter bei einer Baumschule oder einem Gartenpflegebetrieb um fein gehäckselten Laubbaumschnitt – am besten von Obstgehölzen – bemühen. Rindenmulch von Obstgehölzen oder anderen Laubbäumen verrottet nicht so schnell und macht den Boden auch nicht so sauer wie die zerkleinerte Nadelholzrinde.

Rezepte zum Selbermischen von Pflanzsubstraten

Viele Pflanzenfreunde schwören auf die eigenen Substratmischungen. Es gibt zahlreiche Variationen, hier eine kleine Auswahl:

Erde für Kübelpflanzen
3 Teile lehmig-humose Gartenerde
3 Teile reifer Kompost (beides gesiebt)
2 Teile Rindenhumus
2 Teile Sand

Substrat für epiphytische Bromelien, Farne und Orchideen
1 Teil Korkschrot
1 Teil Kiefernrinde
1 Teil Styroporflocken
1/2 Teil gesiebter Kompost
1/2 Teil Holzkohle

Substrat für terrestrische Orchideen
2 Teile Kiefernrinde
1 Teil Weißtorf
1 Teil reifer Kompost
etwas Lehm

Substrat für terrestrische Farne und Bromelien
3 Teile Lauberde
3 Teile grober Torf
2 Teile scharfer Sand (grobkörniger Flußsand, aus dem Kalk ausgewaschen wurde)

Erde für Kakteen und Sukkulenten
1 Teil scharfer Sand oder Perlite
2 Teile Komposterde

Erde für Azaleen, Hortensien, Erika und Kamelien
1 Teil Gartenerde
1 Teil Lauberde oder Rindenhumus
2 Teile Kunststoffschnipsel oder Holzfasern

Erde für Palmen und palmenähnliche Pflanzen
1 Teil reifer Kompost
1 Teil Holzfasern oder Hygromull
1 Teil Sand
1/2 Teil Kunststoffschnipsel
1/2 Teil Lehm

Spezialsubstrate

Auch die Liebhaber bestimmter Pflanzengruppen mischen sich ihre Erden nach eigenen Rezepten selber zusammen und schwören darauf. Der Aufwand lohnt sich jedoch nur, wenn man viele Exemplare einer Gruppe zu versorgen hat.
Für Pflanzen mit Extrawünschen hält aber auch der Handel fertige Substratmischungen bereit, die alle Anforderungen erfüllen.

Substrate für Orchideen
Pflanzsubstrate für Orchideen müssen extrem wasser- und luftdurchlässig und nährstoffarm sein, entsprechend ihrer Lebensweise als Epiphyten (→ Pflanzen mit besonderen Ansprüchen, Seite 22/23).
Hauptbestandteile der Orchideensubstrate waren früher Farn- und Mooswurzeln der heimischen Arten Königsfarn *(Osmunda regalis)*, Tüpfelfarn *(Polypodium vulgare)* und Sumpfmoos *(Sphagnum)*. Diese Pflanzen stehen jedoch inzwischen unter Naturschutz und dürfen nicht mehr gesammelt werden. Heute werden Substrate aus grobem Fasertorf (Weißtorf), Rindensubstrate aus europäischer Kiefernborke und Korkeichenrinde oder aus der Borke amerikanischer Nadelgehölze (California Rinde, Vitabark, Silva Bark) angeboten. Ferner gibt es ein Substrat (Meranti) aus den Spänen eines südostasiatischen Baumes. Diese Grundsubstanzen werden mit mineralischen Bestandteilen wie Perlite, Ziegelsplitt, Lava, Bimskies, Glimmergranulat und Blähton oder mit Styroporschnipseln gemischt, um die Strukturstabilität zu erhalten. Den Substraten für Erdorchideen werden Sand oder Kies beigemengt. Um Fäulnis zu verhindern und Krankheiten vorzubeugen, gehört etwas Holzkohle zu dem Gemisch. Völlig synthetisch ist das Substrat »Orchid Chips«. Die Schnipsel bestehen wie Styropor aus dem Kunststoff Polystyrol, haben aber eine besonders aufgerauhte Oberfläche, um Wasser und Nährstoffe speichern zu können. Für dieses Substrat gibt es einen Spezialdünger »Orchid Quick«.

Substrate für Kakteen und andere Sukkulenten
Nährstoffarm und durchlässig sind die charakteristischen Eigenschaften der Kakteenerden. Der Hauptbestandteil (etwa 50 Prozent) der fertigen Mischungen ist Torf, Komposterde oder Lauberde – den Pflanzen scheint das ziemlich egal zu sein. Wichtig ist die Durchlässigkeit des Substrates, die durch groben Sand, Lavagrus, Hygromull, Bimskies oder ein ähnliches Produkt erreicht wird. Blattkakteen und viele Sukkulenten wachsen aber auch in guter Blumenerde.

Substrate für Palmen
Palmen wollen in jungen Jahren eine besonders lockere Erde, wenn sie älter sind, darf etwas mehr Lehm dabei sein. Die Substrate bestehen also zum größten Teil aus Lauberde oder Komposterde und enthalten auch immer ein bißchen Sand.

Substrate für Farne
Der Boden an den natürlichen Standorten der terrestrischen Farne ist locker und reich an organischem Material. Dementsprechend muß auch das Substrat für die Zimmerpflanzen zusammengesetzt sein. Im Handel gibt es keine Spezialsubstrate, die Mischung ist aber einfach herzustellen:
3 Teile grobfaseriger Torf
3 Teile Laub- oder Komposterde (sterilisiert)
2 Teile grober Sand oder Perlite
In diesem Substrat wachsen auch epiphytische Farne. Wer nicht selber mischen will, kann schwach gedüngte Einheitserde (Typ P) verwenden.
Achtung: Kalk wird nicht vertragen!

Substrate für Bromelien
Die angebotenen Substrate für Bromelien bestehen meistens zu gleichen Teilen aus Torf und Laub- oder Komposterde und sind eventuell mit Styromull durchsetzt. Sie müssen nährstoffarm und durchlässig sein, Achtung: Kalk wird nicht vertragen!

Substrate für Azaleen
Ausgesprochen saure Erdwünsche haben Azaleen und auch die anderen *Rhododendron*-Arten. Die fertigen Mischungen enthalten viel Torf (wenigstens 50 Prozent). Die anderen Bestandteile sind Komposterde und Sand.

Blumenerde für Balkonblumen
Die Balkonblumenerde unterscheidet sich von normalen Blumenerden durch eine andere Zusammensetzung der Nährstoffe. Damit die Balkonblumen üppig blühen, enthält diese Erde mehr Phosphor, der die Blütenbildung fördert.

Blähton für Hydrokultur
Seit einigen Jahrzehnten gibt es eine Alternative zur Erdkultur: die Hydrokultur.
Blähtonkugeln in unterschiedlicher Größe geben den Wurzeln Halt und saugen viel Feuchtigkeit auf. Ernährt werden die Pflanzen durch wasserlösliche Nährstoffe. Dieses System sei allen empfohlen, die nicht viel Zeit für die Pflege ihrer Pflanzen haben und sie häufig für einige Tage allein lassen müssen. Der Wasservorrat reicht oft wochen-, das Düngedepot monatelang.
Eine Umstellung von Erd- auf Hydrokultur gelingt allerdings nicht immer und ist auch nicht bei jeder Pflanze ratsam. Aus dem Wurzelballen muß

TIP

Alte Blumenerde sollte man nicht wieder verwenden, auch nicht gemischt mit neuer Erde oder Kompost. Es könnten bisher unentdeckt gebliebene Schädlingseier oder Schadpilzsporen darin enthalten sein.

alle Erde entfernt werden, bevor die Pflanzen in ihr neues Substrat gesetzt werden. Älteren und schwächlichen Exemplaren sollte man die Prozedur ersparen.
Ganz allgemein gedeihen Grünpflanzen besser in diesem erdlosen System als Blütenpflanzen, Arten mit dicken Wurzeln überstehen eine Umstellung leichter als Pflanzen mit feinen Wurzeln.
Die notwendigen Utensilien mit einer genauen Anleitung zur Pflege gibt es vielfach als Gesamtpaket im Fachhandel.

Tongranulat als Wasser- und Nährstoffspeicher
Halb Erde, halb Tongranulat ist eine andere Alternative, ebenfalls empfehlenswert für vergeßliche Pflanzenfreunde. Man muß bei der Umstellung die Wurzeln nicht von der Erde befreien, sondern verpflanzt den gesamten Ballen in größere Töpfe und umgibt ihn auf allen Seiten mit speziell bearbeiteten Tonbröckchen. Dieses Granulat kann 130 Prozent des Eigengewichtes an Wasser speichern. Ein Feuchtigkeitsfühler zeigt an, wenn wieder gegossen werden muß. Spezielle Langzeitdünger sorgen für die Ernährung. Auch dieses System wird samt Erläuterungen komplett angeboten.

Blähton und Tongranulat als Drainageschicht
Das poröse Material saugt Wasser sehr gut auf, auch überschüssiges Gießwasser. In Balkonkästen und großen Pflanzgefäßen haben die Tonprodukte als Drainageschicht zudem noch den Vorteil, das Gewicht der Behälter zu reduzieren.

Grünpflanzen wachsen gut in Hydrokultur

Ganz einfach: Das Einsetzen des Wasserstandsanzeigers ins Hydrokulturgefäß

Bei der Hydrokultur wächst der Wurzelballen der Pflanze umgeben von Blähton in einem Topf mit vielen Schlitzen. Dieser Pflanztopf wird dann in einen dekorativen Übertopf gesetzt. Zwischen Übertopf und Pflanztopf füllt man dann die Nährlösung ein – manche Pflanztöpfe haben auch spezielle Einrichtungen für die Unterbringung von Nährstofftabletten. In eine bestimmte Vorrichtung steckt man den Wasserstandsanzeiger mit den Marken »Minimum«, »Optimum«, »Maximum«. Ein roter Pegel zeigt die Wassermenge an.

Nährstoffe und Düngung

An den natürlichen Standorten sorgt die Natur für den regelmäßigen Nachschub von Nährstoffen, bei der Topfkultur muß der Mensch diese Aufgabe übernehmen. Der Bedarf an Dünger ist genauso unterschiedlich wie der an Wasser. Es gibt hungrige und genügsame Arten, die einen erwarten das ganze Jahr gleichmäßige Rationen, andere wollen nur in bestimmten Zeiten versorgt werden. Auch mögen viele Pflanzen keinen »Einheitsbrei«, sondern eine spezielle Zusammensetzung des Menüs.

Die Nahrung der Pflanzen

Die Pflanzennahrung besteht aus sechs Hauptnährstoffen (Stickstoff, Phosphor, Kalium, Kalzium, Magnesium, Schwefel) und Spurenelementen (u. a. Eisen, Kupfer, Mangan, Molybdän, Zink, Chlor, Bor). Die Nährstoffe beeinflussen bestimmte Lebensfunktionen und sind je nach Bedarf der Pflanzenart in unterschiedlichen Mengen in den Produkten enthalten. Eine falsche Dosierung eines Nährstoffes – zu viel oder zu wenig – führt zu Schäden an den Pflanzen und verhindert oft die Aufnahme anderer Nährstoffe.

Die wichtigsten Mineralstoffe und ihre Aufgaben

Stickstoff (Nitrogenium) N

Der Stickstoff ist für das Wachstum zuständig, fördert den Neuaustrieb und die Bildung des Chlorophylls.
Zu viel Stickstoff führt zu unnatürlich starkem Wuchs, schwemmt das Gewebe auf, läßt die Blätter weich und anfällig für Krankheiten werden.
Bei Stickstoffmangel stockt der Wuchs, die Blätter werden gelb.

Phosphorsäure P_2O_5

Phosphorsäure sorgt für gesunde Wurzeln, die Bildung von Knospen, das Ausreifen von Früchten und Samen. Blütenpflanzen benötigen einen phosphorbetonten Dünger.
Zu viel Phosphorsäure stört den Stoffwechsel und beeinträchtigt die Wurzelbildung.
Phosphorsäuremangel mindert den Blütenansatz, die Blätter verfärben sich rot-braun.

Kalium (Kali) K_2O

Kalium spielt bei der Photosynthese und beim Wasserhaushalt eine wichtige Rolle, kräftigt das gesamte Gewebe und fördert die Abwehrkräfte der Pflanzen gegen Schädlinge und Krankheiten.
Zu viel Kalium hat Störungen des Wachstums sowie Chlorosen vor allem der älteren Blätter zur Folge.

Magnesium Mg

Das Magnesium unterstützt die Blattgrünbildung.
Bei Magnesiummangel werden die Blätter gelb, die Blattadern bleiben grün.

Kalzium (Kalk) Ca

Kalzium wirkt indirekt auf die Ernährung und Gesundheit der Pflanze.

Schwefel S

Schwefel ist Baustein wichtiger Inhaltsstoffe. Ein Mangel führt zu Chlorosen vor allem junger Blätter. Zuviel Schwefel ist relativ unschädlich.

Die Spurenelemente haben bei Pflanzen ähnliche Funktionen wie die Vitamine bei den Menschen.

Die Düngemittel

Bei einigen Düngemitteln stehen die Angaben über die Inhaltsstoffe in verständlicher Form auf den Packungen, andere Hersteller haben – nicht gerade zur Freude der Verbraucher – eine verschlüsselte Form gewählt. Man findet eine Reihe aus drei Zahlen, z. B. 8/6/12 oder 8:6:12. Das bedeutet, immer in dieser Reihenfolge, den Anteil an Stickstoff, Phosphor und Kalium. Man spricht in diesem Zusammenhang von einem Volldünger, gelegentlich auch von NPK-Dünger. Manchmal besteht die Reihe aus vier Ziffern, die letzte gibt dann den Magnesium-Anteil an. Auch der Kalkgehalt und das Vorhandensein von Spurenelementen muß auf den Packungen stehen.

Volldünger sind Kunstdünger, organische oder organisch-mineralische Dünger und in ihrer Zusammensetzung jeweils auf den Bedarf bestimmter Pflanzengruppen abgestimmt. Die Produkte werden aus natürlichen Stoffen pflanzlicher oder tierischer Herkunft gewonnen oder synthetisch hergestellt.

Naturdünger (= organische Dünger) wirken langsamer, weil sie die Nährstoffe in einer Form enthalten, in der sie von den Pflanzen nicht aufgenommen werden können. Die Bodenorganismen müssen diese Stoffe aufspalten, erst dann sind sie für die Pflanzen verwendbar. In den handelsüblichen Erden sind meistens nicht genügend dieser Kleinstlebewesen vorhanden, deshalb gibt es mit Mikroorganismen angereicherten Naturdünger als Pulver, den man beim Umtopfen unter die

Erde mischt und später auf das Substrat streut und leicht in die Oberfläche einarbeitet. Wer seine Pflanzen mit Naturdünger versorgt, schließt eine Über- oder Unterdosierung und ein Versalzen der Erde praktisch aus. Organische Dünger enthalten generell wenig Kalium. Diesen Mangel kann man durch Kompost im Substrat oder durch kleine Mengen Kalimagnesium im Dünger ausgleichen.

Kunstdünger (= Mineraldünger) enthalten die Nährstoffe als Düngesalze, die sich leicht in Wasser auflösen und von den Wurzeln sofort aufgenommen werden. Sie wirken also schnell, führen bei falscher Dosierung aber genauso schnell zu Schäden an den Pflanzen. Außerdem besteht die Gefahr, daß sich die Salze in dem Substrat ablagern und dadurch alle Bodenlebewesen absterben.

Organisch-mineralische Dünger sind zum einen Produkte, die sowohl Düngesalze als auch organische Bestandteile enthalten, um den Vorteil der schnellen Wirkung und den Vorteil geringerer Fehlerquellen miteinander zu verbinden. Darunter versteht man aber auch organische Dünger, denen das fehlende Kalium in pflanzenfreundlicher Form beigegeben wurde.

Pflanzendünger gibt es in flüssiger und pulverisierter Form, als Tabletten, Stäbchen und Kegel. Sie werden mit dem Gießwasser verabreicht, über die Blätter gesprüht (Blattdünger), als Langzeitdünger in die Erde gesteckt oder mit der Erde vermischt. Je nach Nährstoffgewichtung eignen sie sich für bestimmte Pflanzengruppen. Dünger für Grünpflanzen ist stickstoff-, Dünger für Blütenpflanzen phosphorreich. Kakteen- und Sukkulentendünger enthalten wenig Stickstoff und Kalk, dafür aber mehr Phosphor und Kalium. Orchideen-Dünger sind besonders schwach konzentriert. Azaleen- oder Rhododendron-Dünger sind kalkfrei und salzarm. Sie eignen sich auch für Hortensien und Eriken. Blattdünger wirken schnell und werden hauptsächlich bei Epiphyten (Orchideen, Bromelien) eingesetzt und als Soforthilfe bei vernachlässigten Pflanzen. Nicht auf behaarte Blätter sprühen! Es gibt außerdem Spezialdünger für Balkonpflanzen und einzelne Pflanzenarten.

Wieviel Dünger?

Der Nährstoffbedarf einer Pflanze hängt von mehreren Faktoren ab: der Pflanzenart, dem Alter der Pflanze, der Jahreszeit. Pflanzen mit großem Hunger nennt man Starkzehrer. Sie bekommen häufiger Dünger in höherer Konzentration als jene mit geringem Appetit, die Schwachzehrer. Ganz junge und ältere Pflanzen sollte man nicht zu viel düngen.

In den Fertigerden ist normalerweise Langzeitdünger für 2–3 Monate enthalten. Bei stark torfhaltigen Substraten hält der Vorrat weniger lang als bei Erden auf Kompostbasis oder mit einem höheren Tonanteil. Wie groß das Düngedepot im Substrat neu erworbener Pflanzen ist, läßt sich schwer sagen. Man weiß ja nie, wie lange sie bereits in dieser Erde leben. Es empfiehlt sich, nach etwa sechs Wochen mit dem Düngen zu beginnen.

Pflanzen sind Individualisten in bezug auf Menge und Häufigkeit der Nahrungsaufnahme. In den Steckbriefen finden Sie die genauen Angaben. Dennoch gibt es einige Grundregeln:

- Düngen Sie niemals auf ein trockenes Substrat, die feinen Haarwurzeln würden verbrennen.
- Geben Sie eher zu wenig als zu viel Dünger.
- Es bekommt den Pflanzen besser, sie häufiger mit schwachen Düngegaben zu versorgen als seltener mit hohen Konzentrationen.
- Nach der Winterruhe die Düngegaben langsam steigern und im Spätsommer ebenso langsam reduzieren.
- Düngen Sie nur während der Vegetationszeit, niemals während der Ruhezeit.
- Kranke Pflanzen werden nicht gedüngt.
- Für vergeßliche Pflanzenfreunde sind Düngestäbchen mit Langzeitwirkung die ideale Lösung.

Nährstoffbatterie für Hydrokultur

Nährstofftablette für Hydrokultur

Für das Hydrokultur-System gibt es Spezial-Dünger. Neben einem Granulat, das einfach auf den Boden des Übertopfes gestreut wird, werden auch Nährstoffbatterien und Nährstofftabletten angeboten.

Umtopfen

Alle Topfpflanzen müssen in bestimmten Abständen umgetopft werden, da die Erde nach einiger Zeit ihre lockere Struktur verliert und mit Ablagerungen aus Gießwasser und Dünger sowie Rückständen aus dem Stoffwechsel der Pflanzen belastet ist. Außerdem brauchen die Wurzeln mehr Platz. Normalerweise entwickeln sich die Wurzeln entsprechend dem Wachstum der ganzen Pflanze und breiten sich immer mehr aus, um den steigenden Nahrungsbedarf zu decken und die Standfestigkeit zu erhöhen. Im Blumentopf ist das nicht möglich. Die Wurzeln wachsen oft im Kreis herum oder schieben sich oben oder unten aus dem Topf heraus und verdrängen die Erde.

Wann wird umgetopft?

Umgetopft wird immer im Frühjahr, wenn sich die ersten neuen Triebspitzen oder Blätter zeigen, niemals während der Ruhezeit oder der Blüte umtopfen. Eventuell kann noch bei Pflanzen, die keine Ruhezeit brauchen, nach der Blüte umgetopft werden.

Nicht alle Pflanzen müssen regelmäßig jedes Jahr neue Erde erhalten, obwohl dies den meisten gut bekommt. Die Notwendigkeit zum Umtopfen zeigen die Pflanzen selber an.

- Nehmen Sie – wenn möglich – den Ballen aus der Erde. Besteht er nur noch aus Wurzeln, wird es höchste Zeit.
- Entdecken Sie bei dieser Kontrolle schwärzliche, weichliche Wurzeln mit einem unangenehmen Geruch, rettet das Umtopfen in neues Substrat der Pflanze wahrscheinlich das Leben.
- Wachsen die Wurzeln aus dem Abzugsloch heraus und liegen blank auf der Oberfläche, muß unbedingt umgetopft werden.
- Bleiben die Blätter klein, die Blüten dürftig und der Zuwachs gering, ist dies ein Zeichen dafür, daß die Pflanze mit ihrem Quartier unzufrieden ist.
- Grüne Algen an der Topfwand und Moos auf dem Substrat deuten auf Staunässe im Inneren hin. Wechseln Sie schnell die Erde aus.

Praktische Ratschläge

- Nehmen Sie sich Zeit für das Umtopfen.
- Bei großen Pflanzen brauchen Sie unbedingt eine Hilfe.
- Wässern Sie die Pflanzen gründlich einige Stunden vor dem Umtopfen.
- Erledigen Sie die Arbeit am besten an einem warmen Tag im Freien oder in der Küche.
- Spülen Sie alte Erde nicht in die Kanalisation! Am besten wird sie auf dem Kompost entsorgt.
- Alle Utensilien, die Sie zum Umtopfen benötigen, sollten in greifbarer Nähe liegen, denn ausgetopfte Pflanzen lassen sich schlecht zur Seite legen.

Sie benötigen zum Umtopfen:

- neue Erden,
- neue Töpfe (2–4 cm größer als die alten),
- passende Untersetzer,
- Schaufel, Gießkanne, Schere, eventuell einen Hammer,
- Stützen und Bänder zum Festbinden,
- Holzkohlepulver zum Desinfizieren von Schnittstellen,
- Material für die Drainage (Blähton, Tongranulat, Kies, Styroporschnipsel),
- größere Tonscherben zum Abdecken des Abzugslochs.

Die Pflanzgefäße

Neue Tontöpfe müssen wenigstens zwei Stunden gewässert werden, sonst entziehen sie dem Substrat zu viel Feuchtigkeit. Alte Töpfe werden innen und außen gründlich gereinigt. Die weißlichen Kalkausblühungen lassen sich mit Essigwasser abbürsten. Sind die Töpfe schon sehr alt, sollte man sich von ihnen trennen. In den vorbereiteten Töpfen deckt man die Abzugslöcher mit einer Tonscherbe ab und füllt die Drainageschicht ein. Bei kleineren Töpfen muß die Drainageschicht 1–2 cm dick sein, bei größeren 5–10 cm.

Das Austopfen

Dazu legt man bei kleineren Gefäßen die Handfläche auf das Substrat, die Pflanze zwischen zwei Finger und dreht den Topf um. Falls das nicht auf Anhieb klappt, schlägt man mit dem Topfrand oder dem Topfboden gegen eine Tischkante, damit sich der Ballen von der Gefäßwand lösen kann.

Bei größeren Pflanzen löst man den Topfballen mit einem langen Messer von der inneren Topfwand und hebt die Pflanze vorsichtig heraus, während eine zweite Person den Topf festhält. Bei zu stark eingewurzelten Pflanzen müssen Tontöpfe zerschlagen oder Plastiktöpfe aufgeschnitten werden, um die Wurzeln nicht zu verletzen.

Die Wurzelbehandlung

Beim Umtopfen muß unbedingt darauf geachtet werden, daß die Wurzeln der Pflanze so wenig wie möglich geschädigt werden!

Der Wurzelfilz wird mit einem Holzstäbchen etwas aufgelockert, die alte Erde seitlich, unten und an der Oberfläche vorsichtig entfernt.

Nur verletzte und schwärzliche Wurzeln dürfen abgeschnitten werden! Die Schnittstellen an dickeren Wurzeln müssen zum Desinfizieren gut mit Holzkohlepulver bestäubt werden.

Zum Umtopfen braucht man Zeit, neue Töpfe und die passenden Untersetzer, frische Erde, Gießkanne, Schere und noch viele andere Dinge. Am besten erledigt man diese Arbeit im Freien.

Erst mit dem Umtopfen beginnen, wenn alle Utensilien beisammen sind

Das Eintopfen

Die Pflanzen dürfen im neuen Topf grundsätzlich nicht tiefer in der Erde stehen als vorher. Geben Sie so viel Substrat in den Topf, bis die Pflanzhöhe mit der unteren Linie des Gießrandes abschließt. Anschließend rundherum mit Erde auffüllen und ab und zu immer wieder leicht andrücken. Rütteln Sie den Topf zwischendurch mehrmals hin und her, damit die Erde auch in alle Hohlräume gelangt.

Braucht die Pflanze eine Stütze, wird sie mit eingetopft. Nicht nachträglich in das Substrat stecken, damit die Wurzeln nicht verletzt werden.

Die weitere Pflege

Gießen Sie die Pflanzen zunächst sparsam, damit sich neue, feine Wurzeln bilden, die sich auf der Suche nach Wasser ausbreiten und in dem neuen Substrat verankern. Da beim Umtopfen immer Wurzeln verletzt werden, kann zu viel Wasser zu Fäulnis führen.

Zeigen sich neue Triebe, kann wieder wie gewohnt gegossen werden. Dünger brauchen die Pflanzen erst nach etwa acht Wochen.

Was tun, wenn Pflanzen zu groß werden?

Manchmal drohen Pflanzen den Rahmen der häuslichen Umgebung zu sprengen. Man kann ihren Wachstumsdrang bremsen, indem man sie seltener umtopft. Geben Sie ihnen beim Umtopfen keinen größeren Topf und beschneiden Sie leicht den Wurzelballen. Die Schnittstellen zur Desinfektion mit Holzkohlepulver bestäuben. Da die reduzierten Wurzeln die große Pflanze nicht mehr richtig ernähren können, weil Blätter und Zweige entsprechend Wasser abrufen, sollte dann auch der oberirdische Teil der Pflanze entsprechend gestutzt werden.

Alternative zum Umtopfen

Sehr große Zimmer- oder Kübelpflanzen lassen sich auch zu zweit nicht mehr umtopfen. Entfernen Sie regelmäßig im Frühjahr so tief wie möglich die oberste Erdschicht, ohne die Wurzeln zu verletzen. Das Substrat darunter wird vorsichtig mit einem stumpfen Holzstäbchen aufgelockert. Die entnommene Erde wird durch besonders nahrhaftes Substrat ersetzt.

Umtopfen auf einen Blick

Umtopfen von Blatt- und Blütenpflanzen. Die Pflanze einige Stunden vor dem Umtopfen gießen.
a) Mit der Handfläche hält man Erde und Pflanze fest und dreht den Topf um.
b) Bevor man die Pflanze in das neue Gefäß setzt, kommt eine 2–3 cm dicke Drainageschicht aus Blähton, Kies oder Tonscherben zum Schutz der Wurzeln vor Staunässe auf den Boden des Gefäßes.
c) Die Pflanze wird in die Mitte des Gefäßes gesetzt, darf aber nicht tiefer in der Erde stehen als vorher. Rundherum wird dann mit frischer Erde aufgefüllt und die Pflanze leicht festgedrückt. Auf den Gießrand achten!

Verkleinern des Ballens. Stark verfilzte und zu große Wurzelballen können im Frühjahr um ein Drittel verkleinert werden, indem man sie rundherum mit einem scharfen, sauberen Messer beschneidet.

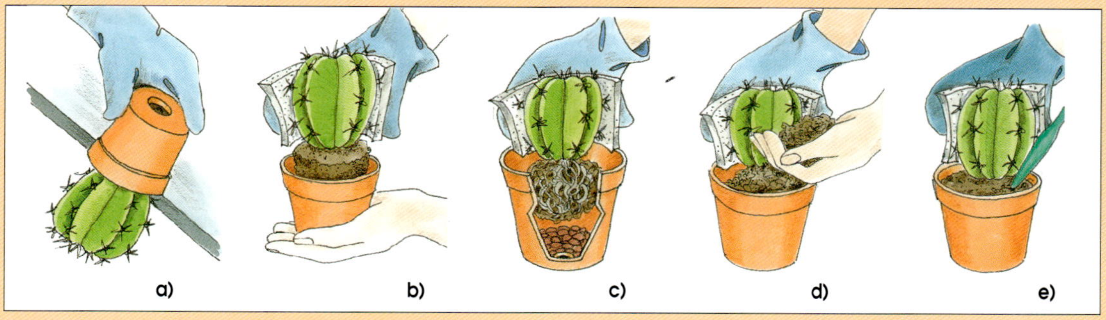

Umtopfen von Kakteen. Zum Umtopfen von Kakteen ist es zwingend notwendig, mit möglichst festen Handschuhen zu arbeiten.
a) Vor dem Umtopfen das Substrat trocknen lassen. Klopfen Sie dann den umgedrehten Topf leicht an eine Tischkante.
b) Styroporstücke, Vlies oder eine dickere Schicht Zeitungspapier verhindern beim Herausheben des Kaktus, daß sich Dornen durch die Handschuhe in die Finger bohren.
c) Altes Substrat vorsichtig aus dem Wurzelballen schütteln und beschädigte Wurzeln entfernen, Drainageschicht in das neue Pflanzgefäß geben – empfehlenswert ist zusätzlich ein dünnes Vlies zwischen Drainageschicht und Substrat – und Pflanze einsetzen.
d) Zunächst nur etwas Substrat vorsichtig einfüllen und darauf achten, daß der Kaktus in der Mitte des Gefäßes steht.
e) Achten Sie darauf, daß ein etwa 1–2 cm hoher Gießrand frei bleibt.

TIP

Gelegentlich findet man in Spezialbetrieben noch Farn- und Mooswurzeln oder Sumpfmoos (Sphagnum) als Orchideensubstrat. Es handelt sich dabei (hoffentlich) um alte Lagerbestände, denn die Pflanzen stehen heute unter Artenschutz und dürfen nicht mehr verwendet werden.

Orchideen aufbinden. Viele Orchideen wachsen an ihren natürlichen Standorten auf Bäumen. Diese Möglichkeit kann man ihnen auch auf der Fensterbank bieten:
a) Luftwurzeln gut mit angefeuchtetem Substrat umhüllen.
b) An einem Holzstück, das für Epiphyten geeignet ist (im Fachhandel erhältlich), die Orchidee so anbringen, daß kein Wasser im Herz der Pflanze stehenbleiben kann.
c) Zum Festbinden eignen sich hervorragend alte, in Streifen geschnittene Damenstrümpfe, aber auch kunststoffummantelter Draht oder Bast. Wurzeln nicht abschnüren!

Umtopfen in Tongranulat. Bei dieser Methode muß der neue Topf wesentlich größer sein. Die Pflanze wird mit dem Wurzelballen in die Mitte des Gefäßes gestellt und gut mit Tongranulat umgeben.

Umstellen auf Hydrokultur. Hydrokultur hat viele Vorteile, vor allem für jene Pflanzenfreunde, die mit dem Gießen und Düngen nicht so recht klarkommen. Vor allem Blattpflanzen, lassen sich relativ leicht von Erd- auf Hydrokultur umstellen.
a) Zunächst sorgfältig und schonend alle Erde aus den Wurzeln ausspülen – Substratreste können Fäulnis verursachen!
b) Beschädigte Wurzeln mit einer scharfen, sauberen Schere abschneiden.
c) Der Kulturtopf wird zu einem Viertel mit gewässertem Blähton gefüllt. Dann setzt man die Pflanze darauf und füllt die Zwischenräume und den Topf mit dem restlichen Blähton.
d) Kulturtopf in Übertopf stellen, Wasserstandsanzeiger einstecken und mit lauwarmem Wasser gießen, bis Wasserstandsanzeige auf »optimal« steht. Den ersten Dünger bekommt die Pflanze nach vier Wochen.

Umtopfen von Hydrokulturpflanzen. Hydrokulturpflanzen müssen nicht jedes Jahr im Frühjahr umgetopft werden. Erst wenn die Wurzeln oben aus dem Granulat herausschauen und aus den Öffnungen des Kulturtopfes wachsen, ist es Zeit zum Umtopfen.
a) Auf den Boden des neuen, größeren Pflanzgefäßes füllt man etwa 2 cm gut angefeuchteten Blähton.
b) Man nimmt die Pflanze aus ihrem alten Topf, schneidet eventuell abgestorbene Wurzeln ab und setzt den Ballen in den neuen Topf.
c) Die Pflanze sollte nicht tiefer im Granulat stehen als vorher. Zwischenräume und Topf mit Granulat auffüllen.
d) Wasserstandsanzeiger einstecken, mit zimmerwarmem Wasser bis zur Maximum-Marke auffüllen und mit Dünger versorgen.

Durchspülen des Substrats. Wenn man einmal zu viel Dünger verabreicht hat, sollte man das Substrat durchspülen bevor größere Schäden an der Pflanze auftreten. Wenn es die Topfgröße erlaubt, läßt man etwa 15 Minuten lang langsam lauwarmes Wasser im Duschbecken oder in der Badewanne durch das Substrat laufen. Substrat eventuell auf der Oberfläche beschweren, damit es nicht davonschwimmt.

Erneuern der oberen Substratschicht. Große Kübelpflanzen können oft kaum bewegt, geschweige denn umgetopft werden. Um das Substrat wenigstens teilweise zu erneuern, entfernt man vorsichtig mit einer kleinen Schaufel oder den Händen die oberste Schicht. Wenn möglich das darunterliegende Substrat etwas auflockern. Wurzeln oder Stamm der Pflanze nicht beschädigen! Neues Substrat auffüllen.

Schneiden, Erziehen, Überwintern

Zur erfolgreichen Pflege von Zimmer- und Balkonpflanzen gehören neben der richtigen Standortwahl, dem Gießen, Düngen und Umtopfen auch das Schneiden, Erziehen und richtige Überwintern.

Schneiden

Zimmerpflanzen müssen nicht regelmäßig geschnitten werden. Zum sauberen scharfen Messer, bei verholzten Zweigen zur Gartenschere, greift der Pflanzenfreund nur aus besonderem Anlaß. Eine häufigere Maßnahme ist das Ausbrechen oder Entspitzen und Stutzen von Triebspitzen, damit sich die Pflanze besser verzweigt. Der beste Zeitpunkt zum Schneiden liegt vor dem Austrieb oder nach der Blüte. Größere Schnittstellen müssen mit Holzkohlepulver desinfiziert werden. »Bluten« die Pflanzen, besprüht man die Schnittstellen mit Wasser.

Auslichten. Stehen Zweige zu dicht oder überkreuzen sie sich, werden die überzähligen Teile abgeschnitten. Die Schnittstelle soll immer einen 1/2 cm über einer nach außen weisenden Knospe (schlafendem Auge) liegen.

Verjüngungsschnitt. Ältere oder sparrige Pflanzen werden durch einen starken Rückschnitt (bis zu 2/3) weit ins alte Holz zu neuem, kräftigem Austrieb angeregt.

Pflegeschnitt. Bei manchen krautigen Pflanzen oder Sträuchern entwickeln sich unnatürlich lange Triebe. Sie können zu jeder Zeit an der Basis abgeschnitten werden.

Stutzen. In Form bleiben buschige Pflanzen oder die Kronen von Hochstämmchen, wenn vorwitzige Triebe immer gleich gestutzt werden.

Kübelpflanzen, die vor den ersten Frösten eingeräumt werden müssen:
Bougainvillea, Cyperus papyrus, Datura, Ensete, Erythrina crista-galli, Hibiscus, Lantana-Camara-Hybriden, *Tibouchina urvilleana*

Kübelpflanzen, die Temperaturen bis -5° C aushalten:
Abutilon, Acacia, Acca sellowiana, Callistemon, Cassia didymobotrya, Ceratonia siliqua, Citrus limon, Lampranthus, Leonotis leonurus, Leptospermum, Passiflora, Plumbago auriculata

Kübelpflanzen, die Temperaturen bis -12° C aushalten:
Albizia julibrissin, Araucaria araucana, Arbutus unedo, Aucuba japonica, Choisya ternata, Cupressus sempervirens, Eriobotrya japonica, Ficus carica, Lagerstroemia indica, Laurus nobilis, Magnolia grandiflora, Nandina domestica, Olea europaea, Phyllostachys, Punica granatum, Trachycarpus fortunei, Viburnum tinus

Ausbrechen/Entspitzen. Damit sich frisch bewurzelte, kräftige Stecklinge oder junge Pflanzen besser verzweigen, bricht man die oberste Triebspitze unmittelbar über dem nächsten Blattpaar aus.

Erziehen

Soll sich eine Pflanze in eine bestimmte Richtung entwickeln, muß regelmäßig geschnitten werden. Um ein Hochstämmchen zu bekommen, werden bei einem jungen Strauch oder Bäumchen alle Triebe bis auf einen Haupttrieb entfernt und alle Seitentriebe bis auf einige im Kronenbereich. Hat der Stamm die gewünschte Höhe erreicht, wird er gekappt. Die Triebe im Kronenbereich häufig stutzen, damit sie sich verzweigen.

Überwintern

Winterhart sind die wenigsten Pflanzen, auch nicht die heimischen Arten, sobald sie im Kübel wachsen. Wieviel Frost eine Pflanze vertragen kann, wird von ihrem empfindlichsten Teil, dem Wurzelballen, bestimmt. Im Kübel werden die Wurzeln von sehr viel weniger Erde geschützt als an den natürlichen Standorten und sind deshalb noch frostempfindlicher. Einige kommen in geschützten Winkeln mit einer wärmenden Hülle aus Noppenfolie, Styropor, Schilfmatten oder Reisig zurecht. Empfindlichere Arten müssen im Winter jedoch in einen frostfreien Raum. In den Keller kommen alle Pflanzen, die dunkel überwintern können, weil sie ihr Laub abwerfen, ebenso Knollen und Zwiebeln – vorausgesetzt der Keller ist nicht zu warm und zu trocken. Für immergrüne Pflanzen eignet sich ein kühles Treppenhaus. Die besten Winterquartiere sind verglaste Balkone, unbeheizte Wintergärten oder Gewächshäuser mit einer Heizung für besonders kalte Tage.
Alle Räume sollten ab und an gelüftet werden. Einmal in der Woche ist ein Kontrollgang angebracht. Kranke und welke Teile gleich abschneiden. Ganz ohne Wasser können die meisten Gewächse auch im Winter nicht auskommen. Je dunkler sie stehen, desto weniger müssen sie gegossen werden. Immergrüne Pflanzen sind durstiger als laubabwerfende. Auf jeden Fall den Wurzelballen nie ganz austrocknen lassen! Knollen und Zwiebeln jedoch ganz trocken halten.

Botanischer Name	Deutscher Name	Rückschnitt	Überwinte-rungs-temperatur (Min./Max.)	kann dunkel stehen (x) nur bei nied. Temp.	muß hell stehen	trocken halten	alle vier Wochen gießen
Abutilon	Schönmalve	beim Einräumen	0/20° C		×		×
Aeonium	Rosetten-Dickblatt		5/25° C		×		×
Agapanthus	Schmucklilie		0/20° C		×		×
Agave	Agave		0/25° C	×		×	
Aucuba	Aukube	möglich	- 5/20° C	(×)	×		×
Bougainvillea	Bougainvillee	möglich	10/25° C		×		×
Callistemon	Zylinderputzer	möglich	5/20° C		×		×
Camellia	Kamelie	möglich	- 5/15° C		×		×
Chamaerops	Zwergpalme	alte Blätter entfernen	- 5/25° C	(×)	×		×
Chrysanthemum	Strauchmargerite	beim Einräumen	5/15° C		×		×
Citrus	Zitrone, Orange	möglich	5/20° C		×		×
Cordyline	Keulenlilie	alte Blätter entfernen	0/20° C		×		×
Cycas	Palmfarn	alte Blätter entfernen	0/20° C		×		×
Datura	Engelstrompete	beim Einräumen	5/15° C	×		×	
Dracaena	Drachenbaum	alte Blätter entfernen	5/25° C		×		×
Ensete	Zierbanane	alte Blätter	10/25° C		×		×
Ficus	Feige	möglich	- 5/10° C	×		×	
Fuchsia	Fuchsie	beim Einräumen	5/15° C	(×)	×		×
Gardenia	Gardenie	möglich	5/20° C		×		×
Heliotropium	Heliotrop	beim Einräumen	5/15° C		×		×
Hibiscus	Hibiskus	möglich	10/25° C		×		×
Impatiens	Fleißiges Lieschen	möglich	5/20° C		×		×
Jasminum	Jasmin	möglich	0/20° C	(×)	×		×
Nerium	Oleander	möglich	0/15° C	(×)	×		×
Passiflora	Passionsblume	möglich	5/20° C		×		×
Phoenix	Phoenixpalme	alte Blätter entfernen	0/20° C	(×)	×		×
Trachycarpus	Hanfpalme	alte Blätter entfernen	- 5/20° C	(×)	×		×
Washingtonia	Washingtonie	alte Blätter entfernen	5/20° C		×		×
Yucca	Palmlilie	alte Blätter entfernen	0/25° C	(×)	×		×

In der nebenstehenden Tabelle sind die wichtigsten Kübelpflanzen und ihre Pflege im Winter aufgeführt.
Das vierwöchige Gießintervall trifft nur bei den angegebenen Minimum-Temperaturen zu. Bei warmer Überwinterung und gleichzeitig hellem Stand muß man auch im Winter regelmäßig den Feuchtezustand des Wurzelballens kontrollieren.

Schneiden und Überwintern auf einen Blick

Richtig schneiden.
a) Der Schnitt muß wenige Millimeter über einer Knospe und von der Knospe weg erfolgen.
b) – d) Zu große oder zu kleine Abstände oder ein Schnitt zur Knospe hin sind falsch.

Erziehung zum Hochstämmchen. Aus kräftigen Jungpflanzen fast aller Gehölze und Halbsträucher kann man Hochstämmchen oder Kronenbäumchen ziehen. Es dauert aber oft einige Jahre, bis das gewünschte Ziel erreicht ist.
a) Regelmäßig die Seitentriebe entfernen.
b) Hat die Pflanze die gewünschte Höhe erreicht, wird die Spitze gekappt. Pflanze unbedingt mit einer Stütze versehen!
c) Triebe häufig stutzen, damit die Krone dicht und buschig wird.

Entspitzen. Damit Stecklinge oder Jungpflanzen sich gut verzweigen und nicht in die Höhe schießen, beeinflußt man ihr Längenwachstum, indem man mit den Fingernägeln die Triebspitzen vorsichtig abkneift.

Stutzen. Wenn ältere Pflanzen zu sparrig oder zu groß werden, kann man sie rundherum stutzen. Der richtige Zeitpunkt für diese Aktion ist entweder das Frühjahr vor dem Austrieb oder der Spätsommer nach der Blüte.

Überwinterungsschnitt. Kübelpflanzen, die im dunklen Keller überwintern, müssen im Herbst stark zurückgeschnitten werden. Man entfernt auch alle restlichen Blätter. Der Wurzelballen darf nicht austrocknen!

Frühjahrsschnitt. Viele Kübelpflanzen werden nach der Überwinterung, bevor sie wieder ins Freie kommen, kräftig zurückgeschnitten, Pelargonien (Zeichnung) bis auf 20 cm Höhe. Der neue Austrieb ist dann viel buschiger.

Pflanzen am Bogen ziehen. Schling- und Kletterpflanzen bilden oft meterlange Triebe, die man manchmal nicht herunterhängen oder klettern lassen kann, sondern um Drahtbögen schlingt.
a) Kletterhilfe vorsichtig in den Topf stecken.
b) Dem Wuchs entsprechend werden die Triebe vorsichtig um den Draht gelegt und an einige Stellen locker angebunden.

Pyramidenförmiger Pflanzenwuchs. Aus vielen Pflanzen lassen sich Pflanzenpyramiden bilden.
a) Fuchsien, Efeu, Pelargonien und andere Pflanzen wachsen mit ein wenig Nachhilfe gut an Pflanzenspindeln hoch.
b) Ein hübscher Sommerschmuck ist ein Feuerbohnenzelt. Von einem Stab in der Mitte eines recht großen Pflanzgefäßes werden Schnüre gezogen und am Topfrand befestigt.

Verletzungsschutz. An den spitzen Blattenden der Agaven kann man sich sehr leicht verletzen. Ein wirkungsvoller Schutz sind Korken, ausgediente Tennisbälle oder Stryoporstückchen, die man auf die Blattspitzen steckt.

Überwintern im Freien. Hat man zum Überwintern keinen Platz im Haus, bieten sich Abdeckungen aus Noppenfolie an, die über ein kräftiges Drahtgestell gezogen werden.

Erdmiete. Muß man mehrere Töpfe im Freien überwintern, so baut man sich am besten eine Erdmiete, z. B. für Fuchsien. Man läßt die Pflanzen in den Töpfen und legt sie in eine zuvor gegrabene Erdmulde, füllt mit Laubstreu auf und bedeckt die Grube mit einem feinen Gitterrost und mit einer Schicht aus Reisig und Laub.

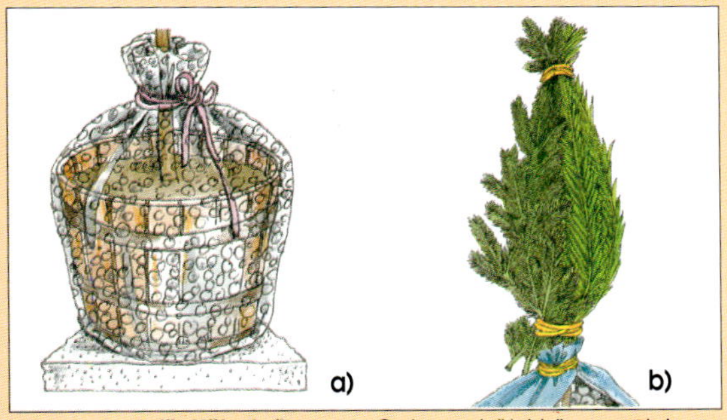

Winterschutz für Kübelpflanzen. Gut geschützt können viele Kübelpflanzen den Winter auch im Freien verbringen. Stellen Sie die Pflanzen auf eine dicke Styroporplatte oder auf Bretter, damit sie vor Kälte und Nässe von unten geschützt sind.
a) Kübel und Erdoberfläche werden ganz in Noppenfolie eingewickelt.
b) Der oberirdische Pflanzenteil wird dicht mit Tannenreisig ummantelt.

Schutz vor Frost und Wintersonne. An sich winterharte Kübel- oder Kletterpflanzen schützt man vor starkem Frost und der austrocknenden Wintersonne mit Schilf- oder Strohmatten, die an frostfreien Tagen entfernt werden.

Schneeschutz. In schneereichen Gebieten ist es sinnvoll, die durch Noppenfolie und/oder Reisig geschützten Pflanzen noch zusätzlich mit Brettern zu umgeben, damit die Pflanzen nicht unter der Schneelast zusammenbrechen.

Pflege im Winterquartier. Ein wenig Pflege brauchen auch Pflanzen im Winterquartier. Abgesehen davon, daß sie nicht austrocknen dürfen und gelegentlich gegossen werden müssen, muß man vor allem auf ihre Gesundheit achten.
a) Verwelkte Pflanzenteile sofort entfernen, damit sie nicht zu faulen oder schimmeln anfangen.
b) Abfallende Blätter vom Substrat und Boden abfegen und entfernen. Es nisten sich sonst Schadpilze oder Bakterien ein.
c) An frostfreien Tagen gut lüften, um Pilzbefall vorzubeugen. Über Nacht und bei starkem Frost Fenster geschlossen halten!
d) Kommt es dennoch zu Krankheiten oder Schädlingsbefall, muß die Pflanze sofort von den anderen isoliert und mit Pflanzenschutzmittel behandelt werden. Nach Möglichkeit alle befallenen Pflanzenteile sorgfältig entfernen!

TIP

Bei winterharten Immergrünen und Nadelgehölzen wird oft als Frostschäden angesehen, was in Wirklichkeit Trockenschäden sind. Durch die Wärme der Wintersonne verdunstet viel Wasser über Blätter und Nadeln, die Wurzeln im gefrorenen Boden können jedoch nicht für Nachschub sorgen. Deshalb ist Sonnenschutz im Winter so wichtig.

Warum Pflanzen krank werden

Eine abwechslungsreiche Zusammenstellung von Kübelpflanzen ist ein Blickfang auf jeder Terrasse. Wo viele Pflanzen zusammenstehen, breiten sich jedoch Krankheiten und Schädlinge schnell aus. Regelmäßige Kontrollen sind daher sehr wichtig.

Sie kommen angeflogen oder angekrabbelt, sitzen versteckt in der Erde und schädigen unsere Zimmerpflanzen: Beißende und saugende Insekten und Pilze mit Viren und Bakterien. Sind die Pflanzen in einem guten Zustand, überstehen sie viele Plagen mit nur leichten Blessuren. Durch Pflegefehler geschwächte Exemplare sind dagegen ein gefundenes Fressen für Schädlinge, ein idealer Nährboden für Krankheitserreger.

Die häufigsten Pflegefehler

Die meisten Pflanzen gehen nicht zugrunde, weil sie vernachlässigt werden, sondern weil die Pflanzenfreunde es oft zu gut mit ihnen meinen, sie »ertränken«, »überfüttern« oder ihnen zu viel Sonne zumuten.

Gießfehler

Zu viel, zu kaltes und zu hartes Wasser haben schon so manche Pflanze umgebracht. Ist dann noch das Abzugsloch verstopft, bildet sich gefährliche Staunässe im Topf – die Voraussetzung für Wurzelfäule.
Nicht alle Pflanzen vertragen Wassertropfen auf den Blättern, nasse Blätter sind zudem anfällig für Pilzbefall.

Falscher Standort

Licht und Temperatur werden zu einem großen Teil durch den Standort bestimmt. Stehen die Pflanzen am falschen Platz, dann bekommen oft sonnenhungrige Arten zu wenig Licht, wärmebedürftige stehen zu kalt und umgekehrt. Auch stark schwankende Temperaturen oder Hitzestaus bei Sonnenschein und Kälteschocks im Winter zwischen Vorhang und Fensterscheibe setzen den Pflanzen zu. Nicht nur die richtigen Luft-, auch die Bodentemperaturen sind wichtig, auch »kalte Füße« machen die Pflanzen krank. Unterschätzen Sie auch nicht die Kraft der Frühjahrssonne und schattieren Sie empfindliche Pflanzen auf der Fensterbank.

Luft ist lebenswichtig

Die Qualität der Luft spielt ebenfalls eine große Rolle. Trockene Heizungsluft, verbrauchte Luft, mit Rauch oder anderen Schadstoffen (Ausdünstungen aus Möbeln oder Textilien) belastete Luft schadet den meisten Zimmerpflanzen. Setzen Sie die Pflanzen auch nicht zu dicht nebeneinander, damit die Luft zirkulieren kann – stehende Luft begünstigt Pilzinfektionen. Viele Pflanzen reagieren empfindlich auf Zugluft.

Richtiges Gefäß, richtiges Substrat

Topfgröße und Pflanzsubstrat beeinflussen die Entwicklung der Wurzeln. Verdichtetes, muffiges oder falsches Substrat und zu kleine Töpfe – bei schwachwurzelnden Pflanzen auch zu große – führen zu kümmerlichem Wuchs. Die Erde gelegentlich mit einer Gabel lockern, Ablagerungen (Algen, Moos, Schimmel) an der Oberfläche entfernen.

Zu viele oder zu wenige Nährstoffe

Zu viele und zu wenige Nährstoffe sind gleichermaßen schädlich. Außerdem muß die Zusammensetzung des Düngers stimmen. Stickstoff im Übermaß z. B. macht das Gewebe weichlich und schwammig.
Die meisten Pflanzen werden nicht das ganze Jahr hindurch gleichmäßig gedüngt, z. B. Gehölze nur bis August, damit das Holz ausreifen und hart werden kann. Wird länger gedüngt, bleibt das Holz weich und anfällig für Schädlinge und Krankheiten. Verwenden Sie Spezialdünger für bestimmte Pflanzengruppen.

Auch Pflanzen brauchen Ruhe

Viele Zimmerpflanzen brauchen, entsprechend den Jahreszeiten an ihrem natürlichen Standort, eine Ruhepause, in der sie bei uns an einem kühlen Ort stehen, wenig gegossen und kaum gedüngt werden. Wird den Pflanzen diese Phase im jährlichen Vegetationszyklus nicht ermöglicht, werden sie schwach und anfällig für Krankheiten.

Auf Sauberkeit achten

Verwelkte Blüten und Blätter sind Tummelplätze für viele Krankheitserreger. Daher alle abgestorbenen Pflanzenteile regelmäßig mit einem scharfen Messer abschneiden. Jede Schnittstelle ist eine Wunde und sollte besser mit Holzkohlepulver bestäubt werden. Durch Werkzeug und Hände, die mit kranken Pflanzen in Berührung kamen, werden viele Krankheiten übertragen. Scheren und Messer sofort desinfizieren, Hände gründlich waschen. Alte Töpfe vor dem Gebrauch von innen und außen mit Seifenwasser kräftig abbürsten.

Regelmäßige Kontrolle

Werden Schädlinge oder Pilzbefall frühzeitig entdeckt, läßt sich die Pflanze in vielen Fällen retten. Einmal pro Woche sollte der grüne Zimmerschmuck sehr sorgfältig untersucht werden, vor allem die Blattunterseiten. Nehmen Sie winzige Punkte unter die Lupe! Veränderungen im Wuchs und Austrieb können auf Schäden hinweisen. Sind keine äußeren Symptome sichtbar, ist vielleicht der Wurzelballen krank. Kranke Pflanzen sofort isolieren! Preiswerte, kurzlebige Topfpflanzen lieber gleich wegwerfen, bevor sie ihre Nachbarn anstecken. Überwinternde Pflanzen nicht vergessen!

Bild rechts: Südländische Kübelpflanzen auf der Terrasse vermitteln Urlaubsstimmung

Was tun bei Schädlingsbefall?

Selbst optimale Pflege bietet keinen absoluten Schutz vor Schädlingen oder Schadpilzen. Es gibt jedoch viele Möglichkeiten, kranken Pflanzen zu helfen. Haben sich erst wenige Schädlinge eingenistet oder erkennt man die Krankheit in einem frühen Stadium, haben mechanische Methoden und sanfte Mittel recht gute Aussichten auf Erfolg. Härtere, chemische Präparate sollten nur als letzte Rettung eingesetzt werden!

Mechanische und biotechnische Methoden

Entdeckt man bei den wöchentlichen Kontrollen Schädlinge oder Schadstellen, heißt es, sofort aktiv zu werden!

- Bei geringem Schädlingsbefall lassen sich Läuse oder andere Schädlinge noch relativ leicht absammeln, abkratzen oder abwischen.
- Eine lauwarme Dusche – kaltes Wasser verursacht möglicherweise einen Schock bei den Pflanzen – spült vieles weg. Vergessen Sie die Blattunterseiten nicht! Damit die Pflanze beim Kopfstand nicht aus dem Topf fällt, steckt man ihn in eine Plastiktüte, die man über der Erde fest zubindet. So präparierte Pflanzen kann man auch kopfüber in Wasser tauchen, dem einige Spritzer Geschirrspülmittel zugesetzt wurde. Leider lassen sich diese Maßnahmen nur bei kleineren Pflanzen durchführen.
- Kranke oder beschädigte Pflanzenteile immer gleich entfernen. Handwerkszeug und Hände sofort gründlich waschen.
- Weiße Fliegen, Trauermücken und andere Plagegeister fängt man auf der Fensterbank mit kleinen gelben Tafeln (Gelbsticker), die mit Leim beschichtet sind und in den Blumentopf gesteckt werden.
- Den lästigen Spinnmilben kann man mit reichlich feuchter Luft den Garaus machen – wenn die befallenen Pflanzen hohe Luftfeuchtigkeit vertragen. Nachdem die Pflanze gut gegossen wurde, steckt man den oberirdischen Teil für 10–14 Tage in eine durchsichtige Plastiktüte, die über der Erde zugebunden wird. Die Feuchtigkeit, die über die Blätter verdunstet, bleibt in der Hülle gefangen.

Bewährte Hausmittel

Wunder darf man von den Hausmitteln nicht erwarten, aber einen Versuch sind sie allemal wert.

Gegen Blattläuse bei geringem Befall helfen:
Brennessel-Kaltwasser-Auszug
Rhabarberblätter-Tee
Wermut-Tee

Gegen Mehltau-Pilze wirken:
Schachtelhalm-Brühe
Knoblauch-Tee

Gegen Pilzbefall allgemein:
geschälte Knoblauchzehen in die Erde stecken

Gegen Schild-, Woll- oder Schmierläuse hilft:
Sprühen oder Abwischen mit Spiritus-Seifenlösung

Natürliche Methoden

Insekten haben Feinde, die man gezielt einsetzen kann.
Auf Balkon und Terrasse finden sich viele dieser sogenannten Nützlinge ganz von selbst ein oder können durch bestimmte Pflanzen angelockt werden. Dazu gehören z. B. Schwebfliegen, die Ringelblumen, Tagetes und Trichterwinden ganz

Rezepte für die Hausmittel

Brennessel-Kaltwasser-Auszug
500 g frische, noch nicht blühende Brennesseln 12–24 Stunden in 5 l Wasser ziehen lassen, durch ein Sieb gießen und mehrmals unverdünnt spritzen. Brennesselextrakt und -pulver gibt es im Fachhandel.

Rhabarberblätter-Tee
250 g zerkleinerte Rhabarberblätter mit 1,5 l kochendem Wasser übergießen, 15 Minuten ziehen lassen, abseihen und unverdünnt spritzen.

Wermut-Tee
150 g frische Blätter von blühenden Stengeln oder 15 g getrocknete Blätter mit 5 l kochendem Wasser übergießen, 15 Minuten ziehen lassen, abseihen und unverdünnt spritzen.

Schachtelhalm-Brühe
300 g frisches Kraut 24 Stunden lang in 3 l kaltem Wasser ziehen lassen, aufkochen und 30 Minuten sieden lassen. Erkaltete Flüssigkeit durch ein Sieb gießen, im Verhältnis 1:5 mit Wasser verdünnen, einmal pro Woche spritzen.

Knoblauch-Tee
70 g zerkleinerte Zehen mit 1 l kochendem Wasser übergießen und sechs Stunden stehen lassen. Durch ein Sieb gießen und unverdünnt spritzen.

Spiritus-Seifenlösung
20 g Schmierseife in 1 l heißem Wasser auflösen, abkühlen lassen und 20 ml Spiritus dazugeben. Die Schilde bzw. Gespinste der Läuse mehrmals mit der Lösung einpinseln.

Einen erfolgreichen Kampf gegen die Weißen Fliegen, Trauermücken und andere fliegende Insekten führt man mit Gelbstickern. An den mit einer klebrigen Masse beschichteten Täfelchen bleiben die Plagegeister kleben.

Mit Gelbstickern fängt man schädliche Fluginsekten

besonders mögen. Als fertiges Insekt ernährt sich die Schwebfliege von Nektar und Pollen, die Larven dagegen sind ganz scharf auf Blattläuse. Es gibt aber auch Pflanzen, die bestimmte Insekten vertreiben. Für Terrassen- und Balkongärtner der Tip: Kapuzinerkresse und Gartenkresse halten Blutläuse von kleinen Obstbäumen fern, wenn man die Erde rund um den Baumstamm mit ihnen bepflanzt. Folgende Nützlinge können auch in geschlossenen Räumen eingesetzt werden:

Gegen Blattläuse:
Florfliegen *(Chrysopa carnea)* in Wintergarten, Gewächshaus und Blumenfenster
Räuberische Gallmücken *(Aphidoletes aphidimyza)* in Wintergarten und Gewächshaus

Gegen Weiße Fliegen:
Schlupfwespen *(Encarsia formosa)* in Wintergarten und Gewächshaus

Gegen Spinnmilben:
Raubmilben *(Phytoseiulus persimilis)* in Wintergarten, Gewächshaus, Blumenfenster und Büro

Gegen die Larven des Dickmaulrüsslers:
Parasitäre Nematoden *(Heterorhabditis sp.)* bei allen Topfkulturen

Gegen Trauermückenlarven:
Parasitäre Nematoden *(Steinernema bibionis)* in geschlossenen Räumen

Gegen Woll- oder Schmierläuse:
Australische Marienkäfer *(Cryptolaemus montrouzier)* im Wintergarten, Gewächshaus, Blumenfenster und Büro. (Er braucht hohe Temperaturen!)

Biologische Mittel

Es wäre falsch zu behaupten, biologische Mittel seien generell nicht giftig. In hohen Konzentrationen schadet manch »harmloses« Kraut, aber auch minimale Mengen bestimmter Stoffe können tödlich sein – die Natur bringt überaus wirksame Gifte hervor. Viele biologische Pflanzenschutzmittel sind in dieser Hinsicht allerdings wirklich harmlos. Dennoch sollte der Gebrauch immer genau nach den Angaben des Herstellers erfolgen.

TIP

Auf Balkon und Terrasse hat der Blumenfreund eine große Schar eifriger Helfer, wenn es um die Gesundheit seiner Pflanzen geht: Schlupfwespen, Florfliegen, Schwebfliegen, Marienkäfer, Ohrwürmer, Spinnen und andere. Sie alle dezimieren das Heer der Schädlinge.

Was tun bei Schädlingsbefall?

Schwebfliegen lieben Trichter- und Prunkwinden *(Ipomoea)*. Wer sie auf Balkon oder Terrasse hält, bekommt die nützlichen Insekten, deren Larven Blattläuse vertilgen, frei Haus.

Folgende Wirkstoffe natürlichen Ursprungs sind u. a. in Pflanzenschutzmitteln enthalten:

Pyrethrum ist ziemlich giftig und wirkt auf das Nervensystem von Warmblütern und Kaltblütern, wenn es in die Blutbahn gelangt. Vorsicht bei Verletzungen! Pyrethrum ist in Sprays, Pulvern und flüssigen Mitteln enthalten und hilft gegen beißende und saugende Insekten. Bienen sind nicht gefährdet. Angeboten werden auch Präparate mit synthetisch hergestellten Pyrethroiden. Handelt es sich um den echten Blüten-Extrakt, steht auf den Packungen »Natur-Pyrethrum«.

Paraffinöl, Weißöl verklebt die Atmungsorgane von Schildläusen, Woll- oder Schmierläusen und Spinnmilben. Nur hartlaubige Pflanzen vertragen Mittel mit diesem Wirkstoff. Es wird direkt auf die Pflanzen gespritzt.

Kaliseifen sind als Sprühmittel auf dem Markt. Sie wirken auf die Atmungsorgane saugender Insekten, verschonen jedoch Bienen, Florfliegen, Marienkäfer und andere Nützlinge. Seifenähnliche Präparate werden auch von weichlaubigen Pflanzen vertragen.

Lecithin wirkt gegen den Echten Mehltau-Pilz und ist als Spray auf dem Markt.

Schutz durch Stärkung

Neben den Pflanzenschutzmitteln gibt es Pflanzenstärkungsmittel. Sie enthalten natürliche Stoffe, die das Zellgewebe festigen und die Abwehrkräfte der Pflanzen erhöhen. Sie werden vorbeugend gegen bestimmte Schädlinge oder Krankheiten eingesetzt. Es handelt sich dabei um folgende Substanzen:

Algenkalk, Kalkalgenmehl wird über die Blätter gestäubt und erhöht die Widerstandskraft gegen Pilzkrankheiten und Insekten. Es trocknet außerdem Insektenlarven aus.

Algenextrakt enthält viele, für die Pflanzen wichtige Aufbaustoffe. Die Mittel werden in flüssiger und pulvriger Form angeboten und auf den Blättern ausgebracht. Algenextrakt erhöht die Widerstandsfähigkeit gegen Schädlinge.

Kieselsäure ist Bestandteil vieler Pflanzenstärkungsmittel. Sie festigt das Gewebe und erhöht die Abwehrkräfte gegen Schadpilze.

Ätherische Öle sind als Pflanzenstärkungsmittel unter der Bezeichnung »Aromatische Pflanzenpflege« im Handel. Es gibt sie als gebrauchsfertiges Spray für Zimmer-, Balkon- und Kübelpflanzen (im Fachhandel) oder – zum Spritzen für große Pflanzenmengen – als Mischung zum Verdünnen.
Die Aromatische Pflanzenpflege, 1993 mit dem Umweltpreis ausgezeichnet, fördert nachweislich das Pflanzenwachstum und beugt Krankheiten und Schädlingen vor.

Bach-Blüten-Essenzen

Bach-Blüten-Essenzen wirken auf feinen energetischen Schwingungsebenen direkt auf das Energiesystem des Menschen ein und haben bei Tieren hervorragende Therapieergebnisse gezeigt.
Bach-Anhänger schwören auch auf eine wohltuende Wirkung bei Pflanzen. Gegen Schädlingsbefall verwenden sie »Crab Apple«, zur vorbeugenden Stärkung »Walnut« und bei kränkelnden Pflanzen »Rescue«, die sogenannten Erste-Hilfe-Tropfen. Man gibt jeweils zehn Tropfen aus einer Stockbottle in eine 10-Liter-Gießkanne.
Die Essenzen sind auf Rezept in Apotheken erhältlich.

Chemische Mittel

Auch die chemischen Pflanzenschutzmittel sind keine Allheilmittel und zudem nicht immer umweltfreundlich. Bei besonders wertvollen oder seltenen Pflanzen ist ihre Anwendung gerechtfertigt, wenn die sanfteren Methoden nichts gebracht haben.

- Richten Sie sich immer ganz genau nach den Angaben der Hersteller und benutzen Sie in geschlossenen Räumen niemals Mittel, die für den Pflanzenschutz im Freien vorgesehen sind.
- Bewahren Sie die Mittel so auf, daß Kinder oder Haustiere nicht gefährdet sind. Reste gehören in den Sondermüll!
- Schützen Sie sich selbst, indem Sie Handschuhe tragen, die Mittel nicht aus Versehen in die Augen bekommen oder einatmen.
- Verzichten Sie auf die Anwendung von Mitteln, die mit dem Totenkopfsymbol gekennzeichnet und in die Gefahrenklassen »T+ = sehr giftig« und »T = giftig« eingestuft sind.
- Verwenden Sie höchstens nur Präparate, die mit dem Andreaskreuz und den Kennzeichnungen »Xn = mindergiftig« und »Xi = reizend« versehen sind.
- 3/4 der im Handel befindlichen chemischen Pflanzenschutzmittel sind ohne Kennzeichnung, weil überhaupt nicht gefährlich!

Trichter- und Prunkwinden ziehen nützliche Schwebfliegen an

TIP

Aromastoffe der Pflanzen helfen Pflanzen. Mit Duftduschen und aromatischen Mitteln zur Wurzelpflege wird ihre Widerstandsfähigkeit gestärkt. Das Prinzip stammt aus der Natur, wo sich Pflanzengemeinschaften gegenseitig mit ihren Düften unterstützen.

Die häufigsten Schädlinge

Weiße Fliegen, Blatt-, Woll- und Schildläuse nehmen dem Zimmergärtner oft die Freude an seinen Pflanzen. Das rechtzeitige Erkennen und Eingreifen ist bei der Bekämpfung sehr wichtig.

Zusammen mit den Zimmerpflanzen haben auch eine ganze Reihe Insekten auf den Fensterbänken Platz genommen. Sie fühlen sich dort oft viel wohler als draußen und vermehren sich explosionsartig, weil sie kaum von ihren natürlichen Feinden erreicht werden. Zu den häufigsten und gefährlichsten Pflanzenschädlingen gehören:

Hibiscus mit Blattläusen

Schildläuse kleben sehr fest

Weiße Fliegen (vergrößert)

Wolläuse mögen trocken-warme Luft

Spinnmilben, Rote Spinne

Der Zimmer- und Balkongärtner hat es meistens mit der Gemeinen Spinnmilbe *(Tetranychus urticae)* oder mit der Gewächshaus-Spinnmilbe *(Brevipalpus obovatus)* zu tun. Die 0,3 bis 0,6 mm großen Schädlinge sind grün-gelblich oder rot, vermehren sich sehr schnell und krabbeln von einer Pflanze auf die andere. Sowohl die Larven als auch die fertigen Tiere sind äußerst gefräßig und nicht sehr wählerisch. Begünstigt werden Befall und Vermehrung durch zu hohe Temperaturen, zu niedrige Luftfeuchtigkeit und Überdüngung. Spinnmilben sitzen an den Blattunterseiten neben den Blattadern, stechen die Blätter an und saugen den Saft heraus.

Blattläuse

Die Sippe der Blattläuse ist riesig, allein in Deutschland gibt es rund 800 Arten. Der Zimmergärtner hat es meistens mit der Grünen Pfirsichblattlaus *(Myzus persicae)* zu tun, die kaum eine Topfpflanze verschont. Die Tiere vermehren sich unheimlich schnell. Begünstigt wird das Leben der Blattläuse durch trockene Zimmerluft. Sie bevorzugen schwächliche Pflanzen, deren weiches Zellgewebe sie mit ihrem Stechorgan leichter durchdringen können und zarte Triebspitzen. Die Tiere richten dreifachen Schaden an: Sie stechen in die Blätter bis zu den Leitungsbahnen und saugen den Saft heraus. Bei diesem Vorgang gelangt durch den Saugrüssel ein Gift in die Pflanze. Außerdem scheiden sie mit dem Kot eine klebrige, süße Flüssigkeit (Honigtau) aus, auf der sich dann u. a. die Rußtau-Pilze breitmachen.

Schildläuse

Aus der großen Gruppe dieser Insekten plagen hauptsächlich Deckel- und Napfschildläuse die Zimmerpflanzen auf der Fensterbank, andere Arten setzen sich auch auf Freilandpflanzen fest. Die Bekämpfung dieser Schädlinge ist so schwierig, weil man den Befall meist erst dann entdeckt, wenn sich die Larven bereits unter ihrem Schild »in Sicherheit« gebracht haben. Die jungen, äußerst beweglichen und empfindlichen Larven sind mit dem bloßen Auge leider nicht zu erkennen. In trockener, warmer Umgebung, der typischen Heizungsluft im Winter, fühlen sich Schildläuse besonders wohl und vermehren sich schnell. Auch bevorzugen sie, wie die meisten Schädlinge, schwächliche Wirtspflanzen. Die Tiere bilden aus einer wachsartigen Masse, die sie selber produzieren, ihre Schilde, unter denen sie dann die Eier ablegen. Der Schild der Deckelschildlaus ist weiß-gelblich bis bräunlich, eher flach und nicht mit der Larve darunter verbunden. Der bräunliche, halbkugelige »Panzer« der Napfschildläuse ist die verhärtete Rückenhaut. Auch die Schildläuse richten wie die Blattläuse dreifachen Schaden an, indem sie die Blätter anstechen und aussaugen, mit dem Speichel Gift in die Pflanze spritzen und Honigtau ausscheiden.

Woll- oder Schmierläuse

Diese Schädlinge, die auch zu den Schildläusen gehören, sind rosa bis hellbraun, 2-3 mm lang, bleiben immer beweglich und produzieren keine festen Schilde. Ihre wachsartigen Ausscheidungen bilden weißliche, wollige Flocken, unter denen sich die Tiere oft verbergen. Sie sitzen bevorzugt in größeren Kolonien am Wurzelhals, an den Blattunterseiten oder in den Blattachseln der Pflanzen, verursachen die gleichen Schäden wie ihre gepanzerten Verwandten und fühlen sich ebenfalls in trocken-warmer Luft besonders wohl.

Weiße Fliege, Mottenschildlaus

Auch dieses Insekt gehört zu der Gruppe der Schildläuse. Es tritt hauptsächlich in Gewächshäusern auf, da es eine Temperatur von 15-25° C und eine Luftfeuchtigkeit von 80 Prozent benötigt. Die Weißen Fliegen sitzen meist an den Blattunterseiten. Die nur 0,1 mm großen Larven sind lediglich im Jugendstadium beweglich und saugen sich dann an der Pflanze fest, geschützt von feinen Wachsfäden. Neben den Saugschäden verursachen die Weißen Fliegen durch Ausscheidung von Honigtau weitere Gefahren für die Pflanzen.

Thripse, Blasenfüße

Die kleinen Insekten werden besonders bei warmer, trockener Zimmerluft zur großen Plage und vermehren sich explosionsartig. Man bemerkt sie aber meistens erst dann, wenn die 1-2 mm lange, schlanke, dunkle geflügelte Form in großer Zahl herumschwirrt. Thripse fliegen von einer Pflanze zur anderen und werden auch durch den Wind herangeweht. Die fertigen Insekten legen ihre Eier an den Blattunterseiten im Gewebe der Pflanze ab, dort schlüpfen nach wenigen Tagen die Larven, die häufig dicht beieinander bleiben. Sie stechen die Blätter und Blüten an und saugen den Saft heraus.

Nematoden, Älchen, Fadenwürmer

Die winzigen, farblosen, durchsichtigen Würmer gibt es überall in der Erde und im Wasser. Sie gehören zu den Heerscharen von Bodenlebewesen, die für die Fruchtbarkeit der Erde verantwortlich sind. Einige Arten leben allerdings als Parasiten von Wurzeln (Wurzelälchen, Wurzelgallenälchen) und oberirdischen Teilen der Pflanze (Blattälchen) und richten großen Schaden an.
Nematoden brauchen zum aktiven Leben und zum Fortbewegen unbedingt genügend Feuchtigkeit. Sie »schwimmen« oder schlängeln sich wie kleine Aale - daher auch der Name Älchen - durch die Feuchtigkeit in der Erde und werden u. a. mit Wasser von einer Pflanze zur anderen übertragen. Durch die Spaltöffnungen der Blätter oder an verletzten Pflanzenteilen dringen sie besonders leicht in die Pflanze ein.
Die Nematoden stechen mit ihrem Mundstachel in das Pflanzengewebe, saugen den Saft heraus und geben mit dem Speichel Giftstoffe ab. Die befallenen Pflanzenpartien beginnen zu faulen und sind willkommener Nährboden für Bakterien und Schadpilze.

Weitere Schädlinge, Symptome und Abhilfen finden Sie auf den Seiten 72/73.

Wie gefährlich sind Springschwänze und Trauermücken?

Auch wenn sie in großer Zahl auftreten, richten Springschwänze kaum Schaden an den Pflanzen an. Sie ernähren sich von Pilzen, Algen und verrottetem organischen Material, sehr selten nagen sie lebende Pflanzen an. Die 1-4 mm langen, weißlich bis schwarzen, außerordentlich beweglichen Tiere können nur in sehr hoher Luftfeuchtigkeit leben. Sie sitzen in und auf der Erde oder an der Außenseite der Blumentöpfe, die in Übertöpfen stehen. Der Befall kann vermindert werden, indem man die Erde trockener hält, eventuell die Pflanze umtopft und keine Übertöpfe verwendet. Auch mehrstündiges Tauchen des Wurzelballens in Wasser treibt die Springschwänze aus dem Boden, so daß sie einfach »abgegossen« werden können.
Auch Trauermücken (Moosfliegen, Humusfliegen) sind zwar lästig, aber harmlos. Schäden an den feinen Haarwurzeln richten nur die Larven an, wenn sie im Substrat nicht genug abgestorbene Pflanzenteile finden oder die Erde zu trocken ist. Ausgewachsene Pflanzen überleben die Attacken ohne Schwierigkeiten, Sämlinge und Jungpflanzen können daran zugrunde gehen. Die kleinen Tierchen bleiben an Gelbstickern kleben. Trauermücken kann man nicht ausrotten, sie kommen immer wieder angeflogen.

Springschwänze oder Collembolen (Bild unten, Vergrößerung) sind in Wirklichkeit nur 1-4 mm groß. Treten sie in großen Scharen auf, liegt meist ein Pflegefehler vor. Nasser Boden und eine schlechte Struktur des Substrats fördern ihre Vermehrung. Schaden richten sie keinen an.

Collembolen, vergrößert

Die häufigsten Krankheiten

Viele Schadbilder an Pflanzen werden von Pilzen und Pflegefehlern verursacht. Gelbe Blätter (Chlorose) deuten auf eine falsche Ernährung hin (Eisenmangel), dürre Spitzen auf zu trockene Luft. Mehltau und Grauschimmel sind häufige Pilzerkrankungen.

Als Ursache für vielerlei Pflanzenkrankheiten kommt falsche Pflege in Betracht – was aber nicht unbedingt mit Nachlässigkeit gleichzusetzen ist. Man spricht in diesem Zusammenhang von physiologischen Schäden. Andere Ursachen sind Schaderreger, Pilz-, Bakterien- oder Virusinfektionen.
Es ist nicht immer eindeutig erkennbar, woran eine Pflanze krankt, denn viele Symptome können mehrere Ursachen haben. Die Auswahl der Krankheiten und Schadbilder beschränkt sich auf die häufigsten, weitere Krankheitssymptome und Schadbilder finden Sie auf den Seiten 70/71.

Citrus mit Chlorose

Palme mit dürren Spitzen

Begonie mit Mehltau

Weihnachtsstern mit Grauschimmel

Physiologische Schäden
Aufgrund von Pflegefehlern treten die verschiedensten Schäden bei Zimmer- und Balkonpflanzen auf, hier einige Beispiele:

Gelbe Blätter (Chlorose) sind in den meisten Fällen ein Zeichen für Eisen- oder Magnesiummangel, der auftritt, wenn das Gießwasser zu kalkhaltig ist. Kalk bindet Eisen im Boden in einer Form, in der es von den Pflanzen nicht aufgenommen werden kann.

Eingetrocknete Blattflecken sind die Folge eines »Sonnenbrandes«, wenn die Pflanze z. B. unschattiert praller Mittagssonne ausgesetzt ist.

Korkwucherungen an Stengeln oder Blättern entstehen oft durch zu häufiges Gießen und zu hohe Luftfeuchtigkeit in Verbindung mit zu wenig Licht.

Wachstumsstocken kann mehrere Ursachen haben, u. a. Beeinträchtigung der Wurzelfunktionen (zu kleiner Topf, zu viel Feuchtigkeit), stark schwankende Temperaturen und Luftfeuchtigkeit, Lichtmangel, Überdüngung.

Blühfaulheit kann u. a. an zu stickstoffhaltiger Düngung, falschem Standort oder fehlender Ruhezeit liegen.

Spitzendürre ist meist ein Zeichen dafür, daß die Luft schon längere Zeit zu trocken ist.

Pilzkrankheiten
Pilze gehören zu den niederen Pflanzen. Sie vermehren sich durch Sporen, die von Wind, Wasser und Lebewesen überall hin verbreitet werden. Es gibt nützliche, ungefährliche Pilze und solche, die bei Menschen, Tieren und Pflanzen Krankheiten hervorrufen. Bodenpilze sind überall vorhanden, auch in jeder Blumenerde. Einige dringen an schadhaften Wurzelzonen in das Gewebe ein und verstopfen mit ihrem Pilzgeflecht die Leitungsbahnen.

Wurzelfäule wird durch Pilze der Gattungen *Pythium* und *Phytophthora* verursacht. Günstige Bedingungen für diese Schadpilze sind zu viel Feuchtigkeit, zu hoher Salzgehalt (Überdüngung) im Substrat, zu kalter Standort und zu kaltes Gießen.

Umfallkrankheit und Schwarzbeinigkeit, verursacht durch die Pilze *Phoma lingam* und *Pythium debaryanum*, sind der Schrecken jedes Gärtners und treffen hauptsächlich Keimlinge und Stecklinge. Oft werden die Pilzsporen schon mit dem Saatgut eingeschleppt.

Stengelgrundfäule wird u. a. durch *Fusarium*-Arten ausgelöst, Welkekrankheit durch *Verticillium*-Arten. Verdichtete Erde, zu viel Wasser und Dünger begünstigen die Ausbreitung dieser Schadpilze.

Stammgrund- oder Wurzelhalsfäule an Azaleen stammen von *Cylindrocladium*-Pilzen. Diese Pilze wachsen in den Pflanzen und verstopfen die Leitungsbahnen. Achten Sie beim Kauf darauf, daß die Blätter der Azaleen frisch und gesund aussehen.

Wurzel- und Knollenfäule an Alpenveilchen sind ein Zeichen für den Befall mit *Thielaviopsis basicola* und *Cylindrocarpon radicicola*, die mit ihrem Geflecht die Knollen durchdringen. Bei Erkennung der Krankheit die Pflanze sofort wegwerfen!

Echter Mehltau – unter dieser Bezeichnung werden mehrere Schadpilze zusammengefaßt, die zwar alle die gleichen Symptome und Schäden hervorrufen, sich aber auf bestimmte Pflanzengattungen spezialisiert haben. Eine Übertragung von einer Gattung auf die andere ist nicht möglich. Die Sporen werden vom Wind angeweht, lassen sich auf Blättern und Stengeln nieder und finden ihre Nahrung im Gewebe der Pflanze. Falscher Standort, zu viel Stickstoffdünger, zu dichter Stand und feucht-warmes Wetter beschleunigen die Ausbreitung des Pilzgeflechts.

Falscher Mehltau wird ebenfalls von verschiedenen Pilzen verursacht, die sich in den meisten Fällen auf bestimmte Pflanzen spezialisiert haben. Die Sporen überwintern im Boden, dringen auf den Blattunterseiten in die Spaltöffnungen der Blätter ein und entwickeln dort ein Pilzgeflecht, das als weißlicher Belag sichtbar wird. Die Sporen bevorzugen feuchtes Klima.

Grauschimmel tritt nur bei verletztem Pflanzengewebe auf. Der Pilz *(Botrytis cinerea)* lebt sowohl auf Pflanzen als auch in der Erde. Begünstigt wird seine Ausbreitung durch eine kalt-feuchte Umgebung und Lichtmangel.

Rost kann von vielen tausend Rostpilz-Arten verursacht werden. Hauptsächlich der Pelargonienrost *(Puccinia pelargonii-zonalis)* und der Fuchsienrost *(Pucciniastrum epilobii)* machen den Zimmergärtnern Sorgen.

Rußtaupilze siedeln sich auf dem zuckerhaltigen Kot an, den saugende Insekten (Schmier-, Schild- und Blattläuse) auf die Blätter tropfen lassen, und bilden dort ihr Pilzgeflecht. An diesen Stellen trifft kein Licht mehr auf das Blatt, so daß die Assimilation gestört wird.

Blattflecken können von einer großen Anzahl verschiedener Pilze verursacht werden. Gefährdet sind vor allem schwächliche Pflanzen und bereits durch andere Ursachen verletzte Blätter. Die Ausbreitung der Pilze wird durch größere Temperaturschwankungen begünstigt.

Bakterien und Viren

Es gibt nicht viele Bakterienerkrankungen (Bakteriosen) an Zimmerpflanzen, und sie treten auch nicht sehr häufig auf. Die Bakterien selbst werden mit Wasser angeschwemmt und dringen aktiv über Wunden oder durch Spaltöffnungen in die Pflanzen ein. Es gibt keine Möglichkeit, Bakterien zu bekämpfen. Befallene Pflanzen müssen vernichtet werden.

Viren werden durch Blattläuse, Weiße Fliegen und andere Schadinsekten verbreitet oder durch unsaubere Scheren oder Messer übertragen. Auch bei Viruserkrankungen (Virosen) gibt es keine Heilung, die Pflanzen müssen vernichtet werden.

Oleanderkrebs wird hervorgerufen durch das Bakterium *Pseudomonas tonelliana*, das sich auf Oleander *(Nerium oleander)* spezialisiert hat.

Öl- oder Blattfleckenkrankheiten sind die Folge eines Bakterienstammes, der sich mit verschiedenen Arten auf bestimmte Pflanzen spezialisiert hat. Die Pelargonienwelke wird von dem Bakterien *Xanthomonas pelargonii* hervorgerufen, die Ölfleckenkrankheit bei Begonien von *Xanthomonas begoniae* und die Fettfleckenkrankheit bei Efeu von *Xanthomonas hederae*. Begünstigt werden die Bakterien durch zu hohe Luftfeuchtigkeit, zu hohe Temperaturen und zu viel Dünger.

Bakteriennaßfäulen werden von unterschiedlichen Bakterien verursacht, die aber alle ähnliche Schäden an Zimmerpflanzen hervorrufen. Feuchtwarmes Klima begünstigt die Ausbreitung.

Mosaikkrankheiten werden von verschiedenen Viren verursacht, die sich jeweils auf einige Pflanzen spezialisiert haben und Verfärbungen auf Laub oder Blütenblättern hervorrufen. In einigen Fällen werden diese »Schäden« als Buntblättrigkeit bezeichnet, z. B. die gescheckten Blätter der Schönmalve *(Abutilon)*, Varietät 'Thompsonii' oder bei den Rembrandt-Tulpen *(Tulipa)* die gestreiften oder geflammten Blütenblätter. In anderen Fällen spricht man von Mosaikkrankheiten. Bestimmte Viren können die Blätter so stark schädigen, daß sie abfallen und die Pflanze im Wuchs stockt, oder es bleibt bei Verfärbungen der Blätter.

Bei der Ölfleckenkrankheit (siehe Bild unten) zeigen sich auf den Blättern von Begonien zunächst einzelne kleine, runde Stellen, die wie Fettflecken wirken, sich schnell vergrößern und schließlich ineinanderfließen.

Begonien mit Ölfleckenkrankheit

Schäden und Krankheiten auf einen Blick

Bleiche Blätter (Chlorose)
Symptome: Die Blätter bleichen aus und werden gelblich, die Adern bleiben jedoch grün.
Ursache: Eisen- oder Magnesiummangel. Beide Elemente sind zur Bildung des Blattgrüns notwendig. Kalkhaltiges Wasser führt ebenfalls zu dieser Mangelerscheinung, weil es das Eisen im Boden bindet.
Abhilfe: Der akute Mangel kann mit Eisenchelat oder Braunalgenextrakt behoben werden. Pflanzen mit entkalktem Wasser gießen.

Kälteschäden
Symptome: Auf den Blättern bilden sich helle Flecken.
Ursache: Rasches, starkes Absinken der Temperatur auf der Fensterbank zwischen Scheiben und Vorhängen oder zu kaltes Gießwasser.
Abhilfe: Pflanzen vor Kälteperioden an einen anderen Platz stellen oder vor die Scheiben dicke Lagen Zeitungspapier geben und die Vorhänge nicht zuziehen, damit die Wärme des Zimmers auch die Pflanzen erreicht.

Stickstoffmangel
Symptome: Die Blätter bleichen immer mehr aus und werden fast durchsichtig.
Ursache: Stickstoffmangel. Stickstoff ist u.a. zur Bildung des Blattgrüns notwendig.
Abhilfe: Schnelle Hilfe bringt ein flüssiger, stark stickstoffhaltiger Dünger, den man dem Gießwasser zusetzt. Langfristiger hilft Hornmehl, das man vorsichtig in die oberste Erdschicht einarbeitet. Eventuell in neue Erde umtopfen.

Sonnenbrand
Symptome: Auf den Blättern bilden sich rötliche, silbrigweiße oder bräunliche Flecken.
Ursache: Die Pflanze wurde im Frühjahr zu plötzlich praller Sonne ausgesetzt.
Abhilfe: Standort verändern. Pflanzen von vornherein im Frühjahr nicht gleich in die Sonne stellen und vor allem während der Mittagsstunden schattieren.

Gelbe Blätter
Symptome: Die Blätter werden gelb und fallen schließlich ab.
Ursache: Übermäßiges Gießen, Stickstoffmangel oder zu dunkler Standort. Bei einigen Pflanzen ist es normal, daß Blätter vergilben und abfallen.
Abhilfe: Erst wieder gießen, wenn das Substrat trockener geworden ist. Eventuell Erde austauschen und danach weniger gießen. Regelmäßig mit einem geeigneten Dünger versorgen. Pflanze heller stellen.

Eingerollte Blätter
Symptome: Die Ränder der Blätter rollen sich ein, manchmal werden sie auch dürr. Das Einrollen der Blätter ist eine Schutzmaßnahme, die Pflanze verkleinert dadurch ihre Oberfläche und verdunstet weniger Wasser.
Ursache: Entweder steht die Pflanze zu warm oder sie bekommt zu wenig Wasser.
Abhilfe: Pflanze durchdringend gießen, eventuell auch tauchen, und einen kühleren Standort auswählen.

Schwarze Blattflecken
Symptome: Auf den Blättern bilden sich schwärzlich-braune Flecken oder die Blattränder verfärben sich dunkel.
Ursache: Zu trockene oder zu feuchte Haltung, Überdüngung, verbrauchtes Substrat oder zu trockene Luft.
Abhilfe: Luftfeuchtigkeit erhöhen, Düngen und Gießen überprüfen, eventuell in neues Substrat umtopfen.

Korkflecken
Symptome: Auf den Trieben bilden sich korkartige Wucherungen, die sich nicht wieder zurückbilden.
Ursache: Bei Blattkakteen zu große Temperaturschwankungen, zu dunkler Standort bei gleichzeitig zu großer Nässe, unregelmäßiges Gießen.
Abhilfe: Pflanze heller stellen, die genannten Pflegefehler vermeiden, befallene Pflanzenteile sorgfältig entfernen.

TIP

Kranke Pflanzenteile sollen immer sofort abgeschnitten werden, bevor noch irgendeine andere Maßnahme ergriffen wird, denn vor allem Schadpilze und Bakterien breiten sich schnell aus.

Echter Mehltau
Symptome: Auf den Blattoberseiten bildet sich ein weißlich-mehliger Belag, der später bräunlich wird.
Ursache: Pilzsporen, die vom Wind angeweht werden. Überdüngung, feucht-warme Standorte und zu dichter Bestand fördern die Infektion.
Abhilfe: Befallene Pflanzenteile großflächig ausschneiden und vernichten. Pflanze mit Schachtelhalmbrühe oder einem lecitinhaltigen Fungizid einsprühen.

Falscher Mehltau
Symptome: Weißlicher Belag auf den Blattunterseiten, der sich später bräunlich verfärbt. Auf den Blattoberseiten entstehen gelbliche oder bräunliche Flecken.
Ursache: Angewehte Pilzsporen. Feucht-warmes Klima fördert die Ausbreitung der Infektion.
Abhilfe: Befallene Pflanzenteile ausschneiden und vernichten. Kühleren und trockeneren Standort wählen, mit geeignetem Pflanzenschutzmittel einsprühen.

Grauschimmel
Symptome: Die Pflanzen bekommen faulende Stellen, die später von einem grauen Pilzgeflecht überzogen sind.
Ursache: Pilzsporen, die angeweht werden und sich gerne auf verletzten Pflanzenteilen ansiedeln. Zu hohe Luftfeuchtigkeit und Nässe auf den Blättern fördern den Befall.
Abhilfe: Kranke Pflanzenteile entfernen und vernichten, bei stärkerem Befall die ganze Pflanze wegwerfen. Luftfeuchtigkeit senken, Pflanze an luftigen Platz stellen.

Rostpilze
Symptome: Helle Flecken auf den Blattober-, bräunliche Flecken auf den Blattunterseiten.
Ursache: Angewehte Pilzsporen, die an den Unterseiten der Blätter eindringen. Besonders gefährdet sind Zonalpelargonien und Fuchsien.
Abhilfe: Befallene Pflanzenteile entfernen und vernichten. Mit speziellem Fungizid sprühen.

Blattflecken
Symptome: Gelbliche und bräunliche Flecken auf den Blättern, häufig auch Blattfall.
Ursache: Angewehte Pilzsporen, die vor allem schwächliche Pflanzen befallen.
Abhilfe: Befallene Pflanzenteile entfernen und vernichten. Den Allgemeinzustand der Pflanze durch bessere Pflege verbessern und eventuell mit einem entsprechenden Fungizid sprühen.

Roter Brenner
Symptome: Rote, rissige Stellen an Zwiebel und Trieben der Amaryllis. Die Pflanze wächst verkrüppelt.
Ursache: Angewehte Pilzsporen, die oft schon in der Zwiebel vorhanden sind, wenn man sie kauft.
Abhilfe: Bei leichtem Befall die kranken Stellen herausschneiden und mit Holzkohlepulver bestäuben. Pflanze kühl stellen und beim Gießen die Zwiebel nicht benetzen. Eine Heilung ist nicht möglich.

Wurzelfäule
Symptome: Pflanze welkt und stirbt ab, da die geschädigten Wurzeln nicht in der Lage sind, Nährstoffe und Wasser aufzunehmen. Die Wurzeln sind rot oder braun verfärbt.
Ursache: Schadpilz, der in die Wurzeln eingedrungen ist. Feuchtigkeit beschleunigt seine Ausbreitung.
Abhilfe: Keine. Befallene Pflanzen müssen mitsamt Substrat und Topf vernichtet werden!

Wurzelhalsfäule
Symptome: Verfärbte, glasige, faule Stellen am Wurzelhals, die sich schnell vergrößern. Häufig bei Kakteen.
Ursache: Schadpilz, der meist im Substrat vorkommt. Zu viel Feuchtigkeit fördert seine Ausbreitung.
Abhilfe: Keine. Pflanze, Substrat und Topf sofort vernichten!

TIP

Es ist besser, sich von einer kranken Pflanze zu trennen, anstatt sie über einen längeren Zeitraum mit mehr oder weniger giftigen Mitteln zu behandeln. Außerdem wird so verhindert, daß sich gesunde Pflanzen anstecken.

Schädlinge, Bakterien und Viren

Blattläuse
Symptome: Blätter klebrig, manchmal auch verkrüppelt, Triebspitzen und Blüten verkümmern.
Ursache: Grüne, braune oder schwarze Blattläuse, die die Blätter anstechen und Pflanzensaft saugen.
Abhilfe: Pflanzen regelmäßig auf Blattlausbefall kontrollieren und bei den ersten Anzeichen mit Seifenlösung oder Brennesselbrühe sprühen. Stark verlauste Pflanzenteile abschneiden und vernichten, Pflanze mit Pflanzenschutzmittel sprühen.

Schildläuse
Symptome: Klebrige Blätter mit unregelmäßigen, gelblichen Flecken; bei starkem Befall vertrocknen die Blätter und fallen ab. Die harten, bräunlichen Schilde sind leicht zu erkennen.
Ursache: Schildläuse stechen die Blätter an und saugen Pflanzensaft. Warme, trockene Luft beschleunigt die Vermehrung.
Abhilfe: Schildläuse abkratzen oder mit einer Spiritus-Seifenlösung einpinseln. Pflanze kühler stellen und die Luftfeuchtigkeit erhöhen.

Spinnmilben
Symptome: Feine, weißliche Gespinste unter und zwischen den Blättern.
Ursache: Winzige Spinnentiere, die man entweder schon mit der Topfpflanze erwirbt, oder die angeweht werden. Larven und erwachsene Tiere saugen Pflanzensaft. Trockene Luft begünstigt den Befall.
Abhilfe: Luftfeuchtigkeit erhöhen, Pflanze mehrmals mit lauwarmem Wasser abbrausen. Wenn es die Pflanze verträgt, kann man sie einige Tage lang in eine durchsichtige Plastiktüte stecken.

Weiße Fliege (Mottenschildlaus, Schildmotte)
Symptome: Helle Saugflecken auf den Blättern, später Blattfall. Kleine, weiße Fliegen, die bei der geringsten Erschütterung auffliegen.
Ursache: Weiße Fliegen kommen durch die Luft oder werden mit anderen Pflanzen eingeschleppt. Feucht-warmes Klima begünstigt ihre Entwicklung.
Abhilfe: Temperatur senken, Pflanze trocken stellen. Gelbsticker in die Töpfe stecken.
Insektizide wirken kaum.

Blattälchen (Nematoden, Fadenwürmer)
Symptome: Die Blätter verfärben sich zwischen den Adern zunächst gelb, später bräunlich oder schwarz und fallen schließlich ab.
Ursache: Winzige Fadenwürmer, die über Blumenerde eingeschleppt werden, dringen in Stengel, Blätter und Blüten ein und beeinträchtigen den Saftfluß. Feuchtigkeit begünstigt die Verbreitung.
Abhilfe: Befallene Pflanzenteile entfernen und vernichten, Substrat austauschen, Luftfeuchtigkeit senken.

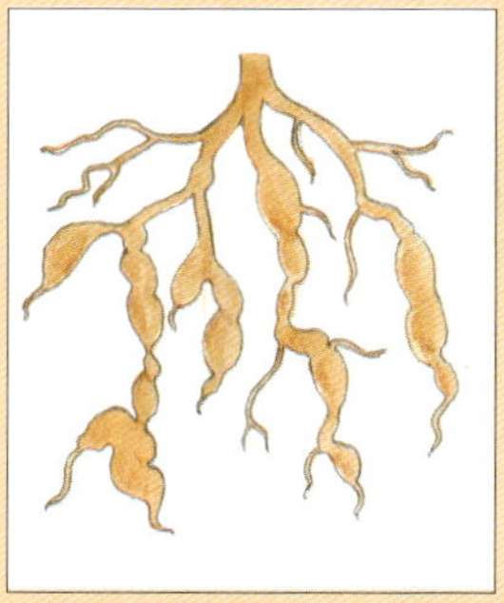

Wurzelgallenälchen (Nematoden)
Symptome: Die Pflanzen welken, an den Wurzeln entstehen bräunliche Verdickungen (Gallen).
Ursache: Die winzigen, im Substrat lebenden Fadenwürmer bohren sich in die Wurzeln, verursachen Verdickungen (Gallen), in die sie ihre Eier ablegen und die die Wasserzufuhr beeinflussen. Diese Gallen können je nach Nematoden-Art einige Millimeter bis Zentimeter groß sein.
Abhilfe: Keine. Pflanze samt Substrat und Topf vernichten.

Dickmaulrüßler
Symptome: Halbrunde Kerben an den Blatträndern. Pflanzen welken sehr schnell. Der Käfer ist gut zu erkennen, kommt allerdings nur nachts aus seinen Schlupfwinkeln.
Ursache: Die Käferlarven fressen die Wurzeln an, der Käfer selbst die Blätter und Stengel.
Abhilfe: Substrat austauschen und abdecken. Nachts mit einer Taschenlampe die Pflanze anleuchten, rütteln und Käfer absammeln.

Schnecken
Symptome: Angefressene Blätter und Schleimspuren.
Ursache: Nacktschnecken, die vor allem nachts fressen und sich tagsüber in dunklen, feuchten Schlupfwinkeln versteckt halten.
Abhilfe: Tiere bei Dunkelheit absammeln. Pflanzen auf einen umgestülpten Blumentopf stellen, der in einer mit Wasser gefüllten Schale steht.

TIP

Einige sichtbare Schädlinge kann man mit der Hand absammeln oder abwischen. Das kostet vielleicht ein bißchen Überwindung, aber bestimmt kein Geld.

Thripse (Blasenfüße)
Symptome: Die Blätter bekommen zunächst gelbe Flecken, die bald silbrig-weiß schimmern, braune Saugstellen auf den Blattunterseiten, kleine, schwarzflügelige Insekten.
Ursache: Die 1–2 mm langen Insekten und ihre Larven stechen die Blätter an und saugen Pflanzensaft. In trockener, warmer Luft fühlen sie sich besonders wohl.
Abhilfe: Luftfeuchtigkeit erhöhen, Pflanze mehrmals mit lauwarmem Wasser abbrausen, Insektenstäbchen ins Substrat stecken.

Weichhautmilben
Symptome: Mißgebildete, eingerollte Blätter und Blüten, stoppendes Wachstum.
Ursache: Die winzigen Spinnentiere stechen die Pflanze an und saugen Pflanzensaft. Die Milben bevorzugen feucht-warmes Klima.
Abhilfe: Befallene Pflanzenteile sofort vernichten, bei starkem Befall am besten gleich die ganze Pflanze, da große Ansteckungsgefahr besteht. Geeignete Insektizide sind sehr giftig!

Woll- oder Schmierläuse
Symptome: Watteähnliche Gebilde an den Pflanzen.
Ursache: Die beweglichen, rosafarbenen oder hellbraunen Tiere schädigen die Pflanze durch ihre Saugtätigkeit. Trocken-warme Luft begünstigt ihre Entwicklung.
Abhilfe: Luftfeuchtigkeit erhöhen und Pflanze kühler stellen, »Watte« mit einem feuchten Tuch abwischen.

Minierfliegen
Symptome: Gewundene Fraßgänge in den Blättern.
Ursache: Die Larven der Minierfliegen fressen dicht unter der Blatthaut Gänge in die Blätter und stören die Versorgung. Minierfliegen treten meist nur im Freien auf.
Abhilfe: Befallene Blätter vernichten. Entsprechende Insektizide sind sehr giftig!

Oleanderkrebs
Symptome: Winzige, helle Sprenkel auf den Blättern, die sich schnell vergrößern und eine dunkle Wucherung in der Mitte zeigen; dunkelbraune Wucherungen an den Ansatzstellen der Blätter am Stengel, Pflanzenteile über der Schadstelle verkümmern.
Ursache: Bakterien, die nur Oleander befallen und über Regen verbreitet werden.
Abhilfe: Befallene Blätter abschneiden und vernichten. Befallenen Oleander nicht ins Freie stellen (Regen!).

Stengelfäule
Symptome: Der untere Stengelteil verfärbt sich bräunlich und bekommt faulige Stellen; meist ist auch die Wurzel befallen, und die Pflanze stirbt ab.
Ursache: Schadpilz, der im Boden lebt. Verdichtete Erde, zu viel Wasser und Dünger begünstigen die Ausbreitung.
Abhilfe: Keine. Man kann nur vorbeugend die Pflanze stärken und für optimale Wuchsbedingungen sorgen.

Mosaikvirus
Symptome: Helle oder dunkelgrüne Flecken auf den Blättern, Wuchs und Austrieb geraten ins Stocken.
Ursache: Verschiedene Viren, die sich auf bestimmte Pflanzen spezialisiert haben.
Abhilfe: Keine. Pflanze nicht vermehren!

Pelargonienwelke
Symptome: Durchscheinende Punkte an den Blattunterseiten, aus denen rasch große Flecken mit brauner Mitte werden. Blätter und Stengel welken, die Pflanze stirbt ab.
Ursache: Bakterien, die sich auf Pelargonien spezialisiert haben.
Abhilfe: Keine. Kranke Pflanzenteile sofort vernichten, da große Ansteckungsgefahr besteht. Von kranken Pflanzen keine Stecklinge nehmen. Vor dem Überwintern Pflanzen genau untersuchen.

TIP

Gegen Bakterienerkrankungen sind in Deutschland keine Spritzmittel zugelassen. Erkrankte Pflanzen müssen sofort vernichtet werden, am besten verbrannt. Sie dürfen keinesfalls auf den Kompost oder in die Mülltonne geworfen werden!

Vermehrung aus Samen

Zimmergärtner aus Leidenschaft beschränken ihr Hobby nicht nur auf die Pflege ihrer Pflanzen, eigene Anzucht und Vermehrung gehören ebenso dazu. Dabei ist es gar nicht so wichtig, ob sich die Sache lohnt. Es macht ganz einfach Spaß zu beobachten, wie sich aus winzigen Samenkörnern oder kleinen Stecklingen schöne Pflanzen entwickeln. Wer Freude an exotischen Pflanzen hat und gerne experimentiert, kann seine Fensterbank auch in ein Raritätenkabinett verwandeln.
Zwei Voraussetzungen müssen allerdings erfüllt sein: Anzucht und Vermehrung kosten zum einen viel Zeit, zum andern benötigt man viel Platz. Pflanzen lassen sich auf zwei Arten vermehren: generativ oder geschlechtlich aus Samen und vegetativ oder ungeschlechtlich durch Bewurzelung von Pflanzenteilen.

Generative Vermehrung

Die meisten Zimmerpflanzen können aus Samen vermehrt werden. Man erhält durch Aussaat jedoch meist viel mehr Pflanzen, als man unterbringen kann. Interessant wird die Vermehrung durch Aussaat, wenn man den Samen seltener Pflanzen bekommt oder Freude am Experiment hat. Bei einjährigen Balkonblumen ist die eigene Anzucht sogar preiswerter.

Wann aussäen?

Mit der Aussaat von Sommerblumen beginnt man schon Ende Februar, andere Pflanzen sät man am besten im März/April.

Anzuchtgefäße

Zur Anzucht eignen sich alle Töpfe, Schalen oder Kistchen, wenn sie Abzugslöcher haben. Wer viele Pflanzen aus eigener Anzucht gewinnen will, sollte die Anschaffung von speziellen Anzuchtkästen mit Abdeckhauben oder heizbaren Minigewächshäusern mit Temperaturregler ins Auge fassen. Nützlich, aber nicht gerade schön, sind dicke Styroporplatten mit ausgestanzten Vertiefungen für kleine Töpfe, wie sie Gärtnereien verwenden. Der aufgeschäumte Kunststoff ist immer warm und verhindert Kulturfehler durch zu kaltes Substrat.

Ausrüstung zur Anzucht und Vermehrung

- Aussaat- und Anzuchterde
- Torfquelltöpfe, wenn es nicht anders geht
- Anzuchtgefäße (kleine Töpfe aus Kunststoff, Ton, gepreßtem Torf oder Altpapier)
- Anzuchtschalen oder -kästen, mit oder ohne Abdeckhaube
- eventuell heizbare Minigewächshäuser mit Thermostat
- elektrische Wärmematten oder Styroporunterlagen
- Pikierstab
- Bewurzelungspulver
- Holzkohlepulver
- scharfes Messer oder Rasierklinge
- Etiketten
- wasserfester Stift
- durchsichtige Plastikbeutel
- Glasscheiben zum Abdecken
- Holzstäbe in unterschiedlicher Länge
- Draht
- Wasserzerstäuber
- Gießkanne mit Haarbrause
- Gartenhandschuhe

Anzuchtsubstrat

Als Substrat verwendet man normalerweise handelsübliche Aussaaterde, als Drainageschicht entweder 1 cm Kies oder mehrere Lagen saugfähiges Papier, das überschüssiges Wasser aufnimmt und Feuchtigkeit langsam abgibt. Vor der Aussaat wird das Substrat gut angefeuchtet und geglättet.

Saatgut

Das Saatgut muß frisch sein. Kaufen Sie bei Spezialfirmen und im Fachhandel (→ Bezugsquellen, Seite 376/377). Auf den Tütchen sollten die Dauer der Keimfähigkeit, das Haltbarkeitsdatum und ein Hinweis stehen, ob es sich um Licht- oder Dunkelkeimer handelt, ob also die Samen mit Erde bedeckt oder nur angedrückt werden. Auf guter Markenware ist auch angegeben, ob die Samen vor der Aussaat in lauwarmes Wasser gelegt oder größere, hartschalige Arten angeritzt werden müssen und wie hoch die Keimtemperatur des Bodens sein muß.

Aussaat

Sie können in Reihen oder flächig säen – nur vergessen Sie nicht, jede Art mit einem Etikett zu kennzeichnen. Kleinere Samenkörnchen sollten einen Abstand von ca. 1/2 cm haben, größere von 2–3 cm, sehr große Samen bekommen einen eigenen Topf. Dunkelkeimer werden meist doppelt so hoch wie sie dick sind mit Erde bedeckt. Bei staubfeinen Samen siebt man vor der Aussaat etwas Erde auf die Substratoberfläche, da die winzigen Körnchen in grobem Substrat zu tief einsinken würden. Es ist schwierig, feine Samen nicht zu dicht zu säen. Formen Sie das Tütchen zu einer Rinne und klopfen Sie die Samen leicht mit dem Zeigefinger heraus. Die Aussaatgefäße werden mit einer Glasscheibe oder mit durchsichtiger Folie abgedeckt. Das Substrat darf nicht austrocknen, sprühen Sie aber immer nur vorsichtig mit einem Zerstäuber Wasser auf die Oberfläche, damit

Verschiedene Sämlinge

Sämlinge, die in kleine Töpfe vereinzelt wurden, entwickeln bald einen schönen Wurzelballen.

Erdnußpflanzen *(Arachis hypogaea)* besitzen eine Eigenart, die sonst keine andere Pflanze auf der Welt hat: Die Nüsse bilden sich in der Erde. Sie können das auf der Fensterbank ausprobieren: Frische, unverletzte Erdnußkerne (ohne Schale) in ein feuchtes Erd-Sand-Gemisch stecken und an einen warmen Ort stellen (20° C). Drei Monate später beginnt die Blüte. Die Blütentriebe biegen sich zum Boden, wachsen richtig in die Erde, und dort bildet sich die Frucht.

die Samen nicht eingeschwemmt werden. Die Anzuchttemperaturen sind von Art zu Art verschieden.

Pflege der Sämlinge

Sobald die Keimblätter erscheinen, brauchen die Sämlinge Licht und frische Luft, daher gelegentlich die Abdeckung für wenige Augenblicke anheben. Bei den meisten Arten können die Temperaturen nun um 4–5° C gesenkt werden. Das Substrat weiter feucht halten. Stauende Nässe vertragen die Sämlinge nicht.

Pikieren

Nach den bei allen Pflanzen sehr ähnlichen Keimblättern entwickelt sich das erste Blattpaar in der für die Pflanze typischen Form. Stehen die Keimlinge zu dicht, zupft man die schwächsten heraus. Pikiert wird, wenn sich zwei oder drei neue Blattpaare entwickelt haben, in für die Art geeignetes Substrat, in einzelne Töpfe oder größere Gefäße. Dazu faßt man den Sämling an den Blättern an – nicht am Stiel –, hebt ihn mit dem dünnen Ende des Pikierstabes aus der Erde und kürzt die Wurzeln etwas ein. Mit dem dicken Ende des Pikierhölzchens bohrt man nun ein Loch in das neue Substrat und pflanzt den Keimling relativ tief ein, die Blätter dürfen das Substrat jedoch nicht berühren.

Damit die Pflänzchen nicht vergeilen, muß der Standort hell sein, direkte Sonne wird aber nicht vertragen. Langsam gewöhnt man die Sämlinge dann auch an niedrigere Temperaturen. Nach 4–6 Wochen wird das erste Mal gedüngt und die Pflanzen werden wie erwachsene Exemplare weiter gepflegt.

Raritätenkabinett

Pflanzenfreunde probieren es immer wieder aus, die Kerne exotischer Früchte, z. B. von Litchi, Mango, Guave, Kaki, Papaya, Sternfrucht, Mangostane, Cherimoya, Andenbeere u. a. zum Keimen zu bringen, um so an Pflanzen zu kommen, die nicht jeder hat. Das Schöne: meistens gelingt es. Die Vermehrungspraxis ist die gleiche wie bei anderen Samen. Wichtig für den Erfolg ist bei den wärmegewohnten Pflanzen ein heizbares Vermehrungsbeet. Weiterhin ist zu beachten, daß die Früchte, aus denen die Samen gewonnen werden, reif sind und bei uns, z. B. auf dem winterlichen Markt, keinen Frost abbekommen haben. Außerdem müssen die gewonnenen Samen vom Fruchtfleisch gesäubert und trocken sein.

Erdnußsämling

Vermehrung aus Pflanzenteilen

Hydrokulturfreunde können sich ihren Nachwuchs gleich hydrogerecht heranziehen. Im Fachhandel gibt's dafür spezielle Gittertöpfchen und feinere Anzuchtgranulate.

TIP

Pflanzen, die »bluten«, nach dem Schnitt unter fließendes Wasser halten.

Wasser stoppt Bluten

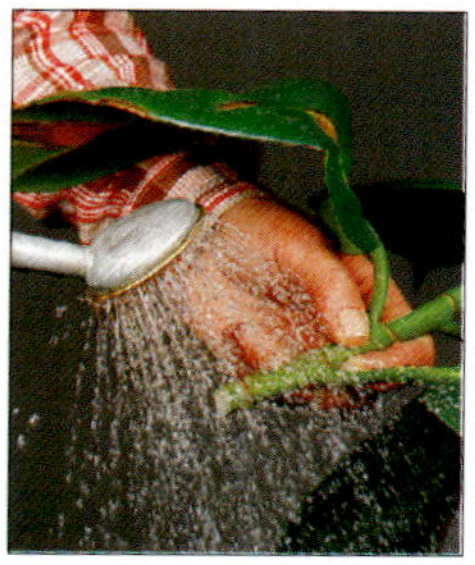

Bei der vegetativen Vermehrung entstehen die neuen Pflanzen aus Teilen der alten. Die »Kinder« sind ein genaues Abbild der Mutterpflanze und besitzen dieselben Eigenschaften. Man erhält im Vergleich zur Aussaat viel schneller neue fertige Pflanzen, jedoch in geringerer Anzahl.
Wählen Sie als Ausgangsmaterial gesunde, blühfreudige Exemplare.
Vermehrt wird durch Tochterpflanzen, Kindel, Stecklinge, Absenker oder Wurzelschnittlinge, Teilung von Rhizomen oder Wurzelstöcken und Abmoosen.
Generell gilt:

- Arbeiten Sie immer mit sehr sauberem Werkzeug.
- Berühren Sie die Schnittflächen nicht.
- Die Schnittstellen müssen glatt sein, da sie sonst leicht faulen.
- Werden die Ableger in Anzuchterde gesteckt, Schnittflächen vorher in ein Bewurzelungsmittel tauchen.

Wann wird vermehrt?

Stecklinge, Blätter und Blattstücke schneidet man im allgemeinen im Frühjahr oder Frühsommer. Stauden und Rhizome werden ebenfalls im Frühjahr nach der Vegetationsruhe geteilt. Steckhölzer werden im Herbst geschnitten, während des Winters in Sand eingeschlagen und kühl, aber frostfrei aufbewahrt. Im Frühjahr kommen sie dann in normale Erde. Tochterpflanzen und Kindel kann man das ganze Jahr einpflanzen.

Die Bewurzelung

Pflanzen haben die Fähigkeit, aus dem Gewebemantel (Kambium), der gleich unter der Haut sitzt, Wurzeln zu bilden. Wird die Pflanze verletzt, wie es beim Abschneiden eines Triebes oder Blattes geschieht, bildet sich zunächst an der Schnittstelle ein Wundgewebe (Kallus), um die Wunde zu verschließen, danach wachsen kleine Wurzeln. Das geschieht entweder in Anzuchterde, in Wasser oder bei der Hydrokultur in feinkörnigem Blähton.

- Vergessen Sie bei der Anzucht in Töpfen nicht die Drainageschicht!
- Bei Sukkulenten und Kakteen läßt man die Schnittstellen etwas antrocknen, bevor die Ableger in die Anzuchterde gesteckt werden.
- Bestäuben Sie die Schnittstelle mit einem Bewurzelungspulver. Das fördert die Wurzelbildung.
- Damit die Haut des Stengels beim Einpflanzen nicht verletzt wird, bohrt man vorher ein Loch in das Pflanzsubstrat.

Anzuchttopf für Hydropflanzen

- Bei Teil- oder Stammstecklingen auf die Wuchsrichtung achten – sie muß nach oben zeigen!
- Bei der Bewurzelung in Wasser verhindern Holzkohlebröckchen im Glas Fäulnisbildung.
- Will man mehrere Blattstecklinge in einem Gefäß unterbringen, bindet man Folie darüber und schneidet für jeden Stiel ein kleines Loch hinein.
- Sobald sich im Wasser mehrere Wurzeln gebildet haben, topft man die Pflänzchen in lockere Anzuchterde ein.

Pflege der Jungpflanzen

Stellen Sie die Schalen oder Töpfe an einen hellen, warmen, aber nicht sonnigen Platz. Beachten Sie die Temperaturen des Substrats, auch Stecklinge mögen keine »kalten Füße«. Schaumstoffplatten, wie es sie in jedem Baumarkt gibt, als Unterlage auf der Fensterbank wirken fast wie eine Heizung. Die Erde muß immer gleichmäßig feucht gehalten werden, es darf aber keine Staunässe entstehen.
Besprühen Sie Stecklinge und Substrat regelmäßig, nicht mit hartem Strahl gießen. Die Blätter verdunsten ganz normal Feuchtigkeit, können aber nicht auftanken, weil sich ja noch keine Wurzeln gebildet haben. Das ist Streß für die Stecklinge. Die Bewurzelung wird beschleunigt, wenn man den Topf in einen durchsichtigen Plastikbeutel steckt und luftdicht verschließt, dadurch erhöht sich die Luftfeuchtigkeit beträchtlich (gespannte Luft). Die Folie darf die Pflanze aber nicht berühren. Gelegentlich lüften!
Bei großblättrigen Stecklingen halbiert man einfach quer die Blätter und reduziert auf diese Weise die Verdunstungsflächen.
Sobald sich neue Triebe oder Blätter zeigen, haben die Stecklinge Wurzeln gebildet und der Verdunstungsschutz wird abgenommen.
Die kleinen Pflänzchen dürfen dann alle 1–2 Wochen ein wenig Dünger in ganz schwacher Konzentration bekommen.
Sollen es buschige Pflanzen werden, entspitzt man den Haupttrieb beizeiten, später auch die Seitentriebe.
Sobald sich die Pflänzchen zu jungen Pflanzen entwickelt haben, topft man sie in ihr normales Substrat und einen größeren Topf um.

Erfolgreich pflegen und vermehren

Verschiedene Stecklinge im Anzuchtbeet

Im Anzuchtbeet können Stecklinge verschiedener Pflanzen gleichzeitig bewurzelt werden. Während zum Beispiel die Zypergras-Schirme einfach ins Substrat gesteckt werden, rollt man die Blattstecklinge des Gummibaums vor dem Stecken zusammen, um die Verdunstungsflächen zu verkleinern. Ein Gummiband hält die »Tüte« fest.

Begonien bewurzeln relativ rasch und leicht. Wer sichergehen möchte, taucht die Schnittstellen vorher in ein Bewurzelungshormon. Ganz perfekt wird es, wenn man über den Topf einen durchsichtigen Folienbeutel stülpt und so für gespannte Luft und geringe Verdunstung sorgt. Die Blätter dürfen den Beutel, an dem sich innen Kondenswasser sammelt, nicht berühren, sonst faulen sie.

Schnittstellen in Bewurzelungshormon tauchen

Für gespannte Luft sorgen

Vermehrung aus Pflanzenteilen

Aus eins mach zwei: Die Schöpfe von Palmlilien und Drachenbäumen werden abgeschnitten oder abgesägt. In sandiger Erde und mit Folie abgedeckt, wurzeln die »Stecklinge« oft schon in 3–4 Wochen.

Aus allen Pflanzenteilen, den oberund den unterirdischen, können neue Pflanzen entstehen. Einige Pflanzen haben die vegetative Vermehrung sogar selbst übernommen und bilden fertige Minipflänzchen.

Tochterpflanzen (Adventivpflanzen)

Auf den Blättern oder an den Blatträndern bestimmter Zimmerpflanzen wachsen Miniaturausgaben der Mutterpflanze. Bei Henne mit Küken *(Tolmiea menziesii)* schneidet man ein Blatt mit einer gut ausgebildeten Tochterpflanze und einem 3 cm langen Stiel ab und steckt ihn so tief in feuchte Anzuchterde, daß das Blatt auf der Oberfläche aufliegt. Beim Brutblatt *(Kalanchoe daigremontiana)* wächst der Nachwuchs zwischen den Zähnchen am Blattrand und bildet dort bereits Luftwurzeln.

Ausläufer

An den Enden langer Triebe sitzen fertige kleine Pflänzchen mit Luftwurzeln, z. B. bei der Grünlilie *(Chlorophytum comosum)* und dem Judenbart *(Saxifraga stolonifera)*. Man trennt sie ab und pflanzt sie ein.

Kindel (Schößlinge)

Direkt neben den Mutterpflanzen entwickeln sich aus Seitensprossen kleine Nebenpflanzen mit eigenen Wurzeln, z. B. bei vielen Bromelien und der Klivie *(Clivia)*. Sind die Kindel kräftig genug, bei Bromelien sollten sie bereits einen Trichter haben, werden sie dicht am Haupttrieb mit einem scharfen Messer abgetrennt und in feuchte Anzuchterde gesteckt.

Brutzwiebeln

Neben den Zwiebeln wachsen aus der Basis kleine Brutzwiebeln, z. B. beim Ritterstern *(Hippeastrum)* und der Veltheimie *(Veltheimia)*. Man nimmt die größeren Seitenzwiebeln beim Umtopfen ab und steckt sie in das gewohnte Substrat.

Absenker

Bei dieser Methode regt man Triebe durch Erdkontakt zur Wurzelbildung an. In kleinen Töpfen werden die Blattknoten mit einer Haarnadel auf die Substratoberfläche gedrückt. Ritzt man den Stengel an der Stelle, die Erdkontakt hat, etwas ein, entwickeln sich die Wurzeln schneller. Pflanzen mit kriechenden Trieben, z. B. Fittonie *(Fittonia verschaffeltii)*, bilden von Natur aus Absenker.

Kopf- oder Triebstecklinge

Triebspitzen werden am häufigsten zur Vermehrung genutzt. Geschnitten wird kurz unter einem Blattpaar, der Ableger soll 2–4 Blattpaare haben. Bei Gehölzen soll der Stiel halbverholzt sein. Zur Bewurzelung steckt man die Ableger ca. 2 cm tief in Anzuchterde oder stellt sie in ein Glas mit Wasser.

Teilen zu groß gewordener Pflanzen

Teilstecklinge

Als Teilstecklinge eignen sich beblätterte Stücke von Trieben, die noch nicht verhärtet sind, allerdings auch nicht zu weich sein dürfen. Geschnitten wird etwa 5 mm unter einem Blattknoten, jedes Teil soll 5–10 cm lang sein und 2–4 Blattpaare besitzen. Untere Blätter entfernen und in Wasser oder Anzuchterde wurzeln lassen.

Stammstecklinge

Noch nicht stark verholzte Stämme in ca. 5 cm lange Teile schneiden, wobei jedes wenigstens ein Auge haben soll. Stücke auf das Substrat legen oder einstecken. Die Bodentemperatur muß 24–26° C betragen, die Luftfeuchtigkeit soll sehr hoch sein. Diese Art der Vermehrung eignet sich u. a. für Baumfreund *(Philodendron)*, Palmlilie *(Yucca)* und Dieffenbachie *(Dieffenbachia)*.

Achselstecklinge

Bei Pflanzen mit holzigen Stengeln zieht man den Seitentrieb nach unten ab. Es muß jedoch ein kleines Rindenstückchen vom Haupttrieb daran hängen, die Achsel. Die Rißstelle wird glattgeschnitten. Diese Methode funktioniert z. B. bei der Zimmerlinde *(Sparmannia)*.

Blattstecklinge

Auch aus Blättern entwickeln sich bei einigen Arten, z. B. Usambaraveilchen *(Saintpaulia)*, Dickblatt *(Crassula arborescens)*, Echeverien *(Echeveria)*, neue Pflanzen. Sie wurzeln gleich gut in Wasser oder Anzuchterde. Bei Begonien *(Begonia)* ritzt man die Hauptadern auf der Rückseite mit einem Messer ein und legt das Blatt mit dieser Seite auf feuchte Anzuchterde. Damit der Erdkontakt überall gegeben ist, beschwert man das Blatt mit klei-

TIP

Das Zypergras *(Cyperus)* bildet Wurzeln, wenn man die Blattschirme in Wuchsrichtung oder entgegengesetzt ins Wasser legt (Schirmbewurzelung).

Bei manchen Pflanzen lassen sich ganz einfach aus den Blättern neue Pflanzen ziehen. Geeignet sind u. a. Usambaraveilchen *(Saintpaulia)*, Efeu *(Hedera)*, Flammendes Käthchen *(Kalanchoe blossfediana)* und *Sedum*-Arten.

Blattstecklinge verschiedener Pflanzen

nen Steinchen. An den Schnittstellen entwickeln sich Wurzeln, an der Oberseite kleine Pflanzen.

Blattschnittlinge

Bei einigen Arten, z. B. Sansevierien *(Sansevieria)*, bewurzeln sogar noch kleine Blattstücke. Man zerschneidet die Blätter quer und steckt sie in feuchte Anzuchterde.

Wurzelschnittlinge

Stauden mit fleischigen Wurzeln und Gehölze lassen sich durch Wurzelstücke vermehren. Im Herbst schneidet man eine Wurzel dicht am Wurzelhals ab und zerteilt sie in etwa 5 cm lange Stücke. Das untere Ende wird schräg angeschnitten, das obere Ende bleibt gerade. Bis zum Frühjahr bettet man die Schnittlinge waagerecht in lehmhaltige Erde ein oder steckt sie so tief in einen Topf, daß die gerade Schnittfläche mit der Oberfläche abschließt. Darüber streut man noch etwas Erde und hält die Schnittlinge frostfrei. Substrat nicht ganz austrocknen lassen. Wenn sich einige Blattpaare gebildet haben, wird eingepflanzt.

Steckhölzer

Nach dieser Methode werden Gehölze vermehrt. Man schneidet im Herbst nahe der Austriebsstelle einen ganzen Trieb ab und entfernt alle Blätter. Jedes Steckholz kann 10–25 cm lang sein. Das untere, schräge Ende soll knapp unterhalb eines Auges verlaufen, das obere, gerade Ende knapp darüber. Bis zum Frühjahr schlägt man die Steckhölzer schräg in Erde ein. Die Hölzer müssen zur Hälfte bis zu Dreiviertel im Substrat stecken. Im April werden sie dann einzeln eingepflanzt.

Wurzelteilung

Stauden lassen sich leicht durch Teilung der Wurzeln vermehren. Im Frühjahr zieht man den Wurzelballen auseinander und topft die Teile in frisches Substrat.

Abmoosen

Mit dieser Methode werden alte Pflanzen verjüngt. Man schneidet etwa 10 cm unter dem letzten Blatt zwei Ringe im Abstand von gut 1 cm in den Stamm und schält die Rinde dazwischen ab. Wundfläche mit Bewurzelungspulver bestäuben. Unterhalb der Schnittstelle bindet man durchsichtige Plastikfolie wie eine Tüte fest, füllt sie mit feuchtem Torf und bindet sie dann oben zusammen. Sobald der Torfballen gut durchwurzelt ist, schneidet man den Stamm ab, entfernt die Hülle und pflanzt den »Ableger« in gewohntes Substrat.

Spezielle Vermehrungsmethoden

Die Vermehrung von Farnen ist sehr schwierig und langwierig. Die feinen Sporen, die an den Unterseiten der Wedel sitzen, brauchen oft monatelang zum Keimen.

Reife Farnsporen

Bei einigen Pflanzengruppen muß der Hobbygärtner auf Besonderheiten oder spezielle Maßnahmen bei der Anzucht und Vermehrung achten. Hierzu gehören die Farne, Orchideen, Bromelien, Palmen sowie Kakteen und andere Sukkulenten. Einige Arten aus diesen Gruppen können auch nur vom Spezialisten unter ganz bestimmten Voraussetzungen vermehrt werden. Oberstes Gebot ist auf jeden Fall äußerste Sauberkeit!

Vermehrung von Farnen

Abgesehen von den einfachen Methoden durch Teilung der Rhizome oder durch Tochterpflanzen lassen sich Farne aus Sporen vermehren. Das erfordert allerdings viel Geduld.

Vermehrung durch Sporen

Die Sporen sitzen in Kapseln an den Unterseiten der Wedel. Wenn diese Kapseln sich braun verfärben, sind die Sporen reif. Jetzt schneidet man den ganzen Wedel ab und steckt ihn in eine luftdurchlässige Tüte, die man gut verschließt und an einem warmen Ort aufhängt. Nach einer Woche fallen die staubfeinen Sporen aus.

- Das Substrat (Torf oder TKS 1) muß keimfrei sein. Deshalb überbrüht man es in einem Sieb mit kochendem Wasser. Abtropfen lassen und gleich in kleine Anzuchtgefäße füllen. Gut eignen sich Gefrierdosen mit durchsichtigem Deckel.
- Auf das abgekühlte Substrat die Sporen streuen. Berühren Sie die Sporen möglichst nicht mit den Fingern, um keine Keime zu übertragen.
- Dosen gut verschließen und an einen warmen, hellen Platz stellen.

Hat man nicht sauber genug gearbeitet, bilden sich schnell Schimmelpilze, und die Anzucht ist in Gefahr.

Nach 2–3 Monaten zeigt sich ein moosartiger Belag auf der Oberfläche des Substrates. Das sind die sogenannten Vorkeimer (Prothallien), auf denen weibliche und männliche Organe sitzen. Bei genügend Feuchtigkeit und Wärme findet die Befruchtung statt.

Bis man winzige Wedel erkennen kann, vergehen jedoch oft Monate. Dann ist es an der Zeit, die Mini-

Kleine Farnpflänzchen

Farne zu pikieren und in einzelnen kleinen Töpfen weiter zu pflegen. Die kleinen Farnpflänzchen brauchen immer noch das gleiche Substrat, einen warmen, hellen Platz und hohe Luftfeuchtigkeit unter einer Plastiktüte oder in einem Minigewächshaus. Sind die Pflanzen ca. 4 cm hoch, werden sie gedüngt. Sobald der Ballen gut durchwurzelt ist, pflanzt man die Farne in einen etwas größeren Topf mit üblichem Substrat.

Vermehrung von Orchideen

Auch bei Orchideen ist es überaus wichtig, sauber zu arbeiten. Nur kräftige, üppige, mehrere Jahre alte Pflanzen überstehen es, wenn ihre Wurzeln geteilt oder Triebspitzen als Stecklinge abgenommen werden. Der beste Zeitpunkt zur Vermehrung ist bei Triebbeginn. Zu den allgemein gültigen Regeln gehört:

- Immer nur mit desinfizierten Schneidwerkzeugen und Gefäßen arbeiten.
- Wurzeln und Luftwurzeln vorsichtig behandeln, sie brechen leicht.
- Alle Schnittstellen mit Holzkohlepulver bestäuben.
- Das frische Substrat vor dem Einpflanzen gut mit weichem Wasser anfeuchten.
- Die Pflanzen in den ersten 3–4 Wochen warm, aber keinesfalls sonnig stellen (auch nicht die sonnenhungrigen).
- Nicht gießen, sondern nur einmal täglich einsprühen.
- Nicht düngen.

Vermehrung monopodialer Orchideen

Monopodiale Orchideen, die unverzweigt senkrecht nach oben wachsen, können durch Kopf- oder Triebstecklinge vermehrt werden. Die abgeschnittenen Teile müssen wenigstens zwei Luftwurzeln besitzen. Einige Arten bilden Kindel (bei Orchideen Keiki genannt), z. B. *Phalaenopsis.* Sobald sich reichlich Luftwurzeln entwickelt haben, können die Nebenpflanzen mit jeweils einem Stückchen Stiel davor und dahinter abgetrennt werden. In dem lockeren Orchideen-Substrat finden die Pflänzchen zunächst nur schwer Halt und müssen eventuell mit einem Stab gestützt oder mit feinem Draht auf der Oberfläche festgehalten werden.

Vermehrung sympodialer Orchideen

Sympodiale Orchideen mit waagerechter Sproßachse und Pseudobulben lassen sich durch Teilung der Rhizome vermehren: Jedes Teilstück muß jedoch zwei bis drei beblätterte Triebe oder Pseudobulben besitzen. Vorne befindet sich der Neuaustrieb, am Ende sitzt die älteste Pseudobulbe, die der Fachmann

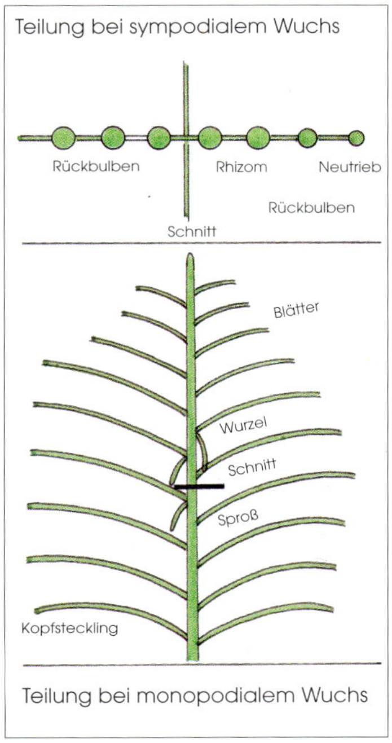

Je nach Wuchsform werden die Rhizome geteilt oder Stecklinge geschnitten

Rückbulbe nennt. Die Schnittstellen müssen antrocknen, bevor man die Teile einpflanzt.
Eine schonende Methode ist die Teilung im alten Pflanzgefäß. Man schneidet die Wurzeln durch und läßt die Pflanze noch 4–6 Wochen stehen. Dann sind die Schnittstellen verheilt, und es beginnen sich meist schon neue Triebe zu bilden.

Gewebe- oder Meristemkultur

Eine weitere Möglichkeit der vegetativen Vermehrung soll der Vollständigkeit halber erwähnt werden, die Gewebe-(Meristem-)kultur. Als Meristem bezeichnet man Bildungsgewebe, das aus teilungsfähigen (meristematischen) Zellen besteht. Es wird den Pflanzen entnommen (Explanate) und in Reagenzgläsern in einem flüssigen Nährmedium unter ständiger Bewegung zur Zellteilung angeregt. Es bilden sich Zellklumpen (Protocorme), die geteilt und auf einem festen Nährboden weiterkultiviert werden. Dort entstehen dann die neuen Pflanzen. Diese Methode garantiert viele, mit der Mutterpflanze völlig identische Jungpflanzen und wird nur in Labors durchgeführt.

Anzucht aus Samen

Ähnlich aufwendig ist die Anzucht aus Samen, die ebenfalls in großem Umfang von Spezialbetrieben unter labormäßigen Bedingungen durchgeführt wird. Abgesehen von der Vermehrung ist die Entwicklung neuer Sorten durch Kreuzung Ziel dieser Methode. Vereinfacht dargestellt läuft der Vorgang folgendermaßen ab:
Die Orchideen müssen zunächst künstlich bestäubt werden. Die Fruchtbildung dauert je nach Art zwischen 3 und 20 Monaten. Orchideensamen besitzen im Gegensatz zu den meisten anderen Samen kein eigenes Nährgewebe, sondern bekommen die für die Keimung notwendigen Nährstoffe in der Natur von Bodenpilzen geliefert. Die Wurzeln der Orchideen leben in Symbiose mit diesen Pilzen (man nennt diese Verbindung Mycorrhiza), wobei erwachsene Pflanzen nicht mehr völlig von diesen Pilzen abhängig sind. Die Samen dagegen sind allein auf die Pilze angewiesen. Mit ihren Hyphen dringen sie in die

Geteilte Orchidee

Kindel von Bromelien

Samenkapseln ein und ernähren den Embryo mit Kohlenhydraten, bis der Keimling Wurzeln und Blätter gebildet hat und die Nährstoffe selber aufnehmen und umwandeln kann. Die Nährstoffe, die die Pilze produzieren, werden in Labors künstlich hergestellt und auf speziellen Nährböden ausgebracht.

Vermehrung von Bromelien

Abgesehen von der Vermehrung durch Kindel (→ Seite 78) können Bromelien auch aus Samen gezogen werden.

- Man sät auf ein Gemisch aus Torf und scharfem Sand (2:1) aus, drückt die Samen an, deckt sie aber nicht ab.
- Gut angefeuchtet, an einem hellen Platz, unter einer Plastikhaube, bei 24–27° C zeigen sich oft schon nach 10 Tagen die ersten grünen Spitzen.
- Haben sich drei bis vier Blätter entwickelt, gewöhnt man die Pflänzchen langsam an normale Luft und nimmt die Abdeckung nach etwa einer Woche ganz ab.
- Nicht zu viel gießen, die oberste Erdschicht darf durchaus antrocknen.
- In normales Bromeliensubstrat setzt man die Pflanzen, wenn sie sechs Blätter haben.

Bromelien lassen sich leicht durch Kindel vermehren, die neben der Mutterpflanze wachsen.

Einige Orchideen-Arten werden geteilt, wobei darauf zu achten ist, daß die Teilstücke genügend Luftwurzeln besitzen.

Spezielle Vermehrungsmethoden

Man muß schon viel Geduld aufbringen, will man Palmen aus Samen selber ziehen. Der wichtigste Faktor ist eine gleichmäßige Temperatur von Luft und Substrat.

Vermehrung von Palmen

Einige Palmenarten bilden Kindel, die abgeschnitten und in ein Gemisch aus gleichen Teilen Torf und scharfem Sand oder Perlite gesetzt werden. Unter einer Plastikhaube wird die Wurzelbildung zwar angeregt, dauert aber dennoch bis zu 12 Wochen. Gegossen wird in dieser Zeit sehr wenig. Zeigt sich ein neuer Austrieb, wird zunächst mehrmals täglich immer etwas länger »gelüftet« und schließlich die Haube ganz abgenommen. Ab jetzt wird etwas mehr gegossen und einmal im Monat gedüngt. In normales Substrat setzt man die Pflanze erst im nächsten Frühjahr. Kindel bilden u. a. Fischschwanzpalme *(Caryota mitis)*, Zwergpalme *(Chamaerops humilis)* und Goldfruchtpalme *(Chrysalidocarpus lutescens)*.

Anzucht aus Samen

Die Anzucht aus Samen erfordert viel Geduld (siehe Tabelle). Palmen aus den Tropen benötigen eine gleichmäßige Temperatur von 25–30° C für Luft und Boden, Palmen aus subtropischen Gebieten 20–25° C. Als Substrat verwendet man eine handelsübliche Aussaaterde. Nach der Aussaat Erde anfeuchten und mit einer Glasscheibe abdecken. Täglich muß einmal kurz gelüftet werden. Das Substrat darf nie austrocknen!

Zeigen sich die Keimlinge, stellt man das Saatgefäß an einen hellen, aber nicht sonnigen Platz. Sind die kleinen Palmen kräftig genug, wird in einzelne kleine Töpfe, ebenfalls in Anzuchterde, umgepflanzt (pikiert). Samenrest nicht von der Pflanze abtrennen, denn er enthält das notwendige Nährgewebe (Endosperm). Junge Kokospalmen ernähren sich z. B. drei Jahre lang von der Kokosnuß. Erst wenn der Samenrest abfällt, wird in normale Erde umgetopft.

Palmenkinder auf der Fensterbank

Keimzeitentabelle

Gattung	Keimzeit in Monaten	Gattung	Keimzeit in Monaten
Acanthophoenix	24–26	*Latania*	1–2
Aiphanes	1	*Licuala*	1–6
Archontophoenix	2– 4	*Linospadix*	1–4
Areca	1– 3	*Livistona*	1–4
Arenga	1–12	*Lodoicea*	6
Attalea	3– 4	*Metroxylon*	1–3
Bactris	2– 3	*Microcoelum*	2–3
Bentinckia	1	*Normanbya*	1
Borassus	2–12	*Nypa*	1
Brahea	2– 4	*Orbignya*	2–4
Butia	6– 8	*Phoenix*	2–4
Calamus	1– 4	*Pinanga*	2–4
Carpentaria	1– 2	*Polyandroccos*	5
Caryota	1– 3	*Pritchardia*	1–3
Chamaedorea	1– 6	*Ptychosperma*	1–2
Chamaerops	2– 4	*Raphia*	1–4
Chrysalidocarpus	1– 3	*Reinhardtia*	1–2
Cocos	1– 6	*Rhapis*	2–4
Copernicia	2– 4	*Rhopalostylis*	1–2
Corypha	1– 4	*Roystonea*	1–2
Cyrtostachys	1– 3	*Sabal*	2–4
Dictyosperma	2– 4	*Salacca*	1–3
Elaeis	2– 5	*Syagrus*	2–4
Euterpe	1– 3	*Thrinax*	2–4
Geonoma	2– 3	*Trachycarpus*	1–4
Gronophyllum	1– 2	*Trithrinax*	2–4
Howeia	2–10	*Veitchia*	1
Hyophorbe	2– 4	*Verschaffeltia*	1
Hyphaene	2– 4	*Wallichia*	3–5
Jubaea	2– 6	*Washingtonia*	1
Laccospadix	2– 4		

aus: »Palmen« v. Frank O. Steeb, Mosaik Verlag

Warzenkakteen in einem Anzuchtbetrieb

Warzenkakteen *(Mammillaria)* machen wenig Mühe und blühen zuverlässig. Die Anzucht wird von Fachbetrieben im großen Stil durchgeführt, aber auch Nicht-Profis haben mit der Vermehrung Erfolg.

Vermehrung von Kakteen und anderen Sukkulenten

Die vegetative Vermehrung ist verhältnismäßig einfach. Kindel bilden z. B. *Gymnocalycium, Echinopsis* und *Lobivia.* Stammstecklinge lassen sich u. a. vom Feigenkaktus *(Opuntia)* abtrennen. Bei den Blattkakteen bilden jeweils 2–3 Glieder einen Steckling, z. B. beim Weihnachtskaktus *(Schlumbergera)* oder ganze Triebe, die am Stamm abgeschnitten werden, z. B. bei *Epiphyllum.* Kopfstecklinge nimmt man von säulenförmigen Arten. Auch säulenförmige Triebe lassen sich je nach Länge in mehrere etwa 10 cm lange Stecklinge zerteilen. Von verzweigten Sukkulenten trennt man einfach einen Trieb ab.

- Alle Schnittstellen werden mit Holzkohlepulver bestäubt und müssen wenigstens drei Tage antrocknen.
- Gepflanzt wird in eine Mischung aus Torf und scharfem Sand zu gleichen Teilen.
- Die Stecklinge dürfen nur etwa 1/2 cm tief in das Substrat gesteckt werden. Ausnahmen bilden die Stecklinge von Blattkakteen, die etwa 2–3 cm tief eingepflanzt werden.
- Die Erde wird leicht feucht gehalten. Bei 18–23° C Bodenwärme haben sich nach einigen Wochen Wurzeln gebildet.
- Jetzt setzt man die Pflänzchen in das übliche Substrat und pflegt sie wie erwachsene Pflanzen.

Anzucht aus Samen

Wenn der Samen frisch ist, und man alle Gefäße gründlich mit Seife reinigt und auch die Hände sehr sauber hält, gelingt auch die Anzucht aus Samen relativ leicht.

- Man verwendet ein Torf-Sand-Gemisch, das vorher im Backofen bei 80° C sterilisiert wurde. Für sehr feine Samen muß das Substrat gesiebt werden.
- Das Aussaatgefäß muß am Boden mehrere Löcher haben.
- Zunächst streut man zur Drainage ca. 1 cm (überbrühten) Kies oder Perlite hinein, darauf das Substrat bis 1 cm unter dem Rand. Oberfläche glätten. Will man mehrere Arten auf einmal aussäen, unterteilt man das Saatgefäß mit Plastikstreifen.
- Feine Samen streut man möglichst gleichmäßig mit Hilfe einer Papierrinne auf die Oberfläche und drückt sie dann fest, größere Samenkörnchen werden einzeln verteilt und leicht in das Substrat eingedrückt.
- Zum Anfeuchten stellt man das Anzuchtgefäß in eine größere Schale mit abgekochtem Wasser, bis sich das Substrat vollgesogen hat. Anschließend läßt man es gut abtropfen und deckt das Gefäß mit einer Glasplatte zu. Damit das Kondenswasser nicht auf die Samen tropft, sondern ablaufen kann, Gefäß leicht schräg stellen.
- Die Temperaturen sollen tagsüber 20–30° C betragen und nachts etwas absinken. Licht ist zu diesem Zeitpunkt nicht notwendig, vor direkter Sonne müssen die Saatkisten unbedingt geschützt werden.
- Die Samen keimen je nach Art innerhalb von 2–3 Wochen. Die Sämlinge sehen oft wie kleine grüne Kügelchen aus. Sie brauchen Licht – aber keine Sonne – und Luft. Dazu hebt man die Abdeckung etwas an, indem man sie auf kleine Holzstückchen legt. Das Substrat darf nicht austrocknen, aber auch nicht zu feucht sein.
- Die Pflänzchen erst nach 6–12 Monaten vereinzeln, da sie gerne in dichten Verbänden wachsen.

Pfropfen von Kakteen

Hierbei handelt es sich nicht um eine Vermehrung, sondern um eine Art Veredelung. Kakteen mit empfindlichen Wurzeln, langsam wachsende oder blühfaule Arten werden auf robuste, schnellwüchsige Unterlagen gepfropft. Als Unterlagen eignen sich z. B. *Trichocereus, Echinopsis, Selenicereus* oder *Eriocereus jusbertii.*

Das Pfropfen ist einfach (→ Seite 87).

TIP

Aus Samen gezogene Zitruspflanzen sind zwar meist vital und wüchsig, blühen aber – wenn überhaupt – erst nach vielen Jahren. Wer rasch zu blühenden und fruchtenden Pflanzen kommen möchte, verwendet den bereits kräftigen Sämling als Unterlage, schneidet von einem sicher blühenden Zitrusexemplar ein Edelreis und verbindet beide miteinander. Der Fachmann nennt das Veredeln. Wie's genau gemacht wird, steht auf Seite 87.

Vermehrung auf einen Blick

Aussaat im Kasten. Viele Pflanzen lassen sich ohne Schwierigkeiten auf der Fensterbank aussäen.
a) Auf eine Drainageschicht wird Anzuchterde verteilt und geglättet. Darauf Samen möglichst gleichmäßig verteilen.
b) Über Dunkelkeimer wird ein feine Schicht Anzuchterde gesiebt. Lichtkeimer werden nicht abgedeckt.
c) Mit einem Brettchen werden Anzuchterde und Samen leicht angedrückt. Anschließend wird das ganze mit einem Wasserzerstäuber vorsichtig gegossen.
d) Deckel aufsetzen und den Anzuchtkasten an einen warmen, aber nicht sonnigen Platz stellen.
Nicht vergessen: Kleines Schildchen mit dem Namen der ausgesäten Pflanze oder die Samentüte an den Rand stecken, eventuell Aussaatdatum vermerken.

Pikieren. Sobald die Keimlinge zwei bis drei richtige Blätter bekommen haben und einen kräftigen Eindruck machen, werden sie pikiert. Das neue Substrat muß Nährstoffe enthalten. Drainageschicht nicht vergessen!
a) Mit einem Pikierstab in das angefeuchtete und geglättete Substrat im Abstand von etwa 3 cm Löcher bohren.
b) Die kleinen Pflänzchen vorsichtig lockern.
c) Sämlinge immer nur an einem Keimblatt anfassen und vorsichtig voneinander lösen. Wurzelspitzen etwas einkürzen.
d) Pflänzchen bis zum Blattansatz der Keimblätter in die vorgebohrten Löcher setzen, Erde drumherum vorsichtig andrücken. Mit einem Wasserzerstäuber vorsichtig gießen und an einem warmen Ort, vor direkter Sonne geschützt, aufstellen. Substrat nicht zu feucht halten, aber auch nicht austrocknen lassen.

Bewurzelung in Wasser. Die Stecklinge vieler Zimmerpflanzen bewurzeln schnell und zuverlässig in Wasser. Von Begonien oder dem Umsambaraveilchen nimmt man einzelne Blätter, die man mit dem Blattstiel ins Wasser steckt. Von den meisten Pflanzen verwendet man jedoch blütenlose Kopfstecklinge von einjährigen Trieben, entfernt die unteren Blätter und steckt den Stengel ins Wasser.

Brutpflänzchen. Bei einigen Gewächsen bilden sich an den Blättern kleine Pflanzenkinder (Adventiv- oder Brutpflänzchen), die vorsichtig abgelöst und in Substrat gesteckt werden.

Absenker. Lange Triebenden können mit einem gebogenen Draht oder einer Haarnadel einfach auf die Substratoberfläche gedrückt werden. An den Blattknoten bilden sich Wurzeln.

Erfolgreich pflegen und vermehren

Orchideen teilen. An den langen, waagerechten Seitentrieben der Orchideen bilden sich viele Wurzeln. Stücke mit je einem Austrieb abschneiden, Schnittflächen mit Holzkohlepulver bestäuben und in Substrat setzen.

Stauden teilen. Zu groß gewordene Stauden (hier ein Bubiköpfchen) kann man im Frühjahr leicht mit einem scharfen Messer teilen. Teilstücke in neues Substrat setzen und wie gewohnt weiterpflegen.

Brutzwiebeln. An manchen Blumenzwiebeln bilden sich kleine Tochterzwiebeln. Beim Umtopfen im Frühjahr nimmt man diese Zwiebelchen vorsichtig ab und pflanzt sie einzeln in Töpfe mit geeignetem Substrat.

Knollen teilen. Dahlienknollen können mit einem scharfen, desinfizierten Messer in mehrere Teile geschnitten werden. Jedes Teil muß jedoch ein Triebauge haben. Schnittstellen mit Holzkohlepulver bestäuben.

Der richtige Schnitt. Kopfstecklinge schneidet man von der Spitze der Triebe blütenloser, kräftiger, einjähriger Triebe knapp unter dem dritten oder vierten Blattpaar ab. Unterstes Blattpaar entfernen.

Bewurzelungshormon. Wenn man die Schnittstellen von Kopfstecklingen (oder Teilstecklingen) vor dem Eintopfen in Bewurzelungshormon taucht, klappt die Bewurzelung besser.

Topfkontakt. Stecklinge nie in zu große Töpfe und bei mehreren pro Topf möglichst recht nah an den Rand des Anzuchttopfes setzen. Im Schutze der Topfwand bilden sich schneller Wurzeln.

Mini-Treibhaus. Neben gespannter Luft, die durch einen übergestülpten, lichtdurchlässigen Folienbeutel erzielt wird, ist Bodenwärme, z. B. durch eine untergelegte Wärmematte, der vierte Garant für eine sichere Bewurzelung.

Vermehrung von Kakteen durch Teilung. Durch Teilung kann man aus einem Kaktus mehrere Exemplare gewinnen.
a) Von einer gesunden, nicht blühenden Pflanze schneidet man mit einem scharfen, desinfizierten Messer die obere Hälfte ab.
b) Die Schnittstellen werden mit Holzkohlepulver bestäubt. Den abgeschnittenen Teil 10–14 Tage senkrecht aufhängen und abtrocknen lassen. Haben sich genügend Wurzeln gebildet, setzt man den neuen Kaktus in Kakteenerde.
c) Auf dem Sproßstumpf entwickeln sich nach einiger Zeit kleine Kakteen.
d) Wem der Sproßstumpf so nicht gefällt, der schneidet die kleinen Kakteen vorsichtig ab und setzt sie in eine Schale mit Kakteenerde. Die neuen Kakteen werden weitergepflegt wie die Mutterpflanze.

TIP

Kleine Pflänzchen dürfen nie in zu große Töpfe gesetzt werden. Sie brauchen die enge Begrenzung, um einen guten Wurzelballen zu bilden. Auch auf der Terrasse kann man beobachten, daß angeflogene Samen immer am Rande der Pflanzkübel aufgehen.

Vermehrung auf einen Blick

Vermehrung durch Blattstücke. Bei einigen Pflanzen, z.B. Begonien, Drehfrucht, Sansevierien, entstehen neue Pflanzen auch aus Blattstücken. Zur Vermehrung eine kräftige, gesunde Pflanze auswählen.
a) Das Blatt wird quer in 5–8 cm lange Stücke geschnitten. Schnittstellen dann einige Stunden antrocknen lassen.
b) Blattstücke 2–3 cm tief in Wuchsrichtung in geeignetes Substrat stecken. Die Blattstücke dürfen sich nicht berühren.
c) Vermehrungsgefäß mit einer durchsichtigen Plastiktüte verschließen und an einen warmen, aber nicht sonnigen Platz stellen. Wichtig ist eine Bodentemperatur von 20–22° C.
d) Wenn die Blattstücke Wurzeln gebildet haben, entsteht seitlich ein neuer Trieb. Nun kann man die Plastiktüte entfernen. Achtung: Aus buntblättrigen Blattstücken entstehen grünblättrige Pflanzen.

Blattstecklinge. Einige Pflanzen lassen sich durch Blattstecklinge vermehren. Kräftige Blätter werden mit einem scharfen, desinfizierten Messer abgeschnitten. Stecklinge in das Substrat setzen und leicht andrücken.

Blattschöpfe. Wenn z.B. eine Ananasfrucht noch einen frischen grünen Schopf besitzt, kann man diesen abschneiden und einpflanzen. Fruchtfleisch entfernen. Bodentemperatur 28–30° C.

Vermehrung durch Stammstecklinge. Sind Drachenbaum, Dieffenbachie, Philodendron oder Yucca zu groß geworden, schneidet man ihnen den Schopf ab und pflanzt ihn wie einen Steckling ein. Der Stamm wird in Stücke geschnitten, wobei jedes Stück mindestens vier Augen haben sollte. Schnittstellen mit Holzkohlepulver bestäuben. Stammstücke einfach nur flach aufs Substrat legen (**a**) oder in Wuchsrichtung ins Substrat stecken (**b**).

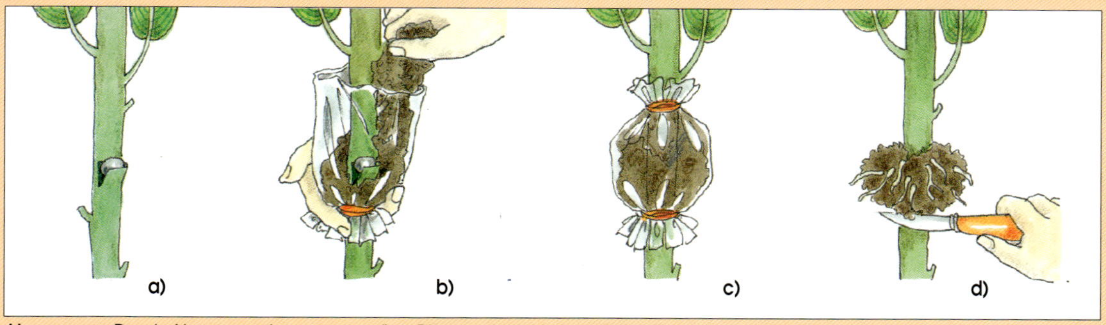

Abmoosen. Durch Abmoosen kann man grüne Riesen wieder in handliche Zimmerpflanzen verwandeln.
a) Dicht unter einem Auge wird der Stamm in der gewünschten Höhe von unten nach oben maximal bis zur Stammitte eingeschnitten. Den Schnitt mit einem Streichholz offenhalten.
b) Unterhalb der Schnittstelle Plastikfolie wie eine Tüte um den Stamm binden.
c) Die »Tüte« mit feuchtem Torf füllen und oberhalb der Schnittstelle zubinden.
d) Wenn der Torfballen gut durchwurzelt ist, den Stamm darunter durchschneiden und oberen Teil in das übliche Substrat pflanzen. Den restlichen Pflanzenteil auf 20–30 cm einkürzen und wie gewohnt weiterpflegen. Meist treibt er wieder aus.

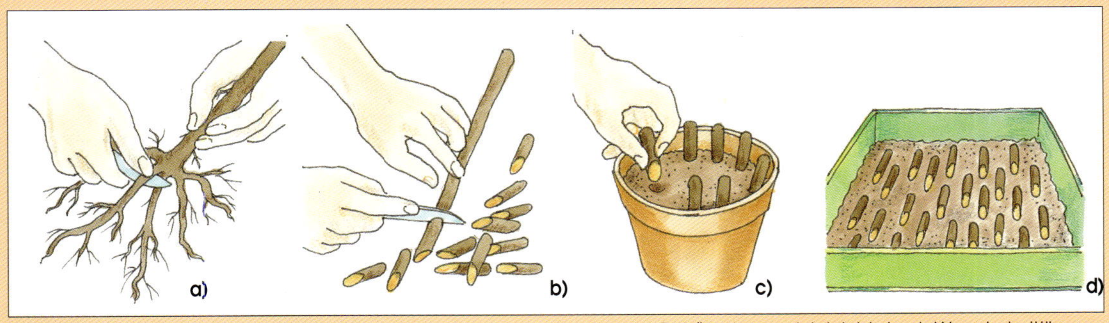

Vermehrung durch Wurzelschnittlinge. Stauden mit fleischigen Wurzeln und Gehölze lassen sich leicht durch Wurzelschnittlinge, die im Frühjahr (Gehölze) oder Herbst (Stauden) geschnitten werden, vermehren.
a) Die Wurzel wird dicht am Wurzelhals abgeschnitten.
b) Die Wurzeln werden in etwa 4 cm lange Stücke geschnitten. Der obere Schnitt ist gerade, der untere schräg.
c) Die Schnittlinge werden mit dem schrägen Ende so tief in ein Gemisch aus Sand und Torf gesteckt, daß der obere, gerade Rand gerade mit dem Substrat abschließt. Man bedeckt das ganze dann mit etwas Sand.
d) Man kann die Schnittlinge aber auch waagerecht in eine Kiste legen und leicht mit Substrat abdecken. Das Substrat darf nicht zu feucht sein, aber auch nicht austrocknen. Bis zum Austreiben der Schnittlinge vergeht oft ein halbes Jahr.

Kakteen pfropfen. Viele Kakteen-Arten wachsen auch auf einer bestimmten Unterlage schneller und besser oder blühen früher. Kakteen mit schwachen Wurzeln bekommen mit dieser Methode eine stabile Basis.
a) Mit einem scharfen, desinfizierten Messer schneidet man einen gesunden, eintriebigen Kaktus durch. Die Schnittstelle der Unterlage muß so groß sein, wie die Schnittstelle des zu pfropfenden Exemplares.
b) Die Kanten der Schnittstelle der Unterlage werden nach außen abgeschrägt. Von den Schnittstellen noch einmal eine dünne Scheibe abschneiden und dann die beiden Teile so aufeinandersetzen, daß die Leitbündelringe genau aufeinander liegen.
c) Unterlage und Pfropfstück mit Gummibändern – nicht zu fest, aber auch nicht zu locker – zusammenhalten.
d) Nach zwei bis drei Wochen sind die beiden Teile zusammengewachsen.

Zitrussämlinge veredeln. Aus Samen gezogene Zitruspflanzen sind zwar vital und wüchsig, blühen aber – wenn überhaupt – oft erst nach vielen Jahren. Wer rasch zu blühenden und fruchtenden Pflanzen kommen möchte, verwendet den bereits kräftigen Sämling als Unterlage, schneidet von einem sicher blühenden Zitrusexemplar ein Edelreis und verbindet beide miteinander.
a) Unterlage mit einem langen Schrägschnitt kürzen. Die Schnittstelle des Edelreises muß darauf passen. Blätter werden entfernt.
b) Beide Teile so zusammenfügen, daß die Ringe um den inneren Holzkern aufeinander liegen.
c) Beide Teile mit Bast oder einem Spezialgummi (im Fachhandel erhältlich) fest zusammenbinden.
d) Veredelungsstelle mit Wundbalsam verschließen.

TIP

Wer Spaß an der Anzucht exotischer Pflanzen aus Samen hat, sollte sich ein heizbares Vermehrungsbeet anschaffen. Ohne konstante, hohe Bodentemperaturen bleibt der Erfolg aus.

Von Ableger bis Zwiebel

A

Ableger Bewurzelte Jungpflanzen aus in die Erde gelegten Seitentrieben einer Mutterpflanze.

Abmoosen Vegetative Vermehrung durch künstlich angeregte Wurzelbildung am Stamm großer, holziger Pflanzen.

Absenker Bewurzelte Jungpflanzen aus vorjährigen, abgesenkten Seitentrieben.

Achselsteckling Abgetrennter Seitentrieb, an dem ein kleines Rindenstück des Haupttriebes haftet.

Adventivpflänzchen Jungpflanzen, die sich auf ungeschlechtlichem Weg an Blättern oder Stengeln der Mutterpflanze bilden.

Adventivwurzeln Wurzeln, die aus Sproßachsen oder Blättern hervorgegangen sind.

Ähre Blütenstand, bei dem viele ungestielte Einzelblüten an einer unverzweigten Achse sitzen.

Akarizid Mittel zur Bekämpfung von Milben.

Alkalisch Basisch, kalkreich oder laugenhaft, → pH-Wert 8–14.

Alkaloide Stickstoffhaltige Verbindungen, die häufig bereits in geringen Dosen tödlich giftig sind.

Annuell Einjährig.

Antreiben Durch künstliche Wärme- und Wasserzufuhr zum vorzeitigen Wachstum anregen.

Areolen Haarpolster bei Kakteen, aus denen die Dornen entspringen, Blüten und Sprosse wachsen.

Art Gruppe von Pflanzen, die in ihren wesentlichen Merkmalen übereinstimmen und sich fruchtbar miteinander kreuzen lassen.

Assimilation Aufbau körpereigener organischer Stoffe aus anorganischen, körperfremden Stoffen. → Photosynthese

Atmung (Dissimilation) Energiefreisetzung durch den Abbau energiereicher Stoffe in energiearme.

Auge Noch nicht entwickelte Triebknospe an Stengel, Zweig oder Knolle.

Ausblühungen Ablagerungen von Kalk und Düngesalzen an den Außenwänden von Pflanzgefäßen aus Ton.

Ausdünnen Entfernen schwächlicher Sämlinge nach der Keimung, damit die kräftigeren mehr Platz zum Wachsen haben.

Ausläufer Unter- oder oberiridische Triebe, an deren Ende sich Jungpflanzen bilden.

B

Ballen (Wurzelballen) Durchwurzelte Erde, bei Zimmerpflanzen auch Topfballen genannt.

Bastard Kreuzungsergebnis von Pflanzen verschiedener Gattungen, Arten, Unterarten oder Varietäten, auch Hybriden genannt.

Befruchtung Verschmelzung einer weiblichen Eizelle mit einem männlichen Pollenkorn.

Bestäubung Übertragung von Pollen auf die Narbe.

Bewurzelungspräparat Hormonpräparat zur Förderung der Wurzelbildung bei Stecklingen.

Bimskies Grobporiges, mineralisches Vulkangestein.

Blähton Tongranulat, das aus speziellem Ton gewonnen wird und in der Hydrokultur als Pflanzstoff dient.

Blatt Grundorgan höherer Pflanzen, das der Assimilation dient.

Blattachsel Winkel zwischen Blatt bzw. Blattstiel und Stengel, an dem das Blatt sitzt.

Blattadern Leitungsbahnen in den Blättern, in denen Wasser und Nährstoffe transportiert werden.

Blattgrün Blattfarbstoff der katalytisch bei der Photosynthese wirkt.

Blütenstand Blütentragender Teil der Blütenpflanzen.

Bluten Austreten von Flüssigkeit aus verletztem Pflanzengewebe.

Bonsai Japanische Gartenkunst, bei der Laub- und Nadelgehölze in meist sehr flachen Pflanzgefäßen durch bestimmte Maßnahmen im Wurzel- und Kronenbereich zu Zwergformen erzogen werden.

Braktee Oft auffällig gefärbte, auch Hoch- oder Deckblatt genannte Laubblätter, die unscheinbare Blüten umgeben, um Insekten anzulocken.

Brutknospen Zwiebel- (Brutzwiebel) oder knollenförmige (Brutknöllchen) Knospen, die sich bewurzeln und der vegetativen Vermehrung dienen.

C

Chelat Stablile Komplexe mit Eisen, Zink, Magnesium und anderen Metallionen in pflanzenverfügbarer Form.

Chlorophyll → Blattgrün

Chlorose Eisen- oder Magnesiummangel bei Pflanzen.

Containerpflanzen Pflanzen, die in Containern herangezogen werden.

Cristatabildung Hahnenkammartige, unnatürliche Wuchsform der Vegetationspunkte an den Trieben bei Sukkulenten und Kakteen.

Cultivar Internationaler Fachausdruck für Sorte, abgekürzt cv.

D

Depotdünger → Langzeitdünger

Deutsche Härte (dH) Meßwert für den Kalkgehalt des Wassers, allgemein Härtegrad genannt. (1°dH = 10 Milligramm Kalziumoxid/Liter Wasser).

Dissimilation → Atmung

Dolde Blütenstand, bei dem mehrere Einzelblüten an gleichlangen Stielen sitzen, die alle strahlenförmig vom Stengelende ausgehen.

Dorn Stacheliges Gebilde, das durch Umwandlung aus einem Blatt, Zweig oder einer Seitenwurzel entstanden ist.

ABC der Fachausdrücke

Dunkelkeimer Pflanze, deren Samen nur im dunklen auskeimen und daher mit Erde bedeckt werden müssen.

E

Einhäusig Männliche und weibliche Blüten sitzen an einer Pflanze.

Einheitserde Spezielle Erde für Topfkultur.

Einkeimblättrig Pflanzen, die nur ein Keimblatt entwickeln, z.B. Gräser.

Einsenken Eingraben einer Topfpflanze mit dem Pflanzgefäß in den Garten.

Einziehen Absterben der oberirdischen Pflanzenteile.

Endständig Blüten oder Knospen, die am Ende der Triebe stehen.

Entspitzen Entfernen der weichen Triebspitzen, um noch ruhende Triebknospen zum Austrieb anzuregen und für buschigeren Wuchs zu sorgen.

Epidermis Äußere, meist einzellige Gewebeschicht der Pflanze.

Epiphyten Aufsitzerpflanzen, Pflanzen, die in den Astgabeln von Bäumen wachsen, ohne ihren Wirt zu schädigen.

Epiphytenstamm Künstliche »Bäume«, die in der Zimmerkultur den Epiphyten den Baumstamm ersetzen.

F

F1-Hybriden Die ersten Nachkommen aus einer Kreuzung reinerbiger Elternpflanzen.

Faserwurzeln Die äußersten, feinen Wurzeln.

Fertil Fruchtbar.

Fiederblättchen Einzelblättchen eines gefiederten Blattes.

Flachwurzler Pflanzen mit einem stark nach allen Seiten verzweigten, flachen Wurzelsystem.

Formschnitt Schneiden von Gehölzen in Formen und Figuren.

Frosthärte Kältetoleranz einer Pflanze von Temperaturen unter 0° C.

Frostkeimer Pflanzen, deren Samen während des Winters Temperaturen zwischen –2° C und +4° C ausgesetzt sein müssen, um keimen zu können.

Fruchtknoten Unterer Teil des Stempels, Hohlraum, in dem die Samenanlagen liegen.

Fungizide Pilzbekämpfungsmittel.

G

Gattung Engverwandte Arten mit zahlreichen gemeinsamen Merkmalen werden in einer Gattung zusammengefaßt.

Gefiederte Blätter Blätter, die aus beidseits der Mittelrippe stehenden Teilblättchen zusammengesetzt sind.

Gegenständig Je zwei Blätter stehen sich an einem Stengelknoten genau gegenüber.

Generative Vermehrung Vermehrung durch Samen (geschlechtliche Vermehrung).

Gespannte Luft Fachausdruck für Luft, die so feucht ist, daß die Pflanzen aufhören, Feuchtigkeit in die Luft abzugeben.

Glochidien Winzige Borsten mit Widerhaken bei Kakteen.

Granulat Gekörntes Substrat.

Griffel Verbindungsglied zwischen Narbe und Fruchtknoten.

H

Habitus Aussehen, Gestalt, Wuchsform einer Pflanze.

Härtegrad → Deutsche Härte (dH)

Haftorgane Pflanzenteile, mit denen sich Kletterpflanzen festhalten.

Haftwurzeln Kurze Luftwurzeln, die sich an Unterlagen festklammern, ohne in diese einzudringen.

Halbstrauch Pflanzen, deren untere Teile verholzen, die oberen jedoch krautig bleiben und zu Ende der Vegetationszeit absterben.

Hochblätter → Brakteen

Hochstämmchen Erziehungsform bei holzigen Kübelpflanzen.

Holzreife Verhärtung junger, weicher Triebe bei Gehölzen durch Einlagerung von Lignin (Holzstoff) in die Zellwand.

Honigtau Klebrige Ausscheidung von Blatt- und Schildläusen.

Horst Büschel aus gleichstarken, unverzweigten Trieben (z. B. Schnittlauch).

Humus Nährstoffreicher Bestandteil des Bodens, der sich durch Verrottung von organischem Material bildet.

Hybride → Bastard

Hygromull Schaumstoff-Flocken, die Pflanzsubstraten beigemischt werden.

I

Immergrüne Pflanzen, deren Blätter über mehrere Vegetationsperioden hin erhalten bleiben und die nicht alle Blätter auf einmal abwerfen.

Insektivoren (Karnivoren) Insektenfressende Pflanzen.

Insektizide Insektenbekämpfungsmittel.

Internodien Zwischen zwei Stengelknoten liegende, blattfreie Teile des Stengels.

K

Kalkflieher Pflanzen, die keinen Kalk vertragen.

Kallus Wundgewebe, das sich an Verletzungs- oder Schnittstellen von Pflanzen bildet, um die Wunde zu verschließen.

Kalthaus Gewächshaus mit Wintertemperaturen zwischen 2° C und 12° C.

Karnivoren → Insektivoren

Keiki Bezeichnung für Kindel bei Orchideen.

Keimblätter Die ersten Blätter eines Sämlings nach der Keimung.

Keimling Erstes Stadium einer Pflanze, auch Sämling genannt.

Kelch Der äußere Teil einer Blüte, der aus den meist grünen Kelchblättern besteht.

Von Ableger bis Zwiebel

Kindel Junge Pflänzchen, die oft an langen Stengeln aus der Mutterpflanze wachsen.

Knolle Speicherorgan, fleischige, verdickte Teile der Wurzel (Dahlie) oder der Sproßachse (Kartoffel).

Knoten Verdickte Stellen am Stengel, an denen Blätter oder Seitentriebe entstehen.

Körbchen Blütenstand, bei dem am Rand eines flachen Blütengrundes zahlreiche Blütenblätter sitzen.

Kolben Blütenstand mit verdickter Hauptachse, an der zahlreiche ungestielte Einzelblüten sitzen.

Koniferen Nadelgehölze, die Zapfen tragen.

Kopfsteckling (Triebsteckling) Abgeschnittene Spitze eines Triebes.

Kriechpflanzen Pflanzen, die sich mit waagerecht wachsenden Trieben oder Ausläufern ausbreiten.

Kurztagspflanzen Pflanzen, die zur Bildung von Blüten nur eine Tageslänge von 8–10 Stunden benötigen.

L

Langtagspflanzen Pflanzen, die zur Blütenbildung mehr als 14 Stunden Licht benötigen.

Langzeitdünger Dünger, der seine Nährstoffe langsam über längere Zeit an die Pflanzen abgibt.

Lavagrus Poröses, vulkanisches Mineralgestein.

Lichtkeimer Pflanzen, deren Samen zum Keimen Licht benötigen, also nicht mit Pflanzsubstrat bedeckt werden dürfen.

Lichtmarke Markierung am Pflanzgefäß, mit deren Hilfe die Pflanze immer wieder in gleicher Position zum Licht steht.

Lithophyten Pflanzen, die auf Steinen leben.

Luftwurzeln Oberirdisch entstehende Wurzeln.

Luxmeter Gerät zur Messung des Lichtes.

M

Mantelblätter (Nischenblätter) Schalenförmig übereinanderliegende Blätter, zwischen denen sich Wasser oder Humus ansammelt.

Mikroklima Klima in unmittelbarer Nähe der Pflanzen.

Minipflanzen Zimmerpflanzen, die am Wachsen gehindert werden, oft auch Minis genannt.

Monopodial Haupttrieb, der senkrecht in die Höhe wächst, sich nicht verzweigt und aus dem schwächere Seitentriebe hervorgehen.

Mutation Veränderung im Erbgut der Pflanzen.

Myzel Aus dünnen Fäden bestehendes Pilzgeflecht.

N

Narbe Oberster, meist verbreiterter und klebriger Teil des Stempels, der bei der Befruchtung das Pollenkorn aufnimmt.

Nekrose Durch Schädigungen hervorgerufenes, abgestorbenes Gewebe.

Nischenblätter → Mantelblätter

Nodium → Knoten

O

Orchid Chips Synthetischer Pflanzstoff aus aufgeschäumtem Polystyrol für Orchideen.

P

Panaschierung Gestreifte oder gefleckte Blätter.

Perlite Industriell aufbereitetes, Bimskies ähnliches Gestein.

Petalen Wissenschaftliche Bezeichnung für Blütenblätter.

Pfahlwurzeln Wurzeln, die ziemlich gerade in den Boden wachsen.

Photoperiodismus Abhängigkeit der Pflanzen vom Licht.

Photosynthese Chemischer Prozess im Blatt der Pflanze, bei dem mit Hilfe von Blattgrün und Sonnenlicht anorganische Stoffe zu organischen Stoffen aufgebaut werden.

Phototropismus Nach der Lichtrichtung orientiertes Wachstum.

pH-Wert Maßeinheit für die Konzentration von Wasserstoffionen in Wasser und Erde. Er gibt Auskunft, ob ein Stoff sauer (pH 1–6), neutral (pH 7) oder alkalisch (pH 8–14) reagiert.

Pikieren Umpflanzen von Sämlingen aus dem Aussaatgefäß in einzelne Töpfe.

Pinzieren → Entspitzen

Pollen Blütenstaub, männliche Geschlechtszellen.

Pseudobulben Scheinbulben, verdickte, sichtbare Sprosse, die als Speicherorgane dienen.

Q

Quirl (Wirtel) Drei oder mehr Blüten oder Blätter, die strahlenförmig am Knoten eins Stengels sitzen.

R

Ranken Fadenförmig verlängerte, kontaktreizbare Sproße (Sproßranken) oder Blätter (Blattranken), die dem Klettern dienen.

Raphiden Winzige, gebündelte Kristallnadeln aus Kalziumoxalat.

Rhizom Unterirdische, meist waagerecht wachsende, fleischige Sproßachse, auch Wurzelstock oder Erdstamm genannt.

Rispe Mehrfach verzweigter, traubiger Blütenstand.

Rosette Extrem kurze Sproßachse mit sehr dichtstehenden Blättern.

Ruhezeit Zeitabschnitt, in dem eine Pflanze nicht wächst.

S

Sämling → Keimling

Samen Befruchtetes Verbreitungsorgan einer Pflanze.

Saugschuppen Winzige schuppenartige Gebilde, meist auf Epiphyten, mit denen Wasser und Nährstoffe aufgenommen werden können.

Schaft Unverzweigter, blattloser Stengel auf dem eine Blüte sitzt.

Schattieren Vor Sonneneinstrahlung schützen.

Scheinbulbe → Pseudobulbe

Schößling Jungpflanze, die direkt neben der Mutterpflanze aus dem Boden wächst.

Selbstbestäubung Bestäubung der Narbe mit den Pollen derselben Blüte.

Selbstreinigend Pflanzen, die Verblühtes von alleine abwerfen.

Selektion Auslese.

Sommergrüne Gehölze, die im Herbst ihr Laub abwerfen.

Sonnenbrand Blattflecken, verursacht durch zu starke Sonneneinstrahlung.

Sori In Gruppen stehende Sporenbehälter auf den Unterseiten von Farnblättern.

Sorte Durch Züchtung entstandene Pflanzenform innerhalb einer Art.

Spaltöffnung Spaltenförmige Öffnung in der Epidermis der Pflanzen.

Sparrig Unausgeglichener Wuchs.

Spatha Großes, oft auffällig gefärbtes Hochblatt, das in Ein- oder Mehrzahl unter den meist kolbigen Blütenständen wächst.

Species Wissenschaftlicher Fachausdruck für Art.

Sporangien Sporenbehälter.

Sporen Ungeschlechtliche Vermehrungsorgane.

Sproß Trieb.

Stachel Spitze Auswüchse der Epidermis.

Stammsteckling Stück des Stammes, das zur Vermehrung genutzt wird.

Stauden Mehrjährige, krautige Pflanzen.

Steckhölzer Einjährige, verholzte Triebe, die zur Vermehrung genutzt werden.

Stecklinge Sammelbegriff für Pflanzenteile, die zur vegetativen Vermehrung von der Mutterpflanze abgetrennt und eingepflanzt werden.

Steril Unfruchtbar.

Stolonen Unterirdische Ausläufer.

Stomata → Spaltöffnungen

Strauch Pflanzen mit mehreren verholzten Trieben, die alle vom Boden ausgehen.

Substrat Erde, Nährboden.

Sukkulente Pflanze mit fleischigen, saftigen Blättern oder Stämmen, die als Speicherorgan für Wasser dienen.

Sympodial Mehrachsiges Wachstum.

T

TKS Torfkultursubstrat.

Tochterzwiebeln Kleine Nebenzwiebeln, die zur vegetativen Vermehrung genutzt werden.

Tongranulat Substrat, das extrem viel Wasser aufnehmen kann.

Topfballen → Ballen

Traube Blütenstand, bei dem viele gestielte Einzelblüten an einem verlängerten, unverzweigten Stengel sitzen.

Treiberei Durch gezielten Einsatz von Licht und Wärme vorverlegte Blütezeit.

Triebsteckling → Kopfsteckling

V

Varietät Pflanze, die in ihrem Aussehen von der Ursprungsart abweicht und auf natürliche Art entstanden ist.

Vegetationspunkt Teil der Pflanze, an der die Neubildung von Pflanzenteilen vor sich geht.

Vegetationszeit Wachstumszeit.

Vegetative Vermehrung Ungeschlechtliche Vermehrung.

Vergeilen Ausbildung von langen, dünnen, bläßlichen Trieben durch Lichtmangel und andere ungünstige Bedingungen.

Vergrünen Verlieren der Panaschierung durch Lichtmangel.

Verkahlen Verlust der unteren Blätter.

Verkorken Ein- und Auflagerung von Korkstoff (Suberin) durch zu hohe Feuchtigkeit.

Vorziehen → Antreiben.

W

Warmhaus Gewächshäuser, in denen das ganze Jahr über Temperaturen zwischen 20° C und 25° C herrschen.

Wechselständig Versetzte Anordnung der Blätter am Stengel, an einem Knoten sitzt nur jeweils ein Blatt.

Winterhart Pflanzen, die auch ohne Winterschutz die kalte Jahreszeit im Freien überstehen.

Wirtel → Quirl

Wurzelhals Übergangsstelle von der Wurzel zum oberirdischen Teil der Pflanze.

Wurzelsteckling Vegetative Vermehrung durch Wurzelteile.

X

Xerophyten Pflanzen, die lange Trockenperioden überstehen.

Z

Zisterne Blatttrichter bei Bromelien.

Zweihäusig Männliche und weibliche Blüten sitzen an verschiedenen Pflanzen.

Zweijährig Pflanzen, die im ersten Jahr nur Blätter bilden, im zweiten Jahr blühen, fruchten und dann absterben.

Zweikeimblättrig Pflanzen, die zwei Keimblätter bilden.

Zwiebel Meist unterirdisches Pflanzenorgan, das bereits die embryonale neue Pflanze enthält, die von fleischigen Schuppen umgeben ist.

GRÜNER WOHNEN

SCHÖNER WOHNEN

Pflanzen bringen Leben ins Haus. Ob Wohnung, Hausflur, Büro, Balkon, Terrasse oder Wintergarten – überall schaffen sie Oasen der Behaglichkeit, oft sind sie erst das dekorative Tüpfelchen auf dem i.

Pflanzen bieten eine große Palette an Farben, Formen und Düften. Sie sind ein Fest fürs Auge und lassen Raum für viele individuelle Gestaltungsmöglichkeiten.

Im folgenden Kapitel erfahren Sie, wie man seine grünen und blühenden Gäste am wirkungsvollsten einsetzen kann. Bepflanzungsvorschläge für Kästen und Kübel bieten zahlreiche Anregungen, seine Umgebung in ein paradiesisches Zuhause zu verwandeln.

Schönmalve (Abutilon-Hybride), Grünlilie (Chlorophytum comosum), Strauchmargarite (Chrysanthemum frutescens) im Wintergarten, Petunien (Petunia-Hybriden) und Männertreu (Lobelia erinus) im Blumenkasten.

Grundsätzliche Überlegungen

Trichlorethylen ist eine nach Chloroform riechende, farblose Flüssigkeit, die in Lacken und Klebern enthalten und krebsverdächtig ist. Formaldehyd ist u. a. Ausgangsstoff von Kunstharzen, den Bindemitteln für Spanplatten und ebenfalls krebsverdächtig. Das hochgiftige Benzol ist Ausgangsmaterial für viele Kunststoffe und krebserregend.

Lebendiges Grün bringt Schwung und Bewegung in jeden Raum. Ein harmonisches Ganzes entsteht jedoch nur, wenn Einrichtung und Farben, die Größe der Pflanzen und die des Zimmers aufeinander abgestimmt sind. Um welche Arten es sich dann im konkreten Fall handelt, bleibt Ihrem Geschmack und Ihrer Phantasie überlassen.

Pflanzen in großen Räumen

Je größer der Raum ist, desto mächtiger und zahlreicher dürfen die Pflanzen sein. Eine einzelne kleine Grünpflanze wirkt in einem großen Raum verloren. Mehrere kleine Blütenpflanzen in einem Körbchen oder auf einem Tablett dagegen setzen farbige Akzente. Einen hohen gestalterischen Wert haben baumartige Pflanzen. Großblättrige Arten wie Drachenbaum *(Dracaena)*, Baumfreund *(Philodendron)* oder Banyanbaum *(Ficus benghalensis)* kommen in sparsam möblierten Räumen oder Eingangshallen sehr gut zur Geltung.

Pflanzen in kleinen Räumen

Große Pflanzen erdrücken kleine Räume. Wählen Sie mittelgroße oder kleine Pflanzen mit großen oder zarteren Blättern. Geben Sie den Pflanzen gut sichtbare Plätze, damit sie voll zur Geltung kommen. Nicht zu viele Pflanzen stellen, sonst geht die Wirkung der Einzelpflanze verloren.

Pflanzen, die das Raumklima verbessern

Pflanzenname	**Besondere Leistung**
Abutilon-Hybriden	Erhöhung der Luftfeuchtigkeit
Aglaonema	Reduzierung von Benzol
Aloë barbadensis	Reduzierung von Formaldehyd
Aphelandra	Erhöhung der Luftfeuchtigkeit
Asplenium nidus	Erhöhung der Luftfeuchtigkeit
Chamaedorea	Reduzierung von Formaldehyd und TCE*
Chlorophytum elatum	Reduzierung von Benzol und Formaldehyd
Chrysanthemum morifolium	Reduzierung von Formaldehyd, Benzol und TCE
Cissus rhombifolia	Erhöhung der Luftfeuchtigkeit
Cyperus papyrus	Erhöhung der Luftfeuchtigkeit
Dracaena	Reduzierung von Formaldehyd, Benzol und TCE
Epipremnum pinnatum	Reduzierung von Formaldehyd, Benzol und TCE
Fatsia japonica	Erhöhung der Luftfeuchtigkeit
Ficus benjamina	Reduzierung von TCE
Gerbera jamesonii	Reduzierung von Formaldehyd, Benzol und TCE
Hedera helix	Reduzierung von Benzol und TCE
Hibiscus rosa-sinensis	Erhöhung der Luftfeuchtigkeit
Musa oriana	Erhöhung der Luftfeuchtigkeit, Reduzierung von Formaldehyd
Nephrolepis exaltata	Erhöhung der Luftfeuchtigkeit
Pandanus veitchii	Erhöhung der Luftfeuchtigkeit
Philodendron	Reduzierung von Formaldehyd
Rhododendron-Simsii- Hybriden	Erhöhung der Luftfeuchtigkeit
Sansevieria trifasciata	Reduzierung von Benzol und TCE
Spathiphyllum	Reduzierung von Benzol und TCE
Schefflera	Erhöhung der Luftfeuchtigkeit
Sparmannia africana	Erhöhung der Luftfeuchtigkeit

*TCE = Trichlorethylen

TIP

Übertöpfe sollen keine Konkurrenz zur Pflanze sein. Elegant sehen weiße Töpfe aus. Eine kräftigere Wirkung erzielt man mit Gefäßen in der Farbe der Blüten.

Gestalten mit Pflanzen

Am schönsten sehen Pflanzen vor einem schlichten Hintergrund aus. Vor kleingemusterten Tapeten sollten großlaubige Pflanzen stehen, großflächig gemusterte Tapeten verlangen nach den filigranen Blättern von Farnen oder dem Zypergras *(Cyperus)*. Holzverkleidete Wände lassen die Farbtöne weicher wirken. Kletterpflanzen an einem schönen Spalier aus Holz oder Bambus vor einer sonnenbeschienenen, hellen Wand können zum Blickfang werden.

Beziehen Sie auch den Lichteinfall in die Gestaltung ein. Stehen die Pflanzen vor einer hellen, sonnigen Wand, bilden die Schatten ein interessantes, bizarres Muster auf Wand oder unifarbenem Teppich. Im Gegenlicht auf der Fensterbank werden die Konturen der Pflanzen besonders hervorgehoben. Bei weichlaubigen, dünnen Blättern macht das Licht die Adern sichtbar und gibt dem Laub einen filigranen Anstrich.

Achten Sie darauf, daß sich Blütenfarben und die Farben der Einrichtung nicht »beißen«. Sehr gekonnt sieht es aus, wenn sich die Farbtöne der Vorhänge, Tapete, Bezüge oder Kissen in den Blütenfarben wiederholen. Ist die Einrichtung in Weiß und Schwarz gehalten, muntern kräftige Farbtöne das Gesamtbild auf.

Gruppenarrangements
Ob kleine Pflanzengruppen in Schalen und Kästen oder große Arrangements aus einzelnen Topfpflanzen, bei der richtigen Zusammenstellung unterstützen sich die Pflanzen gegenseitig in ihrer Wirkung. Einzeln würden die Töpfe lange nicht so wirkungsvoll sein. Auch die vielfältigen Erscheinungsformen der Grünpflanzen werden einem erst so recht bewußt, wenn man mehrere dicht beieinander sieht. Gräser z.B. zusammen mit großblättrigen Arten, strenge Formen neben zierlichen Pflanzen, bieten sehr reizvolle Kontraste. Ein Farbtupfer im Grünpflanzenreigen gibt dann oft noch den besonderen Pfiff. Hohe Pflanzen bilden den Hintergrund, kleinere setzt man in den Vordergrund. Die Ensembles müssen keineswegs symmetrisch sein. Ein vorwitziger, kleiner Efeu *(Hedera helix)*, der über den Rand einer Schale wächst, wirkt ungezwungen.

Wohnt man mit Pflanzen gesünder?
Seit Jahren geistert immer mal wieder die Behauptung durch den Blätterwald, daß bestimmte Pflanzen Schadstoffe aus der Raumluft filtern und sogar in unschädliche Produkte umwandeln, oder daß die Mikroorganismen im Boden die Gifte abbauen, die von den Blättern aufgenommen und über die Wurzeln ausgeschieden werden.

Grünlilien werden alt und können riesige Ausmaße erreichen

Wissenschaftlich gesehen trifft das zu, praktisch kann man diese Tatsache aber nur sehr bedingt auf den häuslichen Bereich anwenden. Um Schadstoff belastete Luft zu reinigen, müßte man den Raum dicht mit Pflanzen vollstellen – für Menschen und Möbel bliebe kein Platz übrig. Eine Verbesserung der Luftfeuchtigkeit kann man allerdings mit Pflanzen erreichen, die viel Feuchtigkeit brauchen und über die Blätter abgeben.
Einige Pflanzen, die das Raumklima verbessern, die Luftfeuchtigkeit erhöhen, Benzol, Formaldehyd und Trichlorethylen reduzieren, finden Sie in der Tabelle auf Seite 94.
Abgesehen von den meßbaren Vorteilen der Zimmerpflanzen spielen die psychologischen Apsekte eine nicht geringe Rolle. Pflanzen wirken positiv auf Menschen. Nicht nur aus optischen Gründen geben Firmen viel Geld für Grünpflanzen in Büros aus!

Der Grünlilie *(Chlorophytum comosum)* spricht man sehr gute Eigenschaften als Luftfilter in Räumen zu. Besonders gerne »schluckt« sie Formaldehyd.

TIP

Voraussetzung für Gruppen in einem Pflanzgefäß sind gleiche Ansprüche an Substrat, Licht, Dünger, Wärme und Feuchtigkeit.

Verschiedene Wohnstile

Häufig sind Wohnungen in einem ganz persönlichen und einheitlichen Stil eingerichtet. Dazu passende Zimmerpflanzen runden das Bild noch ab.

Junge Möbel im Schweden-Stil

Zu Holzmöbeln eignen sich Solitärpflanzen wie Palmlilie *(Yucca)*, Strahlenaralie *(Schefflera)* oder Gummibaum *(Ficus)*. Blütenpflanzen wie Flammendes Käthchen *(Kalanchoe blossfeldiana)*, Pantoffelblumen (*Calceolaria*-Hybriden) oder Schiefteller (*Achimenes*-Hybriden) setzen fröhliche Akzente. Grünpflanzen mit gelblich panaschierten Blättern, z.B. Pisonie *(Pisonia umbellifera)* und als Hängepflanze die Efeu-Sorte 'Ingrid' korrespondieren besonders schön mit den hellen Holzfarben. Eine Kakteen-Sammlung paßt ebenfalls gut zu diesem Wohnstil.

Rustikale Bauernmöbel

Hier darf es bunt zugehen. Schön sieht es aus, wenn das ganze Jahr Blütenpflanzen für Abwechslung sorgen, z. B. Zwiebelblumen und Primeln im Frühjahr, Edelpelargonien (*Pelargonium*-Grandiflorum-Hybriden), Fleißiges Lieschen *(Impatiens)*, Topfrosen *(Rosa)* und Glockenblumen *(Campanula)* im Sommer, Astern und Chrysanthemen im Herbst, Weihnachtssterne und Blattkakteen im Winter.

Zum rustikalen Stil passen aber auch Blattpflanzen, die wir noch zu Großmutters Zeiten kannten.

Moderne Designer-Möbel

Zu den geraden und elegant geschwungenen Formen aus Stahl, Glas, Marmor und lackiertem Holz kann man entweder ebenso klare Pflanzenformen stellen, wie Bogenhanf *(Sansevieria trifasciata)*, Fensterblatt *(Monstera deliciosa)*, Drachenbäume *(Dracaena)* und Guzmanie *(Guzmania)* oder als Kontrastprogramm Pflanzen mit einem lockeren, verspielten Aussehen. Das können Farne mit gefiederten Wedeln, Zimmerlinde *(Sparmannia africana)*, Klimme *(Cissus)* oder Zierspargel *(Asparagus)* sein. Auf keinen Fall fehlen dürfen farbige Highlights, je nach Saison: ein knallroter Ritterstern *(Hippeastrum)*, rosa Azaleen *(Rhododendron)* oder violette Browallien *(Browallia)*.

Jugendstil und Art déco

Pflanzen mit klaren, geschwungenen Linien passen am besten zu diesen Stilrichtungen. Dazu gehören u.a. Flamingoblumen *(Anthurium)*, Einblatt *(Spathiphyllum)*, Zimmerkalla *(Zantedeschia)* und Palmen.

Fernöstlicher Stil

Zu Möbeln aus Bambus oder Rattan, kleinen Schränken und Regalen mit geflochtenen Wänden, niedrigen Tischen und Sitzlandschaften passen Bromelien und Orchideen, exotische Ampelpflanzen wie die Erbsenpflanze *(Senecio rowleyanus)* oder die Wachsblume *(Hoya)* und Kletterpflanzen wie Jasmin *(Jasminum)*, Passionsblume *(Passiflora)* oder Kranzschlinge *(Stephanotis floribunda)*.

Einen japanischen Touch erreicht man mit Bambus, Azaleen *(Rhododendron)*, Gräsern und Zimmer-Bonsai.

Klassischer Stil

Englische oder französische Stilmöbel und Biedermeiermöbel harmonieren mit buschigen, üppigen Blütenpflanzen mit weichen Konturen wie z.B. Alpenveilchen *(Cyclamen)*, Kamelien *(Camellia)*, Gloxinien (*Sinningia*-Hybriden) oder Begonien *(Begonia)*, sowie Palmen und baumartigen Kübelpflanzen.

Pflanzen und Architektur

Es gibt Bauernhäuser, Chalets, alte und hypermoderne Villen, großbürgerliche und schlichte Stadthäuser, Hochhäuser. alte, moderne und postmoderne Einfamilienhäuser unterschiedlichster Ausstattung – wer gestalterisch mit Pflanzen zu spielen versteht, kann den Stil, das Ambiente eines Hauses wirkungsvoll unterstreichen. Dabei spielen vor allem die Gefäße eine große Rolle.

Den bäuerlichen und ländlichen Stil betonen Töpfe, Kästen und Kübel aus Holz, Ton, Majolika, Steingut, glasierte und unglasierte Keramik sowie Körbe, Sandsteintröge oder Tiertränken aus Holz. Als Pflanzen sind alle klassischen Balkonblumen und Kübelpflanzen geeignet, am besten in bunter Zusammenstellung.

Moderne Häuser vertragen sich wegen ihrer neutralen Ausstrahlung mit allen Gefäßen und Pflanzen, wenn man die Gefäß-Stile nicht mischt.

Hypermoderne Architektur verlangt nach wenigen ausdrucksstarken, grünen Solitären wie Bambus, Palmen, Bananen. Blütenpflanzen sollten großflächig und möglichst einfarbig eingesetzt werden.

Zu villenähnlichen Anwesen, großbürgerlichen Stadthäusern, aber auch postmodernen Ein- oder Mehrfamilienhäusern passen sogenannte Florentinerkübel aus grün- oder weißlackierten Holzlatten, reichbemalte, glasierte Gefäße aus China-Keramik, aber auch schlichte wie opulent verschnörkelte Terrakottatöpfe. Bei der Pflanzenauswahl gibt es keine Vorschriften. Unterstützt werden Eleganz und Gediegenheit durch immergrüne Klassiker wie Lorbeer und Buchs oder zeitlose Pflanzen wie Fuchsie und Hortensie. Beim Blütenschmuck sollte man ausprobieren, wie effektvoll eine Ton-in-Ton-Kombination aussehen kann.

Grüner wohnen, schöner wohnen

Passende Topfpflanzen für eine Wohnung in ländlichem Stil

Ländlicher Stil innen und außen.
Fröhlich sieht es in der Bauernstube aus. Die blau-weißen Übertöpfe passen zu Alpenveilchen *(Cyclamen persicum)*, Usambaraveilchen *(Saintpaulia)* und Zimmerlinde *(Sparmannia africana)*.

Vor dem schönen Elsässer Fachwerkhaus kommt die Blütenpracht so richtig zur Geltung. Ein Stelldichein geben sich Pelargonien *(Pelargonium)*, Oleander *(Nerium oleander)*, Studentenblumen *(Tagetes)*, Cinearien *(Senecio)*, Lobelien *(Lobelia)* und Engelstrompete *(Datura)*.

Bunte Kübelpflanzen- und Balkonblumengesellschaft am Fachwerkhaus

Pflanzgefäße und Übertöpfe

Töpfe, Kästen und Kübel können ebenso Gestaltungselemente sein wie die Pflanzen selbst. Wesentliche Kriterien bei der Auswahl von Pflanzgefäßen und Übertöpfen sind Wuchsform, Größe und Blütenfarbe der Pflanze, für die das Gefäß gedacht ist, Wohnstil und ganz persönlicher Geschmack. Es gibt jedoch ein paar Richtlinien:

- Kleine Pflanzen sehen in großen Übertöpfen verloren aus.
- Runde Gefäße wirken gefälliger als viereckige.
- Der Topf darf nicht höher sein als die Pflanze.
- Blütenpflanzen nicht in gemusterte Gefäße stellen.
- Hübsch sieht es aus, wenn sich auf dem Übertopf die Blüten der Pflanze wiederholen.
- Hat der Topf die Farbe der Blüten oder der Blätter, wird ihre Wirkung hervorgehoben.
- Körbe als Übertöpfe passen gut zu einem jugendlichen Wohnstil, zu Korbmöbeln und in ein Bauernhaus.
- Pflanzgefäße aus Terrakotta zaubern auf Balkon und Terrasse ein wenig Mittelmeer-Romantik.
- Holzkübel sind handfest und haben einen ländlichen Charakter.
- Übertöpfe aus Kupfer oder Messing sehen gediegen aus.
- Zum klassischen Mobiliar im englischen oder französischen Stil und zu Biedermeiermöbeln sehen altmodische Porzellantöpfe reizend aus.
- Buschige, rundliche Pflanzen kommen in bauchigen Töpfen besonders gut zur Geltung.
- Bei Pflanzengruppen einheitliche Übertöpfe verwenden, eventuell in verschiedenen Größen und Farben.
- Mit weißen Töpfen, naturfarbenen Körben und Terrakottagefäßen kann man kaum etwas falsch machen.

Pflanzgefäße

Abgesehen von den wenig attraktiven, schlichten Pflanzgefäßen aus Ton oder Plastik bietet der Handel eine reiche Auswahl dekorativer Modelle an.

In allen Größen und vielen Farben erhältlich, preiswert und praktisch sind die glasierten Tontöpfe mit passenden Untersetzern. Greifen Sie nicht zum billigsten Angebot, weil bei diesen Töpfen die Farbe schnell abplatzt. Haben Sie Mut zu außergewöhnlichen Pflanzgefäßen wie Tiergestalten oder Köpfen.

Überaus praktisch sind Pflanzgefäße mit Wasserspeicher. Das Material ist Kunststoff, die Farben meistens Weiß, Creme oder Braun, die Form rund oder eckig. Die Gefäße wirken jedoch leicht ein wenig klobig.

Holzkübel gibt es vom Kleinformat für die Fensterbank bis Faßgröße für die Terrasse. Sie müssen pflanzen- und umweltverträglich imprägniert sein. (Fragen Sie beim Kauf danach!)

Für größere Pflanzen eignen sich hölzerne Pflanzcontainer auf vier Beinen mit einem Kunststoffeinsatz, wie sie häufig in Möbelgeschäften angeboten werden. Zur besseren Handhabung gibt es auch schon mit Rollen versehene Pflanzcontainer, die sich leicht verschieben lassen.

Klassiker sind immer noch Terrakottagefäße, die es in vielen Größen und Formen gibt, reich verziert oder schlicht. Sie haben jedoch einen Nachteil: ihr Gewicht. Jetzt gibt es eine Alternative aus England: Terracast. Diese Pflanzgefäße sehen echten Terrakottatöpfen verblüffend ähnlich, sind jedoch aus dem überaus leichten Kunststoff Polymere hergestellt.

Abgesehen von den »offiziellen« Pflanzgefäßen können Sie jeden anderen Topf verwenden, wenn er mit Abzugslöchern versehen ist. (Eine Bohrmaschine macht's möglich. Verwenden Sie zunächst einen dünnen Bohrer, damit das Material nicht springt. Anschließend wird mit einem größeren Bohrer nachgebohrt – immer mit gebremster Kraft.)

Praktische Tips

- Vergessen Sie nicht, nach dem Gießen überschüssiges Wasser aus dem Übertopf auszugießen!
- Pflanzen in Kunststofftöpfen oder in glasierten Töpfen brauchen weniger Wasser als in porösen Tongefäßen.
- Eine dicke Schicht aus Kies oder Tongranulat im Übertopf, auf die der Pflanztopf gestellt wird, verhindert Staunässe im Wurzelbereich. Den gleichen Effekt hat ein umgedrehter Untersatz, auf den man die Pflanze stellt.
- Zwischen Übertopf und Pflanzgefäß muß gut ein Zentimeter Luft sein.
- Schwere Pflanzen lassen sich in einem Korb oder Kübel mit seitlichen Griffen leichter transportieren.
- Übertöpfe aus Holz oder Kunststoff speichern Wärme.
- Körbe sind nicht wasserdicht. Folie und Untersatz verhindern Schäden auf den Möbeln.

Übertöpfe

Hier sind der Phantasie keine Grenzen gesetzt. Sie können Gefäße aus

TIP

Bei unglasierten Ton- und Keramiktöpfen bildet sich nach einiger Zeit ein unschöner Kalkrand, der sich leider durch bloßes Abbürsten nicht entfernen läßt. Am umweltfreundlichsten ist es, den Tontopf über Nacht in einem Eimer mit Rindenhumus zu versenken und mit Wasser aufzufüllen. Am nächsten Tag ist der Kalkrand verschwunden.

Grüner wohnen, schöner wohnen

Keramik, Porzellan, Holz, Metall und Kunststoff und Körbe aller Art verwenden. Mit unseren Beispielen wollen wir Ihre Kreativität beflügeln.

Die meisten im Handel angebotenen Übertöpfe sind aus Keramik in jeder erdenklichen Form und Farbe. Ganz zauberhaft sehen mehrere buschige Blütenpflanzen in einer alten Waschschüssel aus. Besitzen Sie eine alte Suppenschüssel, Dann stellen Sie eine ausladende Pflanze hinein, einen Farn oder eine Bromelie.

Für den Balkon bieten sich verzinkte Blecheimer und Wannen an. Pflanzgefäße in Tongranulat einbetten, um Staunässe zu verhindern.

Pflanzen im Zimmer können in gußeisernen Henkeltöpfen stehen, sechseckigen Übertöpfen aus geflochtenen Aluminiumstreifen, bauchigen Kupfertöpfen, zu mehreren in länglichen Jardinieren aus Kupfer oder glänzenden Gefäßen aus Messing.

Bei Körben ist die Auswahl schier grenzenlos. Es gibt sie aus Bambusrohr oder feinem Bambusgeflecht, oft mit schönen eingeflochtenen Mustern, in verschiedenen Höhen, rund oder eckig, lackiert oder natur. Andere Materialien sind Weide, Stroh, Peddigrohr oder Palmblätter.

Edel und teuer sind Blumenkästen aus bambusfurnierter Spanplatte und Kuben aus Rattan.

Für große, schwere Pflanzen sind Übertöpfe mit Rollen empfehlenswert. Es gibt sie aus Kunststoff, Holz oder Peddigrohr. Ebenso praktisch sind Untersetzer mit Rollen, die in verschiedenen Größen angeboten werden.

Zierpaprika – kunstvoll arrangiert

Weidenkörbe sind robuste und preiswerte Pflanzgefäße

Eine zauberhafte Kombination in Gelb und Rot mit ein wenig Grün: Gelber und roter Zierpaprika, mattbemalte Töpfe und rot-gelbe Keramik-Äpfel.

Die gleiche Farbstimmung draußen: Herbstlich zeigen sich Zwergkoniferen und Eriken, Ahorn *(Acer palmatum)* und Akebie *(Akebia)* in Weidenkörben. Dekoratives Beiwerk sind die goldgelben Melonen.

Accessoires

Diese modernen Blumenständer mit integrierten Pflanzschalen gibt es in mehreren Farben und unterschiedlichen Höhen. Hängepflanzen kommen darauf ausgezeichnet zur Geltung.

Zum Bild rechts: Die knallroten Rittersterne in farbenfrohen Übertöpfen harmonieren sehr schön mit dem Strauß sonnengelber Forsythien und dem Weidenkorbtisch.

Blumenständer mit integrierter Pflanzschale

Oft sind es nur Kleinigkeiten, die unsere Zimmerpflanzen erst ins rechte Blickfeld rücken. So manche Pflanze wurde mit der Zeit für die Fensterbank zu groß, verdunkelt das Zimmer und verwehrt den Ausblick. Für den Fußboden ist sie aber noch zu klein. Man schaut praktisch auf sie herab und sieht wenig von ihrem schönen Wuchs. Steht sie aber nur wenige Zentimeter höher, ist der Eindruck schon ganz anders.

Kleinmöbel für Pflanzen

Pflanzen, die auf niedrigen Tischchen oder Hockern stehen, fallen besonders gut ins Auge. Das spielt vor allem bei Gruppenpflanzungen eine Rolle. Durch unterschiedlich hohe Hocker oder Tischchen kann der Gesamteindruck wesentlich verbessert werden.

Kleinmöbel aus Holz, lackiert oder natur und aus Kunststoff bieten viele Möbelgeschäfte als preiswerte Mitnahmeartikel an. Besonders dekorativ sind große Tierfiguren aus Peddigrohr oder Porzellan, auf denen ausladende Pflanzen wie Zimmerspargel *(Asparagus)* oder Farne zum Blickfang werden. Daneben gibt es spezielle Blumentische in unterschiedlichen Höhen aus Bambus, Rattan oder Peddigrohr, zum Teil auch aus sehr edlem Material wie Rosenholz, Glas und Stahl.

Pflanzen auf Säulen

Pflanzensäulen und hohe runde Tischchen mit einem Bein, meist mit kunstvoll gearbeitetem Fuß, gibt es schon seit den Anfängen der Zimmerpflanzenkultur. Die Säulen aus Porzellan oder Holz, Chrom und Rauchglas, Spiegelglas oder Plexiglas können rund, viereckig oder sechseckig sein. Die Tische sind oft aus Schmiedeeisen gefertigt mit einer Marmorplatte, früher waren auch kostbare Stücke aus Edelhölzern darunter. Man kann immer wieder solch edle Stücke in Antiquitätenläden finden. Auch in eine modern eingerichteten Wohnung paßt so ein antikes Einzelstück. Säulen und hohe Tischen benötigen einen separaten Platz, der abends noch durch einen Strahler ins rechte Licht gerückt werden kann.

Raumteiler

Eine weitere Möglichkeit, Zimmerpflanzen dekorativ einzusetzen, bieten Raumteiler. Mit Regalen aus Plexiglas oder Holz kann man Sitzecke oder Eßtisch vom übrigen Raum trennen. Wenn es die Lichtverhältnisse erlauben, sind das ideale Plätze für Pflanzen mit hängendem Wuchs oder für kleinwüchsige Arten.

Große, baumartige Kübelpflanzen in einer Reihe auf unterschiedlich hohen Hockern ersetzen sogar einen Raumteiler.

Akzente setzen

Mit der Wahl des Materials und der Formen können Sie mit Pflanzgefäßen, Übertöpfen und Kleinmöbeln für Pflanzen in jedem Raum ganz bestimmte Akzente setzen.
Übertöpfe und Hocker aus Bambus und Rattan mit geraden, eher strengen Linien vermitteln einen fernöstlichen Eindruck. Birkenfeige *(Ficus benjamina)*, Zimmerbambus und Palmen (auch wenn sie nicht aus Asien stammen) passen gut dazu.
Bauchige Körbe mit Henkeln oder Griffen, gefüllt mit Blütenpflanzen vermitteln einen ländlichen Charakter. Weiße italienische Keramik macht eher einen kühlen Eindruck, rustikal gemusterte aus dem Elsaß wirkt gemütlich und anheimelnd, buntes Porzellan hat eine verspielte, klassisches eine elegante Note.

Pflanzen mit Beiwerk

Schnickschnack nennen es die einen, liebenswertes Beiwerk die anderen. Mit kleinen Gegenständen, die wie zufällig neben einer Pflanze liegen, erzielt man eine ganz besondere Atmosphäre. Stellen Sie sich ein nostalgisches Arrangement aus rosafarbenen Blütenpflanzen vor auf einem alten Möbelstück und daneben eine Puppe aus Großmutters Zeiten. Auch Kerzenleuchter, schöne Tierfiguren aus Holz, ein farblich zu der Pflanze passendes Bild an der Wand oder eine Tischlampe vervollständigen den positiven Eindruck. Dem kreativen Dekorations-Talent sind keine Grenzen gesetzt.

Zum Bild rechts: Frühlingsstimmung mit Rittersternen und Forsythie

Pflanzen in Ampeln

Ampelpflanzen lassen sich auf ganz verschiedene Arten an Wänden, Spalieren, Zimmerdecke und Balkonbrüstungen anbringen. Für die Hängekörbe oder Ampeln gibt es spezielle Halterungen, oft genügen aber auch Fleischerhaken, Seile oder stabile Ketten zur Befestigung.

Im Außenbereich auf Balkon und Terrasse sind Ampelpflanzen ein häufig verwendetes Gestaltungselement, im Innenbereich dagegen sieht man sie viel seltener. Hängepflanzen, rankende und kriechende Arten kommen in keinem anderen Gefäß so gut zur Geltung wie in einer Ampel. Hier können sie sich rundum ausbreiten und so entwickeln, wie es die Natur für sie vorgesehen hat. Bei der Verwendung von Ampelpflanzen ist jedoch folgendes zu beachten:

- Sorgen Sie für einen stabilen, in die Decke eingedübelten Haken und solide Ketten oder dicke Kordeln – nasse Erde und Pflanzen wiegen schwer.
- Hängen Sie die Ampeln auf Balkon und Terrasse so auf, daß sie bei Wind nicht an die Wand oder die Scheibe schlagen können.
- Drahtkörbe, auch wenn sie mit Folie ausgelegt sind, sollte man nur im Außenbereich oder über gefliesten Böden aufhängen. So ganz wasserdicht sind sie oft nicht.
- Verwenden Sie für den Innenbereich nur Gefäße, aus denen überschüssiges Gießwasser nicht auslaufen kann.
- Ampelgefäße mit integriertem Untersatz zum direkten Bepflanzen sind zwar nicht sehr schön, aber praktisch. Sie werden oft in kurzer Zeit schon von der rankenden Pflanze verdeckt.
- Eine Alternative zur Ampel stellen Körbe und Tongefäße dar, die man an die Wand hängt.

Pflanzgefäß für die Wand

Hängekörbe am Maschendraht

Große Schale für Flachwurzler

Halterung für das Geländer

Drahtkörbe, die mit Moos, Folie oder Kunststoff ausgekleidet werden

Das Gießen von Ampelpflanzen

Fingerspitzengefühl erfordert das Gießen. Ampelpflanzen haben einen etwas anderen Wasserbedarf als Topfpflanzen. Das hat mehrere Gründe: Oft handelt es sich um dichtbelaubte Arten, die viel Feuchtigkeit verdunsten. In den oberen Bereichen eines Raumes herrschen höhere Temperaturen, da die Wärme ja bekanntlich nach oben steigt. Im Freien sind Ampelpflanzen dem Wind stärker ausgesetzt als die Blumen im Kasten oder auf dem Boden, sie trocknen daher schneller aus. Dennoch muß man vorsichtig gießen, damit sich keine Staunässe bildet. Die meisten Ampelgefäße haben nämlich keine Abzugslöcher, und sie nach jedem Gießen herunterzunehmen und überschüssiges Wasser auszugießen, ist recht umständlich.

- Eine Drainageschicht aus leichtem Tongranulat oder Styroporflocken (damit die Ampeln nicht noch schwerer werden) auf dem Boden des Ampelgefäßes, beugt der Gefahr der Staunässe vor.

- Eine Gießkanne mit einem langem Gießaufsatz erspart es Ihnen, jedesmal auf einen Hocker zu steigen.
- In sehr warmen Sommerzeiten empfiehlt es sich, die Ampelpflanzen auf Balkon und Terrasse zweimal in der Woche abzunehmen und ihnen ein Tauchbad zu gönnen.

Ampelpflanzen drinnen und draußen

Für die Bepflanzung von Ampeln eignen sich sowohl ausgesprochene Hängepflanzen als auch kriechende Arten oder Pflanzen mit ausladendem Wuchs. Hier eine kleine Auswahl:

Für schattige Plätze:
Hängephilodendron *(Philodendron scandens)*, Geweihfarn *(Platycerium bifurcatum)*.

Für helle bis halbschattige Plätze:
Efeutute *(Epipremnum pinnatum)*, Efeu *(Hedera helix)*, Judenbart *(Saxifraga stolonifera)*, Grünlilie *(Chlorophytum comosum)*, Henne mit Küken *(Tolmiea menziesii)*, Klimme *(Cissus)*, Weinrebe *(Ampelopsis brevipedunculata)*, Weihnachtskaktus *(Schlumbergera)*.

Für helle Plätze mit hoher Luftfeuchtigkeit:
Kolumnee *(Columnea)*, Schamblume *(Aeschynanthus radicans)*, Kußmäulchen *(Hypocyrta)*, Dipladenie *(Dipladenia)*, *Ficus sagittata*.

Für helle Plätze:
Zebrakraut *(Zebrina pendula)*, Felsendrehfrucht *(Streptocarpus saxorum)*, Frauenhaar *(Scirpus cernuus)*, Fetthenne *(Sedum morganianum)*, Codonanthe *(Codonanthe crassifolia)*, Dreimasterblume *(Tradescantia)*, Zierspargel *(Asparagus)*, Zimmerhafer *(Billbergia)*, Kletterficus *(Ficus pumila)*.

Für sonnige Plätze:
Hornklee *(Lotus berthelotii)*, Wachsblume *(Hoya)*, Madagaskarglöckchen *(Kalanchoe manginii)*, Leuchterblume *(Ceropegia woodii)*, Erbsenpflanze *(Senecio rowleyanus)*.

Für den Außenbereich:
Glockenblume *(Campanula isophylla)*, Hängepelargonie *(Pelargonium)*, Fuchsie *(Fuchsia)*, Kaskadenblume *(Centradenia)*, Blaue Mauritius *(Convolvulus sabatius)*, Petunie *(Petunia)*, Husarenköpfchen *(Sanvitalia procumbens)*, Kanarische Kresse *(Tropaeolum peregrinum)*.

Peperomien in Terrakotta-Tüten

Terrakotta-Tüten sind eine neue, dekorative Form von Ampelgefäßen und ideal für kleine Pflanzen. Sie hängen an dicken Kordeln.

Gestalten mit Kletterpflanzen

Kletterhilfen können unterschiedlich aussehen und oft gleichzeitig als Sichtschutz oder dekoratives Element eingesetzt werden. Rechts sechs Möglichkeiten für Kletterhilfen.

Vielen Ketterpflanzen sieht man ihre artistischen Neigungen in der Jugend noch gar nicht an. Sie wachsen zunächst buschig und bilden erst mit zunehmendem Alter lange Triebe. Andere wollen von Anfang an ein Klettergerüst haben. An ihren Heimatstandorten winden sie sich an Baumstämmen hoch und an den Ästen entlang.
Wundern Sie sich nicht, wenn einige Arten sowohl bei den Ampelpflanzen als auch hier bei den Kletterpflanzen erwähnt werden. Sie eignen sich für beide Bereiche.

Kletterhilfen für drinnen
Kletterhilfen für Zimmerpflanzen gibt es aus Holz, Draht, Kunststoff, Rattan und Bambus. Der Fachhandel bietet sie in vielen Formen an, als Spalier, Spindel oder Rundbogen (siehe Zeichnungen rechts).
Geschickte Heimwerker basteln sich ihre Klettergerüste nach Maß selbst aus kunststoffummanteltem oder rostfreiem Draht und Bambus- oder Holzstäben. Schwachpunkte bei den Spalieren sind die Verbindungen zwischen zwei Stäben. Bohren Sie in beide Stäbe am Kreuzungspunkt ein Loch, ziehen Sie Draht durch und verdrehen Sie ihn fest.
Das Material für Rundbögen darf nicht zu weich sein, sonst drückt das Gewicht der Pflanzen die Bögen zu flachen Ovalen zusammen. Auch das Material für Spindeln darf nicht zu biegsam sein.
Die Kletterhilfen sollten gleich beim Einpflanzen mit in den Topf gesteckt werden. Steckt man dickere Stäbe nachträglich in das Substrat, besteht die Gefahr, daß die Wurzeln verletzt werden.

Topfgitter für kleine Kletterpflanzen

Moosstab für Epiphyten

Wandspalier für große Kletterer

Maschendraht-Säule

Leiter mit Maschendraht

Pflanzkästen mit Sichtschutzkonstruktion

TIP

Zur Befestigung der Triebe können Sie eine Anleihe in der Küche machen: Gefrierbeutelverschlüsse in Grün eignen sich hervorragend zum Befestigen der Triebe. Achtung: Pflanzenstengel beim Befestigen nicht drücken!

Kletterhilfen für draußen
Auf Balkon und Terrasse können Kletterpflanzen auch die Wände hochgehen. Spaliere und Scherengitter gibt es in vielen verschiedenen Ausführungen zu kaufen, ein geschickter Bastler kann sie sich aber auch leicht selbst anfertigen. Oft erfüllen aber auch schon senkrecht gespannte Drähte oder Schnüre für viele Pflanzen den gleichen Zweck. Als Wind- und Sichtschutz leisten stabile Spaliere an standfesten Blumenkästen gute Dienste.

Befestigung der Pflanzen
Die weichen Triebe der Kletterpflanzen kann man ohne Schwierigkeiten um die Rankhilfen biegen. Je nach Gerüst lassen sich Kugeln, Ovale und Pyramiden formen. Um den Trieben einen besseren Halt zu geben, kann man sie in unregelmäßigen Abständen locker am Gerüst festbinden.

Kletterpflanzen für drinnen
Je nach Art der Kletterhilfe lassen sich Kletter- und Schlingpflanzen einteilen in:

Pflanzen für Rundbögen:
Passionsblume *(Passiflora)*, Kranzschlinge *(Stephanotis floribunda)*, Wachsblume *(Hoya)*, Jasmin *(Jasminum officinale)*, Ruhmeskrone *(Gloriosa rothschildiana)*, Dipladenie *(Dipladenia)*.

Pflanzen für Spaliere oder Spindeln:
Efeu *(Hedera helix)*, Kanarischer Efeu *(Hedera canariensis)*, Kastanienwein *(Tetrastigma voinierianum)*, Klimme *(Cissus rhombifolia)*, Mikania *(Micania ternata)*.

Pflanzen für Moosstäbe (gibt es im Fachhandel):
Baumfreund *(Philodendron)*, Strahlenaralie *(Schefflera)* und Purpurtute *(Syngonium)*.
Die Ranken werden mit Draht, der in Form von Haarnadeln gebogen wurde, befestigt.

Kletterpflanzen für draußen
Kletterpflanzen »klettern« auf die verschiedenste Art und Weise, und man unterscheidet zwischen Selbstklimmern, Spreizklimmern, Schling- und Rankgewächsen.

Selbstklimmer wie Efeu *(Hedera helix)*, Wilder Wein *(Parthenocissus tricuspidata)*, Trompetenblume *(Campsis radicans)* oder Kletterhortensie *(Hydrangea anomale* ssp. *petiolaris)* brauchen keine Kletterhilfen. Sie halten sich mit Haftwurzeln oder Haftscheiben fast an jedem Untergrund fest.

Spreizklimmer wie Winterjasmin *(Jasminum nudiflorum)* und Kletterrosen *(Rosa)* brauchen ein Spalier und müssen angebunden werden.

Raumteiler besonderer Art: Weiße Gipssäulen mit weißem Holzgitter

An diesem eleganten Raumteiler wachsen schattenverträgliche Pflanzen wie Efeu *(Hedera)* und Klimme *(Cissus)*.

Schlinggewächse wie Prunkwinde *(Ipomoea)*, Schwarzäugige Susanne *(Thunbergia alata)*, Geißblatt *(Lonicera)* und Pfeifenwinde *(Aristolochia macrophylla)* umwickeln mit ihren Trieben spiralenförmig Schnüre und Drähte. Eine rauhe Oberfläche erleichtert ihnen den Halt, man kann die Triebe aber auch hin und wieder festbinden.

Rankgewächse wie Duftwicke *(Lathyrus odoratus)*, Klematis *(Clematis)*, Kapuzinerkresse *(Tropaeolum majus)* und Glockenrebe *(Cobaea scandens)* klettern mittels dünner, drahtiger Ranken an Drähten oder ähnlichen Hilfen hoch.

Blumenfenster

Ein geschlossenes Blumenfenster mit tropischen Pflanzen ist ein exklusives Pflanzen-Hobby. In Holzkörben, Töpfen und auf einem Epiphytenstamm wachsen verschiedene Orchideen, Tillandsien und Bromelien.

Die meisten Zimmerpflanzen stehen auf der Fensterbank, deswegen ist aber das Fenster noch lange kein Blumenfenster im klassischen Sinn. Mit mehr oder weniger Aufwand können Sie den Pflanzen das Leben auf der Fensterbank jedoch angenehmer und sich selbst eine große Freude machen. Bedenken Sie jedoch, daß sich dieses Fenster dann kaum mehr öffnen läßt.

Blumenfenster mit Regalen

Eine verblüffend einfache und dekorative Lösung sind Regale, die man in den Fensterrahmen einbaut. An einem sonnigen Standort ist so ein Blumenregal z. B. der ideale Platz für eine kleine Kakteensammlung. Auf dem oberen Brett machen sich Hängepflanzen ganz gut, in Augenhöhe darf immer etwas Blühendes stehen.

Offene Blumenfenster

Auf einem etwa 50 cm breiten Fensterbrett (notfalls das vorhandene verbreitern) lassen sich leicht offene Blumenfenster – sie heißen so, weil keine Glasscheibe die Pflanzen vom Wohnraum trennt – einrichten. Um die Pflanzen im Wurzelbereich vor Kälte und Zugluft zu schützen, stellt man Styroporstreifen senkrecht vors Fenster und legt eine Styroporplatte aufs Fensterbrett. Befindet sich ein Heizkörper unter dem Fensterbrett, verhindert ein zur Zimmerseite angebrachter Styroporstreifen Schäden durch aufsteigende, trockene Heizungsluft. Komfortabler sind Pflanzkästen mit eingebauter Heizung oder Heizmatten. Dazu muß jedoch eine Steckdose in der Nähe sein.

Auf das Fensterbrett stellt man Pflanzwannen und füllt sie mit Tongranulat, das ständig feucht gehalten wird. Die Pflanzen werden mit den Töpfen in die Wanne gesetzt. Es hat sich als wenig praktisch erwiesen, die Wannen mit Substrat zu füllen. Einzeltöpfe können individueller gepflegt werden und Krankheiten im Wurzelbereich breiten sich nicht gleich aus.

Da aus dem Tongranulat ständig Feuchtigkeit auf einer großen Fläche verdunstet, eignet sich der Standort für viele Pflanzen, die in trockener Zimmerluft Schwierigkeiten haben.

Geschlossene Blumenfenster

Ein geschlossenes Blumenfenster läßt sich nicht so einfach auf einer Fensterbank einrichten, es sind schon erhebliche bauliche Maßnahmen erforderlich (→ Seite 13).

Geeignete Pflanzen für den Epiphytenstamm

Aechmea
Asplenium
Davallia
Guzmania
epiphytische Orchideen
Platycerium bifurcatum
Rhipsalis
epiphytische Tillandsien
Vriesea

Der Epiphytenstamm

Das Glanzstück eines geschlossenen Blumenfensters ist ein Epiphytenstamm als Unterkunft für baumbewohnende Pflanzen (Epiphyten).

Die meisten unserer heimischen Hölzer eignen sich allerdings nicht als Unterlage, denn sie verrotten in der feuchten Atmosphäre zu schnell, lediglich Eiche oder ein alter Rebstock sind widerstandsfähig genug. Aber aus Kunststoffrohren, Korkeichenrinde und einigen anderen Dingen, kann man sich leicht einen solchen Epiphytenstamm selbst herstellen.

Überlegen Sie sich Form und Größe, bevor sie die Einzelteile im Baumarkt und Bastelladen kaufen. Sie benötigen:

- Kunststoffrohre aus dem Sanitärbereich in verschiedenen Stärken und Krümmungen. Die Anschlüsse müssen ineinander passen.
- Stammrunde Korkeichenrinden-Stücke mit verschiedenen Durchmessern, die an einer Seite aufgeschnitten sind.
- Eine große Schale
- Einige Steine und Schnellzement für den »Fuß«, damit der »Stamm« Standfestigkeit bekommt.
- Kupferdraht oder anderen nicht rostenden Draht
- Rostfreie Schrauben
- Klebstoff
- Feinen, biegsamen nicht rostenden Maschendraht
- Kleinere Tontöpfe
- Kleine Pflanzkästen aus Holz (gibt es im Orchideen-Fachhandel)
- Islandmoos, Orchideensubstrat oder Fasertorf

Befestigung des Pflanzen

Es gibt verschiedene Möglichkeiten, Pflanzen an dem Epiphytenstamm zu befestigen:

- Aus feinem Maschendraht lassen sich kleine Körbchen formen und in den Astgabeln befestigen.
- Ein an dem Stamm befestigtes gebogenes Rindenstück läßt sich mit angefeuchtetem Substrat füllen.
- Man bindet die mit feuchtem Moos umwickelten Wurzeln einfach am Stamm fest.

Das Substrat darf niemals austrocknen, der Nährstoffbedarf ist sehr gering. Gelegentlich etwas Flüssigdünger im Sprühwasser reicht den genügsamen Pflanzen.

TIP

Zum Festbinden am Epiphytenstamm eignen sich ausgediente, in Streifen geschnittene Perlonstrümpfe sehr gut. Sie sind außerordentlich elastisch und relativ unsichtbar.

Bild rechts: Blick in ein ausgebautes Blumenfenster

Miniaturgärten

Ein Schmuckstück ist diese Minilandschaft des französischen Keramikers Claude Michel *(La Garde Adhémar)* aus gebranntem Ton. Bepflanzt wurde sie mit Spindelstrauch *(Euonymus)*, Myrte *(Myrtus)* und Efeu *(Hedera)*.

Kleine Gärten im Zimmer, auf Balkon oder Terrasse? Das ist kein Scherz! In größeren Pflanzgefäßen lassen sich zauberhafte Miniaturgärten anlegen, mit allem, was zu einem richtigen Garten gehört: Bäumen, Sträuchern und Blumen.

Für einen Miniaturgarten eignen sich kleinwüchsige oder junge Pflanzen, man kann aber auch das Wachstum ganz normaler Pflanzen beeinflussen.

Junge Pflanzen eignen sich nur für einen begrenzten Zeitraum, wenn sie zu groß geworden sind, müssen sie in Einzelquartiere umziehen.

- Wie bei allen Gruppenpflanzungen müssen auch im Miniaturgarten die Ansprüche der zusammengepflanzten Arten übereinstimmen.

Beeinflussung des Wachstums

Haben die Wurzeln keinen Raum, bleibt auch der oberirdische Teil klein. Um das Wachstum zu hemmen, setzt man die Pflanzen in nur wenige Zentimeter große Pflanzkörbchen aus korrosionsbeständigem Edelstahlgewebe, in denen sich die Wurzeln nicht ausbreiten können, Wasser und Nährstoffe jedoch ungehindert ihren Weg zu den Wurzeln finden.

Gut geeignet für solche Miniaturanlagen sind z. B. Buntnessel *(Coleus)*, Efeu *(Hedera helix)*, viele Gummibaum-Arten *(Ficus)*, Strahlenaralie *(Schefflera arboricola)*, Goldorange *(Aucuba)*, Keulenlilie *(Cordyline fruticosa)*, Wunderstrauch *(Codiaeum variegatum var. pictum)* und Drachenbaum-Arten *(Dracaena)*.

Der Fachhandel bietet auch komplette Systeme für Miniatur-Kulturen mit genauen Anleitungen an.

Miniaturpflanzen für Miniaturgärten

Minipflanzen liegen voll im Trend und der Handel hat sich darauf eingestellt.

Wie wäre es z. B. mit einem Rosengarten auf der Fensterbank? Rote Blüten hat die Sorte 'Colibri', orangefarbene 'Baby Maskarade', rosa blühen 'Zwergkönigin' und 'Zwergkönig'.

Als Minis angeboten werden u.a. Usambaraveilchen, Alpenveilchen, Begonien, die Birkenfeige 'Natascha' *(Ficus)*, Einblatt *(Spathiphyllum)*, Weihnachtssterne *(Euphorbia pulcherrima)*, Fleißiges Lieschen *(Impatiens)*, Azaleen *(Rhododendron)* und viele Blattkakteen.

Vertrauen Sie dem Zwergenwuchs nicht auf immer und ewig. Vielfach wurden die Pflanzen in den Gärtnereien mit chemischen Substanzen behandelt, die das Wachstum hemmen. Bleiben diese Stoffe aus, wachsen die Pflanzen nach einiger Zeit normal weiter.

Attraktive Miniaturgärten auf Balkon und Terrasse

Miniaturgärten im Freien haben eine lange Tradition. Es gibt eine große Auswahl von winterharten

Dekoratives Pflanzgefäß aus gebranntem Ton

Der »Baum der tausend Sterne« ist ein zauberhafter Indoor-Bonsai

Zwerggehölzen und Stauden, meist aus dem Bereich alpiner Pflanzen, die in dem begrenzten Raum eines Pflanztroges gut gedeihen.

Damit wirklich der Eindruck eines Gartens entsteht, pflanzt man z. B. immergrüne Gehölze, Minirosen, blühende Zwergstauden und Gräser zusammen. Dazwischen können kleine Wege durch hellen Sand angedeutet werden und Steine für Abwechslung sorgen. Leider kann hier nicht auf Einzelheiten eingegangen werden, das würde den Rahmen dieses Buches sprengen. In guten Baumschulen und Staudengärtnereien werden Sie bei der Auswahl der geeigneten Pflanzen beraten.

Bonsai für die Wohnung

Die traditionellen Bonsai sind Freilandpflanzen aus Klimazonen, die unseren Wetterbedingungen entsprechen. In geschlossenen Räumen überleben sie nicht lange. Bei den Zimmer-Bonsai handelt es sich um Gehölze aus der Gegend rund um das Mittelmeer, aus subtropischen und tropischen Gebieten. Sie sind uns als normale Topfpflanzen schon lange bekannt und kommen mit dem Raumklima ganz gut zurecht. Was Temperatur, Lichtbedarf, Luftfeuchtigkeit und Ruhezeiten anbelangt, unterscheiden sich die Baumminiaturen nicht von ihren großen Verwandten. Einige Besonderheiten müssen dennoch bei der Pflege der Zimmer-Bonsai berücksichtigt werden:

- Verwenden Sie Spezialsubstrat, Bonsai-Dünger und eine Gießkanne mit feinem Brausekopf.
- Bonsai wachsen in flachen Schalen mit wenig Substrat, oft auf einem kleinen Hügel. Damit trockene Erde beim Gießen nicht heruntergeschwemmt wird, sprüht man sie vorher ein.
- In dem begrenzten Lebensraum verbrauchen sich die Nährstoffe schneller als in einem normalen Topf. Düngen Sie deshalb öfter, aber immer nur schwach dosiert und niemals auf trockenes Substrat.

Kurz vor und nach der Blüte, nach dem Umtopfen und dem Wurzelschnitt oder wenn die Pflanze krank aussieht, wird gar nicht gedüngt.

Geeignete Zimmer-Bonsai

Um zu vermeiden, daß Sie aus Versehen eine Bonsaipflanze für ihre Wohnung erwerben, die nur für die Haltung im Freien geeignet ist, hier die für Zimmer-Bonsai üblichen Arten:

Acacia baileyana
Adenium obesum
Albizia julibrissin
Araucaria heterophylla
Ardisia crenata
Bambusa vulgaris
Bougainvillea glabra
Calliandra tweedii
Camellia japonica
Carissa macrocarpa
Cassia hebecarpa
Chrysanthemum frutescens
Cissus microphylla
Coffea arabica
Cuphea hyssopifolia
Cupressus macrocarpa
Cytisus racemosus
Eugenia brasiliensis
Ficus-Arten
Fuchsia magellanica
Hedera helix
Hibiscus rosa-sinensis
Ixora javanica
Leptospermum scoparium
Myrtus communis
Nicodemia diversifolia
Pelargonium rhodanthum
Pistacia lentiscus
Pittosporum tobira
Polyscias fruticosa
Psidium cattleianum
Rhapis excelsa
Rhododendron-Arten
Rosmarinus officinalis
Serissa foetida
Trachelospermum jasminoides

Serissa foetida, der Baum der tausend Sterne, auch Junischnee genannt, ist einer der schönsten Zimmer- oder Indoor-Bonsai und relativ pflegeleicht. Das immergrüne Gehölz aus Südostasien, hier eine bizarre Miniatur mit panaschierten Blättern, fotografiert im Bonsai-Zentrum Heidelberg, blüht überreich.

TIP

Im Steckbriefteil wird bei den einzelnen Arten jeweils angegeben, ob sie Bonsai geeignet sind. Bezugsquellen für Bonsaipflanzen finden Sie auf Seite 376.

Wüsten- und Tropengärtchen

Miniatur-Gärten mit Kakteen lassen sich leicht anlegen: Auf einer Drainageschicht aus Blähton arrangiert man zunächst die noch eingetopften Pflanzen, um ihren Platz festzulegen. Mit einer Papierschlaufe als Hilfe nimmt man dann die Kakteen aus ihren Töpfen, setzt sie in die Schale und füllt die Zwischenräume mit Kakteenerde, Blähton oder Kies aus.

Pflanzen sammeln kann zur Leidenschaft werden. Wer einmal sein Herz an Kakteen und Sukkulenten verloren hat, wird von ihnen nie genug bekommen – wörtlich gemeint.
Es gibt rund 3000 Arten in mehr als 600 Pflanzenfamilien. Ihr Formenreichtum ist unglaublich, bizarr und aufregend.
Den besten Eindruck von dem großartigen Formenreichtum der Kakteen und anderer Sukkulenten vermittelt eine bunte Mischung. Fangen Sie klein an mit wenigen Pflanzen in hübschen Schalen. Je unterschiedlicher die Wuchsformen sind, desto interessanter. Beziehen Sie die Oberfläche in die Gestaltung ein. Mit kleinen Steinen, Kies und Sand können Sie »Landschaften« zaubern.
Achtung: Pflanzen in einem Gefäß müssen die gleichen Ansprüche an Substrat, Temperaturen im Sommer und Winter, Wasser und Nährstoffe haben.

Drainageschicht aus Blähton

Arrangieren der Pflanzen

Austopfen der Kakteen

Fertiger Wüstengarten

Wüstengärten
Keine andere Pflanzengruppe eignet sich so gut für Mini-Gärten wie Kakteen. Kaum einer tanzt aus der Reihe in bezug auf die Pflegewünsche, und die meisten Arten wachsen ganz langsam.
Wenn der Kakteengarten einer Landschaft ähneln soll, müssen die Pflanzen im Aussehen unterschiedlich sein. Für den Hintergund eignen sich hochwüchsige *Cleistocactus*-Arten und das würdige Greisenhaupt *(Cephalocereus senilis)*, daneben sehen flächige *Opuntia*-Arten sehr dekorativ aus, im Vordergrund dürfen sich kugelige *Mammillaria*- oder *Parodia*-Arten ausbreiten. Achten Sie bei der Zusammenstellung der Kakteen auch auf die Farben, die Formen der Rippen und Dornen.
Die Farben der Schalen oder Tröge dürfen nicht in Konkurrenz mit den Pflanzen stehen. Am schönsten sieht es aus, wenn sich die Farbe des Gefäßes in einer Farbe der Bepflanzung wiederholt. Bei blühenden Kakteen muß man ganz besonders aufpassen. Auch die Proportionen müssen stimmen. Für kleine Kugelkakteen z. B. sollte die Pflanzschale möglichst flach sein.
Bei der Gestaltung des Wüstengartens wird auch die Substratoberfläche mit einbezogen, die mit allen möglichen Materialien abgedeckt werden kann: runde Kiesel, kantiger Splitt, Tongranulate in unterschiedlicher Körnung, Blähton, Kohlegrus, Sand in verschiedener Tönung. Dazwischen sorgen »Felsbrocken« von wenigen Zentimetern Höhe oder knorrige Wurzeln für Abwechslung.

Flaschengärten
Pflanzen, die sehr feuchte Luft brauchen, haben es in unseren Räumen recht schwer. Optimale Lebensbedingungen finden sie z. B. in bauchigen Flaschen aus ungefärbtem Glas. Wie in einem »Wardschen Kasten« (→ Seite 27) schaffen sie sich dort ihr eigenes Klima. Grundsätzlich gilt bei der Anlage eines Flaschengartens folgendes:

- Verwenden Sie keine Blütenpflanzen. Sie sehen nur kurze Zeit schön aus und müssen immer gleich entfernt werden, wenn sie verblüht sind. Das ist nicht ganz einfach. Außerdem schadet häufiges Öffnen dem System, das ja nur funktioniert, wenn es über einen längeren Zeitraum fest verschlossen bleibt.

GRÜNER WOHNEN, SCHÖNER WOHNEN

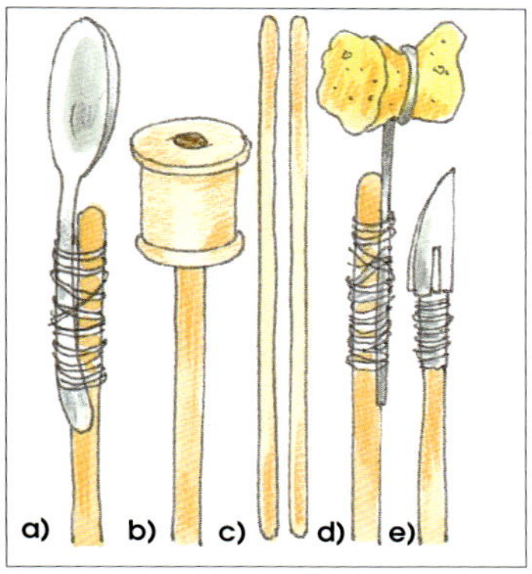

Selbstgemachte Werkzeuge

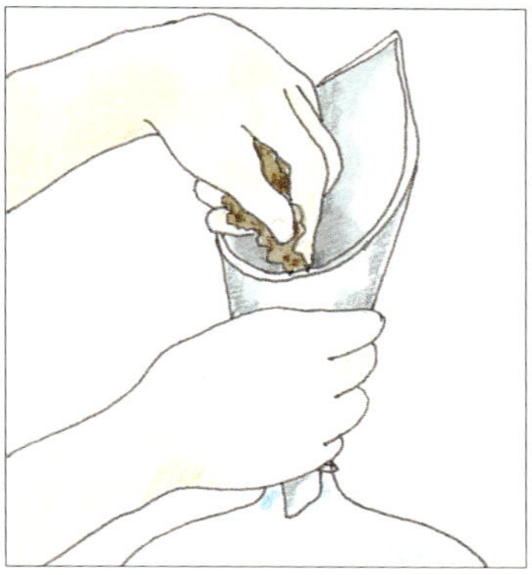
Einfüllen der Erde

Verteilen und Glätten der Erde

Austopfen der Pflanzen

Einsetzen der Pflanzen

Andrücken der Erde

Um einen Flaschengarten anzulegen, braucht man einige selbstgebastelte Geräte: Löffel am Stiel als Schaufel **(a)**, Garnrolle zum Festdrücken der Pflanzen in der Erde **(b)**, Stäbchen zum Festhalten der Pflanzen **(c)**, Schwämmchen am Stiel zum Reinigen der Glaswände von innen **(d)**, scharfe Klinge zum Be- und Rückschneiden **(e)**. Mit Hilfe eines Papiertrichters füllt man Drainageschicht und Erde in die Flasche, verteilt und drückt sie leicht an. Die ausgetopften Pflänzchen werden dann mit zwei Stäbchen in vorbereitete Pflanzlöcher gesetzt und die Erde danach fest angedrückt.

- Der Hals des Gefäßes muß eng genug sein, um ihn dicht zu verstöpseln und weit genug, um in der Flasche arbeiten zu können.
- Um Fäulnis vorzubeugen, mischt man die Drainageschicht aus Kieselsteinen, Tongranulat oder Blähton mit zerkleinerter Holzkohle. Je nach Flaschengröße sollte diese Schicht 3–6 cm dick sein.
- Darüber kommt 5–10 cm hoch ein vorher angefeuchtetes Substratgemisch aus gleichen Teilen Blumenerde und Torf. Die Erde soll nur wenige Nährstoffe enthalten, damit die Pflanzen nicht schnell wachsen.
- Probieren Sie zunächst auf einem Papier in der Größe der Pflanzfläche die Anordnung der Pflanzen aus. Höhere Gewächse kommen nach hinten, kleinere nach vorne.
- Üppige Wurzelballen einkürzen, die Pflanzen wachsen dann langsamer.
- Zuerst werden die Pflanzen, die am Rand der Flasche wachsen sollen, eingesetzt, dann die in der Mitte.
- Mit einem »Teelöffel am Stiel« wird immer nur ein Loch gegraben, gepflanzt und dann das nächste vorbereitet.
- Sind alle kleinen Tropengewächse wohl verstaut, Erde festdrücken und die kleinen Regenwaldgewächse mit einem feinen Zerstäuber einsprühen.

Die Innenwand der Flasche läßt sich mit einem kleinen Schwämmchen, das an einem stabilen, aber biegsamen Draht befestigt ist, ganz gut reinigen.

Gut verschlossen, an einem hellen, aber nicht sonnigen Platz, haben Sie viele Monate Freude an dem dekorativen Flaschengarten.

Gelegentlich muß gelüftet und ein wenig gestutzt werden (Rasierklinge am Stab befestigen), wenn eine Pflanze zu groß geworden ist.

Kaufen Sie junge Blattpflanzen mit schön gemusterten, farbigen Blättern, die klein bleiben und langsam wachsen. Hier eine Auswahl geeigneter Pflanzen:

Acorus gramineus, Adiantum raddianum, Callisia elegans, Didymochlaena truncatula, Ficus pumila, Fittonia verschaffeltii 'Minima', *Hatiora salicornioides, Pellaea rotundifolia, Pellionia pulcher, Peperomia, Pilea, Pteris ensiformis* 'Victoriae', *Rhipsalis mesembryanthemoides, Selaginella uncinata, Tradescantia albiflora, Zebrina pendula.*

4 × Saison auf dem Balkon

Zu jeder Jahreszeit hat der Balkon sein eigenes Gesicht: Im Frühling wachsen Tulpen *(Tulipa)*, Knollenranunkel *(Ranunculus)* und Hortensien *(Hydrangea)* zwischen immergrünen Zwergkoniferen oder Laubgehölzen.

Sommerschmuck auf dem Balkon kann eine Kombination aus Sommerblumen, wie Wandelröschen *(Lantana)*, Studentenblumen *(Tagetes)*, Fleißiges Lieschen (*Impatiens*-Neuguinea-Hybriden), und Zimmerpflanzen, z. B. Zimmerwein *(Cissus rhombifolia)* und Schwertfarn *(Nephrolepsis exaltata)*, sein.

Frühling

Es müssen nicht immer Stiefmütterchen sein. Viele zauberhafte Frühlingsblüher lassen sich in Kästen und Schalen pflanzen. Versuchen Sie es doch einmal mit verschiedenen Zwiebel- und Knollenpflanzen und stecken Sie im Herbst Krokus, Winterling, Schneeglöckchen, frühe Narzissen und Tulpen, Hyazinthen und Märzenbecher in frische Erde. Kästen und Schalen gut geschützt im Freien oder kühl im Haus überwintern.

Hübsch sehen diese Frühlingsblüher auch zwischen immergrüner Dauerbepflanzung aus. Viele Zwiebelblumen kann man auch vorgetrieben im Frühjahr kaufen und in Kästen und Schalen setzen. Beginnen Sie die Balkonsaison aber nicht zu früh, sonst erfriert womöglich die Frühlingspracht.

Frühlings-Balkon mit Zwiebel- und Knollenblumen

Sommer

Es müssen nicht immer Pelargonien, Petunien und Begonien sein. Das Angebot an Sommerblumen ist riesig. Versuchen Sie es einmal für sonnige Plätze mit Pantoffelblumen, Leberbalsam, Blauen Gänseblümchen, Tagetes, Ringelblumen, Heliotrop, niedrigen Sommerastern und Strauchmargeriten, Kapuzinerkresse und Lobelien; für schattige Stellen mit Fuchsien und dem unermüdlich blühenden Fleißigen Lieschen.

Leute mit feinen Nasen freuen sich über Rosen und Lavendel, Salbei und Majoran, Duft-Pelargonien und Rosmarin.

Hübsche Gräser zwischen den Blütenpflanzen lockern auf und erinnern an einen Naturgarten.

Sommer-Balkon mit Sommerblumen und Zimmerpflanzen

Herbst-Balkon mit schöner Laubfärbung

Herbst

Eine völlig neue Balkonkastenbepflanzung für den Herbst ist nicht notwendig. Viele Sommerblumen blühen bis zum ersten Frost, und es wäre schade, sie vorzeitig wegzuwerfen.

Ersetzen Sie Ende August oder Anfang September verblühte Pflanzen durch Astern oder Chrysanthemen, die bis zu den ersten Frösten für neue Farben sorgen. Sommerastern, Sonnenhut und Dahlien blühen ebenfalls bis zum ersten Frost.

Im Gegensatz zur Pflanzzeit im Garten sollte man kleine Bäume und Sträucher für Kästen und Kübel nicht im Herbst, sondern erst im Frühjahr pflanzen.

Im Herbst sehen neben kleinen Koniferen und Laubgehölzen mit bunten Blättern Heide *(Erica)*, Kreuzkraut *(Senecio)* und spätblühende Stiefmütterchen sehr hübsch in Balkonkästen und Pflanzschalen aus.

Schnee und Frost verwandeln einen Balkon mit Dauerbepflanzung, verwelkten Pflanzen und Zweigen mit roten Beeren in ein Wintermärchen.

Winter-Balkon mit Vogelhäuschen

Winter

Nur eine Pflanze blüht im Winter: die Schnee-Heide. Die anderen *Erica*-Arten, die man im Herbst überall kaufen kann, werden nach dem Frost braun. Ein Winterbalkon muß aber nicht unbedingt langweilig sein. Wenn Gräser in den Kästen wachsen, läßt man die dekorativen Blütenstände stehen. Dazwischen werden Zweige von Tanne, Kiefer, Fichte, Stechpalme, Buchsbaum, Wacholder, Lebensbaum oder anderen Immergrünen, beerentragende Zweige aus dem Garten oder schöne Samenstände von Stauden gesteckt. Wer mag, kann mit rot und weiß lackierten Zweigen der Korkenzieher-Hasel oder anderer Sträucher für Farbe sorgen.

Balkonbepflanzungen

Geben Sie Ihrem Balkon oder Ihrer Terrasse eine ganz bestimmte Note unter Einbeziehung der baulichen Gegebenheiten. Ein schmiedeeisernes Geländer strahlt eine andere Atmosphäre aus, als eine Betonbrüstung, eine Balustrade oder ein Bodenbelag aus Holz wirken anders als Klinker an der Wand und Terrakottafliesen. Unterstrichen und ergänzt werden diese Elemente durch eine gezielte Auswahl der Pflanzen, der Farben und ihrer Kombination. Beziehen Sie auch Zimmerpflanzen in die Planung ein, die im Sommer gerne im Freien stehen.

Unsere Vorschläge können Sie auf Balkons ebenso verwirklichen wie auf Dachgärten oder Terrassen. Achtung: Denken Sie bei der Zusammenstellung der Pflanzen an die Lichtverhältnisse auf Ihrem Balkon.

Die hier getroffenen Empfehlungen für die Bepflanzung beschränken sich in erster Linie auf im Steckbriefteil erwähnte Arten.

Der romantische Balkon

Die Balkone alter Mietshäuser haben vielfach besonders schöne, geschwungene Balkongitter aus kunstvoll geformten schmiedeeisernen Stangen, verziert mit Ornamenten und Rosetten. Ein zierlicher Bistro-Tisch mit Marmorplatte und die dazu passenden Stühle vervollständigen den romantischen Eindruck. Ein alter Waschschüsselständer aus Metall, zum Blumenständer umfunktioniert, ist das Tüpfelchen auf dem i. Ist alles weiß gestrichen und sind die Kästen ebenfalls weiß, kommen die Pflanzen besonders gut zur Geltung.

Wählen Sie einjährige Sommerblumen mit vielen kleinen Blüten und eher kleineren Blättern. Die Bepflanzung darf keinesfalls wuchtig wirken. Eine Kombination aus blauen und weißen Blüten sieht sehr reizvoll aus, ein Balkon ganz in Rosa ist zauberhaft, lila und gelbe Blumen setzten kräftigere Akzente.

Pflanzen-Beispiele für den romantischen Balkon:
Begonia-Semperflorens-Hybriden, *Bellis perennis, Brachycome iberidifolia, Campanula carpatica, Chrysanthemum paludosum, Felicia amelloides* 'Blue Daisy', *Gomphrena globosa, Impatiens walleriana, Lathyrus odoratus, Lobelia erinus, Primula, Rosa, Viola*-Wittrockiana-Hybriden.

Der ländliche Balkon

Der klassische ländliche Balkon ist langgestreckt, überdacht, hat eine dunkle Holzbalustrade aus verzierten Brettern, befindet sich samt dazugehörigem Bauernhaus in Bayern oder im Schwarzwald und ist über und über mit Pelargonien bepflanzt. Hölzerne Waschzuber und Tiertränken dienen Kübelpflanzen als Quartier.

Doch auch in einer weniger »klassischen« Umgebung kann man Balkonen mit den geeigneten Pflanzen einen ländlichen Charakter verleihen. Pelargonien gehören natürlich dazu. Ob die Bepflanzung einfarbig, zweifarbig oder bunt ausfällt, bleibt Ihnen überlassen. Die Farben sollten kräftig sein und die Blüten üppig. Am besten bleibt kein Eckchen pflanzenfrei. Nicht nur der obere Geländerrand wird mit Blumenkästen dekoriert, außen und von der Decke hängen Ampelgefäße. Schön ist ein ländlicher Balkon nur, wenn er auf der Sonnenseite liegt, weil nur dort die geeigneten Blumen ihre ganze Pracht entfalten.

Pflanzen-Beispiele für den ländlichen Balkon:
Ageratum houstonianum, Calceolaria integrifolia, Callistephus chinensis, Chrysanthemum-Arten, *Felicia amelloides, Dahlia*-Hybriden, *Helianthus, Pelargonium, Petunia*-Hybriden, *Salvia splendens, Tagetes*-Hybriden, *Tropaeolum*-Hybriden.

Der elegante Balkon

Bei modernen Bauten sind Balkonbrüstungen oft aus durchsichtigem Kunststoff und Metall oder geraden weißen Stangen. Das sind Materialien, die eine kühle, elegante Atmosphäre verbreiten. Dazu passen schlichte Balkonmöbel und Pflanzgefäße aus Keramik oder Pozellan. Es sollte nicht zu bunt und zu üppig zugehen auf einem eleganten Balkon. Viel Grün, farbige Blätter, cremeweiße und lila Blüten nebeneinander oder z. B. einige Fuchsien in verschiedenen Farben. Die Lage kann sonnig bis halbschattig sein.

Gut in dieses Bild passen viele Sommerfrischler unter den Zimmerpflanzen, z.B. *Aloë, Billbergia nutans, Catharanthus roseus, Chamaedorea elegans, Clivia, Corynocarpus laevigatus, Crassula arborescens, Cycas revoluta, Cyrtomium falcatum, Yucca, Washingtonia.*

Pflanzen-Beispiele für den eleganten Balkon:
Agapanthus praecox, Celosia argentea, Coleus-Blumei-Hybriden, *Cuphea ignea, Fuchsia, Gazania, Heliotropium arborescens, Nicotiana* x *sanderae, Schizanthus*-Wisetonensis-Hybriden.

Grüner wohnen, schöner wohnen

Frühlings-Balkon mit vielen Pflanzen in schönen Gefäßen

Sommerliche Heiterkeit und Poesie herrschen auf diesem Balkon

Die Frische des Frühlings strahlen die Pflanzen in schönen Terrakotta-Gefäßen und glasierten Keramik-Töpfen aus. Hier versammeln sich Tulpen *(Tulipa)*, Hortensien *(Hydrangea)* und zu Hochstämmchen und Kugeln erzogene Myrten *(Myrtus communis)*.

Dieses fröhliche Nebeneinander verschiedener Balkonblumen, Zimmer- und Kübelpflanzen und auch die Keramikkugel mit Flötenspieler weisen auf einen Besitzer hin, der den Sommer für ein Gedicht halten mag. Hier wachsen einträchtig ein Margeriten-Hochstämmchen *(Chrysanthemum frutescens)*, Blaue Fächerblume *(Scaevola)*, Kapaster *(Felicia)*, Drehfrucht *(Streptocarpus)*, Gloxinie *(Sinningia)*, Petunie *(Petunia)*, Glockenblume *(Campanula)* und Leberbalsam *(Ageratum)* zusammen.

Bepflanzungsvorschläge auf einen Blick

Frühling. Tulpen *(Tulipa)*; Hyazinthen *(Hyacinthus orientalis)*, Kissenprimeln *(Primula-Vulgaris-Hybriden)* und Alpenaurikel *(Primula auricula)* sind typische Blumen des Frühjahrs. Die schönen Blüten sind eine Augenweide, die Hyazinthen verströmen zudem auch einen angenehmen Duft. Die Alpenaurikel sind ein wenig frostempfindlich. Nach der Blüte kann man die Pflanzen in den Garten setzen. Wenn man Glück hat, kommen sie im nächsten Jahr wieder.

Sommer. Ein langlebiges und sehr attraktives Arrangement für den Sommer sind Petunien *(Petunia)* in verschiedenen Pink-Tönen, umrahmt von blauem Männertreu *(Lobelia erinus)*. Petunien vertragen Regen nicht sehr gut. Damit man den ganzen Sommer Freude an den Petunien hat, werden verwelkte Blüten regelmäßig abgeschnitten; auch zu lange Triebe einkürzen. Schneidet man Lobelien nach dem ersten Flor um ein Drittel zurück, bilden sich neue Blüten.

Herbst. Ein Blumenkasten mit Efeu *(Hedera helix)*, Kriechwacholder *(Juniperus)*, Heide *(Erica)* oder anderen kleinwüchsigen Immergrünen wirkt durch das unterschiedliche Laub der Pflanzen sehr abwechslungsreich. Heide wird im Herbst in vielen verschiedenen Farben angeboten. Die Bepflanzung übersteht auch kühle Tage. Bei starkem Frost muß man den Kasten in eine geschützte Ecke des Balkons stellen und gut abdecken. Die Erde in dem Kasten reicht nicht aus als Schutz.

Winter. Zwischen kleinbleibende Säulen-Koniferen, Schneeheide *(Erica herbacea)* und Efeu *(Hedera helix)* können noch Strohblumen gesteckt werden. Das winterfeste Arrangement wirkt durch die Farben und die Verschiedenartigkeit der Pflanzen sehr lebhaft. Auch im Winter brauchen die Pflanzen Wasser, allerdings nicht so viel wie im Sommer. Gegossen wird nur in frostfreien Perioden, sonst wird die Erde zum Eisklumpen, und das vertragen auch winterharte Arten nicht sehr gut.

Duftkasten. Es ist äußerst wohltuend, auf dem Balkon von einer Wolke angenehmer Düfte umgeben zu sein. Duftblattpelargonien gibt es mit verschiedenen Aromastoffen. Die Pflanzen riechen nach Zitrone, Kiefer, Pfefferminze, Zimt oder Apfel. Heliotrop duftet nach Vanille, der Harfenstrauch nach Kampfer. Auch Majoran, Rosmarin oder Thymian sind eine Freude für verwöhnte Nasen und eignen sich zudem noch zum Würzen von Speisen.

Zum Naschen und Würzen.
a) Es macht Spaß, immer wieder eine Handvoll von den eigenen Monatserdbeeren zu pflücken. Zusammen mit Stiefmütterchen *(Viola*-Wittrockiana-Hybriden*)* ist der große Topf ein reizender Eckensteher auf dem Balkon.
b) Ebenso attraktiv wie nützlich ist Zierpfeffer *(Capsicum)* mit Oregano *(Origanum vulgare)* und Thymian *(Thymus vulgaris)* in einem Pflanzgefäß.

Lustige Gesellschaft. Kapuzinerkresse *(Tropaeolum*-Hybriden*)*, eine gefüllte Sorte der Ringelblumen *(Calendula)* und Pelargonien mit panaschiertem Laub *(Pelargonium*-Zonale-Hybriden*)* sind einfach zu pflegen und blühen den ganzen Sommer lang. Voraussetzung ist, daß man verwelkte Blüten regelmäßig abschneidet. Kapuzinerkresse kann man ab Ende März auf der Fensterbank leicht selbst heranziehen. Ins Freie dürfen sie erst nach den Eisheiligen.

Ampelpflanzen. Die Blaue Mauritius *(Convolvulus sabatius)* kommt in einem Ampelgefäß so richtig zur Geltung. An den Halterungen rankt die Schwarzäugige Susanne *(Thunbergia alata)*. Kapuzinerkresse *(Tropaeolum*-Hybriden*)* gibt es ebenfalls als Hänge- oder Kletterpflanzen. Den Mittelpunkt bilden Kap-Astern *(Felicia amelloides)*.

Es gibt unendlich viele Möglichkeiten, Balkonkästen zu bepflanzen. Zehn attraktive Vorschläge finden Sie auf diesen Seiten, dazu zwei »schmackhafte« Ideen für große Töpfe und ein reizendes Arrangement für ein Ampelgefäß.

Bunte Vielfalt. Gelbe Stiefmütterchen und niedrige Studentenblumen *(Tagetes*-Patula-Hybriden*)*, lila Hornveilchen *(Viola*-Cornuta-Hybriden*)* und Stiefmütterchen *(Viola*-Wittrockiana-Hybriden*)*, pinkfarbene Nelken *(Dianthus)*, blaue Glockenblumen *(Campanula)* und kleine Efeupflanzen *(Hedera helix)* bilden ein farbenfrohes Arrangement.

Romantischer Kasten. Blaue Mauritius *(Convolvulus sabatius)* und pinkfarbene Petunien *(Petunia)* decken die Seitenwände des Kastens nach wenigen Wochen völlig zu. Dazu passen rote Fleißige Lieschen *(Impatiens)* und als vorwitziger Farbtupfer gelbe Mittagsgold *(Gazania)*. So eng bepflanzte Kästen müssen häufiger gegossen und gedüngt werden. Achten Sie auf Schädlinge und Krankheiten – sie breiten sich schnell aus.

Elegante Zusammenstellung. Wie unterschiedlich die verschiedenen Begonien-Arten sind, zeigt dieses Beispiel. Mit ihrem schönen Laub besticht die Blattbegonie *(Begonia*-Rex-Hybride*)*, mit ihrem zarten Flor die Blütenbegonie *(Begonia*-Elatior-Hybride*)*. Für den grünen Rahmen sorgt der Kletterficus *(Ficus pumila)*.
Dieser Kasten paßt auch gut auf eine Fensterbank. Die Pflanzen gedeihen draußen wie drinnen gleich gut.

Harmonie in Rosa. Die Blütenfarben der Primeln *(Primula*-Vulgaris-Hybriden*)*, Maßliebchen *(Bellis perennis)* und Zwerg-Azaleen *(Rhododendron*-Arten*)* sind optimal aufeinander abgestimmt. Von allen drei Pflanzen gibt es auch Sorten mit anderen Blütenfarben. Mit den gleichen Pflanzen kann man auch ein buntes Arrangement zusammenstellen – ganz wie es Euch gefällt.

Terrassenbepflanzungen

Terrassen sind mobile Gärten. Noch vor gar nicht langer Zeit waren Kübelpflanzen etwas ganz Besonderes. Nur wenige mediterrane Pflanzen und Exoten wurden in Pflanzgefäßen kultiviert, denn im Winter mußte man sie ins Haus holen können. Jetzt wird alles in Kübel, Tröge, Töpfe und Kästen gepflanzt: einjährige Sommerblumen, mehrjährige Stauden, kleinwüchsige Bäume und Sträucher. Die Baumschulen bieten heute vom Apfelbäumchen bis zur Zuckerhutfichte fast alle gängigen Gehölze im »Terrassen-Format« an. Auch das Sortiment an »Exoten« ist so groß wie noch nie. Geschickt zusammengestellt lassen sich auf Terrasse und Balkon kleine Gärten in ganz unterschiedlichen Stilen zaubern.

Die fernöstliche Terrasse

Schattiges, gedämpftes Licht mit ein paar Sonnentupfern dazwischen, wie es ein großer Laubaum vor der Terrasse bewirkt, sind ideale Voraussetzungen für ein fernöstliches Ambiente. Holzbelag auf dem Boden, Strohmatten als Begrenzung, Keramikgefäße mit asiatischen Ornamenten, eine japanische Steinlaterne, Bambusmöbel, dazu hauptsächlich Grünpflanzen (auch immergrüne Dauerbepflanzung) vermitteln jene Ausgeglichenheit, die uns die Hektik des Alltags vergessen läßt. Terrassen im fernöstlichen Stil sind Oasen der Ruhe.

In den traditionellen kleinen Hausgärten Asiens, die oft nur wenige Quadratmeter groß sind, wird jede Pflanze als Individuum angesehen. Es stehen nie viele Pflanzen auf den kleinen Flächen. Blüten nehmen keine so vorrangige Stellung an wie bei uns. Dahinter steht der Gedanke, daß man die Schönheit der Blüten viel intensiver erfährt und würdigt, wenn man sie nur wenige Wochen im Jahr bewundern kann und nicht vom Frühling bis in den Herbst von ihnen umgeben ist.

Auch auf einer fernöstlich gestalteten Terrasse sind Sommergäste aus dem Wohnzimmer herzlich willkommen, z.B. das Zypergras *(Cyperus)* und die Steckenpalme *(Rhapis)*. Blütenakzente setzen Hortensien *(Hydrangea)* mit ihren blassen Farben und Azaleen mit ihrem kurzen, aber intensiven Blütenrausch.

Pflanzen-Beispiele für die fernöstliche Terrasse:
Aucuba japonica, Bambusa, Buxus, Cupressus cashmeriana, Cyperus, Hedera helix, Polystichum, Rhododendron, Farne und Gräser.

Die mediterrane Terrasse

Mittelmeerträume können auf Terrassen und Dachgärten Wirklichkeit werden. Die Hauptrolle spielen die vielen herrlichen Kübelpflanzen, von denen die meisten aus Südeuropa stammen. Beschwingt und heiter heißt die Devise, fröhliche Farben sind gefragt – das gilt auch für die Möbel. Ein Boden aus Terrakotta-Fliesen oder Marmor und weiße Wände bilden den richtigen Rahmen. Amphoren, Töpfe und Kästen aus braunem Ton in unterschiedlichen Größen vervollständigen das Bild.

Es darf ruhig ein bißchen wild und unruhig auf einer »italienischen« Terrasse zugehen. Ordnungsfanatiker sollten sich für einen anderen Stil entscheiden. Je mehr Töpfe und Kübel versammelt sind, desto besser. Rücken Sie die blühenden Exemplare immer ins Blickfeld, schließlich wollen Sie ihre Freude daran haben.

Blühende Kübelpflanzen für die mediterrane Terrasse:
Abutilon, Bougainvillea, Campsis radicans, Canna-Indica-Hybriden, *Capparis spinosa, Caryopteris x cladonensis, Cassia, Cestrum, Citrus*-Arten, *Cytisus, Datura, Hibiscus rosa-sinensis, Iochroma cyaneum, Lagerstroemia indica, Lavandula angustifolia, Nerium oleander, Plumbago auriculata, Punica granatum.*

Die ländliche Terrasse

Eine bunte Vielfalt aus heimischen ein- und mehrjährigen Pflanzen verleiht der Terrasse einen ländlichen Charakter. Ein schmales Ballerina-Apfelbäumchen oder ein Birnenspalier in einem größeren Kasten, ein wenig Gemüse an der Wand – Gurken, Bohnen und Erbsen klettern gerne und schnell – und Kräuter zwischen farbenfrohen Sommerblumen gehören dazu. Natürlich dürfen Geranien nicht fehlen! Alles läßt sich problemlos in Pflanzgefäßen kultivieren. Dazu passen rustikale Holzmöbel, Körbe und Kannen.

Pflanzen-Beispiele für die ländliche Terrasse:
Chrysanthemum fructescens, Helianthus annuus und andere Sommerblumen, *Ipomoea tricolor* und andere Kletterpflanzen, Knollenbegonien-Hybriden, *Lantana*-Camara-Hybriden, *Lilium*-Hybriden, *Pelargonium*-Peltatum-Hybriden, *Petunia,* Topfrosen, Kräuter und kleine Obstgehölze.

TIP

Achtung: Bei einer Dachterrasse die Belastbarkeit des Daches nicht außer acht lassen, große Kübelpflanzen sind sehr schwer.

Bild rechts: Terrassenbepflanzung in Rosa und Violett

Ton in Ton: Terrassenbepflanzung mit violetten Fächerblumen *(Scaevola aemula)*, Petunien *(Petunia)* und Klematis *(Clematis)*, rosafarbenen Pelargonien *(Pelargonium-Zonale-Hybriden)*, Efeu- *(Hedera helix)* und Myrten-Hochstämmchen *(Myrtus)*, Asparagus, Spindelstrauch *(Euonymus)* und Opuntie.

Terrassenbepflanzung in Rosa und Violett

Duft- und Kräutergärtchen

Komponieren Sie sich ein Duftbukett aus verschiedenen Duftpelargonien. Die Blätter halten sich auch lange in der Vase.

Kräuter lassen sich nicht nur im Gartenbeet ziehen, sondern eignen sich auch hervorragend für Balkonkasten, Kübel und Schale. Auf dieser Terrasse (Bild rechts) versammeln sich rotgerandeter Salbei *(Salvia officinalis 'Tricolor')*, Kapuzinerkresse *(Tropaeolum*-Hybriden*)*, Lavendel *(Lavandula angustifolia)*, Petersilie *(Petroselinum crispum* ssp. *crispum)*, Pfefferminze *(Mentha x piperita)*, Thymian *(Thymus vulgaris)*, *Sempervivum*-Arten und Duftpelargonien *(Pelargonia*-Arten*)*.

In früheren Zeiten wurden duftende Zimmerpflanzen viel mehr geschätzt als heute. Vielleicht lag es daran, daß »schlechte Gerüche« im Wohnbereich im vorigen Jahrhundert verbreiteter waren als heute. Auch die Gewohnheit von Damen und Herren, sich zu festlichen Anlässen eine Gardenie ans Dekolleté oder ins Knopfloch zu stecken, hatte nicht nur optische Gründe. Es gab vor rund 150 Jahren Gärtnereien in England, die ausschließlich Gardenien für diesen Zweck kultivierten.

- Gerüche sind Geschmackssache und werden unterschiedlich vertragen. Manche Menschen bekommen von schweren, süßlichen Düften Kopfschmerzen und empfinden sie als unangenehm. Was die eine Nase begierig aufnimmt, kann die andere nicht ausstehen. Schnuppern Sie im Blumengeschäft zur Probe, bevor Sie zugreifen.
- Auch sollten Sie nicht zu viele verschiedene Duftpflanzen auf die Fensterbank stellen. Ein oder zwei Exemplare einer intensiv duftenden Art sind oft genug.

Duftende Pflanzen zu jeder Zeit

Bei den meisten Pflanzen befinden sich die Aromastoffe in den Blüten, man kommt also nur zur Blütezeit in den Genuß des Duftes. Das bedeutet ein zeitlich begrenztes Vergnügen, wenn Sie es nicht so einrichten, daß zu verschiedenen Jahreszeiten blühende Duftpflanzen auf Ihrer Fensterbank stehen. Hier einige Beispiele:

Bereits im Dezember werden vorgezogene Hyazinthen *(Hyacinthus orientalis)* angeboten, gefolgt von Schönhäutchen *(Hymenocallis narcissiflora)* und Maiglöckchen *(Convallaria)*. Von März bis September blüht das Einblatt *(Spathiphyllum)*, von Mai bis September die Wachsblume *(Hoya)*, von Juli bis Oktober die Gardenie *(Gardenia jasminoides)*, von Juli bis September das Blaue Lieschen *(Exacum affine)*.

Im Winter blüht und duftet Jasmin *(Jasminum officinalis)*. Auch unter den Orchideen gibt es Leckerbissen für die Nase, wie *Cattleya velutina* und *C. labiata*, *Coelogyne cristata* und *C. pandurata*, *Lycaste aromatica*.

Das ganze Jahr über duften die Blätter der Brautmyrte *(Myrtus communis)* und vieler herrlicher Duftpelargonien.

Auf Balkon und Terrasse sorgen Kübelpflanzen und kleinere Arten in den Blumenkästen für Wohlgerüche, aber auch Kräuter- und Gewürzpflanzen strömen Düfte aus – zudem sorgen sie mit ihrem Geschmack für Abwechslung in der Küche.

Duftende Pflanzen für draußen:
Aloysia triphylla, Carissa grandiflora, Cistus, Citrus, Datura, Eucalyptus citriodora, Heliotropium, Ipomoea, Lathyrus odoratus, Lobularia maritima, Nerium oleander, Nicotiana, Osmanthus, Petunia, Pittosporum, Skimmia, Tropaeolum, Yucca.

Kräuter für Balkon, Terrasse und Fensterbrett:
Anis, Basilikum, Beifuß, Bohnenkraut, Boretsch, Dill, Eberraute, Estragon, Kapuzinerkresse, Kerbel, Knoblauch, Koriander, Kresse, Kümmel, Liebstöckel, Lorbeer, Majoran, Melisse, Origano, Petersilie, Pfefferminze, Rosmarin, Salbei, Sauerampfer, Schnittlauch, Sellerie, Thymian, Wacholder, Wermut, Ysop.

Duftblatt-pelargonien-Strauß in einer Schale

Bild rechts: Kräutergarten in Terrakotta-Gefäßen auf dem Balkon

DIE SCHÖNSTEN

Pflanzen von A–Z

Auf den folgenden Seiten werden die schönsten Pflanzen für Zimmer und Wintergarten, Terrasse und Balkon porträtiert. Dabei lernen Sie weit über 500 verschiedene Gattungen sowie mehr als 1000 Arten und ihre Pflege kennen. Die Pflanzenparade ist in zwei Blöcke aufgeteilt: Von Seite 122 bis Seite 347 finden Sie alle beliebten, wichtigen und handelsüblichen Pflanzen.
Auf den Seiten 348 bis 375 werden nicht so geläufige Raritäten und Spezialitäten vorgestellt. Von einigen Pflanzen gibt es sogar Abbildungen, die zeigen, wie sie am Heimatstandort aussehen – nämlich oft ganz anders als wir sie kennen. Lassen Sie sich überraschen!

Blickfänge: Farbenfroher Blumenkasten draußen, elegantes Hochstämmchen drinnen

So benutzen Sie das Pflanzenlexikon

Die Pflanzenporträts sind der besseren Übersicht wegen alle nach den gleichen Regeln aufgebaut. Zu jedem »Pflanzensteckbrief« gehört mindestens ein Farbfoto. Bei wichtigen Gattungen sind zusätzlich bedeutende Arten und Sorten abgebildet. Oft gibt es auch überraschende Bilder von Arten am Heimatstandort. Die Pflanzen sind alphabetisch angeordnet und zwar nach ihren botanischen Namen.
Da die botanische Namensgebung international ständig im Fluß ist und Änderungen, vor allem bei den Familiennamen, im Kommen sind – zum Beispiel sollen die Korbblütler von *Compositae* wieder in *Asteraceae*, die Lippenblütler von *Labiatae* in *Lamiaceae* und die Hülsenfrüchtler in *Fabaceae* umbenannt werden –, wurde hier bei der Namensgebung die derzeit aktuellste Ausgabe des Zander Handwörterbuches der Pflanzennamen (1993) zugrunde gelegt.

Aufbau der Pflanzenporträts
Der botanische Name ist international gültig und der einzige, überall in der Welt verbindliche wissenschaftliche Name für eine Pflanze. Er besteht aus zwei Teilen, dem Gattungsnamen (z. B. *Begonia*) und dem Artnamen (z. B. *corallina*), also *Begonia corallina*. Steht bei einer Pflanze nur der Gattungsname, z. B. *Begonia, Ficus* oder *Pelargonium*, werden in der Folge mehrere Arten genannt.
Steht neben dem ersten botanischen Gattungsnamen noch ein zweiter in einer Klammer, z. B. neben *Datura (Brugmansia)* oder neben *Dizygotheca (Schefflera)*, so ist dies der erst kürzlich in Kraft getretene, neue gültige botanische Name. Oft stehen im Text auch Hinweise auf frühere botanische Namen.

Der deutsche Name steht direkt unter dem botanischen Namen. Gibt es mehrere deutsche oder volkstümliche Namen, werden diese aufgeführt.

Die Symbole geben allen, die sich schnell informieren möchten, ohne den gesamten Text zu lesen, Auskunft über die wichtigsten Standort- und Pflegebedingungen und weisen auf die Giftigkeit einer Pflanze hin.

Standortbedingungen:

Vollsonniger Standort. Die Pflanze verträgt ganzjährig und von morgens bis abends Sonne.

Heller, nicht vollsonniger Standort. Die Pflanze braucht den hellsten Platz, verträgt aber, vor allem mittags, keine direkte Sonne.

Halbschattiger Standort. Die Pflanze braucht Halbschatten oder gedeiht erfahrungsgemäß im Halbschatten besser.

Schattiger Standort. Die Pflanze ist von Hause aus Schatten gewohnt oder verträgt Schatten.

Wasserbedarf:

Die Pflanze hat einen hohen Wasserbedarf. Reichlich gießen bzw. Pflanze gleichmäßig gut feucht, aber nicht naß, halten – der Wurzelballen darf auf keinen Fall völlig austrocknen. Kübel- und Balkonpflanzen an heißen Tagen täglich ein- bis zweimal durchdringend gießen, Pflanzen im Haus bei hohen Luft- und Bodentemperaturen (Fußbodenheizung) ein- bis zweimal pro Woche gießen.

Die Pflanze hat einen mittleren Wasserbedarf. Mäßig gießen, der Wurzelballen darf ab-, aber nicht völlig austrocknen. Kübel- und Balkonpflanzen im Sommer alle ein bis zwei Tage durchdringend gießen, Pflanzen im Haus einmal pro Woche.

Die Pflanze hat einen geringen Wasserbedarf und braucht nur wenig gegossen zu werden.

Nährstoffbedarf:

Die Pflanze hat einen hohen Nährstoffbedarf. Sie muß während der Wachstumszeit reichlich, bei niedriger Dosierung in der Regel wöchentlich, gedüngt werden.

Die Pflanze hat einen mittleren Nährstoffbedarf und erhält in der Regel alle 14 Tage Nährstoffe, die je nach Pflanzenart auch niedriger dosiert werden können.

Die Pflanze hat einen geringen Nährstoffbedarf und wird in großen Zeitabständen bzw. sehr niedrig dosiert gedüngt (die Hälfte bis ein Drittel der vom Hersteller angegebenen Düngermenge pro Liter Wasser verwenden).

Luftfeuchtigkeit:

Die Pflanze wünscht sich eine hohe Luftfeuchte und sollte entweder an einem luftfeuchten Platz stehen oder öfter mit zimmerwarmem, kalkarmem Wasser eingesprüht werden.

Die Pflanze ist giftig und/oder enthält hautreizende Stoffe.

Die wichtigsten Punkte sind fettgedruckt und daher schnell zu erfassen.

Die Schönsten Pflanzen von A–Z

Familie: Hier finden Sie die botanische Zugehörigkeit einer Pflanze. Genannt wird zuerst der deutsche, dann der botanische Familienname, z. B. Aronstabgewächse, *Araceae*.

Heimat: Hier steht, wo die Pflanze ursprünglich herkommt oder stark verbreitet ist. Bei Züchtungen, deren elterlicher Ursprung zu vielfältig oder nicht mehr nachvollziehbar ist, z. B. bei der *Fatshedera*, steht statt dessen »Herkunft«: In Frankreich gezüchtet.

Blütezeit: Hier finden Sie Monat oder Jahreszeit, zu der die beschriebene Pflanze im allgemeinen in voller Blüte steht. Schließlich kaufen wir einen großen Teil der Zimmer-, Balkon- oder Kübelpflanzen hauptsächlich wegen ihres Blütenschmucks und möchten wissen, wann wir ihn im Haus, Wintergarten, auf Balkon oder Terrasse einsetzen und genießen können. Wo weder Monat noch Jahreszeit angegeben sind, steht entweder »Keine Blütenpflanze« wie bei Farnen oder »Blüht in Kultur selten« wie bei vielen tropischen oder subtropischen Pflanzen, die in Kultur aus dem Jungpflanzenstadium kaum herauskommen.

Die Pflegeanleitung beginnt mit der Pflanzenbeschreibung. Sie enthält Hinweise auf Größe, Wuchs, Blatt- und Blütenformen und -farben, typische Eigenschaften, interessante Besonderheiten. Sind mehrere Arten und Sorten erwähnenswert, werden sie gesondert näher beschrieben. Ob eine Pflanze giftig oder gesundheitsgefährdend ist, steht ebenfalls in diesem Abschnitt. Danach folgen die wichtigsten Stichwörter:

Standort: Er ist ein wichtiger Punkt bei der Pflege und informiert über die Ansprüche einer Pflanze an Licht, Luft und Temperatur übers Jahr.

Pflege: Hier erfahren Sie alles Nötige über Gießen, Luftfeuchte verbessern, Düngen, Sprühen, Umtopfen, Rückschnitt und wenn erforderlich, besondere Pflegemaßnahmen.

Schädlinge, Krankheiten: Unter diesem Stichwort wird aufgeführt, welche Schadinsekten, Pilze, Bakterien, Viren oder physiologische Schäden erfahrungsgemäß auftreten können.

Vermehrung: Nennt geeignete Methoden und gibt, wenn nötig, Hinweise, ob eine Pflanze Licht- oder Dunkelkeimer ist, ob und wieviel Bodenwärme erforderlich ist, wie lange sie zum Keimen braucht.

Verwendung: Hier werden die verschiedenen Einsatzmöglichkeiten aufgeführt.

TIP: Hier werden persönliche Erfahrungen der Autorin herausgestellt.

DER BESONDERE HINWEIS (ab Seite 348) beschreibt botanische Besonderheiten oder andere wissenswerte Details zu einer der vorgestellten Pflanzen.

Wie findet man seine Pflanze?

Im Idealfall haben Sie eine Pflanze gekauft, in der ein mit dem botanischen Namen versehenes Schild eingesteckt ist. In diesem Fall gehen Sie einfach das Kapitel »Die schönsten Pflanzen von A – Z« durch und finden ganz schnell die gewünschte Pflanze.

Kennen Sie den deutschen, nicht aber den botanischen Namen Ihrer Pflanze, schauen Sie im Register unter dem deutschen, **fettgedruckten** Namen nach und finden dort die entsprechende Seitenangabe.

Ist Ihnen der Name der Pflanze unbekannt, vergleichen Sie alle abgebildeten Fotos mit Ihrer namenlosen Pflanze.

Pflanzennamen verstehen

Der botanische Pflanzenname ist die Visitenkarte der Pflanze. Er wird immer schräg gedruckt und setzt sich in der Regel aus zwei Teilen zusammen:

dem Gattungsnamen, z. B. *Dieffenbachia* und

dem Artnamen, z. B. *bowmannii*.

Pflanzen, die züchterisch bearbeitet wurden, können noch einen weiteren (gerade gedruckten und in Anführungszeichen stehenden) Namen, den Sortennamen, tragen, z. B. *Dieffenbachia bowmannii* 'Camilla'.

Manche Pflanzen haben im Namen auch Zusätze wie:

var. (Varietät): Hier handelt es sich um Pflanzen, die wie eine Sorte im Aussehen von der Art abweichen, aber nicht durch Gärtnerhand entstanden sind.

ssp. (subspecies): Damit ist eine ebenfalls in der Natur entstandene Unterart gemeint.

x: Dieses Multiplikationszeichen bezeichnet gärtnerische Hybriden oder Bastarde. Beispiel: *Caryopteris* x *clandonensis* (Bartblume).

Spielen bei einer Gattung oder Art nur noch die gärtnerischen Züchtungen eine Rolle, heißt es gleich *Cymbidium*-Hybriden bzw. *Coleus*-Blumei-Hybriden.

Übrigens: Wenn Ihre eigenen Erfahrungen von dem abweichen, was die Autorin empfiehlt und Sie damit erfolgreich sind, bleiben Sie dabei. Nicht vergessen werden sollte auch, daß die Zuwendung, die wir einer Pflanze entgegenbringen, ein nicht zu unterschätzender Pflegefaktor ist.

Abutilon – Acalypha

Die üppig wachsende, gelbblühende *Abutilon*-Hybride erreicht im Kübel bei guter Pflege 2 m Höhe.

Abutilon megapotamicum wächst insgesamt zierlicher und eignet sich wegen seiner dünnen, leicht überhängenden Triebe wunderbar als Ampelpflanze.

Gelbblühende Abutilon-Hybride

ABUTILON

Schönmalve, Zimmerahorn

Familie: Malvengewächse, *Malvaceae.*
Heimat: Tropen und Subtropen.
Blütezeit: Mai bis Oktober.

Die bekannten, im Handel erhältlichen *Abutilon*-Hybriden sind aus Kreuzungen verschiedener Arten hervorgegangen. Es gibt auch Sorten mit panaschierten Blättern, die durch eine Virusinfektion entstanden sind. Kennzeichen der bis zu 3 m hohen und breiten Hybriden sind die reizenden Glockenblüten in Weiß, Gelb, Rot oder Rosa. Hübsche Sorten sind u. a. 'Ashford Red' (lachsrot), 'Boule de Neige' (weiß), 'Canary Bird' (gelb).

A. megapotamicum blüht von Frühjahr bis Spätsommer und eignet sich wegen seiner dünnen, überhängenden Triebe besonders als Ampelpflanze. Beliebt ist die Sorte 'Variegatum' mit hellgefleckten Blättern. Die Blüten sind nicht so groß wie bei den Hybriden, zeigen dafür aber ein auffälliges Farbenspiel zwischen zitronengelben Blüten- und tiefroten Kelchblättern sowie violetten Staubfäden.

Von *A. pictum* aus Guatemala, das von August bis November blüht, wird meist die Sorte 'Thompsonii' mit gelbgefleckten Blättern und lachsfarbenen Blüten angeboten.

Sehr attraktiv sind auf *A. pictum* veredelte Hochstämmchen von *A. megapotamicum.*

Standort: Hell bis halbschattig. Im Sommer warm, auch – vor Wind und Regen geschützt – im Freien; den Winter über bei 10–12° C. Zugluft vermeiden.

Pflege: Im Sommer vor praller Sonne schützen, reichlich gießen, jedoch Staunässe vermeiden, alle 14 Tage düngen. Im Winter Gießen einschränken. Da die Sträucher sparrig wachsen, empfiehlt sich im Spätwinter ein kräftiger Rückschnitt auf die Hälfte der Triebe.

Vermehrung: Im Frühjahr durch Kopfstecklinge bei 20–22° C Bodenwärme. Von Hybriden gibt es auch Samen. Im Januar ausgesät, blühen die Pflanzen noch im selben Jahr.

Schädlinge, Krankheiten: Blattläuse, Spinnmilben, Schildläuse. Bei Zugluft und Standortwechsel Blatt- und Blütenfall, bei zu kühlem Winterquartier Blattfall.

Verwendung: Sehr attraktive Kübelpflanze für einen hellen Standort. Blüht im Wintergarten fast ganzjährig und kann im Sommer ins Freie gestellt werden.

Abutilon megapotamicum

Acacia armata

ACACIA

Mimose, Zimmerakazie

Familie: Hülsenfrüchtler, *Leguminosae.*
Heimat: Tropen und Subtropen, vor allem Australien.
Blütezeit: Winter und Frühjahr.

Strauch- bis baumförmige Pflanzen mit meist gelben Blüten. Als niedrig bleibende Art ist z. B. *A. armata,* der Känguruhdorn, zu empfehlen. *A. baileyana* hat kleine dunkelgelbe Blüten, *A. saligna* (meist als Mimose angeboten) ist ein reichblühender kleiner Baum.

Standort: Hell bis vollsonnig. Im Sommer warm, im Winter bei 4–6° C.

Pflege: Im Sommer sehr reichlich gießen und bis Anfang August alle 14 Tage mit kalkarmem Dünger versorgen, im Winter das Gießen stark einschränken. Stets enthärtetes Wasser verwenden.

Vermehrung: Durch Stecklinge im Sommer unter einer Plastikhaube, jedoch ohne zusätzliche Bodenwärme. Weiterkultur in torfhaltigem, kalkarmem Substrat (Rhododendronerde).

Schädlinge, Krankheiten: Selten.

Verwendung: Kübelpflanze. Da der mehrere Wochen anhaltende Flor der meisten Akazien in die Wintermonate bzw. ins zeitige Frühjahr fällt, sind sie besonders für Wintergärten und Glashäuser geeignet.

ACALYPHA

Katzenschwanz

Familie: Wolfsmilchgewächse, *Euphorbiaceae.*
Heimat: Tropen und Subtropen.
Blütezeit: Februar bis Oktober.

A. hispida ist eine sehr attraktive Blütenpflanze mit flaschenbürstenähnlichen, leicht herabhängenden, roten Blütenständen, die nicht selten bis zu 50 cm lang werden. Die Sorte 'Alba' blüht weiß.

A. hispaniolae wird nur 10 bis 15 cm hoch, ist zierlicher und wächst mehr in die Breite. Sie besitzt eher herzförmige Blätter und macht sich besonders hübsch als Ampelpflanze. Blütezeit Frühjahr bis Herbst.

Acalypha-Wilkesiana-Hybriden sind auffallende Blattschmuckpflanzen mit variabler Laubfärbung und -form. Schöne Sorten: 'Marginata' (Blätter olivgrün, rosa gerandet), 'Musaica' (bronzerotes, gemustertes Laub), 'Goldsefiana' (hellgrün, Blattrand weiß gezähnt).

Acalypha-Wilkesiana-Hybriden

Acalypha hispaniolae

Alle *Acalypha*-Arten sind in allen Teilen giftig!

Standort: Hell, aber nicht vollsonnig. Ganzjährig warm, auch im Winter nie unter 16° C.

Pflege: Für eine gute Ausfärbung der »Katzenschwänze« werden viel Licht ohne direkte Sonneneinstrahlung und hohe Luftfeuchtigkeit (öfter mit weichem, lauwarmem Wasser besprühen) benötigt. Den Wurzelballen mäßig feucht halten. Von Februar bis Ende August alle 14 Tage düngen.

Vermehrung: Durch Kopfstecklinge im Frühjahr bei 25° C Bodenwärme und sehr hoher Luftfeuchtigkeit, am besten im Vermehrungsbeet.

Schädlinge: Weiße Fliege, Läuse und Spinnmilben bei zu trockenem Stand.

Verwendung: Schöne Blütenpflanzen für hellen, warmen und nicht zu trockenen Standort.

TIP

Da Akazien gerne von unten her verkahlen, empfiehlt sich eine Unterpflanzung mit niedrigen Gewächsen, z. B. mit Zimmer-Efeu. Um das dichte Wurzelgeflecht nicht zu zerstören, pflanzt man Akazien und Unterwuchs am besten gleichzeitig.

Die fliederfarbenen Blüten von *Acanthocalycium violaceum* werden bis zu 8 cm groß.

Bei *Acanthorhipsalis monacantha* sind die Blüten orange und die Früchte violett gefärbt.

Leuchtendrote Staubgefäße sind das Markenzeichen der Brasilianischen Guave, *Acca sellowiana.*

Acanthocalycium violaceum

ACANTHOCALYCIUM VIOLACEUM
Acanthocalycium

Familie: Kakteen, *Cactaceae.*
Heimat: Argentinien.
Blütezeit: Mai/Juni.

Dieser kugel- bis säulenförmige, dichtbedornte Kaktus wird etwa 20 cm hoch. Er trägt kräftige gelbe Dornen und öffnet am Scheitel fliederfarbene, bis zu 8 cm große Blüten.
Standort: Im Sommer hell und sonnig, vor Wind und Regen geschützt auch im Freien. Winterstandort kühl bei 5–10° C, hell und fast trocken.
Pflege: Auch während der sommerlichen Vegetationszeit nicht zu naß halten und nur vorsichtig gießen. Am besten vor jeder Wassergabe die Pflanzenerde austrocknen lassen. Sobald sich Blütenknospen bilden, alle 14 Tage leicht mit Kakteen- oder Hydrokulturdünger versorgen.
Vermehrung: Durch Aussaat bei Bodentemperaturen über 20° C. In höherem Alter bildet die Pflanze auch Ableger.
Schädlinge: Wurzelläuse.
Verwendung: Sehr schöner Kaktus für einen hellen Standort auf dem Fensterbrett oder im Kakteenhaus.

Acanthorhipsalis monacantha

ACANTHORHIPSALIS MONACANTHA
Acanthorhipsalis

Familie: Kakteen, *Cactaceae.*
Heimat: Argentinien, Bolivien.
Blütezeit: Winter.

Epiphytisch wachsender Kaktus mit flachen bis kantigen, herabhängenden Gliedern und 1,5 cm langen, hellorangefarbenen Blüten.
Standort: Sehr hell, aber keine volle Sonne. Ganzjährig bei 18–20° C, im Sommer auch im Freien vor Sonne und Regen geschützt.
Pflege: Die Pflanze benötigt ein humoses, saures, torfhaltiges Substrat mit Perlite-Anteil und darf nur mit kalkarmem Wasser gegossen werden. Pflanzsubstrat nie ganz austrocknen lassen. Öfter einmal mit lauwarmem, weichem Wasser übersprühen. Von Frühjahr bis Herbst alle vier Wochen mit Kakteendünger versorgen, im September/Oktober Gießen reduzieren.
Vermehrung: Durch Abtrennen einiger Glieder, die man antrocknen läßt und dann in ein Torf-Sand-Gemisch steckt.
Schädlinge: Wolläuse.
Verwendung: Diese Art ist sehr gut als Ampelpflanze geeignet.

Acca sellowiana

ACCA SELLOWIANA
Brasilianische Guave

Familie: Myrtengewächse, *Myrtaceae.*
Heimat: Südamerika.
Blütezeit: Mai bis Winter, je nach Kultur.

A. sellowiana, früher *Feijoa,* mit dunkelgrünen, unterseits weißfilzigen Blättern, ist eine buschig wachsende Pflanze, die in ihrer Heimat als Obstgehölz angebaut wird. Die attraktiven weißen Blüten fallen durch ihre leuchtendroten Staubgefäße besonders auf, die Früchte ähneln denen der Kiwi und brauchen fünf bis sieben Monate zur Reife. Sorten: 'Triumph', 'Mammouth'. 'Crolidge' ist eine selbstfruchtende Sorte.
Standort: Ganzjährig sonnig, im Sommer warm, auch geschützt im Freien, im Winter kühl, bei 8–10° C.
Pflege: Sehr reichlich gießen und alle 14 Tage düngen. Im Winter weniger gießen.
Vermehrung: Durch Kopfstecklinge bei 25° C Bodenwärme.
Schädlinge: Gelegentlich Schildläuse.
Verwendung: Kübelpflanze für hellen Standort im Wintergarten.

TIP

Durch regelmäßigen Schnitt kann man bei *Acca sellowiana* dem Verkahlen entgegenwirken. Die Sorten 'Triumph' und 'Mammouth' bestäuben sich schlecht. Mit einem Pinsel nachhelfen oder selbstfruchtende Sorte wählen.

Achimenes longiflora

ACHIMENES
Schiefteller

Familie: Gesneriengewächse, *Gesneriaceae.*
Heimat: Mittel- und Südamerika.
Blütezeit: Juli bis September.

Im Handel sind heute fast nur reichblühende Hybriden erhältlich. Das Farbspektrum reicht von Weiß über Rosa bis Rotviolett. Es gibt sowohl unifarbene Sorten als auch solche mit Auge. Schöne Sorten sind 'Ambroise Verschaffelt' (weiß mit violetter Aderung), 'Camille Brozoni' (lila mit weißem Auge), 'Little Beauty' (karminrosafarbene, kleine Blüten).
A. erecta erreicht nur 45 cm Höhe und hat grüne Blätter mit roten Nerven, die Blüten sind scharlachrot.
Die Art *A. grandiflora* wird 60 cm hoch, die Triebe sind rötlich, die Blüten purpurrot; die Sorte 'Liebmanii' ist etwas kleiner.
A. longiflora wird etwa 30 cm hoch, trägt oberseits grüne, unterseits grüne oder rötliche Blätter und große blauviolette Blüten.
Standort: Hell und warm, direkte Sonne unbedingt meiden.
Pflege: Solange die Pflanze wächst und blüht, hält man sie gleichmäßig feucht. Nicht mit kaltem Wasser gießen! Nach dem Abblühen macht die Pflanze eine Ruhepause durch, in der die Triebe absterben. Die schuppigen Rhizome werden dann trocken in Torfmull bei etwa 10° C überwintert. Ab Januar kann man sie in frischer Erde wieder antreiben. Der Boden sollte feucht und warm sein. Möglichst kalkarm bis Ende Juli alle 14 Tage düngen, erstmals sechs Wochen nach dem Austrieb.
Vermehrung: Durch Stecklinge bei einer Bodenwärme über 20° C oder Teilung der Rhizome im Frühjahr.
Schädlinge: Blattläuse, Thripse und Weichhautmilben.
Verwendung: Blütenpflanzen für hellen, warmen Standort am Fenster, überhängend wachsende Sorten als Ampelpflanzen.

Acorus gramineus

ACORUS GRAMINEUS
Zwergkalmus

Familie: Aronstabgewächse, *Araceae.*
Heimat: China, Indien, Japan.
Blütezeit: Blüht in Kultur kaum.

Grasartige Sumpfpflanze mit kriechendem Wurzelstock und steif aufragenden grasartigen Blättern. 'Argentostriatus' mit weißgestreiftem und 'Aureovariegatus' mit gelbgestreiftem Laub, 'Pusillus' wird nur 10 cm hoch.
Standort: Hell, kühl und möglichst luftig, grünblättrige Exemplare brauchen weniger Licht. Im Winter noch kühler (bis 0° C), im Sommer ins Freie stellen.
Pflege: Reichlich gießen, der Wurzelballen darf niemals austrocknen, Wasser im Untersetzer schadet nicht. Günstig ist ein sand- und torfhaltiges Substrat. Im Sommer alle 14 Tage düngen, im Winter alle sechs bis acht Wochen.
Vermehrung: Durch Teilung des Wurzelstocks im Frühjahr.
Schädlinge, Krankheiten: Bei warmem, zu lufttrockenem Stand gelegentlich Spinnmilben und Thripse sowie Wachstumsstörungen.
Verwendung: Grünpflanze für helle, kühle Räume.

Achimenes longiflora ist ein Elternteil der Hybriden, die im vorigen Jahrhundert entstanden. Heute gibt es außer Sorten mit unifarbenen Blüten auch solche in Weiß, Rosa und Rotviolett mit kontrastierendem Auge oder hübscher Aderung.

Im Sommer paßt *Acorus gramineus* auch gut an den Rand des Gartenteichs.

Adenium obesum ist mit dem Oleander verwandt, auf dem es auch veredelt wird.

An seinen Heimatstandorten fällt *Adenium obesum* durch bizarre Wuchsformen auf (Bild unten).

Schon den zarten Blättchen des Frauenhaarfarns sieht man die Empfindlichkeit dieser hübschen Pflanze an.

Adenium obesum

ADENIUM OBESUM
Wüstenrose

Familie: Hundsgiftgewächse, *Apocynaceae.*
Heimat: Arabien, Afrika.
Blütezeit: April bis Juli/September bis Oktober.

Teilsukkulente Pflanze mit dickem Stamm, ledrigen Blättern und herrlichen Blüten. Die Pflanze wird heute meist auf Oleander veredelt, um das Wachstum zu beschleunigen und die Blüte zu sichern. Die weißen, rot gerandeten Blüten erscheinen häufig zweimal im Jahr. Die Pflanze ist in allen Teilen hochgiftig.
Standort: Vollsonnig und warm, im Sommer auch im Freien, im Winter kühler, jedoch keinesfalls unter 10° C.
Pflege: Von März bis Oktober alle drei Wochen mit Kakteendünger mäßig düngen. Im Sommer reichlich gießen, die Erde dazwischen immer wieder abtrocknen lassen. Den Winter über Wassergaben je nach Standort stark einschränken. Pflanze am Fenster ab und zu drehen, damit sie nicht einseitig wächst. Bei Bedarf zwischen der ersten und zweiten Blütezeit in normale Blumenerde umtopfen. Seitentriebe der Veredelungsunterlage (Oleander) entfernen.
Vermehrung: Durch Stecklinge im Frühjahr oder Aussaat.
Schädlinge: Hin und wieder Woll-, Schmier- oder Schildläuse.
Verwendung: Blütenpflanze für sonnige, warme Standorte.

Adenium obesum am Heimatstandort

ADIANTUM
Frauenhaarfarn

Familie: Frauenhaarfarngewächse, *Adiantaceae.*
Heimat: Tropen und Subtropen, Regenwald von Mittel- und Südamerika.
Blütezeit: Keine Blüte.

Farnpflanze mit drahtigen, schwarzen Stielen und feinen, zarten Blättchen. Bekannte Arten sind:
A. raddianum und ihre Sorten 'Goldelse', 'Brillant', 'Fragrantissimum' und 'Gracillimum' (besitzt die kleinsten

Adiantum tenerum

Fiederchen), *A. tenerum* mit den Sorten 'Fritz Lüthi', 'Scutum' und 'Scutum Roseum' (mit rötlichen Jugendblättern).
Standort: Halbschattig bis schattig bei 20–25° C und hoher Luftfeuchtigkeit.
Pflege: Pflanze mit kalkarmem, zimmerwarmem Wasser gleichmäßig feucht halten, indirekt besprühen und wenn möglich auf ein feuchtes Kiesbett stellen. Alle zwei Wochen niedrig dosiert düngen. (Ich verwende dazu Hydrodünger, der sich gut bewährt hat.) Zum Umtopfen eignet sich Einheitserde mit hohem Torfanteil.
Vermehrung: Durch Sporenaussaat bei Bodenwärme von 24–26° C oder Teilung.
Schädlinge: Bei Kulturfehlern Blatt-, Schild- und Wolläuse.
Verwendung: Grünpflanze (Farnpflanze) für schattigen, warmen, feuchten Standort, am besten im geschlossenen Blumenfenster oder einer Vitrine.

Aechmea fasciata

AECHMEA
Lanzenrosette

○ ⚲ ⚲

Familie: Ananasgewächse, *Bromeliaceae.*
Heimat: Tropen und Subtropen Mittel- und Südamerikas.
Blütezeit: Mai bis Oktober.

Epiphytisch lebende, sehr widerstandsfähige Pflanzen mit harten, am Rand bestachelten Blättern, die einen wasserdichten Trichter bilden. Die wohl bekannteste und für Zimmerkultur geeignetste Art ist *A. fasciata* mit mehreren Sorten, darunter 'Silverking' und 'Super Auslese'. Ihre Blätter sind etwa 50–55 cm lang, weiß gebändert und marmoriert, der Blütenstand ist rosafarben. *A. chantinii* trägt breite, weiße Querstreifen auf grünem Laub, bei *A. fulgens* fallen die scharlachroten Blütenstände ins Auge; bei der Sorte 'Discolor' sind die Blätter oberseits olivgrün, unterseits violettrot. Die Rosette von *A. marmorata* (jetzt *Quesnelia marmorata*) besteht aus olivgrünen Blättern mit brauner Marmorierung, die Unterseite ist bläulich überhaucht. Die Pflanzen sterben nach der Blüte ab, sichern aber durch reichliche Kindelbildung den Fortbestand der Art.

Standort: Hell, jedoch keine volle Sonne, und über 18° C warm.
Pflege: Von Frühjahr bis Herbst gleichmäßig feucht halten. Zum Gießen kalkarmes Wasser verwenden, das auch in der Rosette stehen darf, sofern es keinen Dünger enthält. Von November bis März Wassergaben reduzieren. Alle 14 Tage düngen. Alle zwei Jahre in Einheitserde oder TKS 2 umtopfen. Abgeblühte Rosetten entfernen.
Vermehrung: Durch nicht zu kleine Kindel, die man abtrennt und neu einpflanzt.
Schädlinge, Krankheiten: Schildläuse, Wurzelläuse. Braune Blätter durch zu kalten Stand.
Verwendung: Blütenpflanzen für hellen, warmen Standort im Zimmer und am Blumenfenster.

AEONIUM
Ewigblatt, Rosetten-Dickblatt

☼ ⚲ ⚲

Familie: Dickblattgewächse, *Crassulaceae.*
Heimat: Kanarische Inseln.
Blütezeit: Frühjahr, Sommer; blüht als Zimmerpflanze selten.

Bei den meisten Arten dieser Gattung kräftiger sukkulenter Pflanzen sitzen die Blattrosetten auf kleinen Stämmchen. Die grüngelben oder auch roten Blüten wachsen aus der Rosettenmitte heraus. Eine der attraktivsten Arten ist *A. arboreum,* bei der an bis 1 m hohen, kahlen und oben reichverzweigten Stämmchen dunkelgrüne Blattrosetten sitzen, die sich im Sommer bei der Sorte 'Atropupureum' dunkelrotbraun färben. *A. tabuliforme* schlägt mit seinen riesigen, bis zu 50 cm großen, dem Boden dicht aufliegenden Blattrosetten aus der Art.

Aeonium arboreum 'Atropurpureum' färbt sich im Sommer dunkelrot

Standort: Sonnig und warm, im Sommer auch geschützt im Freien, im Winter kühler, jedoch nicht unter 10° C.
Pflege: Alle 14 Tage mit Kakteennährstoff düngen und mäßig gießen. Im Winter gibt man kaum noch Wasser. Bei Bedarf im Frühjahr in Kakteenerde umtopfen.
Vermehrung: Durch Blattrosetten oder Einzelblätter, die man bei 20–25° C Bodenwärme in sandigem Substrat bewurzeln läßt. Schnittflächen vorher antrocknen lassen. *A. tabuliforme* kann man nur durch Samen vermehren.
Schädlinge, Krankheiten: Vor allem im Winter Wolläuse und Spinnmilben. Bei zu dunklem Standort vergrünen die Blattrosetten.
Verwendung: Sukkulente Grünpflanzen für hellen, warmen Standort im Zimmer oder Kübelpflanze für Sukkulentensammlungen.

TIP

Wenn die *Aechmea* gut wächst, aber nicht blüht, überliste ich sie – wie andere Bromelien auch – mit dem Apfeltrick: Die Pflanze zusammen mit zwei bis drei Äpfeln mindestens 14 Tage in einen Folienbeutel geben. Das Ethylengas der Äpfel fördert die Blütenbildung.

Aeschynanthus radicans

Durch Züchtung wurde der »urwaldsüchtige« *Aeschynanthus* zimmertauglicher.

Agapanthus gehört zu unseren schönsten Kübelpflanzen.

AESCHYNANTHUS
Schamblume

Familie: Gesneriengewächse, *Gesneriaceae*.
Heimat: Südostasien.
Blütezeit: Juni bis September.

Fleischige, ledrige Blätter und rote bis orangefarbene Blüten, meist in Büscheln am Triebende stehend, kennzeichnen diese blühenden Ampelpflanzen. Die für Zimmerkultur dankbarste Art dürfte *A. parasiticus* sein. Alle anderen brauchen höhere Temperaturen, um Blüten anzusetzen. Sie sind daher besser im Warmhaus aufgehoben, wie z. B. *A. radicans* mit roten und *A. speciosus* mit auffallend gelborangefarbenen Blüten.

Standort: Hell, jedoch keine pralle Sonne, Temperaturen 20–25° C. Im Winter kann eine Ruhezeit bei 15–18° C eingelegt werden, was der nächsten Blüte zugute kommt.

Pflege: Nur mäßig mit kalkarmem, temperiertem Wasser gießen, im Winter noch weniger. Von März bis Ende August alle 14 Tage niedrig dosiert düngen. Bei Zimmerkultur Pflanze auf ein feuchtes Kiesbett stellen und häufig übersprühen, nicht jedoch während der Blüte.

Vermehrung: Im Frühsommer durch Kopfstecklinge bei 20–25° C Bodenwärme oder einfach Triebe auf feuchtwarme Erde legen, wo sich an den Blattknoten Wurzeln bilden.

Schädlinge, Krankheiten: Blattläuse und Thripse bei trockener Luft. Schwankungen der Bodenfeuchte und Temperatur haben fast immer Blütenfall zur Folge.

Verwendung: Ampelpflanze für das Blumenfenster und feuchtwarme Gewächshaus.

Aeschynanthus speciosus

Prachtvoller Agapanthus

AGAPANTHUS
Liebesblume, Schmucklilie

Familie: Liliengewächse, *Liliaceae*.
Heimat: Südafrika.
Blütezeit: Juli bis August.

Krautige Staude mit fleischigen Wurzeln und je nach Art bis zu 1 m langen, riemenförmigen immergrünen Blättern und blauen oder weißen Blütendolden auf langen Stielen. In milden Gegenden sind die kompakt wachsenden Headbourne-Hybriden mit zwar kleineren, dafür aber zahlreicheren Blütendolden winterhart.

Standort: Den Sommer über vollsonnig und geschützt im Freien. Winterquartier kühl bei 8–10° C und hell.

Pflege: Im Sommer reichlich, aber ohne Vernässung gießen. Am kühlen Winterplatz fast trocken halten. Ab Frühjahr bis zur Blüte wöchentlich düngen, danach genügt einmal im Monat. Da der *Agapanthus* um so reicher blüht, je durchwurzelter das Pflanzgefäß ist, sollte nur selten umgetopft werden.

Vermehrung: Durch Teilung.

Schädlinge, Krankheiten: Bei Staunässe können Fäulnispilze auftreten.

Verwendung: Prachtvolle Solitär-Kübelpflanze für hellen Standort.

Agave americana 'Marginata'

Ageratum houstonianum

Auch im Kübel zählt *Agave americana* zu den Schwergewichten, die eines Tages kaum mehr ins Winterquartier zu bringen sind.

Tiefrosafarbene *Ageratum*-Sorte, die gut zu blauen Balkonblumen paßt.

AGAVE
Agave

Familie: Agavengewächse, *Agavaceae.*
Heimat: Mexiko, Indien, Tropen und Subtropen Mittel- und Südamerikas, im Mittelmeerraum eingebürgert.
Blütezeit: Sommer; bei uns ist eine Blüte jedoch selten.

Blattrosettenbildende Sukkulente mit hohem Blütenstengel, der an seinem Ende blaßgelbe bis violettgrüne Blütenglöckchen trägt. Von den etwa 300 Arten hat bei uns vor allem *A. americana,* die auch als Kübelpflanze gewaltige Ausmaße erreicht, viele Freunde gefunden. Die langen, schwertförmigen Blätter laufen in einen spitzen Stachel aus. Beliebt ist vor allem die gelbgerandete Sorte 'Marginata', seltener sind die ebenfalls buntblättrigen Sorten 'Aureovariegata' und 'Argenteovariegata'. In den Ländern rund um das Mittelmeer, in denen die Pflanze eingebürgert worden ist, erreicht der Blütenstand eine Höhe von 5–8 m. Bei uns kann man kaum mit Blüten rechnen.
Zu den zierlicheren Agavenarten zählen u. a. *A. filifera* mit dunkelgrünen Blättern, die am Rande weiße Fäden tragen, und *A. victoriae-reginae,* die kompakte halbkugelige Blattrosetten bildet.
Standort: Ganzjährig vollsonnig, im Sommer ins Freie stellen. Überwinterung luftig und kühl, aber frostfrei.
Pflege: Im Sommer nur mäßig feucht, im kühlen Winterquartier fast trocken halten. Von Frühjahr bis Herbst nur alle paar Wochen mit Kakteendünger versorgen. Generell gilt: Zuwenig Nahrung und Wasser ist besser als zuviel. Das Pflanzsubstrat sollte durchlässig und lehmig-humos sein.
Vermehrung: Am einfachsten durch Kindel, Samenvermehrung ist langwierig.
Schädlinge, Krankheiten: Selten. Bei zu feuchter Überwinterung kann es zu Wurzelschäden kommen.
Verwendung: *A. americana* ist eine eindrucksvolle Solitärpflanze für sonnige Balkos und Terrassen, die kleineren Arten eignen sich als Blattpflanzen und für Sukkulentenschalen am Fenster oder für das Kakteenhaus.

AGERATUM HOUSTONIANUM
Leberbalsam

Familie: Korbblütler, *Compositae.*
Heimat: Mexiko, Guatemala, Belize.
Blütezeit: Mai bis Oktober.

Kleine, 15–60 cm hohe Einjahresblume mit dichtem Wuchs. Blaue, rosa bis violette Blüten in reichblütigen Doldenköpfchen. Bekannte Sorten sind 'Blaue Donau' (mittelblau), 'Pacific' (purpurviolett) und 'Blue Blazer' (hellblau).
Ageratum enthält Cumarin, das bei manchen Menschen Schleimhautreizungen und Heuschnupfen hervorruft.
Standort: Sonnig bis halbschattig.
Pflege: Jungpflanzen mit einem Abstand von 20 cm in normale Blumenerde pflanzen. Reichlich gießen, alle 14 Tage düngen. Verblühtes regelmäßig entfernen.
Vermehrung: Durch Aussaat im Februar/März bei 18–20° C Bodenwärme.
Schädlinge: Spinnmilben.
Verwendung: Blühende Einjahresblume für den Garten, für Balkonkästen und Schalen, als Terrassen-Randbepflanzung. Leberbalsam paßt gut zu niedrigen Tagetes.

TIP

Große Exemplare der Agave sollten vor dem Einwintern »entschärft werden«, indem man Korken auf die stacheligen Blattspitzen steckt.

Aglaonema commutatum, hier die Sorte 'Albovariegatum', ist zwar eine der beliebtesten Blattschmuckpflanzen, in der Pflege aber nicht ganz einfach.

Die hübschen Früchte des Kolbenfadens, hier *Aglaonema crispum* syn. *A. roebelinii*, sind giftig (Bild unten).

Im kühlen, sehr hellen Wintergarten blüht *Albizia lophantha* zwischen Herbst und Frühjahr.

Aglaonema commutatum

AGLAONEMA
Kolbenfaden

Familie: Aronstabgewächse, *Araceae*.
Heimat: Südostasien.
Blütezeit: Blüht in Kultur selten.

Die strauchigen, etwa 50 cm hohen Pflanzen fallen vor allem durch ihre hübsch gezeichneten oder gefleckten Blätter auf. Aus den von einem Hochblatt umschlossenen typischen Aronstabblüten können sich nach erfolgter Bestäubung kleine rote Früchte entwickeln. Die Früchte sind giftig! Unterschiedlich gefärbte, weißbunte oder silbrig schimmernde Blätter finden sich bei den Sorten von *A. commutatum* var. *robustum*: 'Treubii', 'Pseudobracteatum', 'Fransher', 'Tricolor', 'Silverking'.
A. pictum ist kleiner und zierlicher, *A. crispum* wird bis 1 m hoch.
Standort: Buntblättrige Sorten sehr hell, aber nicht sonnig, andere halbschattig. Ganzjährig Zimmertemperatur oder wärmer, auch im Winter nicht unter 18° C.
Pflege: Mit temperiertem, kalkarmem Wasser mäßig feucht halten und alle 14 Tage niedrig dosiert düngen. Im Winter beides einschränken. *Aglaonema* verträgt keine trockene Zimmerluft, am besten Pflanze auf ein feuchtes Kiesbett stellen. Als Substrat genügen Fertigerden (Styroporflocken untermischen).
Vermehrung: Durch Teilung oder Kopfstecklinge im heizbaren Vermehrungsbeet (schwierig!).
Schädlinge, Krankheiten: Spinnmilben, Schild-, Woll- und Blattläuse bei zu trockener Luft im Winter. Braune Blattränder durch zu kaltes, hartes Wasser oder zu kühlen Stand, Blattflecken durch Besprühen.
Verwendung: Hübsche Blattpflanze, die sich am besten im hellen, feuchtwarmen und geschlossenen Blumenfenster entwickelt. Darüber hinaus ist sie eine ausgezeichnete Hydrokultur-Pflanze.

Rote Beerenfrüchte des Kolbenfadens

Albizia lophantha

ALBIZIA
Seidenbaum, Seidenakazie

Familie: Hülsenfrüchtler, *Leguminosae*.
Heimat: Tropen und Subtropen Afrikas, Asiens, Australiens.
Blütezeit: *A. julibrissin* Juni bis August, *A. lophantha* im Winter.

A. julibrissin ist ein langsam wachsender, im Kübel 2–3 m hoher Baum mit gefiederten Blättern. Ältere Exemplare bringen kugelförmige, rosa Blüten hervor.
A. lophantha wird 2–4 m hoch und blüht cremeweiß bis gelb.
Standort: Im Sommer vollsonnig, warm, auch im Freien. Im Winter kühl und hell bei 3–8° C.
Pflege: Im Sommer reichlich gießen und bis Ende Juli alle 14 Tage düngen. Rückschnitt bei sparrigem oder zu großem Wuchs. Im Winterquartier alte Blätter entfernen.
Vermehrung: Durch Samen.
Schädlinge: Schildläuse.
Verwendung: Kleinere Exemplare hell und nicht zu warm im Zimmer, größere als Kübelpflanze oder ausgepflanzt im Wintergarten. Bonsaigeeignet.

ALLAMANDA CATHARTICA

Allamande, Goldtrompete

Familie: Hundsgiftgewächse, *Apocynaceae.*
Heimat: Brasilien.
Blütezeit: Mai bis November.

Von den etwa 15 *Allamanda*-Arten ist nur die hier genannte bei uns in Kultur. Die äußerst wuchsfreudige Kletterpflanze bildet lange Triebe aus, die mit glänzendgrünem Laub und attraktiven gelben Blüten besetzt sind. Da die Pflanzen vom Gärtner meist mit Wuchshemmmitteln behandelt sind, macht sich ihr enorm starker Ausbreitungsdrang erst im Laufe der Zeit bemerkbar. 'Grandiflora' hat zitronengelbe, 'Hendersonii' orangegelbe, große Blüten.
Die Pflanze ist in allen Teilen giftig.

Standort: Ganzjährig hell bis sonnig und warm, auch im Winter nicht unter 18° C. Bodenwärme erwünscht.
Pflege: Von April bis Oktober gleichmäßig gießen und öfter sprühen. In den Wintermonaten Feuchtigkeit reduzieren. Im Sommer wöchentlich, im Winter nur bei sehr hellem Stand alle vier Wochen düngen. Im Frühjahr in Einheitserde umtopfen. Ein Rückschnitt auf ein Drittel der Trieblänge im Februar/März fördert die Blütenbildung. Die schnellwüchsige Pflanze benötigt eine Rankhilfe.
Vermehrung: Durch Kopfstecklinge bei 25° C Bodenwärme im heizbaren Vermehrungsbeet.
Schädlinge, Krankheiten: Spinnmilben, Schildläuse. Nährstoffmangel verursacht gelbe Blätter, zu kühle und feuchte Überwinterung Wurzel- und Stengelfäule.
Verwendung: Für Gewächshaus, Wintergarten und Schwimmbad. Gut für Hydrokultur geeignet.

Allamanda cathartica

Alocasia sanderiana

ALOCASIA

Alokasie

Familie: Aronstabgewächse, *Araceae.*
Heimat: Tropisches Asien.
Blütezeit: Blüht in Kultur selten.

Sehr schöne Blattpflanzen mit 30–40 cm langen, schild- oder pfeilförmigen, eindrucksvoll gefärbten Blättern. *A. cuprea* syn. *A. metallica* (olivgrüne, metallisch schimmernde Blätter mit weißen Adern), *A. lowii* (dunkelgrüne Blätter mit weißen Adern), *A. sanderiana* (blaugraue, weiß geaderte Blätter). Die Pflanze enthält schleimhautreizende Stoffe.
Standort: Halbschattig, feuchtwarm, im Winter nicht unter 18° C.
Pflege: Während der Wachstumszeit mit kalkarmem, temperiertem Wasser gleichmäßig feucht halten und alle 14 Tage schwach düngen. Im Winter nur wenig gießen.
Vermehrung: Durch Abtrennen von Ausläufern oder Rhizomteilung im heizbaren Vermehrungsbeet.
Schädlinge, Krankheiten: Spinnmilben, Schild-, Woll- und Blattläuse bei zu trockener Luft, braune Blätter durch »kalte Füße«.
Verwendung: Für geschlossene Blumenfenster oder fürs Warmhaus.

Wegen ihrer enormen Wuchsfreudigkeit kann *Allamanda cathartica* bei Zimmerkultur nur in großen, hellen Räumen gehalten werden; besser ist ein Wintergaten.

Ausgesprochen attraktiv wirkt die Alokasie am Rand eines Gartenteichs, wo sie gleichzeitig von der erhöhten Luftfeuchte profitiert – warme Sommer vorausgesetzt.

TIP

Meine Alokasie steht in warmen Sommern regengeschützt und halbschattig im Freien an einem Gartenteich.

Aloë variegata

Aloë variegata ist wie *A. arborescens* problemlos zu pflegen.

Man kann die Blätter des Zitronenstrauches trocknen und einen Tee daraus zubereiten, der in Frankreich unter dem Namen »Verveine« sehr beliebt ist.

ALOË
Aloe, Bitterschopf

Familie: Liliengewächse, *Liliaceae*.
Heimat: Südafrika, Madagaskar.
Blütezeit: Frühjahr/Sommer, blüht jedoch in Zimmerkultur selten.

Beliebt sind vor allem die niedrigen, stammlosen und rosettenbildenden Arten dieses Liliengewächses, die in kaum einer Sukkulentensammlung fehlen:
A. aristata mit dicken, gezähnten, dunkelgrünen und *A. variegata* (Tigeraloe) mit unregelmäßig gefleckten, gelbgrünen Blättern. Weitere niedrige Arten sind *A. humilis*, rasenbildend mit Rosettenblättern in verschiedenen Formen und Farben, sowie *A. striata*, die bläulichweiße Blätter mit rotem Rand besitzt.
A. arborescens (Brandaloe) kann ziemlich groß werden und bildet einen Stamm aus, der sich oben verzweigt, unten jedoch verkahlt. Der Saft dieser Aloe hilft gegen Brandwunden. Einige *Aloë*-Arten werden heute in der Hautpflege verwendet (vor allem *Aloë vera*), da der Saft der sukkulenten Blätter sich positiv auf die Haut auswirken soll.
Standort: Im Sommer am besten vollsonnig, jedoch vor Regen geschützt im Freien, im Winter hell und kühl, bei 5–10° C.
Pflege: Nur mäßig gießen, im Winter trocken halten und kaum gießen. Staunässe vermeiden! Wasser nicht auf die Rosetten geben. Düngen, wenn überhaupt, nur den Sommer über monatlich mit schwach dosiertem Kakteendünger. Bei Bedarf im Frühjahr umtopfen.
Vermehrung: Durch Abschneiden und Einpflanzen von Seitensprossen. Schnittfläche vor dem Einpflanzen in sandige Erde gut abtrocknen lassen.
Schädlinge, Krankheiten: Wurzel- und Wolläuse; Wurzelfäule bei Staunässe.
Verwendung: Sukkulente Grünpflanze für sonnigen Standort im Zimmer, im Sommer im Freiland.

Aloë arborescens

Aloysia triphylla

ALOYSIA TRIPHYLLA
Zitronenstrauch

Familie: Verbenengewächse, *Verbenaceae*.
Heimat: Südamerika, Westindien.
Blütezeit: Juli bis September.

Aromatisch duftender, 1–2 m hoher Strauch, der sich im Sommer mit kleinen weißen bis blaßlilafarbenen Blüten schmückt, die in achselständigen Blütenähren oder endständigen Rispen stehen. Blätter frischgrün, lanzettlich, gegenständig oder quirlig am Stengel sitzend. Beim Zerreiben strömen die Blätter einen intensiven Geruch nach Zitrone aus.
Standort: Im Sommer sonnig und warm, auch im Freien, im Winter hell oder dunkel bei 3–10° C.
Pflege: Während der Wachstumszeit (bis August) reichlich gießen und alle 14 Tage düngen. Da die Pflanze das Laub in der Ruhezeit abwirft, im Winter gerade nur soviel befeuchten, daß der Ballen nicht austrocknet. Ein Rückschnitt im Frühjahr bewirkt buschigeren Wuchs.
Vermehrung: Durch Kopfstecklinge.
Schädlinge, Krankheiten: Selten.
Verwendung: Kübelpflanze für helle, warme Standorte, im Sommer im Freien.

Alpinia purpurata 'Red Ginger'

ALPINIA
Alpinie

Familie: Ingwergewächse, *Zingiberaceae.*
Heimat: Tropisches Asien, Pazifische Inseln.
Blütezeit: April bis Juni, blüht jedoch in Kultur selten.

Alpinien sind stattliche, schönblühende Pflanzen mit kräftigem Rhizom und kräftigen, beblätterten Stengeln. Die zum Teil sehr großen Blüten stehen in endständigen Rispen oder Trauben. *A. purpurata* ist ein wertvoller Schnittblumenlieferant. *A. vittata* syn. *A. sanderae* wird ca. 45 cm hoch und hat längliche, weiß gebänderte Blätter. *A. zerumbet* kann unter günstigen Verhältnissen bis zu 3 m hoch werden und auch blühen.
Standort: Hell, warm und luftfeucht, in der winterlichen Ruhezeit um 15° C.
Pflege: Während der Wachstumszeit gut gießen und Wurzelballen stets feucht halten. Für hohe Luftfeuchtigkeit sorgen. Ballentrockenheit führt unverzüglich zu Blattschäden. Gedüngt wird von April bis Oktober alle 14 Tage. Damit es zum Blütenansatz kommt, muß von November bis März eine Ruhezeit mit eingeschränkten Wassergaben eingehalten werden.
Vermehrung: Durch vorsichtiges Teilen des Wurzelstocks.
Schädlinge, Krankheiten: Selten.
Verwendung: Weil eine sehr hohe Luftfeuchtigkeit verlangt wird, ist *Alpinia* im Zimmer kaum über eine längere Zeit zu halten. Dagegen gedeiht sie im feuchtwarmen Gewächshaus oder Wintergarten ohne größere Probleme.

Blütenstand von Alpinia purpurata

Amaryllis bella-donna

AMARYLLIS BELLA-DONNA
Belladonnalilie

Familie: Amaryllisgewächse, *Amaryllidaceae.*
Heimat: Südafrika.
Blütezeit: August bis September.

Der 50–70 cm lange Blütenschaft der Belladonnalilie entspringt einer braunen, faustgroßen Zwiebel und trägt 8–12 cm große, trompetenförmige, weiße oder rosafarbene Blüten mit leichtem Duft. Die Blätter erscheinen je nach Standort im Spätwinter oder Frühjahr. Die Pflanze enthält Giftstoffe. Die *Amaryllis* wird häufig mit dem Ritterstern (*Hippeastrum*) verwechselt, der jedoch einen hohlen Blütenschaft besitzt.
Standort: Sonnig und warm, im Sommer Freilandkultur als Kübelpflanze, im Winter hell und nicht unter 10° C.
Pflege: Im Sommer gleichmäßig leicht feucht halten und alle 14 Tage düngen, im Winter Gießen stark einschränken. Umgetopft wird nur alle fünf bis sechs Jahre.
Vermehrung: Durch Brutzwiebeln oder Aussaat.
Schädlinge: Schildläuse, Spinnmilben.
Verwendung: Schöne Zwiebelpflanze für Topf und Kübel.

Alpinien sind attraktive Blüten- oder Blattpflanzen, benötigen allerdings eine so hohe Luftfeuchte, daß sie im Zimmer nur kurzzeitig zu halten sind.

Im Gewächshaus oder Wintergarten und bei entsprechender Pflege können Alpinien herrliche Blütenstände entwickeln (Bild unten).

Amaryllis bella-donna ist eine edle Schnittblume. Wer mehrere Exemplare besitzt, sollte einige Blüten für die Vase opfern.

TIP

Wenn man dem Pflanzsubstrat (Einheitserde) etwas verrotteten Kuhdung beimischt, wächst die *Alpinia* besonders prächtig.

Da die *Ampelopsis* keine Haftscheiben besitzt, muß man diesem Weinrebengewächs eine Kletterhilfe geben.

Wie gut, daß *Ananas comosus* trockene Zimmerluft nichts ausmacht. So läßt sich die Pflanze auch auf dem Fensterbrett über der Heizung kultivieren.

Ampelopsis brevipedunculata

AMPELOPSIS BREVIPEDUNCULATA
Jungfernrebe, Doldenrebe, Scheinrebe, Zimmerwein

Familie: Weinrebengewächse, *Vitaceae.*
Heimat: Ostchina.
Blütezeit: Winter.

Starkwüchsiger Kletterstrauch mit dreilappigen Blättern und kleinen unscheinbaren Blüten. Die Sorte 'Elegans' fällt durch kleinblättriges, rosa-, weiß und grünmarmoriertes Laub auf.
Standort: Hell und mäßig warm, keine pralle Sonne, im Sommer auch im Freien, im Winter kühler, gerade über der Frostgrenze.
Pflege: Im Sommer reichlich gießen und alle 14 Tage düngen. Im Winter am kühlen Platz nur noch wenig Wasser geben und nach dem Blattfall fast trocken halten. Im Frühjahr zurückschneiden.
Vermehrung: Durch etwa 5 cm lange Kopf- oder Triebstecklinge im Sommer.
Schädlinge, Krankheiten: Spinnmilben, Blasenfüße. Blattfall im Winter ist natürlich.
Verwendung: Ampel- oder Kletterpflanze für hellen Standort im Haus oder zum Begrünen von Wintergärten. Für Hydrokultur geeignet.

Ananas comosus 'Aureovariegatus'

ANANAS
Zierananas

Familie: Ananasgewächse, *Bromeliaceae.*
Heimat: Tropisches Mittel- und Südamerika.
Blütezeit: Je nach Kultur unterschiedlich.

Für den Zimmergärtner interessant sind vor allem die Sorten *Ananas comosus* 'Variegatus' mit weißgestreiften Blättern und 'Aureovariegatus', deren stark gezähnte, bis zu 1 m lange Blätter rötlich überhaucht sind. Für das Fensterbrett geeignet ist *A. nanus* mit nur 20–30 cm großen Blattrosetten. *A. bracteatus* besitzt rahmgelbe Blattränder und kräftig rot gefärbte Hochblätter.
Alle Ananasarten sind im Haus schwer zum Blühen zu bringen. Nach der Blüte sterben die Blattrosetten ab. Vorsicht vor den scharfen, spitzen Blatträndern!
Standort: Sehr hell, aber ohne pralle Mittagssonne; ganzjährig warm.
Pflege: Im Sommer reichlich mit kalkarmem Wasser gießen und wöchentlich schwach düngen. Im Winter kann man beides stark einschränken, damit der Staude eine kleine Atempause gewährt wird. Die Pflanze braucht – besonders bei viel Wärme – reichlich Frischluft.
Vermehrung: Durch Kindel, die halb so groß wie die Mutterpflanze sein sollten. Man kann auch die abgeschnittenen Blattschöpfe aus der Frucht herausschälen und in sandiger Aussaaterde bewurzeln, wozu es allerdings hoher Bodenwärme und Luftfeuchte bedarf.
Schädlinge: Manchmal Schild- und Wurzelläuse.
Verwendung: Blattpflanze für hellen, warmen Standort. Benötigt viel Platz.

Anigozanthos flavidus

ANIGOZANTHOS

Känguruhblume, Känguruhpfote

Familie: Haemodoragewächse, *Haemodoraceae.*
Heimat: Australien.
Blütezeit: Mai bis Juni.

Diese Stauden mit kräftigem Rhizom und langen, lanzettlichen Blättern trägt je nach Art gelblichgrüne oder rosafarbene, einer behaarten Känguruhpfote ähnelnde Blüten. Sie ist noch nicht lange als Zimmerpflanze im Handel. Die Blüten von *A. flavidus* sind gelblichgrün, die von *A. manglesii* rosarot. *A. pulcherrimus* hat gelbe Blüten an rötlich beborsteten Rispen.
Standort: Hell und warm, jedoch nicht sonnig, im Sommer auch im Freien, im Winter kühl bei 10–12° C.
Pflege: Im Sommer reichlich mit kalkarmem Wasser gießen und alle 14 Tage ebenfalls kalkarm, z. B. mit Azaleendünger, nur schwach konzentriert düngen; im Winter nur mäßig gießen. Als Erde wird Torfkultursubstrat (TKS) oder Laub-/Moorerde mit etwas Sand empfohlen.
Vermehrung: Durch Aussaat oder vorsichtige Teilung älterer Pflanzen.
Schädlinge: Spinnmilben.
Verwendung: Zimmerpflanze für helle Standorte, im Sommer im Freien.

Anigozanthos manglesii

Anisodontea capensis

ANISODONTEA CAPENSIS

Echtes Fleißiges Lieschen, Kap-Malve, Scheinmalve

Familie: Malvengewächse, *Malvaceae.*
Heimat: Südafrika.
Blütezeit: Sommer.

Verzweigter, bis 1 m hoher, reichblühender Strauch mit eiförmig-lanzettlichen, leicht klebrigen Blättern und roten bis dunkelroten Blüten. Man zieht die Pflanze gerne als Hochstämmchen oder Pyramide – Formen, die auch im Handel sind.
Standort: Sonnig, im Sommer auch im Freien, im Winter kühl bei 10–12° C.
Pflege: Im Sommer gleichmäßig feucht halten und alle 14 Tage düngen. Verblühte Triebe abschneiden, um eine Nachblüte zu fördern. Im Winter nur wenig gießen und fast trocken stellen. Gelegentliche Trockenheit ist weniger schlimm als Vernässung, besonders im Winter. Umtopfen und Rückschnitt erfolgen im Frühjahr.
Vermehrung: Durch Kopfstecklinge oder Aussaat.
Schädlinge, Krankheiten: Selten.
Verwendung: Zimmer- und Kübelpflanze für sonnigen Standort, im Sommer auch im Freien.

Die Känguruhblume fühlt sich den Sommer über im Freien wohl und ist deshalb auch eine hübsche Kübelpflanze.

Die Nahaufnahme (Bild unten) läßt die Ähnlichkeit der Blüten mit einer behaarten Känguruhpfote besser erkennen.

Von den etwa 20 Arten ist bei uns nur *Anisodontea capensis* aus Südafrika in Kultur.

TIP

Wenn Ihre Känguruhpfote in verregneten, lichtarmen Sommern keine Blüten ansetzt, so ist dies kein Grund zur Sorge, sondern man muß einfach aufs nächste Jahr hoffen.

Die Gattung *Anthurium* bietet auffallende Blüten- und Blattpflanzen.

Die etwas steifen Blütenähren von *Aphelandra squarrosa* wirken wie aufgesteckte Kerzen und haben wenig Ähnlichkeit mit denen von *A. tetragona.*

Blüte von Anthurium andraeanum

TIP

Damit der buschige Wuchs erhalten bleibt, schneidet man Glanzkölbchen beim Umtopfen im Frühjahr stark zurück.

Anthurium crystallinum

ANTHURIUM
Flamingoblume

Familie: Aronstabgewächse, *Araceae.*
Heimat: Tropische Regenwälder Mittel- und Südamerikas.
Blütezeit: Je nach Art und Kultur ganzjährig.

Anthurien fallen vor allem wegen ihrer interessanten roten, weißen oder gefleckten Hochblätter (Spathen) auf, die einen weißen, orangeroten oder gelblichen Blütenkolben umgeben. Bei der Großen Flamingoblume (A.-Andraeanum-Hybriden) ist der Kolben meist gerade und gelb, bei der Kleinen Flamingoblume (A.-Scherzerianum-Hybriden) gebogen und orangerot. Blattanthurien besitzen auffällig geadertes Laub (*A. crystallinum*) oder meterlange Blätter (*A. veitchii*).
Standort: Hell bis halbschattig, niemals sonnig; warm. Temperaturen bei winterlicher Ruhezeit 15–18° C, *A. crystallinum* und *A. veitchii* nicht unter 18° C. Liebt Bodenwärme. Vor Zugluft schützen.
Pflege: Mit kalkfreiem, temperiertem Wasser gleichmäßig feucht halten, öfter übersprühen, da hohe Luftfeuchtigkeit günstig ist. Alle 14 Tage düngen. Im Winter das Gießen etwas einschränken. Alle zwei bis drei Jahre im Frühjahr in grobe, lockere Humuserde umtopfen.
Vermehrung: Durch Teilung älterer Exemplare, Kopf- oder Stammstecklinge oder Abmoosen.
Schädlinge, Krankheiten: Schild- und Blattläuse. Bei zu kühler, feuchter Haltung können Wurzelfäule oder Grauschimmel auftreten.
Verwendung: Dekorative Zimmer- und Gewächshauspflanze. Blattanthurien nur in geschlossenen Blumenfenstern oder in feuchtwarmen Gewächshäusern. Für Hydrokultur geeignet.

Aphelandra squarrosa

APHELANDRA
Glanzkölbchen

Familie: Akanthusgewächse, *Acanthaceae.*
Heimat: Mittel- und Südamerika.
Blütezeit: Je nach Art April bis Oktober.

Die Hochblätter der je nach Art leuchtendgelben oder roten, etwa 20 cm langen Blütenähren halten 6–8 Wochen, wobei Sorten mit kleineren Kölbchen oft schneller verblühen. Schöne Arten sind: *A. aurantiaca* mit länglichen, grünen, silbergrau gezeichneten Blättern, die Blüten sind orangerot, die Pflanze bleibt niedrig. *A. tetragona* zählt mit 1,50 m zu den höheren Vertretern, besitzt vierkantige Endähren und große, rote 4–7 cm lange Blüten. Mit ihr muß man etwas Geduld haben, da nur die älteren Exemplare in Blüte kommen. Am bekanntesten ist *A. squarrosa* mit ihren Hybriden. Die Pflanze wächst, solange die Wuchshemmstoffe ihre Wirkung tun, kompakt und hat sehr schöne, weiß geaderte Blätter und gelbe Blüten. Bekannte Sorten sind u. a. 'Domia', 'Leopoldi', 'Louisae', vor allem aber 'Fritz Prinsler'.
Standort: Hell, keine Sonne, im Winter nicht unter 15° C, *A. tetragona* nicht unter 20° C.
Pflege: Außer im Winter immer gleichmäßig gut feucht halten. Nur temperiertes, enthärtetes Wasser verwenden, auch zum erwünschten Übersprühen. Alle 14 Tage düngen.
Vermehrung: Durch Kopfstecklinge im beheizten Anzuchtbeet.
Schädlinge, Krankheiten: Schild-, Woll- und Blattläuse bei zu trockener Haltung. Einrollen und Abfallen der Blätter bei zu trockener Luft, kühlen Temperaturen, Zugluft.
Verwendung: Blütenpflanze für hellen, warmen Standort. Gut für Hydrokultur geeignet.

Aphelandra tetragona

Aporocactus flagelliformis

Araucaria heterophylla

APOROCACTUS FLAGELLIFORMIS

Peitschenkaktus, Schlangenkaktus

Familie: Kakteen, *Cactaceae.*
Heimat: Mexiko.
Blütezeit: Frühjahr.

Die Art hat bis zu 1,50 m lange, 2 cm dicke Triebe. Ihre Blüten sind leuchtendkarmin- oder -violettrot und etwa 8 cm groß. Sehr schön sind auch folgende Arten: *A. conzattii* (rote Blüten), *A. mallisonii* (leuchtendrot), *A. martianus* (tiefrosa).

Standort: Hell und warm, aber keine pralle Sonne über Mittag. Ab Mitte Mai im Freien an einem vor Regen und Wind geschützten Platz. Überwinterung hell, bei mindestens 12° C.

Pflege: Im Sommer reichlich, im Winter kaum mit weichem Wasser gießen. Während des Wachstums alle 14 Tage düngen. Umgetopft wird in Kakteenerde mit hohem Torfanteil. Nach dem Blütenansatz sollte die Pflanze nicht mehr gedreht werden, um Knospenfall zu vermeiden.

Vermehrung: Durch Stecklinge von Triebspitzen.

Schädlinge: Spinnmilben, Wolläuse.

Verwendung: Zimmer- und Kübelpflanze für hellen, warmen Standort. Als Ampelpflanze geeignet.

ARAUCARIA HETEROPHYLLA

Araukarie, Norfolktanne, Zimmertanne

Familie: Araukariengewächse, *Araucariaceae.*
Heimat: Norfolk-Inseln.

Immergrüner Nadelbaum mit waagerecht stehenden Wedeln. *A. heterophylla* wird in ihrer Heimat ein mächtiger, bis 60 m hoher Baum, im Zimmer erreicht sie höchstens 2 m. Die Sorte 'Glauca' hat blaugrüne Nadeln, 'Gracilis' ist kompakter.

Standort: Im Sommer hell, aber keine pralle Sonne, und relativ kühl (bis 18° C). Im Winter hell bei 5–10° C.

Pflege: Den Sommer über an einen hellen, sonnengeschützten Platz ins Freie stellen. Regelmäßig mit temperiertem, kalkfreiem Wasser gießen und alle 14 Tage mit kalkarmem Dünger (z. B. Rhododendrondünger) versorgen. Gelegentliches Übersprühen wirkt sich günstig aus. Alle 2–3 Jahre in Heide- oder Rhododendronsubstrat umtopfen. Pflanze nicht in eine Zimmerecke stellen, dort wächst sie schief!

Vermehrung: Durch Kopfstecklinge bei hoher Luftfeuchtigkeit und 25° C Bodenwärme, vorher mit einem Bewurzelungshormon behandeln. Schwierig.

Schädlinge, Krankheiten: Schildläuse; hängende Wedel weisen auf einen zu warmen Standort oder zu hohe Wassergaben hin.

Verwendung: Grünpflanze für helle, kühle Räume. Für Hydrokultur geeignet.

Nach dem Blütenansatz sollte *Aporocactus flagelliformis* nicht mehr gedreht werden, um Knospenfall zu vermeiden.

Früher, als es noch kühle Räume in den Wohnungen gab, sah man auch Araukarien häufiger.

Früchte des Erdbeerbaums, Arbutus unedo

ARBUTUS UNEDO

Erdbeerbaum

Familie: Heidekrautgewächse, *Ericaceae.*
Heimat: Mittelmeergebiet.
Blütezeit: Winter, Frühjahr.

Sehr schöner, immergrüner Strauch, mit glänzendgrünen, verkehrt-eiförmigen Blättern und rahmgelben Blüten, die in hängenden Rispen angeordnet sind und den Blüten der Maiglöckchen ein wenig ähneln. Nach der Blüte schmückt sich der Erdbeerbaum mit roten Früchten, die der Pflanze den Namen gaben. Sie sind zwar eßbar, schmecken aber recht fade. Oft erscheinen Blüten und Früchte gleichzeitig.

Standort: Ganzjährig sehr hell, im Sommer auch windgeschützt im Freien. Überwinterung frostfrei mit viel Frischluft bei 3–8° C. Verträgt kurzfristig bis –5° C und kann daher lange im Freien bleiben.

Pflege: Im Sommer mit enthärtetem Wasser gleichmäßig gut feucht halten und alle 14 Tage schwach düngen. Im Winter nur soviel gießen, daß die Blätter erhalten bleiben. Ich habe meinen ersten Erdbeerbaum durch Gießfehler verloren. Hier muß man wirklich Fingerspitzengefühl entwickeln, denn der Ballen darf weder austrocknen noch zu naß sein; Staunässe ist meist tödlich. Umtopfen bei Bedarf in Einheits- oder Balkonblumenerde.

Vermehrung: Durch Kopfstecklinge bei 20–25° C Bodenwärme. Auch Aussaat ist möglich, wenn die Bereitschaft besteht, lange auf die erste Blüte zu warten.

Schädlinge: Selten Spinnmilben.

Verwendung: Immergrüne, strauchartig wachsende Kübelpflanze für kühle Wintergärten, im Sommer auch im Freien.

TIP

Um die Fruchtbildung bei der Ardisie zu sichern, müssen die Blüten von Hand mit einem Pinsel bestäubt werden. Luftiger Stand in dieser Zeit fördert den Fruchtansatz.

Ardisia crenata

ARDISIA

Ardisie, Spitzblume

Familie: Myrsinengewächse, *Myrsinaceae.*
Heimat: Tropisches Asien.
Blütezeit: Frühjahr, Frühsommer.

A. crenata, die bekannteste Art, ist ein 60–120 cm hoch werdendes Bäumchen mit immergrünen, etwa 10 cm langen, lederigen Blättern. Die Blüten sind etwa 1 cm breit, weiß bis rosa und erscheinen in endständigen, vielblütigen Blütenständen. Attraktiv aber sind vor allem die erbsengroßen, scharlachroten Beerchen, die das Gehölz von Herbst bis manchmal weit ins Frühjahr hinein schmücken.

Bei *A. malouiana* sind die lanzettlichen, dunkelgrünen Blätter bis 25 cm lang. Die Blattoberseite schmückt sich durch ein weißes Mittelband, die Unterseite ist rötlich gefärbt.

Auch hier fallen die roten Beeren als Schmuck besonders auf.

Standort: Ganzjährig hell, aber keine pralle Sonne, im Sommer auch im Freien. Überwinterung bei 12–16° C.

Pflege: Die Pflanze braucht, bis auf die Ruhezeit, regelmäßig möglichst kalkarmes Wasser. In beheizten Räumen sollte man – außer während der Blüte – oft sprühen. Gedüngt wird von März bis August alle 14 Tage.

Vermehrung: Durch Stecklinge oder Aussaat bei 22–25° C Bodenwärme.

Schädlinge, Krankheiten: Schild- und Wolläuse durch zu trockene Zimmerluft. Abfall der Beeren durch zu warme Überwinterung.

Verwendung: Kübel- und Zimmerpflanze für Zimmer und Wintergarten. Gute Hydrokulturpflanze.

Areca catechu

Asclepias curassavica

Wegen ihrer hohen Ansprüche, vor allem an die Luftfeuchte, ist die Betelnußpalme, *Areca catechu,* im Zimmer nur bedingt kultivierbar.

Aus den eigenartigen Früchten der Seidenpflanze quellen später die mit seidigen, silbrigweißen Haaren versehenen Samen heraus.

ARECA CATECHU

Betelnußpalme, Katechupalme

Familie: Palmen, *Arecaceae.*
Heimat: Philippinen.
Blütezeit: Blüht in Kultur selten.

Langsamwüchsige, schlankstämmige Palme, die in ihrer Heimat bis zu 30 m Höhe erreicht. Der Samen enthält u. a. das Alkaloid Arecolin, einen Nicotin-Abkömmling, der belebend wirkt, sowie Gerbstoffe, die beim Betelkauen Mund und Zähne rot färben (Arecarot).

Standort: Hell bis halbschattig. Ganzjährig Temperaturen um 20° C und hohe Luftfeuchte erforderlich.

Pflege: Gleichmäßig gut feucht halten. Wasser im Untersetzer ist günstig und erhöht gleichzeitig die Luftfeuchtigkeit in der unmittelbaren Umgebung. Zusätzlich häufig sprühen. Gedüngt wird im Sommer alle 14 Tage, schwach dosiert.

Vermehrung: Durch Aussaat bei 25–30° C Bodentemperatur; Keimzeit zwei bis drei Monate.

Schädlinge, Krankheiten: Selten.

Verwendung: Grünpflanze für das feuchtwarme Gewächshaus, Jungpflanzen auch für geschlossene Blumenfenster. Im Zimmer nur bedingt kultivierbar.

ASCLEPIAS CURASSAVICA

Seidenpflanze

Familie: Seidenpflanzengewächse, *Asclepiadaceae.*
Heimat: Tropisches Südamerika.
Blütezeit: Juni bis September.

Der hübsche, 40–60 cm hohe Halbstrauch mit lanzettlichen, dunkelgrünen Blättern und orange- bis scharlachroten Blütendolden ist leider recht giftig und daher in einem Zimmerpflanzensortiment selten anzutreffen.

Standort: Sonnig und warm; den Sommer über im Freien. Überwinterung hell, bei 12–15° C.

Pflege: Im Sommer gleichmäßig feucht halten und alle 14 Tage düngen. Eine Weiterkultur lohnt meist nicht, weil überwinterte Pflanzen wenig wuchsfreudig sind. Man sorgt besser durch Aussaat jährlich für Nachwuchs.

Vermehrung: Durch Aussaat im Januar/Februar.

Schädlinge, Krankheiten: Selten.

Verwendung: Blütenpflanze für hellen und warmen Standort im Zimmer, im Sommer für Balkon und Terrasse.

Mit Asclepias bepflanzte Schale

Spindelförmige Balgfrüchte von Asclepias syriaca

Asparagus – Asplenium

Asparagus densiflorus

Asparagus asparagoides

Asparagus densiflorus 'Sprengeri' ist nicht nur bei Floristen als Lieferant von Schnittgrün gefragt, sondern auch eine hübsche Blattpflanze.

Bei *Asparagus asparagoides* handelt es sich um eine Staude, die sich bis 2 m hoch winden kann.

Die Wurzeln der *Asparagus*-Arten sind teilweise knollig verdickt.

ASPARAGUS

Zierspargel

○

Familie: Liliengewächse, *Liliaceae*.
Heimat: Afrika, Asien.
Blütezeit: Sommer.

Strauchartig wachsende Pflanze mit kurzem Erdstamm und aufrechten oder kletternden, verzweigten Stengeln. Die »Blätter« sind nadelförmige bis rundliche Scheinblätter aus umgebildeten Seitensprossen (Phyllocladien).
A. asparagoides präsentiert eirunde Scheinblätter und nach Orangen duftende Blüten. *A. densiflorus* 'Sprengeri' liefert das bekannte Schnittgrün der Floristen. Die Sorte 'Meyeri' hat bis zu 60 cm lange, aufrechte oder leicht bogige, rundum buschig »beblätterte« Triebe. *A. falcatus* ist ein stark wachsender, schlingender »Kletterspargel« mit meterlangen Trieben und daher besonders für Wintergärten geeignet. *A. setaceus* besitzt sehr feine, nadelartige »Blättchen«. Er wurde früher häufig als Beigabe für Blumensträuße verwendet und kann nach der Blüte im Spätsommer rote Beerchen ansetzen.
Standort: Hell bis leicht beschattet, keine pralle Sonne, warm (um 20° C), *A. densiflorus* im Sommer auch im Freien. Im Winter hell, nicht wesentlich unter 12° C.

Pflege: Gleichmäßig feucht halten und Austrocknen unbedingt vermeiden. Von Frühjahr bis Herbst wöchentlich, im Winter monatlich düngen. Stehen die Pflanzen bei Wohnwärme, empfiehlt sich häufiges Übersprühen. Das Gießen im Winter richtet sich nach der Raumtemperatur, bei der die Pflanzen gehalten werden.
Ich habe meinen *A. densiflorus* 'Meyeri' den ganzen Sommer über im Atriumhof stehen. *A. falcatus* darf in dieser Zeit ungehemmt an einem Bretterzaun hochklettern, und wird im Spätsommer vor dem Einräumen mit der Schere so gestutzt, daß er in einem frostfreien Zimmer nicht zuviel Platz beansprucht. Beide Pflanzen stehen etwas beschattet und erhalten nur Morgensonne.
Vermehrung: Durch Teilung oder Aussaat.
Schädlinge, Krankheiten: Bei warmer, lufttrockener Überwinterung können Spinnmilben auftreten. Wichtig: Pflanzenschutzmittel werden oft schlecht vertragen.
Verwendung: Grünpflanze für helle, warme Zimmer, im Sommer im Freien, *A. falcatus* für Wintergarten.

Wurzelballen des Zierspargels

Aspidistra elatior

ASPIDISTRA ELATIOR

Metzgerpalme, Schildblume, Schusterpalme

Familie: Liliengewächse, *Liliaceae*.
Heimat: China, Japan.
Blütezeit: Blüht in Kultur selten.

Die bis zu etwa 80 cm langen, speerförmigen, immergrünen Blätter an langen Stielen wirken sehr dekorativ, während die schmutzig-violetten Blüten eher unscheinbar sind. Besonders schön ist die weißgestreifte Sorte 'Variegata', die allerdings relativ selten im Angebot zu finden ist.

Standort: Dunkel oder hell, aber nicht in der prallen Sonne, bevorzugt bei 13–21° C, im Sommer auch im Freien. Die Sorte 'Variegata' hell stellen, damit die Blätter nicht vergrünen.

Pflege: Im Sommer gleichmäßig feucht halten, aber Staunässe vermeiden. Einmal monatlich schwach düngen. Alle 2 bis 3 Jahre im Frühjahr in Einheitserde umtopfen.

Vermehrung: Durch Teilung; die Teilstücke sollten mindestens zwei Blätter haben.

Schädlinge: Bisweilen Schildläuse oder Spinnmilben.

Verwendung: Anspruchslose Grünpflanze für Zimmer, kühle Treppenhäuser und Flure. Neben Grünlilie (*Chlorophytum*) und Zimmerhafer (*Billbergia*) gehört die Schusterpalme zu den Pflanzen, die eigentlich – außer Vernässung an kühlen, dunklen Plätzen – nichts umbringen kann. Nicht einmal trockene Zimmer- oder Zugluft schaden diesem Meister an Genügsamkeit, der bei mir den ganzen Sommer über auf der Terrasse steht und bei der Pflege oft auch noch vergessen wird.

ASPLENIUM

Streifenfarn

Familie: Streifenfarngewächse, *Aspleniaceae*.
Heimat: Tropische Regenwälder Asiens, Afrikas und Australiens.
Blütezeit: Keine Blütenpflanze.

Als Zimmerpflanze verbreitet ist vor allem der Nestfarn (*A. nidus*) mit großen, grünglänzenden, glattrandigen Blättern, die zu einer trichterförmigen Rosette zusammengefaßt sind, während die Sorte 'Fimbriatus' eingeschnittenes Laub besitzt. Ähnlich sieht *A. antiquum* aus.
A. bulbiferum, der Brutfarn, trägt auf der Oberseite der Wedel kleine Brutknospen. Diese Art stellt sehr hohe Ansprüche und gehört in die Hand des Liebhabers.

Asplenium antiquum am Epiphytenstamm aufgebunden
Unten: Asplenium nidus, Nahaufnahmen

Standort: Hell bis halbschattig, keine Sonne, ganzjährig warm, im Winter halbschattig bei mindestens 16° C. Wichtig: Ausreichende Bodenwärme. Eventuell Wärmematte unterlegen.

Pflege: Für gleichmäßige Feuchtigkeit sorgen und stets enthärtetes, temperiertes Wasser verwenden. Im Sommer alle 14 Tage sehr schwach dosiert düngen und durch Übersprühen die Luftfeuchtigkeit erhöhen. Das lockere Substrat sollte viel groben Torf enthalten.

Vermehrung: *A. nidus* durch Sporen (langwierig). Bei *A. bulbiferum* nimmt man die kleinen Pflänzchen der Brutknospen mit einigen Wurzeln ab.

Schädlinge, Krankheiten: Schildläuse. Bei zu trockener Luft oder zu kühler Haltung werden die Blattränder braun.

Verwendung: Grünpflanze für nicht zu helle, warme, geschlossene Blumenfenster, im Zimmer bei hoher Luftfeuchte, zum Beispiel im warmen Bad, eventuell noch in der Küche.

Farnschnecke

Farnsporangien

Asteriscus maritimus und seine Züchtungen sind noch nicht allzu lange im Blumenhandel erhältlich.

Zur Gattung *Astrophytum* gehören bedornte wie unbedornte Arten, darunter auch die bekannte Bischofsmütze (vorn).

Asteriscus maritimus

ASTERISCUS MARITIMUS
Goldtaler, Strandstern

Familie: Korbblütler, *Compositae.*
Heimat: Mittelmeergebiet, Kanarische Inseln.
Blütezeit: Sommer.

Bis 25 cm hohe, rauhbehaarte, sich flach ausbreitende Staude mit sonnengelben Blüten, die erstmals auf der Gartenschau 1986 in Freiburg vorgestellt wurde und sich schon einen Stammplatz im Balkonpflanzen-Sortiment erworben hat. Im Handel sind Kulturformen wie 'Gold Coin' und 'Gold Dollar', die auch bei Regen ihre Blütenköpfchen geöffnet halten.
Standort: Vollsonnig und warm. Im Winter hell bei etwa 10° C und fast trocken.
Pflege: Während der Vegetationszeit gleichmäßig feucht halten, Staunässe vermeiden. Bis August wöchentlich düngen. Verblühtes regelmäßig entfernen.
Vermehrung: Durch Kopfstecklinge im Sommer.
Schädlinge: Blattläuse.
Verwendung: Mehrjährige Balkonpflanze, eignet sich zur Unterpflanzung von Kübeln, für Kästen, Tröge, Schalen und als Ampelpflanze.

Bischofsmützen in einer Kakteensammlung

ASTROPHYTUM
Bischofsmütze, Sternkaktus

Familie: Kakteen, *Cactaceae.*
Heimat: Mexiko, Texas.
Blütezeit: Zu jeder Jahreszeit.

Zu dieser Gattung gehören so bekannte Arten wie der flachkugelige Seeigelkaktus (*A. asterias*) mit unbedornten Rippen und weißfleckiger Haut, die beliebte kugelige Bischofsmütze (*A. myriostigma*), ebenfalls dornenlos mit scharfkantigen Rippen und der Sternkaktus (*A. ornatum*), dessen kugelige Jugendform später einem Säulenwuchs weicht. Jede der drei Arten schmückt sich mit großen, gelben Blüten.
Standort: Sonnig und warm, im Winter kühl um 10° C.
Pflege: Im Sommer nur mäßig gießen, vor dem nächsten Gießen Erde erst austrocknen lassen. Einmal im Monat Kakteendünger geben. Im Winter ganz trocken halten. Als Substrat eignet sich Kakteenerde mit Lehmzusatz.
Vermehrung: Durch Aussaat bei etwa 28° C Bodenwärme.
Schädlinge: Wolläuse, Wurzelläuse.
Verwendung: Kakteen für das sonnige Fensterbrett und die Kakteensammlung.

TIP

Von der Bischofsmütze gibt es eine reingrüne Varietät, die unbedingt halbschattig stehen muß. Ohne die »Flöckchen« fehlt ihr der Sonnenschutz.

Aucuba japonica

AUCUBA JAPONICA
Aukube

Familie: Hartriegelgewächse, *Cornaceae.*
Heimat: Ostasien.
Blütezeit: März bis April.

Zweihäusiger, immergrüner, in mildem Klima (z. B. Mittelmeerraum) winterharter, 2–3 m hoher Strauch. Blätter elliptisch, lederig und grün. Er hat zwar nur kleine, unscheinbare, in Rispen erscheinende Blüten, dafür aber sehr zierende, scharlachrote Früchte, die allerdings leicht giftig sind.
Interessanter als die reingrüne Art sind die buntblättrigen, gelbgefleckten oder -gepunkteten Sorten 'Crotonia', 'Picturata' und 'Variegata'.

Standort: Im Sommer halbschattig bis schattig, vor Wind und Regen geschützt im Freien, im Winter hell und kühl bei 6–8° C.
Pflege: Mäßig feucht halten, besonders am kühlen Winterstandort nur sparsam gießen. Im Sommer alle 14 Tage düngen. Bei Bedarf im Frühjahr in Einheitserde und nicht zu große Gefäße umtopfen. Zu groß gewordene Exemplare zurückschneiden.
Vermehrung: Durch Stecklinge im Frühjahr oder Sommer.
Schädlinge, Krankheiten: Schildläuse. Bei zu dunkler oder warmer Überwinterung entstehen schwarze Flecken auf den Blättern.
Verwendung: Repräsentative, immergrüne Kübelpflanze für Innenhöfe, Terrasse und Balkon sowie für den kühlen Wintergarten.

Bambusa vulgaris

BAMBUSA
Bambus

Familie: Gräser, *Gramineae.*
Heimat: Tropisches Asien.
Blütezeit: Blüht in Kultur selten.

In ihrer Heimat viele Meter hohe Graspflanzen, bleiben sie im Topf oder Kübel wesentlich kleiner. Sie können aber, je nach Art, im Lauf der Zeit auch bis zu 2 oder 3 m Wuchshöhe erreichen. Die hier erwähnten Sorten sind nicht winterhart.
B. glaucescens 'Alphonse Karr' hat gelbe oder rötliche, grüngestreifte Halme und grüne Blätter. Die Sorten 'Wang Tsai' und 'Golden Goddess' sind ähnlich gefärbt. 'Fernleaf' fällt durch farnähnliche Blätter auf.
B. vulgaris 'Striata' hat dicke gelbe, grüngestreifte Halme.
Standort: Sonnig und warm, im Sommer am besten im Freien, im Winter nicht unter 5° C.
Pflege: Im Sommer gleichmäßig feucht halten und alle vier Wochen düngen.
Vermehrung: Durch Teilung.
Schädlinge: Spinnmilben im Winter.
Verwendung: Kübelpflanze für Wintergärten, im Sommer auch im Freien, Jungpflanze im Zimmer.

Aukuben vertragen etwas Frost, man braucht sich daher mit dem Einräumen nicht zu beeilen und kann die Pflanzen zeitig wieder ins Freie stellen.

Im Topf oder Kübel gehört Bambus eher zu den ungewöhnlichen Blattschmuckgewächsen und bezaubert durch seine exotische Ausstrahlung.

TIP

Da die Aukube zweihäusig ist, sollte man immer zwei Pflanzen, also eine weibliche und eine männliche, kultivieren, um einen Fruchtansatz zu erhalten.

Beaucarnea recurvata ist bei uns zur Modepflanze avanciert und wird sogar in Einkaufszentren als Massenware angeboten.

Blattbegonien reizen zum Sammeln. Hier eine Gruppe aus *Begonia masoniana* 'Iron Cross', einer Begonia-Boweri-Spielart und einer Begonia-Rex-Hybride.

Beaucarnea recurvata

BEAUCARNEA RECURVATA
Elefantenfuß, Flaschenbaum

Familie: Agavengewächse, *Agavaceae*.
Heimat: Mexiko.
Blütezeit: Blüht in Kultur selten.

In seiner Heimat strauch- oder baumartig wachsendes Agavengewächs. Der Stamm ist am Fuß knollig verdickt und trägt an seiner Spitze einen Schopf aus langen, schmalen, bogig herabhängenden graugrünen Blättern. *Beaucarnea* (früher *Nolina*) wird in Kultur bei guter Pflege etwa 1 m hoch und trägt bis zu 60 cm lange, schmale Blätter.
Standort: Sonnig, im Sommer regengeschützt im Freien. Im Winter hell, bei etwa 10° C.
Pflege: Im Sommer mäßig gießen und wöchentlich schwach düngen. (Pflanze verträgt hartes Wasser.) Im Winter fast trocken halten.
Vermehrung: Durch Aussaat oder gelegentlich erscheinende Seitensprosse.
Schädlinge: Blattläuse, Spinnmilben und Schildläuse am zu warmen Winterstandort.
Verwendung: Grünpflanze für einen hellen Standort, im Sommer im Freien. Für Hydrokultur geeignet.

Beaucarnea-Blüten

Die drei bekanntesten Blattbegonien

BEGONIA
Begonie, Schiefblatt

Familie: Schiefblattgewächse, *Begoniaceae*.
Heimat: Tropen und Subtropen Asiens, Afrikas und Amerikas.
Blütezeit: Je nach Art unterschiedlich.

Die riesige Familie umfaßt weltweit mehr als 1000 Arten und unzählige Sorten, die man grob unterteilen kann in Blatt-, Blüten-, Strauch- und Knollenbegonien.

Blattbegonien: Hierher gehören die bekannten Begonia-Rex-Hybriden oder Königsbegonien mit ihren großen, wunderschön gezeichneten Blättern.
Begonia masoniana ist in dieser Gruppe mit der Sorte 'Iron Cross' vertreten, die auf ihren apfelgrünen Blättern eine dunkelbraune Zeichnung in Form des Eisernen Kreuzes trägt.
Bekannte Sorten der *Begonia boweri* (Begonia-Boweri-Hybriden) sind: 'Cleopatra' mit in verschiedenen Grüntönen, Braun und Amarantrot gezeichneten Blättern. Die Sorte 'Tiger' trägt rotgelbe Blätter mit grüngelben Flecken.
Standort: Hell, jedoch keine volle Sonne, warm, auch im Winter nicht unter 16° C. Vor allem im Winter für Bodenwärme sorgen.

Farbenfrohe Begonia-Elatior-Hybriden

Begonia-Elatior-Hybriden sind bereits seit 1907 im Handel und werden durch Neuzüchtungen immer schöner und eindrucksvoller.

Die exotisch gefleckte Mexicross-Hybride (unten) hat *Begonia boweri* im Stammbaum.

Pflege: Ganzjährig mäßig feucht halten und mit handwarmem, kalkarmem Wasser gießen. Luftfeuchte Umgebung ist ratsam, solange die Pflanzen nicht direkt besprüht werden. Während der Vegetationszeit alle 14 Tage kalkarm düngen. Ist der Wurzelballen stark durchwurzelt, kann in Einheits- oder Blumenerde umgetopft werden.
Vermehrung: Durch Stecklinge, Blatt- und Wurzelschnittlinge und Aussaat bei etwa 23° C Bodenwärme.
Schädlinge, Krankheiten: Wurzelälchen. Mehltau und Wurzelfäule durch zu nasse oder kalte Haltung, Blattflecken durch Besprühen.
Verwendung: Blattpflanzen für hellen, warmen Standort.

Begonia-Mexicross-Hybride

TIP

Damit die Blätter nicht kleiner werden, sollte man bei den Blattbegonien alle erscheinenden Blüten abknipsen.

Knollenbegonien-Hybriden wirken durch das breite Farbspektrum der teilweise beachtlich großen Blüten und sind vor allem als Schattenpflanzen begehrt.

Manche Knollenbegonien eignen sich wegen ihres anmutig überhängenden Wuchses als Ampelpflanzen.

BEGONIA (FORTSETZUNG)

Begonie, Schiefblatt

Blütenbegonien (Elatior-Hybriden): Gärtnerische Züchtungen (Hybriden) mit einfachen oder gefüllten, kleineren bis großen Blüten in Rot, Rosa, Gelb oder Weiß. Öffnen sich fast ganzjährig, bevorzugt jedoch im Herbst und Winter. Im Vordergrund stehen nach wie vor die sogenannten Rieger-Sorten mit der bekannten Züchtung 'Schwabenland'. Meist einjährige Pflanzen.

Knollenbegonien: Aufgrund ihrer Schattenverträglichkeit, der Blütenfülle und -größe sowie des unvergleichlichen Farbspektrums in allen Varianten des Regenbogens außer Blau haben sich diese Hybriden einen festen Platz als Balkon- und Schalenbewohner erobert. Unterteilt wird in fünf Gruppen:
Grandiflora sind großblumige Hybriden, die bis zu 60 cm hoch wachsen, mit ihren schweren Blüten wind- und regengefährdet sind und deshalb bei Freilandkultur einen Stab erhalten sollten. Beliebt sind die Sorten der 'Memory'-Serie.
Ebenfalls großblumig, mit 30–40 cm Höhe aber niedriger sind die Sorten von B. Grandiflora Compacta: 'Fanal' (feuerrot), 'Fortuna' (karminrot), 'Goldkrone' (gelb), 'Lachskönigin' (lachsrot), 'Schneekönigin' (weiß).
Mittelblumige Knollenbegonien, 25 bis 30 cm hoch, sind beispielsweise die Benary-F1-Hybriden 'Nonstop' (feuerrot) und die Hybriden der 'Clips'-Serie, die es in Gelb, Orange, Weiß und als Mischung gibt.
Die etwa ebenso großen »Kleinblumigen Knollenbegonien« mit der alten Sorte 'Bertinii' sind weitgehend

Farbenfrohes Knollenbegonien-Hybriden-Sortiment 'Nonstop Mix'

Überhängend wachsende Knollenbegonie

Begonia limmingheana

Begonia 'Illumination'

durch die vorher genannte Gruppe abgelöst worden.
Ampelbegonien schließlich mit später nach unten geneigten Trieben können auf geschützten Balkonen Abwechslung ins bunte Bild bringen. Sorten bzw. Serien: 'Musical', 'Happy End' und 'Illumination'.
Standort: Hell bis halbschattig, windgeschützt im Freien.
Pflege: Verlangt wird eine humose, durchlässige Erde, den Sommer über mäßige, aber gleichmäßige Feuchtigkeit. Von Mai bis Oktober wöchentliche Düngergaben. Vor dem ersten Frost – nicht früher – nimmt man die Knollen aus dem Boden und lagert sie über Winter kühl und trocken bei etwa 10° C. Das Kraut vorher auf Stengel von 2–3 cm Länge abschneiden, die Knollen nicht verletzen. Infektionsgefahr! Kurzzeitig leichter Frost schadet nicht. Ab März wird bei Helligkeit und Wärme neu angetrieben.
Vermehrung: Im Frühjahr durch Knollenteilung.
Schädlinge, Krankheiten: Blattläuse; Mehltau.
Verwendung: Terrassen- und Balkonpflanze für nicht zu sonnige, windgeschützte Standorte.

Zwei aus dem Begonien-Clan, die sich wundervoll als Ampelpflanzen eignen: *Begonia limmingheana,* eine der ältesten Strauchbegonien, und die moderne Benary-Züchtung 'Illumination', eine Knollenbegonien-Hybride.

Rosa Eisbegonie

Rote Eisbegonie

Weiße Eisbegonie

Begonia-Corallina-Hybriden, wegen ihrer apart getupften Blätter auch Forellenbegonien genannt, gelten mit als die schönsten Strauchbegonien.

Begonia metallica bezaubert durch metallisch glänzendes Laub und flaumbedeckte Blüten in kräftigem Pink.

BEGONIA (FORTSETZUNG)

Begonie, Schiefblatt

Eisbegonien (Semperflorens-Hybriden) blühen einjährig auf Beeten und Rabatten, in Kästen und Schalen und werden vor allem gerne in öffentlichen Anlagen als Füller für Beete und Ornamentpflanzungen verwendet. Es gibt zahlreiche Sorten in Weiß, Rosa und den verschiedensten Rotvarianten.

Standort: Hell, auch direkte Sonne.

Pflege: Gleichmäßig feucht halten. Ballentrockenheit ebenso vermeiden wie Vernässung. Alle zwei bis drei Wochen mäßig düngen.

Vermehrung: Durch Aussaat Ende Dezember bei etwa 23° C Bodenwärme.

Krankheiten: Echter Mehltau.

Verwendung: Einjährige Blütenpflanze für sonnige Standorte, Balkon und Terrasse sowie Beet.

Strauchbegonien: Mehrjährige und meist strauchig wachsende Begonien, die einen beträchtlichen Umfang erreichen können.

Die wüchsigen Begonia-Corallina-Hybriden oder Forellenbegonien mit rosafarbenen bis roten, hängenden Blütenständen und teilweise interessant gemustertem Laub können eine Höhe von 2 m erreichen. Bekannte Sorten sind: 'Madame Charrat', 'Luzerna', 'Président Carnot'. In Italien ist die relativ neue Sorte 'Tamaya' entstanden, die häufig als Hochstämmchen angeboten wird.

Begonia limmingheana ist kriechend oder kletternd mit 12 cm langen, ovalen Blättern. Sie eignet sich mit ihren hängenden Trieben auch für die Ampelpflanzung. *Begonia metallica* hat olivgrüne, 8–12 cm lange, metallisch glänzende, auf der Unterseite purpurrote Blätter.

Standort: Ganzjährig hell, aber nicht zu sonnig, warm (20–22° C). Im Winter möglichst nicht unter 16° C.

Pflege: Mit kalkfreiem Wasser gleichmäßig feucht halten. Von März bis September wöchentlich düngen. Zum Umtopfen genügt Einheitserde mit einigen Styroporflocken. Die Pflanzen zurückschneiden, wenn sie zu groß und sparrig werden.

Vermehrung: Durch Kopfstecklinge, die in Erde oder Wasser leicht bewurzeln.

Schädlinge, Krankheiten: Blattläuse, Thripse durch zu wenig oder zu viel gießen; Mehltau bei zu nasser Haltung.

Verwendung: Blütenpflanze für helle, warme Zimmer und Wintergarten, *B. limmingheana* als Ampelpflanze.

Begonia-Corallina-Hybride

Begonia metallica

Bild rechts: Begonia corallina

Besonders berühmt wurde der in Italien aus *Begonia corallina* gezüchtete 'Tamaya'-Hochstamm, hier zusammen mit rosa Zimmerazaleen und einem Schwertfarn.

Bellis – Blechnum

Sehr hübsch macht sich *Bellis perennis* zusammen mit niedrigen Vergißmeinnicht oder in Kästen und Schalen in Gemeinschaft mit Frühlingszwiebelblumen.

Leider wird *Beloperone guttata*, im Frühjahr preiswert gekauft, häufig als »Wegwerfpflanze« behandelt; dabei ist der kleine Strauch jahrelang haltbar.

Bellis perennis 'Pomponette'

BELLIS PERENNIS

Gänseblümchen, Maßliebchen, Tausendschön

Familie: Korbblütler, *Compositae*.
Heimat: Europa, Afrika, Asien.
Blütezeit: März bis Juni.

Zweijährige, kompakte, 10–20 cm hohe Balkon- und Gartenblume, vom Gänseblümchen abstammend. Viele Zuchtformen mit sehr viel größeren, teils gefüllten Pomponblüten wie die Sorte 'Medicis' in Weiß, Rosa und Rot. Weitere schöne Züchtungen unter vielen anderen: 'Pomponette', 'Teppich', 'Super Enorma'. Obgleich es sich eigentlich um ausdauernde Stauden handelt, wird *Bellis perennis* zweijährig kultiviert, da die Blüte spätestens nach dem dritten Standjahr deutlich nachläßt.

Standort: Sonne bis Halbschatten.

Pflege: Während der Wachstumszeit reichlich gießen. Abgewelkte Blüten entfernen und Kasten- oder Schalenpflanzung wöchentlich düngen. Als Substrat genügt Einheitserde.

Vermehrung: Durch Aussaat im Juni für die nächstjährige Blüte.

Krankheiten: Echter Mehltau.

Verwendung: Balkon- und Gartenblume, gut geeignet zum Einfassen von Beeten und Rabatten.

BELOPERONE GUTTATA

Beloperone, Spornbüchschen, Zimmerhopfen

Familie: Akanthusgewächse, *Acanthaceae*.
Heimat: Mexiko.
Blütezeit: Fast ganzjährig.

Von den etwa 30 Arten ist bei uns fast ausschließlich *B. guttata* in Kultur, die jetzt botanisch korrekt *Justicia brandegeana* heißt. Es handelt sich um einen reichverzweigten Strauch oder Halbstrauch, der etwa 1–1,20 m hoch werden kann, im Topf aber kaum über 80 cm hinauskommt. Die Blätter sind etwa 6 cm lang und eiförmig. Die unscheinbaren weißen Blüten stehen in einer etwa 20 cm langen, hopfenähnlichen Ähre zusammen, die dicht mit gelbbraunen Deckblättern besetzt ist. Die aparten, dachziegelartig übereinander liegenden Deckblätter bleiben lange erhalten, während die Blüten bereits nach kurzer Zeit abfallen.

Standort: Ganzjährig sehr hell, aber keine pralle Mittagssonne. Im Sommer warm, im Winter nicht unter 12°C. Liebt Sommeraufenthalt im Freien.

Pflege: Im Sommer reichlich, im Winter sparsamer gießen. Von März bis August alle drei oder vier Wochen düngen. Um einen buschigen Wuchs zu erzielen, schneide ich meinen Zimmerhopfen regelmäßig in jedem Frühjahr, gleichzeitig mit dem Umtopfen in Einheitserde, um etwa ein Drittel zurück, wobei vor allem ältere, sparrige Triebe der Schere zum Opfer fallen.

Vermehrung: Durch Aussaat- oder Kopfstecklinge im Frühjahr bei 20–25° C Bodenwärme und am besten mit Folienhaube.

Schädlinge, Krankheiten: Blattläuse, Spinnmilben. Bei zu dunklem und zu nassem Winterstandort Gelbfärbung der Blätter, bei zu trockener Haltung Blattfall.

Verwendung: Zimmerpflanze für hellen Standort, aber auch Kübel- und Wintergartenpflanze.

Beloperone guttata

Billbergia nutans

BILLBERGIA NUTANS
Zimmerhafer

Familie: Ananasgewächse, *Bromeliaceae.*
Heimat: Tropisches Südamerika.
Blütezeit: Je nach Kultur ganzjährig, vorzugsweise im Winter.

Der Zimmerhafer hat etwa 30 cm lange, schmale, in einer Rosette angeordnete, grasähnliche Blätter und rötliche Hochblätter, die zusammen mit den unscheinbaren, grünvioletten Blüten zu einem nickenden Blütenstand vereint sind.
Standort: Hell bis halbschattig, luftfeucht, warm, im Sommer auch im Freien; Wintertemperatur nicht unter 12° C.
Pflege: Im Sommer feucht halten, im Winter bei kühlem Standort nur mäßig gießen. Trockenheit beeinträchtigt die Blüte, die man andererseits durch tägliches Übersprühen mit kalkfreiem Wasser fördern kann. Im Sommer wöchentlich düngen.
Vermehrung: Durch Kindel, die man im Frühjahr abnimmt, wenn sie 10–15 cm lang sind, oder Teilung.
Schädlinge: Schildläuse, Wurzelläuse.
Verwendung: Zimmerpflanze für hellen, warmen Standort.

BLECHNUM
Rippenfarn

Familie: Rippenfarngewächse, *Blechnaceae.*
Heimat: Südamerika, Neukaledonien. *Blechnum spicant* weltweit.
Blütezeit: Keine Blütenpflanze.

Als Schmuckpflanzen kommen folgende *Blechnum*-Arten besonders in Frage: *B. brasiliense*, die sich zu großen Exemplaren mit bis zu 1 m hohen Stämmen entwickeln kann, *B. gibbum*, im Alter gleichfalls stammbildend mit langen Wedeln, sowie *B. spicant*, unser heimischer Rippenfarn, mit bis zu 50 cm langen, dunkelgrünen Wedeln.
Standort: Halbschattig, warm, luftfeucht, im Winter mindestens 12° C (*B. spicant* bei 3–5° C).
Pflege: Im Sommer mit kalkfreiem Wasser reichlich gießen. Ballentrockenheit ist schädlich. Monatlich schwach düngen. Aufgrund des Bedarfs an hoher Luftfeuchtigkeit empfiehlt sich das Einfüttern des Topfes in ein viel größeres, mit feuchtem Sand gefülltes Gefäß. Wenn es erforderlich wird, umzutopfen, sollte die Erdmischung humos und locker sein.
Vermehrung: Durch Sporenaussaat im heizbaren Vermehrungsbeet bei 20–25° C Bodenwärme.
Schädlinge: Blattläuse, Schildläuse, Spinnmilben bei zu trockener Luft.
Verwendung: Grünpflanze für halbschattigen, warmen und luftfeuchten Standort im Zimmer; im Sommer schattig auch auf Balkon und Terrasse.

Blechnum gibbum

Blechnum brasiliense

Von *Billbergia nutans* gibt es zahlreiche Zuchtformen, die allesamt zu den pflegeleichten Zimmerpflanzen gehören.

Aus der Blattmitte von *Blechnum brasiliense* entrollen sich aus »Farnschnecken« die neuen Wedel (Bild unten).

Ältere Exemplare von *Blechnum gibbum* können fürs Zimmer zu groß werden und sind dann besser im temperierten Wintergarten aufgehoben.

BOUGAINVILLEA

Bougainvillee, Drillingsblume

Familie: Wunderblumengewächse, *Nyctaginaceae.*
Heimat: Südamerika.
Blütezeit: April bis Juni.

Von diesen kräftig wachsenden, 3–4 m hoch werdenden Kettersträuchern sind heute hauptsächlich Hybriden im Handel. Wenn die Pflanzen in Blüte stehen, sind sie über und über mit violettfarbenen, roten, rosafarbenen, weißen oder gelborangefarbenen Hochblättern bedeckt, zwischen denen kleine, gelblichweiße Blüten sitzen.

Standort: Sonnig, warm, im Sommer windgeschützt im Freien. Im Winter kühl bei 8–10° C. Vor Zugluft schützen.

Pflege: Die Pflanze benötigt gleichmäßige Feuchtigkeit und wöchentliche Düngung im Sommer. Im Winter hält man sie bei kühlem Stand fast trocken. Junge Pflanzen jährlich, ältere alle zwei oder drei Jahre in Einheitserde und nicht zu großen Topf umsetzen. Dabei nach Bedarf zurückschneiden. Zu warme Überwinterung geht zu Lasten der Blüte. Bei Topfkultur muß man die langen Ranken an einem Gerüst oder Rundbogen aufbinden, damit die empfindlichen Blüten ungestört bleiben.

Vermehrung: Durch Kopfstecklinge bei etwa 25° C Bodentemperatur, möglichst mit Bewurzelungshormon. Schwierig.

Schädlinge, Krankheiten: Gelegentlich treten Schildläuse auf. Gelbe Blätter sind ein Zeichen zu nasser Haltung; Blattfall im Sommer kommt von zu trockener Haltung, Blattfall im Winter ist natürlich.

Verwendung: Kübelpflanze für den Wintergarten, im Sommer im Freien. Zimmerpflanze.

Bei dieser Nahaufnahme einer *Bougainvillea* kann man deutlich die optische Dominanz der großen Hochblätter gegenüber den kleinen Blütchen erkennen.

Bougainvillea-Blüten in Nahaufnahme

Hier sieht man der *Bougainvillea* nicht an, daß es sich eigentlich um einen Kletterstrauch mit langen, bedornten Trieben handelt.

Reichblühende Bougainvillea-Hybride

TIP

Wenn meine Bougainvilleen blühfaul sind, verordne ich ihnen eine kurze Trockenperiode.

Bouvardia-Hybride

BOUVARDIA
Bouvardie

Familie: Krappgewächse, *Rubiaceae.*
Heimat: Mexiko.
Blütezeit: Sommer bis Herbst.

Die strauchig wachsende, bis 90 cm hohe Pflanze besitzt schmallanzettliche Blätter und in Doldentrauben oder Trugdolden erscheinende, einfache oder gefüllte, weiße, rosa oder rote Blüten. Für Zimmerkultur eignen sich vor allem die Arten *B. leiantha* und *B. longiflora.*
Standort: Ganzjährig hell, aber keine pralle Sonne, luftig, im Sommer auch im Freien. Im Winter bei 5–10° C.
Pflege: Während der Wachstumszeit stets mäßig feucht halten und wöchentlich düngen. Im Winter, vor allem *B. longiflora,* nahezu trocken halten. Häufiges Stutzen fördert einen buschigen Wuchs. Zu groß gewordene Pflanzen im Frühjahr teilen, in Einheitserde umtopfen und zurückschneiden.
Vermehrung: Durch Kopfstecklinge bei 20-25° C Bodenwärme. Wurzelschnittlinge benötigen mehr Zeit.
Schädlinge: Blattläuse.
Verwendung: Kübelpflanze für den Wintergarten, im Sommer im Freien.

Brachycome iberidifolia

BRACHYCOME IBERIDIFOLIA
Blaues Gänseblümchen

Familie: Korbblütler, *Compositae.*
Heimat: Australien.
Blütezeit: Frühjahr bis Herbst.

Einjährige, sehr blühfreudige Pflanze mit feingefiederten Blättern. Bis in den Herbst hinein öffnen sich an den etwa 40 cm langen Trieben die je nach Sorte blauen, weißen oder rosafarbenen, zartduftenden Strahlenblüten.
Standort: Sonnig im Freien.
Pflege: Die Pflanzen müssen so reichlich gegossen werden, daß keine Ballentrockenheit auftritt, und erhalten wöchentlich ihre Düngerration. Verblühtes wird regelmäßig entfernt. Sie gedeihen in üblicher Erde für Balkonblumen.
Vermehrung: Durch Aussaat im März bei 20-22° C Bodenwärme oder Stecklinge.
Schädlinge: Weiße Fliege.
Verwendung: Für Schalen, Ampeln und Balkonkästen.

Browallia speciosa

BROWALLIA SPECIOSA
Browallie

Familie: Nachtschattengewächse, *Solanaceae.*
Heimat: Tropisches Amerika.
Blütezeit: Ganzjährig.

30–50 cm hoher Halbstrauch mit großen, blauen Blüten mit hellerem Schlund und lanzettlichen, dunkelgrünen Blättern. Die Pflanze ist – wie alle Nachtschattengewächse – giftig. Als einjährige Gartenblumen eignen sich die Arten *B. grandiflora* und *B. viscosa,* die ab Februar auf der Fensterbank vorgezogen werden.
Standort: Hell bis sonnig und warm. Den Sommer über bei Mittagssonne schattieren. Nicht unter 15° C überwintern.
Pflege: Im Sommer reichlich gießen und alle 14 Tage düngen; bei kühler Überwinterung nur mäßig gießen. Umtopfen entfällt, da die Browallie schnell vergreist und daher meist nur einjährig gehalten wird.
Vermehrung: Durch Aussaat im Frühjahr bei 20-25° C oder Stecklinge.
Schädlinge: Spinnmilben, Schildläuse, Weiße Fliege bei zu trockener Luft.
Verwendung: Zimmerpflanze für hellen, warmen Standort.

Als Zimmerpflanzen sieht man Bouvardien noch relativ selten, aber vielleicht steht der Sprung aus dem Gesteck der Floristen in den Blumentopf auf dem Fensterbrett ja noch bevor.

In ihrer australischen Heimat wächst die *Brachycome* zwischen Steinen und Felsen.

Ihren Namen verdankt die *Browallia* dem finnischen Bischof Johan Browallius, der gleichzeitig Botaniker und ein Freund Carl von Linnés war.

Bei der etwas sparrig wachsenden *Brunfelsia* bringt auch häufiges Stutzen nur selten eine bessere Verzweigung.

Schattenverträglichkeit und geringe Ansprüche sind Eigenschaften, die *Buddleja indica* eigentlich zu mehr Popularität verhelfen sollten.

Auch als Kübelpflanze kommt der Buchsbaum jetzt wieder zu neuen Ehren, man findet ihn immer häufiger, z. B. im Eingangsbereich des Wohnhauses.

Brunfelsia pauciflora var. calycina

BRUNFELSIA
Brunfelsie

Familie: Nachtschattengewächse, *Solanaceae*.
Heimat: Tropisches Mittel- und Südamerika.
Blütezeit: Januar bis Mai.

Immergrüner Strauch mit ledrigen, grünen Blättern und weiß bis blauvioletten, großen scheibenförmigen Blüten. Im Handel angeboten wird vor allem *B. pauciflora* var. *calycina*. Die Pflanze ist giftig.
Standort: Ganzjährig hell, warm und luftfeucht. Von November bis Januar *B. pauciflora* kühl halten (10–12° C), um den Knospenansatz zu fördern.
Pflege: Mit kalkarmem, temperiertem Wasser gleichmäßig feucht halten und in der Wachstumszeit alle 14 Tage düngen. Die Erde sollte humos und kalkarm sein.
Vermehrung: Durch Kopfstecklinge bei 30° C Bodentemperatur und mit Bewurzelungshormon. Schwierig und langwierig.
Schädlinge, Krankheiten: Schildläuse, Spinnmilben; bei Staunässe oder Ballentrockenheit Blattfall.
Verwendung: Zimmerpflanze für hellen, warmen Standort, im warmen Wintergarten.

Buddleja indica

BUDDLEJA INDICA
Zimmereiche

Familie: Buddlejagewächse, *Buddlejaceae*.
Heimat: Madagaskar.
Blütezeit: Blüht in Kultur kaum.

Die Zimmereiche, früher als *Nicodemia diversifolia* bekannt, ist ein bezaubernder, immergrüner, kleiner, reichverzweigter Strauch mit eichenlaubähnlichen, gebuchteten, dunkelgrünen Blättern, deren Oberflächen metallisch schimmern.
Standort: Halbschattig bis schattig, lauwarm, verträgt jedoch Temperaturen zwischen 5 und 20° C.
Pflege: Im Sommer reichlich gießen und wöchentlich düngen, im Winter bei kühlem Stand weniger Wasser geben. Jedes Jahr in Einheitserde umtopfen und bei Bedarf zurückschneiden. Jungpflanzen stutzen, um buschigen Wuchs zu erzielen.
Vermehrung: Ganzjährig durch ausgereifte Kopfstecklinge, die bei 20–25° C Bodenwärme gut bewurzeln.
Schädlinge: Spinnmilben bei zu trockener und heller Haltung.
Verwendung: Grünpflanze für halbschattige Standorte im Zimmer und Gewächshaus, auch für Ampeln.

Buxus sempervirens

BUXUS SEMPERVIRENS
Buchsbaum

Familie: Buchsbaumgewächse, *Buxaceae*.
Heimat: Europa, Afrika, Asien.
Blütezeit: März/April.

Immergrüner und dichtverzweigter Strauch oder Baum. Die Wildform kann bis zu 8 m hoch werden. Es gibt aber viele Sorten, die sehr viel kleiner bleiben und sich deshalb gut für Kübelpflanzung eignen, z. B. 'Suffruticosa', der Einfassungsbuchs, 'Bullata' oder 'Faulkner'. Die Blätter sind eiförmig, je nach Sorte dunkelgrün glänzend bis gelbgrün gefleckt.
Die Pflanze ist in allen Teilen giftig.
Standort: Sonnig bis schattig im Freien. Steht die Pflanze im Kübel, sollte man sie bei strengen, anhaltenden Frösten an einen geschützten Platz, z. B. eine Garage, stellen.
Pflege: Während der Wachstumszeit regelmäßig gießen und monatlich düngen.
Vermehrung: Durch Stecklinge im Frühjahr oder Sommer. Die Bewurzelung dauert ziemlich lange.
Schädlinge, Krankheiten: Selten.
Verwendung: Frostharte Kübelpflanze für Balkon und Terrasse, Beeteinfassung oder Solitärstrauch.

Caladium-Bicolor-Hybriden

Caladium-Bicolor-Hybriden sind Blattschmuckpflanzen par excellence. Was viele nicht wissen: In der Eingeborenensprache bedeutet *Caladium* so viel wie »Pflanze mit eßbaren Wurzeln«. Es handelt sich bei den südamerikanischen Arten also um schlichte Nutzpflanzen.

CALADIUM-BICOLOR-HYBRIDEN

Buntblatt, Buntwurz, Kaladie

Familie: Aronstabgewächse, *Araceae*.
Heimat: Tropisches Amerika.
Blütezeit: Blüht in Kultur selten.

Farbenprächtige Blattpflanze mit flachen Wurzelknollen. Im Handel sind zahlreiche weiß-, rosa- und rotgefleckte oder apart marmorierte Sorten erhältlich. 'Candida' beispielsweise strahlt in leuchtendem Weiß mit dunkleren Blattadern, 'John Reed' schmückt sich mit rotgrünen Blättern. Im Spätsommer und Herbst trocknen die Blätter langsam ein und fallen ab.

Standort: Hell bis halbschattig, keine Sonne, gleichmäßig warm bei 20-25° C, für ausreichende Luftfeuchtigkeit sorgen.

Pflege: Während der Wachstumszeit gut feucht halten und für hohe indirekte Luftfeuchtigkeit sorgen. Ab September weniger gießen. Nach dem Blattfall die Knollen in trockenem Sand oder im Topf bei 18° C überwintern. Im Februar/März in gut durchlässige Blumenerde neu eintopfen und bei viel Wärme, Helligkeit und leicht feuchtem Substrat antreiben. Sobald die Blätter erscheinen, die Luftfeuchtigkeit erhöhen, dazu den Topf am besten auf eine wasserverdunstende Unterlage stellen (ideal sind Orchideen-Schalen mit Gittereinsatz). Bis zum Juli/ August alle 14 Tage düngen.

Vermehrung: Durch Abtrennen von Seitenknöllchen oder Teilung der Knollen kurz vor dem Austrieb, wobei jedes Teilstück mindestens ein Auge (Knospe) aufweisen muß.

Schädlinge: Blattläuse bei zu trokkener Luft.

Verwendung: Wegen des Bedarfs an hoher Luftfeuchtigkeit für das geschlossene Blumenfenster oder Gewächshaus am besten geeignet.

TIP

Das Buntblatt benötigt eine relativ hohe Luftfeuchtigkeit, darf aber nicht direkt besprüht werden, da die Blätter sonst braune Flecken bekommen.

Calathea – Callisia

Leider sind Korbmaranten vor allem wegen des hohen Bedarfs an Luftfeuchte nicht ganz pflegeleicht, so daß sie sich im Zimmer meist nur über eine begrenzte Zeit kultivieren lassen.

Hier zeigt sich die Vielfalt und Vielgestaltigkeit der Blätter von *Calathea*; das ganze Spektrum der Arten und Hybriden wird man wohl nur in botanischen Sammlungen bewundern können.

CALATHEA
Korbmarante

Familie: Pfeilwurzgewächse, *Marantaceae*.
Heimat: Tropisches Südamerika.
Blütezeit: Frühjahr bis Sommer.

Die meisten dieser attraktiven, 20–50 cm hohen Blattschmuckgewächse sind in den feuchtwarmen Regenwäldern Südamerikas beheimatet, woraus sich bereits Rückschlüsse auf die nicht ganz problemlose Pflege ziehen lassen. Alle Arten tragen große, kurz- oder langgestielte, gestreifte oder gefleckte, ovale oder längliche Blätter. Die Blüten sind zapfen- oder korbförmig angeordnet. *C. lancifolia* hat bis zu 50 cm lange, lanzettliche, stark gekräuselte, olivgrüngefleckte Blätter. *C. makoyana* trägt entlang der Mittelrippe dunkelgrüne Zeichnungen auf weiß gefeldertem Grund, die Blätter von *C. ornata* sind oberseits kräftig grün mit rosa Streifen, unterseits rot.

Standort: Ganzjährig hell bis halbschattig, luftfeucht, warm (Tagestemperatur über 20° C, Nachttemperatur nicht unter 18° C); im Winter etwas kühler, bei 12–15° C. Bodenkühle und Zugluft unbedingt vermeiden.

Pflege: Im Sommer reichlich gießen, alle 14 Tage düngen und für hohe Luftfeuchtigkeit sorgen. Im Winter weniger gießen. Alle 2–3 Jahre umtopfen. Zum Umtopfen empfiehlt sich ein durchlässiges Substrat mit hohem Torfanteil.

Vermehrung: Durch Teilung.

Schädlinge: Schildläuse und Spinnmilben bei zu trockener Luft.

Verwendung: Grünpflanze für das geschlossene Blumenfenster, Warmhaus oder den Wintergarten.

Calathea makoyana zusammen mit Aglaonema

Blätter verschiedener Calathea-Züchtungen

TIP

Wenn die Blätter der Korbmarante sich einrollen, muß die Luftfeuchtigkeit erhöht werden.

Die Schönsten Pflanzen von A–Z

Calceolaria-Hybride

CALCEOLARIA
Pantoffelblume

Familie: Braunwurzgewächse, *Scrophulariaceae.*
Heimat: Mittel- und Südamerika.
Blütezeit: Mai bis Oktober.

Charakteristisches Merkmal dieser einjährigen, farbenfreudigen Blütenpflanze ist die zu einem »Schuh« aufgeblasene Unterlippe der Blüte. Pantoffelblumen werden als Zimmer-, aber auch Balkon- und Gartenpflanzen angeboten und erfreuen durch ihre unzähligen gelben, orangefarbenen oder rotgemusterten Blüten.
Standort: Hell, aber nicht sonnig, bis halbschattig, im Zimmer möglichst kühl (um 15° C), im Freien regen- und windgeschützt.
Pflege: Reichlich gießen und wöchentlich düngen. Der Wurzelballen sollte stets feucht, aber nicht naß sein.
Schädlinge, Krankheiten: Blattläuse, Weiße Fliege, Spinnmilben; schlaffe Blätter weisen auf Wassermangel hin.
Vermehrung: Durch Aussaat im Januar, Hybriden im Spätsommer durch Stecklinge.
Verwendung: Herrliche Blütenpflanzen für Zimmer, Balkon und Garten.

Calliandra tweedii

CALLIANDRA TWEEDII
Feuerbusch

Familie: Hülsenfrüchtler, *Leguminosae.*
Heimat: Brasilien.
Blütezeit: Frühsommer.

Immergrüne Kübelpflanze mit dünnen, überhängenden Zweigen und feingefiederten Blättern. Die an Puderquasten erinnernden Blüten sind über und über mit langen, flammendroten Staubfäden besetzt.
Standort: Hell bis sonnig, warm und luftfeucht. Im Winter nicht unter 15° C.
Pflege: Im Sommer stets feucht halten und alle 14 Tage düngen. Oft übersprühen, da hohe Luftfeuchtigkeit gewünscht wird. Beim Umtopfen in Einheitserde im Frühjahr empfiehlt sich ein leichter Rückschnitt, da die Pflanze sonst zu sparrig wird.
Vermehrung: Durch Aussaat oder Kopfstecklinge.
Schädlinge: Blattläuse, Weiße Fliege.
Verwendung: Immergrüne Kübelpflanze für warmes Gewächshaus und Wintergarten. Kann auch als Hochstämmchen gezogen werden.

Callisia elegans

CALLISIA
Callisie

Familie: Commelinengewächse, *Commelinaceae.*
Heimat: Mittel- und Südamerika.
Blütezeit: Frühsommer.

Niederliegende bis aufsteigende Stauden mit kleinen, weißlichen, unscheinbaren Blüten, die in den Blattachseln stehen. *C. elegans* 'Striata' ist eine kriechende Sorte mit grünweißgestreiftem Laub. *C. fragrans* wächst aufrecht und hat dunkelgrüne Blätter. *C. repens* bildet lange Triebe, die mit kleinen, rundlichen Blättern besetzt sind.
Standort: Hell bis halbschattig, wobei die buntblättrigen Sorten immer heller als die grünlaubigen stehen sollten, warm (Mindesttemperatur 15° C), luftfeucht.
Pflege: Reichlich mit enthärtetem, temperiertem Wasser gießen und sprühen. Von April bis September wöchentlich düngen. Lange Triebe einkürzen.
Vermehrung: Durch Stecklinge unter der Plastikhaube.
Schädlinge: Blasenfüße, Spinnmilben.
Verwendung: Ampelpflanzen für hellen, warmen Standort, im Wintergarten oder Gewächshaus.

Während Pantoffelblumen vor allem im Balkonkasten immer noch ihren angestammten Part spielen, sind sie als Zimmerpflanzen etwas aus der Mode gekommen.

Der Feuerbusch gehört nicht gerade zu den narrensicheren Pflanzen, und in manchen Jahren blüht er aus unerfindlichen Gründen überhaupt nicht.

Callisien sind reizende Bodenbegrüner, wegen ihrer langen Triebe aber auch für Ampeln geeignet.

Callistemon – Camellia

Um buschige Exemplare von *Callistemon citrinus* zu erhalten, sollte man die Jungpflanzen immer etwas stutzen.

Wer verschiedenfarbige Varietäten von *Calluna vulgaris* miteinander kombiniert, kann wirkungsvolle Effekte erzielen.

Camellia sasanqua und ihre Sorten eignen sich recht gut für die Zimmerkultur.

Callistemon citrinus

CALLISTEMON CITRINUS
Zylinderputzer, Schönfaden

Familie: Myrtengewächse, *Myrtaceae.*
Heimat: Australien.
Blütezeit: Juni bis Juli.

Seinen Namen bekam dieser immergrüne Strauch aufgrund seiner flaschenbürstenartigen, bis zu 10 cm langen Blütenähren, die aus vielen kleinen Blüten zusammengesetzt sind, die keine Blütenblätter, sondern extrem lange und auffallend scharlachrot gefärbte Staubblätter besitzen.
Standort: Hell bis vollsonnig, warm, im Sommer auch im Freien. Im Winter bei 6–8° C.
Pflege: Im Sommer mit kalkfreiem Wasser reichlich gießen, jedoch Staunässe vermeiden, und alle zwei Wochen düngen. Zu lange Triebe nach der Blüte zurückschneiden. Im Winter nur so viel gießen, daß der Ballen nicht austrocknet.
Vermehrung: Durch Stecklinge im Sommer bei 20–25° C Bodenwärme.
Schädlinge, Krankheiten: Schildläuse; gelbe Blätter durch zu hartes Wasser oder Überdüngung.
Verwendung: Kübelpflanze für sonnigen Standort und Wintergarten.

Calluna vulgaris 'Jan Dekker'

CALLUNA VULGARIS
Heidekraut, Besenheide

Familie: Heidekrautgewächse, *Ericaceae.*
Heimat: Europa, Sibirien, Kleinasien.
Blütezeit: Juni bis November.

Heidekraut ist ein 20–90 cm hoher Zwergstrauch mit schmalen, schuppenförmigen Blättern in Grün, Gelb oder Graugrün und kleinen, in endständigen, dichten Trauben stehenden Glockenblüten in Rosa, Rot oder Weiß. Es gibt einfache, aber auch gefüllte Sorten, die zu den verschiedensten Jahreszeiten erblühen.
Standort: Sonnig bis halbschattig im Freien in sandigem, saurem Boden.
Pflege: Im Sommer gleichmäßig leicht feucht halten. Im Frühjahr und Frühsommer düngen. Im Winter wenig gießen, jedoch nicht austrocknen lassen. Im Frühjahr zurückschneiden.
Vermehrung: Im Sommer durch Stecklinge oder Absenker, im Frühjahr durch Aussaat direkt ins Freie.
Schädlinge, Krankheiten: Selten.
Verwendung: Blütenpflanze für Balkonkasten, Schalen, Beeteinfassungen, Heidegärten.

Camellia sasanqua var. fragrans

CAMELLIA
Kamelie, Teestrauch

Familie: Teestrauchgewächse, *Theaceae.*
Heimat: Asien.
Blütezeit: Herbst bis Frühjahr.

Kamelien sind immergrüne Sträucher mit dunkelgrünen, harten, glänzenden Blättern und großen, im Winter erscheinenden Blüten. Die weißen, rosa, roten oder mehrfarbigen Blüten sind je nach Art oder Sorte einfach, halb- oder ganzgefüllt und 5–16 cm groß. Bedeutung haben vor allem die Abkömmlinge und Züchtungen von *C. japonica* und die Williamsii-Hybriden.
Beliebte *Japonica*-Sorten sind unter vielen: 'Matterhorn' (weiß, gefüllt), 'Yucumi Guruma' (weiß, einfach), 'Cheryll Lynn' (rosa, gefüllt), 'Gloire de Nantes' (rosa, halbgefüllt), 'Alexander Hunter' (rot, einfach), 'Apollo' (rot, halbgefüllt), 'Mathotiana' (rot, gefüllt), 'Daikagura' (hellrosa mit weißen Flecken, halbgefüllt), 'Tricolor' (weißgestreift, halbgefüllt).
Von den Williamsii-Hybriden wären zu nennen: 'Boven Bryant' (dunkelrosa, halbgefüllt), 'Donation' (rosa mit dunklerer Aderung, halbgefüllt),

'Freedom Bell' (hellrot, einfach), 'Water Lily' (hellrosa, gefüllt). Für die Zimmerkultur kommen auch Sorten von *C. sasanqua* in Frage.

Standort: Hell bis halbschattig, nicht sonnig, kühl (nicht über 18° C), im Sommer auch im Freien; verlangt hohe Luftfeuchtigkeit. Voll im Flor kann man Kamelien kurzfristig ins warme Wohnzimmer holen.

Pflege: Ganzjährig mäßig feucht halten, stets mit kalkfreiem Wasser gießen. Ab Triebbeginn wird jede Woche mit Blumendünger in halber Konzentration oder mit Azaleendünger für Nahrung gesorgt. Ab Ende Juli, bei Erscheinen der ersten Knospen, das Düngen einstellen und die Wassergaben einschränken. Umgetopft wird, falls notwendig, nach der Blüte beim Austrieb in kalkfreies, saures Substrat. Ein Rückschnitt wird von Kamelien nicht gut vertragen.

Vermehrung: Durch Kopfstecklinge im August bei 20–25° C Bodenwärme und mit Bewurzelungshormon.

Schädlinge, Krankheiten: Schildläuse, Blattläuse, Schmierläuse und Dickmaulrüssler. Rußtau, Laubfall nach zu warmer Überwinterung.

Verwendung: Herrliche Blütenpflanze für Topf und Kübel, für Wintergarten und Gewächshaus. Bei Zimmerkultur nach geeigneten Sorten fragen.

Eine exquisite Rarität: Kamelie als Bonsai

Blüten verschiedener Kamelien-Sorten

Ein kleiner Ausschnitt aus dem großen Sortiment herrlicher Kamelien-Sorten. Spezialgärtnereien halten noch weit mehr bereit.

TIP

Damit Kamelien ihre Knospen oder Blüten nicht abwerfen, dürfen sie nicht ständig hin- und hergerückt oder angestoßen werden. Schädlich sind außerdem hartes Wasser und trockene, warme Luft.

Campanula poscharskyana

Campanula isophylla 'Alba' und 'Mayi'

CAMPANULA
Glockenblume

Familie: Glockenblumengewächse, *Campanulaceae.*
Heimat: Südeuropa.
Blütezeit: *C. fragilis* Mai bis Juli, *C. isophylla* April bis Oktober.

Von den vielen Glockenblumen-Arten sind vor allem zwei für die Zimmerkultur geeignet:
C. fragilis, die Zerbrechliche Glokkenblume hat niederliegende bzw. hängende Triebe und herzförmige Blätter. Die Blüten sind weiß oder hellblau, oft mit hellerer Mitte. Die Pflanze wird meist einjährig gezogen und eignet sich sehr gut als Ampelpflanze.
Bei *C. isophylla* sind die Triebe länger, die Blüten größer. Die Sorte 'Mayi' blüht blau, 'Alba' weiß. Auch diese Art wird gerne als Ampelpflanze gehalten.
Für die Bepflanzung von Balkon und Terrasse eignen sich u. a.:
C. carpatica, die Karpaten-Glockenblume, mit dichtbuschigem, polsterförmigem Wuchs und blauvioletten oder weißen Blüten. *C. portenschlagiana,* ebenfalls buschige Polster bildend, mit blauvioletten Blüten und *C. poscharskyana,* die lange Ausläufer bildet und kräftig blauviolett blüht.

Standort: Hell, aber keine pralle Sonne, luftig, kühl (7–16° C). Im Sommer schattig auch im Freien. Überwinterung kühl bei 10° C.
Pflege: Im Sommer wöchentlich düngen und regelmäßig gießen. Nach der Blüte Pflanzen kräftig zurückschneiden, relativ trocken halten und im Frühjahr in Blumenerde umtopfen.
Vermehrung: Durch Kopfstecklinge oder Teilung.
Schädlinge, Krankheiten: Spinnmilben, Blattläuse; Grauschimmel bei zu feuchter, gelbe Blätter bei zu trockener Haltung.
Verwendung: Ampelpflanze für kühle, helle Räume; im Sommer auf Balkon oder Terrasse.

TIP

Glockenblumen entwickeln sich besser, wenn das Gießwasser weich ist.

Campsis x tagliabuana

Canna-Indica-Hybriden

Campsis x *tagliabuana* eignet sich hervorragend als Grün- und Blütenschmuck für Wände oder Pergolen, wo das dichte Laubdach gleichzeitig für Schatten sorgt.

Außer in Kübeln oder sogar größeren Schalen lassen sich *Canna*-Hybriden auch frei ausgepflanzt kultivieren, wenn man die Rhizome frostfrei überwintert.

CAMPSIS
Trompetenblume

Familie: Bignoniengewächse, *Bignoniaceae.*
Heimat: China, USA.
Blütezeit: Juli bis Oktober.

Sommergrüner, blühfreudiger Kletterstrauch mit unpaarig gefiederten Blättern und trompetenförmigen orangefarbenen bis roten Blüten, die in endständigen Rispen oder Trugdolden stehen. *C. grandiflora* stammt aus China und ist bei uns nicht frosthart, während *C. radicans*, in Nordamerika heimisch, und die eher strauchartig wachsende Hybride *C.* x *tagliabuana* sogar ausgepflanzt in wintermildem Klima im Freien bleiben können.
Standort: Vollsonnig, windgeschützt, bei Kübelpflanzung Wintertemperaturen 5–10° C.
Pflege: Im Sommer reichlich gießen und einmal wöchentlich düngen. Die Trompetenblume wird im Herbst vor dem Einräumen zurückgeschnitten und treibt im Frühjahr wieder kräftig durch.
Vermehrung: Durch halbreife Stecklinge oder Absenker.
Schädlinge: Blattläuse, Spinnmilben.
Verwendung: Kletter- und Spaliersträucher für warme Südwände, Kübelpflanze im Wintergarten.

CANNA-INDICA-HYBRIDEN
Blumenrohr

Familie: Blumenrohrgewächse, *Cannaceae.*
Heimat: Mittel- und Südamerika.
Blütezeit: Juni bis Oktober.

Prachtvolle Staude mit großen blaugrünen Blättern, großen endständigen Blütenrispen leuchtendrot, -gelb oder -orange gefärbter Blüten und knollig verdicktem, kriechendem Wurzelstock. Die zahlreichen Sorten unterscheiden sich in Blüten- und Blattfarben und in der Wuchshöhe, die von 30 bis 200 cm reicht.
Standort: Den Sommer über sonnig und windgeschützt im Freien. Die Rhizome bei 10–12° C überwintern.
Pflege: Rhizome im Frühjahr in Einheits- oder Blumenerde antreiben, Ende Mai auspflanzen. Bis August reichlich wässern und jede Woche düngen. Nach den ersten Frösten bis auf 20 cm Höhe abschneiden und die Rhizome trocken überwintern.
Vermehrung: Durch Teilung der Rhizome.
Schädlinge, Krankheiten: Blattläuse; bei zu feuchter Lagerung faulen die Rhizome.
Verwendung: Beet- und Kübelpflanze.

TIP

Die Trompetenblume blüht an den neuen Trieben, sie kann also nach dem Flor im Herbst beliebig eingekürzt werden.

Die zierenden Früchte von *Capsicum annuum* können auch als Würze verwendet werden – wegen der brennenden Schärfe allerdings nur äußerst sparsam.

Carex brunnea ist ein Beispiel dafür, daß auch schlichte Gräser ihren Zierwert als Zimmerpflanzen besitzen.

Wegen ihres späten, erst im September/Oktober einsetzenden Flors ist die *Caryopteris*-Sorte 'Ferndown' eine interessante Ergänzung unter den sommerblühenden Pflanzen.

Capsicum annuum

CAPSICUM ANNUUM

Spanischer Pfeffer, Zierpfeffer

Familie: Nachtschattengewächse, *Solanaceae*.
Heimat: Mittel- bis Südamerika.
Blütezeit: Frühling bis Sommer.

Der Zierpfeffer ist eng mit unserem Gemüsepaprika verwandt, meist nur einjährig und nicht winterhart. Die kleine verzweigte, bis 40 cm hohe Pflanze trägt nach der Blüte unterschiedlich geformte und gefärbte, eiförmige oder spitz zulaufende Früchte in Gelb, Orange, Rot, Violett oder sogar Weiß. *Capsicum* wird meist im Herbst fruchtend angeboten. Die grünen Pflanzenteile sind giftig.
Standort: Hell, aber nicht sonnig, kühl.
Pflege: Sparsam, aber gleichmäßig gießen und wöchentlich düngen. Um ein vorzeitiges Schrumpfen der Früchte zu verhindern, stellt man den Topf auf ein feuchtes Kiesbett.
Vermehrung: Durch Aussaat im Frühjahr.
Schädlinge, Krankheiten: Blattläuse, Spinnmilben; bei zu feuchtem Stand Grauschimmel.
Verwendung: Schmuckpflanze für helle, nicht zu warme Räume.

Carex brunnea

CAREX BRUNNEA

Segge

Familie: Riedgräser, *Cyperaceae*.
Heimat: Südasien, Australien.
Blütezeit: Blüht in Kultur selten.

Mit ihren grasartigen, bis zu 30 cm langen, 3–4 mm breiten und weißgestreiften Blättern ist *C. brunnea* 'Variegata' eine hübsche Zierpflanze.
Standort: Sehr hell, auch vollsonnig, warm, luftfeucht, im Winter 10–15° C.
Pflege: Der Ballen sollte ganzjährig so feucht gehalten werden, daß er nicht austrocknet. Sprühen ist günstig. Gedüngt wird monatlich mit schwacher Lösung, umgetopft im Frühjahr in Einheitserde.
Vermehrung: Durch Teilung.
Schädlinge: Blattläuse, Spinnmilben.
Verwendung: Grünpflanze für hellen, warmen Standort im Zimmer und Wintergarten.
Auch *C. morrowii*, die Japanische Segge, eignet sich als Zimmerpflanze. Sie muß allerdings kühl und schattig stehen, und der Wurzelballen sollte vor dem nächsten Gießen etwas austrocknen.

Caryopteris x clandonensis

CARYOPTERIS X CLANDONENSIS

Bartblume

Familie: Eisenkrautgewächse, *Verbenaceae*.
Heimat: Ostasien.
Blütezeit: August bis Oktober.

Kleiner, sommergrüner Strauch mit blauen Blüten, die in Scheindolden am Ende der einjährigen Triebe erscheinen. Die etwas niedrigere, kompakte und überaus reichblühende Sorte 'Kew Blue' eignet sich sehr gut für größere Kübel. Bei uns sind vorwiegend die Sorten dieser Hybride im Handel.
Standort: Im Sommer sonnig und windgeschützt im Freien. Überwinterung hell oder dunkel bei 5–10° C.
Pflege: Im Sommer mäßig gießen, Staunässe auf jeden Fall vermeiden, die Pflanze eher etwas trockener halten. Gedüngt wird bis August alle vier Wochen. Im Winter wenig gießen, Ballen jedoch nicht austrocknen lassen. Im Frühjahr zurückschneiden, um buschigen Wuchs zu erreichen.
Vermehrung: Durch Stecklinge im Sommer.
Krankheiten: Vernässung führt zu Schäden.
Verwendung: Balkon- und Wintergartenpflanze.

Cassia siamea am Heimatstandort

Wie prachtvoll sich die *Cassia* am Heimatstandort entwickeln kann, zeigt dieses Foto von *Cassia siamea*, dem »Djohar«-Baum der asiatischen Tropen.

Typisch für *Cassia didymobotrya* sind die gefiederten Blätter und die gelben Blütenkerzen.

CASSIA

Gewürzrinde, Kerzenstrauch, Zimtbaum

Familie: Hülsenfrüchtler, *Leguminosae*.
Heimat: Tropen und Subtropen.
Blütezeit: Juli bis Oktober, *Cassia didymobotrya* im luftigen Wintergarten fast ganzjährig.

Gelbblühende 1–3 m hohe Sträucher mit paarig gefiederten Blättern. *C. corymbosa* hat goldgelbe Blütentrauben und ist die wohl robusteste Art, während *C. didymobotrya* durch die bis zu 30 cm langen, ebenfalls goldgelben, aufrechten Blütenkerzen auffällt. Neuerdings kann man auch einige andere, empfindlichere *Cassia*-Arten im Samen- oder Exotenhandel erhalten. Viele *Cassia*-Arten sind giftig.

Cassia didymobotrya

Standort: Vollsonnig, warm, im Sommer im Freien. Überwinterung hell und kühl (nicht unter 10° C).
Pflege: Im Sommer reichlich, im Winter nur soviel gießen, daß die Erde nicht austrocknet. Von April bis August wöchentlich düngen. Der Strauch kann bedenkenlos zurückgeschnitten werden. Bei Bedarf in nicht zu kleine Kübel mit Einheitserde umtopfen.
Vermehrung: Durch noch nicht ganz verholzte Stecklinge oder Aussaat.
Schädlinge, Krankheiten: Blattläuse im Neuaustrieb, Weiße Fliege bei zu warmer Überwinterung; Pilzbefall bei zu feuchter Überwinterung.
Verwendung: Kübelpflanze für Balkon, Terrasse und Wintergarten.

Cassia didymobotrya

Der Känguruhbaum ist nicht unbedingt die schönste, immerhin aber eine der interessantesten Kübelpflanzen. In ihrer Heimat wird die Pflanze wegen ihrer Salzunempfindlichkeit vor allem an den Meeresküsten angepflanzt.

Da das Madagaskar-Immergrün giftig ist, empfiehlt sich beim Rückschnitt etwas Vorsicht.

Die *Cattleya*-Hybride 'Moneymaker' gehört zu den botanischen Orchideen-Kostbarkeiten.

TIP

Wenn die Triebe der *Cattleya* voll ausgebildet sind, stellt man sie kühler und reduziert die Wassergaben. Bei zu warmem Stand treibt sie sonst durch und bildet nur Blätter und keine Blüten.

Casuarina equisetifolia

CASUARINA EQUISETIFOLIA
Känguruhbaum, Kasuarine

Familie: Keulenbaumgewächse, *Casuarinaceae.*
Heimat: Südostasien, Australien.
Blütezeit: Winter.

Der in seiner Heimat 30 m hohe Baum wird im Kübel allenfalls 150–200 cm groß. Seine Wuchsform erinnert an riesige, verzweigte Schachtelhalme. Interessant sind die zu winzigen Schuppen reduzierten Blätter und die kleinen, in riesiger Zahl auftretenden Blüten, als rote kugelrunde oder längliche Zapfen (weiblich) und gelbbraune Ähren (männlich).
Standort: Vollsonnig, im Sommer im Freien. Überwinterung kühl und hell bei 5–10° C.
Pflege: Den Sommer über nur sehr wenig gießen und düngen, im Winter trockener halten, den Ballen jedoch nicht austrocknen lassen. Es empfiehlt sich, den starkwüchsigen Känguruhbaum kräftig zurückzuschneiden.
Vermehrung: Durch Stecklinge unter Folienhaube oder Aussaat.
Schädlinge, Krankheiten: Unbekannt.
Verwendung: Kübel- und Wintergartenpflanze.

Catharanthus roseus

CATHARANTHUS ROSEUS
Madagaskar-Immergrün

Familie: Hundsgiftgewächse, *Apocynaceae.*
Heimat: Madagaskar, tropischer Kosmopolit.
Blütezeit: März bis Oktober.

Strauchartig wirkende Staude, deren 8 cm lange, dunkelgrüne, glänzende Blätter eine weiße Mittelrippe ziert. Die Blüten haben einen Durchmesser von 3 cm und sind weiß oder rosa mit dunklerem Auge. Die Pflanze wird meist einjährig gezogen und ist giftig.
Standort: Hell, warm, luftfeucht, im Sommer auch regengeschützt im Freien. Bei mindestens 12° C überwintern.
Pflege: Im Sommer reichlich gießen und alle 14 Tage düngen. Bei Zimmerhaltung häufiger besprühen. Im Winter Topfballen nicht austrocknen lassen. Im Frühjahr zurückschneiden und bei Bedarf umtopfen.
Vermehrung: Durch Kopfstecklinge im August.
Schädlinge, Krankheiten: Selten.
Verwendung: Blütenpflanze für helle, warme Zimmer, Balkon oder Terrasse.

Cattleya-Hybride 'Moneymaker'

CATTLEYA
Cattleya

Familie: Orchideengewächse, *Orchidaceae.*
Heimat: Tropisches Amerika.
Blütezeit: Je nach Art oder Sorte im Frühjahr, Sommer, Herbst oder Winter.

Im Handel erhält man *Cattleya*-Arten, *Cattleya*-Hybriden und sogenannte Mehrgattungshybriden wie z. B. x Brassolaeliocattleya oder x Potinara.
Cattleyen wachsen am natürlichen Standort epiphytisch auf Bäumen. Aus dem kriechenden Rhizom wachsen Seitentriebe (Pseudobulben), die bis 30 cm lang werden können und länglich-ovale Blätter sowie rispige Blütenstände tragen. Man unterscheidet zwei Gruppen: Die eine bringt pro Pseudobulbe nur ein Blatt hervor und hat große Blüten, die andere besitzt zwei oder auch drei Blätter und hat kleinere, dafür aber viele hübsche Blüten. Wichtige Vertreter der ersten Gruppe sind u. a. *C. labiata, C. maxima, C. mossiae.* Zur anderen Gruppe gehören u. a. *C. bicolor, C. bowringiana, C. forbesii und C. granulosa.* Besonders geeignete

Cattleya skinneri

Eine derart üppig blühende *Cattleya skinneri* kann zum Blickfang eines Wintergartens werden.

Zimmer-Cattleyen sind die Kreuzungen aus *Cattleya* und *Laelia*, die x Laeliocattleya-Hybriden. Wer etwas Besonderes sucht und entsprechende Kultur einrichtungen bereithält, kann sich Schönheiten wie z. B. *C. skinneri*, *C. gaskelliana*, *C. loddigesii* oder *C. dowiana* ins Haus holen.

Standort: Sehr hell und luftig, aber vor Sonne geschützt, tagsüber bei 18–24° C, nachts etwas kühler. Für hohe Luftfeuchtigkeit sorgen.

Pflege: Cattleyen brauchen in der Wachstumsperiode reichlich Wasser. Durchwurzelte Pflanzen einmal monatlich mit Orchideendünger versorgen. Blätter von Mai bis Oktober öfter übersprühen. Zur Ruhezeit nur soviel gießen, daß der Ballen nicht austrocknet. Alle 2–3 Jahre in Orchideensubstrat umsetzen. Herbst- und Winterblüher setzt man im März oder April, Frühjahrs- und Sommerblüher nach der Blüte um.

Vermehrung: Durch Teilung des Rhizoms, wenn es mehr als vier Seitentriebe ausgebildet hat. Schnittstellen mit Holzkohlepulver einreiben, Teilstücke in feuchten Torf setzen.

Schädlinge, Krankheiten: Schildläuse, Spinnmilben, Blasenfüße; bei zu dunkler Haltung findet keine Blütenbildung statt, bei zu trockener Luft oder zu kühler Haltung kümmern die Pflanzen.

Verwendung: Herrliche Blütenpflanzen für helle, warme, luftfeuchte Standorte, Gewächshaus und Wintergarten.

Celosia cristata

Hahnenkamm und Federbusch sind altmodische Balkonpflanzen, die vielleicht bald ein rauschendes Comeback erleben.

CELOSIA CRISTATA

Federbusch, Hahnenkamm

Familie: Amarantgewächse, *Amaranthaceae*.
Heimat: Tropisches Afrika.
Blütezeit: Juli bis September.

Einjährige, 15–70 cm hohe Pflanzen mit kuriosen, leuchtendgefärbten Blütenständen. Die Farbpalette reicht von Leuchtendrot Purpur, Zitronengelb bis Orange. Botanisch wurden mittlerweile aus den ehemaligen Varietäten Sorten. Der Hahnenkamm heißt jetzt *C. cristata* 'Cristata', der Federbusch *C. cristata* 'Plumosa'. Man unterscheidet zwischen hohen, bis 70 cm, und niedrigwüchsigen Sorten zur Bepflanzung von Kästen und Schalen.

Standort: Sonnig und warm im Freien.

Pflege: Nur sparsam gießen und alle zwei Wochen düngen. Verblühtes regelmäßig entfernen, um die Nachblüte zu fördern.

Vermehrung: Durch Aussaat (Lichtkeimer) im März bei 18° C Bodenwärme.

Schädlinge: Blattläuse.

Verwendung: Einjährige Blütenpflanzen für Balkonkästen, Schalen und Blumenbeete.

TIP

Der Blütenstand des Hahnenkamms kann getrocknet werden und behält jahrelang seine Schönheit.

Die noch nicht lange auf dem Markt befindliche *Centradenia* ist nicht nur eine besonders attraktive Ampelpflanze, sie eignet sich auch als Unterpflanzung, z. B. von Hochstämmchen.

Cereus peruvianus ist sicher der populärste Säulenkaktus.

Die subtile Schönheit der Leuchterblume kommt erst bei näherem Hinsehen und in außergewöhnlichen Pflanzgefäßen wie dieser Walliser Kupferkanne zur Geltung.

Centradenia 'Cascade'

CENTRADENIA
Kaskadenblume

○ ◐

Familie: Schwarzmundgewächse, *Melastomataceae.*
Heimat: Zentralamerika.
Blütezeit: April bis September.

Balkonpflanze mit leicht überhängenden, viereckigen Zweigen, die dicht mit kleinen, lanzettlichen Blättern besetzt sind, die je nach Art oder Sorte dunkelgrün oder rötlich bis rot gefärbt sind. Die rosafarbenen, kleinen Blüten stehen in Doldentrauben und erscheinen äußerst zahlreich zur Blütezeit.
Standort: Hell bis halbschattig, warm, im Sommer im Freien, im Winter hell und kühl.
Pflege: Während der Wachstumszeit gleichmäßig feucht halten, alle 14 Tage leicht düngen. Im Herbst zurückschneiden, hell und frostfrei überwintern. Jetzt nur leicht feucht halten, so daß der Ballen nicht austrocknet. Im Frühjahr umtopfen.
Vermehrung: Durch Stecklinge im Sommer.
Schädlinge: Weiße Fliege.
Verwendung: Ampelpflanze für Balkon, Terrasse und Gewächshaus.

Cereus peruvianus 'Monstrosus'

CEREUS
Säulenkaktus

Familie: Kakteen, *Cactaceae.*
Heimat: Südamerika.
Blütezeit: Juni bis September.

Unterschiedlich große, baum- oder strauchartige Säulenkakteen, die meist recht schnell wachsen, ihre weißen Blüten aber nur nachts öffnen. *C. jamacaru* 'Monstrosus', der Felsenkaktus, stammt aus Brasilien und wird dort bis zu 10 m hoch. Im Handel sind jetzt aber auch schon Zwergformen. *C. peruvianus* 'Monstrosus' besitzt eine etwas dichtere, rotbraune Bedornung. *C. forbesii* ist eine sehr schöne Art mit hornfarbenen Dornen.
Standort: Sonnig, im Sommer auch im Freien. Im Winter kühl (8° C).
Pflege: Von Mai bis September monatlich düngen und mäßig gießen. Im Winter fast trocken halten. *C. peruvianus* verträgt kein kalkhaltiges Wasser. Jedes Jahr umtopfen und nicht im Topf festwurzeln lassen.
Vermehrung: Durch Samen oder Stecklinge, die nach dem Antrocknen leicht bewurzeln.
Schädlinge: Woll- und Schildläuse.
Verwendung: Zimmerpflanze für sonnigen, warmen Standort.

Ceropegia woodii

CEROPEGIA WOODII
Leuchterblume

Familie: Seidenpflanzengewächse, *Asclepiadaceae.*
Heimat: Südafrika.
Blütezeit: Fast ganzjährig.

Aus einem bis zu 5 cm dicken, knolligen Wurzelstock entspringen bis zu 2 m lange, fadendünne, kahle, drahtige Stengel, an denen fleischige, nieren- oder herzförmige, oberseits hellgrün und silbrig marmorierte, unterseits rötliche Blätter sitzen. Die Blüten stehen einzeln wie kleine, violette Kerzen am Stengel. Die Stengel verwurzeln sich im Boden und bilden kleine Knollen.
Standort: Sonnig. Im Sommer auch windgeschützt im Freien. Wintertemperatur nicht unter 12° C.
Pflege: Ganzjährig mäßig feucht halten. Staunässe unbedingt vermeiden. Für guten Wasserabzug sorgen. Von März bis August alle 14 Tage Kakteendünger geben.
Vermehrung: Durch Brutknöllchen oder Teilstecklinge. Schnittfläche vor dem Stecken abtrocknen lassen.
Schädlinge, Krankheiten: Selten.
Verwendung: Ampelpflanze für sonnigen Standort. Gute Hydrokulturpflanze.

Cestrum elegans

CESTRUM
Hammerstrauch

Familie: Nachtschattengewächse, *Solanaceae.*
Heimat: Tropisches und subtropisches Amerika.
Blütezeit: Je nach Art April bis Oktober.

Immergrüne, attraktive Kübelpflanze. Häufig im Handel findet man *C. aurantiacum* mit gelben Blüten, die sich von Juli bis Oktober öffnen; *C. elegans* hat rote Blüten, die schon ab April erscheinen, und die cremeweißen Blüten der Hybride 'Newellii' duften vor allem nachts betörend. Der Flor des Hammerstrauchs erscheint stets in Schüben und wechselt mit blütelosen Phasen ab. Der Hammerstrauch ist in allen Teilen giftig.
Standort: Sonnig und luftig, im Sommer im Freien. Im Winter hell bei 5–10° C.
Pflege: Den Sommer über viel gießen und wöchentlich düngen. Im Winter wird gerade soviel gegossen, daß die Blätter erhalten bleiben. Falls nur ein dunkles Winterquartier zur Verfügung steht, kann man die Pflanze im Herbst vor dem Einräumen kräftig zurückschneiden. Jedes Frühjahr in neues Substrat umtopfen. Ideal ist ein kräftiges Gemisch aus halb Gartenerde, halb Kompost oder normale Blumenerde.
Vermehrung: Durch Kopfstecklinge im Frühjahr.
Schädlinge, Krankheiten: Blattläuse, Weiße Fliege; bei zu feuchter Haltung im Winter Grauschimmel.
Verwendung: Kübelpflanze für Wintergärten, im Sommer für Terrasse und Balkon.

Chamaecereus silvestrii

CHAMAECEREUS SILVESTRII
Zwergcereus

Familie: Kakteen, *Cactaceae.*
Heimat: Westliches Argentinien.
Blütezeit: März bis Juli.

Zwergstrauch mit vielen fingerdünnen, hellgrünen, achtrippigen Gliedern, die kurze Stacheln tragen. Blüten kurztrichterig, behaart, etwa 4 cm groß und leuchtendrot, öffnen sich tagsüber und sind nachts geschlossen. Zahlreiche Hybriden mit gelben oder orangefarbenen Blüten sind im Handel.
Standort: Sonnig und warm im Sommer, hell und kühl im Winter.
Pflege: Im Frühjahr und Sommer, sobald sich Blütenknospen bilden, reichlich gießen und alle 14 Tage leicht düngen. Hell und kühl überwintern, um eine reiche Blüte anzuregen.
Vermehrung: Durch Ableger, die sich an den Trieben bilden.
Schädlinge: Wolläuse, Spinnmilben bei zu trockener und stickiger Haltung.
Verwendung: Zimmerpflanze für hellen Standort, im Sommer auch im Freien.

Nach der Blüte schmückt sich der Hammerstrauch häufig mit erbsengroßen, dunkelroten, weißen oder fast schwarzen, giftigen Beeren.

Chamaecereus silvestrii wurde nach neuesten botanischen Kenntnissen zu *Echinopsis* gestellt.

TIP

Ich pflanze meinen Hammerstrauch in einem mit Schlitzen versehenen Plastikbehälter (Kartoffelkorb) im Sommer aus, dann blüht er um vieles reicher.

Die mit schönen, breiten Blättern ausgestattete *Chamaedorea ernesti-augusti* ist noch nicht überall zu finden.

Chamaedorea elegans bildet schon im Jugendalter Blüten, die man abschneiden sollte, weil sie der Pflanze Kraft nehmen.

Chamaedorea ernesti-augusti

CHAMAEDOREA ELEGANS

Bergpalme

Familie: Palmen, *Arecaceae.*
Heimat: Mittelamerika.
Blütezeit: Ganzjährig.

Die Pflanze hat einen dünnen Stamm, frischgrüne, leicht überhängende Wedel und gehört zu den beliebtesten Zimmerpalmen. Schon als junge Pflanze erfreut die zierliche Bergpalme mit Rispen gelber Blüten. Die Blüten sind zweihäusig, weibliche Blüten strömen einen angenehmen Duft aus, männliche Blüten sind duftlos.

Neuerdings auch im Handel erhältlich ist die etwa meterhohe *C. metallica,* die Metallische Bergpalme.

Seltener findet man auch die breitblättrige *C. ernesti-augusti.* Charakteristisch ist die dichte Krone aus aufrechten bis leicht überhängenden Blättern auf schlanken Stielen. Die Blättchen sind ungeteilt, keilförmig, metallischgrün, am Oberrand gezahnt und an der Spitze eingeschnitten.

Standort: Hell bis halbschattig, warm (um 20° C), luftfeucht, im Sommer auch im Freien, im Winter kühler.

Chamaedorea elegans

Pflege: Im Sommer reichlich gießen und gelegentlich übersprühen. Von Mai bis September alle 14 Tage mit halber Konzentration düngen. Wöchentliches Tauchen im Sommer bewahrt vor Austrocknung. *C. metallica* benötigt weniger Ballen- und Luftfeuchte. Die Pflanzen müssen umgetopft werden, wenn sich die Wurzeln aus dem Topf schieben und über den Rand hinauswachsen.

Vermehrung: Durch Aussaat oder Schößlinge. Um Samen zu erhalten, benötigt man auf jeden Fall eine männliche und eine weibliche Pflanze. Die Bestäubung wird am sichersten künstlich mit einem feinen Pinsel ausgeführt. Die Samen werden warm, feucht und schattig angezogen. Jungpflanzen werden am besten zu dreien in einen Topf gepflanzt, dann ist die Wahrscheinlichkeit, männliche und weibliche Pflanzen zu haben, am größten.

Schädlinge, Krankheiten: Schildläuse, Spinnmilben bei zu trockener, warmer Überwinterung, Staunässe führt zu Wurzelfäule.

Verwendung: Kübelpflanze, ausgepflanzt im Wintergarten, kleinere Exemplare für Nordfenster und kühle, schattige Standorte im Winter.

Chamaerops humilis

Chamelaucium uncinatum

CHAMAEROPS HUMILIS
Zwergpalme

Familie: Palmen, *Arecaceae*.
Heimat: Südeuropa.
Blütezeit: März bis Juni.

Die Zwergpalme ist die einzige in Europa heimische Palme. Sie wächst meist mehrstämmig und wirkt deshalb buschig.
Die fächerförmigen Blätter sind tiefgeschlitzt und bläulichgrün, die Blattstiele mit kräftigen, spitzen Dornen besetzt.
Standort: Hell bis sonnig, im Sommer auch im Freien. Im Winter hell und kühl (um 10° C). Benötigt realtiv viel Platz.
Pflege: Im Sommer wird reichlich gegossen und alle 14 Tage gedüngt. Im Winter kaum noch Wasser geben. Falls nötig in Einheitserde umtopfen.
Vermehrung: Durch Aussaat. Keimzeit 2–3 Monate.
Schädlinge, Krankheiten: Blattläuse bei zu warmer Überwinterung; bei zu nassem Stand im Winter Wurzelfäule.
Verwendung: Zimmer- und Kübelpflanze. Im ungeheizten Wintergarten läßt sie sich gut auspflanzen.

CHAMELAUCIUM UNCINATUM
Waxflower

Familie: Myrtengewächse, *Myrtaceae*.
Heimat: Australien.
Blütezeit: März bis April.

1–2 m hoher, immergrüner Strauch mit überhängenden Zweigen, schmalen, nadelförmigen Blättern und rosafarbenen oder weißen Blüten in endständigen Trugdolden.
Standort: Vollsonnig, warm im Sommer vor Regen geschützt auch im Freien, im Winter hell und kühl bei 5–10° C.
Pflege: Im Sommer mäßig, aber regelmäßig gießen und höchstens einmal monatlich mit halber Konzentration düngen. Nach der Blüte empfiehlt sich ein Rückschnitt, um einen buschigen Wuchs anzuregen. Bei Bedarf in Einheitserde umtopfen.
Vermehrung: Durch krautige Stecklinge bei 20–25° C Bodenwärme oder Aussaat.
Schädlinge, Krankheiten: Selten. Blütenfall bei zu dunkler oder zu nasser Haltung.
Verwendung: Sehr schöne Blütenpflanze für sonnigen, warmen Standort im Sommer, im Winter im Zimmer oder Wintergarten.

Da *Chamaerops humilis* sehr variabel ist, ordnete man die einzelnen Typen früher verschiedenen Arten zu. So gibt es neben mehrstämmigen auch einstämmig wachsende Typen.

Chamelaucium uncinatum ist ein noch nicht zu bekanntes, sehr apartes Myrtengewächs, dem weitere Verbreitung zu wünschen ist.

TIP

Um Verletzungen beim Ein- oder Umräumen zu vermeiden, empfiehlt es sich, den bedornten Blattschopf der Zwergpalme zusammenzubinden.

In einem genügend großen Gefäß können Grünlilien so reichlich Kindel bilden, daß es aussieht, als habe die Pflanze einen grünen Vorhang um sich herum ausgebreitet.

Die weißen, in großer Zahl erscheinenden Blütchen der Grünlilie sind nicht besonders auffällig.

CHLOROPHYTUM COMOSUM

Graslilie, Brautschleppe, Grüner Heinrich, Grünlilie

Familie: Liliengewächse, *Liliaceae*.
Heimat: Südafrika.
Blütezeit: Ganzjährig.

Anspruchsloses Liliengewächs mit 20–40 cm langen, linealischen, grünen oder gelbgrün gestreiften, knackigen Blättern, die in dichten Rosetten stehen. Die kleinen, weißen, unscheinbaren Blüten sind sternförmig und erscheinen an gelblichen Blütentrieben, an denen später auch die Jungpflanzen entstehen. Charakteristisch für die Grünlilie sind die oft meterlang herabhängenden, harten, gelben Triebe, an denen sich zahlreiche Jungpflanzen (Kindel) entwickeln. Bei uns ist vor allem die weiß- oder gelbgestreifte Sorte 'Variegatum' eine beliebte Ampelpflanze, während die reingrüne Art seltener angeboten wird.

Standort: Hell bis halbschattig, ganzjährig Zimmertemperatur, im Sommer auch, vor praller Sonne geschützt, im Freien.

Pflege: Pflanze stets gut feucht – nicht naß – halten und von Frühjahr bis Herbst wöchentlich düngen. Erst umtopfen, wenn der Ballen aus dem Gefäß quillt.

Vermehrung: Durch Einpflanzen der reichlich vorhandenen Kindel.

Schädlinge, Krankheiten: Blattläuse, Schmierläuse; braune Blattränder durch übergossenen oder ausgetrockneten Wurzelballen, Wurzelfäule durch Staunässe.

Verwendung: Grünpflanze, für Säulen oder Ampeln im Zimmer, im Sommer auf Balkon oder Terrasse.

Chlorophytum comosum

Blüte der Grünlilie in der Vergrößerung

Choisya ternata

CHOISYA TERNATA
Orangenblume

Familie: Rautengewächse, *Rutaceae*.
Heimat: Mexiko.
Blütezeit: Mai bis Juni, im Wintergarten auch früher.

Bis 2 m hoher, immergrüner Strauch mit ledrigen, glänzendgrünen Blättern, die fingerförmig angeordnet sind. Die weißen, end- oder achselständigen Blütendolden duften nach Orangen.
Standort: Hell bis sonnig, warm, im Sommer auch im Freien. Im Winter bei 5–10° C.
Pflege: Von April bis August mäßig, bei sonnigem Standort reichlich mit kalkarmem Wasser gießen und monatlich düngen, im Winter kaum gießen. Selbst ein starker Rückschnitt wird gut vertragen. Bei Bedarf im Spätwinter umtopfen. Gute Drainage nicht vergessen.
Vermehrung: Durch Kopfstecklinge bei etwa 25° C Bodenwärme.
Schädlinge, Krankheiten: Selten. Bei zu warmer Überwinterung können Spinnmilben auftreten.
Verwendung: Kübelpflanze für hellen Standort; im Sommer auch im Freien, ausgepflanzt im Wintergarten.

Chrysalidocarpus lutescens

CHRYSALIDOCARPUS LUTESCENS
Goldfruchtpalme, Arecapalme

Familie: Palmen, *Arecaceae*.
Heimat: Madagaskar.
Blütezeit: Blüht in Kultur selten.

Niedrige Palme mit hellgrünen, kammartig gefiederten Wedeln, die leicht überhängen.
Verzweigt sich von unten her buschig. Die gelegentlich noch unter dem alten Namen *Areca* angebotene, ausläufertreibende Pflanze wird in Kultur kaum höher als 2 m.
Standort: Hell, aber nicht sonnig, warm, das ganze Jahr über nicht unter 18° C, luftfeucht.
Pflege: Wurzelballen stets feucht halten, während der Wachstumszeit, bei warmem Stand, kann sogar Wasser im Untersetzer stehen. Von März bis August wöchentlich düngen. Im Winter die Wedel öfter einsprühen. Ältere Pflanzen erst dann in Einheitserde umtopfen, wenn der Behälter völlig durchwurzelt ist.
Vermehrung: Durch Aussaat oder Ausläufer.
Schädlinge, Krankheiten: Bei zu trockener Luft Spinnmilben; gelbe Blätter und braune Flecken auf den Blättern weisen auf zu trockenen Stand hin.
Verwendung: Zimmer- und Kübelpflanze für Gewächshaus und Wintergarten. Optimale Hydrokulturpflanze.

Frei ausgepflanzt, verträgt die Orangenblume sogar bis –10° C, was ihr in England den Ruf einer hervorragenden Gartenpflanze eingetragen hat.

Die Goldfruchtpalme fühlt sich im Sommer an einem beschatteten Platz auch im Freien wohl.

TIP

Die Orangenblume ist eine robuste Alternative zu den etwas heikleren *Citrus*-Arten. Wer keinen optimalen Winterplatz hat, kann sie sogar dunkel und gerade eben frostfrei überwintern.

Chrysanthemum – Cistus

Als Kübelpflanze wird die Strauchmargerite häufig nur einjährig gezogen, weil es immer wieder Probleme mit der Überwinterung gibt.

Obgleich viele *Chrysanthemum*-Arten von den Botanikern jetzt anderen Gattungen zugeordnet wurden, werden die alten Namen bei Gärtnern und Pflanzenfreunden noch lange gebräuchlich bleiben.

Chrysanthemum frutescens

Chrysanthemum-Hochstämmchen

CHRYSANTHEMUM FRUTESCENS
Strauchmargerite

Familie: Korbblütler, *Compositae.*
Heimat: Kanarische Inseln.
Blütezeit: Sommer.

Halbstrauch mit grob- bis feinzerteilten grünen oder graugrünen Blättern, der zur Blütezeit über und über mit weißen, gelben oder rosafarbenen Margeritenblüten bedeckt ist. Heißt jetzt botanisch richtig *Argyranthemum frutescens.* 'Flamingo' ist eine neue Züchtung mit zartrosa Blüten. Besonders attraktiv wirken Strauchmargeriten als Hochstämmchen.
Standort: Hell und sonnig, im Sommer im Freien. Im Winter bei 5–10° C.
Pflege: In der Wachstumszeit viel gießen und bis August wöchentlich düngen. Verblühtes stets abschneiden, um Nachblüte zu fördern. Vor dem ersten Frost einräumen. Hell und frostfrei überwintern, jetzt nur wenig gießen. Überwinterte Pflanzen im Frühjahr in Einheitserde umtopfen. Jungpflanzen öfter stutzen, um einen buschigen Wuchs zu erzielen.
Vermehrung: Durch Kopfstecklinge im Frühjahr.
Schädlinge, Krankheiten: Blattläuse, Spinnmilben; bei zu nassem Stand im Winter können Wurzelpilze auftreten.
Verwendung: Balkon- und Kübelpflanze, im Wintergarten.

Chrysanthemum-Indicum-Hybride

CHRYSANTHEMUM-INDICUM-HYBRIDEN
Topfchrysantheme, Wucherblume, Winteraster

Familie: Korbblütler, *Compositae.*
Heimat: China.
Blütezeit: Juli bis Dezember.

Reichblühende, niedrige Stauden mit tiefgefiederten Blättern und in der Urform einfachen, kleinen Blüten. Bei den Hybriden, die heute botanisch korrekt Dentranthema-Grandiflora-Hybriden heißen, gibt es gefüllte und ungefüllte Sorten in Weiß, Gelb, Rosa, Rot, Violett und allen Zwischentönen. Sehr hübsch sind auch die zu Hochstämmchen geformten Pflanzen.
Standort: Hell, aber nicht vollsonnig, kühl. Winterliche Ruhezeit bei 3–5° C.
Pflege: Wurzelballen stets feucht halten und einmal in der Woche düngen. Verblühtes entfernen. Die Pflanze wird meist nur einjährig gezogen.
Vermehrung: Durch Stecklinge von überwinterten Pflanzen im Frühjahr.
Schädlinge: Blattläuse, Spinnmilben bei zu warmer Haltung.
Verwendung: Kübel- und Balkonpflanze für den Herbst, Grabschmuck.

CISSUS

Klimme, Zimmerwein

Familie: Weinrebengewächse, *Vitaceae.*
Heimat: Tropen und Subtropen.
Blütezeit: Blüht in Kultur selten.

Klimmen sind rankende, immergrüne Blattpflanzen. *C. antarcatica*, der Russische oder Känguruhwein, hat gesägte, eiförmige und glänzendgrüne Blätter. Bei *C. rhombifolia*, dem Königswein, sind die Blätter dreigeteilt und langstielig, ihre Unterseite ist rötlich behaart. *C. striata*, die Gestreifte Klimme, bleibt niedriger und rankt nur schwach, die ledrigen Blätter sind relativ klein. *C. discolor*, die aus den tropischen Wäldern Javas stammt, ist wohl die attraktivste *Cissus*-Art. Sie besitzt länglich-herzförmige Blätter mit hellgezeichneten purpurfarbenen Ober- und tiefroten Unterseiten.
Standort: Hell bis halbschattig, keine pralle Sonne, warm (*C. discolor* feuchtwarm). Im Winter etwas kühler stellen, aber nicht unter 12° C; *C. discolor* auch im WInter warm.
Pflege: Stets mäßig feucht halten und im Sommer wöchentlich düngen. Im Winter bei kühlerer Haltung nur soviel gießen, daß der Ballen nicht austrocknet. Die Pflanzen brauchen ein kleines Spalier, wenn sie nicht aus Ampeln herabhängen.
Vermehrung: Durch Kopf- und Triebstecklinge im Frühjahr im heizbaren Vermehrungsbeet.
Schädlinge, Krankheiten: Schildläuse, Spinnmilben; Blattfall bei Trokkenheit oder Vernässung, braune Blattflecken deuten auf zu nasse Haltung hin.
Verwendung: Schöne Ampel- oder Kletterpflanze für Zimmer und Wintergarten, *C. discolor* für geschlossene Blumenfenster.

Cissus rhombifolia 'Ellen Danica'

Cistus ladanifer

CISTUS

Zistrose

Familie: Zistrosengewächse, *Cistaceae.*
Heimat: Südeuropa, Nordafrika.
Blütezeit: April bis August.

1–2 m hoher, immergrüner und reichblühender Strauch. Im Handel werden u. a. angeboten: *C.* x *aguilari*, Blüten weiß; *C. ladanifer*, die Lack-Zistrose, Blüten weiß mit braunen Flecken, *C. laurifolius*, die Lorbeerblättrige Zistrose, Blüten weiß mit gelben Flecken, duftend; *C.* x *purpureus*, Blüten rosafarben mit braunen Flecken.
Standort: Vollsonnig, im Sommer am besten im Freien. Im Winter hell und luftig bei 5–10° C.
Pflege: Während der Hauptwachstumszeit den Ballen gut feucht halten und bis August wöchentlich düngen. Im Winter gerade soviel gießen, daß das Laub erhalten bleibt. Nach der Blüte zurückschneiden.
Vermehrung: Durch Aussaat oder Stecklinge (Hybriden).
Schädlinge, Krankheiten: Blattläuse und Grauschimmel.
Verwendung: Kübelpflanze für sonnigen Standort und Wintergarten.

Der Königswein, *Cissus rhombifolia*, ist eine herrliche und zudem noch anspruchslose Pflanze, die sich wunderbar als Ampelpflanze sowie zum Begrünen von Spalieren und Raumteilern eignet.

Glückliches England! Im maritimen Klima wird dort ein wahrer Kult mit Zistrosen als Gartenpflanzen getrieben.

TIP

Der Königswein ist ideal für die Begrünung lichtärmerer Standorte.

Citrus – Clematis

Der Name Orangerie deutet darauf hin, daß Zitrusgewächse schon in früherer Zeit in speziellen Häusern herrschaftlicher Gärten kultiviert wurden – kein Wunder bei derart verlockenden Früchten!

Die Blüten aller *Citrus*-Arten verströmen einen intensiven Duft, aber auch die Blätter duften. Wenn man sie zwischen den Fingern reibt, kann man sogar manchmal am Duft erkennen, ob es sich um eine Orange oder Zitrone handelt.

Citrus mitis mit reichem Fruchtbesatz

CITRUS

Zitrusgewächse

Familie: Rautengewächse, *Rutaceae.*
Heimat: Asien, weltweit in den Tropen und Subtropen angebaut.
Blütezeit: Je nach Art und Kultur ganzjährig.

Zitrusgewächse sind immergrüne, reichverzweigte Sträucher, die bis zu 3 m hoch werden können. Sie besitzen ovale, dunkelgrüne, ledrige Blätter und kleine, weiße bis cremefarbene, stark duftende Blüten.
Aus der Fülle der Arten, Hybriden und Sorten eine kleine Auswahl: *C. deliciosa* und *C. reticulata,* beides Mandarinen, sind recht robuste, dunkelgrün beblätterte, klein bleibende Büsche. Man kann die Mandarinen gut im Kübel halten, aber auch im kühlen Wintergarten auspflanzen. *C. limon,* die Zitrone, läßt sich gut im Kübel kultivieren, neigt allerdings zu sparrigem Wuchs; die Sorte 'Meyeri' hat einen gedrungenen Habitus und ist deshalb vorzuziehen. *Fortunella margarita,* die Kumquat, gedeiht an jedem sonnigen Platz. Besonders schön ist die Sorte 'Variegata' mit weiß- oder gelbbuntem Laub. *C.* x *paradisi,* die Grapefruit, ist eine Kreuzung aus Pampelmuse und Orange und bringt bereits als junge Pflanze in Trauben angeordnete Früchte. *C. sinensis,* die Orange oder Apfelsine, hat etwas kleinere Blätter und Blüten als die Zitrone, dafür blüht sie um so reicher. Besonders häufig als Zierbäumchen angeboten wird die Calamondine, x *Citrofortunella microcarpa* syn. *C. mitis,* die sehr wärmebedürftig ist. Für die Zimmerhaltung geeignet sind die Zwergsorten, die als »Orangenbäumchen« im Handel erhältlich sind.

Blüten von Citrus aurantium

Standort: Im Sommer möglichst sonnig und geschützt. Im Winter hell und luftig bei 4–8° C. »Orangenbäumchen« ganzjährig hell bei 13–18° C, vor Zugluft geschützt, im Sommer auch im Freien.
Pflege: Pflanzen mit weichem Wasser gleichmäßig feucht halten und alle 14 Tage düngen. Der Topf muß in jedem Fall eine gute Dränage erhalten, damit keine Staunässe entsteht. Sind die Triebe zu sparrig, kann jederzeit zurückgeschnitten werden.
Vermehrung: Durch Kopfstecklinge bei 20–25° C Bodenwärme (schwierig) oder durch Abmoosen. Sämlinge schlagen oft in die Wildform zurück und blühen oft erst nach Jahren oder nie.
Schädlinge, Krankheiten: Schildläuse, Spinnmilben; gelbe Blätter (Chlorose) signalisieren Eisenmangel durch Kalküberschuß, Blattfall deutet auf zu nasse oder zu trockene, warme Haltung hin, braune Blätter sind ein Zeichen zu niedriger Temperaturen.
Verwendung: Für Kübel und Wintergarten, die Calamondine auch auf dem Fensterbrett.

TIP

Wenn Zitrusgewächse in der Nähe von Kernobst – vor allem Äpfeln – stehen, bewirkt dies bei ihnen Blattfall.

Cleistocactus smaragdiflorus

CLEISTOCACTUS
Silberkerze

Familie: Kakteen, *Cactaceae.*
Heimat: Südamerika.
Blütezeit: Frühjahr bis Sommer.

Die schlanken, langsamwachsenden, dichtbehaarten oder bedornten Säulenkakteen können über 2 m hoch werden und verzweigen sich gewöhnlich am Grunde.
C. baumannii blüht in den Farben Orange bis Scharlachrot. *C. smaragdiflorus,* mit dunklen Dornen, entwickelt schon ab 20 cm Wuchshöhe hellrote Blüten mit smaragdgrünem Rand. *C. strausii,* die Silberkerze, ist weiß beborstet und hat karminrote Blütenröhren.
Standort: Sonnig, regengeschützt im Sommer auch im Freien. Im Winter bei 10–12° C.
Pflege: Mit kalkfreiem Wasser mäßig feucht halten, abends öfter übersprühen, einmal pro Woche mit Kakteendünger versorgen. Im Winter trocken halten, aber nicht völlig austrocknen lassen.
Vermehrung: Durch Stecklinge oder Aussaat.
Schädlinge: Wolläuse.
Verwendung: Zimmerpflanze für sonnigen Standort.

Großblütige Clematis 'The President' im Kübel

CLEMATIS
Waldrebe, Klematis

Familie: Hahnenfußgewächse, *Ranunculaceae.*
Heimat: Alpen, China.
Blütezeit: Mai bis Juni.

Von diesen, mit Blattstielen rankenden Lianen kommen die vor allem niedriger bleibenden für eine Kultur im Kübel in Frage. Dazu gehören *C. alpina,* die Alpenwaldrebe, mit weitgespreizten Blüten in den verschiedensten Blauschattierungen und *C. macropetala,* die Großblütige Alpenwaldrebe mit 10 cm breiten, blauen bis blauvioletten Blüten. Beide werden etwa 2–3 m hoch und sind in attraktiven Sorten mit gefüllten und ungefüllten Blüten in Blau- und Rosatönen sowie in Weiß erhältlich. Die Pflanzen sind giftig.
Standort: Hell bis halbschattig. Der Wurzelfuß muß stets beschattet sein, die Krone ins Licht wachsen.
Pflege: Ballen gekaufter Pflanzen 10–15 cm tiefer, als er in der Baumschule stand, in lehmig-humose Erde oder Einheitserde setzen. Reichlich gießen, Staunässe unbedingt vermeiden. Von April bis August monatlich düngen; Rückschnitt nach der Blüte oder im Herbst. Bei noch jungen Pflanzen den Kübel im Winter vor dem Durchfrieren schützen. Alle brauchen eine Rankhilfe.
Vermehrung: Durch halbreife Stecklinge bei 25° C Bodenwärme.
Krankheiten: Clematiswelke.
Verwendung: Für Terrasse, Balkon, auch zur Beschattung von Wintergärten.

Silberkerzen blühen bei richtiger Pflege reich und willig, wie dieses Exemplar von *Cleistocactus smaragdiflorus,* das bereits Früchte angesetzt hat, zeigt.

Die bei uns winterharte Klematis hat sich zu einem richtigen »Kübel-Favoriten« entwickelt. Die Erfahrungen, besonders mit großblumigen Sorten, sind sehr unterschiedlich.

TIP

Die Alpenwaldrebe kann man auch kriechend wachsen lassen, z. B. in einem bauchigen Terrakottakübel, aus dem sich ihr Blütensegen dann wie ein Wasserfall ergießt.

Schön anzusehen, aber ein bißchen anspruchsvoll, was die Luftfeuchte betrifft: *Clerodendrum thomsoniae* und ihre seltener angebotene Schwester *C. speciosissimum*, die einen Kübel braucht.

Im maritimen Klima Englands ist die *Cleyera* sogar winterhart und kann bis zu 3 m Höhe erreichen.

Von *Clianthus formosus* werden gelegentlich auch die Sorten 'Flamingo' in Rosa oder die dunkelrote 'Red Cardinal' angeboten.

Clerodendrum thomsoniae

CLERODENDRUM THOMSONIAE
Liebe in Unschuld, Losbaum

Familie: Eisenkrautgewächse, *Verbenaceae.*
Heimat: Westafrika.
Blütezeit: April bis Juni.

Kletterstrauch mit dunkelgrünen Blättern und weißen, aufgeblasenen Blütenkelchen mit roten Kronen.
Standort: Hell, keine volle Sonne, warm und luftfeucht. Im Winter hell und kühl (10–15° C).
Pflege: Pflanze während der Ruheperiode, in der die Blätter abfallen, ziemlich trocken halten. Ende Februar etwa um ein Drittel zurückschneiden, in Einheitserde umtopfen, wärmer stellen und wieder mehr gießen. Im Sommer gleichmäßig leicht feucht halten und wöchentlich düngen. Nach der Blüte Gießen einschränken und nicht mehr düngen.
Vermehrung: Durch Kopfstecklinge bei hoher Bodenwärme im heizbaren Anzuchtbeet. Jungpflanzen öfter stutzen.
Krankheiten: Blütenfall durch zu trokkene Luft, Blattflecken durch kalte Füße.
Verwendung: Für helle Standorte im Zimmer, am Spalier im Wintergarten.

Clerodendrum speciosissimum

Cleyera japonica

CLEYERA JAPONICA
Sperrstrauch

Familie: Teegewächse, *Theaceae.*
Heimat: Japan, Korea, China.
Blütezeit: Frühsommer.

Immergrüner Strauch oder kleiner Baum mit etwa 10 cm langen und 4 cm breiten Blättern sowie gelbweißen, herrlich duftenden Blüten. Im Handel ist fast nur die schöne, unregelmäßig creme- bis goldgelb beblätterte Sorte 'Tricolor'.
Standort: Hell bis halbschattig und kühl. Im Sommer möglichst im Freien. Im Winter bei 10–12° C.
Pflege: Pflanze mit kalkarmem Wasser mäßig feucht halten, auch übersprühen. Alle 14 Tage kalkarm düngen. Im Winter nur gelegentlich etwas gießen.
Vermehrung: Durch Kopfstecklinge mit Plastikhaube. Jungpflanze mehrmals stutzen, um buschigen Wuchs zu erreichen.
Schädlinge: Blattläuse.
Verwendung: Dekorative Blattpflanze für helle, kühle Räume, Wintergärten, Treppenhäuser und Flure.

Clianthus formosus

CLIANTHUS FORMOSUS
Ruhmesblume

Familie: Hülsenfrüchtler, *Leguminosae.*
Heimat: Neuseeland.
Blütezeit: März bis Mai.

Immergrüner Strauch mit gefiederten Blättern, der bis 2 m hoch wird. Auffälligstes Merkmal sind die scharlachroten, an eine Krebsschere erinnernden Blüten. Die Sorte 'Alba' blüht weiß. Trotz dieses exotischen Flors und der hübschen, gefiederten Blätter ist *Clianthus formosus* bei uns als Kübelpflanze noch relativ selten.
Standort: Hell und sonnig, im Sommer regengeschützt im Freien. Im Winter kühl bei 10° C.
Pflege: Pflanze im Sommer gleichmäßig feucht halten und wöchentlich düngen. Im Winter nur wenig gießen. Im Frühjahr in Einheitserde umtopfen.
Vermehrung: Durch Kopfstecklinge bei hoher Bodenwärme und Luftfeuchtigkeit im heizbaren Anzuchtbeet.
Krankheiten: Die Ruhmesblume reagiert empfindlich auf Staunässe.
Verwendung: Kübelpflanze, im Wintergarten.

Clivia miniata

CLIVIA MINIATA

Klivie, Riemenblatt

Familie: Amaryllisgewächse, *Amaryllidaceae.*
Heimat: Südafrika.
Blütezeit: Februar bis Mai.

Die Klivie ist eine bis 50 cm hoch werdende Blütenpflanze mit einem dicken zwiebelähnlichen Stamm, aus dem schwertförmige, glänzend dunkelgrüne Blätter emporwachsen, die bogenförmig nach zwei Seiten auseinanderfallen. Zwischen ihnen schiebt sich im Frühjahr ein prächtiger Blütenschaft mit einer Dolde aus 12–20 roten oder orangefarbenen Trichterblüten hervor. Die Sorte 'Citrina' blüht gelbweiß, 'Burvenich' und 'Striata' sind buntblättrig; *C. nobilis,* die zierlichere Schwester von *C. miniata,* hat schmälere Blätter und kleinere Blütendolden, die von August bis November erscheinen; sie ist nur selten erhältlich.
Der austretende Milchsaft ist giftig.
Standort: Hell, aber keine volle Sonne. Im Sommer an einem schattigen Platz im Freien. Im Winter hell und kühl (8–12° C).
Pflege: Im Sommer regelmäßig gießen, von Februar bis August alle 14 Tage düngen; im Winter bei kühlem Stand eher trocken halten. Nach der Ruhezeit (September bis Januar) sollte zunächst nur zurückhaltend gegossen werden, damit die Blütenknospen nicht zwischen den Blättern steckenbleiben. Erst wenn der Schaft etwa 10 cm lang ist, kann man wieder mehr Wasser geben und die Pflanze wärmer stellen. Vor Staunässe schützen! Verblühte Schäfte immer abschneiden. Um den Flor nicht zu beeinträchtigen, sollte der Topf grundsätzlich nicht gedreht werden. Die nach der Blüte erscheinenden Fruchtstände abschneiden, damit sie nicht Kräfte zehren. Blätter hin und wieder vorsichtig mit feuchtem Tuch abwischen. Umgetopft wird alle 2–3 Jahre nach der Blüte in Einheitserde.
Vermehrung: Durch Seitensprosse mit mindestens vier Blättern.
Schädlinge, Krankheiten: Woll- und Schildläuse; braune Blattspitzen sind ein Zeichen zu feuchter Haltung; ausgeblichene Blätter und fehlende Seitensprossen sind ein Hinweis auf mangelnde Düngung.
Verwendung: Schöne Blütenpflanze für Ost- oder Westfenster. Für Hydrokultur geeignet.

Klivienblüte

Clusia rosea

CLUSIA ROSEA

Balsamapfel

Familie: Guttibaumgewächse, *Guttiferae.*
Heimat: Südliche USA, Mexiko.
Blütezeit: Blüht in Kultur selten.

Baum- oder strauchartige Pflanze, die in ihrer Heimat epiphytisch auf Bäumen oder zwischen Felsen wächst und im Aussehen unserem Gummibaum *(Ficus elastica)* ähnelt. An dicken Zweigen sitzen ledrigderbe, dunkelgrüne, glänzende Blätter von bis zu 30 cm Länge. Die kamelienartigen, großen, rosafarbenen Blüten erscheinen in Kultur selten. Es gibt auch die buntblättrigen Sorten 'Marginata' und 'Aureo Variegata'.
Standort: Möglichst hell, aber nicht sonnig, ganzjährig warm, auch im Winter nicht wesentlich unter 20° C.
Pflege: Stets mit kalkarmem, temperiertem Wasser mäßig feucht halten. Öfter übersprühen und alle 14 Tage mit halber Konzentration düngen.
Vermehrung: Durch Kopfstecklinge bei 25–30° C Bodenwärme.
Schädlinge, Krankheiten: Selten.
Verwendung: Blattpflanze für helle, warme Zimmer und Wintergarten. Für Hydrokultur geeignet.

Klivien werden im Laufe der Zeit so groß und schwer, daß man sie kaum noch auf dem Fensterbrett unterbringen kann; dann ist der Umzug in einen Kübel angesagt.

Nicht nur im Äußeren, sondern auch in der Pflege ähnelt *Clusia rosea* dem bekannten Gummibaum *Ficus elastica.*

Clusia rosea

Die Glockenrebe, *Cobaea scandens,* wurde bereits 1709 in Europa eingeführt.

Wem es gelingt, die im Handel massenhaft angebotenen, angetriebenen Kokospalmen über Jahre zu kultivieren, darf sich zu seinem grünen Daumen beglückwünschen.

Cobaea scandens

COBAEA SCANDENS
Glockenrebe

Familie: Sperrkrautgewächse, *Polemoniaceae.*
Heimat: Mexiko.
Blütezeit: Juli bis Oktober.

Die Glockenrebe ist ein Kletterstrauch, der bei uns meist einjährig gezogen und im Kübel 3–5 m hoch wird. Die Blätter sind zwei- bis dreifach gefiedert, die Glockenblüten grünlich, später ins Violette überwechselnd. Es gibt auch blaue, rote und weiße Sorten.
Standort: Sonnig, im Sommer im Freien. Im Winter im kühlen Wintergarten.
Pflege: Den Sommer über reichlich gießen und alle 14 Tage düngen, Rankhilfe anbieten und Verblühtes ständig auskneifen, um eine Nachblüte zu fördern. Im Wintergarten kann man mehrere Jahre Freude an der Glockenrebe haben.
Vermehrung: Durch Aussaat zu Beginn des Frühjahrs bei ca. 18° C Bodentemperatur.
Schädlinge: Blattläuse.
Verwendung: Schnellwachsende Kletterpflanze für einen attraktiven Sichtschutz auf Balkon und Terrasse, im Wintergarten.

Cocos nucifera

COCOS NUCIFERA
Kokospalme

Familie: Palmen, *Arecaceae.*
Heimat: Tropen der Welt.
Blütezeit: Blüht in Kultur kaum.

Die Kokospalme wird in ihrer Heimat etwa 30 m hoch und ist in den tropischen Anbaugebieten wegen ihrer Nüsse eine der wertvollsten Nutzpflanzen. In unseren Wohnzimmern überdauert sie kaum das erste Jahr, da sie sich noch im »Babyalter« befindet, wenn wir sie kaufen und die Jungpflanze meist noch mit der nährstoffliefernden Nuß verbunden ist.
Standort: Ganzjährig luftfeucht, warm und sehr hell. Im Sommer vor praller Sonne schützen. Im Winter nicht unter 18° C und möglichst unter einer Pflanzenleuchte halten.
Pflege: Den Ballen mit zimmerwarmem, weichem Wasser stets feucht halten. Im Winter Gießen reduzieren, dafür lieber sprühen. Während der Wachstumsperiode alle zwei Wochen schwach düngen und für viel Frischluft sorgen.
Vermehrung: Durch Nüsse, die etwa sechs Monate bei 25° C Bodenwärme in feuchtem Torf lagern müssen. Eingepflanzt wird erst, wenn sich Wurzeln zeigen. Insgesamt schwierig.
Schädlinge, Krankheiten: Spinnmilben, Blasenfüße; braune Blätter als Folge von Lufttrockenheit.
Verwendung: Herrliche Solitärpflanze für sehr helle, warme und luftfeuchte Räume, besser noch Wintergarten.

TIP

Zur Vermehrung von *Cocos nucifera* besorgt man sich am besten angekeimte Nüsse im Blumenhandel.

Schmalblättrige Varietät von Codiaeum variegatum

CODIAEUM VARIEGATUM VAR. PICTUM

Wunderstrauch, Kroton

Familie: Wolfsmilchgewächse, *Euphorbiaceae.*
Heimat: Südostasien.
Blütezeit: Blüht in Kultur selten.

Herrliche Blattpflanze mit unterschiedlich geformten und gefärbten Blättern: schmal oder breit, ganzrandig oder gelappt, manchmal auch in sich gedreht. Die Farbpalette des ledrigen, glänzenden Laubs reicht von Gelb über Grün, Orange bis Purpur und fast Schwarz. Auch farbig gefleckte, geaderte, gesprenkelte oder gestreifte Blätter kommen bei den verschiedenen Sorten vor. Der Milchsaft der Pflanze ist leicht giftig, haut- und schleimhautreizend.

Standort: Ganzjährig hell, warm und luftfeucht, aber keine direkte Sonne. Jegliche Zugluft vermeiden. Während der winterlichen Ruhepause (Oktober bis Februar) etwas kühler stellen (16–18° C).

Pflege: Während des Wachstums gleichmäßig feucht halten und viel sprühen, beides mit kalkarmem Wasser. Wöchentlich schwach düngen. Im Winter weniger gießen. Wasser im Untersetzer ist zu jeder Jahreszeit Gift, gute Dränage eine Notwendigkeit.

Vermehrung: Durch Kopfstecklinge bei 25–30° C Bodenwärme und hoher Luftfeuchtigkeit im heizbaren Vermehrungsbeet oder durch Abmoosen.

Schädlinge, Krankheiten: Spinnmilben, Blatt- und Schmierläuse; Blattfall und Blattschäden durch zu kühle, trockene Haltung.

Verwendung: Herrliche Blattpflanze für helle, warme, luftfeuchte Standorte, Gewächshaus und Wintergarten. Für Hydrokultur geeignet.

Verschiedene Blattformen

Der Wunderstrauch am Heimatstandort

Der Wunderstrauch trägt seinen Namen zu Recht: Kaum eine andere Topfpflanze wartet mit einem so breiten Spektrum an Blattfarben, Panaschierungen, Zeichnungen und unterschiedlichen Blattformen auf. Hier Einzelblätter der Sorten 'Geduldig', 'Goldfinger', 'Aucubafolia', 'Norma' und 'Van Ostensee'.

Codonanthe crassifolia

Coffea arabica

TIP

Ich habe mir den Spaß gemacht und Kaffeesträucher aus selbst geernteten Samen gezogen. Im Anzuchtbeet bei 30° C Bodenwärme dauerte es meist vier Wochen, bis sich die ersten grünen Spitzen zeigten.

CODONANTHE CRASSIFOLIA
Codonanthe

Familie: Gesneriengewächse, *Gesneriaceae.*
Heimat: Tropisches Amerika.
Blütezeit: Frühjahr bis Sommer.

Immergrüner Strauch mit überhängenden, rötlichen Trieben, lederigen, elliptischen Blättern, weißen Blüten mit rötlichem Kelch und roten Beerenfrüchten.

Standort: Hell bis halbschattig, warm, luftfeucht, im Winter bei 15° C.

Pflege: Ballen immer erst nach dem Abtrocknen wieder mäßig gießen und alle 14 Tage schwach düngen. Häufig sprühen.

Vermehrung: Durch Triebstecklinge oder Teilung im heizbaren Vermehrungsbeet.

Schädlinge: Blattläuse.

Verwendung: Ampelpflanze für hellen, warmen, möglichst luftfeuchten Standort.

COFFEA ARABICA
Kaffeestrauch

Familie: Krappgewächse, *Rubiaceae.*
Heimat: Tropisches Afrika.
Blütezeit: Sommer.

Immergrüner Strauch mit großen, 15 cm langen, glänzenden Blättern; kann auch bei uns bis zu 2 m hoch werden. Sehr hübsch sind die kleinen, wohlriechenden Sternblüten und vor allem die kirschähnlichen, roten Früchte. Leider blüht die Pflanze erst nach dem dritten oder vierten Jahr.

Der Zwergkaffeestrauch *C. arabica* 'Nana' bleibt niedriger, blüht eher und wächst langsamer.

Standort: Ganzjährig luftig, hell, ohne pralle Sonne. Warm bei 18–20° C und luftfeucht.

Pflege: Im Sommer reichlich mit kalkarmem Wasser versorgen und alle 14 Tage kalkarm düngen. Im Winter nur sparsam gießen. Die Luftfeuchtigkeit kann durch Sprühen erhöht werden, auch ein feuchter Kiesuntersatz ist günstig.

Vermehrung: Durch Kopfstecklinge oder Aussaat.

Schädlinge, Krankheiten: Schildläuse, Spinnmilben; braune oder schwarze Blattspitzen durch zu trockene Luft.

Verwendung: Kleinere Exemplare für das Zimmer, sonst Wintergarten oder Gewächshaus.

Blüte des Kaffeestrauchs

Kasten mit Herbstzeitlose, Erika, Astern und Gräsern

Coleus-Blumei-Hybriden und Asparagus

COLCHICUM AUTUMNALE

Herbstzeitlose

Familie: Liliengewächse, *Liliaceae.*
Heimat: Europa, Kleinasien, Nordafrika.
Blütezeit: Spätsommer bis Herbst.

Zwiebelpflanze mit rosavioletten Blüten, die lange vor den Blättern erscheinen. Im Zimmer kultiviert man sie als sogenannten Trockenblüher. Hierfür geeignet sind die großblütigen Gartenhybriden wie 'The Gigant' (rosalila), 'Lilac Wonder' (fliederfarben) oder 'Waterlily' (rosalila, gefüllt). Man legt die Zwiebel dazu in eine Schale und stellt sie in das warme Zimmer. Dort treibt sie ohne Wasser und ohne Erde in kurzer Zeit aus und zeigt ihren hübschen, pastellfarbenen Flor.
Die Herbstzeitlose ist tödlich giftig!
Standort: Sonnig.
Pflege: Man legt die Zwiebel etwa im August aus und bringt sie nach der Blüte möglichst bald in den Garten. Etwa 10 cm tief pflanzen und über Winter etwas abdecken. Die Herbstzeitlose schiebt erst im Frühjahr ihre Blätter, die von selbst vergilben müssen, ehe sie abgeschnitten werden. Anfang August nimmt man die Zwiebel dann wieder aus dem Boden und treibt sie im warmen Zimmer erneut an.
Vermehrung: Durch Knollen oder Aussaat.
Schädlinge, Krankheiten: Keine.
Verwendung: Trockenblüher für das Zimmer, Balkon- und Gartenpflanze.

COLEUS-BLUMEI-HYBRIDEN

Buntnessel

Familie: Lippenblütler, *Labiatae.*
Heimat: Tropisches Afrika und Asien.
Blütezeit: Sommer und Herbst.

Farbenprächtige, buschige 30–60 cm hohe Blattpflanzen mit kantigen Stengeln und wunderschönen, bunt gezeichneten Blättern. Das Spektrum der Blattfarben wird von kaum einem anderen Topfgewächs übertroffen. Die bläulichen, nesselartigen Blütenstände dagegen sind relativ unscheinbar.
Standort: Ganzjährig so hell und sonnig wie möglich, doch pralle Mittagssonne meiden, im Sommer warm. Im Winter bei 10–12° C.
Pflege: Von März bis August reichlich mit weichem Wasser gießen und monatlich düngen. Im Winter nur mäßig feucht halten. Im Frühjahr stark zurückschneiden und umtopfen. In der Regel wird die Buntnessel aber nur einjährig gezogen.
Vermehrung: Durch Kopfstecklinge oder Aussaat. Bei Aussaat sind immer wieder neue Farbvarianten zu erwarten, Stecklinge gleichen stets dem Mutterexemplar. Jungpflanzen öfter stutzen, um buschigen Wuchs zu erreichen.
Schädlinge, Krankheiten: Blattläuse, Spinnmilben, Weiße Fliege; Blattfall bei zu kühler Haltung, sparriger Wuchs bei zu dunklem Stand.
Verwendung: Blattpflanze für hellen Standort im Zimmer, Balkonkästen.

Die Herbstzeitlose kann mit ihren zartvioletten Blüten aparter Blickfang eines herbstlichen Balkonkastens sein.

Draußen leuchten die Blätter der Buntnessel besonders intensiv, weil sie viel Licht zur Ausfärbung brauchen.

Rotblühende Columnea-Hybride

Gelbblühende Columnea-Hybride

COLUMNEA

Kolumnee, Rachenrebe

Familie: Gesneriengewächse, *Gesneriaceae.*
Heimat: Tropisches Mittel- und Südamerika.
Blütezeit: Je nach Art Spätsommer bis Frühjahr.

Dekorative Blütenpflanze mit immergrünen, kriechenden oder hängenden Trieben. Auffallend sind die feuerroten bis orangenfarbenen, bei den Hybriden besonders großen Röhrenblüten, die dicht an dicht in den Achseln der kleinen, dunkelgrünen, fleischigen Blättchen sitzen. Im Handel findet man Arten wie *C.* x *banksii, C. gloriosa* mit der Sorte 'Purpurea', *C. hirta* oder *C. microphylla* 'Variegata' mit panaschiertem Laub. Zu den Spitzenreitern zählt unangefochten die alte Hybride 'Stavanger'.

Standort: Hell bis halbschattig, keine direkte Sonne, kein Freilandaufenthalt, ganzjährig warm.

Pflege: Gleichmäßig leicht feucht halten und nur mit abgestandenem, zimmerwarmem Wasser gießen. Öfter übersprühen oder auf eine feuchte Kiesunterlage stellen. Im Sommer alle 14 Tage kalkarm düngen. Für die Blütenbildung ist eine rund einmonatige winterliche Ruhezeit mit Temperaturen von 12–15° C vorteilhaft. Nach der Ruhezeit die Pflanze erst wieder wärmer stellen, wenn die Blütenknospen schon gut ausgebildet sind.

Vermehrung: Durch Kopf- oder Triebstecklinge bei 20–25° C Bodenwärme im Anzuchtbeet.

Schädlinge, Krankheiten: Spinnmilben, Weiße Fliege; bei zu trockener Luft oder Zugluft Blattverlust, Grauschimmel bei zu feuchter Haltung. Kalkhaltiges Wasser und kalkhaltiger Dünger werden nicht vertragen.

Verwendung: Sehr schöne Blütenpflanzen für Ampeln in warmen, luftfeuchten Räumen, ideal für das geschlossene Blumenfenster. Für Hydrokultur geeignet.

TIP

Um die Bildung neuer, blütentragender Triebe anzuregen, schneide ich nach dem Flor die Triebe der Kolumnee kräftig zurück.

Convallaria majalis

CONVALLARIA MAJALIS
Maiglöckchen

Familie: Liliengewächse, *Liliaceae*.
Heimat: Europa, Asien.
Blütezeit: Gärtnerisch behandelt schon ab Dezember, sonst Mai.

Das Maiglöckchen ist eigentlich keine Zimmer-, sondern eine Garten- und in allen Teilen giftige Arzneipflanze. Man kann gelegentlich aber sogenannte Eis- oder Blühkeime kaufen, das sind knospenbesetzte Triebe mit Wurzeln, die der Blumenhandel im Spätherbst/Winter anbietet. Diese Keime stammen noch vom vorangegangenen Frühjahr und wurden in Kühlhäusern eingelagert.
Standort: Halbschattig oder schattig. Zum Antreiben 20–25° C, später kühler.
Pflege: Keime in Töpfe mit torfhaltigem Substrat legen, warm und dunkel stellen. Erst wenn die Triebe 10 cm lang sind, kommen sie ans Licht und werden mäßig feucht gehalten.
Vermehrung: Man kann es mit Ausläufern aus dem Garten probieren, sicherer sind neue Blühkeime.
Krankheiten: Bei zu feuchter Kultur Grauschimmel.
Verwendung: Zu Weihnachten als blühende Überraschung.

Convolvulus sabatius

CONVOLVULUS SABATIUS
Blaue Mauritius

Familie: Windengewächse, *Convolvulaceae*.
Heimat: Südeuropa, Nordafrika.
Blütezeit: Mai bis Oktober.

Halbstrauch mit oft meterlangen, dünnen Trieben, die mit kleinen, rundlichen, silbergrünen Blättern besetzt sind. Zur Blütezeit trägt er zahllose blaue, violette oder auch rosafarbene Trichterblüten, die am Tag geöffnet sind und sich gegen Abend wieder schließen.
Standort: Im Sommer vollsonnig im Freien. Im Winter hell und kühl (10° C).
Pflege: Im Sommer mäßig feucht halten und einmal pro Woche düngen. Verblühte Triebe regelmäßig abschneiden, um Nachblüte und bessere Verzweigung der Triebe zu fördern. Vor dem Überwintern Triebe stark einkürzen. Im Winter trocken halten, jedoch Ballen nicht austrocknen lassen. Im Frühjahr umtopfen und wärmer halten, bis man sie ins Freie stellt.
Vermehrung: Durch Stecklinge im Winter oder Aussaat.
Schädlinge: Blattläuse, Spinnmilben.
Verwendung: Ampelpflanze für Balkonkästen oder an der Pergola. Sehr schön auch auf Säulen.

Nach dem Abblühen kann man die Maiglöckchen im Garten auspflanzen, wo sie meist willig weiterwachsen.

Die ganze Schönheit der Blüten von *Convolvulus sabatius* wird erst deutlich, wenn man sich die blauen Kelche aus der Nähe betrachtet.

TIP

Als Kriechpflanze im Garten entwickelt sich die Blaue Mauritius ganz phantastisch.

Die Verwandtschaft von Keulenlilie und Drazäne wird bei der schmalblättrigen Art *Cordyline indivisa* besonders deutlich.

Cordyline fruticosa mit ihren Sorten ist die wohl bekannteste Art, nach der man im Blumenhandel nicht lange zu suchen braucht.

Cordyline indivisa

Standort: Hell, ohne direkte Sonne. Ganzjährig warm und nicht unter 18° C. *C. australis* und *C. indivisa* sonnig, auch im Freien, Überwinterung bei 2–10° C.
Pflege: Ohne Vernässung gut feucht halten. Öfter übersprühen. Von Frühjahr bis Herbst wöchentlich, im Winter monatlich mit Blattpflanzendünger versorgen. *C. australis* und *C. indivisa* alle vier Wochen düngen. Bei Bedarf in lockere Erde umtopfen.
Vermehrung: Durch waagerecht in Sand gelegte Stammstücke oder Abmoosen. *C. australis* und *C. indivisa* durch Kopfstecklinge oder Aussaat.
Schädlinge: Spinnmilben, Thripse, Schildläuse.
Verwendung: Schöne Blattpflanze für warme Räume, geschlossene Blumenfenster oder beheizte Wintergärten. Für Hydrokultur geeignet. *C. australis* und *C. indivisa* als Kübelpflanze, für kühle Wintergärten, Flure, Treppenhäuser.

CORDYLINE
Keulenlilie

Familie: Agavengewächse, *Agavaceae*.
Heimat: Südostasien, Australien, Neuseeland.
Blütezeit: Blüht in Kultur selten.

Die Keulenlilie ist mit der Drazäne verwandt, mit der sie auch ständig verwechselt wird. Ein Blick auf die Wurzeln gibt Gewißheit: *Dracaena* hat gelbe, *Cordyline* fleischige, weiße Wurzeln. Von *C. fruticosa* gibt es mehrere Sorten, alle mit prächtig gefärbten Blättern: 'Amabilis' (breite dunkelgrüne Blätter, weiß oder rot gefleckt), 'Firebrand' (ovale, purpurrote Blätter mit hellen Adern), 'Red Edge' (kleine, rotblättrige Keulenlilie), 'Tricolor' (grün, gelb und rot gefleckte Blätter).
Die Gattung umfaßt auch einige, im Habitus der Yucca ähnliche Arten, die sich gut für Kübel oder Kalthaus eignen: *C. australis* ist eintriebig, hat bis zu 1 m lange, bogig herabhängende Blätter und verzweigt sich bisweilen nach der in Kultur seltenen Blüte. Eine buntlaubige Sorte ist 'Atropurpurea'.
C. indivisa ist ebenfalls schmalblättrig, verzweigt sich jedoch nicht.

Cordyline fruticosa

Crassula 'Morgans Beauty'

CRASSULA
Dickblatt

Familie: Dickblattgewächse, *Crassulaceae.*
Heimat: Südafrika.
Blütezeit: Meist Frühjahr/Sommer oder Winterblüher.

Sukkulente Stauden mit dickfleischigen Blättern. *C. arborescens,* der Geldbaum, auch Deutsche Eiche genannt, wird in Kultur etwa 1 m hoch. Die verzweigten, dicken Stämme tragen verkehrt-eiförmige, weißgrau bereifte Blätter mit rotem Rand. Die rosafarbenen Blüten in endständigen Rispen erscheinen im Sommer.
C. arborescens blüht jedoch in Kultur selten.
C. exilis ssp. *cooperi* ist eine kaum über 10 cm große, polsterbildende Rosettenstaude mit hellgrün gefärbten und dunkel gepunkteten Blättern.
Von *C. perfoliata* var. *falcata,* dem Sichelförmigen Dickblatt, ist vor allem die Sorte 'Morgans Beauty' mit sehr schönen, weißgrauen Blättern und roten Blüten im Handel.
C. muscosa syn. *C. lycopodioides* hat vierkantige, unregelmäßig verzweigte, schnürsenkelförmige Triebe, die in Viererreihen dachziegelartig mit schuppenartigen, kleinen, grünen Blättern bedeckt sind. Die Blüten sind unauffällig weiß und sitzen in den Blattachseln.
Standort: Ganzjährig hell und sonnig, im Sommer regengeschützt im Freien, im Winter kühl bei 10–15° C.
Pflege: Im Sommer sparsam, im Winter bei möglichst hellem Stand je nach Temperatur weniger bis fast gar nicht gießen. Während des Wachstums einmal monatlich düngen.
Vermehrung: Durch Kopf- oder Blattstecklinge, die vor dem Einpflanzen einige Tage abtrocknen sollten, oder Aussaat.
Schädlinge, Krankheiten: Blatt- und Wolläuse; Wurzel- und Stammfäulnis durch zu feuchte Haltung.
Verwendung: Schöne Blattpflanze für Fensterbrett, Kübel und Wintergärten.

Crassula arborescens

Vorgetriebene Krokusse und Tulpen auf der Fensterbank

CROCUS
Krokus

Familie: Schwertliliengewächse, *Iridaceae.*
Heimat: Europa, Kleinasien.
Blütezeit: Frühling.

Krokusse sind in erster Linie Knollenpflanzen für Garten und Balkonbepflanzung. Für die Zimmertreiberei kommt u. a. *C. vernus,* der Frühlingskrokus, mit seinen verschiedenfarbigen Sorten in Frage.
Standort: Hell, aber nicht sonnig.
Pflege: Die Knollen im Oktober in humose Gartenerde topfen und in den kühlen, dunklen Keller stellen. Ab Mitte Januar, wenn die Triebe mindestens 5 cm lang sind, Pflanzen in einen kühlen Raum stellen, damit sie Blütenansätze bilden. Sobald die Knospen etwa ein Drittel hervorschauen, ans Wohnzimmerfenster stellen. Nun äußerst sparsam gießen. Düngen entfällt.
Vermehrung: Durch Abnehmen der Tochterknollen.
Schädlinge, Krankheiten: Blattläuse; bei zuviel Bodenfeuchte in kühlen Räumen kommt es leicht zu Wurzelfäule.
Verwendung: Frühjahrsgruß für das Zimmer.

Dickblattgewächse können den Sommer im Freien verbringen, nur die bereiften Arten sollten etwas Schutz vor praller Sonne erhalten.

Den beliebten »Geldbaum«, *Crassula arborescens,* bringt außer zuviel Nässe so schnell nichts um.

TIP

Nach der Blüte Knollen des Krokus wieder im Garten einpflanzen. Für eine Treiberei im Folgejahr können sie jedoch noch nicht verwendet werden.

Bei Jungpflanzen von *Crossandra infundibuliformis* ist häufiges Übersprühen für das weitere Gedeihen besonders wichtig.

Hübsch wirken die kleinen *Cryptanthus*pflanzen, wenn man sie in Schalen zusammenstellt.

Crossandra infundibuliformis

CROSSANDRA INFUNDIBULIFORMIS
Crossandra

Familie: Akanthusgewächse, *Acanthaceae.*
Heimat: Indien, Südostasien.
Blütezeit: Frühjahr bis Spätsommer.

Der Halbstrauch mit ganzrandigen, grüngelackten Blättern und großen weißen, gelben oder orangefarbenen Blüten ist bei uns vor allem mit der in Schweden entstandenen Züchtung 'Mona Wallhed' vertreten, die etwas gedrungener wächst und fast ziegelrot blüht. Die Pflanzen werden 40–50 cm hoch. Weitere, nicht ganz so attraktive Arten: *C. nilotica* mit orangefarbenen Blüten, *C. pungens* mit gelben Blüten.

Standort: Im Sommer halbschattig, im Winter hell, ohne direkte Sonne, warm, auch im Winter nicht unter 18° C, luftfeucht.
Pflege: Regelmäßig mit weichem, luftwarmem Wasser gießen und sprühen – im Sommer häufiger, im Winter seltener. Von Februar bis August wöchentlich düngen. Im Frühjahr in leichte, humose Erde umtopfen. Verblühtes entfernen; um buschigen Wuchs zu erreichen, häufiger stutzen.
Vermehrung: Durch Kopfstecklinge im Frühsommer. Jungpflanzen mehrmals stutzen.
Schädlinge, Krankheiten: Spinnmilben, Weiße Fliege; eingerollte Blätter bei zu trockener Luft.
Verwendung: Zimmerpflanze für warmen, luftfeuchten Standort. Für Hydrokultur geeignet.

Cryptanthus bivittatus

CRYPTANTHUS BIVITTATUS
Erdstern, Versteckblüte

Familie: Ananasgewächse, *Bromeliaceae.*
Heimat: Südamerika.
Blütezeit: März bis August.

Erdbromelien, die in den Trockengebieten ihrer Heimat als Bodendecker wachsen. Die Blüten sind unscheinbar, dafür fallen die sehr schön gefärbten und gezeichneten Blattrosetten um so mehr auf. Nach der Blüte stirbt die Rosette ab, hat aber inzwischen durch zahlreiche Kindel den Fortbestand gesichert.
Standort: Hell, aber keine Mittagssonne, ganzjährig warm (18–22° C).
Pflege: Mit kalkarmem Wasser ganzjährig leicht feucht halten und alle 14 Tage schwach düngen. Häufig übersprühen. Bei Bedarf in Blumenerde umtopfen. Auf gute Dränage achten!
Vermehrung: Durch Kindel.
Schädlinge, Krankheiten: Spinnmilben und Weiße Fliege bei zu trockener Luft.
Verwendung: Für Flaschengärten und als Unterpflanzung im geschlossenen Blumenfenster oder Warmhaus. Bei reichlichem Sprühen auch als Zimmerpflanze.

Ctenanthe oppenheimiana

CTENANTHE
Ctenanthe

Familie: Marantengewächse, *Marantaceae.*
Heimat: Tropische Regenwälder Südamerikas.
Blütezeit: Blüht in Kultur selten.

C. lubbersiana wird 60–80 cm hoch und hat 20 cm lange, unterseits hellgrüne, oberseits gelbgrün marmorierte Blätter. Die Sorte 'Variegata' ist besonders ansprechend gezeichnet.
C. oppenheimiana schmückt sich mit bis zu 40 cm langen, silbrig und dunkelgrün gestreiften, unterseits purpurfarbenen Blättern an roten Stielen. Auch hier sticht 'Variegata' mit eindrucksvoll gefärbtem Laub hervor. 'Tricolor' fällt durch unregelmäßig weißgefleckte Blätter mit roten Stielen auf. Die Pflanzen werden bis 1 m hoch.
Standort: Ganzjährig hell, warm (um 20° C) und luftfeucht.
Pflege: Mit weichem, zimmerwarmem Wasser gießen und häufig sprühen. Während der Wachstumszeit alle 14 Tage kalkarm und schwach düngen. Auf gute Dränage achten, da die Pflanzen empfindlich auf Staunässe reagieren.
Vermehrung: Durch Teilung.
Krankheiten: Bei zu trockenem Stand rollen sich die Blätter ein.
Verwendung: Sehr schöne Blattpflanze für warmen, luftfeuchten Standort im Zimmer, geschlossene Blumenfenster, Vitrinen, warme Gewächshäuser oder Wintergärten.

Cuphea ignea

CUPHEA
Köcherblümchen

Familie: Weiderichgewächse, *Lythraceae.*
Heimat: Mittel- und Südamerika.
Blütezeit: März bis Oktober.

Das Köcherblümchen, *C. hyssopifolia,* ist eine buschige Pflanze mit etwa 2 cm langen, lanzettlichen Blättern und kleinen roten, rosafarbenen oder weißen Blüten. Eine hübsche Sorte ist 'Rubra'. *C. ignea,* das eigentliche Zigarettenblümchen, wird ca. 30 cm hoch und bringt eigenartige leuchtendrote Röhrenblüten hervor, deren Spitzen wie glühende Zigaretten aussehen.
Standort: Hell, jedoch nicht vollsonnig, im Sommer im Freien, im Winter kühl bei 5-12° C.
Pflege: Mäßig feucht halten und von April bis September alle 14 Tage düngen. Über Winter kühl stellen und im Frühjahr in humoses, durchlässiges Substrat umtopfen. *C. ignea* wird meist nur einjährig kultiviert.
Vermehrung: Durch Aussaat oder Kopfstecklinge.
Schädlinge, Krankheiten: Selten.
Verwendung: *C. ignea* als Balkon- bzw. Gartenpflanze, *C. hyssopifolia* als Zimmerpflanze.

Ctenanthen sind in der Pflege etwas heikel und gehören eigentlich ins geschlossene Blumenfenster, wegen ihrer Größe besser noch in den beheizten Wintergarten.

Von den etwa 250 Arten der Gattung *Cuphea* wurden bisher nur die beiden hier beschriebenen fürs Zimmer in Kultur genommen.

TIP

Beim Umtopfen der Ctenanthe in saure Blumenerde möglichst breite Gefäße wählen, da die Ctenanthe sich mit ihrem Wurzelwerk gerne ausbreitet.

Obwohl die Zimmerzypresse, *Cupressus macrocarpa*, als Zimmerpflanze angeboten wird, gedeiht sie an der frischen Luft erheblich besser. Allerdings – winterhart ist sie bei uns nicht.

Cupressus macrocarpa

CUPRESSUS MACROCARPA

Zimmerzypresse

Familie: Zypressengewächse, *Cupressaceae*.
Heimat: Kalifornien.
Blütezeit: Blüht in Kultur selten.

Immergrünes Nadelgehölz mit hellgrünen, schuppenförmigen Blättern (Nadeln). Von der Zimmerzypresse hat vor allem die goldgelb benadelte Sorte 'Goldcrest' sehr schnell Anklang gefunden.

Standort: Von Mai bis Oktober hell, aber keine pralle Sonne, am besten im Freien. Im Winter hell und kühl (5–10° C).

Pflege: Den Sommer über mäßig gießen, jedoch Ballentrockenheit vermeiden. Im Winter wenig gießen. Von Mai bis September alle drei Wochen sparsam düngen, um das Wachstum etwas zu bremsen. Bei Bedarf im Frühjahr in Einheitserde umtopfen. Schnitt wird gut vertragen.

Vermehrung: Durch Kopfstecklinge bei etwa 25° C Bodenwärme und unter der Plastikhaube.

Schädlinge, Krankheiten: Spinnmilben bei zu warmem Stand im Winter.

Verwendung: Kurzzeitig im Zimmer auf dem Fensterbrett, im Sommer im Freien; Kübelpflanze für ungeheizte Wintergärten.

TIP

Da die Zimmerzypresse bis zu –8° C aushält, wird sie bei mir häufig erst im Januar, wenn wirklich starke Fröste drohen, ins Haus geholt und im März schon wieder hinausgestellt.

CYCAS REVOLUTA

Palmfarn

Familie: Palmfarngewächse, *Cycadaceae*.
Heimat: Südostasien.
Blütezeit: Blüht in Kultur selten.

Die attraktive Grünpflanze wächst äußerst langsam und bildet alle 1–2 Jahre lediglich einen Blattkranz aus gefiederten, bis zu 2 m langen Blättern.
Die Pflanze scheint giftig zu sein, auch für Tiere.
Standort: Ganzjährig hell und luftig, möglichst keine direkte Sonne, warm, im Sommer regengeschützt im Freien. Im Winter kühler (10–12° C).
Pflege: Im Sommer mäßig feucht halten. In trockenen, wärmeren Räumen häufig übersprühen. Wöchentlich schwach düngen, sobald sich im Frühjahr neues Leben regt. Zum Düngen des Palmfarns nur organische Dünger verwenden. Im Freilandkübel zeigt eine Bodenbedeckung mit Rinderdung, der auch getrocknet sein kann, gute Wirkung. Bei kühler Überwinterung weniger gießen. Alle 3–5 Jahre in ein sandig-humoses Gemisch umtopfen.
Vermehrung: Durch importierten, frischen Samen bei Bodentemperatur von 30–35° C. Für Die Keimung kann 1–2 Monate dauern.
Schädlinge, Krankheiten: Schildläuse; Wurzelfäule bei zuviel Nässe.
Verwendung: Dekorative Blattpflanze für große Büroräume, Zimmer oder Wintergärten. Für Hydrokultur gut geeignet.

Cycas revoluta

Dieses betagte Prachtexemplar von *Cycas revoluta* ist im Botanischen Garten München zu bewundern.

Beim Palmfarn, den es bereits Millionen Jahre vor den Blütenpflanzen gab, sind männliche und weibliche Fortpflanzungsorgane auf getrennten Pflanzen. Die männlichen Staubblätter sind in geschlossenen Zapfen angeordnet, die weiblichen Fruchtblätter, mit den bei Nacktsamern üblichen freiliegenden Samenanlagen, erheben sich wie ein goldgelber, dicht behaarter Schopf aus der Blattmitte.

Männliche Staubblätter

Weibliche Fruchtblätter

Alpenveilchen gehören zu den Lieblingspflanzen der Züchter. Kein Wunder, daß es so viele Varianten gibt. Besonders gefragt wegen ihrer wildhaften Zierlichkeit sind die sogenannten Miniatur-*Cyclamen*.

CYCLAMEN PERSICUM

Alpenveilchen

Familie: Primelgewächse, *Primulaceae*.
Heimat: Südeuropa, Mittelmeergebiet.
Blütezeit: Meistens September bis April.

Alpenveilchen sind Knollenpflanzen mit großen, herzförmigen, dunkelgrünen Blättern mit heller Zeichnung und sehr schönen, großen Blüten, die wie die Blätter auf langen, runden, rötlichen Stielen sitzen. Man unterscheidet verschiedene Typen: Ganzrandige, großblumige Sorten, z. B. 'Leuchtfeuer'; gefranste Sorten mit eingeschnittenen Blütenrändern; gefüllte Sorten, z. B. 'Mauve', 'Vermillon'; Cristata-Sorten, deren Blüten ein federförmiger Kamm schmückt; Rokoko-Sorten mit stark gefüllten Blüten und gefranstem Rand; Viktoria-Sorten, deren Blüten ein rotes Auge und einen farbigen Rand besitzen. Wellensiek-Sorten sind kleinblütig, z. B. 'Sonja'. Miniatur-*Cyclamen* fallen durch ihre Zierlichkeit auf.

Cyclamen persicum

Standort: Ganzjährig kühl und hell, im allgemeinen sollten die Temperaturen 16° C nicht wesentlich übersteigen. Nach der Blüte können die Pflanzen den ganzen Sommer über an einem schattigen Platz auch in den Gartenboden eingesenkt werden.

Pflege: Während der Blüte den Ballen nicht austrocknen lassen und alle 14 Tage düngen. Nicht auf die Knolle gießen: Fäulnisgefahr! Alle zwei Jahre in Blumenerde umtopfen, wobei die Knolle oben etwas herausschauen muß. Alte Blätter und Blüten regelmäßig durch langsames Abdrehen entfernen.

Vermehrung: Durch Aussaat bei 16–20° C Bodenwärme, Keimdauer etwa vier Wochen.

Schädlinge, Krankheiten: Spinnmilben bei trockener Wärme; Knollenfäule durch zu nasses Substrat, Grauschimmel bei feuchter Wärme, Blattfall bei zu warmer Haltung.

Verwendung: Beliebte Blütenpflanzen für kühle Räume.

TIP

Miniatur-*Cyclamen* sehen nicht nur entzückend aus, sie verkraften auch die Wärme geheizter Räume etwas besser. Setzen Sie mindestens fünf zusammen in eine flache Schale und füllen Sie die Zwischenräume mit Blähton oder Sand, der ständig feucht gehalten werden muß.

Miniatur-Cyclamen

CYMBIDIUM-HYBRIDEN

Kahnorchidee, Cymbidie

Familie: Orchideen, *Orchidaceae*.
Heimat: Asien.
Blütezeit: Meist von Januar bis Juni.

Terrestrische, selten epiphytische Orchideen mit zwiebelförmigen, ovalen Pseudobulben, aus denen jeweils drei lange, riemenförmige, hellgrüne Blätter wachsen. Die herrlichen Blüten stehen bis zu 20 in rispenartigen Blütenständen zusammen. Die Farben variieren von Grünlich über Weiß, Gelb, Rosa, Rötlich bis Braun. Die Lippe ist oft kontrastfarbig und gefleckt. Im Handel finden sich großblütige Hybriden, die teilweise beträchtliche Ausmaße erreichen, aber auch Miniatur-Cymbidien. Bekannte Züchtungen sind 'Zuma Beach', 'Dag Oleste', 'Excalibur', 'Mary Pinchess' und 'Pink Tower'.

Standort: Hell, warm, luftig und luftfeucht. Hybriden und ältere Miniatur-Hybriden im Sommer schattig ins Freie, wo sie von den kühleren Nachttemperaturen im September profitieren. Im Winter hell und kühl (nicht unter 12° C).

Pflege: Von März bis September reichlich gießen und öfter sprühen. Im Winter bei 15–18° C am Tag und um 12° C in der Nacht weniger Wasser geben. Während des Wachstums alle vier Wochen Orchideendünger geben.

Vermehrung: Durch Teilung.

Schädlinge: Spinnmilben bei zu trockener Luft.

Verwendung: Großblütige Arten für Wintergarten und Gewächshaus, Miniatur-Cymbidien für helle, luftfeuchte Zimmer.

Cymbidium-Hybride

Cymbidien sind prachtvolle Exoten für den Wintergarten, wo man auch die kühleliebenden großen Standard-Typen halten kann. Fürs Zimmer eignen sich die wärmeverträglicheren Miniatur-Cymbidien besser. Beiden gleich: Die sehr dauerhaften Blüten.

Cymbidium-Blütentrauben

Cyperus involucratus hieß früher *C. alternifolius* und ist die bekannteste *Cyperus*-Art.

Bei *Cyperus papyrus* handelt es sich um die echte, legendäre Papyruspflanze, die hier an ihrem Heimatstandort in Ägypten fotografiert wurde. Gelegentlich findet man die exotische, bis 2 m hohe Pflanze auch bei uns.

Cyperus involucratus

CYPERUS
Zypergras, Papyrus

Familie: Riedgräser, *Cyperaceae.*
Heimat: Tropen, Subtropen und gemäßigte Zonen.
Blütezeit: April bis September, je nach Art.

Sumpfpflanzen mit dreikantigen, langen, schmalen Stielen, an deren Spitze regenschirm-, bei *C. papyrus* eher perückenartig, die mehr oder weniger zarten, grasartigen Blätter sitzen. Einige Arten sind im Handel:
C. albostriatus, 60 cm hoch;
C. diffusus wird etwa 60 cm hoch und trägt relativ schmale Blätter sitzen;
C. gracilis, Zwergzypergras, 30 cm hoch;
C. haspan, einer kleinen Papyrusstaude ähnlich, 30–50 cm hoch;
C. involucratus syn. *C. alternifolius* mit der Sorte 'Variegata', 40–150 cm hoch;
C. papyrus, die Papyrusstaude, mit einem Schopf fadenförmiger Blätter, bis 3 m hoch.
Standort: Ganzjährig hell, luftfeucht und warm, im Winter eventuell auch etwas kühler. Mit Ausnahme von *C. albostriatus* ab Ende Mai im Freien.
Pflege: Bis auf *C. albostriatus* und *C. haspan* vertragen Zypergräser, wenn sie warm stehen, ständige Fußbäder, oder man stellt sie den Sommer über in die Flachwasserzone des Gartenteichs. Im Winter bei Heizungsluft häufig sprühen, im Sommer alle 14 Tage mit halber Konzentration düngen. Das Zypergras benötigt ein nahrhaftes, humoses, lehmiges Substrat und viel Platz, um sich ausbreiten zu können.
Vermehrung: Durch Teilung im Frühjahr. Oder Blattschöpfe mit 5 cm Stiel abschneiden und kopfüber, den Stielrest nach oben, in feuchten Sand stecken bzw. auf der Wasseroberfläche bis zur Wurzelbildung schwimmen lassen. *C. papyrus* kann nur durch Teilung oder Aussaat vermehrt werden. Lichtkeimer!
Schädlinge, Krankheiten: Spinnmilben; braune Blattspitzen bei zu trockener Luft.
Verwendung: Zimmerpflanze, größere Exemplare auch im Kübel. *C. papyrus* für Warmwasserbecken, kleinere Exemplare aller Arten für Miniatur-Teiche auf Balkon oder Terrasse.

Cyperus papyrus

Cyphomandra betacea

Cyrtomium falcatum

Cytisus x racemosus

CYPHOMANDRA BETACEA
Baumtomate, Tamarillo

Familie: Nachtschattengewächse, *Solanaceae.*
Heimat: Peru.
Blütezeit: Je nach Kultur von März bis Oktober.

Bis zu 3 m hoher Strauch mit bis zu 25 cm großen, breitovalen Blättern. Die Blüten erinnern an Kartoffelblüten. Dekorativ sind vor allem die 8 cm langen, ovalrunden, gelb, rot oder auch violett gefärbten, eßbaren Früchte. Mit Ausnahme der Früchte sind alle Pflanzenteile giftig!
Standort: Sonnig bis halbschattig, im Sommer windgeschützt im Freien. Im Winter hell oder dunkel bei 4-12° C.
Pflege: Im Sommer reichlich gießen und wöchentlich düngen. Vor dem Einräumen im Herbst um ein Drittel zurückschneiden. Im Winter wenig gießen. Jährlich in große Gefäße mit gut wasserhaltender Erde umtopfen.
Vermehrung: Durch Aussaat oder Stecklinge im Sommer.
Schädlinge: Dickmaulrüßler, Weiße Fliege, Blattläuse.
Verwendung: Dekorative Kübelpflanze für Balkon und Garten sowie Wintergarten.

CYRTOMIUM FALCATUM
Ilexfarn, Sichelfarn

Familie: Schildfarngewächse, *Aspidiaceae.*
Heimat: Südafrika, Asien.
Blütezeit: Keine Blütenpflanze.

Anspruchsloser Farn mit lederigen, dunkelgrünglänzenden, sichel- oder stechpalmenförmigen Blättern. Besonders schön und robust ist die Sorte 'Rochfordianum' mit tiefer eingeschnittenen, gefransten Fiedern.
Standort: Halbschattig, kühl und luftig, im Sommer auch im Freien. Im Winter bei etwa 10° C.
Pflege: Im Frühjahr und Sommer reichlich gießen und monatlich mit halber Dosis düngen, im Zimmer öfter sprühen. Im Winter je nach Temperatur weniger Wasser geben.
Vermehrung: Durch Sporen oder Teilung.
Schädlinge: Bei zuviel Wärme im Winter Schild- und Wolläuse.
Verwendung: Für kühle, luftige Zimmer, im Sommer für schattige Balkone und Terrassen.

CYTISUS
Geißklee

Familie: Hülsenfrüchtler, *Leguminosae.*
Heimat: Kanarische Inseln.
Blütezeit: April bis Juni.

Für Topf- oder Kübelkultur kommen *C. canariensis* var. *ramosissimus* und *C. x racemosus* in Frage. Beide bilden 1,5-2 m hohe Sträucher, die im Frühjahr/Frühsommer über und über mit Trauben leuchtendgelber Blüten bedeckt sind. Die Pflanze ist in allen Teilen giftig!
Standort: Ganzjährig kühl und hell. Kann im Sommer auch in den Gartenboden eingesenkt werden.
Pflege: Im Frühjahr und Sommer reichlich gießen, vor allem während der Blütezeit. Wichtig: Das Wasser muß ablaufen können – Staunässe wird nicht vertragen. Im Winter die Wassergaben der Temperatur anpassen. Während des Wachstums alle 14 Tage düngen und nach der Blüte etwas zurückschneiden.
Vermehrung: Durch halbreife Stecklinge nach der Blüte.
Schädlinge: Blattläuse, Spinnmilben.
Verwendung: Schöne Solitärpflanze für nicht zu warme Wintergärten oder Zimmer, auch für Kübelhaltung.

Die Baumtomate ist ein giftiges Nachtschattengewächs, bildet aber wie die verwandte Tomate, eßbare Früchte, die Tamarillos.

Die stechpalmenförmigen Blätter des Sichelfarns sind besonders dekorativ.

Das heitere Sonnengelb des Geißklees bringt den Frühling in den Wintergarten.

Früchte von Cyphomandra betacea

Dahlia – Datura

Dahlien sind nicht nur beliebte Gartenblumen, auch in Gefäßen werden sie, vor allem die niedrigen Züchtungen, gern verwendet.

Dahlia variabilis 'Gartenfreude'

DAHLIA

Dahlie, Georgine

Familie: Korbblütler, *Compositae.*
Heimat: Südamerika.
Blütezeit: Mai bis Oktober.

Für Balkonkästen und Töpfe werden meist die 20–60 cm hohen Mignon- und Top-Mix-Dahlien verwendet, die man aus Samen heranziehen kann. Es gibt aber auch noch andere frühblühende, für Gefäßpflanzung geeignete Sorten. Die überwiegende Mehrzahl der einfachen, halb- oder ganz gefüllten Dahlien sind jedoch Gartenpflanzen, die Beete und Rabatten mit ihrer Farbenvielfalt füllen, die aus überwinternden Knollen angetrieben werden und mehrjährig sind.

Standort: Sonnig, vor Wind geschützt im Freien.

Pflege: Reichlich gießen und einmal pro Woche düngen. Verblühtes abschneiden. Im Herbst Knollen aus der Erde nehmen, von altem Laub befreien und bei 2–10° C trocken überwintern.

Vermehrung: Durch Aussaat oder durch Stecklinge von im Februar angetriebenen Knollen, die man abnimmt und in sandhaltige Erde pflanzt. Unter Folie bilden sich nach 2–3 Wochen Wurzeln.

Schädlinge, Krankheiten: Spinnmilben und Blattläuse; bei zu feuchter Haltung Grauschimmel.

Verwendung: Sehr schöne Blütenpflanze für Balkonkästen, Schalen, Beete.

DATURA (BRUGMANSIA)

Datura, Engelstrompete

Familie: Nachtschattengewächse, *Solanaceae.*
Heimat: Südamerika.
Blütezeit: Juni bis Oktober, *D. sanguinea* Herbst und Winter.

Die *Datura* gehört mit ihren trompetenförmigen, bis zu 50 cm langen Blüten zu den beeindruckendsten Kübelpflanzen und kann beachtliche Ausmaße von 3 m Höhe und einer ebensolchen Breite erreichen. Die Blätter sind meist spitz-oval, variieren aber bisweilen in der Größe an ein und derselben Pflanze.

D. aurea (nickende weiße oder goldgelbe Blüten); *D.* x *candida* (20 cm lange weiße Blüten); *D. sanguinea,* zu der jetzt auch *D. rosei* gehört (röhrige Blüten in Gelborange mit rötlichem Saum); *D. suaveolens,* die Engelstrompete (bis 30 cm lange, weiße, gelbe oder rosa Blüten mit betörendem Duft, besonders gegen Abend); *D. versicolor* (30–50 cm lange Blüten, die weiß aufblühen und sich dann allmählich apricotfarben verfärben).

Neben diesen Arten gibt es noch zahlreiche gefüllte, halbgefüllte und ungefüllte Typen, deren Zuordnung umstritten und schwierig ist. Im Handel werden außerdem auch krautige Engelstrompeten mit weißen oder blauvioletten bis blauen Blüten angeboten, z. B. *Datura innoxia.* Auch der bei uns gelegentlich vorkommende Gemeine Stechapfel, *Datura stramonium,* gehört zu den krautigen Arten. Alle *Datura (Brugmansia)*-Arten sind sehr giftig!

Standort: Im Sommer sonnig bis halbschattig im Freien. Im Winter, bis auf *D. sanguinea,* bei 4–10° C hell oder dunkel stellen.

TIP

Um ein Schrumpfen der Dahlienknollen während der Überwinterung im Keller zu verhindern, läßt man etwas Erde an den Knollen oder deckt sie mit Sand ab.

Datura suaveolens

Ob *Datura* oder *Brugmansia* – zu den prachtvollsten Kübelpflanzen zählt die Engelstrompete mit ihren verschiedenen Arten und Sorten allemal.

Datura stramonium, Samenkapsel

Datura sanguinea

Datura x *candida* 'Plena'

Datura aurea

Pflege: Während des Wachstums im Sommer sehr reichlich gießen und wöchentlich düngen. Jungpflanzen im Frühjahr in viel größere Gefäße mit Einheitserde, der viel Vorratsdünger beigemischt wird, umtopfen. Verblühtes stets entfernen. Zu groß gewordene Exemplare im Herbst kräftig zurückschneiden. Auch ein Totalrückschnitt wird von dieser vitalen Pflanze ohne weiteres verkraftet – allerdings setzt dann die Blüte im darauffolgenden Jahr später ein.

Vermehrung: Durch Stecklinge, die leicht bewurzeln und schon im ersten Jahr blühen. Oder durch Aussaat (erste Blüte nach 2–3 Jahren).

Schädlinge: Blattwanzen, Dickmaulrüßler, Weiße Fliege.

Verwendung: Solitärpflanzen für den Kübel, auch eingesenkt in den Gartenboden. *D. sanguinea* ist ein attraktiver Blütenstrauch für den Wintergarten.

TIP

In langen, warmen Sommern setzt die Engelstrompete auch bei uns gelegentlich Früchte an, deren Samen sich für die Vermehrung verwenden lassen.

Da Davallien epiphytisch wachsen, lassen sie sich gut auf Rindenstücken befestigen, wo die silbrig- bzw. braunbehaarten Rhizome Halt finden.

In milden Gegenden kann *Delosperma cooperi* auch im Freien überwintern, muß dann aber unbedingt vor Nässe geschützt werden.

Davallia mariesii syn. bullata

Delosperma cooperi

DAVALLIA
Büchsenfarn, Davallie, Schuppenfarn

Familie: Büchsenfarne, *Davalliaceae.*
Heimat: Tropisches Asien, Kanarische Inseln, Südeuropa.
Blütezeit: Keine Blütenpflanze.

Epiphytisch wachsender Farn mit kräftigem Rhizom, das mit schildförmigen, braunen Schuppen bedeckt ist. Blätter dreieckig und fein gefiedert. Im Handel erhältlich sind vor allem *D. mariesii* syn. *D. bullata* und *D. trichomanoides.*
Standort: Ganzjährig hell bis halbschattig, keine Sonne, warm und luftfeucht.
Pflege: Mit weichem, zimmerwarmem Wasser gleichmäßig feucht halten. Öfter sprühen, da Davallien eine hohe Luftfeuchtigkeit benötigen. Alle 14 Tage schwach dosiert düngen. Als Substrat empfiehlt sich eine Epiphytenmischung oder Orchideenerde. Zum Umtopfen keine zu großen Gefäße wählen. Rhizome nicht mit Erde bedecken, sondern frei kriechen lassen.
Vermehrung: Durch Sporen oder durch Rhizomstücke, die auf einer Mischung aus Torf und Sand mit Folienabdeckung und bei 20–22° C austreiben.
Schädlinge, Krankheiten: Schildläuse; Rhizomfäule bei zuviel Nässe.
Verwendung: Wegen des hohen Bedarfs an Luftfeuchte für Vitrine oder geschlossenes Blumenfenster. Zimmerkultur ist schwierig.

DELOSPERMA
Mittagsblume

Familie: Mittagsblumengewächse, *Aizoaceae.*
Heimat: Südafrika.
Blütezeit: Sommer bis Herbst.

Strauchig, kriechend oder rosettenförmig wachsende, sukkulente Blütenpflanzen mit fleischigem Wurzelstock. Die weißen, gelben oder kräftig rosavioletten Strahlenblüten erinnern ein wenig an Gänseblümchen. Einigermaßen winterhart sind bei uns nur zwei Arten: *D. cooperi* und *D. lineare,* beide bilden hübsche, sukkulente Polster.
Standort: Im Sommer vollsonnig und warm, regengeschützt auch im Freien. Im Winter kühl (5–10° C).
Pflege: Wenig gießen und düngen, im Winter fast trocken halten. Überwinterte Pflanzen im Frühjahr in Einheitserde mit Lehmzusatz umtopfen.
Vermehrung: Durch Kopfstecklinge, die man vor dem Einpflanzen etwas abtrocknen läßt, oder durch Aussaat.
Schädlinge, Krankheiten: Selten; im Freien Schnecken.
Verwendung: Für sonnigen, warmen Standort, Balkonkästen, Schalen, Tröge und Sukkulentensammlung.

Dianthus-Chinensis-Hybride 'Himbeer-Parfait'

DIANTHUS
Nelke

Familie: Nelkengewächse, *Caryophyllaceae.*
Heimat: Urformen in China, Korea.
Blütezeit: Juni bis September.

Die heute meist als Sorten oder Hybriden angebotenen Gartennelken, *D. chinensis,* werden einjährig gezogen. Sie werden 20–30 cm hoch und tragen die typischen, blaugrauen, schmalen Nelkenblätter. Hierzu gehören die Charm-Hybriden, die sich durch besonders reichen Blütenflor in Weiß, Lachs, Rosa, Scharlach und Dunkelrot auszeichnen, die Telstar-Crimson-Serie in Karminrot, die Telstar-Mix-Mischung in Scharlach, Rosa, Lachs, mit und ohne Auge und die Neuheiten 'Erdbeer-Parfait' und 'Himbeer-Parfait'. Etwas problematisch in der Haltung ist die Gebirgshängenelke, *D. caryophyllus,* die mit ihrer weit herabhängenden Blütenfülle immer wieder zum Kauf reizt.

Standort: Sonnig, luftig, Hängenelken regengeschützt.

Pflege: Mäßig gießen, Staunässe wird nicht vertragen. Alle 14 Tage düngen. *D. caryophyllus* braucht sehr viel frische, saubere Luft und verträgt weder Hitze noch Dauerregen.

Vermehrung: *D. chinensis* durch Aussaat im Februar/März bei etwa 18–20° C Bodenwärme. Von *D. caryophyllus* kann man im September/Oktober Stecklinge nehmen und bei 5–6° C überwintern.

Schädlinge, Krankheiten: Blattläuse, Spinnmilben; in nassen Sommern vor allem Nelkenrost.

Verwendung: Für Balkonkästen, Töpfe, Schalen.

Von den einjährigen Gartennelken, *Dianthus chinensis,* gibt es zahlreiche Sorten und Hybriden, außerdem immer wieder neue Züchtungen.

So schön sie sind: Gebirgshängenelken, *Dianthus caryophyllus,* bereiten immer wieder Verdruß; am besten sind die Frischluftfanatiker auf überdachten Balkonen untergebracht.

Dianthus caryophyllus

TIP

Pflanzen Sie doch mal rote Nelken, z. B. aus der Charme-Serie, zusammen mit blauen Hängelobelien in einen Balkonkasten. Die Fernwirkung ist überwältigend.

Der Mantelfarn, *Didymochlaena truncatula,* war vor etwa einem halben Jahrhundert schon einmal eine beliebte Zimmerpflanze.

Dieffenbachien zählen zu den Zimmerpflanzen, die am häufigsten angeboten werden. Es gibt zahlreiche Arten und Sorten, deren Ansprüche weitestgehend identisch sind.

TIP

Wenn man den Mantelfarn auch im Zimmer erfolgreich durchbringen möchte, stellt man ihn am besten in eine mit feuchtem Torf ausgefütterte Pflanzenwanne.

Didymochlaena truncatula

DIDYMOCHLAENA TRUNCATULA

Doppelhüllenfarn, Mantelfarn

Familie: Schildfarne, *Aspidiaceae.*
Heimat: Tropenregionen der Erde.
Blütezeit: Keine Blütenpflanze.

Terrestrisch wachsender Farn mit glänzend dunkelgrünen, im Austrieb bronzegrünen, bis 70 cm langen Wedeln mit braunroten Stielen. Einzelblättchen oval.

Dieser Farn ist auch unter dem Namen *Didymochlaena lunulata* bekannt.

Standort: Hell, jedoch nicht sonnig, luftfeucht, im Sommer warm, im Winter bei 12–14° C.

Pflege: Ganzjährig leicht feucht halten. Mit weichem, zimmerwarmem Wasser gießen und sprühen. Der Ballen darf niemals austrocknen, sonst verliert der Farn sein Laub. Alle 14 Tage ganz schwach düngen. Für hohe Luftfeuchtigkeit sorgen.

Vermehrung: Durch Teilung oder Sporenaussaat.

Schädlinge, Krankheiten: Schildläuse; bei zu trockener Haltung Blattfall. Ganz schlecht verkraftet wird trockene Heizungsluft.

Verwendung: Für geschlossene Blumenfenster, temperierte Gewächshäuser oder Wintergärten.

Dieffenbachia bowmannii

DIEFFENBACHIA

Dieffenbachie

Familie: Aronstabgewächse, *Araceae.*
Heimat: Tropisches Mittel- und Südamerika.
Blütezeit: Blüht in Kultur selten.

Dieffenbachien zählen zu den bekanntesten Blattschmuckpflanzen. Von den rund 30 Arten, die im tropischen Amerika beheimatet sind, spielen nur wenige gärtnerisch eine Rolle. Die ersten Züchtungen entstanden etwa Mitte des vorigen Jahrhunderts in Belgien aus *Dieffenbachia maculata* und *D. seguine.*

Heute gibt es zahlreiche züchterische Varianten. Sie alle tragen relativ große, wirkungsvolle Blätter, die an dicken Stengeln sitzen. Die verschiedenen Sorten und Hybriden der Dieffenbachie, die in Kultur sind, unterscheiden sich im wesentlichen durch die Größe und Form der Blätter und ihre gelbliche oder cremeweiße Panaschierung.

Wichtige Arten und Sorten sind:
D. amoena (bis 130 cm hoch mit 60 cm langen Blättern, Sorten 'High Colour', 'Tropic Snow', 'White Tropic'),
D. bowmannii (mit bis zu 75 cm langen, gelbgrünen, unterseits blaugrünen Blättern, Sorten 'Camilla', 'Marianne'),
D. maculata (bis 1 m hoch, Sorten 'Exotica', 'Jenmannii', 'Magnifica'),
D. seguine (weißgefleckte Blätter, Sorten 'Irrorata', 'Lineata', 'Liturata', 'Nobilis').

Die Dieffenbachie ist in allen Teilen giftig. Der Saft kann Haut und Schleimhäute reizen. Vorsicht beim Schneiden der Stecklinge! Handschuhe tragen.

Standort: Ganzjährig hell bis halbschattig, nicht sonnig, warm und luftfeucht.

Pflege: Regelmäßig mit kalkarmem, zimmerwarmem Wasser gießen und alle 14 Tage düngen. Im Frühjahr bei Bedarf in Einheitserde oder Blumenerde umtopfen. Bei totaler Verkahlung bringt ein Rückschnitt Verjüngung. Blätter gelegentlich vorsichtig abwaschen, welke Blätter entfernen.

Vermehrung: Durch Kopf- oder Stammstecklinge im heizbaren Vermehrungsbeet.

Schädlinge, Krankheiten: Spinnmilben, Thripse, Blattläuse durch zu trockene Luft; Wurzelfäule durch zu nassen Stand, Blattfall bei zu kühler Haltung, braune Blattränder bei Staunässe.

Verwendung: Sehr schöne Blattpflanze für warme, helle Zimmer, Gewächshäuser und Wintergärten. Für Hydrokultur geeignet.

Dipladenia boliviensis

DIPLADENIA
Dipladenie

Familie: Hundsgiftgewächse, *Apocynaceae.*
Heimat: Tropisches Südamerika.
Blütezeit: Mai bis November.

Rankende, halbstrauchig wachsende Blütenpflanze mit derben, dunkelgrünen Blättern und glockenartigen Blüten an dünnen Stengeln. Die bekanntesten Arten sind *D. boliviensis*, Blüten weiß mit gelbem Schlund, und *D. sanderi* mit etwas größeren, rosafarbenen Blüten. Sie wurden durch noch schönere, reicherblühende Hybriden abgelöst: 'Amoena' (rosablühend, dunkelrosa Auge, gelber Schlund), 'Rosacea' (zartrosa mit dunklerem Rand, gelber Schlund), 'Rubiniana' (dunkelrosa mit gewelltem Rand, großblütig). Gelegentlich werden auch noch angeboten: *D. eximia* (6–8 cm breite, leuchtendrote Blüten) und *D. splendens* (10 cm breite, rosafarbene, außen weiße Blüten mit dunkelrosafarbenem Schlund). Die Sorte 'Profusa' hat noch größere Blüten mit gelbgestreiftem Schlund. Dipladenien sind in allen Teilen sehr giftig!

Dipladenia splendens

Standort: Ganzjährig sehr hell, jedoch vor direkter Sonne geschützt, sehr warm und luftfeucht.
Pflege: Während der Ruhezeit von Herbst bis Mitte März etwas kühler stellen (15–18° C) und nur mäßig gießen. Ab März mehr Wasser geben. Bei Zimmerkultur häufig lauwarm übersprühen. Während des Wachstums wöchentlich düngen. Im Frühjahr in Einheitserde mit Styroporflocken umtopfen. Die Ranken benötigen eine Rankhilfe.
Vermehrung: Durch Stecklinge bei 25° C Bodenwärme im heizbaren Anzuchtbeet.
Schädlinge, Krankheiten: Schild- und Wolläuse bei zu warmem Stand; Wurzelschäden durch Staunässe.
Verwendung: Für helle, luftfeuchte, warme Räume und feuchtwarmes Gewächshaus.

DIPTERACANTHUS
Ruellie

Familie: Akanthusgewächse, *Acanthaceae.*
Heimat: Tropisches Südamerika.
Blütezeit: September bis Januar, je nach Art.

Dipteracanthus devosianus

Ruellien sind buschige Blütenpflanzen mit auffällig gezeichneten, samtigen Blättern und violetten, weißen, roten, gelben oder orangefarbenen Blüten. *D. devosianus* trägt dunkelgrüne Blätter mit weißlichem Mittelnerv und weiß-lila Blüten. *D. makoyanus* hat etwas größere, olivgrüne Blätter mit breiten, weißen oder silbergrauen Rippen und dunkel- bis karminrosafarbene Blüten. *D. portellae* hingegen trägt besonders große rosenrote Blüten.
Standort: Ganzjährig leicht halbschattig, warm (etwa 20° C) und luftfeucht.
Pflege: Mit kalkarmem Wasser stets gleichmäßig feucht halten. Nach der Blüte sparsamer gießen, aber den Ballen nie austrocknen lassen. Häufig sprühen oder Luftbefeuchter aufstellen. Die Blätter dürfen nicht benetzt werden. Ruellien brauchen keinen Dünger. Um buschigen Wuchs zu erzielen, kräftig zurückschneiden.
Vermehrung: Durch Kopfstecklinge (3–5 pro Topf) im heizbaren Vermehrungsbeet. Jungpflanzen entspitzen, um einen buschigen Wuchs zu erzielen.
Schädlinge, Krankheiten: Weiße Fliege; bei zu trockener Luft rollen sich die Blätter ein.
Verwendung: Bodendecker in Vitrinen und Blumenfenstern, für warme Gewächshäuser sowie Flaschengärten.

Daß Dipladenien nach fast hundert Jahren Pause nun wieder in vielen Arten erhältlich sind, ist dänischen Gärtnern zu verdanken, die sie erneut in Kultur nahmen.

Die Ruellie ist nicht nur ein aparter Bodendecker, sie kann in einem feuchtwarmen Wintergarten auch als Ampelpflanze gehalten werden.

TIP

Dipladenien werden im Blumenhandel manchmal noch unter ihrer früheren Gattungsbezeichnung *Mandevilla* angeboten. Zu dieser Gattung gehört jetzt aber nur noch die Art *Mandevilla laxa.*

Dizygotheca elegantissima besticht durch ihr feines Laub, ihre Schwester *D. veitchii* ist mit breiteren Blättern ausgestattet, deren Sorte 'Castor' fällt durch dunkleres Laub und einen insgesamt kleineren und kompakteren Wuchs auf.

Wenn Sie einen Platz haben, an dem keine so optimalen Lichtverhältnisse herrschen – schmücken sie ihn mit der grünlaubigen *Dracaena marginata* – sie ist ein wahrer Schattenkünstler.

Dizygotheca elegantissima

DIZYGOTHECA (SCHEFFLERA)
Fingeraralie

Familie: Araliengewächse, *Araliaceae.*
Heimat: Australien, Ozeanien.
Blütezeit: Blüht in Kultur kaum.

Immergrüne Pflanzen, die jetzt zur Gattung *Schefflera* gehören. *D. elegantissima* hat handförmige Blätter mit dunkel- bis rotgrünen, schmal gezähnten Fiedern. *D. veitchii* besitzt breitere Blätter, die in der Jugend rötlich, später dunkelgrün gefärbt sind.
Standort: Ganzjährig hell, aber nicht sonnig und um 20° C warm, luftfeucht.
Pflege: Während der Wachstumszeit mäßig, im Herbst/Winter noch weniger gießen. Öfter sprühen. Von April bis Mitte August alle 14 Tage düngen.
Vermehrung: Durch Kopfstecklinge.
Schädlinge, Krankheiten: Spinnmilben und Schildläuse bei zu trockener Luft; Staunässe und Ballentrockenheit sind Gift!
Verwendung: Für helle, warme Zimmer und Wintergarten. Ideal im feuchtwarmen Gewächshaus oder Blumenfenster. Für Hydrokultur geeignet.

Dracaena marginata

DRACAENA
Drachenbaum, Drachenlilie, Drazäne

Familie: Agavengewächse, *Agavaceae.*
Heimat: Tropen und Subtropen Afrikas und Asiens, Kanarische Inseln.
Blütezeit: Blüht in Kultur selten.

Der Drachenbaum gehört zu den beliebtesten Blattschmuckpflanzen und wird oft mit der sehr ähnlichen Keulenlilie, *Cordyline*, verwechselt. Unterscheidungsmerkmal: Die Drazäne hat gelbliche, die Keulenlilie weiße Wurzeln. Die grünen, lanzettlichen, mehr oder weniger breiten Blätter sind je nach Art und Sorte farbig gestreift oder gesprenkelt.

Bekannte Arten und Sorten sind: *D. draco*, der weniger wärmebedürftige Drachenbaum der Kanarischen Inseln mit steifen, ins Blaugrün gehenden, im Alter leicht überhängenden Blättern. *D. deremensis*, mit den buntgestreiften Zuchtformen 'Bausei' und 'Warneckii'. Von der reingrünen Ursprungsart *D. fragrans* haben vor allem die buntblättrigen Sorten 'Knerkii', 'Lindenii', 'Massangeana', 'Rothiana' und 'Victoria' Bedeutung. *D. marginata*, eine Warmhauspflanze, hat schmälere, rotbraungerandete, bei der Sorte 'Tricolor' besonders ausgeprägt gezeichnete Blätter. *D. reflexa* wurde durch ihre besonders dekorative Sorte 'Song of India' bekannt. *D. surculosa* fällt mit ihrem strauchigen Wuchs und breiten, gefleckten Blättern aus dem Rahmen und ist ebenfalls wärmeliebend.

Standort: Ganzjährig hell, aber nicht sonnig, und über 18° C warm. Buntblättrige Sorten heller stellen als einfarbige, *D. draco* im Sommer vollsonnig, im Winter hell und bei 10° C.

Pflege: Während des Wachstums *D. draco* mäßig gießen und einmal pro Woche düngen. Im Winter fast trocken halten. Bei Bedarf in kräftige, humose Erde umtopfen. Die übrigen Drazänen gleichmäßig leicht feucht halten. Von März bis Ende August alle 14 Tage düngen und bei Bedarf in Blumenerde umtopfen.

Vermehrung: Durch Kopf- oder Stammstecklinge bei 20–24° C, *D. draco* durch Aussaat.

Schädlinge, Krankheiten: Schildläuse, Spinnmilben; Staunässe oder Trockenheit führen zu Blattschäden.

Verwendung: Dekorative Pflanzen für Wohnräume und Büros. Für Hydrokultur geeignet. *D. draco* auch als Kübel- oder Wintergartenpflanze.

Dracaena draco

Der berühmte Drachenbaum der Kanarischen Inseln besitzt reingrünes Laub. Andere Arten wie *Dracaena reflexa* 'Song of India' oder *D. deremensis* und Sorten schmücken sich dagegen mit den unterschiedlichsten Blattzeichnungen und -farben.

Unten ein Foto des beinahe legendären Drachenbaums auf Teneriffa.

Dracaena reflexa 'Song of India'

Dracaena deremensis

Dracaena draco am Heimatstandort auf Teneriffa

TIP

Ab und zu sollte man die Drazänen abbrausen, um den Staub zu entfernen. Keine Blattglanzmittel verwenden!

Echeveria – Echinopsis

Echeverien entwickeln sich besonders prächtig, wenn sie den Sommer frei ausgepflanzt im Steinbeet verbringen können.

Der berühmte »Schwiegermuttersessel«, *Echinocactus grusonii*, ist wie *E. platyacanthus* noch ein »echter« *Echinocactus*. Die meisten anderen Arten der früher so umfangreichen Gattung tragen heute ganz andere Namen.

Echeveria laui

Echinocactus grusonii

ECHEVERIA
Echeverie

Familie: Dickblattgewächse, *Crassulaceae.*
Heimat: Mittel- und Südamerika.
Blütezeit: Je nach Art zwischen Januar und Oktober.

Sukkulente Pflanzen mit in Rosetten angeordneten, dickfleischigen Blättern, die meist mit einem Wachsüberzug versehen sind, den man nicht berühren sollte. Die Blüten sitzen vorwiegend in kleinen Ähren an überhängenden Ständen. Sie sind weiß, gelb, rosa, orange, rot oder gemischt gefärbt. Bewährte Arten sind: *E. agavoides, E. derenbergii, E. elegans, E. pulvinata* und *E. setosa* sowie *E. laui.*

Standort: Ganzjährig sehr hell, im Sommer warm, am besten sonnig im Freien, im Winter kühler bei 5–10° C.
Pflege: Den Sommer über vorsichtig gießen, möglichst nicht in die Rosette. Monatlich etwas Kakteendünger geben. Im Winter bei kühlem Stand fast trocken halten. Nur selten in sandige Erde oder Kakteensubstrat umtopfen.
Vermehrung: Aus Seitenrosetten oder Blattstecklingen, die vor dem Einpflanzen abtrocknen müssen oder durch Aussaat.
Schädlinge, Krankheiten: Woll- und Wurzelläuse; »Herzfäule«, wenn Wasser in der Blattrosette steht.
Verwendung: Schöne Blüten- und Blattpflanze für sehr hellen Standort.

Echeveria derenbergii

ECHINOCACTUS
Igelkaktus, Kugelkaktus

Familie: Kakteen, *Cactaceae.*
Heimat: Mexiko.
Blütezeit: Sommer.

Kugelige bis kurzzylindrische, sich selten verzweigende Pflanzen mit dichtstehenden gelben, weißen oder bräunlichen Dornen. Der bekannteste Igelkaktus dürfte *E. grusonii*, der »Schwiegermutterstuhl« oder Goldkugelkaktus sein, der im Alter einen Durchmesser von 1 m bei 1,30 m Höhe erreichen kann. Die seidiggelben, bis 5 cm großen Blüten erscheinen erst bei älteren Exemplaren. *E. platyacanthus* syn. *E. ingens* hat einen graublauen Körper und ist stark gerippt.
Standort: Ganzjährig vollsonnig, im Winter kühl bei 10° C.
Pflege: Von Mai bis Oktober gleichmäßig feucht halten und monatlich mit Kakteendünger versorgen. Im Winter nicht gießen. Wenn nötig, in Kakteensubstrat oder mit Sand vermischte Einheitserde umtopfen.
Vermehrung: Nur durch Aussaat.
Schädlinge: Wollläuse, Schildläuse, Spinnmilben.
Verwendung: Für sonnige Fensterbänke und Gewächshäuser.

Echinocereus stramineus

ECHINOCEREUS
Igelsäulenkaktus

Familie: Kakteen, *Cactaceae*.
Heimat: Südwestliche USA, Mexiko.
Blütezeit: Frühjahr.

Kurzsäulige, kleinkugelige, häufig rasenbildende, in der Bedornung sehr variable und wunderschön blühende Kakteen. Mit weißen Dornen besetzte Arten kommen ebenso vor wie solche, die ein dichtes Haarkleid tragen. *E. acifer* hat Kugelform und schmückt sich mit roten Blüten; *E. cinerascens* wächst rasenartig und trägt purpurne Blüten; *E. pectinatus* hat einen zylindrischen Körper und gelbe Blüten: *E. chloranthus* fällt wegen seiner grünen, *E. stramineus* wegen seiner besonders großen Blüten auf.
Standort: Ganzjährig vollsonnig und luftig, den Sommer über im Freien. Im Winter bei 5–10° C.
Pflege: Im Sommer mäßig gießen und nur alle zwei Monate düngen. Im Winter völlig trocken halten.
Vermehrung: Durch Aussaat oder abgetrennte Seitentriebe.
Schädlinge, Krankheiten: Spinnmilben; bei Nässe Wurzelfäule.
Verwendung: Für sonnige, warme Zimmer, Gewächshaus.

Echinopsis oxygona

ECHINOPSIS
Seeigelkaktus

Familie: Kakteen, *Cactaceae*.
Heimat: Südamerika.
Blütezeit: Frühjahr bis Sommer.

Diese Kakteen besitzen säulenartige, gerippte Stämme, die mit kurzen Stacheln besetzt sind. Sie erblühen entweder tagsüber oder nachts und tragen große, vorwiegend weiße, aber auch leicht rosa bis rot überhauchte oder rote Trichterblüten. *E. calochlora* und *E. eyriesii* öffnen ihre 17–25 cm großen, weißen, häufig duftenden Blüten erst gegen Abend und nachts.
Tagblühende Arten sind z. B. *E. aurea* (zitronengelbe Blüten, einer bei *Echinopsis* selten vorkommenden Blütenfarbe), *E. mamillosa* var. *kermesina* (15–18 cm lange, rote Blüten), *E. oxygona* (große, lange, weiße Blüten). Rotviolett blüht *E. frankii*, orangerot *E. calorubra*.
Standort: Nachtblüher hell, Tagblüher vollsonnig und warm. Bei 6–10° C überwintern.
Pflege: In der Wachstumszeit immer mäßig feucht, im Winter trocken halten. Einmal im Monat Kakteendünger geben! Jährlich in Kakteenerde mit mineralischen Zusätzen umtopfen.
Vermehrung: Durch Aussaat oder Seitensprosse.
Schädlinge: Woll- und Wurzelläuse, Spinnmilben.
Verwendung: Zimmerpflanze für hellen, warmen Standort, im Sommer auch im Freien.

Echinocereen werden vor allem wegen ihrer farbstarken Blüten in Pink, Orange, Gelb, Violett oder Rot geschätzt.

Es ist kaum zu glauben, daß die vergleichsweise kleinen Körper des Seeigelkaktus so große Blüten hervorbringen.

TIP

Echinocereen mit dichter Behaarung am besten nur im Zimmer oder, falls im Freien, auf einer regengeschützten Terrasse halten.

Die vor Vitalität strotzende Zierbanane, *Ensete ventricosum*, braucht zur vollen Entfaltung ihrer Pracht ein großes Gefäß, viel Dünger und viel Wasser.

Ensete ventricosum

ENSETE VENTRICOSUM

Zierbanane

Familie: Bananengewächse, *Musaceae*.
Heimat: Tropisches Afrika.
Blütezeit: Blüht in Kultur selten.

E. ventricosum wächst in seiner Heimat in über 2000 m hohen Bergwäldern und ist daher nicht so empfindlich wie andere Bananenarten. Die beeindruckende Staude bringt auch bei uns im entsprechend großen Kübel 2,50 m lange und 70 cm breite Blätter hervor, kann im Korb ausgepflanzt bei entsprechender Pflege aber noch wesentlich größer werden. 'Maurellii' ist eine rotlaubige Sorte.

Standort: Im Sommer hell bis vollsonnig und windgeschützt im Freien oder frei ausgepflanzt im Wintergarten. Im Winter hell, bei etwa 12° C.
Pflege: Von Mai bis Oktober sehr reichlich wässern und wöchentlich düngen. Während der Ruhezeit nur eben feucht halten. Umgetopft wird in nährstoffreiche, humose Erde, wenn das – möglichst große – Kulturgefäß durchwurzelt ist.
Vermehrung: Durch frischen, importierten Samen bei 25–30° C Bodenwärme, am besten im Anzuchtbeet.
Schädlinge, Krankheiten: Spinnmilben; Bodenpilze bei zu kaltem Substrat.
Verwendung: Kübelpflanze für große Wintergärten.

TIP

Wenn ich meine beiden riesigen, in Kartoffelkörben ausgepflanzten Zierbananen im Herbst hereinhole, schneide ich vorher die aus dem Behälter herausgewachsenen Wurzeln ringsum ab. Die Körbe kommen dann in große Plastikbeutel, damit die Erde nicht so schnell austrocknet. Die meterlangen Blätter entferne ich soweit, daß das »Herz« erhalten bleibt, aus dem dann im Frühjahr der neue Austrieb erfolgt.

EPIPHYLLUM-HYBRIDEN

Blattkakteen, Phyllokakteen

Familie: Kakteen, *Cactaceae*.
Heimat: Regenwälder Mittel- und Südamerikas.
Blütezeit: Frühjahr bis Sommer.

Von diesen epiphytisch wachsenden, zum Teil großstrauchigen Kakteen mit langen, schmalen, blattartigen Trieben und großen Blüten sind unzählige Hybriden im Handel. Je nach Kreuzung gibt es Sorten mit Blütendurchmessern von 5–35 cm. Die Farbpalette reicht von Weiß, Gelb, Orange, Rosa, Rot bis Violett mit allen Zwischentönen.
Standort: Ganzjährig hell bis halbschattig, im Sommer am besten im Freien. Im Winter bei 5–15° C.
Pflege: Den Sommer über mäßig feucht halten. Ab und zu sprühen. Von März bis August wöchentlich düngen. Im Winterquartier je nach Temperatur wenig oder gar nicht gießen. Viel Licht im Winter verhindert, daß sich dünne »Spieße« (Geiltriebe) bilden, die abgeschnitten werden müssen. Jährlich in Blumenerde mit viel Torf umtopfen.
Vermehrung: Durch Aussaat oder ca. 10 cm lange Blattstecklinge, die vor dem Einpflanzen gut abtrocknen müssen.
Schädlinge, Krankheiten: Spinnmilben, Wolläuse bei zu trockenem Stand im Sommer; Wurzelfäule bei zu feuchtem Substrat im Winter. Weißlichgrüne Flecken oder gekrümmte Glieder deuten auf eine Virusinfektion.
Verwendung: Sehr schön blühende Kakteen für Ampeln oder große, hochgestellte Töpfe, aus denen die langen, mit Blüten besetzten Blatttriebe herabhängen können. Im Sommer für Balkon und Terrasse.

Epiphyllum 'Andromeda'

Epiphyllum 'Honeycomb'

Epiphyllum 'Pegasus'

Epipremnum pinnatum

EPIPREMNUM PINNATUM
Efeutute

Familie: Aronstabgewächse, *Araceae*.
Heimat: Pazifische Inseln.
Blütezeit: Blüht in Kultur selten.

Kletter- und Hängepflanze mit ledrigen, grünweiß bis grüngelb marmorierten Blättern und meterlangen Trieben. Von der einzigen in Kultur befindlichen Art *E. pinnatum* (früher *Scindapsus aureus* bzw. *Rhaphidophora aurea*) gibt es die Zuchtformen 'Aureum' und 'Marble Queen'.
Standort: Ganzjährig hell bis schattig, keine pralle Sonne, warm (20° C und mehr).
Pflege: Während der Wachstumszeit regelmäßig, im Winter sparsamer gießen. Alle 14 Tage düngen. Zu groß gewordene Pflanzen können immer zurückgeschnitten werden.
Vermehrung: Durch Kopf- und Triebstecklinge.
Schädlinge, Krankheiten: Schildläuse; Wurzelfäule bei Bodenkühle im Winter, Ausbleichen der Blätter durch zu hellen Standort.
Verwendung: Ampelpflanze. Sehr hübsch auch aufgebunden am Moosstab oder am Spalier als grüner Raumteiler. Für Hydrokultur geeignet.

Episcia cupreata

EPISCIA
Schattenröhre, Episkie

Familie: Gesneriengewächse, *Gesneriaceae*.
Heimat: Südamerika.
Blütezeit: Sommer.

Die zierlichen Pflanzen fallen durch ihre hübsch gezeichneten, bräunlich-grünen, samtartigen Blätter und je nach Art roten, selten weißen oder bläulichen Blüten auf, die in den Blattachseln erscheinen. *E. cupreata* besitzt die größten Blätter und Blüten. *E. dianthiflora* (jetzt *Alsobia dianthiflora*) zeigt weiße, stark gefranste Blüten, die im Schlund meist rot gepunktet sind.
Standort: Ganzjährig hell, aber vor Sonne geschützt, warm und luftfeucht.
Pflege: Mäßig feucht halten. Nur mit kalkarmem Wasser gießen. Alle 14 Tage schwach düngen. Für hohe Luftfeuchtigkeit sorgen.
Vermehrung: Durch Kopfstecklinge oder Ausläufer im heizbaren Vermehrungsbeet.
Schädlinge: Blattläuse.
Verwendung: Topf- oder Ampelpflanze für Vitrine, geschlossenes Blumenfenster oder feuchtwarmes Gewächshaus.

Diese drei prachtvoll blühenden *Epiphyllum*-Hybriden sind nur eine kleine Kostprobe des aufsehenerregenden Sortiments amerikanischer Züchtungen, die es auch bei uns in Spezialgärtnereien gibt.

Die Efeutute breitet sich schnell aus und kann bei Bedarf rigoros mit der Schere eingekürzt werden.

So reizvoll Episkien auch sind – im Zimmer wird man selten lange Freude an den empfindlichen Pflanzen haben.

TIP

Am zu dunklen Standort vergrünen die apart gezeichneten Blätter von *Epipremnum pinnatum*, und die Abstände zwischen den Blättern werden immer größer.

Wenn die im Herbst in Balkonkästen oder Schalen gepflanzte *Erica gracilis* später dem Frost zum Opfer fällt, braucht man sie nicht gleich wegzuwerfen – sie sieht auch als »Trockenpflanze« noch lange recht hübsch aus. Die Schneeheide, *Erica carnea,* dagegen ist winterhart und eignet sich für die Dauerbepflanzung von Gefäßen.

ERICA
Heide

Familie: Heidekrautgewächse, *Ericaceae.*
Heimat: Afrika, Europa.
Blütezeit: Je nach Art unterschiedlich.

Diese immergrünen, meist kleinbleibenden Sträucher mit nadelförmigen Blättern werden häufig mit *Calluna* verwechselt, tragen jedoch unterschiedliche Blätter: *Calluna* besitzt schuppenförmige, gegenständige Blätter, *Erica* nadelförmige, quirlständige. Die weißen, rosa, purpur- oder mehrfarbigen Blüten sind glocken-, krug- oder röhrenförmig. *E. gracilis,* die Glockenheide, blüht im noch frostfreien Spätherbst und Winter. Im Angebot sind in verschiedenen Rottönen und Weiß blühende Zuchtformen.
Einige *Erica*-Arten, wie *E. hiemalis* und ihre Hybriden, blühen erst im Februar/März bzw. April/Mai (Hybriden).
Für eine dauerhafte Winterbepflanzung von Balkonkästen, Schalen, Trögen oder Kübeln empfiehlt sich *E. carnea,* die Schneeheide, die zwischenzeitlich *E. herbacea* hieß. Sie ist winterhart und wird ebenfalls in vielen Sorten angeboten. Einige wenige Farbbeispiele: 'Kramers Weiße' (weiße Blüten, Blütezeit Januar bis April), 'December Red' (hellrosa, Januar/Februar), 'King George' (purpurrosa, Dezember bis März), 'Ruby Glow' (rubinrot, Februar bis Mai).
Standort: Sonnig bis halbschattig, auf jeden Fall kühl.
Pflege: Gleichmäßig mit weichem Wasser feucht halten (außer *E. carnea*). Gedüngt wird alle 14 Tage, ebenfalls kalkarm. *E. gracilis* benötigt während ihrer kurzen Kulturdauer keine zusätzlichen Nährstoffe. Für Dauerkultur und zum Umtopfen Rhododendronerde verwenden. Verblühtes abschneiden.
Vermehrung: Durch Stecklinge (schwierig). Gute Erfahrungen habe ich mit Absenkern gemacht, die ich im August mit kleinen Astgabeln am Boden feststecke.
Krankheiten: Echter Mehltau, Grauschimmel.
Verwendung: Dauerhafte Blütenpflanze für kühle Standorte, Balkonkästen, Schalen, Tröge, Kübel.

Erica gracilis

Erica carnea

Erigeron karvinskianus 'Blütenmeer'

ERIGERON KARVINSKIANUS

Spanisches Gänseblümchen

Familie: Korbblütler, *Compositae.*
Heimat: Mexiko bis Venezuela.
Blütezeit: Mai bis September.

Schöne, bis 20 cm hohe Blütenstaude mit reichverzweigten, niederliegenden oder kriechenden Trieben. Untere Blätter verkehrteiförmig und gezähnt, obere länglich und glattrandig. Zahlreiche zuerst weiße, später rote Strahlenblüten, die an Gänseblümchen erinnern.

Standort: Sonnig.

Pflege: In der Wachstumszeit stets mäßig feucht halten und alle 14 Tage düngen. Abgeblühtes entfernen, um Nachblüte anzuregen. Hell und frostfrei überwintern, da die Stauden nicht winterhart sind.

Vermehrung: Durch Aussaat (Lichtkeimer) oder Stecklinge. Die Pflanzen säen sich an geschützten Stellen häufig von selbst aus. Die Sämlinge blühen gleich im ersten Jahr.

Schädlinge, Krankheiten: Selten.

Verwendung: Schöne Blütenpflanze für Steingärten, Schalen, Tröge und Trockenmauern. Übersteht frei ausgepflanzt bis –4° C Frost.

Eriobotrya japonica

ERIOBOTRYA JAPONICA

Wollmispel, Japanische Mispel, Loquate

Familie: Rosengewächse, *Rosaceae.*
Heimat: China, Japan.
Blütezeit: September/Oktober.

Kleiner, immergrüner Baum oder Strauch mit 30 cm langen, dunkelgrünen Blättern, die unterseits rötlich- oder silberfilzig sind. Das Gehölz schmückt sich im Mai mit gelben bis gelborangenen, aprikosenähnlichen, eßbaren Früchten, den Loquates. Die Pflanze blüht und fruchtet in unserem Klima nur im Gewächshaus und wird im Kübel bis über 2 m hoch.

Standort: Sonnig bis halbschattig, im Sommer auch regengeschützt im Freien. Im Winter hell bei 6–12° C.

Pflege: Regelmäßig gießen. Der Ballen muß zwischendurch immer wieder abtrocknen. Bis Mitte August wöchentlich düngen. Bei Bedarf in mit etwas Lehm angereicherte Einheitserde umtopfen. Rückschnitt wird vertragen. Im Winter nur wenig gießen.

Vermehrung: Durch Aussaat oder Kopfstecklinge bei 25° C Bodenwärme.

Schädlinge: Pilzbefall, wenn die Blätter in nassen Sommern nicht gut abtrocknen können (*Eriobotrya*-Schorf).

Verwendung: Ausgepflanzt im Wintergarten oder attraktive Kübelpflanze.

Zu den *Erigeron*-Hybriden, die wir im Staudenbeet so schätzen, hat sich *Erigeron karvinskianus* als hübsche, anspruchslose Ampelpflanze gesellt.

Ausgepflanzt verträgt die Japanische Mispel in geschützter Lage bis zu –10° C. Besonders attraktiv wirkt ihr Laub vor einer weißen Mauer.

Damit der Korallenbaum immer wieder neue Blüten hervorbringt, sollte man die abgeblühten Triebe wegschneiden.

Eukalyptusblüten sind sehr schön. Sie erscheinen aber nur am Heimatstandort in Australien, wo die Bäume zu den Charakterpflanzen der Landschaft gehören und bis 100 m hoch werden. Es soll sogar bis 160 m hohe Exemplare geben!

TIP

Selbstgezogene, junge Korallensträucher behandle ich die ersten beiden Winter als Zimmerpflanzen, stelle sie hell und warm und gieße sie in dieser Zeit natürlich weiter.

Erythrina crista-galli

ERYTHRINA CRISTA-GALLI
Korallenstrauch

Familie: Hülsenfrüchtler, *Leguminosae.*
Heimat: Tropen und Subtropen.
Blütezeit: Juli bis Oktober.

Laubabwerfender, bis 2 m hoch werdender Strauch mit dickem Stamm, der jedes Jahr an langen, bedornten Trieben große Trauben aus scharlachroten Einzelblüten in Schüben hervorbringt. Blätter dunkelgrün und derb.
Standort: Vollsonnig, warm, im Winter dunkel bei 5–10° C.
Pflege: Während des Wachstums reichlich gießen und düngen. Im Herbst größere Pflanzen gut abgetrocknet ins Winterquartier bringen, bis auf etwa 20 cm zurückschneiden und völlig trocken halten. Der kurze, dicke Stamm hat genügend Reservestoffe zum Überleben eingelagert. Im Frühjahr in Einheitserde umtopfen. Allmählich wieder gießen und heller stellen.
Vermehrung: Durch Aussaat, wenn man 3-4 Jahre auf die erste Blüte warten kann, oder Kopfstecklinge.
Schädlinge: Spinnmilben und Weiße Fliege.
Verwendung: Kübelpflanze, im Wintergarten.

Eucalyptus-Blüte

EUCALYPTUS
Eukalyptus

Familie: Myrtengewächse, *Myrtaceae.*
Heimat: Australien.
Blütezeit: Sommer.

Immergrüne Bäume mit wechselständigen, bläulichgrünen oder bläulichsilbernen, derben Blättern. Was viele nicht wissen ist, daß z. B. *E. gunnii* in der Jugend kleine, fast runde, im Alter jedoch etwa 12 cm lange, lanzettliche Blätter zeigt. Die cremeweißen Blüten erscheinen an den Heimatstandorten bereits an jungen Exemplaren.
E. globulus, der Blaugummibaum, gilt als eine der attraktivsten Arten und wächst ziemlich schnell.
Sehr dekorativ ist auch *E. ficifolia.* Diese Art zeigt etwas derbere, lanzettliche Blätter und blüht in den verschiedensten Rottönen.
E. niphophila hat 10 cm lange, lanzettliche, silberbläuliche Blätter und wächst etwas langsamer. Sehr interessant sieht der Stamm bei etwas größeren Exemplaren aus: Er ist weißbereift, die Rinde

Eucalyptusbaum am Heimatstandort

schält sich teilweise ab. Die Pflanzen enthalten stark riechende, ätherische Öle.

Standort: Im Sommer sonnig bis halbschattig im Freien. Bei 2–10° C hell und luftig überwintern - die ersten Jahre auch im Wintergarten oder Gewächshaus.

Pflege: Mit kalkarmem Wasser eher maßvoll gießen, doch den Ballen niemals austrocknen lassen; welkes Laub erholt sich nicht mehr. Damit die Pflanze nicht zu schnell wächst, nur wenig und kalkarm düngen. Junge Pflanzen öfter in humose Erde umtopfen. Rückschnitt wird vertragen, ist aber dem Habitus nicht zuträglich.

Vermehrung: Durch Aussaat, Stecklingsanzucht ist schwierig.

Schädlinge, Krankheiten: Selten.

Verwendung: Kübelpflanze, im Wintergarten.

Einzelblüten von Eucomis bicolor

EUCOMIS
Schopflilie

Familie: Liliengewächse, *Liliaceae*.
Heimat: Südafrika.
Blütezeit: Sommer.

Prachtvolles Exemplar von Eucomis pole-evansii im Kübel

Zwiebelpflanzen mit großen Zwiebeln, grundständigen, langen Blättern und in dichten Trauben auf langem Schaft stehenden kleinen Blüten. Ihren Namen verdankt die Pflanze dem Schopf aus Hochblättern, der den Blütenstand krönt. *E. bicolor* treibt aus großen Zwiebeln riemenförmige Blätter und einen 30–50 cm langen Schaft, auf dem eine langgestreckte Blütentraube mit lindgrünen, violett gesäumten Blütchen steht.

E. pole-evansii wird 150 cm hoch und hat etwa 70 cm lange Blätter. Der Blütenstand mit den attraktiven rahmweißen Blüten ist etwa 60 cm lang.

Standort: Vollsonnig.

Pflege: Während der Wachstumsperiode reichlich gießen und alle 14 Tage Dünger geben. Im Herbst nach der Blüte zieht die Zwiebel ein. Sie wird dann bis Februar, mit oder ohne Erde, trocken und kühl aufbewahrt. Ende Februar pflanzt man die Zwiebel in einen gut dränierten Topf mit humoser Erde. *E. pole-evansii* zu 3–4 Stück in einen großen Kübel mit Sand oder Kiesdrainage setzen und mit kräftiger Erde auffüllen. Anfangs spärlich gießen.

Vermehrung: Durch Brutzwiebeln oder Aussaat. Sämlingspflanzen brauchen etwa fünf Jahre bis zur ersten Blüte.

Krankheiten: Fäulnis bei unzulänglicher Dränage.

Verwendung: Interessante Topf- oder Kübelpflanze für Balkon, Terrasse oder Kalthaus.

An einem warmen Platz im Garten kann man die Zwiebeln der Schopflilie über Winter mit einer dicken Laub- oder Häckselabdeckung draußen lassen. Die Blüte entwickelt sich dann noch eindrucksvoller.

E. pole-evansii muß frostfrei überwintern.

TIP

Wenn man sich im Sommer einige *Eucalyptus gunnii* als Topfpflanzen heranzieht, kann man das Grün im Winter für floristische Gestecke verwenden. Die runden, blaugrünen Blätter wirken ungemein attraktiv.

Eugenia myriophylla eignet sich gut für die Bonsai-Gestaltung. *E. uniflora* wird in ihrer Heimat wegen der Früchte kultiviert. Beide sind eng mit dem Gewürznelkenbaum verwandt.

Von *Euonymus japonica* gibt es viele Sorten, deren Reiz in den unterschiedlich gefärbten und gemusterten Blättern besteht.

Eugenia uniflora

Eugenia myriophylla

EUGENIA MYRIOPHYLLA
Kirschmyrte, Eugenie

Familie: Myrtengewächse, *Myrtaceae.*
Heimat: Brasilien.
Blütezeit: Blüht in Kultur selten.

Dieser, bei uns vor allem als Bonsai bekannte, immergrüne Strauch mit schmalen Blättchen wächst so langsam, daß man ihn vor dem Umzug in den Kübel einige Zeit auf der Fensterbank halten kann. Bei guter Pflege bringt er nach der Blüte kleine rote Beerchen hervor.
Standort: Vollsonnig, im Sommer im Freien, im Winter bei etwa 10° C.
Pflege: Den Sommer über alle 14 Tage düngen und sparsam gießen, im Winter noch weniger. Bei Bedarf in Einheitserde umtopfen. Die Kirschmyrte läßt sich gut zurückschneiden oder zu einem Hochstämmchen erziehen.
Vermehrung: Durch Kopfstecklinge, die im heizbaren Vermehrungsbeet bei 20–25° C bewurzeln. Jungpflanzen oft entspitzen, damit sie sich buschig entwickeln.
Schädlinge: Schildläuse.
Verwendung: Kübel- und Zimmerpflanze für helle Räume, für den Wintergarten. Bonsaipflanze.

Euonymus japonica 'Mediopicta' und 'Albomarginata'

EUONYMUS
Spindelstrauch

Familie: Spindelbaumgewächse, *Celastraceae.*
Heimat: Japan, Korea, China.
Blütezeit: Blüht in Kultur selten.

Von der Gattung *Euonymus* ist für die Zimmerkultur nur *E. japonica*, der Falsche Lorbeer, geeignet. Am schönsten sind die buntblättrigen Sorten wie 'Albomarginata' (Blätter groß, mattgrün, mit weißem Rand), 'Aurea' (Blätter goldgelb, mit schmalem, dunkelgrünem Rand), 'Albovariegata' (Blätter groß, breit, mit weißem Rand), 'Ovata Aurea' (Blätter am Rand dunkelgrün, in der Mitte goldgelb).
E. fortunei wird bis 3 m hoch und ist absolut winterhart. 'Sheridan Gold' (hat vor allem im Sommer grüngelbe oder gelbgefleckte Blätter), 'Dart's Carpet' (im Winter bronze- bis braunrotverfärbte Blätter), 'Dart's Ideal' (auffallend hellgrüne Blätter), 'Gold Tip' (Blätter mit zunächst goldgelbem, später rahmweißem Rand). Alle *Euonymus*-Arten sind giftig.
Standort: *E. japonica* ganzjährig hell, warm und luftfeucht, im Sommer vor praller Sonne geschützt im Freien, im Winter bei 6–12° C. *E. fortunei* ganzjährig im Freien.
Pflege: Von Frühjahr bis Herbst mäßig gießen, im Winter noch weniger. Während der Wachstumsperiode wöchentlich düngen. Umgetopft wird in Einheitserde oder lehmig-humose Gartenerde. Bei Bedarf in Form oder zurückschneiden.
Vermehrung: Durch Stecklinge im Frühjahr und Sommer. Jungpflanzen öfter stutzen, um buschigen Wuchs zu erzielen.
Schädlinge, Krankheiten: Selten.
Verwendung: *E. japonica* Grünpflanze für helle, warme Räume, Kübel- und Wintergartenpflanze; *E. fortunei* Kübelpflanze fürs Freie.

Euphorbia milii-Hybride

EUPHORBIA
Euphorbie

Familie: Wolfsmilchgewächse, *Euphorbiaceae.*
Heimat: Weltweit.
Blütezeit: Fast ganzjährig, Hauptflor im Winter.

Bei *E. milii*, dem Christusdorn, handelt es sich um einen bis fast 2 m hoch wachsenden, sukkulenten Strauch, dessen stark bedornte, dünne Triebe kleine, eiförmige Blätter tragen. Fast das ganze Jahr über bringt er Blütchen hervor, deren farblicher Effekt von sogenannten Hochblättern oder Brakteen herrührt. Züchterischer Fleiß hat es zuwege gebracht, daß die Blütenfarben zwischen Rot, Rosa, Gelb und Weiß variieren, wobei der Flor der Hybriden besonders attraktiv ist. Zu den interessanten Varietöten von *E. milii* gehören: var. *bevilariensis* (hochwüchsig, rot), var. *tananarivae* (hochwüchsig, gelb, mit rotem Rand).

E. atropurpurea aus Teneriffa ist mit sukkulenten Stämmen, die später verholzen, ausgestattet und trägt einen Blattschopf.
E. erythraeae aus Äthiopien wird ungefähr 80 cm groß und wächst kandelaberartig.
E. grandicornis aus Kenia und Südafrika hat dreikantige Triebe und sehr kräftige Dornen.
E. meloformis aus Südafrika wächst kugelig, wird nur 10–15 cm hoch und blüht unscheinbar gelb-grünlich.
E. obesa, ebenfalls in Südafrika zuhause, ähnelt einem kugeligen Kaktus mit acht Rippen.
E. resinifera aus Marokko hat vierkantige, bedornte Triebe und wird in Kultur etwa 50 cm hoch.
E. submammillaris wird 15–20 cm hoch und wächst rasenartig.
E. tirucalli besitzt hochgiftige, bleistiftstarke, runde Triebe. Beide stammen aus Südafrika.
Alle Euphorbienarten enthalten Giftstoffe.
Standort: Ganzjährig hell, sonnig und warm, im Sommer auch an geschützter Stelle im Freien.
Pflege: Zurückhaltend gießen. Von Frühjahr bis Herbst regelmäßig mit Kakteendünger versorgen. Alle zwei Jahre in Kakteenerde mit etwas Lehm umtopfen. Rückschnitt ist jederzeit möglich.
Vermehrung: Durch Kopfstecklinge, die einen Tag lang abtrocknen müssen. Milchfluß durch sofortiges Tauchen in warmes Wasser stoppen.
Krankheiten: Blattfall bei zuviel oder zuwenig Wasser im Winter oder zu kühlem Stand.
Verwendung: Schöne Zimmerpflanze, auch für den Anfänger. Für Hydrokultur geeignet.

Euphorbia atropurpurea

Euphorbia obesa

Euphorbia meloformis

Die Palette der über 2000 *Euphorbia*-Arten reicht von einjährigen Pflanzen sowie Stauden über Sträucher und Bäume bis hin zu Sukkulenten, die Kakteen teilweise täuschend ähnlich sehen.

TIP

Ich selber habe eine kleine Sammlung sukkulenter Euphorbien. Sie gedeihen vorzüglich, weil ich ihnen jedes Jahr eine Sommerfrische gönne. Die Töpfe werden malerisch in einen großen, abgeflachten Sandhaufen eingesenkt, kleinere vorn und an den Seiten, größere Pflanzen im Hintergrund. Alles wird mit hübschen Steinen und knorrigen Aststücken aufgelockert.

Weihnachtssterne müssen nicht immer rot sein. Durch Züchterkunst entstanden Sorten mit Hochblättern in Cremeweiß, Apricot oder Rosa, ja sogar zweifarbige Exemplare sind im Handel. Die Palette der Wuchsformen reicht von ein- oder mehrtriebigen Topfpflanzen über buschige Ampelpflanzen bis hin zu bezaubernden Hochstämmchen oder niedlichen »Weihnachtsstern-Minis«.

Euphorbia pulcherrima-Sortiment

EUPHORBIA PULCHERRIMA
Poinsettie, Weihnachtsstern

Familie: Wolfsmilchgewächse, *Euphorbiaceae.*
Heimat: Tropisches Mexiko.
Blütezeit: November bis März.

Krautige, reich verzweigte Pflanze. Früher als *Poinsettia pulcherrima* bekannt. Beim Weihnachtsstern sind nicht die unscheinbaren, kleinen Blütchen das Effektvolle, sondern die sie umgebenden Hochblätter (Brakteen). Ihre Farbpalette reicht von Rot, Rosa, Apricot und Creme bis zu Weiß. Schöne Sorten sind 'Eckespoint Pink' und 'Eckespoint Red'. Neuerdings gibt es auch zweifarbige Züchtungen wie 'Jingle Bells'. Meist wird die Pflanze jedoch nach dem Abblühen weggeworfen. Weihnachtssterne sind Kurztagspflanzen. Sie bilden nur Blüten und farbige Hochblätter aus, wenn sie im Herbst zwei Monate lang nicht mehr als 10 Stunden Licht bekommen. Am besten 14 Stunden lang einen lichtundurchlässigen Eimer oder Karton über die Pflanze stülpen. Die Pflanze muß konsequent dunkel stehen! Schon Zimmer- oder Straßenbeleuchtung unterbricht diese für die »Blütenentwicklung« wichtige Phase. Will man es trotzdem mit einer Weiterkultur versuchen, gilt folgendes:

Buschiges Exemplar für Ampeln

Standort: Ganzjährig hell und mittelwarm (um 18° C), luftfeucht. Zugluft vermeiden.

Pflege: Nach der Blüte auf etwa 15 cm zurückschneiden. Bis Mai bei 12–15° C trocken halten. Wenn neue Triebe erscheinen, in Einheitserde umtopfen und wärmer stellen, später auch ins Freie. Während des Wachstums von Mai bis November regelmäßig, aber sparsam gießen, gelegentlich sprühen und alle 14 Tage düngen.

Vermehrung: Durch Kopfstecklinge im Sommer.

Schädlinge, Krankheiten: Schildläuse und Spinnmilben bei Lufttrockenheit; Grauschimmel und Wurzelfäule bei zu kühler, feuchter Haltung.

Verwendung: Zimmerpflanze für helle Räume. Für Hydrokultur geeignet.

Eustoma grandiflorum

EUSTOMA GRANDIFLORUM

Prärieenzian, Glockenenzian

Familie: Enziangewächse, *Gentianaceae.*
Heimat: USA, Nordmexiko.
Blütezeit: Juli bis August.

Manchmal wird das zweijährige *Eustoma* noch unter dem alten Namen *Lisianthus russelianus* gehandelt. Die buschige Pflanze besitzt bläulichgrüne, ovale bis längliche Blätter und auffällige, großglockige Blüten in den Farben Purpur, Rosa und Weiß. Getopfte Exemplare werden mit Wuchshemmstoffen behandelt, damit sie gedrungen bleiben.

Standort: Sehr hell, aber nicht vollsonnig und warm.

Pflege: Mäßig feucht halten. Eine Weiterkultur entfällt.

Krankheiten: Grauschimmel am Stengelgrund bei zu feuchter, kühler Haltung.

Vermehrung: Durch Aussaat im Juli/August. Schwierig, aber reizvoll. Sämlinge hell und kühl überwintern. Ab März jeweils drei Pflanzen in 12er-Töpfe setzen. Die Blüte beginnt 10–12 Monate nach der Aussaat.

Verwendung: Zimmer- und Beetpflanze.

Exacum affine

EXACUM AFFINE

Blaues Lieschen, Bitterblatt

Familie: Enziangewächse, *Gentianaceae.*
Heimat: Sokotra am Golf von Aden.
Blütezeit: Juli bis September.

Die etwa 30 cm hohe, buschige Pflanze besitzt tradeskantienartige Blätter und zahllose blaue bis fast violette, kleine Blüten mit auffallenden gelben Staubbeuteln. Neuerdings gibt es auch weiße Zuchtformen. Von Natur aus ist das Blaue Lieschen zweijährig, wird aber meist einjährig gezogen.

Standort: Hell, aber nicht sonnig, warm. Im September ausgesäte Jungpflanzen im Winter hell und kühl.

Pflege: Regelmäßig mit weichem Wasser gießen und gelegentlich düngen, überwinternde Jungpflanzen trockener halten.

Vermehrung: Durch Stecklinge oder Aussaat (Lichtkeimer) im Februar. Jungpflanzen öfter stutzen, um buschigen Wuchs zu erreichen.

Schädlinge, Krankheiten: Blattläuse; Grauschimmel bei zu feuchter Haltung.

Verwendung: Blütenpflanze für Balkon, Terrasse und Fensterbank.

Fatshedera lizei

X FATSHEDERA LIZEI

Efeuaralie

Familie: Araliengewächse, *Araliaceae.*
Herkunft: In Frankreich gezüchtet.
Blütezeit: Blüht in Kultur kaum.

Kreuzung aus *Fatsia japonica* (Zimmeraralie) und *Hedera helix* (Efeu) mit drei- bis fünflappigen, immergrünen, glänzenden Blättern, die kleiner sind als bei *F. japonica.* Die 'Variegata'-Sorte besitzt weißbunte Blätter.

Standort: Hell, bis auf 'Variegata' auch schattig, Zimmertemperatur, luftfeucht, im Sommer vor Sonne geschützt auch im Freien. Im Winter kühl bei 12–14° C.

Pflege: Gleichmäßig leicht feucht halten. In geheizten Räumen öfter sprühen. Während der Vegetationszeit einmal pro Woche düngen. Jungpflanzen jährlich, ältere alle 2–3 Jahre umtopfen. x *F. lizei* verzweigt sich meist erst nach einem Rückschnitt.

Vermehrung: Durch Kopfstecklinge bei 20–25° C Bodenwärme.

Schädlinge: Schildläuse, Spinnmilben bei zu trockener Luft.

Verwendung: Schnellwachsende Pflanze für Zimmer, Kübel und Wintergarten. Für Hydrokultur geeignet.

Der Glockenenzian, *Eustoma grandiflorum,* wird nur einjährig kultiviert.

Überrascht mit einer Fülle duftender Blüten: das Blaue Lieschen, *Exacum affine.*

Efeuaralien sind anspruchslose Grünpflanzen, die auch an nicht so hellen Standorten noch gut gedeihen.

TIP

Ich stelle meine Efeuaralie im Sommer in den lichten Schatten einer Kiefer und binde sie an deren Stamm fest. Dort fühlt sie sich pudelwohl und hangelt sich allmählich an der Kiefer empor.

In England wird die Zimmeraralie als immergrüne Gartenpflanze im Freien kultiviert. Da sie kurzfristig einige Frostgrade aushält, kann sie bei uns spät eingeräumt werden – sofern man sie nicht ganzjährig im Haus hält.

Die Blüten von *Felicia amelloides* sehen auch in der Vase sehr hübsch aus und sind lange haltbar.

Fatsia japonica

FATSIA JAPONICA
Zimmeraralie

Familie: Araliengewächse, *Araliaceae.*
Heimat: Riukiu-Inseln, Südkorea, Japan.
Blütezeit: Blüht in Kultur selten.

1–2 m hohe Blattpflanze mit sieben- bis neunlappigen, bei älteren Exemplaren bis zu 40 cm breiten, glänzendgrünen Blätter. Die weißen Blütendolden erscheinen erst an älteren Pflanzen. Im Handel sind die reingrüne Art und buntlaubige Sorten.
Standort: Hell bis schattig, kühl, im Sommer auch windgeschützt im Freien. Im Winter bei 6–10° C, buntlaubige Sorten um 16° C. Je höher die Temperatur, desto luftfeuchter.
Pflege: Im Sommer gleichmäßig feucht halten, ab Herbst nur soviel gießen, daß der Ballen nicht austrocknet. Von Frühjahr bis Herbst wöchentlich düngen.
Vermehrung: Durch Aussaat, Kopfstecklinge oder Abmoosen.
Schädlinge, Krankheiten: Spinnmilben bei zu warmem Stand im Winter; Blattfall bei zu trockener Luft oder zu nasser Haltung.
Verwendung: Ideal für kühle und helle Treppenhäuser oder Vorräume.

Felicia amelloides

FELICIA
Kapaster, Felicie

Familie: Korbblütler, *Compositae.*
Heimat: Südafrika.
Blütezeit: Je nach Art und Standort ganzjährig.

Die Kapaster ist ein 20–60 cm hoher Halbstrauch mit länglich-rundlichen bis schmal-lanzettlichen, rauhhaarigen Blättern und je nach Art und Sorte himmelblauen bis zartvioletten Strahlenblüten mit gelber Mitte. *F. amelloides,* die Echte Kapaster oder »Blue Daisy«, ist eine mehrjährige Pflanze, die bei kühlem Winterstand fast ganzjährig blüht. Eine besonders schöne Sorte von *F. amelloides* ist 'Santa Anita'. *F. bergeriana* wird nur 15 cm hoch und blüht wie die 30 cm hohe *F. tenella* im Juli und August. Die beiden zuletzt genannten Arten sind nur einjährig und werden nach der Blüte weggeworfen.
Standort: Sehr sonnig, warm, im Sommer auch im Freien. Im Winter hell bei 10–12° C.
Pflege: Ganzjährig mäßig gießen, alle 14 Tage düngen. Pflanze immer wieder entspitzen, um buschigen Wuchs und reiche Blüte zu erhalten. Im Frühjahr in kräftige Erde umtopfen.
Vermehrung: Durch Stecklinge im Frühjahr.
Krankheiten: Mehltau bei zu feuchtwarmem Stand.
Verwendung: Zimmer- und Balkonpflanze. Gedeiht gut in Hydrokultur.

Ficus elastica

FICUS
Gummibaum

Familie: Maulbeerbaumgewächse, *Moraceae*.
Heimat: Tropisches Asien, Afrika, Amerika.
Blütezeit: Blüht in Kultur kaum.

Von den mehr als 800 Arten der Gattung *Ficus* werden bei uns an die 20 kultiviert. Am bekanntesten dürften *F. elastica*, der altbekannte Gummibaum und seine Sorten sein, z. B. 'Robusta' mit rundlichen Blättern oder 'Abidjan' mit rötlicher Blattunterseite. Seltener sind die buntblättrigen Varietäten anzutreffen, zu denen u. a. 'Doescheri', 'Schrijveriana' oder 'Variegata' gehören.
F. benjamina, die Birkenfeige mit ihrem viel zierlicheren Laub und überhängenden Zweigen ist dabei, *F. elastica* den Rang abzulaufen. Auch von ihr gibt es buntblättrige Sorten wie 'Starlight' oder 'Variegata'. Weiter wäre *F. lyrata*, die Geigenfeige, zu nennen mit sehr großen, in der Form einem Geigenkasten ähnelnden Blättern.
Im Habitus völlig anders ist *F. pumila*, der Kletter-*Ficus*, eine kleine Art mit niederliegenden oder kletternden

Ficus elastica bleibt nicht lange so klein, irgendwann wird er genau so groß wie die prachtvolle Geigenfeige, *Ficus lyrata*, links.

Ficus lyrata

TIP

Immer wieder ist zu hören, daß man Gummibäume nicht ins Freie stellen darf. Das kann ich nicht bestätigen. Bei mir stehen zwei riesige *F. elastica* Jahr für Jahr bis zum ersten Frost in Selbstversorger-Gefäßen an einer Nordostecke des Hauses, fühlen sich dort sichtlich wohl und bringen jährlich unzählige neue Blätter hervor. Es stört die Pflanzen nicht, daß sie im hellen, kühlen Winterquartier dann wiederum Laub abwerfen. Mit Wachstumsbeginn stellt sich schon bald Ersatz ein.

Ficus

Kleine Ficus-Parade: Die Birkenfeige ist in der Beliebtheitsskala die Grünpflanze Nummer 1, eignet sich fabelhaft für die Bonsai-Gestaltung und zeigt als betagte Miniatur ihre exotische Baumgestalt. *Ficus pumila*, der Kletterficus, hat sich mittlerweile als Ampelpflanze und Unterpflanzung größerer Zimmerbäume die Herzen erobert. *Ficus barteri* ist eine der schmalblättrigen *Ficus*-Arten, die neu im Handel sind und immer beliebter werden.

FICUS
Gummibaum
(Fortsetzung)

Trieben, von der man kaum glauben kann, daß sie ebenfalls zur Gattung der Gummibäume gehört. Hier noch eine kleine Auswahl anderer interessanter, im Handel befindlicher Arten: *F. aspera* besitzt große, weiß-grün marmorierte, eher rauhe schmal-lanzettliche Blätter; *F. barteri*, eine im Handel relativ reue Art, *F. deltoidea*, die Mistelfeige, die mit etwas Glück durch erbsengroße Scheinfrüchte erfreut; *F. religiosa*, der Pepulbaum der Inder, mit riesigen, dünnen, herzförmigen Blättern; *F. rubiginosa*, der Braunrote Gummibaum, verzweigt und niederliegend wachsend; eine buntblättrige Form davon ist 'Variegata'. *F. sagittata* 'Variegata' ist eine besonders attraktive Ampelpflanze.

Alle genannten Arten sind immergrün.

Standort: Ganzjährig sehr hell, aber nicht vollsonnig, luftfeucht, im Sommer warm. Im Winter bei 12–15° C. Es wird aber auch Wohnwärme vertragen. *F. benjamina* nicht unter 15° C überwintern.

Pflege: Öfter sprühen, besonders bei trockener Heizungsluft. Mäßig gießen, im Winter bei kühlem Stand noch weniger. Bei *F. pumila* darauf achten, daß der Wurzelballen niemals ganz austrocknet. Während der Vegetationszeit alle 14 Tage düngen.

Vermehrung: Durch Kopfstecklinge oder Abmoosen bei aufrecht wachsenden Arten.

Schädlinge, Krankheiten: Schildläuse, Spinnmilben; Blattfall bei zu dunkler Haltung oder Zugluft, vergilbende Blätter bei zu nasser Haltung.

Verwendung: Für Zimmer, Büros und Treppenhäuser sowie Wintergärten. Für Hydrokultur geeignet.

Ficus benjamina

Ficus pumila

Ficus benjamina

Ficus barteri

FICUS CARICA
Echter Feigenbaum

Familie: Maulbeerbaumgewächse, *Moraceae.*
Heimat: Mittelmeerraum, Vorderasien.
Blütezeit: April bis Juni.

Sommergrüner Strauch mit graugrünen Zweigen. Sehr attraktiv sind seine großen, drei- bis fünflappigen, sattgrünen Blätter. Die unscheinbaren Blüten sind vom fleischigen Fruchtboden umschlossen. Die Früchte reifen unter günstigen Bedingungen auch bei uns.
Standort: Sonnig und warm. Im Winter kühl bis nahe zur Frostgrenze. Da die Blätter abgeworfen werden, kommt auch ein dunkler Platz in Frage.
Pflege: Im Sommer wöchentlich kräftig düngen und reichlich gießen, jedoch erst dann, wenn der Boden etwas abgetrocknet ist. Die Echte Feige bevorzugt ein durchlässiges, leicht kalkhaltiges Substrat oder Einheitserde mit einem Drittel Kies. Junge Feigenfrüchte, die sich beim Einräumen im Herbst noch an der Pflanze befinden, wachsen im Frühjahr weiter und kommen im Sommer zur Reife.
Vermehrung: Durch Stecklinge im Frühjahr.
Schädlinge: Schildläuse.
Verwendung: Für Kübel, im Wintergarten. Wird oft auch als Topfpflanze für das Zimmerfenster angeboten. Im Weinbauklima kann *F. carica* ausgepflanzt werden, friert allerdings unter Umständen in harten Wintern zurück.

Ficus carica

Ficus carica am Heimatstandort auf einer Mittelmeerinsel

Bei richtiger Sortenwahl kann man auch in unserem Klima, sonnige Sommer vorausgesetzt, saftigsüße Feigen ernten.

In seiner Heimat kann *Ficus carica* ein 6 m hoher Baum werden.

TIP

Beim Kauf der Echten Feige darauf achten, daß man nur Feigen des sogenannten adriatischen Typs erwirbt. Nur bei diesen kommt es auch ohne Bestäubung zur Fruchtbildung. Bewährte Adria-Sorten sind z. B. 'Dottato', 'Fraga', 'Adriatic', 'Mission'.

Fittonia – Fuchsia

Fittonia verschaffeltii

Fittonien sind reizende, kleine Blattschönheiten aus den feuchtwarmen Tropenwäldern Südamerikas und empfindlich gegenüber trockener, kühler und zugiger Luft.

Fortunella verträgt bis zu -10° C, kann also frühzeitig ins Freie und spät wieder ins Winterquartier gebracht werden. Ihre Früchte lassen sich roh mit der Schale essen.

FITTONIA
Fittonie

Familie: Akanthusgewächse, *Acanthaceae.*
Heimat: Südamerika.
Blütezeit: Unterschiedlich.

Niedrigwachsende, krautige Pflanzen mit eiförmigen, wunderschön gefärbten Blättern. *F. gigantea* wird 60 cm hoch, hat violettrote Stengel und dunkelgrüne Blätter mit karminroten Adern. *F. verschaffeltii* wächst kriechend und eignet sich sehr gut für die Bepflanzung von Schalen oder Ampeln. Die Sorte 'Argyroneura' weist eine auffällige silberweiße Aderung auf, während 'Pearcey' rötlich geadert ist. Außerdem gibt es noch die für Flaschengärten besonders geeignete Sorte 'Minima', bei der es sich um die zwergige Form von 'Argyroneura' handelt.

Standort: Hell bis schattig, keine Sonne, ganzjährig Zimmertemperatur, luftfeucht und vor Zugluft geschützt.

Pflege: Stets mit zimmerwarmem, weichem Wasser gießen und gelegentlich übersprühen. Alle 14 Tage mit Blumendünger in halber Konzentration versorgen. Zum Umtopfen ein lockeres und nährstoffhaltiges Substrat verwenden.

Vermehrung: Durch Stecklinge bei 20° C Bodenwärme im Frühjahr und Sommer.

Schädlinge, Krankheiten: Selten.

Verwendung: Zimmerpflanze für warmen, luftfeuchten Standort, für Blumenfenster, Vitrine, Flaschengarten oder an schattigen Stellen als Bodendecker im Wintergarten.

Fortunella margarita

FORTUNELLA
Kumquat

Familie: Rautengewächse, *Rutaceae.*
Heimat: China, Japan.
Blütezeit: Sommer.

Niedriger, vielverzweigter und immergrüner Strauch mit länglichen, glänzendgrünen Blättern. Die Blüten duften weniger intensiv als die der ähnlichen *Citrus*-Arten. *F. japonica* bildet runde, schwächer gefärbte, orangerote Früchte aus, während die von *F. margarita* mit der Sorte 'Variegata' oval und intensiver gefärbt sind. *F. hindisii* ist mit erbsengroßen Früchten hervorragend für die Bonsaikultur geeignet.

Standort: Im Sommer vollsonnig, möglichst im Freien. Im Winter hell bei 5–8° C.

Pflege: Ausreichend und möglichst kalkarm gießen. Alle 14 Tage düngen. Umtopfen in humose Erde, bei kleineren Exemplaren jährlich, bei größeren alle 2–3 Jahre.

Vermehrung: Durch Kopfstecklinge unter Glas bei 25° C.

Schädlinge: Schildläuse, Spinnmilben.

Verwendung: Für helle Wintergärten und Kleingewächshäuser. Als Bonsai geeignet.

Verschiedene Fuchsienblüten

FUCHSIA
Fuchsie

Familie: Nachtkerzengewächse, *Onagraceae*.
Heimat: Gebirgsregionen des tropischen Mittel- und Südamerika.
Blütezeit: Je nach Art von Frühjahr bis Spätherbst.

Halbsträucher mit reichverzweigten, hängenden Trieben, in vielen Hybriden und fast 10 000 Sorten im Handel, als aufrecht wachsende Topf- und Kübelpflanzen oder mit herabhängenden Trieben für Ampeln bzw. hochgestellte Schalen. Fuchsien gibt es in verschiedenen Farben, mit großen und kleinen Blüten, einfach, halb oder ganz gefüllt. Mit 9 cm Länge und 11 cm Breite hat die Sorte 'Pink Marshmallow' die zur Zeit größten Blüten. Das andere Extrem ist *F. minimiflora* aus Mexiko, ihre Blüten sind nur 4 mm lang. Grob gesehen lassen sich Fuchsien in drei Gruppen einteilen:

1. Aufrechtwachsende Fuchsien
2. Hängende Fuchsien
3. Traubenblütige Fuchsien (Triphylla-Hybriden).

Schöne, empfehlenswerte und aufrechtwachsende Sorten sind u. a. 'Beacon', 'Hanna', 'Tausendschön', 'Winston Churchill'; hängende Fuchsiensorten sind: 'Balkonkönigin', 'Berkeley', 'Cascade', 'Red Spider'; Traubenblütige Fuchsien: 'Erika Köth', 'Koralle', 'Leverkusen', 'Trumpeter'. Eine winterharte Art ist *F. magellanica*, die Scharlachfuchsie, mit den Sorten 'Gracilis' und 'Ricartonii'.

Standort: Im Sommer halbschattig bis schattig, windgeschützt im Freien, im Winter hell oder dunkel bei 4–8° C. Mehr Wärme fördert vorzeitigen Austrieb. Triphylla-Hybriden akzeptieren auch sonnigen Stand.
Pflege: Reichlich gießen und jede Woche düngen. An heißen Tagen gelegentlich überbrausen. Nicht ohne Grund sind die Sträucher besonders schön, wenn es schon herbstlich wird und Nebel über das Land zieht. Pflanzen ab Oktober einräumen und kühl und luftig stellen. Im Frühjahr zurückschneiden, umtopfen und neu antreiben.
Vermehrung: Durch Stecklinge im Sommer oder frisch angetriebene Exemplare im Frühjahr. Jungpflanzen stutzen, damit sie buschiger wachsen.
Schädlinge, Krankheiten: Blattläuse, Weiße Fliege, Spinnmilben; Grauschimmel, Fuchsienrost.
Verwendung: Sehr schöne, reichblühende Pflanzen für Zimmer, Balkon, Wintergarten.

Wußten Sie, daß es weltweit nahezu 10 000 Fuchsien-Sorten gibt? Das variantenreiche Nachtkerzengewächs ist so beliebt, daß es überall in Europa zur Entstehung eigener Liebhabergesellschaften gekommen ist.

Fuchsia 'Royal Velvet' zeigt, daß viele Fuchsien-Sorten sich wunderbar als Hochstämmchen ziehen lassen. Damit der relativ dünne Stamm die schwere Blütenkrone tragen kann, empfiehlt sich eine spezielle Halterung.

Fuchsia 'Royal Velvet'

TIP

Ich schneide meine *Fuchsia magellanica* im Spätherbst 15 cm über dem Boden ab und schütte zwei Körbe Laub über die Pflanze. So hat sie noch jeden Winter überstanden und wird immer schöner, weil mit dem radikalen Rückschnitt zugleich eine Verjüngung erfolgt.

Gardenien, mal als elegantes Hochstämmchen, mal als attraktiver Busch oder kleine Topfpflanze fürs Fensterbrett (Bild unten).

Gasterien sind genügsame kleine Pflanzen. Die bekannteste Art ist sicher *Gasteria verrucosa.*

GARDENIA JASMINOIDES
Gardenie

Familie: Krappgewächse, *Rubiaceae.*
Heimat: Riukiu-Inseln, Japan, China.
Blütezeit: Juli bis Oktober.

Bei uns wird meist nur *Gardenia jasminoides* angeboten. Es handelt sich um einen 1,5 m hohen, immergrünen Strauch mit ledrigen, glänzendgrünen Blättern, der endständig herrlich duftende, meist gefüllte, cremeweiße Blüten trägt. Bekannte Sorten sind 'Fortunei', 'Plena' oder 'Veitchii', alle mit großen, weißen Blüten. Unsere Großeltern kannten die Gardenie besser, denn sie machte um die Jahrhundertwende Karriere als »Knopflochblume«. Jetzt erlebt sie bei Besitzern von Wintergärten ein Comeback.

Standort: Ganzjährig sehr hell, keine Sonne, bei 16–18° C. Nur von Anfang Juli bis Anfang September ins Freie stellen. Für Bodenwärme (18–20° C) sorgen.

Pflege: Im Winter während der Vegetationszeit gleichmäßig mit weichem, zimmerwarmem Wasser gießen und alle 14 Tage kalkfrei düngen. Bei Bedarf in kalkarme Erde, z. B. Rhododendronsubstrat, umtopfen.

Vermehrung: Durch Kopfstecklinge im Frühjahr oder Herbst bei 25° C Bodenwärme.

Schädlinge, Krankheiten: Schildläuse, Spinnmilben; gelbe Blätter durch »kalte Füße« oder zu hartes Wasser, Knospenfall durch Temperaturschwankungen, Nässe, Kälte oder zuviel Wärme.

Verwendung: Für geheizte Wintergärten und helle, warme Räume.

Gardenia jasminoides

GASTERIA
Gasterie

Familie: Liliengewächse, *Liliaceae.*
Heimat: Südafrika.
Blütezeit: Frühjahr bis Sommer, je nach Stand.

Sukkulente Pflanzen mit dicken, in Reihen oder Rosetten stehenden Blättern. Diese sind in der Jugend oft weißgefleckt oder mit kleinen Warzen bedeckt. Die roten Blüten bilden sich an lockeren Trauben oder Rispen, die auf einem hohen Schaft sitzen.

Gasteria verrucosa

G. armstrongii hat kurze abgerundete Blätter mit kleinen, runzeligen Höckerchen. Diese Art blüht schon in der Jugend. *G. humilis* zeigt 8–10 cm lange Blätter, die in unregelmäßigen Querreihen weiß gefleckt sind. *G. liliputana* besitzt etwa 5 cm lange, weißgefleckte Blätter und wächst im Alter eher rosettig. *G. maculata* ist eine größere Art mit bis zu 20 cm langen, zungenförmigen, auffällig gefleckten Blättern. Der Blütenstand wird bis zu 1 m hoch. *G. verrucosa* hat ca. 20 cm lange, spitz auslaufende, mit kleinen Warzen bedeckte Blätter.

Standort: Hell, vor praller Sonne schützen, im Sommer geschützt im Freien. Wintertemperatur über 5° C.

Pflege: Im Sommer normal gießen, im Winter, vor allem bei kühlem Stand, weniger gießen und einmal pro Woche niedrig dosierten Kakteendünger geben. Eine Ruhepause von Oktober bis März bei 6–12° C fördert die Blüte.

Vermehrung: Durch abgetrennte Seitentriebe oder gut abgetrocknete Blattstecklinge.

Schädlinge, Krankheiten: Wolläuse, im Freien Schnecken; bei zuviel Nässe Wurzelfäule, vor allem im Winter.

Verwendung: Anspruchslose Zimmerpflanzen, die an fast jedes Fenster, sogar in etwas lichtabgewandte Ecken passen.

Gazania 'Mini-Star-Mischung'

GAZANIA-HYBRIDEN
Mittagsgold

Familie: Korbblütler, *Compositae.*
Heimat: Südafrika.
Blütezeit: Frühjahr bis Herbst.

Polsterartig wachsende Blütenpflanzen mit ganz oder teilweise fiederspaltig eingeschnittenen und unterseits silbriggrünen Blättern. Bei uns sind nur Hybriden im Handel, meist einjährig kultivierte Pflanzen mit attraktiven weißen, gelben bis orangefarbigen Blüten, die häufig schwärzliche Flecken am Grunde haben, z. B. 'Mini Star Tangerine' mit mehrfarbigen Blüten; 'Daybreak' ist eine Sorte, deren Blüten in Orange, Gelb, Bronze oder Weiß auch bei trübem Wetter geöffnet bleiben.
Standort: Im Sommer vollsonnig. Im Winter hell bei 5–10° C.
Pflege: Während des Wachstums mäßig gießen, Staunässe vermeiden. Alle 14 Tage düngen. Im Winter Ballen nicht völlig austrocknen lassen. Überwinterte Gazanien im Frühjahr zurückschneiden und umtopfen.
Vermehrung: Durch Aussaat oder Stecklinge im Spätsommer.
Verwendung: Herrliche Blütenpflanzen für Balkonkästen oder Schalen.

Gerbera jamesonii-Hybride

GERBERA
Gerbera

Familie: Korbblütler, *Compositae.*
Heimat: Südafrika.
Blütezeit: April bis September, im Zimmer auch ganzjährig.

Blütenstauden mit grundständigen, hellgrünen, weichbehaarten Blättern und langen, kahlen Blütenstielen, an deren Ende große margeritenähnliche Blüten in Weiß, Gelb, Orange, Rosa oder Rot stehen.
Bei uns werden ausschließlich Kreuzungen aus *G. jamesonii* und *G. viridifolia* angeboten. Es gibt auch gefüllte Sorten und solche, die nur 30 cm hoch werden.
Standort: Sonnig, hell, luftfeucht und warm, im Winter hell bei 12–15° C.
Pflege: Pflanze stets leicht feucht halten. Wöchentlich düngen. Bei Zimmertemperatur durch häufiges Übersprühen für hohe Luftfeuchtigkeit sorgen. Jedes Frühjahr in lockere, humose Erdmischungen oder Einheitserde mit Sand umtopfen.
Vermehrung: Durch Aussaat oder Teilen.
Schädlinge, Krankheiten: Weiße Fliege; Echter Mehltau.
Verwendung: Balkon-, Garten- und Topfpflanze.

Glechoma hederacea 'Variegata'

GLECHOMA HEDERACEA
Gundermann

Familie: Lippenblütler, *Labiatae.*
Heimat: Europa, Asien.
Blütezeit: April bis Juni.

Immergrüne, giftige und winterharte Rank- und Kriechpflanze mit kleinen, herzförmigen, zottig behaarten Blättern und blauvioletten Blüten, die in Scheinquirlen in den Blattachseln wachsen. Duftet bei Berührung. Als Zimmerpflanze wird meist die buntblättrige *G. hederacea* 'Variegata' angeboten.
Standort: Grüne Art halbschattig, buntfarbige hell, im Sommer im Freien, im Winter hell bei 10° C.
Pflege: Im Sommer reichlich gießen und alle 14 Tage düngen, im Winter weniger Wasser geben. Umtopfen in Einheitserde oder lehmig-sandigen Gartenboden. Die langen Triebe können jederzeit zurückgeschnitten werden.
Vermehrung: Durch Ausläufer oder Stecklinge.
Schädlinge, Krankheiten: Selten.
Verwendung: Ampelpflanze, auch für kaum beheizte Wintergärten und Gewächshäuser, Balkonpflanze, Bodendecker für halbschattige Plätze.

Die kompakt wachsenden Gazanien wachsen auch ganz wunderbar in den Fugen der Terrassenpflaster.

Gerberas sind nicht nur beliebte Schnittblumen, sie können, in große Schalen oder Töpfe ausgepflanzt, auch Terrasse und Balkon schmücken.

Der Ausbreitungsdrang des Gundermanns läßt sich gut nutzen, wenn man ihn als Bodendecker oder Ampelpflanze einsetzt.

TIP

Gerbera verträgt leichten Frost. Ich habe die Pflanzen schon mehrere Jahre draußen überwintert, indem ich sie mit einer dicken Laubschicht und zusätzlich noch Folie abdeckte, damit nicht zuviel Nässe an die Wurzeln kommt. Den Schutz nicht vor Mai entfernen. Im Weinbauklima ist das sicher einen Versuch wert.

Die anderen, früher selbständigen Arten der Ruhmesblume werden heute alle *Gloriosa superba* zugeordnet, auch *G. rothschildiana,* die bekannteste.

Zur richtigen Zeit geschnitten, ergeben die Blüten des Kugelamarant aparte Trockenblumen, die lange die Farbe behalten.

Grevillea rosmarinifolia bringt im Gegensatz zu *G. robusta,* der bekannten Australischen Silbereiche, auch bei Gefäßkultur schöne Blüten.

TIP

Einzelblüten von *Gloriosa superba* halten sich lange in der Vase.

Gloriosa superba 'Rothschildiana'

GLORIOSA SUPERBA
Ruhmeskrone, Kletterlilie

Familie: Liliengewächse, *Liliaceae.*
Heimat: Tropisches Asien, Afrika.
Blütezeit: Juni bis August.

Kletterpflanze mit knolligem Erdstamm, aus dem bis 2 m lange, dünne Triebe wachsen, die mit hellgrünen Blättern besetzt sind, die an der Blattspitze in einer Ranke auslaufen. Die exotisch aussehenden, bis 8 cm großen Blüten sind zuerst grün, dann scharlachrot. Achten Sie beim Kauf auf die besonders schöne Form 'Rothschildiana'.
Die Knollen sind giftig.
Standort: Sonnig, hinter Glas leicht schattieren, warm.
Pflege: Während der Vegetationszeit reichlich gießen und einmal pro Woche schwach düngen. Nach der Blüte Wassergaben einschränken. Knollen bei etwa 18° C trocken überwintern, im Februar/ März waagerecht in 15–20 cm große Töpfe legen und bei 20° C langsam antreiben. Rankhilfe anbieten.
Vermehrung: Durch Nebenknollen.
Schädlinge: Blattläuse.
Verwendung: Rankgewächs für Wintergärten, Gewächshäuser und Terrassen.

Gomphrena globosa

GOMPHRENA GLOBOSA
Kugelamarant

Familie: Amarantgewächse, *Amaranthaceae.*
Heimat: Tropisches und subtropisches Amerika.
Blütezeit: Juli bis Oktober.

Einjährige Pflanze, die ca. 30 cm hoch wird, 10 cm lange, ovale Blätter und entständig weiße, rosa oder purpurrote, glänzende Kugelblüten hat. Es gibt spezielle Züchtungen für Balkonkästen, die nur 15 cm hoch werden, z. B. die Buddy-Sorten mit weißen oder dunkelroten Blütenkugeln.
Standort: Sonnig, im Freien regengeschützt.
Pflege: Mäßig feucht halten und alle 14 Tage düngen. Zum Einpflanzen Einheitserde, lehmig-sandige Gartenerde oder Balkonblumenerde mit Sand verwenden.
Vermehrung: Durch Aussaat im März bei etwa 18° C Bodenwärme.
Krankheiten: Echter Mehltau.
Verwendung: Blühende Topfpflanze für Zimmer, Balkon oder Garten.

Grevillea rosmarinifolia

GREVILLEA
Australische Silbereiche

Familie: Proteusgewächse, *Proteaceae.*
Heimat: Australien.
Blütezeit: Blüht in Kultur kaum.

Diese bis 3 m hohen tropischen Gehölze werden wegen ihres dekorativen farnähnlichen Laubes und nicht wegen der bei Zimmerkultur selten auftretenden, aber interessanten Blüten gezogen.
G. robusta ist eine raschwüchsige Pflanze mit dunkelgrünen, unterseits silbrigen Blättern, *G. rosmarinifolia* besitzt nadelförmiges Laub.
Standort: Sehr hell, im Winter auch sonnig, im Sommer unter Glas schattieren. Verträgt hohe Temperaturen, kann aber ausgepflanzt im Wintergarten kurzzeitig auch bis -5° C verkraften.
Pflege: Im Frühjahr und Sommer reichlich mit kalkfreiem Wasser gießen und alle 14 Tage düngen. Der Ballen darf nie austrocknen. Bei Bedarf in nicht zu große Töpfe in Einheitserde mit Sand umtopfen. Bei hohen Wintertemperaturen schießt die Pflanze gerne ins Kraut. Sparrig gewachsene Silbereichen im Frühjahr zurückschneiden.

Grevillea robusta

Stellen der Töpfe auf feuchtes Tongranulat für indirekte Luftfeuchte sorgen. Das Umtopfen entfällt, da die Mutterpflanze nach der Blüte abstirbt.
Vermehrung: Durch Abnehmen der Kindel oder durch Aussaat bei 22–25° C Bodentemperatur. Nicht mit Erde abdecken – Lichtkeimer.
Schädlinge: Wurzelläuse, Schildläuse, Spinnmilben.
Verwendung: Sehr gut für geschlossene Blumenfenster und Vitrinen (solange die Größe es zuläßt) sowie für feuchtwarme Wintergärten und Gewächshäuser. Bei reichlichem Sprühen auch im Zimmer. Für Hydrokultur geeignet.

Grevillea robusta kann im Kübel bei liebevoller Pflege in 2 bis 3 Jahren zimmerhoch werden.

Aus Guzmania lingulata var. *minor* entstandene Hybriden werden als Topfpflanzen angeboten, können aber auch auf Epiphytenstämme gepflanzt werden.

Vermehrung: Durch Aussaat. Stecklingsvermehrung ist sehr langwierig.
Schädlinge, Krankheiten: Blattläuse, Weiße Fliege; bei zu wenig Düngung bleichen die Fiederblätter aus.
Verwendung: Dekorative, pflegeleichte Grünpflanze für hellen, luftigen eher kühlen Standort, auch für nicht so warme Wintergärten.

GUZMANIA
Guzmanie

Familie: Ananasgewächse, *Bromeliaceae.*
Heimat: Mittel- und Südamerika.
Blütezeit: Winter bis Spätwinter.

Ein typisches Ananasgewächs, das dichte Blattrosetten aus langen, schmalen, glänzendhellgrünen Blättern bildet, aus deren Mitte sich ein Kranz leuchtendroter oder gelbroter Hochblätter erhebt. Die eigentlichen Blüten sind nur kurzlebig und nicht so auffallend.
G. lingulata mit den Sorten 'Broadway', 'Cardinalis' und 'Splendens' fällt durch rote Hochblätter und weißgelbe Blüten auf; *G. lingulata* var. *minor* hat leuchtendrote oder orangefarbene Hochblätter, die nicht länger als 20 cm werden. Gute Sorten sind 'Orange', 'Volkaerts Rote', 'Citrina'. *Guzmania*-Hybriden, vor allem aus *G. lingulata* und *G. lingulata* var. *minor* entstanden, bleiben kleiner und sind deshalb für Zimmer und Gewächshaus besser geeignet. Bekannte attraktive Züchtungen sind 'Magnifica', 'Intermedia', 'Orangeade' und 'Omer Morobe'.
Standort: Ganzjährig hell bis halbschattig, warm und luftfeucht.
Pflege: Mit zimmerwarmem, kalkfreiem Wasser gießen, nach der Blüte auch in den Blatttrichter, und viel sprühen. Alle 14 Tage schwach düngen. Durch Einfüllen in Torf oder

Guzmania lingulata-Hybride

Der rote Erdbeerkaktus *Gymnocalycium mihanovichii* var. *friedrichae f. rubra* besitzt keine Chloropasten und kann daher nicht assimilieren. Seine Lebensdauer ist auf einige Jahre begrenzt. Das gilt auch für andersfarbige Mutanten.

Gymnocalycium baldianum bleibt klein und blüht violett, dagegen wird das weißblühende *G. gibbosum* bis 60 cm hoch.

Gymnocalycium mihanovichii var. friedrichii 'Rubra'

Gymnocalycium baldianum

Gymnocalycium gibbosum

GYMNOCALYCIUM
Gymnocalycium

Familie: Kakteen, *Cactaceae.*
Heimat: Südamerika.
Blütezeit: Frühjahr bis Herbst.

Fast alle Gymnocalycien sind flachkugelig mit gekerbten oder mit Höcker besetzten Rippen und braunschwarzen Stacheln. Die trichterförmigen Blüten sind 3–5 cm groß und leuchten in Weiß, Rot oder Gelb. Empfehlenswerte Arten sind: *G. andreae* (gelbe Blüten), *G. baldianum* (purpurne Blüten), *G. gibbosum* (weiße Blüten). Am bekanntesten aber ist der »Erdbeerkaktus«, eine auf *Hylocereus trigonus* gepfropfte Mutation von *G. mihanovichii.*

Standort: Ganzjährig hell, aber nicht vollsonnig, und luftig, im Sommer auch an regengeschützter Stelle im Freien. Im Winter bei 8–12° C.
Pflege: Im Sommer mäßig gießen, im Winter nicht ganz austrocknen lassen. Während der Vegetationszeit einmal monatlich Kakteendünger geben. Die Pflanzen gedeihen am besten in einem Substrat aus zwei Teilen Humus und einem Teil Sand.
Getopfte »Erdbeerkakteen« hell, aber nicht sonnig und feuchtwarm halten. Gleichmäßig gießen.
Vermehrung: Durch Abtrennen der Seitensprosse oder durch Aussaat.
Schädlinge: Wolläuse.
Verwendung: Für helle Zimmer, Gewächshaus.

GYNURA
Gynure, Samtpflanze

Familie: Korbblütler, *Compositae.*
Heimat: Tropisches Afrika, Asien.
Blütezeit: September bis Dezember, *G. scandens* April bis September.

Rank- und Schlinggewächse mit violettschimmernden, behaarten, am Rand gezähnten Blättern.
Am bekanntesten ist *G. aurantiaca* aus Java. Sie wird etwa 1 m hoch und hat bis 15 cm lange Blätter. Die Blütchen sind klein, gelborange und bilden lockere Rispen.
G. procumbens besitzt 2 m lange, hängende oder aufstrebende Triebe. Die Blätter sind tiefgezähnt und unterseits weinrot, die orangefarbe-

Gynura aurantiaca

nen Blüten sitzen an den Zweigenden. *G. scandens* mit kletternden oder hängenden Trieben trägt großgezähnte Blätter.
Standort: Ganzjährig sehr hell, aber nicht sonnig, bei Zimmertemperatur, im Sommer auch wärmer, luftfeucht.
Pflege: Regelmäßig gießen und wöchentlich schwach düngen. Für indirekte Luftfeuchte sorgen. Nicht auf die Blätter sprühen. Pflanze regelmäßig stutzen, damit sie sich verzweigt. Da nur junge Exemplare die schöne violette Blattfärbung haben, Mutterpflanze spätestens nach zwei Jahren durch selbstgezogene Jungpflanzen ersetzen. Jährlich in Einheitserde oder Blumenerde umtopfen.
Vermehrung: Durch Kopf- oder Triebstecklinge bei 20–25° C.
Schädlinge: Spinnmilben, Blattläuse.
Verwendung: Zimmerpflanze, sehr dekorativ in Ampeln.

Haemanthus albiflos

HAEMANTHUS
Blutblume, Elefantenohr

Familie: Amaryllisgewächse, *Amaryllidaceae.*
Heimat: Afrika.
Blütezeit: Sommer bis Spätsommer.

Anspruchslose Zwiebelpflanzen mit je nach Art weißen, orangefarbenen oder roten Blüten. *H. albiflos,* das Elefantenohr, entwickelt dickfleischige, breite, riemenförmige Blätter, zwischen denen sich auf 30 cm hohem Schaft eine cremeweiße Doldenblüte mit gelben Staubfäden entwickelt. *H. katherinae,* die Blutblume, bildet 30–40 cm lange Blätter. Auf ihrem 40–50 cm hohen Blütenschaft sitzt eine große, leuchtendscharlachrote Dolde mit hervorstehenden Staubblättern. Eine bekannte Sorte ist 'König Albert'. Botaniker ordnen sie neuerdings der Gattung *Scadoxus* zu. Beide Arten enthalten wie alle Amaryllisgewächse Giftstoffe.
Standort: Hell, aber nicht sonnig, warm. Im Winter maximal 15° C.
Pflege: Im Frühjahr die Zwiebel einzeln in nicht zu große Töpfe mit mittelschwerer Blumenerde oder Einheitserde mit Lehmzusatz setzen. Zwiebel anfangs bei 16–18° C nur mäßig feucht halten und langsam antreiben. Es kann einige Zeit dauern, bis sich Wurzeln bilden. Sobald Wachstum erkennbar ist, Temperatur und Wassergaben steigern. Alle zwei Wochen düngen. Ab Anfang Oktober gerade soviel Wasser geben, daß die Blätter erhalten bleiben.
Vermehrung: Durch Brutzwiebeln bei der Blutblume und Kindel beim Elefantenohr.
Schädlinge, Krankheiten: Selten. Bei zu hoher Wintertemperatur bleiben Blatt- und Schaftaustrieb später in der Entwicklung stecken!
Verwendung: Zimmerpflanze für hellen, warmen Standort.

Scadoxus multiflorus ssp. katherinae
syn. Haemanthus katherinae

Ungewöhnlich, aber optisch überraschend, ist die Verwendung von Gynuren im Balkonkasten, vor allem vor einer weißen Hauswand.

Wenn *Haemanthus* in der Wachstumsphase mal zu trocken steht, wirkt sich das langfristig auf die Blüte aus.

TIP

Bei der Blutblume kann man ganz leicht für Nachwuchs sorgen: Einfach ein abgeschnittenes Blatt neben dem Topf liegen lassen; an der Schnittfläche bilden sich nach einiger Zeit Brutzwiebelchen, die man einpflanzen kann.

In einem geschlossenen Blumenfenster oder einer Vitrine ist *Hatiora bambusoides* artgemäß untergebracht.

Haworthia guttata ist eine der Haworthien-Kostbarkeiten, die man in der Regel nur in Spezialgärtnereien erhält.

TIP

Bei den vielen unterschiedlichen Arten, die es gibt, ist es eine Freude, Haworthien zu sammeln. Meine kleine Haworthien-Sammlung sitzt in einer 55 cm breiten, nicht zu hohen Schale und ist mit ausgesuchten Ministeinen dekoriert.

Hatiora bambusoides

HATIORA
Keulen-Binsenkaktus

Familie: Kakteen, *Cactaceae.*
Heimat: Brasilien.
Blütezeit: Winter.

Reichverzweigte, zunächst aufrechtwachsende, später überhängende Sträucher, die aus 2–5 cm langen, keulen- bis flaschenförmigen Sproßgliedern bestehen. Blüten trichterig-glockig, gelb oder blauviolett, klein und endständig. Bekannte Arten: *H. bambusoides, H. clavata (Rhipsalis clavata), H. cylindrica, H. herminiae, H. salicornioides.*

Standort: Ganzjährig hell bis halbschattig, warm. Im Winter zwei Monate kühl bei etwa 10° C, um die Blütenbildung zu fördern.
Pflege: Im Frühjahr und Sommer reichlich gießen und monatlich düngen. Bei kalter Überwinterung trocken halten.
Vermehrung: Durch Sproßglieder.
Schädlinge, Krankheiten: Wurzelfäulnis bei zu feuchter Haltung im Winter, Knospenfall bei zu hoher Temperatur im Winter.
Verwendung: Ampelpflanze für hellen, warmen Standort.

Haworthia guttata

HAWORTHIA
Haworthie

Familie: Liliengewächse, *Liliaceae.*
Heimat: Südafrika.
Blütezeit: Je nach Art von Frühsommer bis Herbst.

Die meisten Haworthien sind stammlose, sukkulente, selten höher als 20 cm hoch werdende Rosettenpflanzen. Die Blüten sind klein, weiß und glockenförmig und stehen in einer Traube auf einem langen, unbeblätterten Stiel. Die Blätter sind oft perlartig gehöckert, die Ränder mit Zähnchen oder Wimpern versehen. Hier nur eine kleine Auswahl aus den vielen Arten: *H. attenuata* präsentiert längliche, grüne, spitze Blätter mit kleinen weißen Warzen, die zu Querbändern zusammenfließen. Ähnlich grün-weißgebändert präsentiert sich *H. baccata,* ihre Rosettenblätter sind aber etwas breiter und rundlicher als die von *H. attenuata. H. bolusii* treibt blaßgrüne Blätter, die am Rand mit weißen Borstenhaaren besetzt sind. Wie Schmuckstücke wirken die vielen kleinen Rosetten von *H. cuspidata.* Die fleischigen Blätter von *H. fasciata* sind quergestreift grün mit unterseits größeren weißen Warzen. *H. margaritifera* besitzt dunkelgrüne, aufwärts gebogene Blätter, die mit zahlreichen, perlweißen Warzen besetzt sind. *H. maughanii* hat etwa 3 cm lange, dunkelgrüne, halbzylinderförmige Blätter, die wie abgeschnitten aussehen. *H. reinwardtii* hat bis zu 20 cm lange, spira-

Haworthia baccata

lig beblätterte, mit weißen Warzen bedeckte Sprossen.
Standort: Hell, aber keine pralle Mittagssonne, im Sommer auch im Freien, warm. Im Winter kühl bei 10–12° C.
Pflege: Während des Wachstums sparsam (nicht in die Rosette) gießen und einmal monatlich Kakteendünger geben. Im Winter nur ganz leicht anfeuchten. Haworthien sollten regelmäßig jedes Frühjahr in Kakteenerde mit Lehmzusatz umgetopft werden.
Vermehrung: Durch Nebenrosetten oder Seitentriebe, die vor dem Einpflanzen eine Weile antrocknen müssen oder durch Aussaat.
Schädlinge, Krankheiten: Selten.
Verwendung: Dankbare Zimmerpflanze.

Haworthia cuspidata

Hebe-Andersonii-Hybride

HEBE-ANDERSONII-HYBRIDEN
Strauchveronika

Familie: Braunwurzgewächse, *Scrophulariaceae*.
Heimat: Urformen Neuseeland.
Blütezeit: August bis Oktober.

Immergrüne, aufrechtwachsende Sträucher mit ledrigen, hellgrünen, aber auch buntgezeichneten Blättern und zahlreichen kleinen Blüten, die in achselständigen Trauben oder Ähren zusammenstehen.
Die Strauchveronika-Hybriden sind heute erhältlich als Kreuzungen aus *H. salicifolia*, *H. speciosa* und anderen Arten. 'Albertine' präsentiert violettrosa, 'Imperial Blue' violettblaue und 'Snowflake' weiße Blüten. Die Sorte 'Variegata' schmückt sich mit weißgerandeten Blättern.
Standort: Viel Licht, auch volle Sonne, im Sommer auch im Freien. Im Winter hell bei 6–10° C.
Pflege: Gleichmäßig feucht halten. Staunässe unbedingt meiden. Während des Wachstums alle 14 Tage düngen. Im Winter wenig gießen. Im Frühjahr in durchlässiges Substrat, z. B. Humuserde oder Balkonkastenerde mit Sand umtopfen.
Vermehrung: Durch Kopfstecklinge bei 20–25° C Bodenwärme.
Schädlinge, Krankheiten: Selten.
Verwendung: Zimmer-, Kübel- oder Balkonpflanze.

Haworthia baccata und *Haworthia cuspidata* – zwei weitere bezaubernde Arten für die Sammlung.

Wo immer möglich, sollte die Strauchveronika den Sommer über im Freien stehen. In geschlossenen Räumen hält die Blüte meist nicht lange.

TIP

Es gibt auch weniger empfindliche Strauchveronika-Arten, die mit etwas Winterschutz Balkonkästen oder Tröge ganzjährig schmücken können; z. B. *Hebe albicans*, *H. buchananii*, *H. buxifolia*. Besonders winterhart ist *H. pinguifolia* mit der Sorte 'Papagei'. Ihre Blätter sind intensiv blau.

Hedera

Als Kletterpflanze mit langen Trieben ist der Efeu prädestiniert dafür, Blumenampeln zu schmücken, wobei ihm im Zimmer seine Schattenverträglichkeit zugute kommt.

Hedera algeriensis, neuerdings ebenfalls *Hedera helix* zugeordnet, muß stützende Stäbe erhalten, wenn man sie als aufrecht wachsende Pflanze halten möchte.

Hedera helix 'Alt Heidelberg'

H. helix ssp. *canariensis* ist eine der größten Efeu-Arten und besitzt dunkelrote Blattstiele und große, bis 20 cm lange Blätter. Die beliebteste Sorte ist 'Variegata' ('Gloire de Marengo') mit herrlich weißbuntem Laub.
H. colchica mit schönen Sorten wie 'Dentata Variegata' oder 'Sulphur Heart', beide mit rahmweißen bzw. goldgelb panaschierten Blättern, ist im Weinbauklima winterhart und eignet sich somit auch zur Wandbegrünung im Freien bzw. als Bodendecker in kühlen Wintergärten.

HEDERA
Efeu

Familie: Araliengewächse, *Araliaceae.*
Heimat: Europa.
Blütezeit: Herbst.

Immergrüne Kettersträucher mit drei- bis fünffachgelappten, derben Blättern. Neben verschiedenen Zuchtformen des Gemeinen Efeus *(H. helix),* des Kanarischen (*H. helix* ssp. *canariensis)* und Kaukasischen Efeus *(H. colchica)* für die Zimmerkultur existieren unzählige Spielarten, die sich durch Blattgröße, -form und -färbung unterscheiden. Außerdem gibt es große Unterschiede zwischen der Jugend- und Altersform des Laubes.

Hedera helix

H. helix, die absolut harte Art mit schönen Sorten wie z. B. 'Goldheart' ('Jubilee'), 'Green Ripple', 'Hanny', 'Heise', entwickelt bis 5 m lange Triebe und kann als Kübelpflanze auch mit Winterschutz im Freien überwintert werden. Im Handel sind außerdem auf Efeuaralie veredelte, zierliche Hochstämmchen.

Achtung: Die Beeren, die sich bei älteren Pflanzen und im Freien bilden, sind stark giftig.

Standort: Im Sommer sehr hell, aber nicht vollsonnig und eher kühl, auch im Freien. Bei höheren Temperaturen im Zimmer Luftfeuchtigkeit erhöhen. Bunte Sorten benötigen mehr Helligkeit, reingrüne Pflanzen vertragen auch Schatten. Im Winter hell und kühl bei ca. 10° C. *H. helix* ssp. *canariensis* sollte ganzjährig warm gehalten werden.

Pflege: Während des Wachstums gleichmäßig gießen und wöchentlich düngen. Im Winter das Gießen einschränken, nur noch monatlich düngen. Bei 'Variegata' ('Gloire de Marengo') die Triebe gelegentlich anbinden, da diese Sorte sich nicht so gut an der Unterlage festhält. Um buschigen Wuchs zu erzielen, im Frühjahr Triebe zurückschneiden. Alle 2–3 Jahre umtopfen.

Vermehrung: Durch Kopf- oder Triebstecklinge bei 20° C Bodenwärme.

Schädlinge, Krankheiten: Im Zimmer Spinnmilben und Schildläuse bei zu warmer Überwinterung; schwarzfleckige Blätter durch zu nasse Haltung, ausbleichende Blätter bei zu hellem Standort, Grünverfärbung panaschierter Blätter bei zu dunkler Haltung.

Verwendung: Zimmerpflanzen zum Klettern oder für Ampeln, für kühle Treppenhäuser. Für Hydrokultur geeignet.

Hedera helix

Hier war ein Pflanzendompteur am Werk, aber die Idee ist faszinierend: Die Kletterfreude des Efeu wurde genutzt, ihn zum Wuchs in Spiralform zu zwingen. Allerdings sind der Ausbreitung nach oben Grenzen gesetzt, und man muß deshalb hin und wieder zur Schere greifen oder die Spirale enger stellen.

TIP

Efeu wirkt sehr ornamental. Bei mir umwächst eine der vielen Sorten den Spiegel im Gästebad, wo selten geheizt wird.

Der blauviolette Heliotrop wirkt allein oft zu dunkel und braucht weiße, rosafarbene oder gelbe Begleiter im Balkonkasten.

Wenn man den Hibiskus gut pflegt und immer so schneidet wie Rosen, blüht er üppig und entwickelt sich kompakt und buschig.

Heliotropium arborescens

HELIOTROPIUM ARBORESCENS
Heliotrop, Sonnenwende, Vanilleblume

Familie: Rauhblattgewächse, *Boraginaceae.*
Heimat: Peru.
Blütezeit: Mai bis Oktober.

Buschige und kompaktwachsende, einjährige Pflanze mit rauhen, dunkelgrünen Blättern und tiefvioletten, endständigen Blütendolden, die stark nach Vanille duften. Sie wird ungefähr 60 cm hoch. Gute Züchtungen sind 'Marine', deren Blütenfarbe mehr ins Blaue spielt, und 'Marguerite' mit dunkelblauen Blüten mit weißem Fleck. Heliotrop enthält Giftstoffe.
Standort: Vollsonnig und windgeschützt im Freien. Überwintern hell und bei 10° C ist möglich, lohnt sich aber nicht.
Pflege: Mäßig gießen, Ballen nie austrocknen lassen, alle 14 Tage düngen. Verblühtes regelmäßig entfernen, um Nachblüte zu fördern.
Vermehrung: Durch Aussaat (Lichtkeimer) bei 20° C Bodenwärme oder durch Stecklinge von warm überwinterten Mutterpflanzen ab Januar.
Schädlinge: Weiße Fliege.
Verwendung: Schöne Blütenpflanze für Balkonkästen und Schalen.

TIP

Wenn Blätter und Blüten des Hibiskus kleiner werden, wirken Rückschnitt und frische Erde wie eine Verjüngungskur. Übrigens: Je kühler die Überwinterung (jedoch nicht unter 12° C), desto reicher der Blütensegen.

Hibiscus rosa-sinensis

HIBISCUS ROSA-SINENSIS
Roseneibisch, Hibiskus

Familie: Malvengewächse, *Malvaceae.*
Heimat: Tropisches Asien, vermutlich Südchina.
Blütezeit: März bis Oktober.

Sehr schöne Blütenpflanzen von strauch- oder baumförmigem Wuchs, mit glänzenddunkelgrünen, ganz verschieden geformten Blättern und großen, trichterförmigen Blüten mit weit hervorstehenden Staubgefäßen.
Mit einer Vielzahl von Sorten ist *H. rosa-sinensis* ein Beispiel für die erfolgreiche Züchterarbeit, die den Strauch zu einer der attraktivsten Zimmer- und Kübelpflanzen werden ließ. Schon Jungpflanzen bringen zahlreiche Blüten hervor. Jede Blüte hält nur einen Tag, doch bereitwillig öffnet sich eine Knospe nach der anderen. Die Farbpalette reicht von Rot, Orange, über Gelb und Weiß. Es gibt einfache oder gefüllte Blüten. Die reine Art ist ungefüllt und blüht rot. Zum Verkauf angebotene Pflanzen sind meist mit einem Wuchshemmstoff behandelt, dessen Wirkung etwa ein Jahr anhält. Danach wächst der Roseneibisch etwas sparrig weiter und kann 3 m hoch werden.
Standort: Im Haus sehr hell, aber nicht vollsonnig, warm; im Freien sonnig, regen- und windgeschützt. Im Winter hell, bei etwa 15° C.
Pflege: Während der Wachstumszeit regelmäßig wässern, niemals

den Ballen austrocknen lassen, im Winter weniger gießen. In geheizten Räumen für direkte und indirekte Luftfeuchte sorgen. Bis Mitte August wöchentlich düngen, im Winter nur bei warmem Stand monatlich düngen. Bei sparrigen Pflanzen im Frühjahr Haupttriebe um die Hälfte zurückschneiden. Geschnitten wird wie bei Rosen, immer über einer nach außen stehenden Knospe. Bei Bedarf in Einheitserde umtopfen.
Vermehrung: Durch Kopfstecklinge bei 22–25° C Bodenwärme im geheizten Vermehrungsbeet. Jungpflanzen mehrfach stutzen, um buschigen Wuchs und reichen Knospenansatz zu fördern.
Schädlinge, Krankheiten: Spinnmilben, Blattläuse; Ballentrockenheit, Knospenfall durch kalte Füße oder Standortwechsel.
Verwendung: Zimmer- und Kübelpflanze, Solitärpflanze für Wintergärten. Für Hydrokultur geeignet.

Verschiedene *Hippeastrum*-Sorten

Wer viele *Hippeastrum*-Zwiebeln gleichzeitig antreibt, kann sich im Frühling an einer solchen Pracht freuen.

HIPPEASTRUM
Ritterstern, »Amaryllis«

Familie: Amaryllisgewächse, *Amaryllidaceae.*
Heimat: Südamerika.
Blütezeit: Winter bis Frühjahr.

Beim Ritterstern handelt es sich um eine Zwiebelpflanze, von der heute fast nur noch Zuchtformen im Handel sind. Im Winter oder Frühjahr schiebt sich nach dem Antreiben ein bis 80 cm hoher, hohler Schaft hervor, der von 3–4 großen Trichterblüten gekrönt ist. Auch zwei oder drei Schäfte sind keine Seltenheit. Die Blütenfarben reichen von reinem Weiß über Rosa- und Rotfärbungen bis zu mehrfarbigen Kelchen mit Streifenmustern oder getöntem Schlund. Es gibt jetzt auch zierlichere Sorten, die auf der Rückkreuzung von großblumigen Hybriden mit Wildarten basieren und mehrere Schäfte mit jeweils bis zu sechs Einzelblüten treiben.
Die »Amaryllis« enthält giftige Substanzen.
Standort: Während der Blüte hell, bei etwa 18° C, den Sommer über auch sonnig im Freien.
Pflege: Zwiebel zwischen November und Februar in einem relativ großen Topf mit Einheits- oder Blumenerde am Fenster bei über 20° C antreiben. Die Zwiebel muß zur Hälfte aus dem Substrat herausschauen. Zuerst ganz wenig gießen, ab Austriebsbeginn Wassergaben dann langsam steigern. Wenn der Schaft mindestens handhoch gewachsen ist, kräftiger gießen. Die Zwiebel beim Gießen möglichst nicht benetzen. Bis zum Erscheinen der Blüte sprühen. Nach dem Flor den Schaft an der Basis abschneiden. Bis Mitte August regelmäßig gießen und alle 14 Tage düngen. Danach das Laub langsam an einer regengeschützten Stelle einziehen lassen. Zwiebel bis zum erneuten Antreiben an einem kühlen, dunklen Ort zwei Monate ruhen lassen.
Vermehrung: Durch Brutzwiebeln, die nach 2–3 Jahren blühfähig sind.
Schädlinge, Krankheiten: Weichhautmilben, Thripse, Narzissenfliegen; Roter Brenner.
Verwendung: Attraktive Blütenpflanze. Für Hydrokultur geeignet.

TIP

Bei Neukauf nur große, feste Ware erwerben, denn es gilt: Je größer die Zwiebeln, desto mehr Blüten sind zu erwarten. Ich treibe meine fünf *Hippeastrum*-Zwiebeln in Abständen von drei Wochen an und habe so den ganzen Winter über blühende Pflanzen.

Dieses Prachtexemplar einer *Howeia forsteriana* zeigt wie schön und elegant diese Palmenart mit zunehmendem Alter wird.

Hoya multiflora bildet Blütendolden, die blitzenden Pfeilbündeln gleichen.

Howeia forsteriana

Hoya multiflora

HOWEIA (Kentia)

Kentia-Palme, Howeia-Palme

Familie: Palmen, *Arecaceae.*
Heimat: Lord-Howe-Inseln im Stillen Ozean.
Blütezeit: Blüht in Kultur selten.

Zimmerpalmen mit dunkelgrünen, gleichmäßig gefiederten, 2–3 m langen Blättern. Die zwei bekanntesten Arten, *H. belmoreana* und *H. forsteriana,* unterscheiden sich im wesentlichen nur durch ihre Größe und Wuchsform: *H. belmoreana* ist niedriger und wächst eher in die Höhe, *H. forsteriana* hat einen mehr buschigen Wuchs und wächst schneller. Beide Arten werden gerne vieltriebig (im Topf) gezogen.

Standort: Ganzjährig hell bis halbschattig, keine pralle Sonne, warm (16–21° C). Ältere Exemplare den Sommer über windgeschützt im Freien.

Pflege: Regelmäßig mit kalkarmem, zimmerwarmem Wasser gießen, Erde vor dem nächsten Gießen erst abtrocknen lassen und wöchentlich schwach mit kalkarmem Dünger düngen. Nur bei Bedarf (völlige Durchwurzelung) in möglichst tiefe Töpfe mit guter und torfhaltiger Erde umtopfen.

Vermehrung: Durch Aussaat. Keimzeit 2–12 Monate.

Schädlinge: Schildläuse, Spinnmilben und Thripse durch trockene Heizungsluft.

Verwendung: Dekorative Zimmer- und Kübelpflanze, auch für Wintergärten. Für Hydrokultur geeignet.

HOYA

Wachsblume

Familie: Seidenpflanzengewächse, *Asclepiadaceae.*
Heimat: China, Malaysia, Australien.
Blütezeit: Mai bis September.

Immergrüner Kletterstrauch mit meterlangen Trieben und leicht sukkulenten, dunkelgrünen Blättern. Die wachsartigen, sternförmigen Blüten sind weiß bzw. rosa überhaucht mit Auge und sitzen zu je 12–15 in Dolden zusammen. Bei Wärme sondern sie honigsüße Nektartropfen ab. Die Einzelblüte hält viele Wochen lang und duftet stark.

Wichtigste Art ist *H. carnosa,* von der es auch eine Variegata-Form gibt.

H. bella ist eine wesentlich zierlichere Art mit hängenden Blüten. Sie gedeiht sehr gut in Ampeln oder Orchideenkörben.

Weitere schöne Arten: *H. lacunosa,* die von März bis Juni blüht, *H. multiflora* mit grünlichgelben Blüten.

Standort: Im Sommer hell und warm, im Winter nur bei 12–15° C, um die Blüte zu fördern.

Pflege: Gleichmäßig leicht feucht halten, öfter sprühen. Ab Oktober

Hoya carnosa

bei kühlem Stand nur noch soviel gießen, daß der Ballen nicht austrocknet. Während der Wachstumszeit alle 14 Tage düngen. Ältere Pflanzen nur bei Bedarf in Einheits- oder Blumenerde mit guter Dränage und möglichst nur in wenig größere Töpfe umsetzen. Sobald sich Blütenknospen zeigen, die *Hoya* nicht mehr bewegen, um das gefürchtete »Rieseln« zu vermeiden. Für Rankhilfe oder Spalier sorgen.

Vermehrung: Im Frühjahr durch Kopf- oder Triebstecklinge im heizbaren Vermehrungsbeet bei 20–25° C Bodenwärme. Bewurzelungsdauer 6–8 Wochen.
Schädlinge, Krankheiten: Schildläuse, Blattläuse oder Spinnmilben bei zu warmer Überwinterung; Blattfall durch Staunässe.
Verwendung: Kletter- oder Ampelpflanze für helle Räume. Für Hydrokultur geeignet.

Hoya bella

Humulus japonicus

HUMULUS JAPONICUS
Japanischer Hopfen

Familie: Maulbeerbaumgewächse, *Moraceae.*
Heimat: Japan, Taiwan, China.
Blütezeit: Juli bis August.

Bis zu 4 m hohe, einjährige Kletterpflanze mit leicht behaarten, fünf- bis siebenlappigen Blättern und kleinen, unscheinbaren, gelbgrünen Blüten. Besonders schön ist die weißbunte, besonders starkwüchsige Sorte 'Variegatus'.
Standort: Sonnig bis halbschattig.
Pflege: Während des Wachstums reichlich gießen und monatlich düngen. Staunässe vermeiden. Die schnell- und starkwüchsige Pflanze benötigt unbedingt eine Kletter- oder Rankhilfe.
Vermehrung: Durch Aussaat Anfang März.
Schädlinge, Krankheiten: Selten.
Verwendung: Schnellwachsender Sichtschutz für Balkon und Terrasse.

Hoya carnosa kann im Laufe der Jahre erhebliche Ausmaße erreichen, so daß man zum Rückschnitt gezwungen ist. Für die Kultur auf der Fensterbank eignet sich die kleiner bleibende *Hoya bella* viel besser.

Am Japanischen Hopfen fallen vor allem die schön geschnittenen, langgestielten Blätter auf. Die weißbunte Varietät sollte unbedingt sonnig stehen, damit das Laub nicht vergrünt.

TIP

Bei Verblühtem der *Hoya* nur Blüte und Blütenstiele ausbrechen, nicht den Stengel, da an den Kurztrieben des alten Holzes immer wieder neuer Flor entsteht.

In Europa kennt man den aus dem Orient stammenden *Hyacinthus orientalis* bereits seit der Mitte des 16. Jahrhunderts. Die Treiberei der Hyazinthen auf Gläsern stammt eher aus neuerer Zeit.

Blütenstand der Hortensie, bestehend aus kleinen, eher unscheinbaren Blüten und auffällig gefärbten Kelchblättern.

Hyazinthen in Treibgefäßen

TIP

Im Fachhandel gibt es von *Hyacinthus orientalis* präparierte Zwiebeln, die durch eine spezielle Temperaturbehandlung nach der Ernte schon weiter entwickelt sind und früher blühen.

Hyacinthus orientalis

Hydrangea macrophylla

HYACINTHUS ORIENTALIS
Hyazinthe

Familie: Liliengewächse, *Liliaceae*.
Heimat: Mittelmeergebiet, Kleinasien.
Blütezeit: Zwischen Dezember und Mai.

20–30 cm hohe Zwiebelpflanzen mit aufrechten, hellgrünen Blättern und großen Blütenähren aus zahlreichen, stark duftenden Blüten in verschiedenen Farben. Für die Treiberei im Zimmer eignen sich u. a.: 'City of Harlem' (hellgelb), 'Delft Blue' (porzellanblau), 'Jan Bos' (hellrot), 'L'Innocence' (elfenbeinweiß), 'Ostara' (dunkelblau), 'Pink Pearl' (tiefdunkelrosa) und 'Gipsy Queen' (apricot). Um Hyazinthen vorzeitig für das Zimmer zur Blüte zu bringen, gibt es zwei Methoden:

Treiberei in Erdkultur:
Zwiebeln ab Oktober in Töpfe oder Schalen mit sandiger Gartenerde pflanzen. Die Zwiebelspitze sollte etwa 1 cm über der Erde stehen. Töpfe etwa 20 cm tief in den Gartenboden eingraben und mit einer dicken Laubschicht schützen oder bei Temperaturen unter 12° C in eine dunkle Kiste auf den Balkon setzen. Nach etwa zehn Wochen, sobald sich die Blütenknospe regt, Hyazinthen noch einige Tage kühl und dunkel stellen und langsam an einen helleren, wärmeren Standort gewöhnen.

Treiberei auf Gläsern:
Hyazinthengläser ab Oktober mit abgekochtem Wasser, eventuell unter Zugabe einiger Holzkohlestückchen, füllen. Zwischen dem Zwiebelboden und der Wasseroberfläche müssen etwa 2–4 cm frei bleiben. Dann ein Hütchen auf die Zwiebel setzen und die Gläser etwa acht bis zehn Wochen dunkel und kühl (unter 10° C) stellen. Gelegentlich abgekochtes Wasser oder Regenwasser nachfüllen. Sobald der Trieb etwa 10 cm hoch ist, allmählich wärmer stellen.
Das Hütchen entfernen, wenn es vom Trieb angehoben wird.
Standort: Je kühler, desto länger hält der Flor.
Pflege: Normal gießen. Abgeblühte Zwiebeln in den Garten pflanzen, sie können für die Treiberei im Zimmer nicht mehr verwendet werden.
Vermehrung: Durch Brutzwiebeln.
Krankheiten: Bei zu kurzer Dunkelperiode bleibt die Blüte aus.
Verwendung: Als Blütenpflanze im Zimmer, sonst Gartenpflanze.

HYDRANGEA MACROPHYLLA
Hortensie

Familie: Steinbrechgewächse, *Saxifragaceae*.
Heimat: China, Südostasien.
Blütezeit: Frühjahr, Sommer.

Strauchige Pflanzen mit großen, dunkelgrünen, grob gesägten Blättern und riesigen Doldenblüten in weißen, rosa, roten und hellblauen Tönen. Die blaue Farbe kommt durch Ansäuern der Erde mit Aluminiumsulfat oder Kalialaun zustande. Die Blüten selbst sind klein und unscheinbar gelbgrün. Die Farbe stammt von den Kelchblättern. Hortensien können sich mit der Zeit zu prachtvollen Kübelpflanzen, bei Freilandkultur zu riesigen Büschen entwickeln. Empfehlenswerte Sorten sind: 'Blue Wave', 'Lilacina', 'Veitchii', 'Mme E. Mouillère' und 'Blue Bonnet'.
Hortensien sind sehr langlebig. Die Konfirmationshortensien meines Vaters wurden 1923 vor dem Elternhaus an der Mosel ausgepflanzt, entwickelten sich zu riesigen Sträuchern und blühten jedes Jahr überreich. Sie wuchsen dort noch 1968. Gut möglich, daß sie heute noch in voller Pracht blühen.

Standort: Hell, aber nicht pralle Sonne, und ganzjährig möglichst kühl, im Sommer schattig im Freien.
Pflege: Mit kalkarmem Wasser stets gut feucht halten, auch von unten gießen und bis Mitte August wöchentlich kalkarm düngen (Rhododendrondünger). Ballentrockenheit unbedingt vermeiden. Nach dem Laubfall im Herbst Wassergaben stark reduzieren und frostfrei überwintern. Im Februar langsam wieder wärmer stellen. Ein Rückschnitt darf nur bis Ende Juni erfolgen, da Hortensien am zweijährigen Holz blühen.
Vermehrung: Durch Kopfstecklinge.
Schädlinge, Krankheiten: Blattläuse, Spinnmilben; Chlorosen (gelbe Blätter) durch kalkhaltiges Wasser.
Verwendung: Attraktive Zimmer- und Kübelpflanze.

HYMENOCALLIS
Schönhäutchen

Familie: Amaryllisgewächse, *Amaryllidaceae.*
Heimat: Südliche USA, Mittel- und Südamerika.
Blütezeit: Sommer, je nach Art auch zu anderen Jahreszeiten.

Zwiebelpflanzen mit riemenförmigen Blättern und dickem, langem Blütenschaft, an dessen Ende 4–12 große, duftende, meist weiße Blüten erscheinen. Die Pflanze ist giftig. *H. x festalis* ist eine etwas zierlichere, weißblühende Kreuzung. *H. narcissiflora* ist die am häufigsten kultivierte Art. Der bis 1 m hohe Blütenschaft trägt etwa 5–6 weiße Blüten. *H. speciosa* gehört zu den Arten, die keine Vegetationsruhe durchmachen.
Standort: Hell und warm.
Pflege: Zwiebeln von Februar bis April eintopfen und zunächst bei 16–18° C aufstellen. Langsam Temperatur und Wassergaben steigern. Bei Austrieb zunächst nur einmal monatlich, später wöchentlich düngen. Im Herbst laubeinziehende Arten nicht mehr gießen und langsam einziehen lassen. Zwiebel bei 10–15° C, z. B. in Holzwolle, überwintern. Arten, die ihr Laub behalten, bei 15–20° C nur eben feucht halten.
Vermehrung: Durch Brutzwiebeln.
Schädlinge, Krankheiten: Selten.
Verwendung: Dekorative und außergewöhnliche Topfpflanze.

Die Topf-Hortensie erreicht beachtliche Ausmaße und kann im Kübel weitergepflegt werden.

Hymenocallis x festalis bleibt etwas zierlicher als die bekannteste, ähnlich aussehende Art *H. narcissiflora* und wurde hier mit dem Blauen Lieschen, *Exacum affine* unterpflanzt.

Hydrangea macrophylla im Kübel

Hymenocallis x festalis

TIP

Der früher gebräuchliche Name *Ismene* für das Schönhäutchen wird im Blumenhandel auch heute zum Teil noch benutzt.

Das Kußmäulchen, *Hypocyrta glabra,* kann im Topf und später auch in einer Ampel gehalten werden.

Der deutsche Name »Buntfleckige Hüllenklaue« wird *Hypoestes phyllostachya* in keiner Weise gerecht. Da klingt das amerikanische 'Pink Dot', also 'Rosa Pünktchen' schon viel charmanter.

Hypocyrta glabra

Hypoestes phyllostachya

HYPOCYRTA GLABRA
Kußmäulchen

Familie: Gesneriengewächse, *Gesneriaceae.*
Heimat: Brasilien.
Blütezeit: Frühjahr bis Sommer.

Niederwüchsige, buschige Pflanze mit lederigen, dunkelgrünen, glänzenden Blättchen, die entfernt an die des Buchsbaums erinnern. Der kleine Strauch wächst im Alter etwas überhängend und schmückt sich mit kleinen orangegelben Blütchen, deren Kronblätter blasig aufgetrieben sind.
Standort: Ganzjährig so hell wie möglich, aber nicht vollsonnig, im Sommer auch im Freien. Ein etwas kühlerer Winterstandort bei etwa 15° C fördert die Blütenbildung.
Pflege: Im Sommer mit enthärtetem Wasser mäßig feucht halten und alle zwei Wochen düngen. Im Winter selten gießen. Pflanze nach der Blüte stutzen, das fördert den nächstjährigen Flor und gibt einen buschigen Wuchs.
Vermehrung: Durch Kopfstecklinge.
Schädlinge: Bei zu warmer Überwinterung Blattläuse.
Verwendung: Dankbare Pflanze für helle Zimmer, auch gut in Ampeln.

HYPOESTES PHYLLOSTACHYA
Hüllenklaue, Punktblume

Familie: Akanthusgewächse, *Acanthaceae.*
Heimat: Madagaskar.
Blütezeit: Herbst.

Der kleine, 40–50 cm hohe Strauch fällt besonders durch seine attraktiv gefärbten, olivgrünen Blätter auf, die rote, rosa und weiße Punkte oder Flecken tragen. Die hellpurpurnen Röhrenblüten dagegen sind unscheinbar und klein.
Es gibt mehrere empfehlenswerte Sorten, von denen 'Pink Splash' mit fast lilagepunkteten Blättern und 'Pink Dot', das »Sommersprossengesicht«, mit rosa Pünktchen besonders attraktiv sind.
Bei uns wird die hübsche kleine Tropenpflanze meist nur einjährig kultiviert und bleibt daher eher krautig als strauchig. Das liegt vor allem daran, daß wir ihr im Winter zu wenig Licht bieten können. Bei optimalen Lichtverhältnissen dagegen (z. B. unter einer Pflanzenleuchte) entwickelt sie sich auch in unseren Breiten strauchartig – schauen Sie sich doch einmal *Hypoestes*-Exemplare in botanischen Gärten an.
Standort: Ganzjährig sehr hell, damit sich die bunten Blätter gut ausfärben, aber keine pralle Sonne, warm (um 20° C) und luftfeucht.
Pflege: Mit kalkarmem Wasser durchgehend mäßig feucht halten. Öfter sprühen. Während des Wachstums alle 14 Tage, im Winter nur monatlich düngen. Sparrige Pflanzen vor dem Austrieb radikal zurückschneiden.
Vermehrung: Durch Aussaat im Frühjahr oder Kopfstecklinge bei 25–30° C Bodenwärme. Bewurzelung innerhalb von acht Wochen. Jungpflanzen öfter stutzen, um buschigen Wuchs zu erreichen.
Krankheiten: Wurzelfäule und Blattfall durch »kalte Füße«, Verblassen der Blattfärbung durch zu dunkle Haltung.
Verwendung: Herrliche Blattschmuckpflanze für helle, warme Zimmer, Gewächshäuser, Vitrinen und Blumenfenster. Auch als Bodendecker für sehr helle, warme Wintergärten gut geeignet. Junge Pflanzen auch für Pflanzschalen als Unterpflanzung.

TIP

Ich verwende *Hypoestes* als Blumenschmuck im Freien, gelegentlich auch im Balkonkasten. Besonders apart wirken die Pflanzen, wenn man verschiedenfarbige Sorten zusammen in eine Schale pflanzt.

Impatiens-Neuguinea-Hybride

Impatiens walleriana

Impatiens-Neuguinea-Hybriden haben einen Nachteil: Sie blühen nicht fortlaufend durch, sondern in Schüben, so daß es immer blütenlose Pausen gibt.

Moderne Sorten und Mischungen (Bild unten) von *Impatiens walleriana* vertragen volle Sonne, wenn, vor allem mittags, für ausreichende Bodenfeuchte gesorgt wird.

IMPATIENS WALLERIANA

Fleißiges Lieschen, Springkraut

Familie: Balsaminengewächse, *Balsaminaceae*.
Heimat: Tropisches Ostafrika, tropisches und subtropisches Asien.
Blütezeit: Januar bis Dezember.

Buschigwachsende, 30–60 cm hohe Blütenpflanzen mit fleischigen Stengeln und Blättern. Den Namen hat sich die meist einjährig gezogene Staude wegen ihrer langanhaltenden Blüte verdient. Allein dadurch avancierte das Fleißige Lieschen zu einer unserer beliebtesten Zimmer- und Balkonpflanze.
I. walleriana ist die Stammform zahlreicher Hybriden. Viele moderne Sorten, wie 'Miss Smiss' – oder 'Futura'-Mischungen, sind sonnenverträglich. Unter den Zimmergärtnern haben sich die Neuguinea-Hybriden mit schön gezeichneten Blättern viele Freunde erworben. Die farbstarken Blüten gibt es in Weiß, Orange, Pink, Violett und Rot mit allen Zwischentönen. Schöne Sorten sind z. B. 'Spectra' und 'Tango', die auch als Saatgut erhältlich sind. Außerdem sind gefüllte Sorten im Handel, die wie Miniröschen aussehen.

Standort: Hell, jedoch nicht sonnig, bei Zimmertemperatur, im Sommer auch im Freien, Winterstand hell, bei 10–16° C.
Pflege: Im Sommer gut feucht halten, Staunässe vermeiden. Während der Ruhezeit sparsamer mit zimmerwarmem Wasser gießen. Von Frühjahr bis Herbst alle 14 Tage mit halber Konzentration düngen. Bei Temperaturen über 21° C für höhere Luftfeuchtigkeit sorgen. Sparrig gewordene Pflanzen im Spätsommer zurückschneiden.

Vermehrung: Durch Aussaat im Januar am Zimmerfenster mit Zusatzlicht, wenn man im Mai blühende Pflanzen haben will (Lichtkeimer) oder durch Kopfstecklinge, die sehr leicht bewurzeln.
Schädlinge, Krankheiten: Spinnmilben, Weiße Fliege, Blattläuse; Stengelfäule bei zu nasser Haltung und kühlem Standort.
Verwendung: Beliebte Blütenpflanzen für Zimmer, Balkon und Terrasse als Unterpflanzung in größeren Kübeln. Für Hydrokultur geeignet.

Impatiens-Mischung 'Belizzy'

Das seltene Veilchenblau ist das Markenzeichen von *Iochroma cyaneum* 'Grandiflorum'.

Die Blüten der Prunkwinde öffnen sich bei Sonnenschein nur morgens, bleiben bei bedecktem Himmel dagegen manchmal bis zum Nachmittag geöffnet.

Besonders eindrucksvoll kommt die rote Blattfärbung der Iresine bei Gegenlicht zur Geltung.

TIP

Ich pflanze Iresinen in Balkonkästen, wo sie den Sommer über prächtig gedeihen und ein ausgesprochener Blickfang sind.

Iochroma cyaneum 'Grandiflorum'

IOCHROMA CYANEUM
Veilchenstrauch

Familie: Nachtschattengewächse, *Solanaceae.*
Heimat: Kolumbien.
Blütezeit: Juli, August. Je nach Standort und Kultur auch das ganze Jahr.

2–2,5 m hoher, in allen Teilen giftiger Strauch mit sehr brüchigen Trieben und elliptischen, graubehaarten Blättern. Die langen Röhrenblüten hängen in Büscheln an den Triebspitzen. Der Veilchenstrauch blüht in den Farben Blau bis Violett oder Rosa. Eine neue Sorte ist 'Samba' mit roten Blüten. Die Pflanze ist giftig.
Standort: Im Sommer hell bis halbschattig, windgeschützt im Freien. Bei 6–12° C hell oder dunkel überwintern.
Pflege: Reichlich gießen und einmal pro Woche kräftig düngen. Triebe ständig aufbinden.
Vermehrung: Durch krautige Stecklinge im Sommer.
Schädlinge, Krankheiten: Spinnmilben, Weiße Fliege; Jungpflanzen sind bei anhaltend feuchtem Wetter fäulnisgefährdet.
Verwendung: Kübelpflanze.

Ipomoea purpurea

IPOMOEA
Prunkwinde

Familie: Windengewächse, *Convolvulaceae.*
Heimat: Tropisches Amerika.
Blütezeit: Juli bis Oktober.

Sehr schnell wachsende Kletterpflanze mit verzweigten Stengeln und herzförmigen Blättern. Ähnelt der Zaunwinde. Die Blüten der einjährig gezogenen Winde können bis zu 10 cm groß werden und in den Farben Blau, Purpur, Rosa und Weiß oder auch mehrfarbig erstrahlen. Am bekanntesten ist *Ipomoea purpurea*, die heute unter dem Namen *Pharbitis purpurea* läuft.
Die Pflanze ist giftig.
Standort: Sonnig und windgeschützt im Freien. Eine Überwinterung entfällt.
Pflege: In der Wachstumszeit Pflanze nie austrocknen lassen. Wöchentlich düngen. Für Kletterhilfe sorgen.
Vermehrung: Durch Aussaat im März/April.
Schädlinge, Krankheiten: Spinnmilben; Wachstumsstörungen in kalten, nassen Sommern.
Verwendung: Hübscher Sichtschutz für Balkon und Terrasse.

Iresine herbstii

IRESINE HERBSTII
Iresine

Familie: Fuchsschwanzgewächse, *Amaranthaceae.*
Heimat: Brasilien.
Blütezeit: Blüht bei uns nicht.

Buschige, einjährig gezogene, bis zu 30 cm hohe Blattpflanze mit rundlichen bis spitzovalen, farbenprächtigen, fleischigen Blättern und roten Stengeln. Die schönste Sorte ist 'Aureoreticulata', bei der Stengel und Hauptadern weinrot gefärbt, die Blätter dagegen grüngold panaschiert sind.
Standort: Ganzjährig viel Licht, auch pralle Sonne, warm und luftig.
Pflege: Gleichmäßig feucht halten und von März bis August wöchentlich düngen. Sparrige Pflanzen und Jungpflanzen öfter stutzen. Am besten jährlich neue Pflanzen heranziehen.
Vermehrung: Leicht durch Kopfstecklinge in Wasser oder Erde.
Schädlinge, Krankheiten: Selten; bei zu dunkler Haltung Umfärbung der Blätter nach Schwarzrot.
Verwendung: Prachtvolle Topf- und Ampelpflanze für Balkon und Terrasse, Bodenpflanze für nicht zu kalte Wintergärten.

Ixora coccinea

IXORA COCCINEA
Ixora

Familie: Krappgewächse, *Rubiaceae.*
Heimat: Indien.
Blütezeit: März bis Oktober.

Immergrüner Strauch von etwa 1–1,5 m Höhe mit lederartigen Blättern und leuchtendscharlachroten Blüten, die in Doldentrauben an den Triebenden stehen. Inzwischen gibt es auch zahlreiche Hybriden.

Standort: Ganzjährig hell, ohne direkte Besonnung, luftfeucht und warm. Möglichst 18–20° C Bodentemperatur.

Pflege: Während der Wachstumszeit regelmäßig, im Winter sparsamer, mit kalkfreiem Wasser gießen. Viel sprühen und alle 14 Tage schwach düngen. Bei Knospenansatz die Pflanze nicht mehr bewegen, da sonst die Blüten abfallen.

Vermehrung: Durch Kopfstecklinge im Frühjahr im geheizten Vermehrungsbeet über 25° C.

Schädlinge, Krankheiten: Schildläuse durch Lufttrockenheit; Chlorose bei zu hartem, kaltem Gießwasser.

Verwendung: Für Blumenfenster oder Vitrine, auch ausgepflanzt in warmen Wintergärten.

Jacaranda mimosifolia

JACARANDA MIMOSIFOLIA
Jacaranda, Palisander

Familie: Bignoniengewächse, *Bignoniaceae.*
Heimat: Süd- und Mittelamerika.
Blütezeit: März bis April.

Die Engländer nennen *J. mimosifolia* wegen ihrer bis 45 cm langen, zartgefiederten Blätter »Fern Tree«, also Farnbaum, was viel treffender ist als die Bezeichnung »Palisander«, unter der die Pflanze bei uns fälschlicherweise manchmal angeboten wird. Am Heimatstandort schmückt sich der Baum kurz vor dem Blattaustrieb mit etwa 5 cm langen, glockigen Einzelblüten, die endständig in kegelförmigen Rispen stehen. Leider blü-hen bei uns nur die größeren Exemplare.

Standort: Sehr hell, warm, jedoch nicht sonnig, und luftfeucht. Im Winter hell und kühler (bis 15° C).

Pflege: Das ganze Jahr über gleichmäßig feucht halten. Öfter sprühen. Wenig düngen. Rückschnitt ist jederzeit möglich.

Vermehrung: Durch Aussaat bei 20–25° C Bodenwärme. Samen vorher 24 Stunden in Wasser einweichen. Keimdauer 2–3 Wochen. Jungpflanzen kühl überwintern.

Schädlinge: Blattläuse und Weiße Fliege bei zu warmer Überwinterung.

Verwendung: Jung als Zimmerpflanze. Ansonsten problemlose Kübelpflanze, sehr schön für Wintergärten.

Blühender Jacarandabaum auf Teneriffa

Ixora coccinea wächst leider etwas sparrig, was zum Rückschnitt verleitet. Dabei ist aber zu beachten, daß sich die Blüten stets an den Triebenden entwickeln.

Bei uns wird *Jacaranda mimosifolia* vor allem wegen ihrer farnähnlichen, gefiederten Blätter kultiviert. An ihren Heimatstandorten entwickelt sich die Pflanze zu einem imposanten Baum.

TIP

Wegen der geringen Lichtintensität im Winter wirft die Jacaranda viele Blätter ab. Abgefallenes Laub immer gleich entfernen, denn es riecht unangenehm.

Jacobinia carnea ist eine Tropenschönheit und reagiert empfindlich auf trockene Luft und Ballentrockenheit.

Die immergrüne *Jacobinia pauciflora* ist eine ideale Wintergartenpflanze.

Jacobinia carnea

Jacobinia pauciflora

JACOBINIA
Jakobinie

Familie: Akanthusgewächse, *Acanthaceae.*
Heimat: Südamerika.
Blütezeit: *J. carnea* Juni bis September, *J. pauciflora* Dezember bis März.

Von dieser früher als *Justicia* bekannten Gattung kommen zwei, allerdings ganz unterschiedliche Arten als Zimmerpflanze in Betracht: *J. carnea* kann etwa 1,2–1,5 m hoch werden, hat breitelliptische, dunkelgrüne Blätter und bringt ährenförmige Blütenstände aus rosa- bis orangefarbenen Blüten hervor.
J. pauciflora ist immergrün, wird etwa 50 cm hoch, und trägt herabhängende, rotgelbe Röhrenblüten, die in großer Anzahl erscheinen.
Standort: *J. carnea* ganzjährig hell, ohne direkte Sonne, warm und luftfeucht. *J. pauciflora* ganzjährig vollsonnig, im Sommer auch im Freien, im Winter bei 10–12° C.
Pflege: Beide Arten im Sommer gut feucht halten. *J. pauciflora* bei kühlem Stand weniger gießen. Beide Arten während der Vegetationszeit wöchentlich düngen. *J. carnea* läßt sich nach der Blüte, etwa im September, gut zurückschneiden, was aber in den ersten Jahren kaum nötig sein wird, da sie meist mit Wachstumshemmstoffen behandelt wurde.
Vermehrung: Durch Kopfstecklinge im Frühjahr bei einer Bodenwärme von 20–25° C im Vermehrungsbeet. Bewurzelungsdauer etwa drei Wochen. *J. carnea* als Jungpflanze kräftig stutzen, um buschigen Wuchs zu erreichen.
Schädlinge, Krankheiten: Spinnmilben, Blattläuse; *J. pauciflora* reagiert bei trockenem Wurzelballen sofort mit Blattfall.
Verwendung: Sehr schön blühende Zimmerpflanze. *J. carnea* für warme, *J. pauciflora* für temperierte Wintergärten.

JASMINUM
Jasmin

Familie: Ölbaumgewächse, *Oleaceae.*
Heimat: Tropen und Subtropen Afrikas, Asiens, Amerikas.
Blütezeit: Je nach Art Januar bis Dezember.

Kletternde oder windende, immergrüne oder laubabwerfende Sträucher mit unpaarig gefiederten Blättern und weißen, rosafarbenen oder gelben, stark duftenden Blüten, die in endständigen Trugdolden stehen.
J. mesnyi trägt von Januar bis Frühjahr zahlreiche gelbe Blüten und eignet sich für das Kalthaus. Steht dieser Jasmin im Kübel, kann er bei bis zu –10° C im Freien bleiben, dann kurzzeitig z. B. in eine Garage, um sehr früh schon wieder ausgeräumt zu werden, und zeitig zu blühen.
J. officinale, eine weißblühende Art, läßt sich den ganzen Sommer über sowohl im Zimmer als auch im Kübel kultivieren. Blütezeit Juni bis Oktober.
J. polyanthum hat außen rosafarbene, innen weiße Blüten, die zu 30–40 Stück zusammensitzen können. Dieser Jasmin wächst ziemlich rasch und erreicht, ausgepflanzt im Wintergarten, bald 5 m Höhe. Blütezeit Juni bis September.
J. sambac besitzt bis zu 12 cm lange, lederige, immergrüne Blätter. Die reinweißen Blüten sitzen in Büscheln zu 3–12 Stück zusammen und öffnen sich von März bis Oktober. Diese Art wird aufgebunden 3 m hoch, wächst aber sehr langsam und sollte ganzjährig im Wintergarten bleiben. 'Plena' ist eine gefüllte Sorte.
Achtung: Der starke Blütenduft kann Kopfschmerzen und Migräne hervorrufen.

Jasminum polyanthum

Standort: Vollsonnig und luftig, im Sommer auch im Freien (außer *J. sambac*), im Winter bei 8–10° C.
Pflege: Im Sommer Topfballen immer mit weichem Wasser feucht halten und alle 14 Tage düngen. Im Winter nur soviel gießen, daß die Pflanze nicht vertrocknet. Bei Bedarf im Frühjahr in große Kübel umtopfen.
Vermehrung: Durch halbverholzte Stecklinge im Frühjahr und Sommer bei 20–25° C Bodenwärme.
Schädlinge, Krankheiten: Blattläuse bei zu warmer Überwinterung; bei *J. officinale* ist Blattfall im Winter natürlich.
Verwendung: Schön blühende Kletterpflanzen für Zimmer, Kübel, Wintergarten.

Jasminum officinale

Jatropha podagrica

JATROPHA PODAGRICA
Flaschenpflanze

Familie: Wolfsmilchgewächse, *Euphorbiaceae.*
Heimat: Mittelamerika.
Blütezeit: Mai bis Juni.

30–60 cm hoher, sukkulenter Strauch mit flaschenförmig verdicktem Stamm und 20 cm großen, drei- bis fünflappigen Blättern. Während der Ruhezeit im Winter bilden sich kleine, langgestielte, korallenrote Blüten an roten Stengeln.
Die Pflanze ist in allen Teilen giftig.
Standort: Ganzjährig hell bis sonnig bei Zimmertemperatur.
Pflege: Wenig gießen, zur Blütezeit etwas mehr. Wenn die Blätter abgefallen sind, was natürlich ist, fast trocken halten. Im Sommer nur einmal monatlich Kakteendünger geben.
Vermehrung: Durch Aussaat bei 20–25° C oder Stecklinge von größeren Pflanzen.
Krankheiten: Fäulnis bei zuviel Bodenfeuchtigkeit in der Ruhezeit.
Verwendung: Bizarre, aber recht problemlose Zimmerpflanze für Liebhaber.

Jasminum polyanthum leuchtet in Knospenform rosafarben, in voller Blüte dagegen weiß. Die Pflanze behält mitunter im Winter ihr Laub.

Jasminum officinale, das sich wunderbar am Bogen ziehen läßt, liefert der Parfumindustrie den exquisitesten und teuersten Duftstoff.

Die Flaschenpflanze, *Jatropha podagrica,* wird wegen ihrer bizarren Gestalt im Handel häufig angeboten und ist ausgesprochen pflegeleicht.

Kalanchoë porphyrocalyx ist wie die ähnliche *K. manginii* eine zauberhafte Ampelpflanze. Beide heißen wegen ihrer Herkunft Madagaskarglöckchen.

Kalanchoë pinnata und *K. daigremontiana* tragen Brutpflänzchen auf ihren Blatträndern.

Eindrucksvoll sind die Blätter von *Kalanchoë beharensis*, die in ihrer Heimat bis zu 4 m hoch werden kann.

TIP

Kalanchoen sind Kurztagspflanzen. Blüten werden nur gebildet, wenn man die Pflanzen etwa zwei Monate lang täglich etwa 16 Stunden im Dunkeln hält (mit Karton abdecken).

Kalanchoë porphyrocalyx

KALANCHOË
Kalanchoe

Familie: Dickblattgewächse, *Crassulaceae*.
Heimat: Madagaskar.
Blütezeit: Frühjahr.

Diese Gattung bietet dem Blumenfreund ein wahrhaft arten- und formenreiches Programm, das aus aufrechten oder kriechenden Stauden, Halbsträuchern und Sträuchern mit sukkulenten Blättern besteht. Wer kennt nicht *K. blossfeldiana*, das Flammende Käthchen? Die reine Art wird kaum mehr kultiviert, dafür gibt es eine Vielzahl von Sorten wie z. B. 'Bali' (rote Blüten), 'Mini' (ein Zwerg, rot), 'Calypso' (tiefrosa), 'Nugget' (orangefarben), 'Fortyniner' (gelb). Eine gelbblühende Neuheit ist 'Goldjuwel'. In seiner Heimat Madagaskar blüht das Flammende Käthchen im Frühjahr, wird aber heute durch Steuerung der Tageslänge fast ganzjährig zur Blüte gebracht (Kurztagspflanze).
Noch nicht allzulange auf dem Markt ist *K. porphyrocalyx*, das Madagaskarglöckchen. Mit seinen roten oder rosafarbenen, hängenden Blütenständen eignet es sich genausogut zur Ampelbepflanzung wie Züchtungen von *K. manginii*.
Eine hübsche Grünpflanze ist *K. tomentosa*, das Katzenohr oder auch Filzige Kalanchoe genannt. Ihre dicken Blätter sind mit einem weißlichen Filz überzogen und an den Rändern dunkelbraun bis fuchsrot gefärbt. *K. pinnata*, das Brutblatt, ist »lebendgebärend«, d. h. in den Blattbuchten der Ränder entwickeln sich winzige, neue Pflänzchen mit Luftwurzeln, die abfallen und am Boden einwurzeln. Weitere, gelegentlich in Sukkulentensammlungen zu findende Arten sind *K. daigremontiana*, deren länglich-dreieckige Blätter am Rand leicht eingerollt sind. Bei *K. tubiflora*, dem Röhrenförmigen Brutblatt, sind die schmalen Blätter, an deren Spitze die Brutpflanzen sitzen, zusammengerollt. Die Blüten sind klein, glockig und meist rötlich gefärbt.
Standort: Ganzjährig hell, auch sonnig, im Sommer warm, *K. blossfeldiana* am besten im Freien, im Winter kühler, aber nicht unter 12° C. *K. blossfeldiana* nicht unter 15° C.

Kalanchoë pinnata

Kalanchoë beharensis

Kalanchoë daigremontiana

Kalanchoë-Blossfeldiana-Hybriden

Pflege: Den Sommer über nur mäßig gießen und die Erdoberfläche immer wieder trocken werden lassen. Im Winter fast trocken halten. *K. blossfeldiana* benötigt mehr Feuchtigkeit, auch im Winter. Von Frühjahr bis Spätsommer alle 14 Tage düngen. Bei Bedarf im Frühjahr in Einheitserde umtopfen.
Vermehrung: Durch Kopf- oder Blattstecklinge, vor dem Einpflanzen Schnittfläche antrocknen lassen, oder durch Aussaat (Lichtkeimer). Bei den Brutblättern nimmt man die Adventivpflänzchen ab und setzt sie in sandhaltiges Vermehrungssubstrat.
Schädlinge, Krankheiten: Blattläuse; Grauschimmel bei zu feuchter und kühler Haltung.
Verwendung: Schöne Blütenpflanze für hellen Standort im Zimmer. Für Hydrokultur geeignet.

LAELIA
Laelie

Familie: Orchideen, *Orchidaceae.*
Heimat: Tropisches Amerika.
Blütezeit: Je nach Art und Sorte im Frühjahr, Sommer, Herbst oder Winter.

Laelien haben in Aussehen und Pflege viel Ähnlichkeit mit Cattleyen, mit denen sie auch nahe verwandt sind und oft gekreuzt wurden (x *Laeliocattleya).*
Die schönsten Arten sind: *L. pumila* (Blüte hellrosa, Lippe heller mit schwarzrotem Rand), *L. purpurata* (Blätter rötlich, Lippe purpurrot), *L. rubescens* (Blüten weiß oder rosafarben mit schwarzrotgefleckter Lippe), *L. tenebrosa* (relativ schmale gelbbraune bis bronzefarbene Blüten, Lippe mit dunkelpurpurroter Schlundöffnung).
Attraktive Kreuzungen sind x *Laeliocattleya* Chitchat 'Tangerine' mit in Dolden angeordneten, 5 cm großen, gelborangefarbenen Blüten; x *Laeliocattleya* Culminant 'La Tuilérie' mit rosafarbenen Blüten, dunklerer Lippe und zartrosa Rand; x *Laeliocattleya* Rogo, 'Mont Millais' mit rötlich-orangefarbenen Blüten.
Standort: Sehr hell, jedoch vor praller Mittagssonne geschützt, luftfeucht und 18–24° C warm. Im Winter möglichst 4° C kühler.
Pflege: In der Wachstumszeit reichlich mit kalkarmem Wasser gießen, während der Ruhezeit nur soviel, daß die Pseudobulben nicht schrumpfen. Öfter sprühen. In jedes dritte Gießwasser Orchideendünger geben. Etwa alle 2–3 Jahre nach der Blüte in Orchideensubstrat umtopfen. Epiphytische Laelien aufbinden.
Vermehrung: Durch Teilung der Pseudobulben zu Beginn der Hauptwachstumszeit in Gruppen von drei bis vier oder durch Aussaat.
Krankheiten, Schädlinge: Selten.
Verwendung: Prachtvolle, großblumige Orchideen für Gewächshaus und Zimmer.

Laelia tenebrosa

Kalanchoe-Hybriden kann man nach dem Flor stutzen, um einen buschigeren Wuchs zu erzielen.

Laelia tenebrosa aus Brasilien besitzt 14 cm große, bronzefarbene Blüten.

TIP

Laelien lieben frische Luft, reagieren aber empfindlich auf Durchzug.

Heiße, lange Sommer sind Voraussetzung für eine herrliche Lagerströmien-Blüte.

Lampranthus spectabilis bietet, wie der Name schon sagt, ein Farbenspektakel.

Lagerstroemia indica

Lampranthus spectabilis

LAGERSTROEMIA INDICA
Kreppmyrte, Lagerströmie

Familie: Weiderichgewächse, *Lythraceae*.
Heimat: China.
Blütezeit: August bis Oktober, bei uns oft auch später.

Die Kreppmyrte ist ein kleiner laubabwerfender Baum oder Strauch mit elliptischen Blättern und langen, meist rosafarbenen, aber auch weißen oder purpurnen Blütenrispen, die endständig an den einjährigen Trieben sitzen. Bei uns wird nur *Lagerstroemia indica* kultiviert.
Standort: Von Mai bis Oktober an sehr sonniger, geschützter Stelle im Freien, möglichst vor einer weißen Wand, die die Wärme reflektiert. Im Winter bei etwa 2–8° C im Wintergarten, auch im dunklen Keller.
Pflege: Im Sommer, besonders während des Knospenansatzes und der Blüte gut gießen. Bis August alle 14 Tage düngen. Spät einräumen, die Pflanze verträgt bis minus 15° C. Im Spätwinter kräftig zurückschneiden und in nahrhafte Erde umtopfen.
Vermehrung: Durch Kopfstecklinge im August.
Schädlinge, Krankheiten: Blattläuse an Jungtrieben; Echter Mehltau in regnerischen Sommern, bei zu trockener Haltung während der Blütezeit Knospen- und Blütenfall.
Verwendung: Sehr schönblühende Kübelpflanze.

LAMPRANTHUS
Lampranthus

Familie: Mittagsblumengewächse, *Aizoaceae*.
Heimat: Südafrika.
Blütezeit: Sommer.

Niederwüchsige, sukkulente Sträucher mit kriechenden Trieben und fleischigen, länglichen, fast walzenförmigen Blättern. Die relativ großen Blüten öffnen sich nur bei Sonnenschein. Die Farbpalette reicht von Weiß und Gelb über Rosa, Orange bis Purpurrot. Schöne Arten sind: *L. aurantiacus* (orangefarbene Blüten), *L. blandus* (blaßrosa Blüten), *L. conspicuus* (purpurrote Blüten), *L. rupestris*, *L. spectabilis* (purpurrote Blüten).
Standort: Sonnig, im Sommer auch im Freien. Im Winter bei 5° C oder wärmer.
Pflege: Im Sommer mäßig, im Winter fast gar nicht gießen. Während der Wachstumszeit alle 14 Tage düngen. Ein mäßiger Rückschnitt nach der Blüte fördert den neuen Flor.
Vermehrung: Durch Aussaat, Stecklinge oder Teilen.
Schädlinge: Blattläuse, wenn die Pflanze zu schattig steht.
Verwendung: Herrliche Blütenpflanzen für Balkonkästen oder Schalen an vollsonnigen Plätzen.

TIP

Ich habe eine eingepflanzte Kreppmyrte beim Einräumen vergessen. Der Winter war ziemlich streng und sie fror oberirdisch ab, trieb aber im Frühjahr willig wieder aus. Seitdem schneide ich sie jedes Jahr radikal zurück und decke sie mit viel Laub ab. Sie blüht im darauffolgenden Sommer an etwa 80 cm langen Trieben wunderschön. In klimatisch günstigen Regionen ist diese Art der Überwinterung einen Versuch wert.

Farbenpracht der Mittagsblumen im südafrikanischen Namaqualand

LANTANA-CAMARA-HYBRIDEN
Wandelröschen

Familie: Verbenengewächse, *Verbenaceae.*
Heimat: Urformen tropisches Amerika.
Blütezeit: Mai bis Oktober.

Strauchigwachsende, 30–100 cm hohe Blütenpflanzen mit eirunden bis länglichen, runzeligen Blättern und zahlreichen kleinen, in kopfigen Dolden zusammengedrängten Blüten. Bei uns werden meist die Lantana-Camara-Hybriden kultiviert. Sie blühen überreich mit weißen, gelben, orange-, rosa- oder gar zweifarbigen Doldenblüten. Im Laufe der Blütezeit verändern die meisten Blüten ständig ihre Farbe, nur wenige Sorten sind farbstabil. Schöne Sorten sind z. B. 'Arlequin' (Blüte dunkelrosa mit gelb), 'Goldsonne' (reingelb), 'Naide' (weiß mit gelbem Auge), 'Raoux' (scharlachrot mit orange), 'Schloß Ortenburg' (ziegelrot mit lachsgelb). Ganz neu ist die Sorte 'Aloha' mit gelbgrün panaschierten Blättern und gelben Blütenständen. Wandelröschen sind in allen Teilen giftig.
Standort: Vollsonnig. Bei 6–10° C hell oder dunkel überwintern.
Pflege: Mäßig feucht halten, alle 14 Tage düngen. Früchte sofort entfernen. Das regt die Neublüte an. Vor dem Überwintern die Triebe kräftig zurückschneiden.
Vermehrung: Durch Kopfstecklinge.
Schädlinge: Weiße Fliege und Spinnmilben.
Verwendung: Reichblühende Pflanzen für Balkon und Terrasse, besonders hübsch als Hochstämmchen.

Lantana-Camara-Hybride

Als Kronenbäumchen wirken Wandelröschen besonders elegant, der Stamm braucht jedoch eine gute Stütze, damit er die schwere Blütenkrone tragen kann.

TIP

Mit zunehmendem Alter nimmt die Blühfreudigkeit der Wandelröschen ab, daher rechtzeitig im Sommer Stecklinge abnehmen oder ältere Pflanzen im Frühjahr stark zurückschneiden.

Mit *Lathyrus odoratus* kann man sehr schnell einen zartblühenden und duftenden Sichtschutz schaffen.

Kugelförmig geschnittener Lorbeer. Der Schnitt ist hier keineswegs ein Muß – auch natürlich gewachsene Exemplare sind attraktiv.

Lathyrus odoratus

LATHYRUS ODORATUS
Duftwicke, Wohlriechende Wicke

Familie: Hülsenfrüchtler, *Leguminosae.*
Heimat: Sizilien, Italien.
Blütezeit: Juni bis Oktober.

Lorbeerfrüchte

Einjährige, bis 2 m hoch wachsende Kletterpflanze mit großen, wohlriechenden Blüten, deren Farbenspiel von Weiß über Gelb, Rosa und Rot bis Violett reicht. Schöne Sorten sind z. B. 'Cutherson', 'Floribunda', 'Royal' (hochwachsend), 'Knee Hill' (buschig), 'Little Sweetheart', 'Bijou', 'Cupido' (niedrig).
Achtung: Die Samen der Duftwicke sind giftig.
Standort: Vollsonnig und luftig, aber windgeschützt im Freien.
Pflege: In lockere, nahrhafte Gartenerde oder Einheitserde pflanzen. Gleichmäßig feucht halten und wöchentlich düngen. Verblühtes immer gleich abschneiden.
Vermehrung: Durch Aussaat im April/Mai direkt ins Freie.
Schädlinge: Blattläuse.
Verwendung: Sehr schöne, blühende Kletterpflanze für Spaliere, als Sichtschutz auf Balkon und Terrasse, buschige Sorten auch für Kästen.

TIP

Beim Formschnitt des Lorbeers angeschnittene Blätter entfernen, denn die verletzten Blattränder trocknen aus, was sehr unschön aussieht.

Laurus nobilis

LAURUS NOBILIS
Lorbeerbaum

Familie: Lorbeerbaumgewächse, *Lauraceae.*
Heimat: Mittelmeerraum, Kleinasien.
Blütezeit: April bis Mai.

Immergrüner Strauch mit ledrigen, aromatischen Blättern, die als Gewürz und auch in der Medizin Verwendung finden. Blüten und Früchte erscheinen nur an ungeschnittenen, freiwachsenden Exemplaren. Bei uns zieht man den Lorbeerbaum meist als kugeliges Hochstämmchen.
Standort: Sonnig bis schattig, im Sommer im Freien. Im Winter bei 0–6° C, hell und luftig.
Pflege: Stets leicht feucht halten, besonders während des Austriebes. Wöchentlich düngen. In Wasser aufgelöster Trockendung ist besonders geeignet. Form- oder Rückschnitt sind möglich. Verträgt kurzfristig auch Frost und kann daher spät eingeräumt werden.
Vermehrung: Durch Kopfstecklinge im Herbst oder Frühjahr, die allerdings recht langsam bewurzeln.
Schädlinge: Schildläuse bei zu warmer Überwinterung, Wolläuse, Spinnmilben.
Verwendung: Klassische immergrüne Kübelpflanze, auch für kühle Treppenhäuser geeignet.

Leea amabilis

LEEA
Leea

Familie: Leeagewächse, *Leeaceae.*
Heimat: Tropisches Asien.
Blütezeit: Herbst.

Kleine, bis 1 m hohe Sträucher mit ein- bis dreifach gefiederten Blättern. Die kleinen Blüten stehen in endständigen, doldig-schirmförmigen Blütenständen.
L. amabilis besitzt bronzefarbige Blätter, *L. rubra,* häufig noch unter der alten Bezeichnung *L. coccinea* geführt, hat weinrotes Laub.
Standort: Hell bis halbschattig, luftfeucht und warm, auch im Winter mindestens 16° C.
Pflege: Stets leicht feucht halten. Alle drei Wochen düngen. Styroporflocken unter die Erde mischen, um Staunässe zu vermeiden.
Vermehrung: Durch Kopf- oder Stammstecklinge bei hohen Bodentemperaturen und hoher Luftfeuchtigkeit.
Schädlinge, Krankheiten: Blattläuse, Spinnmilben; bei Staunässe oder Ballentrockenheit Blattfall.
Verwendung: Für Blumenfenster, große Vitrinen, feuchtwarme Gewächshäuser oder Wintergärten.

Leonotis leonurus

LEONOTIS LEONURUS
Löwenohr

Familie: Lippenblütler, *Labiatae.*
Heimat: Südafrika.
Blütezeit: September bis November.

1–2 m hoher Halbstrauch, der im Wintergarten immergrün ist, mit herrlichen, 5 cm langen, röhrenförmigen, behaarten, tieforangefarbenen Blüten, die quirlig um einen aufrechten Stengel stehen. Erinnert an eine riesige Taubnessel. Leider blüht das Löwenohr für die Kübelkultur im Freien zu spät, ist aber eine wertvolle Bereicherung im Wintergarten.
Standort: Im Sommer vollsonnig und windgeschützt im Freien. Im Winter hell oder dunkel bei 5–10° C. Im Wintergarten auch etwas wärmer.
Pflege: In der Wachstumszeit reichlich, sonst sparsam gießen und bis August monatlich düngen. Vor dem Überwintern auf 10–20 cm zurückschneiden. Im Februar, wenn nötig, in Balkonblumenerde umtopfen.
Vermehrung: Durch Aussaat oder Stecklinge. Jungpflanzen mehrfach entspitzen, um buschigen Wuchs zu erzielen.
Schädlinge, Krankheiten: Selten.
Verwendung: Winterblühende Wintergartenpflanze.

Leptospermum scoparium

LEPTOSPERMUM SCOPARIUM
Südseemyrte, Steinsame

Familie: Myrtengewächse, *Myrtaceae.*
Heimat: Neuseeland.
Blütezeit: Mai bis Juni.

Immergrüner Blütenstrauch mit myrtenähnlicher Belaubung. Blüten relativ klein, jedoch zahlreich, weiß, rosa oder rot, gefüllt oder ungefüllt. Bekannte Sorten: 'Album Plenum' (weiß, gefüllt), 'Boscawenii' (rosarote Blüten, gedrungener Wuchs), 'Chapmanii' (Blätter rötlich, Blüten rosa), 'Keatleyi' (2,5 cm große, rosa Blüten), 'Red Damask' (Blätter rot, Blüten karminrot, gefüllt).
Standort: Im Sommer sonnig und warm, auch im Freien. Im Winter hell bei etwa 4–10° C.
Pflege: Während des Wachstums reichlich mit kalkfreiem Wasser gießen. Alle 14 Tage Rhododendrondünger geben. Nach der Blüte zurückschneiden.
Vermehrung: Durch Aussaat oder Stecklinge. Jungpflanzen mehrmals entspitzen.
Schädlinge, Krankheiten: Selten, bei Ballentrockenheit Blattfall.
Verwendung: Topf- oder Kübelpflanze für Zimmer und Wintergarten.

Die Leea, eine aparte Blattpflanze, bildet manchmal auch schirmartige Blütendolden.

Die weichen, behaarten, gegenständigen Blätter verhalfen dem Löwenohr zu seinem Namen.

Wenn man die Südseemyrte im Februar/März etwas wärmer, aber nicht über 14° C stellt, beginnt der Flor einige Wochen früher.

TIP

Da die Zweige des Löwenohrs sehr leicht brechen, sollte der Pflanzkübel bei viel »Durchgangsverkehr« etwas abseits gestellt werden, um größere Schädigungen zu vermeiden.

Wer Lilien auf Terrasse oder Balkon hält, sollte darauf achten, nicht mit dem gelben Blütenstaub in Berührung zu kommen, da er sehr hartnäckige Flecken auf Haut oder Kleidung hinterläßt.

Lebende Steine sehen den Steinen, zwischen denen sie in ihrer Heimat wachsen, täuschend ähnlich.

TIP

Schon bei ganz kleinen Sämlingen läßt sich die Blütenfarbe der Lebenden Steine bestimmen. Bei gelbblühenden Arten geht der Spalt zwischen den Blattpaaren nicht über die ganze Fläche, wie das bei weißblühenden Arten der Fall ist.

Lilium-Midcentury-Hybride

LILIUM
Lilie

Familie: Liliengewächse, *Liliaceae.*
Heimat: Ursprung Asien, Amerika, Europa.
Blütezeit: Sommer.

Man muß die Frage offen lassen, ob Lilien ideale Zimmerpflanzen sind, aber kurzzeitig schmücken sie gewiß Töpfe und Kübel. Hierfür kommen hauptsächlich Lilium-Tigrinum-Hybriden und die zu ihnen gehörenden Midcentury-Hybriden mit vielen Sorten in Frage. Es gibt auch zahlreiche Kreuzungen von *L. auratum, L. longiflorum* und *L. speciosum,* die als Topfplanzen Verwendung finden. Die Gattung *Lilium* umfaßt ungefähr 100 Arten und unzählige Sorten und Hybriden, die vor allem in Amerika ständig weiterentwickelt werden. Hier nur eine ganz kleine Auswahl:
Lancifolium-Hybriden (syn. *Lilium tigrinum*): 'Golden Tiger' (gelbe Blüte), 'Splendens' (rotorange), 'Flaviflorum' (hellgelb mit roten Punkten);
Midcentury-Hybriden: 'Cinnabar' (leuchtendrot), 'Croesus' (goldgelb), 'Enchantement' (orangerot).
Achtung: Lilienzwiebeln sind giftig.
Standort: Viel Licht, bis zum Einwurzeln 5–12° C. Sobald die Pflanzen heranwachsen 12–20° C.
Pflege: Will man frühblühende Lilien haben, setzt man die Zwiebeln im Herbst mit sehr guter Drainageschicht (Sand, Kies) in nicht zu kleine Töpfe. Als Substrat kann man Einheitserde oder lehmig-humose Gartenerde, die mit Knochenmehl aufgebessert wurde, verwenden. Die Zwiebel sollte etwa 10 cm hoch mit Erde bedeckt sein. Zum Bewurzeln werden die Töpfe kühl, aber frostfrei aufgestellt. Ab Februar langsam die Temperaturen steigern und die Bewässerung der Temperatur anpassen. Jetzt können auch gelegentliche Düngergaben verabreicht werden. Sobald die Triebe etwa 10 cm hoch sind, einen sehr hellen und luftigen Platz bei etwa 12–20° C geben und bis nach der Blüte weiterpflegen, dann in den Garten pflanzen und auch dort düngen und gießen, damit die Zwiebel neue Kraft für das kommende Jahr sammelt. Für die normale Sommerblüte werden die Zwiebeln erst im Nachwinter eingetopft.
Vermehrung: Durch Aussaat, Teilung oder Brutzwiebeln.
Schädlinge, Krankheiten: Lilienhähnchen (rote Käfer, die Löcher in die Blätter fressen); Grauschimmel.
Verwendung: Zimmerpflanze für helle, kühle Räume, Kübelpflanze.

Lithops karasmontana

LITHOPS
Lebende Steine

Familie: Mittagsblumengewächse, *Aizoaceae.*
Heimat: Süd- und Südwestafrika.
Blütezeit: Juli bis November.

Kleine, wie Steine aussehende, sukkulente Pflanzen, die aus zwei fleischigen, oben abgeflachten Blättern und einem kurzen, unterirdischen Stamm bestehen. Zwischen den beiden Blättern entspringen relativ große, gelbe oder weiße Strahlenblüten.
Standort: Ganzjährig vollsonnig. Mit Regenschutz im Sommer auch im Freien. Im Winter bei 12–15° C.
Pflege: Von Mai bis September vorsichtig gießen. Zuviel Feuchtigkeit bringt die kleinen Körperchen zum Platzen. Düngen kann entfallen. Ab September das Gießen ganz einstellen. Erst wieder gießen, wenn die alten Blätter völlig eingeschrumpft sind.
Vermehrung: Durch Aussaat. Jungpflanzen blühen nach 2–3 Jahren.
Schädlinge, Krankheiten: Woll- und Wurzelläuse; Fäulnis durch eine zu feuchte Haltung.
Verwendung: Interessante Sukkulente für sonnigen Standort.

Livistona chinensis

Livistona chinensis wächst anfangs sehr langsam, kann aber im Alter bis zu 9 m Höhe erreichen.

LIVISTONA
Schirmpalme, Livistonie

Familie: Palmen, *Arecaceae*.
Heimat: Australien, China, Riukiu-Inseln.
Blütezeit: Blüht in Kultur selten.

Livistonien sind attraktive Fächerpalmen, die früher schon einmal ganz groß in Mode waren. Ihre Blätter können bereits bei meterhohen Pflanzen 60–90 cm Durchmesser erreichen und stehen meist steif nach oben, die Blattstiele sind wehrhaft gezähnt. Wichtige Arten sind *L. australis*, die Australische Fächerpalme, deren glänzende Blattfächer 2 m Durchmesser erreichen und *L. chinensis*, die Chinesische Fächerpalme, mit dickerem Stamm und genauso großen Blättern, aber etwas geringeren Lichtansprüchen. Sie war früher die »Empfangspalme« in Hotelfoyers.
Standort: Vollsonnig, im Sommer auch im Freien. Im Winter hell, bei 12–14° C.
Pflege: Während der Wachstumszeit reichlich gießen, öfter sprühen und alle 14 Tage düngen. Im Winter die Pflanze eher trocken halten. Bei Bedarf (starke Wurzelbildung) in Einheitserde mit einem Drittel Sand umtopfen, tiefe Gefäße wählen.
Vermehrung: Durch Aussaat bei 20–25° C (Lichtkeimer), Samen einen Tag in Wasser quellen lassen.
Schädlinge: Blattläuse, Schildläuse bei zu trockener Luft und zu dunklem Winterstand.
Verwendung: Attraktive Zimmerpflanze, die jedoch bald zu groß wird, besser: ausgepflanzt im Wintergarten.

Lobelia erinus 'Kaiser Wilhelm'

Überhängend wachsende Lobelien sind eine attraktive Unterpflanzung z. B. von Hochstamm-Fuchsien oder -Strauchmargeriten.

LOBELIA ERINUS
Lobelie, Männertreu

Familie: Glockenblumengewächse, *Campanulaceae*.
Heimat: Südafrika.
Blütezeit: Juni bis Oktober.

Bis 25 cm hohe, aufrechtwachsende oder überhängende, einjährige Blütenpflanzen mit schmalen, hellgrünen Blättern und blau-weißen Blüten. Zur buschig wachsenden Compacta-Gruppe gehören u. a.: 'Kaiser Wilhelm' (kornblumenblau), 'Mrs. Clibran Improved' (weiß-blau), 'Rosamunde' (karminrot-weiß), zur überhängend wachsenden Pendula-Gruppe 'Blue Cascade' (hellblau) und 'Saphir' (dunkelblau-weiß).
Standort: Sonnig bis halbschattig.
Pflege: Reichlich gießen, den Ballen niemals austrocknen lassen, wöchentlich mit halber Konzentration düngen. Pflanze nach dem ersten Flor zurückschneiden, dann treibt sie neu aus und blüht bis zum ersten Frost.
Vermehrung: Durch Aussaat (Lichtkeimer) von Januar bis März.
Schädlinge, Krankheiten: Selten.
Verwendung: Für Balkonkästen und Schalen, als Unterpflanzung für Hochstämmchen.

Livistona chinensis

TIP

Der Wintergarten braucht nur gerade frostfrei zu sein, denn gesunde, ausgepflanzte Livistonien vertragen auch kurzzeitig bis –6° C.

Lobivia winteriana. Der Name *Lobivia* ist übrigens ein Anagramm zu Bolivia, der Heimat vieler Arten.

Lotus maculatus und *Lotus berthelotii* sind reichblühende Ampelpflanzen, die aber auch ohne Blüten sehr attraktiv aussehen und einen sonnigen und luftigen Standort benötigen.

Lobivia winteriana

LOBIVIA
Lobivia

Familie: Kakteen, *Cactaceae.*
Heimat: Nordargentinien, südöstliches Peru.
Blütezeit: Frühjahr und Sommer.

Kugelige, oft polsterbildende Kakteen mit starken, braunen oder gelben Stacheln. Blüten glockig-trichterig mit kurzer, weiter Röhre, rot, gelb oder weiß mit zahlreichen gelben Staubgefäßen. Die meisten werden heute *Echinopsis* zugeordnet. Schöne Arten und Sorten sind: *L. backebergii* (karminrot mit bläulichem Schimmer), *L. cinnabarina* (scharlachrot), *L. hertrichiana* (leuchtendrot), *L. pugionacantha* var. *rossii* (gelb, orangerot), *L. winteriana* (rubinrot).
Standort: Sonnig und warm. Im Winter kühl, bei 6–8° C.
Pflege: Im Frühjahr und Sommer reichlich gießen und alle 14 Tage mäßig düngen. Im Winter kühl und trocken halten, um Blütenbildung anzuregen.
Vermehrung: Durch Abtrennen der Ableger (Kindel).
Schädlinge: Wolläuse.
Verwendung: Für helle Zimmer, Gewächshaus und Kakteensammlung.

TIP

Mein Hornklee wächst in einer Schale, die erhöht auf einer im Teich postierten Tonröhre steht. Auf diese Weise erhält die Pflanze eine luftfeuchte Umgebung, bekommt aber keine nassen Füße und entwickelt sich prächtig.

Lotus maculatus

LOTUS
Hornklee

Familie: Hülsenfrüchtler, *Leguminosae.*
Heimat: Kanarische Inseln, Kapverdische Inseln.
Blütezeit: März bis April, *Lotus maculatus* den ganzen Sommer.

Der Hornklee ist eine wunderschöne Ampelpflanze, die viel mehr Beachtung verdient hätte. *L. berthelotii* besitzt nadelige, graugrüne Blättchen und an den Zweigenden gehäuft sitzende, gebogene, bizarre, scharlachrote Blüten. *L. maculatus* 'Golden Flash' schmückt sich mit gelbkupferfarbenen Blüten und besitzt den Vorteil, daß sie den ganzen Sommer über blüht. Beide Arten sind niederliegend bzw. haben weit herabhängende Triebe und sehen auch ohne Blüten prächtig aus.
Standort: Ganzjährig sonnig und hell, den Sommer über auch geschützt im Freien. Bei 8–10° C überwintern.
Pflege: Während der Wachstumszeit gleichmäßig feucht halten, im Winter etwas weniger gießen. Bis Oktober wöchentlich düngen.
Vermehrung: Durch Kopfstecklinge, die man entweder im Frühjahr oder Spätsommer schneidet und bei 20–25° C Balkonwärme bewurzeln läßt.
Schädlinge, Krankheiten: Blattläuse; Blattfall durch Ballentrockenheit.
Verwendung: Herrliche Blüten- und Blattpflanze für Ampeln, Balkonkästen, Säulen und Podeste oder als Unterpflanzung im Wintergarten.

Lotus berthelotii

Mammillaria-Sortiment

MAMMILLARIA
Warzenkaktus

Familie: Kakteen, *Cactaceae.*
Heimat: Mexiko, USA, Südamerika.
Blütezeit: Vor allem Frühjahr und Sommer.

Meist kleine Kugelkakteen, die in Form, Farbe und Bedornung außerordentlich variabel sind. Die Blüten erscheinen meist kranzförmig und bilden kleine, rote Früchtchen, die dem Flor an Attraktivität kaum nachstehen. Die Vielfalt dieser Pflanzengruppe ist mit über 300 Arten, viele davon in Kultur, so groß, daß sich nur Experten darin zurechtfinden. Deshalb sollen hier nur einige wenige kurz beschrieben werden:
M. bocasana: kugelig, gelblichweiße Blüten mit rotbrauner Mittellinie, gruppenbildend.
M. gracilis: zylindrisch, gelblichweiße Blüten, gelblichrote Früchte.
M. hahniana: breitkugelig, purpurrote Blüten und Früchte.
M. sempervivi: kugelig bis kurz-zylindrisch, weißliche bis rosafarbene Blüten.
M. surculosa: Köpfe bis 2 cm Durchmesser, Blüte gelb.
M. zeilmanniana: Köpfe bis 8 cm Durchmesser, Blüte leuchtendkarminrot, rosafarben oder weiß, blüht schon als junge Pflanze.
Standort: Fast alle Arten sehr sonnig, im Sommer auch geschützt im Freien, im Winter 6–8° C. Von der Sonnenmenge hängt die Blühwilligkeit und Bedornung der Mammillarien ab.
Pflege: Im Sommer reichlich mit kalkarmem Wasser gießen und monatlich mit Kakteendünger versorgen. Im Winter beinahe trocken halten. Meine Mammillarien werden nur von unten gegossen, indem ich sie wöchentlich einmal in eine Schüssel mit Regenwasser stelle. Das tut den Kakteen sehr gut.
Vermehrung: Durch Aussaat oder Kindel.
Schädlinge: Woll- und Wurzelläuse, Spinnmilben.
Verwendung: Für sonnige Zimmer, Gewächshaus und Kakteensammlung.

Mandevilla laxa

MANDEVILLA LAXA
Chilenischer Jasmin

Familie: Hundsgiftgewächse, *Apocynaceae.*
Heimat: Südamerika.
Blütezeit: Frühsommer bis Herbst.

Laubabwerfende, schnellwüchsige Schlingpflanze mit 5–15 cm großen Blättern und schneeweißen, duftenden Trichterblüten, die zu mehreren am Ende der neuen Triebe zusammenstehen.
Alle *Mandevilla*-Arten und -Sorten sind giftig. Empfindliche Menschen können auf den Duft mit Kopfschmerzen reagieren.
Standort: Vollsonnig und warm im Sommer, im Winter hell oder dunkel, bei 4–8° C.
Pflege: Während des Wachstums reichlich gießen und düngen. Für festes Klettergerüst sorgen. Bei dunkler Überwinterung Triebe bodengleich abschneiden und die Pflanze fast völlig trocken halten.
Schädlinge, Krankheiten: Blattlaus-Magnet, Spinnmilben; wenn Pflanze zu naß eingeräumt wird, Gefahr von Wurzelfäule.
Verwendung: Herrliche Kletterpflanze für Balkon und Terrasse, kalte und geheizte Wintergärten.

Mammillarien sind die im Handel am häufigsten angebotenen Kakteen. Kein Wunder! Mit ihren Blütenkränzen sind sie wirklich ganz bezaubernd.

Mandevilla laxa gedeiht sowohl im kühlen als auch im beheizten Wintergarten.

TIP

Mandevilla verträgt bis –15° C Frost. Man kann sie daher im Weinbauklima unter einer dicken Laubschicht im Freien lassen muß aber die Triebe vorher bodengleich abschneiden.
Ich strahle die *Mandevilla* abends an, das sieht ganz bezaubernd aus.

Maranta 'Fascinator'

Maranta 'Fascinator' ist eine der neuen Spielarten. Das untere Foto zeigt die künstlerisch anmutende Blattmusterung von *Maranta leuconeura.*

Im Blumenhandel tauchen gelegentlich kompakt wachsende Medinillen auf, die meist aus Holland stammen.

Maranta leuconeura

MARANTA
Marante, Pfeilwurz

Familie: Marantengewächse, *Marantaceae.*
Heimat: Brasilien, tropisches Amerika.
Blütezeit: Blüht in Kultur selten.

Maranten sind buschig wachsende Regenwaldpflanzen mit knolligen Wurzeln und großen, ovalen, verschieden gefärbten Blättern, die an langen, aufrechten Stielen sitzen. Schöne Arten sind beispielsweise *M. bicolor* und *M. leuconeura,* von der es einige bekannte Sorten gibt, wie 'Erythroneura', 'Kerchoviana', 'Massangeana' und 'Fascinator'.

Standort: Ganzjährig hell bis halbschattig, keine pralle Sonne, warm und luftfeucht. Vor Zugluft geschützt.

Pflege: Vorsicht vor Kühle im Wurzelbereich! Immer mit kalkarmem, zimmerwarmem Wasser gießen und den Ballen niemals austrocknen lassen. Wegen der gewünschten hohen Luftfeuchtigkeit stellt man die Maranten erhöht in einen mit Wasser gefüllten Untersetzer. Sprühen gibt leicht Blattflecken. Alle 14 Tage mit halber Konzentration düngen, im Winter weniger.

Vermehrung: Durch Teilen beim Umtopfen.

Schädlinge, Krankheiten: Spinnmilben; bei Vernässung Wurzelschäden, ausbleichende Blätter sind ein Zeichen zu heller Haltung.

Verwendung: Attraktive Blattschmuckpflanze für geschlossene Blumenfenster, Vitrinen oder in warmen Wintergärten. Wegen des leicht kriechenden Wuchses kultiviert man am besten in etwas größeren Schalen. Für Hydrokultur geeignet.

MEDINILLA MAGNIFICA
Medinille

Familie: Schwarzmundgewächse, *Melastomataceae.*
Heimat: Philippinen.
Blütezeit: Frühjahr bis Sommer.

Die Medinille besitzt bis zu 50 cm lange, herabhängende, rosa Blütenstände mit violetten Staubgefäßen und rosa-weißen Tragblättern. Die Blätter sind groß, dick, ledrig und werden bis zu 30 cm lang. In ihrer Heimat erreicht diese Art 1–1,50 m Höhe, eine Größe, die auch bei uns, allerdings ausgepflanzt im warmen Wintergarten, möglich ist.

Standort: Hell bis sonnig warm und luftfeucht, keine pralle Mittagssonne. Von November bis März kühler, aber nicht unter 15° C.

Pflege: Ab Knospenbildung mit kalkarmem Wasser gießen und wöchentlich kalkarm düngen. Mit weichem Wasser sprühen. Zur Anlage neuer Blütenknospen braucht die Medinille unbedingt eine zweimonatige Ruhezeit mit einer Temperaturabsenkung um 5° C und geringeren Wassergaben. Sobald sich Knospen zeigen, Pflanze wieder wärmer stellen und vor allem nicht mehr drehen!

Vermehrung: Durch Stecklinge im heizbaren Vermehrungsbeet bei 30–35° C oder durch Abmoosen.

Schädlinge: Spinnmilben bei zu trockener Luft.

Verwendung: Großartige Pflanze für geschlossene Blumenfenster oder feuchtwarme Wintergärten, wo man sie auch im Kübel pflegen kann. Ausnahmsweise auch im Wohnzimmer.

Medinilla magnifica

Microcoelum weddelianum

Erwachsenes Prachtexemplar von *Microcoelum weddelianum* im Botanischen Garten Freiburg.
Sehr günstig für eine längere Lebensdauer ist es, wenn man das Kokospälmchen in einen größeren Übertopf mit stets feuchten Tonkügelchen stellt.

MICROCOELUM WEDDELIANUM
Kokospälmchen

Familie: Palmen, *Arecaceae.*
Heimat: Tropisches Brasilien.
Blütezeit: Blüht in Kultur selten.

Diese filigrane Palme kommt aus dem tropischen Regenwald. Entsprechend hoch sind auch die Pflegeansprüche. Ausgewachsen kann die Pflanze eine Höhe von 1,50 m erreichen, die Fiederblätter werden bis zu 1 m lang. Bei uns sind diese Ausmaße aber höchstens im warmen Wintergarten zu erreichen.
Standort: Ganzjährig nie unter 18° C, hell, aber ohne direkte Sonne, und luftfeucht.
Pflege: Gleichmäßig feucht halten und oft einnebeln. Im Winter etwas weniger gießen, aber weiter sprühen. Bei kühleren Temperaturen Erde vor dem nächsten Gießen etwas antrocknen lassen. Staunässe unbedingt vermeiden. Während der Wachstumszeit monatlich einmal düngen. Alle 2–3 Jahre im Frühjahr umtopfen.
Vermehrung: Durch Aussaat bei 30° C Bodentemperatur. Keimzeit 2–3 Monate.
Schädlinge, Krankheiten: Spinnmilben; braune Blattspitzen sind meist die Folge von Ballentrockenheit oder fehlender Luftfeuchte. »Kalte Füße« führen zu Wachstumsstörungen.
Verwendung: Kultur am besten in geschlossenen, warmen Blumenfenstern, Vitrinen oder feuchtwarmen Wintergärten.

Miltonia-Hybride

Miltonien-Hybriden sind leichter zu pflegen als reine Arten.

MILTONIA
Miltonie, Stiefmütterchen-Orchidee

Familie: Orchideen, *Orchidaceae.*
Heimat: Südamerika.
Blütezeit: Je nach Art unterschiedlich.

Die Miltonie besitzt eiförmig zusammengedrückte Pseudobulben mit 2–3 hellgrünen Blättern. Am Fuß der Pseudobulben erscheinen, einzeln oder zu mehreren, stiefmütterchenähnliche Blüten auf 15–50 cm langen Schäften. Außer den 40 Arten gibt es zahlreiche Hybriden.
Standort: Das ganze Jahr über hell, aber nicht zu sonnig, im Sommer bis 25° C, im Winter um 20° C, nachts etwas kühler, luftfeucht.
Pflege: Ab Sproßbildung reichlich gießen und alle 14 Tage, Hybriden auch etwas öfter, düngen, während der Blühperiode und Ruhezeit Wasser reduzieren. Nicht auf die Pflanze sprühen.
Vermehrung: Durch Teilen der Bulben beim Umtopfen.
Schädlinge, Krankheiten: Spinnmilben, Schildläuse; Rotfärbung der Blätter durch zuviel Sonne.
Verwendung: Zimmer- und Gewächshausorchidee.

TIP

Beim Sprühen und Gießen muß man bei Miltonien Fingerspitzengefühl besitzen, denn die Pseudobulben faulen leicht. Ebenso können die Wurzeln durch zuviel Düngesalze Schaden nehmen.

Klein, aber hübsch: Blüten von *Mimosa pudica*. Wenn man die Blätter (Bild unten) zu oft Bewegungsreizen aussetzt, erlahmt der Mechanismus, erholt sich aber nach einiger Zeit wieder.

Monstera deliciosa ist sicher einer der liebsten Pflanzengäste aus den Tropen.

Mimosa pudica

Mimosa pudica

MIMOSA PUDICA
Mimose, Schamhafte, Sinnpflanze

Familie: Hülsenfrüchtler, *Leguminosae*.
Heimat: Brasilien.
Blütezeit: Juli bis August.

Kleiner, bei uns einjährig gezogener Halbstrauch. Das langgestielte Blatt teilt sich in vier Finger, von denen jeder wiederum mit kleinen Fiederblättchen besetzt ist. Bei den geringsten Berührungen klappen die Fiedern zusammen, stärkere Reizungen bewirken, daß sich das ganze Blatt nach unten senkt. Die kleinen, zartlila Blüten stehen in kugeligen Blütenständen in den Blattachseln.
Standort: Ganzjährig hell bis sonnig, Zimmertemperatur, luftfeucht.
Pflege: Gleichmäßig gießen und alle 14 Tage düngen. Ballentrockenheit unbedingt vermeiden. Bei Lufttrockenheit sprühen. Lange Triebe im Herbst einkürzen.
Vermehrung: Durch Aussaat im Frühjahr bei 20–25° C Bodentemperatur. Jungpflanzen nicht stutzen.
Schädlinge: Blattläuse und Spinnmilben durch Zugluft.
Verwendung: Interessante Blattpflanze für helle, warme Räume.

Monstera deliciosa

MONSTERA
Fensterblatt

Familie: Aronstabgewächse, *Araceae*.
Heimat: Tropisches Mittel- und Südamerika.
Blütezeit: Blüht in Kultur selten.

Das Fensterblatt ist eine unserer imposantesten und dankbarsten Blattschmuckpflanzen. In der Jugend sind die großen, glänzendgrünen Blätter gefenstert, später dann tief geschlitzt. Die Pflanze bildet bis zu 5 m lange Triebe und zahlreiche Luftwurzeln und benötigt eine Rankhilfe oder einen Epiphytenstamm als Stütze.
M. deliciosa ist wohl die bekannteste Art, 'Borsigiana' eine etwas kleiner bleibende Sorte. Seltener wird die empfindlichere, langsamer wachsende, weißbunte Sorte 'Variegata' gehandelt.
Eine hübsche, raschklimmende Art mit etwas kleineren, mehr ovalen Blättern ist die wärmebedürftigere *M. adansonii*.
Gelegentlich blüht die *Monstera* mit dem für Aronstabgewächse typischen Kolben, an dem sich später violette Beeren bilden.
Sie sollen zwar angenehm nach Ananas schmekken und sich sogar zur Aromatisierung von Bowle verwenden lassen, reizen jedoch die Schleimhäute. Besser nicht genießen!
Standort: Hell, aber nicht sonnig, ganzjährig warm und luftfeucht, im Sommer auch halbschattig im Freien.

Pflege: Gleichmäßig leicht feucht halten und alle 14 Tage düngen. Blätter von Zeit zu Zeit abwaschen, damit die Spaltöffnungen für den Gasaustausch offen bleiben. Die bleistiftstarken Luftwurzeln, die sich bei älteren Exemplaren bilden, nicht abschneiden. Wo die Möglichkeit dazu besteht, kann man sie in das Topfsubstrat ableiten, wo sie sich zu Erdwurzeln umbilden.
Vermehrung: Durch Kopf- und Stammstecklinge, die bei 25–30° C Bodentemperatur bewurzeln oder durch Abmoosen. Auch Aussaat ist möglich.
Schädlinge, Krankheiten: Schildläuse, Spinnmilben; bei Lichtmangel sind die Blätter nicht durchbrochen, braune Blattverfärbungen und Risse deuten auf zu kühle und nasse Haltung hin, kleine Blätter mit langen Stielen sind die Folge von Lichtmangel.
Verwendung: Sehr beliebte Zimmerpflanze, auch als Kletterpflanze am Spalier. Ideal für beheizte Wintergärten. Für Hydrokultur geeignet.

MUSA
Banane

Familie: Bananengewächse, *Musaceae.*
Heimat: Tropen der Alten Welt.
Blütezeit: Blüht in Kultur selten.

Die Bananenstaude entwickelt mehr oder weniger dicke Scheinstämme aus den Blattscheiden älterer Blätter, imposante, meterlange Blätter und ist ausläufertreibend.
Die härteste Art ist *M. basjoo,* die Japanische Faserbanane. Im Weinbauklima und mit perfektem Winterschutz übersteht sie gelegentlich unsere Winter. Zwar sterben die oberirdischen Teile ab – sofern man sie nicht ohnehin entfernt hat –, doch treibt die Pflanze im Frühjahr willig wieder durch und erreicht in wenigen Monaten eine enorme Größe. Am besten steht sie ausgepflanzt in einem relativ hohen Wintergarten. Doch auch hier muß man den Riesen, wenn seine Wuchskraft den Rahmen sprengt, zurückschneiden und zudem den durch die Ausläuferbildung bedingten Breitenwuchs berücksichtigen.

Rotlaubige Zierbanane

Selbst *M. acuminata,* die Zwergbanane, wird noch rund 2 m hoch. Mit *M.* x *paradisiaca* bezeichnet man verschiedene Hybriden und Zierformen.
Standort: Viel Licht, auch volle Sonne, im Winter nicht unter 10° C; *M. acuminata* das ganze Jahr über bei 18–21° C.
Pflege: Während der Vegetationszeit viel Wasser und Dünger geben. Bananen oft in nahrhafte Erde und geräumige Gefäße umtopfen. Plastikgefäße sind bei der gebotenen Größe leichter, die Erde trocknet nicht so leicht aus und sie können im Sommer gut in den Garten eingesenkt werden. Mit zunehmendem Alter vergilben naturgemäß die unteren Blätter. Vergilbte Blätter entfernen.
Vermehrung: Durch Aussaat bei 25° C Bodenwärme oder durch Ausläufer.
Schädlinge, Krankheiten: Spinnmilben, Schildläuse; Pilzbefall bei Dauernässe.
Verwendung: Solitärpflanze für Wintergärten, große Gewächshäuser und Schwimmbad. Als Jungpflanze auch im Zimmer.

Musa braucht selbst in ihrer Zwergform viel Platz, am besten pflanzt man die Banane im geräumigen Wintergarten frei aus. Als Kübelpflanze empfehlenswerter ist *Ensete ventricosum,* die Zier- oder Abessinische Banane, hier eine rotlaubige Form.

Musa x paradisiaca

Junges Exemplar von *Myrtus communis*. Bei älteren Pflanzen wie den Hochstämmen (unten) kann man sich mit dem Einräumen etwas Zeit lassen, da bis zu –5° C vertragen werden.

Vorgetriebene Narzissen werden als Frühjahrsgruß angeboten und können – Abhärtung und ein nicht zu frostiges Frühjahr vorausgesetzt – auch in Balkonkästen gesetzt werden.

Myrtus communis

MYRTUS COMMUNIS
Myrte, Brautmyrte

Familie: Myrtengewächse, *Myrtaceae*.
Heimat: Mittelmeergebiet.
Blütezeit: Juni bis Oktober.

Die Myrte ist eine Kübelpflanze mit langer Tradition. Es handelt sich um einen bis 1 m hohen (in der Heimat bis 5 m), immergrünen Strauch mit kleinen, dunkelgrünen, ledrigen Blättchen und kleinen weißen, duftenden Blüten. Schöne Sorten sind 'Hamburger Brautmyrte' und 'Königsberger Brautmyrte' sowie die buntlaubige Form 'Variegata'.
Standort: Im Sommer warm und sonnig im Freien. Im Winter hell bei 5–10° C.

Myrten-Hochstämmchen

Narcissus-Hybriden

Pflege: Mit enthärtetem Wasser stets gleichmäßig feucht halten. Bis August wöchentlich düngen. Im Winter nur sparsam gießen. Die Pflanze läßt sich willig schneiden, so daß man sogar Kronenbäumchen oder Pyramiden heranziehen kann. Alle 2–3 Jahre umtopfen. Gefäße nicht zu groß wählen und Stamm frei lassen, nicht zu tief pflanzen.
Vermehrung: Durch Kopfstecklinge im Januar oder Juli bei 16–20° C. Jungpflanzen regelmäßig entspitzen, um buschigen Wuchs zu erzielen.
Schädlinge, Krankheiten: Schild- und Blattläuse bei zu warmer Überwinterung; Fäulnis bei zu nasser Haltung, Blattfall bei zu dunkler, warmer Haltung.
Verwendung: Immergrüne Kübel- und Wintergartenpflanze. Für die Bonsaigestaltung geeignet.

NARCISSUS
Narzisse

Familie: Amaryllisgewächse, *Amaryllidaceae*.
Heimat: Mitteleuropa, Mittelmeergebiet.
Blütezeit: Frühjahr.

Narzissen gehören zu den Frühjahrsblühern, mit denen man sich gerne in der lichtarmen Jahreszeit den Frühling ins Haus holt. Es gibt viele Arten und Hybriden, die dafür in Frage kommen. Besonders geeignet sind *N. pseudonarcissus*-Sorten (Trompetennarzissen, Osterglocken) oder die vielblütigen Sorten von *N. tazetta* (Tazetten-Narzisse). Attraktiv auch die Cyclamineus-Sorte

Neoregelia carolinae 'Flandria'

'Tête-à-Tête', die nur 15–20 cm hoch wird und schon im Februar zwei bis drei Blüten pro Stiel hervorbringt. Die Pflanze ist in allen Teilen giftig!

Standort: Die blühenden Narzissen nur kurzfristig ins warme Wohnzimmer stellen. In einem kühlen Raum hält die Blüte länger.

Pflege: Im Herbst werden die Zwiebeln in mit Erde gefüllte Schalen gelegt und in einem kühlen, dunklen Raum bewurzelt. Nach etwa 10–12 Wochen zur Blütenentwicklung bei 15–18° C halten. Gleichmäßig feucht halten. Nach dem Verblühen in den Garten pflanzen.

Vermehrung: Durch Tochterzwiebeln oder Aussaat.

Schädlinge, Krankheiten: Selten.

Verwendung: Frühlingsschmuck für kühle Räume, Flure, Terrassen, kühle Wintergärten.

NEOREGELIA
Neoregelie

Familie: Ananasgewächse, *Bromeliaceae.*

Heimat: Regenwälder Brasiliens.

Blütezeit: Je nach Art unterschiedlich.

Neoregelien wachsen meist epiphytisch, seltener terrestrisch und bilden schöne Blattrosetten, in deren Mitte sich die Blüte entfaltet. Nach der Blüte stirbt die Rosette ab. Während der Blütezeit nehmen die Hochblätter eine intensive Färbung an, die oft Monate hält.

N. binotii hat bis 30 cm lange, lederartige, starkbestachelte und an den Spitzen rotgefleckte Blätter, die oben grün, unten hellgebändert sind.

N. carolinae bildet flache Rosetten aus 30–40 cm langen, grünen, feinbestachelten Blättern. Die inneren Blätter sind während der Blüte leuchtendrot. In Kultur finden sich meist nur Zuchtformen wie 'Tricolor', 'Marechalii' und 'Meyendorffii'.

N. concentrica besitzt 12 cm breite, 30 cm lange, oberseits unregelmäßig grüngefleckte Blätter. Die Innenblätter sind kürzer und violett gefärbt. Auch von dieser Art gibt es viele Zuchtformen wie z. B. 'Plutonis' mit rotüberlaufenen Hochblättern.

Standort: Viel Licht, aber keine direkte Besonnung, das ganze Jahr über warm und luftfeucht.

Pflege: Nur mit kalkarmem Wasser gießen und sprühen, wobei im Rosetteninneren immer zimmerwarmes Wasser stehen kann. Alle zwei Wochen düngen, teilweise auch in den Trichter. Rosette gelegentlich ausspülen, um eventuell vorhandene Düngesalze zu entfernen. Für hohe Luftfeuchtigkeit sorgen. Stellt man *Neoregelia* mit ausgereifter Hochblattfärbung kühl bei 12–14° C auf, so hat man 3–6 Monate Freude an der Pflanze, bevor die Blattrosette abstirbt.

Vermehrung: Durch Kindel, die erst abgenommen werden, wenn sie genügend Wurzeln gebildet haben.

Schädlinge, Krankheiten: Schildläuse, Thripse; Fäulnis durch falsches Gießen.

Verwendung: Schöne Blütenpflanze für geschlossene Blumenfenster und Vitrinen. Bei ausreichender Luftfeuchte auch im Zimmer. Für Hydrokultur geeignet.

Neoregelia bedeutet »Neue Regelie« und geht auf den Direktor des Botanischen Gartens von St. Petersburg, E. A. von Regel, zurück.

TIP

Es gibt Tazetten-Narzissen, deren vorbehandelte Sorten als »Wassernarzissen« kultiviert werden. Die Zwiebeln dieser Sorten kann man auf groben Sand oder Kieselsteine setzen, so daß die Wurzeln Halt finden. Die Schalen werden gerade so hoch mit Wasser gefüllt, daß die Zwiebeln nicht damit in Berührung kommen. Dadurch hat man sich den Umweg über den Keller erspart. Abgeblühte Pflanzen wegwerfen.

Bei sehr hohem Pflegeaufwand und einem elektrischen Luftbefeuchter kann man auch versuchen, *Nepenthes* im Zimmer zu halten.

In warmen Sommern läßt sich *Nephrolepis* auch ins Flachwasser des Gartenteichs oder leicht umspült in den Bachlauf stellen, wo die Pflanze reichlich Luftfeuchte erhält.

TIP

Mein Schwertfarn steht eingefüttert in einer Wanne mit feuchtem Torf und fühlt sich dort offenbar pudelwohl. Ich stelle den Sommer über einige Farne in unseren Bachlauf, nur knapp umspült vom Wasser. Das sieht schön aus und tut den Pflanzen sehr wohl.

Nepenthes-Hybride

NEPENTHES
Kannenpflanze

Familie: Kannenstrauchgewächse, *Nepenthaceae.*
Heimat: Ceylon, Sumatra, Borneo, Malaysischer Archipel.
Blütezeit: Blüht in Kultur selten.

Kletternde oder strauchige, meist epiphytisch wachsende Pflanzen, die zu den Insektenfängern (Insektivoren) zählen. Die mit einem Deckel versehenen Fangfallen in Kannenform sind umgewandelte Blattspreiten.
Im Handel sind vor allem *Nepenthes*-Hybriden, da diese viel robuster und wüchsiger sind als die reinen Arten.

Standort: Sehr hell, aber nicht sonnig. Ganzjährig nicht unter 20° C, luftfeucht.
Pflege: Nur mit entkalktem Wasser gießen und sprühen. Während der Wachstumszeit alle 14 Tage mit etwas Guano oder in Wasser aufgelöstem Trocken-Rinderdung düngen. Jährlich in eine Mischung aus grobfaserigem Torf, Rindenstücken und etwas Holzkohle umtopfen.
Vermehrung: Durch Stecklinge in feuchtem, sehr grobfaserigem Torf bei 35° C. Bewurzeln nach etwa zwei Monaten.
Schädlinge, Krankheiten: Selten; lufttrockene Räume sind tödlich.
Verwendung: Ampelpflanze für Schalen oder Körbchen, so daß die Kannen über den Topfrand hängen können. Für geschlossene Blumenfenster, Warmhäuser oder Vitrinen.

Nephrolepis exaltata 'Teddy Junior'

NEPHROLEPIS
Schwertfarn

Familie: Schwertfarne, *Nephrolepidaceae.*
Heimat: Tropen.
Blütezeit: Keine Blütenpflanze.

Farne mit hellgrünen, bis 1 m langen, gefiederten Blättern, die in einer bodenständigen Rosette stehen, aufrecht oder überhängend wachsen. Bei *N. biserrata* können die Wedel bis 1 m lang werden.
N. cordifolia ist ausläufertreibend und zeigt schmale, hellgrüne Wedel. Die Sorte 'Plumosa' besitzt dunkelgrüne Wedel, deren äußere Blattfiedern nochmals gefiedert sind.
Von *N. exaltata,* der wichtigsten Art für die Zimmerkultur, kennt man zahlreiche, schon sehr alte Zuchtformen. Es gibt Sorten mit gewellten, gekrausten oder gedrehten Wedeln. Schön sind z. B. 'Boston Zwerg' (klein mit aufrechtem Wuchs), 'Teddy Junior' (widerstandsfähig mit gewellten Fiedern), 'Rooseveltii' (groß und ausladend), 'Rooseveltii Plumosa' (groß mit gekrausten Fiedern), 'Bornstedt' (mehrfach gefiedert mit vorne abgerundeter Spitze).
Standort: Hell bis fast sonnig, ganzjährig warm und luftfeucht. *Nephro-*

lepis verträgt mehr Licht als andere Farne.

Pflege: Den Topfballen niemals austrocknen lassen. Nur mit kalkarmem Wasser gießen und sprühen. Auch für indirekte Luftfeuchte sorgen. Von März bis August schwach dosiert düngen.

Vermehrung: Durch Ausläufer oder Teilen, reine Arten auch durch Sporenaussaat.

Schädlinge, Krankheiten: Spinnmilben bei zu trockenem Stand; braune Blattspitzen durch Luft- und Ballentrockenheit oder Staunässe.

Verwendung: Imposante Ampelpflanze, besonders attraktiv auch auf einer Säule. Für Hydrokultur geeignet.

NERINE

Guernseylilie, Nerine

Familie: Amaryllisgewächse, *Amaryllidaceae.*

Heimat: Südafrika, Kap.

Blütezeit: September bis Oktober, wenige Arten auch früher.

Nerinen sind Zwiebelpflanzen mit schönen Doldenblüten, meist in Rosatönen, die in der Regel vor den Blättern erscheinen.

N. sarniensis ist die Stammform vieler hübscher Hybriden wie 'Corusa Major' (rotgefärbte Blüten, groß), 'Harlem' (lachsfarben), 'Miss E. Cator' (rosafarbene Blüten mit langen Staubgefäßen), 'Bettina' (große, rosafarbene Blütendolden). *N. bowdenii* bildet Dolden aus acht- oder mehr röhrenförmigen Blüten an 45 cm langen Stengeln. Durch bestimmte Lagermethoden kann man heute schon etwas späterblühende Zwiebeln bekommen. In England, wo diese Pflanzen sehr beliebt sind, gibt es sogar eine eigene Nerine-Gesellschaft.

Die Pflanze ist giftig.

Standort: Hell bis leicht schattig. Im Winter eher kühl.

Pflege: Von August bis September die Zwiebeln in kalkfreie, humose Erde mit etwas Sand eintopfen. Zwiebeln eng pflanzen und so legen, daß der Hals noch herausschaut. Ab Austrieb langsam mit dem Gießen beginnen. Während der Blütezeit gleichmäßig wässern und wöchentlich schwach düngen. Bis zum Spätfrühling weiter düngen und gießen, damit die Zwiebel über die Blätter neue Kräfte sammeln kann. Danach Blätter einziehen lassen, und Substrat nur eben feucht halten. Ab August neu antreiben. Alte Erde oberhalb der Zwiebel vorsichtig abkratzen und Topf mit frischem Substrat, das mit Knochenmehl angereichert wurde, wieder auffüllen.

Vermehrung: Durch Brutzwiebeln und Aussaat, die direkt nach der Samenreife erfolgen muß. Sämlinge ohne Ruhezeit drei Jahre durchkultivieren.

Schädlinge, Krankheiten: Frischgesetzte Zwiebeln nur vorsichtig wässern, da Fäulnisgefahr besteht.

Verwendung: Zimmerpflanze. Ganz bezaubernd in einem Adventsgesteck mit Edeltannenzweigen und Kerzen.

Seitdem ein Schiff mit Nerinenzwiebeln an Bord im 17. Jahrhundert vor der Kanalinsel Guernsey Schiffbruch erlitt, wachsen Nerinen dort wild.

Nerine bowdenii, die kräftigste Art, blüht im Herbst.

Nerine bowdenii

Oleander gehört zu den Kübelpflanzen, die leichte Fröste bis minus 5° C aushalten und deshalb spät eingeräumt und früh wieder ins Freie gestellt werden können. Je kürzer die Überwinterungsdauer, desto besser für die Pflanze.

Nerium oleander

Nerium oleander

NERIUM OLEANDER
Oleander

Familie: Hundsgiftgewächse, *Apocynaceae*.
Heimat: Mittelmeerraum, Portugal, Iran.
Blütezeit: Juni bis Oktober.

2–3 m hoher, aufrechter Busch mit ledrigen, lanzettlichen Blättern und schönen, zu Trugdolden angeordneten, gefüllten oder einfachen Blüten in Weiß, Rosa, Rot oder Gelb. Oleander ist in vielen Sorten erhältlich, z. B.:
Rosa Sorten: 'Album', 'Grandiflorum', 'Apfelblüte', 'Louis Pouget', 'Cherry Ripe', 'Nano Rosso', 'Provence'.
Rote Sorten: 'Agnes Durac', 'Alassio', 'Algier', 'Etna'.
Gelbe Sorten: 'Flavescens', 'Maria Gambetta', 'Soleil d'or'.
Weiße Sorten: 'Album Grandiflorum', 'Casablanca', 'Mont Blanc'.
Oleander ist in allen Teilen giftig.
Standort: Im Sommer sonnig und so heiß wie möglich, z. B. vor einer hellen Südmauer. Im Winter bei 4–5° C hell und luftig, zur Not auch im nicht ganz dunklen Keller.
Pflege: Oleander läßt sich leicht kultivieren, wenn man weiß, daß er in seiner Heimat an sonnigen Bach- und Flußufern zu Hause ist. Im Sommer reichlich gießen und wöchentlich düngen. Es darf ruhig Wasser im Untersetzer stehen bleiben. Vor dem Überwintern weder frischgebildete Blütentriebe entfernen – sie öffnen sich im Frühjahr –, noch Verblühtes wegschneiden, denn daraus entwickelt sich der erste Flor. Bei sparrig gewachsenen Pflanzen jedes Jahr einen kleinen Teil der Triebe bis fast an den Boden zurückschneiden.
Vermehrung: Durch Stecklinge im Wasser.
Schädlinge, Krankheiten: Schildläuse; *Ascochyta*, eine Pilzerkrankung, und Oleanderkrebs, eine Bakterienerkrankung.
Verwendung: Sehr schön blühende und attraktive Kübelpflanze für sonnige Standorte.

Nertera granadensis

NERTERA GRANADENSIS
Korallenbeere, Korallenmoos

Familie: Krappgewächse, *Rubiaceae.*
Heimat: Mittel- und Südamerika, Neuseeland, Australien.
Blütezeit: April bis Mai.

Kleine, rasenbildende Topfpflanze, die nach der recht unscheinbaren Blüte zahlreiche erbsengroße und orangerote Beeren entwickelt. Wird meist nur einjährig kultiviert.
Standort: Hell, jedoch vor praller Sonne geschützt, im Sommer am besten im Freien. Wenn überwintert wird, dann hell und kühl. Vor und während der Blüte unter 13° C.
Pflege: Wegen Fäulnisgefahr nur von unten mit abgestandenem Wasser gießen und alle 14 Tage etwas Flüssigdünger beigeben. Außerhalb der Blütezeit öfter sprühen. Im Winter trockener halten.
Vermehrung: Durch Teilen oder Aussaat.
Schädlinge, Krankheiten: Blattläuse bei zu warmer Überwinterung; Umfallkrankheiten, wenn von oben gegossen wird.
Verwendung: Niedrige, polsterbildende Topfpflanze mit hübschem Fruchtschmuck.

Nicotiana-Sorten

NICOTIANA
Ziertabak

Familie: Nachtschattengewächse, *Solanaceae.*
Heimat: Urformen Südamerika.
Blütezeit: Juni bis Oktober.

Einjährige, 30–80 cm hohe, buschige Blütenpflanzen mit zahlreichen, wohlriechenden Blüten in verschiedenen Farben.
Von *N. alata* gibt es eine Reihe schöner Sorten wie z. B. 'Daylight' (weiß, 80 cm hoch), 'Nico Weiß' (großblumig, 30 cm), 'Nico Rot' (scharlachrot, 30 cm), 'Nicki Rose' (karminrosa, 40 cm), 'Nicki White' (reinweiß, 40 cm), 'Nicki Red' (dunkelrosa, 40 cm).
Herausragende Sorten von *Nicotiana* x *sanderae* sind: 'Idol' (leuchtendrot, 80 cm) und 'Scharlachkönigin' (rot mit Flecken, 80 cm hoch).
Ziertabak ist in allen Teilen giftig.
Standort: Vollsonnig im Freien.
Pflege: Reichlich gießen und einmal pro Woche düngen. Der Nährstoffbedarf ist hoch. Verblühtes regelmäßig entfernen.
Vermehrung: Durch Aussaat.
Schädlinge: Blattläuse.
Verwendung: Für Balkon und Terrasse zur Schalenbepflanzung.

Nidularium-Hybride 'Tricolor Perfecta'

NIDULARIUM
Nestrosette, Nidularie

Familie: Ananasgewächse, *Bromeliaceae.*
Heimat: Brasilien.
Blütezeit: Sommer.

Am bekanntesten ist *N. fulgens,* eine epiphytisch wachsende, grüne Trichterbromelie mit dunkel gefleckten Blättern, die sich vor der Blüte in der Rosettenmitte leuchtendrot färben. *N. billbergioides* zeigt gelbe Hochblätter und einen noch etwas hervorgehobenen Blütenkopf. Leicht mit *Neoregelia* zu verwechseln.
Standort: Ganzjährig hell, luftfeucht und nicht unter 18° C.
Pflege: Nur mit zimmerwarmem, enthärtetem Wasser gießen. Den Trichter, besonders im Sommer, stets mit Wasser gefüllt halten. Im Sommer schwach konzentriert düngen, auch die Blätter mit Düngerlösung besprühen. Im Winter Wassergaben etwas einschränken.
Vermehrung: Durch nicht zu kleine Kindel. Erste Blüte nach 2–3 Jahren.
Krankheiten: Fäulnis durch zu kaltes, feuchtes Substrat, braune Blattspitzen durch trockene Heizungsluft.
Verwendung: Vor allem für Vitrinen und geschlossene Blumenfenster.

Wenn *Nertera granadensis* den Sommer im Freien verbringt, sollte man den Topf erhöht aufstellen, sonst finden Schnecken auch von weither den Weg zu diesem Leckerbissen.

Die Wildarten des Tabaks sind Nachtblüher und werden in ihrer Heimat von nachtaktiven Insekten bestäubt, während Ziertabak seine Blüten tagsüber öffnet.

Wer bei Zimmerkultur lange Freude an seiner Nestrosette haben möchte, sollte den Topf in feuchtes Tongranulat einfüttern oder sich einen elektrischen Luftbefeuchter beschaffen.

TIP

Ziertabak ist relativ kälteempfindlich und sollte nicht zu früh ins Freie gesetzt werden.

Notocacteen blühen teilweise bereits als Jungpflanzen reich und willig und sind wegen ihrer geringen Pflegeansprüche auch für den Anfänger geeignet.

Odontioda-Hybriden verlangen zwar keine strenge Ruhezeit, sollten nach dem Flor aber doch etwas verschnaufen können, indem man Wasser und Nährstoffgaben einschränkt.

Notocactus magnificus

NOTOCACTUS
Buckelkaktus

Familie: Kakteen, *Cactaceae.*
Heimat: Chile, Uruguay, Südbrasilien.
Blütezeit: Spätsommer.

Kugelige bis säulenförmige Kakteen, die neuerdings zu *Parodia* gestellt werden. *N. haselbergii* sieht aus wie eine silberne Kugel, denn seine zahlreichen Rippen sind dicht mit weichen, weißen Dornen besetzt. Bringt kleine, etwa 1 cm große, rote Blüten hervor. *N. herteri* wächst ebenfalls kugelig, trägt jedoch rötlichbraune Dornen auf den Rippen. Blüht sattviolett. *N. leninghausii* wächst säulenförmig und kann bis 1 m hoch werden. Die dichtstehenden Rippen sind mit weichen, gelben Dornen besetzt, die Blüten sind leuchtendgelb. *N. magnificus* bildet sehr große, gelbe Blüten, *N. mammulosus* trägt hellbraune Dornen, die Blüten sind gelb mit violetter Narbe. *N. ottonis* ist die kleinste Art.
Standort: Sonnig und warm, im Winter bei etwa 10° C.
Pflege: Während der Wachstumszeit reichlich gießen, und sobald die Blütenknospen erscheinen alle 14 Tage düngen, vor Staunässe schützen. Im Winter kühl und trocken halten.
Vermehrung: Durch Aussaat.
Schädlinge, Krankheiten: Wolläuse, Wurzelläuse; bei zu nasser, kühler Haltung Fäulnis.
Verwendung: Sehr schöne Zimmerkakteen, auch ohne Blüte.

x *Odontioda Brutus*

ODONTIODA
Odontioda

Familie: Orchideen, *Orchidaceae.*
Herkunft: Eltern aus Südamerika.
Blütezeit: Keine feste.

Diese Orchidee ist eine Kreuzung von *Cochlioda* und *Odontoglossum*. Besonders beliebt sind die rotblütigen *Odontioda*-Hybriden, es gibt aber auch Hybriden mit tieforangegelben Blüten, die durch Rückzüchtung entstanden. Eine wunderschöne Kreuzung ist auch *Odontioda* Dalmar 'Lyoth Bachus', deren 10 cm große, tiefrote Blüten einen blaßlila Rand tragen. Die Lippe ist blaßlila-dunkelrot gezeichnet.
Standort: Hell, kühl, luftig und luftfeucht. Im Winter nicht unter 12° C.
Pflege: Im Sommer häufig mit kalkfreiem Wasser gießen und sprühen. Bei jedem dritten Gießen Orchideendünger zugeben. Nach der Blüte weniger gießen.
Vermehrung: Durch Teilung.
Schädlinge: Blattläuse, Schildläuse.
Verwendung: Pflegeleichte Orchidee für Zimmer und Blumenfenster.

TIP

Wenn Sie einen Garten haben, hängen Sie das Körbchen mit Odontioden den Sommer über in einen lichten Baum und holen es erst im Oktober wieder herein. Bei trockenem Wetter das Gießen nicht vergessen. In regenreichen Sommern besser kein Freilandaufenthalt.

x *Odontocidium* Tigersun 'Nutmeg'

Odontoglossum 'Paradise'

x ODONTOCIDIUM
Odontocidium

Familie: Orchideen, *Orchidaceae*.
Heimat: Eltern aus Südamerika.
Blütezeit: Keine feste.

Bei der Hybride handelt es sich um eine Kreuzung aus *Oncidium* und *Odontoglossum*. x *Odontocidium* Jacobert hat tiefrote, 6–8 Wochen haltende Blüten mit gewellter Lippe, deren Mitte ein großer, roter Fleck ziert. Die 9 cm großen, festen, gelben Blüten von x *Odontocidium* Tigersun 'Nutmeg' haben weiße und braune Flecken.
Standort: Halbschattig. Im Sommer tagsüber bei 18–25° C, nachts um 18° C. Wintertemperatur 13–16° C.
Pflege: Im Sommer für Frischluft und hohe Luftfeuchtigkeit sorgen. Eventuell in einen Baum hängen. Mit kalkarmem Wasser gießen und auf gute Drainage achten. Bei jedem dritten Gießen Orchideendünger geben. Das Substrat zwischendurch immer gut abtrocknen lassen. Nach dem Blühen umtopfen.
Vermehrung: Durch Teilstücke mit mindestens zwei Pseudobulben.
Schädlinge: Blattläuse, Spinnmilben.
Verwendung: Pflegeleichte Orchidee für Zimmer und Kalthaus.

ODONTOGLOSSUM
Odontoglossum

Familie: Orchideen, *Orchidaceae*.
Heimat: Mittelamerika.
Blütezeit: Je nach Art unterschiedlich.

Diese epiphytisch wachsenden Orchideen werden wegen ihrer großen und schönen Blüten gerne für Züchtungen herangezogen. Die Pseudobulben sind eiförmig und entwickeln bis zu drei Blätter, die traubenförmigen Blütenstände, die an der Basis gebildet werden, zeigen meist aufwärts. *O. cariniferum* blüht von März bis April mit bis zu 1 m langen Blütenständen und rotbraunen bis olivgrünen Blüten, die eine nierenförmige Lippe haben. *O. crispum* besitzt einen sehr viel kürzeren Blütenstand mit großen, gewellten Blüten in Weiß bis Rosa, wobei die Farbtöne stark variieren. Die zungenförmige Lippe weist einen gelben Mittelfleck auf. Blütezeit von Februar bis April. *O. pulchellum* blüht ebenfalls während dieser Zeit und zeigt weiße Blütenrispen mit gelbrot punktierten Lippen.
Standort: Ost- oder Westfenster. Im Sommer so kühl und luftig wie möglich. Im Winter mindestens 12° C.
Pflege: Während des Wachstums gleichmäßig mit enthärtetem Wasser feucht halten, Substrat zwischendurch immer wieder gut abtrocknen lassen. Einmal monatlich Orchideendünger geben. Nach der Blütezeit nur soviel gießen, daß die Pseudobulben nicht schrumpfen und die Erde nicht austrocknet.
Vermehrung: Durch Teilstücke mit mindestens drei Pseudobulben.
Schädlinge, Krankheiten: Blattläuse, Schildläuse; Faulstellen bei Staunässe.
Verwendung: Für Wintergärten und temperierte Gewächshäuser. Einige Arten auch im nicht zu warmen Wohnzimmer.

Odontoglossum grande

Die getigerten Blüten dieser x *Odontocidium*-Hybride sind von erlesener Schönheit und Exotik. Hinzu kommt, daß diese Orchidee leicht zu pflegen ist, Gründe genug, sie besitzen zu wollen.

Die Odontoglossum-Züchtung 'Paradise' bezaubert durch die Dreifarbigkeit ihrer Blüten.

Die Tigerorchidee, *Odontoglossum grande*, besitzt die spektakulärsten Blüten der Gattung. Sie werden 5–8 cm groß, bis 18 cm breit und zeichnen sich durch lange Haltbarkeit aus.

TIP

Odontoglossum grande, die Tigerorchidee, gehört heute zu *Rossioglossum*, wird aber so gehalten und gepflegt wie die anderen *Odontoglossum*-Arten.

Beim Ölbaum denkt man unwillkürlich an die Olivenhaine der Mittelmeerländer, an strahlendblauen Himmel und Urlaubsromantik; wer weiß schon, daß auch so »profane« Gartenpflanzen wie Forsythie, Liguster oder Flieder in die Familie der Ölbaumgewächse gehören?

Wer sich nicht auskennt, sollte die abgeblühten Stiele der Oncidien besser nicht wegschneiden, einige Arten blühen nämlich immer wieder am selben Stiel.

TIP

Die Schmetterlingsorchidee, *Oncidium papilio* ist eine wärmeliebende Art, die keine Ruhezeit durchmacht und es auch im Winter warm haben will.

Olea europaea

OLEA EUROPEA
Ölbaum, Olivenbaum

Familie: Ölbaumgewächse, *Oleaceae.*
Heimat: Mittelmeergebiet, Nord- und Südafrika, Asien.
Blütezeit: Juli bis August.

Weidenähnlich beblätterter, immergrüner, bis zu 2 m hoher, reichverzweigter Strauch. Blätter oberseits blaugrün, unterseits silbrigweiß, derb. Blüten klein, cremeweiß und relativ unscheinbar in achselständigen Trauben. Setzt bei uns nur selten Früchte an. Olivenbäumchen sind als größere Pflanzen nicht ganz billig, da sie langsam wachsen. Dafür können sie ein biblisches Alter von einigen hundert Jahren erreichen.
Standort: Sonnig und warm, im Sommer im Freien. Bei 2–10° C hell überwintern, kurzfristig auch im dunklen Keller.
Pflege: In der Wachstumszeit alle 14 Tage kalkarm gießen und regelmäßig düngen. Im Frühjahr bei Bedarf umtopfen. Da die Olive etwas Frost verträgt, kann man sie spät ein- und früh wieder ausräumen. An frostfreien Tagen das Winterquartier lüften. Rück- oder Formschnitt sind jederzeit möglich.
Vermehrung: Durch halbreife Stecklinge oder Aussaat angeritzter Kerne.
Schädlinge, Krankheiten: Selten.
Verwendung: Immergrüne Kübelpflanze, auch im Wintergarten.

ONCIDIUM
Oncidie, Schwielenorche

Familie: Orchideen, *Orchidaceae.*
Heimat: Mittel- und Südamerika.
Blütezeit: Je nach Art verschieden.

Die etwa 530 Arten der Gattung stammen von tropischen Flußniederungen bis hin zu höheren Bergregionen und wachsen überwiegend epiphytisch. Sie besitzen unterschiedlich ausgebildete und beblätterte Pseudobulben, teilweise auch große, einzelstehende, fleischige Blätter. Ebenfalls sehr variabel ist die Form und Anordnung der Blüten, die sich oft an sehr langen Blütenrispen befinden. Ihren deutschen Namen verdankt diese Orchideengattung den schwielenartigen, warzigen Auswüchsen an der Lippenbasis. Beim Kauf sollte man unbedingt auf den jeweiligen Temperaturbereich achten.
Für das temperierte Gewächshaus oder Zimmer sind z. B. geeignet: *O. bicallosum,* die Zweischwielige Schwielenorche mit kleinen, dop-

Oncidium kramerianum

Oncidium 'Rotkäppchen'

Die *Oncidium*-Hybride 'Rotkäppchen' zeichnet sich durch üppig besetzte, elegant überhängende Blütenrispen aus.

pelten Auswüchsen auf der Lippe, die im Winter blüht.
O. forbesii mit langen Blütenständen und großen Schmetterlingsblüten blüht im Vorwinter.
O. ornithorhynchum mit ihren nach Vanille duftenden vogelschnabelähnlichen Blüten ist eine anspruchslose Art, die im Herbst blüht.
Die Hybriden für den temperierten Bereich sind u. a. 'Goldrausch', 'Rotkäppchen' und 'Thilo'.
Standort: Hell bis halbschattig und luftfeucht. Im Sommer auch im Freien. Im Winter nach der Blüte kühl bei 12° C.
Pflege: Im Sommer reichlich mit entkalktem Wasser gießen. Substrat zwischendurch immer gut abtrocknen lassen. Alle 14 Tage etwas Orchideendünger zusetzen. Für hohe Luftfeuchtigkeit sorgen. Nach der Blüte nur leicht feucht halten, so daß die Bulben nicht schrumpfen.
Vermehrung: Durch Teilung in Gruppen mit mindestens drei Pseudobulben.
Schädlinge: Blattläuse.
Verwendung: Einige Arten sind durchaus einen Versuch im Zimmer wert, sonst Gewächshaus oder Blumenfenster.

Ophiopogon jaburan 'Variegatus'

Während *Ophiopogon jaburan* nur bedingt winterhart ist, kann *Ophiopogon japonicus* im Weinbauklima mit etwas Winterschutz sogar draußen bleiben; bei mir wächst er als Unterpflanzung zu Füßen hoher Bambusarten.

OPHIOPOGON
Schlangenbart

Familie: Liliengewächse, *Liliaceae.*
Heimat: Japan, China, Riukiu-Inseln.
Blütezeit: Juli bis August.

Der Schlangenbart ist eine immergrüne, grasartige Staude mit langen, dunkelgrünen, grünweiß- oder grüngelbgefärbten Blättern und Rispen, weißen oder violetten Blüten. *O. jaburan* trägt 40–80 cm lange, schmale Blätter. Die im Sommer erscheinenden weißen bis violetten Blütchen sitzen in Hochblättern an einer langen Rispe. Es gibt Sorten mit gelb- oder weißgestreiften, auch gefleckten Blättern, die unter der Bezeichnung 'Variegatus' zusammengefaßt sind.
Bei *O. japonicus* handelt es sich um eine Art mit dunkelgrünem Laub und kürzeren Blättern, die z. B. bei der Sorte 'Minor' nur 5 cm lang sind.
Standort: *O. japonicus* schattig oder halbschattig, *O. jaburan* hell. Im Winter mindestens 10° C, *O. japonicus* auch bis 0° C.
Pflege: Mäßig feucht halten und alle 14 Tage düngen.
Vermehrung: Durch Teilung oder Aussaat.
Schädlinge: Spinnmilben, Thripse.
Verwendung: Schöne Blattpflanze für das Zimmer; *O. japonicus* als Unterpflanzung in Gewächshäusern, Wintergärten und Terrarien.

Opuntia robusta gilt mit ihren knallgelben Blüten und den tiefroten Früchten als eine der schönsten Opuntien. Übrigens: Einige Opuntien wie z. B. *O. fragilis*, *O. polyacantha* und *O. vulgaris* sind bei uns winterhart, müssen allerdings vor Vernässung geschützt werden.

Osmanthus x *burkwoodii* ist die bekannteste Art für die Kübelkultur, mit *O. delavayi* kann man in wintermilden Regionen den Versuch einer freien Auspflanzung machen, aber auch *O. fragrans* hält ausgepflanzt bis zu – 10° C aus.

Opuntia robusta

Osmanthus x burkwoodii

OPUNTIA
Feigenkaktus, Opuntie

Familie: Kakteen, *Cactaceae*.
Heimat: Nord- und Südamerika.
Blütezeit: Sommer.

Opuntien sind Kakteen mit gegliederter Hauptachse. Sie wurden früher je nach Wuchsform in verschiedene Gattungen eingeteilt, werden heute aber alle zu *Opuntia* gerechnet. Wichtig für das Zimmer sind Cylindropuntia mit zylindrischen, Platyopuntia mit scheibenartigen und Tephrocactus mit kugeligen Gliedern. Opuntien haben in der Regel stechende Dornen und kleine, in Bündeln stehende Borsten mit Widerhaken (Glochiden), die sich schmerzhaft in der Haut festsetzen. Viele Opuntien blühen sehr reich, einige bringen sogar eßbare Früchte hervor. Beliebt sind *O. microdasys* mit gelblichen, deren Sorte 'Albaspina' mit schneeweißen und *O. rufida* mit rotbraunen Glochiden. Besonders interessant sind die Cristataformen, die merkwürdig verbänderte Formen bilden.
Schöne Cylindropuntien sind: *O. bigelovii* (karmingelb, Höhe 1 m, Dornen gelblich weiß), *O. imbricata* (purpur, Höhe 3 m, Dornen braun), *O. subulata* (rötlich bis rot, Höhe 4 m, Dornen hellgelblich), *O. tunicata* (gelb, niedrig, Dornen rötlich, 5 cm lang).
Bekannte Platyopuntien sind: *O. azurea* (gelb mit roter Mitte, Triebe blaugrün), *O. elata* (orangefarben, 25 cm lang, grün), *O. compressa* (schwefelgelb, kriechend), *O. robusta* (gelb, Triebe groß, kreisrund).
Tephrocactus-Formen: *T. alexandri* (rosaweiß, Dornen weiß, dunkle Spitze), *O. dactylifera* (orangegelb, rote bis gelbbraune Dornen), *O. floccosa* (gelb oder orangefarben, Triebe in weiße Wolle gehüllt).
Standort: Vollsonnig, warm, im Sommer auch im Freien. Im Winter bei 2–5° C, kleinere Arten auch wärmer.
Pflege: Opuntien brauchen im Sommer viel Wasser, besonders die Cylindropuntien, die auch nicht ganz ballentrocken überwintert werden dürfen. Im Winter die anderen Arten fast trocken halten. Wöchentlich mit Kakteendünger versorgen und im Frühjahr in gut drainierte Töpfe setzen.
Vermehrung: Durch abgetrennte Glieder, die vor dem Einpflanzen gut abtrocknen müssen.
Schädlinge: Wolläuse, Schildläuse, Spinnmilben.
Verwendung: Für sonnige, warme Zimmer, größere Arten als Kübelpflanze.

OSMANTHUS
Duftblüte

Familie: Ölbaumgewächse, *Oleaceae*.
Heimat: China, Japan.
Blütezeit: Frühjahr, Sommer.

Immergrüne, an Stechpalmen erinnernde Sträucher mit lederigen, ganz verschieden geformten Blättern und meist kleinen, weißen, in Büscheln stehenden, stark duftenden Blüten.
Bekannteste Art ist der im Juli blühende *O.* x *burkwoodii*. *O. delavayi* wächst breitbuschig und blüht ab März/April. *O. fragrans* besitzt 10 cm große, ovale Blätter und weiße, bei der Sorte 'Rubra' orangefarbene Blüten mit aprikosenartigem Duft.
Standort: Sonnig bis halbschattig, im Sommer halbschattig im Freien. Kühl überwintern.
Pflege: Nur im Jugendstadium etwas mehr, später mäßig gießen. Monatlich düngen.
Vermehrung: Durch Aussaat oder Stecklinge.
Schädlinge, Krankheiten: Selten.
Verwendung: Kübelpflanze für ungeheizte oder temperierte Wintergärten, auch am Spalier.

Oxalis deppei

OXALIS
Sauerklee

Familie: Sauerkleegewächse, *Oxalidaceae.*
Heimat: Südafrika, Süd- und Mittelamerika.
Blütezeit: Je nach Art und Treiberei verschieden.

Bis 25 cm hohe Stauden mit langgestielten, vierzähligen Blättern und rosafarbenen, kleinen Blüten, die zu 5–12 in Scheindolden stehen. Die Blätter und Blüten wachsen aus zwiebelartigen Knollen. *O. deppei,* der »Glücksklee«, blüht von Juli bis Dezember. Man kauft sich im September letztjährige Zwiebelchen, die man zu mehreren in ein Töpfchen legt und bei etwa 8° C hält. *O. bowiei* wird im Frühjahr angetrieben und ist eine dreiblättrige Art mit hellgrünem Laub und dunkelrosa Blüten, die im Sommer erscheinen.
Standort: *O. deppei* vollsonnig und kühl, ab Mai in den Garten pflanzen. *O. bowiei* sonnig bis halbschattig. Knollen im Herbst frostfrei überwintern (wie Dahlien oder Gladiolen).
Pflege: Relativ trocken halten, jedoch nicht austrocknen lassen. *O. bowiei* ab und zu düngen. Im Spätsommer langsam einziehen lassen.
Vermehrung: Durch Brutzwiebeln.
Schädlinge, Krankheiten: Keine.
Verwendung: *O. deppei* für kühle Wintergärten, *O. bowiei* für Kästen, Schalen, Ampeln.

Pachira aquatica

PACHIRA AQUATICA
Pachira

Familie: Wollbaumgewächse, *Bombacaceae.*
Heimat: Mexiko, Ekuador, Brasilien.
Blütezeit: Blüht in Kultur selten.

Dieses dekorative Zimmerbäumchen ist ein enger Verwandter des bizarren Affenbrotbaumes *(Adansonia digitata)* und hat wie dieser einen wasserspeichernden Stamm, daher auch der alte und wieder neue Name *P. aquatica* (eine zeitlang *P. macrocarpa*). Die Blätter sind lederig und handförmig geteilt. Leider erscheinen bei uns die riesigen, 35 cm großen, an Reiherfedern erinnernden Blüten nicht.
Standort: Ganzjährig sonnig bis halbschattig und luftfeucht. Im Sommer bei Zimmertemperatur, im Winter etwas kühler.
Pflege: Ganzjährig nur mäßig feucht halten. Während der Vegetationszeit wöchentlich schwach düngen. Für indirekte Luftfeuchte sorgen.
Vermehrung: Durch Kopfstecklinge bei etwa 25° C oder Aussaat.
Krankheiten: Blattfall bei Lufttrokkenheit.
Verwendung: Aparte Blattpflanze für das Zimmer.

Der Glücksklee, *Oxalis deppei*, ist eigentlich keine ideale Zimmerpflanze, weil es ihm in geschlossenen Räumen meist zu warm wird. Hübsche Sorten von *O. deppei* sind 'Braunherz' und 'Iron Cross'.

In dieselbe Familie wie *Pachira* gehört auch der malaiische Durianbaum, *Durio zibethinus,* der von allen delikat schmeckenden Früchten die gleichzeitig am übelsten stinkenden tragen soll.

Pachyphytum oviferum ist wegen ihrer schön-bereiften, dicken Blätter ein Muß für jede Sukkulentensammlung.

Die Madagaskarpalme war lange Zeit eine Art Modepflanze und wurde staunenden Besuchern als »seltener Kaktus mit Bättern« vorgeführt.

TIP

Pachyphytum nie mit stickstoffreichem Blumendünger versorgen – sonst platzen die Blätter!

Pachyphytum oviferum

PACHYPHYTUM

Dickblatt, Mondstein

Familie: Dickblattgewächse, *Crassulaceae.*
Heimat: Mexiko.
Blütezeit: Frühjahr.

Sukkulentes, kurzstämmiges Dickblattgewächs mit dicken, eirunden bis länglichen Blättern, die mit einem weißlichen Reif überzogen sind. Die großen, rötlichen oder weißen Blüten sitzen zu mehreren an 5–15 cm langen Stielen. Bekannteste und wohl auch schönste Art ist *P. oviferum* (Eiertragendes Dickblatt), deren weiß-grau bereifte Blätter gelegentlich auch rötlich überhaucht sind. Die Blütenfarbe ist grünlich-weiß. *P. bracteosum* ist nicht ganz so attraktiv und hat rote Blüten. Bei x *Pachyveria* handelt es sich um eine Kreuzung aus *Pachyphytum* und *Echeveria.* Die sukkulenten Blätter sind schmaler, spitz und deutlicher rosettenartig angeordnet. Im Frühjahr erscheinen ein- oder zweifarbige, weiße, gelbe oder rötliche bis orangefarbene Blüten.

Verschiedene Pachypodium-Arten

Standort: Hell bis vollsonnig und warm, im Sommer auch im Freien. Im Winter bei Zimmertemperatur, besser allerdings bei 8–10° C.
Pflege: Auch im Sommer nur wenig und niemals über die Pflanze giessen. Monatlich Kakteendünger geben. Im Winter bei kühlem Stand fast trocken halten. Unbedingt Staunässe verhindern. Verschrumpelte Blätter regelmäßig entfernen.
Vermehrung: Durch Blattstecklinge oder Aussaat.
Krankheiten: Fäulnis durch Staunässe im Winter.
Verwendung: Problemlose Pflanze für heiße Südfenster. Sehr hübsch zu mehreren in flachen, großen Schalen mit einigen hübschen Steinen dazwischen.

PACHYPODIUM

Madagaskarpalme

Familie: Hundsgiftgewächse, *Apocynaceae.*
Heimat: Madagaskar.
Blütezeit: Frühjahr.

Die Madagaskarpalme ähnelt einem Säulenkaktus mit Blattschopf. Ab einer Höhe von etwa 1,2 m bringt die sukkulente Pflanze zahlreiche weiße Sternblüten hervor. *P. geayi* hat schmale, silbergraue, *P. lamieri* breitere, frischgrüne Blätter. Ihre natürliche Ruhezeit fällt in den Sommer, wo sie ihre Blattschöpfe abwerfen. In Kultur kann man auf diese Pause allerdings verzichten, so daß die Blätter erhalten bleiben.

Die Madagaskarpalme enthält einen hochgiftigen Milchsaft.
Seit 1948 findet man in botanischen Sammlungen auch *Pachypodium brevicaule*, eine bizarre, madegassische Sukkulente mit rosettig gestielten Blättern, Nebenblattdornen und gelben Blüten. Die Pflanze bildet niedrige Stämme, die sich regelrecht verklumpen und bis 60 cm Durchmesser erreichen können.
Standort: Ganzjährig sonnig und hell, bodenwarm. Ideal: eine Fensterbank über der Heizung.
Pflege: Zur Wachstumszeit reichlich gießen, aber Staunässe vermeiden. Im Winter weniger gießen. Von Mai bis August monatlich mit Kakteendünger versorgen.
Vermehrung: Durch Aussaat.
Krankheiten: Wurzelfäule, schwarze, schmierige Blätter durch »nasse Füße« im Winter. Bei Blattfall von unten einige Wochen das Gießen einstellen und erst bei Neuaustrieb wieder gießen.
Verwendung: Problemlose Zimmerpflanze. Für Hydrokultur geeignet.

Bild rechts:
Pachypodium namaquanum

Pachypodium brevicaule

Pachypodium brevicaule, was übersetzt kurzstengeliges *Pachypodium* heißt, ist auf Madagaskar beheimatet. Die klumpig wachsende Pflanze ähnelt einem Stein und zeigt 2–5 cm lange, gelbe Blüten.

Fast 2 m hoch wird *Pachypodium namaquanum* an ihrem Heimatstandort in Namibia. Eine beeindruckende Pflanzengestalt, die zahlreiche rotbraun getigerte Blüten entwickelt und ihre Stämme stets der Sonne entgegen richtet. Die merkwürdige Sukkulente wird von den Hottentotten als »Spukmensch« oder »Klumpfuß« bezeichnet.

TIP

Vorsicht beim Umgang mit der Pflanze. An den Blattdornen kann man sich leicht verletzen.

Mit ihren wie Kerzen aufrechtstehenden Blütenähren erinnert *Pachystachys lutea* stark an das verwandte Glanzkölbchen *Aphelandra.*

Eines sollte man bedenken, wenn man sich einen Schraubenbaum anschafft: Sofern sich die Pflanze wohlfühlt – und dazu gehört nicht allzuviel – wird sie so groß, daß sie in normale Wohnräume kaum mehr hineinpaßt.

TIP

Ziehen Sie sich von der Goldähre immer junge Pflanzen nach, da ältere Pflanzen leicht sparrig werden.

Pachystachys lutea

PACHYSTACHYS LUTEA

Gelbe Beloperone, Goldähre

Familie: Akanthusgewächse, *Acanthaceae.*
Heimat: Peru.
Blütezeit: März bis Oktober.

Bis 40 cm hohe Blütenpflanze mit dunkelgrünen, ovalen, leicht runzeligen Blättern und großen Scheinähren aus weißen Blüten und auffällig gelben Hochblättern. Um einen kompakteren Wuchs zu erzielen, wird die Pflanze beim Gärtner oft mit Wuchshemmstoffen behandelt.
Standort: Ganzjährig hell, warm, nie unter 18–20° C, vor allem im Bodenbereich, und luftfeucht.
Pflege: Stets mäßig feucht halten, auch im Winter. Öfter sprühen. Von Frühjahr bis Herbst alle 14 Tage düngen, im Winter nur ganz selten.
Vermehrung: Durch Kopfstecklinge bei etwa 25° C. Jungpflanzen öfter stutzen, nur buschige Exemplare blühen gut.
Schädlinge, Krankheiten: Blattläuse, Weiße Fliege, Spinnmilben; Schäden durch Bodentemperaturen unter 18° C.
Verwendung: Zimmerpflanze für helle, warme Räume.

Pandanus veitchii

PANDANUS

Schraubenbaum

Familie: Schraubenbaumgewächse, *Pandanaceae.*
Heimat: Malayischer Archipel, Madagaskar, Afrika.
Blütezeit: Blüht in Kultur selten.

In seiner Heimat wächst der Schraubenbaum als hoher immergrüner Baum oder Strauch. Ihren Namen hat diese Pflanze von der schraubenförmigen Anordnung der Blätter am Stamm, was man bei etwas älteren Exemplaren sehr deutlich sieht. Typisch sind auch die Stelzwurzeln, die dem Stamm mit den meterlangen Blättern zusätzlich Halt geben. *P. sanderi* hat gezähnte Blätter mit weißen oder gelblichen Längsstreifen. Bei *P. utilis* sind die graugrünen Blätter mit rötlichen Stacheln gesäumt. *P. veitchii* ist die bekannteste Art mit cremeweißen Längsstreifen auf dem Laub.
Standort: Ganzjährig hell und sonnig, nie unter 18° C. Im Sommer an einem geschützten Platz auch im Freien.
Pflege: Stets mäßig feucht halten. Von März bis August wöchentlich düngen, im Winter nur monatlich. Bei Bedarf in Gartenerde mit einem Drittel Sand umtopfen.
Vermehrung: Durch Kindel mit Würzelchen. *P. utilis* nur durch frischen Samen.
Krankheiten: Nässe und Unterkühlung können tödlich sein.
Verwendung: Blattpflanze für warme Zimmer und warme Wintergärten.

Pandorea jasminoides

Paphiopedilum-Hybride

Pandorea jasminoides, sicher eine der schönsten Kletterpflanzen für den Kübel, ist bis jetzt leider nur in speziellen Kübelpflanzengärtnereien erhältlich.

Arten wie *Paphiopedilum concolor* bieten zwar eine reiche Vielfalt, dafür sind die Hybriden pflegeleichter. Wer einen Garten hat, kann seine Frauenschuhe den Sommer über in den lichten Schatten der Bäume hängen, bis im Oktober die kalten Nächte beginnen.

PANDOREA JASMINOIDES
Pandorea

Familie: Bignoniengewächse, *Bignoniaceae.*
Heimat: Australien.
Blütezeit: Juli bis Oktober, im Wintergarten auch früher.

Langsam wachsender, immergrüner Strauch mit glänzendgrünen, gefiederten Blättern und bis zu 5 cm großen, trichterförmigen Blüten. Besonders attraktiv sind die reinweiße Sorte 'Alba' und die rosafarbene 'Rosea'.
Standort: Ganzjährig hell bis sonnig, im Winter um 15° C.
Pflege: Reichlich Wasser, Dünger und Sonne sind zur Wachstumszeit gute Voraussetzungen für eine schöne Blüte. Die Pflanzen sind zwar selbstschlingend, sollten aber dennoch ein Spalier bekommen, an dem sie hochgeleitet werden. Hell und kühl überwintern.
Vermehrung: Durch Stecklinge im Frühjahr/Sommer.
Schädlinge, Krankheiten: Blattläuse; Jungpflanzen sind vor zuviel Nässe zu schützen.
Verwendung: Ideale Kletterpflanze für warme und temperierte Wintergärten, am besten ausgepflanzt.

PAPHIOPEDILUM
Frauenschuh, Venusschuh

Familie: Orchideen, *Orchidaceae.*
Heimat: Indien, Philippinen, Thailand.
Blütezeit: Je nach Art oder Hybride unterschiedlich.

Der Frauenschuh ist nach der Malaienblume *(Phalaenopsis)* die beliebteste Orchidee. Die Blütenlippe ähnelt tatsächlich einem Schuh. Die meisten Arten wachsen terrestrisch und ohne Speicherorgane (Pseudobulben). Die Blütezeit fällt hauptsächlich in die Winter- und Frühjahrsmonate, wobei Einzelblüten mehrere Wochen oder gar Monate halten können. Jedes der 2–4 Blattpaare bringt nur einen Blütenstand mit einer oder mehreren Blüten hervor. Danach entwickeln sich dicht nebeneinanderstehend neue Pflanzen, die wiederum blühen. Die Blüten sind weiß, gelb, grün, braun oder rötlich gefärbt und oft gestreift, gefleckt oder getigert. Schöne Arten sind: *P. barbatum, P. bellatulum, P. concolor, P. glaucophyllum, P. malipoense, P. spicerianum.*
Zu den bekannten *Paphiopedilum*-Hybriden gehören u. a. 'Aladin', 'China Girl', 'Goliath', 'King Arthur' und 'Maudiae'.
Standort: Im Sommer halbschattig, auch im Freien. Im Winter hell und nicht unter 18° C.
Pflege: Mit kalkfreiem, zimmerwarmem Wasser gleichmäßig feucht halten. Substrat immer wieder abtrocknen lassen. Blätter öfter einsprühen und für hohe Luftfeuchtigkeit sorgen. Von Frühjahr bis Sommer alle 14 Tage Orchideendünger geben. Alle 2–3 Jahre umtopfen.
Vermehrung: Durch Teilen.
Schädlinge, Krankheiten: Blattläuse, Schildläuse, Spinnmilben; »Kalte Füße« unbedingt vermeiden.
Verwendung: Pflegeleichte Orchidee.

Paphiopedilum concolor

TIP

An den Blättern des Frauenschuhs kann man die Pflegewünsche erkennen: Sind sie einfarbig grün, liebt die Pflanze kühle Feuchte. Sind sie dagegen marmoriert, mag es die Pflanze lieber feucht und warm.

Weil die Mehrzahl der Parodien, *hier P. microsperma,* langsam wächst und daher wenig Platz benötigt, zudem willig blüht und keine allzu großen Ansprüche stellt, sollten diese Kakteen in keiner Sammlung fehlen.

Passiflora caerulea wird überall, häufig als am Boden gezogene Pflanze, angeboten.

TIP

Ich habe meine *Passiflora caerulea* im Weinbauklima in einem Terrassenbeet ausgepflanzt, wo sie jedes Jahr überreich blüht. Man kann die Triebe gut mit etwas Tannenreisig, das man am Spalier festbindet, vor Frost schützen. Selbst wenn die Pflanze bis an den Boden zurückfriert, treibt sie meist willig wieder aus und berankt noch im selben Jahr 2–3 Quadratmeter Spalier.

Parodia microsperma

PARODIA
Parodie

Familie: Kakteen, *Cactaceae.*
Heimat: Südamerika.
Blütezeit: Je nach Art April bis September.

Jung kugel-, später säulenförmige Kakteen mit spiralig angeordneten Rippen, z. T. mit Dornen, die mit Widerhaken versehen sind. In der Scheitelgegend erscheinen Blüten in Rot- und Gelbtönen. Die meisten Arten werden kaum höher als 20–25 cm und erreichen einen Durchmesser bis 15 cm.
Standort: Sonnig und luftig, derb bedornte Arten am besten unter Glas, feindornige am Fenster. Im Winter bei 4–8° C.
Pflege: Während des Wachstums feucht halten, aber vor jedem Gießen Erde austrocknen lassen. Ab Ende Oktober bis Frühjahr trocken halten. Alle drei Wochen Kakteendünger geben.
Vermehrung: Durch Aussaat, jedoch langwierig und schwierig.
Krankheiten: Überdüngung, zu viel Wasser, falsche Überwinterung und gestaute Luft meiden.
Verwendung: Pflegeleichte Kakteen.

Passiflora caerulea

PASSIFLORA
Passionsblume

Familie: Passionsblumengewächse, *Passifloraceae.*
Heimat: Tropisches und subtropisches Amerika, Asien, Ausstralien.
Blütezeit: Frühjahr bis Herbst.
Immergrüne Rankpflanze mit großen, drei- bis siebenlappigen, dunkelgrünen Blättern und spiraligen Ranken. Die Passionsblume hat ihren Namen von der eigenartigen, die Leiden Christi symbolisierenden Blüte: Der Strahlenkranz zeigt die Dornenkrone, die fünf Staubgefäße stehen für die Wunden und die drei Narben für die Nägel.
Am verbreitetsten ist *P. caerulea,* die Blaue Passionsblume, mit den aus ihr hervorgegangenen Kreuzungen 'Kaiserin Eugenie' mit rötlich-violetten Blüten und 'Constanze Eliott' mit cremeweißen Blüten. Ähnlich, wenn auch etwas bescheidener, blühen *P. incarnata* und *P. edulis,* die wie der Name sagt, eßbare Passionsfrüchte hervorbringt. *P. quadrangularis,* die Riesengrenadilla, ist ein gewaltiger Kletterstrauch mit 10 bis 12 cm großen, rötlichen Blüten und einem purpurfarbenen Strahlenkranz. *P. racemosa* und *P. manicata* besitzen scharlachrote Blüten, die erste wächst schwach und ist wärmeliebend, die zweite ist starkwüchsig und mag es eher luftig und kühl.
Standort: Sehr hell, im Sommer auch im Freien. Im Winter hell und luftig bei 6–8° C.
Pflege: Ab Austriebbeginn so hell wie möglich und warm aufstellen. Eine gute Wasser- und Nährstoffver-

sorgung sind Voraussetzungen für eine reiche Blüte. Ein Rückschnitt auch während der Vegetationszeit fördert den Neuaustrieb und die Blütenbildung. Für ein gutes Rankgerüst sorgen. Vor dem Überwintern lange Triebe bis auf 50 cm über dem Boden abschneiden. Junge Pflanzen jährlich umtopfen, ältere nur bei Bedarf.

Vermehrung: Durch Kopfstecklinge bei 25° C Bodenwärme oder durch Wurzelausläufer von älteren Pflanzen. Aus Samen gezogene Exemplare blühen oft spät und schlecht.

Schädlinge, Krankheiten: Spinnmilben, Thripse; Wurzel- und Stengelfäule bei nassen und kalten Böden, vor allem bei den wärmeliebenden Arten wie *P. quadrangularis* und *P. racemosa; P. caerulea* ist dagegen nicht so empfindlich.

Verwendung: Herrliche Kletterpflanze für Wintergärten, Terrasse, Balkon oder Fensterbrett. *P. quadrangularis* nur für das Warmhaus.

Passiflora manicata

Passiflora incarnata

Passiflora quadrangularis

Pavonia multiflora

PAVONIA MULTIFLORA
Pavonie

Familie: Malvengewächse, *Malvaceae.*
Heimat: Brasilien.
Blütezeit: September bis Mai.

Die Vielblütige Pavonie, jetzt *Triplochlamys multiflora,* ist ein winterblühender Strauch mit großen, immergrünen Blättern. Die Blüten werden von großen roten, aufrechten Hochblättern umgeben, die um den purpurnen Kelch stehen. Sie erscheinen in den oberen Blattachseln, deswegen Jungpflanzen früh entspitzen!

Standort: Ganzjährig sehr hell, aber sonnengeschützt, luftfeucht, im Winter hell und kühl, aber nicht unter 12° C.

Pflege: Den Sommer über mit kalkarmem Wasser mäßig feucht halten. Im Winter je nach Standort weniger gießen, öfter sprühen.

Im Frühjahr und Sommer alle zwei Wochen kalkfrei düngen. Die Pflanze nach dem Abblühen zurückschneiden.

Vermehrung: Durch Kopfstecklinge bei 30–35° C. Schwierig.

Schädlinge, Krankheiten: Selten.

Verwendung: Wintergarten.

Verschiedene *Passiflora*-Arten, eine prachtvoller als die andere: *Passiflora manicata* aus Südamerika, die in den USA für Arzneizwecke angebaute *Passiflora incarnata,* aus der man einen schlaffördernden Wirkstoff gewinnt, und zuletzt das Prachtstück des Clans: *Passiflora quadrangularis,* die Riesengranadilla.

Bei der Stecklingsvermehrung von *Pavonia* sind die Chancen für ein Gelingen etwas größer, wenn ein Bewurzelungshormon verwendet wird.

TIP

Ich habe mit *Passiflora quadrangularis* schon einen Versuch mit sommerlicher Freilandkultur gemacht und konnte dabei sogar einige Blüten bewundern; der Ausgang eines solchen Experiments ist jedoch immer sehr ungewiß.

Pelargonium

Die unterschiedlichen Aromen der Duftpelargonien werden hauptsächlich durch Duftstoffe wie Citronellol und Geraniol, außerdem durch Menthol, Terpentine und Alkohole gebildet.

Pelargonium tomentosum

Pelargonium 'Little Gem'

Pelargonium graveolens

Pelargonium 'Mable Grey'

PELARGONIUM
Pelargonie

Familie: Storchschnabelgewächse, *Geraniaceae.*
Heimat: Südafrika, einige im Mittelmeergebiet.
Blütezeit: Mai bis Oktober, manche Arten auch ganzjährig.
Die Gattung *Pelargonium* (im Volksmund auch Geranien genannt) umfaßt etwa 250 Arten. Mit der Zeit entstanden fünf große Gruppen:

- Blattschmuck-Pelargonien
- Duft-Pelargonien
- Edelpelargonien oder Englische Geranien
- Efeupelargonien oder »Hängegeranien«
- Zonalpelargonien oder »Stehende Geranien«

Weniger bekannt ist eine sechste Gruppe, die sukkulenten Pelargonien, die auf Grund ihrer fleischigen Stämme und ihres bizarren Aussehens gut in einer Bonsaischale aussehen und wie Sukkulente gepflegt werden.

PELARGONIUM
Blattschmuck-Pelargonien

Blattschmuck-Pelargonien verdanken ihre Buntlaubigkeit, die z. T. dreifarbig ist, Chlorophylldefekten im Laub. Es gibt inzwischen fast 50 verschiedene Spielarten, die sich Liebhaber auch aus England kommen lassen können, z. B. 'Masterpiece', 'Dolly Vardon', 'Freak of Nature', 'Chelsea Gem'.
Pflege: Diese Sorten werden wie die Zonalpelargonien gepflegt. Man sollte jedoch Blütenansätze auskneifen, damit sich alle Kraft auf die Laubbildung konzentriert.

PELARGONIUM
Duft-Pelargonien

Diese Arten sind nicht sehr häufig im Handel anzutreffen. Man muß sich meist Stecklinge von anderen Blumenfreunden oder Pflanzen aus Spezialgärtnereien besorgen. Von der Blüte her weniger interessant, verströmen ihre Blätter Düfte, die an Zitrone, Rosen, Minze, Mandeln, Flieder oder Äpfel erinnern.
Die wichtigsten Arten sind: *P. capitatum* (rosenduftend), *P. crispum* (nach Zitrone duftend), *P. x citrosum* (ebenfalls nach Zitrone duftend), *P. extipulatum* (nach Minze duftend), *P. graveolens* (rosenduftend), *P.* 'Mable Grey' (starker Zitronenduft), *P. papilionaceum* (Fichtennadeln), *P.* 'Royal Oak' (pfeffriger Duft), *P. tomentosum* (Minzenduft).
Bezugsquellen für blattduftende Pelargonien finden Sie auf Seite 376 f.
Standort: Hell und sonnig, auch im Freien. Wenn man auf Blüten verzichtet, kann ganzjährig warm kultiviert werden, sonst im Winter bei 8–12° C.
Pflege: Im Sommer gleichmäßig gießen, im Winter eher trocken halten. Während des Wachstums wöchentlich düngen. Rückschnitt im Frühjahr, dann auch umtopfen.
Vermehrung: Durch Kopfstecklinge.
Schädlinge: Weiße Fliege, Blattläuse.
Verwendung: Für Zimmer, Balkon, Tröge. *P. crispum* ist bonsaigeeignet.

PELARGONIUM-GRANDIFLORUM-HYBRIDEN
Edelpelargonien, Englische Geranien

Diese Hybriden wachsen meist eintriebig mit etwas holzigem Stengel. Die Blätter sind groß und am Rande gezähnt, die Blüten weiß, rosa, rot und gefleckt, geflammt oder meist dunkler gezeichnet.
Besonders attraktive Sorten sind 'Jasmin' (weiß), 'Jupiter' (fliederfarben mit purpurroter Zeichnung, 'Muttertag' (orangerot mit dunkelroter Zeichnung), 'Mikado' (dunkles Lachsrosa mit dunkelrotem Fleck auf jedem Blütenblatt).
Standort: Ganzjährig im Zimmer mit Morgen- oder Abendsonne. Sommerfrische im Freien wird vertragen. Im Winter bei 10–12° C, nie über 15° C.
Pflege: Reichlich gießen, aber kein Wasser im Untersatz stehen lassen. Nach Abschluß der Blüte (März bis Juli) etwas zurückschneiden und umtopfen. Die Blütenanlage erfolgt bei Tageslängen unter 12 Stunden und Temperaturen von 8–12° C in der Regel im Winter. Wenn die Tage länger werden und die Temperaturen steigen, wird die Blüte ausgebildet. Englische Geranien sollten nach dem dritten Jahr durch Jungpflanzen ersetzt werden, da die Blütenfülle stark nachläßt.
Vermehrung: Durch Kopfstecklinge, z. B. vom Rückschnitt, bei 10° C Bodentemperatur. Bei 12° C weiterkultivieren. Höhere Temperaturen verhindern die Blütenbildung.
Schädlinge, Krankheiten: Blattläuse, Weiße Fliege; häufig auch pilzliche Erkrankungen.
Verwendung: Schöne Zimmerpflanze, als Balkonpflanze wegen der Blüte bis Juni nicht so gut geeignet.

Pelargonium 'Chelsea Gem'

PELARGONIUM-PELTATUM-HYBRIDEN
Efeupelargonie, »Hängegeranie«

Efeupelargonien besitzen niederliegende, hängende Triebe mit efeuartigen, fleischigen glänzendgrünen, unbehaarten Blättern. Es gibt halbhängende oder hängende Sorten mit gefüllten, halbgefüllten oder ganz gefüllten Blüten. Das Farbsortiment geht von Weiß über Rot/Weiß, Lachs, Rosa, Signalrot bis Lila, die Trieblänge reicht von 40 cm bis 1,5 m bei 'Ville de Paris'. Die sogenannten Cascade-Sorten sind selbstreinigend. Sie blühen lange und überaus reich.

Pelargonium 'Chelsea Gem' ist eine wüchsige Blattpelargonie, die sowohl im Zimmer als auch auf Terrasse oder Balkon gut gedeiht.

Manche Duftpelargonien-Arten wie *Pelargonium tomentosum* oder die Rosengeranie, *P. graveolens*, entwickeln sich im Kübel zu beachtlichen Sträuchern.

Da die Blütezeit sich steuern läßt, sind Edelpelargonien (unten) ganzjährig erhältlich.

Verschiedene blattduftende Pelargonien in Kübeln und Töpfen

Pelargonium-Grandiflorum-Hybride

Pelargonium

Zonalpelargonien, oder wie der Volksmund sagt, »Stehende Geranien«, stehen auf der Hitliste der Balkonblumen ganz oben. Sie sind wüchsig, blühen üppig und leiden nicht so stark bei Niederschlägen wie beispielsweise Petunien, die bei Schlagregen für lange Zeit ihre ganze Pracht einbüßen können. Eine elegante Alternative zu den bäuerlich knallroten Pelargonien sind Sorten in Weinrot und verschiedenen Violettnuancen.

PELARGONIUM-PELTATUM-HYBRIDEN (FORTSETZUNG)

Efeupelargonie, »Hängegeranie«

Schöne Sorten sind u. a. 'Amethyst' (Blüte lila, gefüllt, Triebe 80 cm lang), 'Cocorico' (rot, einfach, 1,2 cm lang), 'Feuer Cascade' (signalrot, einfach, 1,5 m lang), 'Lachskönigin' (lachs, gefüllt, 80 cm), 'Mexikanerin' (rot/weiß, gefüllt, 1 m), 'Ville de Paris' (rosa, einfach, 1,5 m).

Standort: Hell, auch vollsonnig. Im Winter nicht ganz so kühl wie Zonalpelargonien.

Pflege: Wie Pelargonium-Zonale-Hybriden. Gefüllte Sorten benötigen einen Regenschutz.

Vermehrung: Durch Stecklinge ab August oder Aussaat im Dezember (Samen neuerdings im Handel).

Krankheiten: Gefülltblühende Sorten neigen in regennassen Sommern zu Fäulnis.

Verwendung: Eine der schönsten und dankbarsten Balkon- und Ampelpflanzen.

Pelargonium-Zonale-Hybride

PELARGONIUM-ZONALE-HYBRIDEN

Zonalpelargonien, »Stehende Geranien«

Diese Pelargonien wachsen aufrecht, buschigverzweigt und haben samtige Blätter mit mehr oder weniger auffälligen braunen Blattzeichnungen. Die Farbenpracht der einfach- oder gefülltblühenden, kugeligen Dolden geht von Weiß über alle Rosa- und Lachstöne bis hin zu Feuerrot. Die Wuchshöhe liegt meist bei 30–40 cm. Man kann aber mit etwas Aufwand auch Geranienpyramiden oder Geranienbäumchen ziehen.

Schöne Sorten sind z. B. 'Alba' (weiß, gefüllt), 'Casino' (dunkellachs, gefüllt), 'Gloria' (lachsorange, einfach), 'Irene' (hellrot, gefüllt), 'Kardinal' (karminrot, einfach), 'Rio' (pink mit Auge, einfach), 'Vulkan' (rot, einfach), 'Wienerblut', orangelachs, einfach).

Sehr dekorativ sind folgende buntlaubige Sorten: 'Goldpapa' mit goldfarbenen Blättern und rotbrauner Zeichnung; 'Cloth of Gold', gelbe Blätter ohne Zeichnung, 'Friesdorf' mit schwarzbunten Blättern und scharlachroten, einfachen Blüten. Der Name Zonal-Pelargonien leitet sich übrigens von den dunklen, ringförmigen Zeichnungen auf den Blättern ab; hierher gehören auch die selten angebotenen Miniaturpelargonien, deren kleinste Formen nicht höher als 12 cm werden.

Standort: Hell bis vollsonnig. Bei 5–8° C überwintern. Ohne Ruhezeit blühen die Pflanzen auch im Winter.

Pflege: Während der Vegetationszeit reichlich gießen, jedoch Staunässe vermeiden. Bis Ende August wöchentlich düngen; wenn die Pflanzen überwintert werden, auch etwas länger. Verblühtes regelmäßig entfernen.

Vermehrung: Durch Stecklinge im August, problemlos aber auch das ganze Jahr über möglich, im Dezember für im Mai blühende Pflanzen.

Schädlinge, Krankheiten: Blattläuse, Spinnmilben; Grauschimmel und Geranienrost.

Verwendung: Wertvolle Balkonpflanze.

Bild rechts: Ländlicher Charme mit Pelargonien

Pelargonien stehen für ländliche Idylle, für heile Welt, für romantische Sommer. Kein Wunder, daß sie sich seit eh und je ungebrochener Beliebtheit erfreuen. Die Geschichte der Pelargonien, die als »Geranien« unsere Häuser schmücken, reicht weit zurück. Der englische Hofgärtner John Tradescant, nach dem die Gattung *Tradescantia* benannt ist, brachte 1631 die ersten Pelargonien vom Kap der guten Hoffnung nach Großbritannien. Die Peltatum- und Zonale-Hybriden entstanden dann im 18. Jahrhundert ebenfalls in englischen Gärtnereien.

Pellaea rotundifolia

Pentas lanceolata

Pellaea rotundifolia wird in England wegen seiner runden Blätter treffend »bottom fern«, Knopffarn, genannt.

Wenn *Pentas lanceolata* Blütenknospen anlegt, sollte man bei Zimmerkultur öfter besprühen.

TIP

Der Pellefarn besitzt ein flaches Wurzelsystem, darum pflanzt man ihn am besten in flache Schalen.

PELLAEA
Pellefarn

Familie: Schuppenfarngewächse, *Sinopteridaceae*.
Heimat: Nord- und Südamerika, Neuseeland, Afrika, Australien.
Blütezeit: Keine Blütenpflanze.

Pellefarne sind im Gegensatz zu den meisten anderen Farnen trokkenheitsliebende Pflanzen. *P. rotundifolia,* der Rundblättrige Pellefarn oder Knopffarn, besitzt 20–30 cm lange Fiedern, die mit kleinen, runden, lederigen Blättchen besetzt sind. Er ist bei uns wohl am häufigsten im Handel anzutreffen. *P. atropurpurea,* der Dunkelrote Pellefarn, ist fast winterhart und verträgt ziemlich kalkreiches Wasser. Seine 25 cm langen Wedel sind flaumig behaart. *P. falcata,* der Sichelförmige Pellefarn, wirkt wie eine vergrößerte Ausgabe von *P. rotundifolia. P. viridis* hat bis 60 cm lange, zwei- bis dreifach gefiederte, grüne Wedel mit schwarzrotem Blattstiel und gilt allgemein als die härteste Art.
Standort: Hell, auch sonnig, aber keine pralle Mittagssonne, im Sommer auch im Freien. Im Winter hell und luftig bei 12–15° C.
Pflege: Im Sommer mäßig feucht halten, im Winter trockener, aber nicht ganz ballentrocken werden lassen. Während der Hauptwachstumszeit alle 3–4 Wochen schwach düngen.
Vermehrung: Durch Teilung größerer Pflanzen oder durch Sporen, die sich bei älteren Exemplaren an der Blattunterseite bilden und bei 18° C unter Glas ausgesät werden.
Krankheiten: Kaum krankheitsanfällig, nur »nasse Füße« sind unbeliebt.
Verwendung: Immergrüner und anspruchsloser Zimmerfarn. Einige Arten sind auch für Ampeln geeignet.

PENTAS LANCEOLATA
Pentas, Fünfblüte

Familie: Krappgewächse, *Rubiaceae*.
Heimat: Tropisches Afrika, Arabien.
Blütezeit: September bis Januar.

Die Fünfblüte ist ein bis 60 cm hoher Halbstrauch mit 5 cm langen, langzettlichen, hellgrünen Blättern. Die Blüten erscheinen in büscheligen, endständigen Dolden in den Farben Weiß, Rosa, Rot und Violett.
Standort: Sonnig, warm und luftig, im Sommer auch im Freien. Ab September bei 12–15° C.
Pflege: Während der Vegetationszeit reichlich gießen und wöchentlich düngen. Im Winter etwas trokkener halten. Sobald die Pflanzen staksig werden (der Gärtner behandelt sie mit Wuchshemmstoffen), Triebe einkürzen.
Vermehrung: Durch Kopfstecklinge bei 20–25° C (Jungpflanzen öfter stutzen, um buschigen Wuchs zu erzielen) oder durch Aussaat. Hierbei fallen die Blütenfarben unterschiedlich aus.
Krankheiten: Gelbe Blätter durch Staunässe oder »Kalte Füße«.
Verwendung: Winterblühende Zimmer- und Gewächshauspflanze.

Peperomia caperata

PEPEROMIA

Peperomie, Zwergpfeffer

○ ◐

Familie: Pfeffergewächse, *Piperaceae*.
Heimat: Tropisches und subtropisches Amerika.
Blütezeit: Unterschiedlich.

Peperomien sind niederwüchsige, buschigwachsende Pflanzen mit mäuseschwanzähnlichen, weiß-grünen Blütenständen und leicht sukkulenten, in Form, Farbe und Struktrur ganz unterschiedlichen Blättern. Die Vielfalt der Arten und Sorten des Zwergpfeffers mit seinem Formen- und Farbenreichtum verführt eigentlich dazu, sich eine kleine Sammlung zuzulegen. *P. argyreia* besitzt schildförmige Blätter mit hübscher, halbmondförmiger, silbriger Zeichnung; *P. caperata* hat runzlige, zerklüftete Blätter. Die Blütenähren sind weiß und ragen weit über das Laub hinaus. Von dieser Art gibt es buntlaubige Sorten wie 'Variegata' und 'Tricolor'. Die Blätter von *P. clusifolia* schmücken sich mit einem rötlichen Blattrand, die Sorte 'Variegata' ist weißbunt panaschiert. Bei *P. griseoargentea* sind die grünen Flächen zwischen den dunkleren Blattadern gewellt. *P. metallica* entwickelt graugrüne, unterseits rotgeaderte Blätter mit hellem Mittelstreifen. *P. puteolata* hat lanzettliche, ledrige, 10 cm lange, dunkelgrüne Blätter mit kontrastierenden leuchtenden Furchen oberseits, *P. rotundifolia* runde.

Standort: Hell bis halbschattig, ganzjährig bei 13–18° C, zartlaubige Arten im Sommer luftfeucht.

Pflege: Mäßig und nur mit enthärtetem Wasser gießen. Von März bis Juli alle 14 Tage düngen.

Vermehrung: Durch Kopf-, Trieb- und Blattstecklinge.

Krankheiten: Nässe und Kühle können zu schweren Schädigungen führen, vor allem im Winter.

Verwendung: Sehr schöne, vielfältige Blattpflanze für die Bepflanzung von Ampeln oder Epiphytenstämmen, zartblättrige Arten als Bodendecker für Vitrinen und Tropenfenster. Für Hydrokultur geeignet.

Peperomia rotundifolia

Blätter verschiedener Peperomia-Arten

Peperomia caperata ist die am häufigsten angebotene Art.

Bei *Peperomia rotundifolia* bilden sich die Blätter aus stecknadelkopfgroßen Scheibchen.

Angesichts der Vielfalt an Blattstrukturen und -farben bieten sich die recht klein bleibenden Peperomien geradezu zum Sammeln und Gruppieren an.

Pereskia, der Kaktus, der im Laufe der Evolution steckenblieb. Er besitzt einerseits noch Blätter wie eine zweikeimblättrige Blütenpflanze, andererseits ist er aber auch schon mit Areolen und Dornen wie die weiterentwickelten Kakteen ausgestattet. Früher hat man übrigens Weihnachts- oder Osterkakteen auf *Pereskia* gepfropft und auf diese Weise Hochstämmchen herangezogen.

Etwa 25 *Pernettya*-Arten wachsen in Südamerika von Mexiko bis in die Ausläufer der Antarktis, nur eine Art, *P. tasmanica*, kommt in Tasmanien und Neuseeland vor.

Die ganze Schönheit von *Persea americana* zeigt sich erst bei älteren Exemplaren, die vom Topf in den Kübel umquartiert wurden.

TIP

Avocados sind salzempfindlich und ziehen Naturdünger vor.

Pereskia aculeata

PERESKIA

Pereskie, Laubkaktus

Familie: Kakteen, *Cactaceae*.
Heimat: Tropisches und subtropisches Amerika.
Blütezeit: September bis Oktober.

Baum- und strauchartige, auch kletternde Pflanzen. *P. aculeata* hat bis 10 m lange Triebe mit kräftigen gebogenen Dornen und etwa 6–8 cm lange, ovale und leicht wachsige Blätter. Die cremeweißen bis rosa Blüten erscheinen in Büscheln und duften nach Zitrone. Die Sorte 'Goldseffiana' ist olivgrün und unterseits purpurrot belaubt. *P. grandifolia* mit rosafarbenen, 8 cm breiten Blüten, besitzt größere Blätter.

Standort: Sonnig, luftig, am besten im Gewächshaus ausgepflanzt. Im Winter kühler bei etwa 10° C.

Pflege: Im Sommer regelmäßig, im Winter weniger gießen. Die Triebe benötigen eine Stütze.

Vermehrung: Durch halbreife Kopfstecklinge oder Aussaat.

Krankheiten: Reagiert empfindlich auf Staunässe, Blattfall bei zu kühler Haltung.

Verwendung: Für den temperierten Wintergarten.

Pernettya mucronata

PERNETTYA MUCRONATA

Topfmyrte

Familie: Heidekrautgewächse, *Ericaceae*.
Heimat: Chile bis Feuerland.
Blütezeit: Mai bis Juni.

Immergrüner, 50–100 cm hoher Strauch mit kleinen, lanzettlichen Blättern. Nickende Blütchen in Weiß entwickeln sich nach Bestäubung zu 8–12 mm breiten, je nach Sorte weißen, rosafarbenen, roten oder lilafarbenen Beerchen. 'Alba' (Früchte weiß), 'Bell's Seedling' (Früchte tiefrot, lange haftend), 'Lilacina' (Früchte lila), 'Stag River' (Früchte rosa). Um einen sicheren Beerenansatz zu erzielen, braucht man mindestens eine männliche und eine weibliche Pflanze.

Standort: Ganzjährig hell, im Sommer am besten im Freien. Im Winter im temperierten Gewächshaus oder einem kühlen Raum.

Pflege: Gleichmäßig mit kalkarmem Wasser feucht halten und alle 14 Tage düngen.

Vermehrung: Durch Kopfstecklinge in Torf-Sand-Gemisch.

Schädlinge, Krankheiten: Selten.

Verwendung: Kübelpflanze für kalte und temperierte Wintergärten.

Persea americana

PERSEA AMERICANA

Avokadobirne

Familie: Lorbeergewächse, *Lauraceae*.
Heimat: Mexiko, Brasilien, Peru.
Blütezeit: Blüht in Kultur selten.

Immergrüne Bäume oder Sträucher mit lederartigen, dunkelgrünen, spitzovalen Blättern. Blüten klein, zu mehreren in Trugdolden.

Standort: Ganzjährig luftfeucht, hell und sonnig, im Sommer auch im Freien. Im Winter kühl, doch nicht unter 10° C.

Pflege: Im Sommer kräftig gießen und ab und zu lauwarm sprühen, im Winter nur soviel, daß nicht zu viele Blätter abfallen.

Vermehrung: Durch Aussaat: Avokadokern zu einem Drittel in feuchte Erde stecken, Plastikhaube überstülpen, hell und warm aufstellen, gelegentlich Plastikhaube abnehmen.

Schädlinge: Schildläuse, Spinnmilben.

Verwendung: Immergrüne Kübelpflanze, z. B. für Wintergärten.

PETUNIA
Petunie, Trichterblume

Familie: Nachtschattengewächse, *Solanaceae.*
Heimat: Urformen aus Südamerika.
Blütezeit: Mai bis Oktober.

Die einjährigen Petunien haben bereits vor 150 Jahren ihren Siegeszug in Europa angetreten und die Züchter inspiriert, so daß eine fast unübersehbare Anzahl von Hybriden und Spielarten entstanden ist. Neben kompakt aufrechtwachsenden Formen gibt es hängende Züchtungen mit bis zu 1,50 m langen Trieben. Stiele und Blätter sind rauhbehaart und klebrig. Es gibt großblumige und kleinblumige, gefüllte und einfache Sorten. Das Farbenspiel reicht von Weiß, Gelb, Rosa, Rot, Blau bis Violett. Ergänzt wird die Palette durch Blüten mit schönen Aderungen, Streifen oder gewellten Rändern. Die Farbe Gelb bereitete lange Zeit Probleme, die aber jetzt mit den Sorten 'Summersun', 'Ruban', 'Jaunes', 'Magic Jaune' oder 'California Girl' zufriedenstellend gelöst wurden.
Seit einigen Jahren machen neue Petunien, die sogenannten Surfinias, von sich reden, die in Japan entstanden. Diese Rasse gab es bisher nur in Hell- bzw. Dunkelviolett und Weiß, mit Sorten wie 'Surfinia White' und 'Shihi Purple'. Inzwischen sind drei neue Züchtungen hinzugekommen: 'Pink Mini' (magentarosa), 'Pink Vein' (lilarosa mit violetter Zeichnung im Schlund), 'Blue Vein' (weiße Blüte mit dunkelvioletter Aderung).
Für viel Aufmerksamkeit sorgen neuerdings auch Waldpetunien (*P. violacea*), eine kleinblumige Art mit rosavioletten bis karminroten Blüten, die im Laufe eines Sommers 1 m lange Triebe bildet.
Petunien enthalten Giftstoffe.
Standort: Sonnig im Freien, vor Regen geschützt.
Pflege: Reichlich gießen und jede Woche düngen. Verblühtes sofort abknipsen, da die Samenbildung schnell erfolgt und die Pflanze Kraft kostet. Aus der Form geratene Exemplare um die Hälfte einkürzen.
Vermehrung: Durch Aussaat Ende Januar bis Februar bei 22–25° C Bodenwärme.
Surfinias nur durch Stecklinge, neuere Züchtungen setzen aber auch schon Samen an.
Schädlinge: Blattläuse.
Verwendung: Schöne Balkon- und Ampelpflanzen, auch für Rabatten geeignet.

Petunien-Pracht auf dem Balkon

Für die regen- und wetterempfindlichen Petunien ist der Platz unter einem Dachvorsprung ideal: der Handel bietet heute aber auch Schutzhauben an, die man mit dazugehörigen Halterungen einfach über die Kästen setzt. Über die optische Wirkung kann man freilich streiten.

Die Züchter haben lange daran gearbeitet, eine gelbe Petunie zu erzielen. Das Ergebnis ist außergewöhnlich.

Gelbe Petunia-Hybride

Wie den meisten Orchideen haftete auch *Phalaenopsis* lange Zeit das Vorurteil an, für Zimmerkultur nicht geeignet zu sein. Von den modernen Hybriden läßt sich das aber nicht sagen, die Pflanzen blühen auch auf dem Fensterbrett regelmäßig und reich.

Philodendron scandens ist eine unermüdlich wachsende Kletter- oder Ampelpflanze auch für nicht so helle Standorte, an denen sie allerdings eher vergrünt und lange Stengelabschnitte zwischen den Blättern bekommt.

TIP

Abgeblühte Blütenstiele der Malaienblume nie ganz abschneiden, sondern einige Augen stehen lassen, die wieder austreiben können.

Phalaenopsis-Hybride

PHALAENOPSIS
Malaienblume, Nachtfalterorchidee

Familie: Orchideen, *Orchidaceae.*
Heimat: Tropisches Asien, Australien, Ozeanien.
Blütezeit: Je nach Art unterschiedlich.

Die in ihrer Heimat meist epiphytisch wachsende Malaienblume hat breite, lederige, dunkelgrüne oder auch gefleckte Blätter. Die Blüten stehen in Trauben oder Rispen, sind nicht selten auffällig gefärbt und halten sehr lange. *Phalaenopsis* haben keine Pseudobulben, sondern fleischige Wurzeln, da sie aus Gebieten mit fast konstanten Temperaturen stammen. Die vielen guten Züchtungen übertreffen die Naturformen an Blütengröße und Farbenpracht und passen sich viel besser unseren beheizten Räumen an.

Standort: Ganzjährig hell bis halbschattig, tagsüber 20–25° C, nachts nicht unter 16° C.
Pflege: Ganzjährig mit kalkarmem Wasser mäßig feucht halten. Das Substrat zwischen den Gießvorgängen immer abtrocknen, aber niemals austrocknen lassen. Alle 14 Tage Orchideendünger geben. Hohe Luftfeuchtigkeit ist günstig, bei den reinen Arten sogar ein Muß. Die Wurzeln brauchen sehr viel Luft, daher zum Umtopfen grobes Orchideensubstrat nehmen und Verletzungen vermeiden. Zur besseren Blütenbildung kann man im Spätherbst oder Winter die Temperatur nachts drei bis vier Wochen lang auf 13–16° C absenken.
Vermehrung: Durch Adventivpflänzchen, die man nach kräftiger Wurzelbildung eintopfen kann.
Schädlinge, Krankheiten: Schildläuse bei zu trockener Luft; Fäulnis bei Wurzelbeschädigungen.
Verwendung: Schöne Orchidee auch für Anfänger. Für Hydrokultur hervorragend geeignet.

Philodendron scandens

PHILODENDRON
Baumfreund, Philodendron

Familie: Aronstabgewächse, *Araceae.*
Heimat: Tropische Regenwälder Amerikas.
Blütezeit: Blüht in Kultur selten.

Der Baumfreund ist eine kletternde oder buschig wachsende Blattpflanze mit verschieden geformten, lederigen, glänzendgrünen bis violetten Blättern und langen Luftwurzeln. Das Hauptunterscheidungsmerkmal stellen die Blätter dar: klein oder groß, spitz zulaufend, pfeilförmig, herzförmig, tief eingeschnitten oder mit roter Blattunterseite sind nur einige Merkmale dieser in Kultur an Moosstäben hochwachsenden oder aus Ampeln herabhängenden »Philos«. Selbst für Botaniker ist die Artbestimmung häufig schwierig, da sich sogar die Jugendblätter oft beträchtlich vom Altersstadium unterscheiden. Die weißen Blütenkolben mit weißen, gelben oder roten Hochblättern (Spathen) erscheinen fast nur an älteren Exemplaren. Leicht zur Blüte kommt eigentlich nur *P. erubescens* aus Kolumbien mit grünlich-rotem Stamm und pfeilförmigen, glän-

zenddunkelgrünen, unterseits purpurnen Blättern (junge Blätter sind dunkelrotbraun). Die Sorten 'Red Emerald' und 'Burgund' zeigen rötliches, 'Green Emerald' dunkelgrünes Laub.
P. angustisectum syn. *P. elegans* ist eine kletternde Art mit tief eingeschnittenen, grünen Blättern an langen Stielen.
P. domesticum mit dunkelgrünen, speerförmigen Blättern bleibt klein und klettert nicht. Beliebt sind die Sorten 'Imperial Green' und 'Tuxla' mit grünen oder 'Valerie' mit roten Blättern.
P. ilsemannii ist mit großen, ovalen, lanzettlich-pfeilförmigen Blättern ausgestattet, die unregelmäßig weiß- oder grauweiß und grün gezeichnet sind. Eine sehr schöne Sorte ist 'Royal Queen'.
P. pedatum trägt 30 cm lange, dunkelgrüne, mehrfach geteilte und tief eingeschnittene Blätter, die im Umriß fast dreieckig sind. Ähnliche Blattformen weisen die Hybriden 'Florida' und die weißbunte 'Variegata' auf. Diese Art klettert langsam.
Eine gleichfalls langsam wachsende, kletternde Art ist *P. rugosum* mit herzförmigen und etwas runzligen Blättern, die von einem weißlichen, durchsichtigen Rand eingefaßt sind.
Zu den beliebtesten Arten gehört *P. scandens* mit in der Jugend kleinen, herzförmigen, im Alter 30 x 20 cm großen herzförmigen Blättern. Diese Art ist besonders genügsam und zum Beranken geeignet.
Standort: Ganzjährig hell bis halbschattig bei Zimmertemperatur.
Pflege: Gießen ohne Vernässung oder Austrocknung mit zimmerwarmem, kalkarmem Wasser. Blätter öfter besprühen oder feucht abwischen. Die samtblättrigen Arten brauchen höhere Luftfeuchtigkeit. Besonders wüchsige Exemplare von Frühjahr bis Herbst wöchentlich, andere alle 14 Tage, im Winter monatlich oder noch seltener düngen. Rückschnitt wird vertragen, aber niemals die Luftwurzeln abschneiden.
Vermehrung: Durch Kopf- und Stammstecklinge (Schnittreste), Abmoosen, gelegentlich im Wurzelbereich erscheinende Jungpflanzen oder durch Aussaat.
Schädlinge, Krankheiten: Schildläuse; bei niedrigen Bodentemperaturen tritt Wurzelfäule auf, direkte Sonnenbestrahlung führt zu braunen, trockenen Blattflecken. Einige Arten reagieren empfindlich auf Blattpflegemittel.
Verwendung: Blattschmuckpflanze für Zimmer, Warmhaus, warme Wintergärten, Solitärpflanze für Büros, Ampel- und Kletterpflanze. Für Hydrokultur geeignet.

Philodendron erubescens 'Red Emerald'

Philodendron elegans

Philodendron rugosum

Philodendron 'Lynette'

Philodendron pedatum 'Florida'

Kaum eine Gattung bietet so viele grüne Vertreter fürs Haus wie *Philodendron*. Die schönsten Arten kann man in den Schauhäusern botanischer Gärten bewundern. Eine der schönsten ist *P. melanochrysum* mit bis zu 80 cm langen, bronzegrünen und wie mit Goldstaub überpuderten, senkrecht herabhängenden Blättern.

Phoenix canariensis, die Kanarische Dattelpalme, ist eine beliebte und robuste Kübelpalme, die mit den Jahren beachtliche Ausmaße annehmen kann.

Phormium tenax liefert die stärksten Fasern des Pflanzenreiches. Wußten Sie, daß es selbst dem stärksten Mann nicht gelingt, ein Blatt des Neuseeländer Flachses quer zur Faserrichtung zu zerreißen?

Phoenix canariensis

PHOENIX
Dattelpalme

Familie: Palmen, *Arecaceae*.
Heimat: Arabien, nördliches Afrika, Kanarische Inseln.
Blütezeit: Blüht in Kultur selten.

Die bekannteste *Phoenix*-Art ist die Echte Dattelpalme, *P. dactylifera*, die sich gewiß schon mancher Blumenfreund aus den Kernen gekaufter Früchte selbst herangezogen hat. *P. canariensis* wird am häufigsten kultiviert. Sie hat dunkelgrüne, anfangs aufrechte, lederige, später überhängende Fiederblätter und geht mächtig in die Breite. *P. roebelenii*, die Zwergdattelpalme, hat Fiederblätter, die im Gegensatz zu allen anderen Arten weich und nicht so lederig steif sind.

Standort: Ganzjährig hell, sonnig und luftig. Im Sommer am besten im Freien. Im Winter kühl bis 5° C; *P. roebelenii* nie unter 15° C.

Pflege: Gleichmäßig leicht feucht halten. Bei *P. roebelenii* für ausreichend Luftfeuchte sorgen. Von Frühjahr bis Spätsommer einmal wöchentlich düngen.

Vermehrung: Durch Aussaat.

Schädlinge, Krankheiten: Schildläuse bei zu warmer Überwinterung; Gießfehler werden mit braunen Blattspitzen quittiert (z. B. kaltes, zu hartes, zu wenig Wasser).

Verwendung: Zimmer-, Kübel- und Wintergartenpflanze. Für Hydrokultur geeignet.

Phormium tenax

PHORMIUM TENAX
Neuseeländer Flachs

Familie: Liliengewächse, *Liliaceae*.
Heimat: Neuseeland.
Blütezeit: Juli/August.

Immergrünes Liliengewächs mit bis zu 2 m langen, schmalen, schwertförmigen Blättern. Die Pflanze wächst horstig und schmückt sich in sehr warmen Sommern mit einem die Blätter überragenden Blütenstand aus mattroten Blüten. Bekannte Sorten sind: 'Atropurpureum' (Laub dunkelviolett bis rot), 'Bronze Baby' (Laub weinrot), 'Dazzler' (Laub gelb und lachsorange oder orangerot gestreift), 'Aurora' (Laub rot-, bronze-, lachsrosa- und gelb längsgestreift) und 'Veitchii' (cremeweißgestreifte Blätter).

Standort: Sonnig bis halbschattig. Im Sommer warm bis heiß im Freien, im Winter hell bei 6–8° C, notfalls auch kühler und dunkel.

Pflege: Im Sommer reichlich gießen und wöchentlich düngen. Starkwüchsige Sorten öfter umtopfen und dabei teilen.

Vermehrung: Durch Teilung.

Schädlinge, Krankheiten: Selten.

Verwendung: Stattliche und sehr dekorative Kübelpflanze.

TIP

Da Neuseeländer Flachs in seiner Heimat gerne an feuchten Ufern wächst, stelle ich meine Pflanze schon seit mehreren Jahren direkt in die Flachwasserzone unserer Teiche und habe damit sehr gute Erfahrungen gemacht. Gelegentlich kommen ein paar Düngestäbchen in die Erde, das ist alles!

Phyllitis scolopendrium

PHYLLITIS SCOLOPENDRIUM
Hirschzungenfarn

Familie: Streifenfarngewächse, *Aspleniaceae.*
Heimat: Europa, Kleinasien, Nordafrika, Japan.
Blütezeit: Keine Blütenpflanze.

Dieser bei uns winterharte Farn mit seinen zungenförmigen, leicht gewellten, glänzendhellgrünen Blättern war früher eine beliebte Zimmerpflanze. Heute ist er wieder gefragt für ungeheizte Wintergärten oder sonstige kühle, helle Glasanbauten. Besonders aus England kommen Sorten mit gekrausten, gefransten oder geschlitzten Blättern wie *P. scolopendrium* 'Undulata', die Gewelltblättrige Hirschzunge und 'Digitata', die Fingerhirschzunge. Auffällig ist die Sorte 'Capitata' mit rispiger Kammbildung. Außerdem sind Sorten mit petersilienartigen Blättern wie 'Ramosa Marginata' oder 'Ramosa Cristata' im Handel.
Standort: Ganzjährig halbschattig bis schattig, luftfeucht. Von Mai bis Oktober auch im Freien. Im Winter bei 10° C.
Pflege: Gleichmäßig feucht, aber nicht naß halten. Im Zimmer öfter mit kalkarmem Wasser sprühen. Von Mai bis September schwach dosiert düngen. In wärmeren Räumen für hohe Luftfeuchte sorgen: Pflanze in feuchten Torf einsenken oder erhöht in eine mit Wasser gefüllte Schale stellen.
Vermehrung: Durch Sporen, die Sorten durch Teilung. Auch Blattstielstecklinge mit einem Stückchen Rhizom bewurzeln.
Schädlinge: Schildläuse, Thripse bei zu warmem, lufttrockenem Stand.
Verwendung: Zimmerpflanze für helle, kühle Räume, Unterpflanzung für Schattenpartien im Wintergarten, Freilandpflanze.

PHYLLOSTACHYS
Unrund, Bambus

Familie: Gräser, *Gramineae.*
Heimat: China, Japan.
Blütezeit: Blüht in Kultur selten.

Hochwachsende und ausläufertreibende Bambusgattung mit lichtgrünen, zierlichen Blättern und zum Teil farbigen Halmen.
P. aurea, der Goldrohrbambus, wird im Kübel etwa 3 m hoch, hat maisgrünes Laub und im ersten Jahr hellgrüne, später strohgelbe Halme. Bei der Sorte 'Holochrysa' sind die Halme gelborange getönt.
P. aureosulcata 'Spectabilis' ist einer der schönsten Bambusse mit hellgelbem Halm und grüner Rinne.
P. nigra, der Schwarze Unrund, treibt etwas weniger Ausläufer. Seine Halme sind im Austriebsjahr grün, später grün-braun gefleckt und werden dann bei besonders sonnigem Stand durchgehend schwarz. Die Wuchshöhe im Kübel liegt ungefähr bei 2–4 m. Schöne Sorten sind 'Boryana' und 'Henonis'.

Phyllostachys aurea

Standort: Sonnig. In milden Wintern im Freien oder kühl und hell im Haus.
Pflege: Während des Wachstums reichlich gießen. Alle 2–3 Wochen stickstoffbetont düngen. Abgefallenes Laub als Mulchschicht zwischen die Halme aufbringen. Bleiben die Pflanzen im Freien, sollte man die Kübel möglichst an windgeschützter Stelle in den Boden einsenken und an frostfreien Tagen lauwarm gießen. Die Frosthärte liegt bei etwa –20° C, bei *P. nigra* sogar bei –23° C. Meistens erfrieren die Pflanzen im Winter nicht, sondern sie vertrocknen wegen mangelnder Wasseraufnahme bei Dauerfrost.
Vermehrung: Durch Teilung.
Schädlinge, Krankheiten: Selten.
Verwendung: Große Solitärpflanze für kühle, hohe Glasanbauten oder Treppenhäuser. Wegen Höhe und Ausbreitungsdrang nur bedingt zum Auspflanzen in Wintergärten und für die Kübelkultur geeignet.

Wenn Sie die genannten *Phyllitis scolopendrium*-Sorten im Gartencenter oder Blumenhandel nicht bekommen, fragen Sie in einer Staudengärtnerei.

Bambus behauptet sich wegen seiner dekorativen Wirkung schon einige Jahre als Favorit für große Kübel.

TIP

Ich habe Exemplare von *Phyllostachys nigra* und *Phyllostachys aurea* nach zwei Jahren Kübeldasein in Teichnähe ausgepflanzt, wo sie seit 13 Jahren stehen und auch die kalten Winter 1981/82 und 1982/83 mit Temperaturen bis - 26° C gut überstanden haben.

Pilea cadierei

Kanonierblumen sind entzückende Blattpflanzen, die relativ klein bleiben.

Der Pfeffer, besonders seine buntblättrigen Arten, zählen zu den schönsten Blattschmuckpflanzen für Blumenfenster und Vitrinen.

TIP

Ältere Kanonierblumen verkahlen leicht, deshalb sollten sie regelmäßig für Nachwuchs sorgen.

PILEA

Kanonierblume

Familie: Nesselgewächse, *Urticaceae*.
Heimat: Australien, Tropen der Welt.
Blütezeit: Je nach Art unterschiedlich.

Einjährige oder ausdauernde, krautige Pflanzen bis 40 cm Höhe. Blätter je nach Art oder Sorte unterschiedlich gefärbt oder geformt. Der Name »Kanonierblume« weist auf eine Eigentümlichkeit hin: Übersprüht man an einem sonnigen Tag eine blühreife Pflanze, so öffnen sich alle Knospen, die dem Aufblühen nahe sind, und schleudern den Blütenstaub in Wölkchen fort. Am häufigsten im Handel anzutreffen ist die bis 40 cm hochwerdende *P. cadierei* aus Vietnam mit silberweißen, erhabenen Flecken auf den Blättern. Die Sorte 'Minima' ist eine reizende Zwergform von kaum halber Größe.

P. involucrata besitzt rundliche Blätter mit blasenartig genoppter Oberfläche und dunkelgrünen Blattadern, unterseits ist das Laub dunkelpurpurrot. Die rosaroten Blüten erscheinen im Sommer.
Die Blätter von *P. microphylla* sind feingefiedert und farnartig. *P. nummulariifolia* ist eine hübsche Ampelpflanze mit fadendünnen, rötlichen Trieben und zentimetergroßen, rundlichen, unterseits violetten Blättern.
P. spruceana aus Peru wird nur 10 cm hoch und schmückt sich mit auffallend hellgrünen Nesselblüten.
Standort: Ganzjährig mäßig hell bis halbschattig, warm und luftfeucht.
Pflege: Im Frühjahr und Sommer etwas mehr, im Winter weniger gießen. Von März bis August wöchentlich düngen.
Vermehrung: Durch Kopfstecklinge. Jungpflanzen stutzen, um buschigen Wuchs zu erhalten.
Schädlinge: Spinnmilben bei zu trockenem Winterstand.
Verwendung: *P. nummulariifolia* als Ampelpflanze, alle anderen als Bodendecker für nicht zu warme Blumenfenster und Wintergärten, für Schalenbepflanzung. Für Hydrokultur geeignet.

Pilea spruceana

Piper crocatum

PIPER

Pfeffer

Familie: Pfeffergewächse, *Piperaceae*.
Heimat: Tropen der Welt.
Blütezeit: Blüht in Kultur selten.

Zu dieser Gattung zählen grün- und buntblättrige, aufrechtwachsende und kletternde, strauchartige Pflanzen. Sehr attraktiv sind die kletternden, buntblättrigen Arten *P. crocatum* aus Peru und *P. ornatum*, der Zierpfeffer, mit breit-herzförmigen, wachsartigen Blättern.
Standort: Buntblättrige Arten ganzjährig sehr hell, aber nicht sonnig, luftfeucht und warm. Auch im Winter nicht unter 18° C. Wichtig: Bodenwärme.
Pflege: Mit kalkarmem Wasser stets mäßig feucht halten. Von März bis September alle 14 Tage düngen, bei starkem Wachstum auch wöchentlich. Für hohe Luftfeuchtigkeit und Kletterhilfe sorgen.
Vermehrung: Durch Stengelstecklinge bei 25° C mit Plastikhaube.
Schädlinge, Krankheiten: Selten.
Verwendung: Buntblättrige Arten für geschlossene Blumenfenster, Vitrinen, warme Wintergärten, Ampel-, Kletter- oder Bodendeckerpflanzen.

Pistacia lentiscus

PISTACIA
Pistazie

Familie: Sumachgewächse, *Anacardiaceae.*
Heimat: Mittelmeergebiet, Tropen und Subtropen.
Blütezeit: März bis Juni.

Laubabwerfende und immergrüne, zweihäusige Sträucher.
P. lentiscus, der Mastixstrauch, hat lederige, paarig gefiederte Blätter. Aus den Blattachseln wachsen die Blüten in dichten Trauben, die vor allem bei männlichen Pflanzen durch die hübschen, roten Staubbeutel auffallen.
P. vera, die Echte Pistazie, stammt aus Kleinasien und ist halbimmergrün.
Standort: Ganzjährig sonnig bis halbschattig. Hell bei 5–10° C oder auch wärmer überwintern. Verträgt Lufttrockenheit.
Pflege: Mäßig gießen und wöchentlich düngen.
Vermehrung: Durch halbreife Stecklinge im Sommer.
Schädlinge, Krankheiten: Selten.
Verwendung: Pflegeleichte Kübelpflanze für Terrasse, Balkon und ungeheizte Glasanbauten. Für die Bonsaigestaltung geeignet.

Pittosporum crassifolium

PITTOSPORUM
Klebsame

Familie: Klebsamengewächse, *Pittosporaceae.*
Heimat: Australien, Neuseeland, Tropen und Subtropen der Alten Welt.
Blütezeit: Frühjahr bis Sommer.

Immergrüne, dichtbelaubte Bäume und Sträucher mit ganzrandigen, lacklederigen Blättern und cremefarbenen, selten auch rosafarben bis roten, duftenden Blüten, die in Doldenrispen erscheinen. Ihren Namen haben die Klebsamengewächse vom klebrigen Schleim, in den die Samenkapseln eingebettet sind.
P. crassifolium aus Neuseeland blüht von Juni bis August, *P. tenuifolium* mit sehr dichtem, hellgrünem, gewelltem Laub und dunkelroten Blüten von April bis Mai. Die Sorte 'Variegatum' besitzt unregelmäßig weiß-geränderte, ungewellte Blätter. 'Irene Petersen' ist eine Sorte mit in der Jugend fast weißen, grün gesprenkelten Blättern.
P. tobira, in China und Japan eine wichtige Heckenpflanze, besitzt etwa 10 x 4 cm große, lederige Blätter und cremeweiße, duftende Blütendolden, die am Ende der Triebe erscheinen. Blüte ebenfalls zwischen März und Mai. Hier gibt es auch wieder die Sorte 'Variegatum' mit weißbunten Blättern. 'Nanum' ist eine schwachwüchsige, kaum 50 cm hohe Sorte, die selten blüht, aber sehr breit wächst.
P. undulatum trägt bis zu 15 cm große, gewellte Blätter, wächst langsam, verträgt nur wenig Frost und blüht von Mai bis Juli.
Standort: Ganzjährig sonnig bis halbschattig, im Sommer auch im Freien. Im Winter bei 5–10° C.
Pflege: Im Sommer reichlich gießen. Alle 14 Tage düngen. Im Winter den Ballen gerade feucht halten. Der Klebsame läßt sich, ähnlich wie der Lorbeer, sehr gut in Form schneiden.
Vermehrung: Durch Aussaat oder halbreife Triebstecklinge.
Schädlinge, Krankheiten: Schildläuse; braune Blattränder deuten auf Wassermangel oder zu intensive Sonneneinstrahlung hin.
Verwendung: Dekorative Kübelpflanze. *P. tobira* 'Nanum' Bodendecker für kühle Wintergärten.

Pittosporum tobira

Pistazien eignen sich – wie man sieht – gut zur Bonsaigestaltung. Was viele nicht wissen ist, daß das vom Mastixstrauch gewonnene Harz in der Industrie Verwendung findet, z. B. bei Pflastern, Verbänden, Kitten und Lacken. Früher wurde Mastix zur Pflege der Zähne und gegen Mundgeruch gekaut, in Griechenland wird es zur Konservierung von Wein benutzt.

Pittosporum bietet ähnliche Gestaltungsmöglichkeiten wie Lorbeer. Die zwergige Sorte 'Nanum' von *P. tobira* macht sich wegen ihres gleichmäßigen, breiten Wuchses wunderhübsch in einem Kiesbett, wie man es im Japangarten findet.

Platycerium bifurcatum

Der Hirschgeweihfarn ist eine Ampelpflanze, die alle Blicke auf sich zieht.

Obgleich eine Überwinterung von *Plectranthus* durchaus möglich ist, lohnt sie meist nicht. Jungpflanzen aus Stecklingen bewurzeln problemlos.

TIP

Da es oft schwierig ist, den Geweihfarn zu gießen, ziehe ich ein Tauchbad oder Düngetauchbad vor. Die Reste der Düngelösung bekommen dann andere Gewächse.

PLATYCERIUM
Geweihfarn

Familie: Tüpfelfarngewächse, *Polypodiaceae.*
Heimat: Tropisches Südostasien, Australien, Afrika.
Blütezeit: Keine Blütenpflanze.

Zwei verschiedene Blattformen mit unterschiedlichen Funktionen bilden das Kennzeichen dieses epiphytisch wachsenden Farns: Die Nischen- oder Mantelblätter sind steril, d. h. sie bilden keine Sporen zur Vermehrung aus, und dienen zur Wasser- und Nährstoffaufnahme sowie als Halteorgan. Nach einiger Zeit verrotten sie und liefern der Pflanze in Eigenproduktion Humus. Das eigentlich Schöne am Geweihfarn sind die großen, eingeschnittenen Wedel, die 1 m lang werden können, je nach Art unterschiedlich geformt sind und auch die Sporen tragen.
P. bifurcatum, der Zweigabelige Geweihfarn, ist leicht im Zimmer zu kultivieren. Die lederigen Geweihblätter werden bis 90 cm lang. Die gelappten Blätter stehen schräg aufrecht, die Lappen hängen nach unten über. Jedes neue Nischenblatt rollt sich über dem alten auf und wölbt sich nach oben. Die Art ist recht variabel. Schöne Sorten sind: 'Majus', 'Roberts', 'Ziesenhenne', 'San Diego'.
P. grande trägt seinen Namen zu Recht, denn die Wedel erreichen die beachtliche Länge von 1,2 m.
P. wilhelminae-reginae und *P. willinckii* mit Sorten wie 'Kingii' und 'Payton' werden so groß, daß sie eigentlich nur für Warmhäuser oder sehr große, geschlossene Blumenfenster in Frage kommen.
Standort: Ganzjährig hell bis halbschattig, luftfeucht und warm. Im Winter nicht unter 14° C.
Pflege: Mit kalkarmem, zimmerwarmem Wasser nur mäßig gießen, jedoch, vor allem im Winter, niemals austrocknen lassen. Von Frühjahr bis Spätsommer mit halber Konzentration düngen. Nicht sprühen, aber für indirekte Luftfeuchte sorgen. Abgestorbene Nischenblätter niemals entfernen. Geweihfarne als Jungpflanzen an Epiphytenstämmen aufbinden, größere Pflanzen in Lattenkörben oder Schalen abgedeckt mit Orchideensubstrat kultivieren.
Vermehrung: Manchmal lassen sich Seitentriebe abtrennen. Sporen werden zwar gebildet, die Aussaat gelingt aber selten.
Schädlinge: Schildläuse durch trokkenwarme Haltung.
Verwendung: Exotische Ampelpflanze für geschlossene Blumenfenster, bei Verwendung von Luftbefeuchtern auch Zimmerpflanze.

Plectranthus fruticosus

PLECTRANTHUS
Harfenstrauch

Familie: Lippenblütler, *Labiatae.*
Heimat: Tropen und Subtropen, weltweit außer Amerika.
Blütezeit: Spätherbst bis Winter, »Mottenkönig« Februar bis Mai.

Aufrechtwachsende oder niederliegende, nicht winterharte Stauden oder Halbsträucher, bei denen die Blätter der hier genannten Arten beim Zerreiben einen starken Geruch verströmen. *P. fruticosus* ist der »Mottenkönig« unserer Großeltern. Aktueller ist die einjährig kultivierte »Weihrauchpflanze«, *P. coleoides* 'Marginatus', mit sehr hübschen, weißgerandeten Blättern und meterlangen Trieben.
Standort: Ganzjährig hell bis sonnig, luftig, im Sommer auch im Freien. Im Winter nicht unter 15° C.
Pflege: Während des Wachstums mäßig gießen, im Winter eher trocken halten. Alle 14 Tage düngen.
Vermehrung: Durch Kopfstecklinge. Jungpflanzen öfter stutzen, um buschigen Wuchs zu erzielen.
Schädlinge, Krankheiten: Selten.
Verwendung: Hängepflanze für Balkon und Terrasse oder Bodendecker in Wintergärten.

Plumbago auriculata

PLUMBAGO AURICULATA
Bleiwurz

Familie: Bleiwurzgewächse, *Plumbaginaceae*.
Heimat: Südafrika.
Blütezeit: Mai bis Oktober, im Wintergarten bis Dezember.

Sommergrüner, niederliegender oder etwas kletternder Strauch mit langen, rutenförmigen Trieben, die endständig schöne, phloxartige, blaue – selten weiße – Blüten tragen. Der Strauch besitzt kleine, ovale Blättchen und ist ein richtiger Dauerblüher. Meist wird die himmelblaue Sorte 'Caerulea' angeboten, selten die kompakter wachsende, reinweiße Sorte 'Alba'.

Standort: Im Sommer sonnig und warm, aber windgeschützt, da die Zweige leicht brechen. Im Winter hell bei 4-8° C oder im temperierten Wintergarten.
Pflege: Im Sommer reichlich gießen, im Winter gerade feucht halten. Bis August wöchentlich düngen. Verblühtes regelmäßig abschneiden. Rückschnitt wird jederzeit vertragen. In den Wintermonaten verliert die Bleiwurz, je nach Standort, einen Teil bis alle Blätter, die leider nicht abfallen, sondern ausgeputzt werden müssen.
Vermehrung: Durch halbreife Stecklinge im Sommer.
Krankheiten: Ballentrockenheit im Sommer und Nässe im Winter beeinträchtigen die Blüte.
Verwendung: Pflegeleichte, lang blühende Kübelpflanze.

Podranea ricasoliana

PODRANEA RICASOLIANA
Podranea

Familie: Bignoniengewächse, *Bignoniaceae*.
Heimat: Südafrika.
Blütezeit: Juli bis Oktober, im Wintergarten länger.

Eine der schönsten und schnellwüchsigsten, immergrünen Kletterpflanzen mit gefiedertem Laub. Ausgepflanzt wird *P. ricasoliana* 3 m Zuwachs pro Jahr nachgesagt. Die 5 cm breiten, rosafarben und rot gestreiften Trompetenblüten stehen in 30 cm langen Rispen am Ende der Triebspitzen und entfalten sich am sonnigen Standort bis in den Herbst hinein.
Standort: Hell bis vollsonnig. Im Winter bei 6-10° C, notfalls auch kühler und dunkel.
Pflege: Im Sommer reichlich gießen. Bis August wöchentlich düngen. Am Spalier festbinden. Im Herbst (auch im Wintergarten) stark zurückschneiden, sonst verkahlt die Pflanze von unten. Kühl und dunkel überwintern.
Vermehrung: Durch halbreife Stecklinge im Sommer oder Aussaat.
Schädlinge: Gelegentlich Blattläuse.
Verwendung: Herrliche Kübelpflanze.

Man kann die Bleiwurz auch am Spalier ziehen, wo sie bis zu 4 m Höhe erreicht, oder zum Hochstämmchen formen. Außerdem wirkt die Pflanze auch im Balkonkasten äußerst attraktiv.

Podranea ricasoliana, eine Schwester der Trompetenblume, ist nur in speziellen Kübelpflanzengärtnereien, teils sogar als Hochstämmchen, zu bekommen.

TIP

Meine Bleiwurz wächst wie *Datura* im Kartoffelkorb aus Plastik, den ich den Sommer über in den Boden einsenke. Im Spätherbst wird sie wieder ausgegraben, die Wurzeln rundum abgeschnitten und ins Winterquartier gebracht. Die Pflanze ist dann immer noch in voller Blüte.

Mit seinen dünnen, eleganten Halmen ist das Bambusgras ähnlich dem Zierspargel auch sehr gut als schmückende Beigabe für Blumensträuße und Gebinde geeignet.

In Südamerika besitzt die Tuberose als »Blume der Neuvermählten« Symbolkraft. Bei uns wurde sie um die Jahrhundertwende viel als Friedhofsblume verwendet.

Pogonatherum paniceum

POGONATHERUM PANICEUM
Zimmerbambus

Familie: Gräser, *Gramineae.*
Heimat: Ostasien, China, Australien.
Blütezeit: Sommer.

Mit dem Bambus hat diese grazile, immergrüne Pflanze nur insofern zu tun, als beide in die Unterfamilie Süßgräser gehören. Viel näher ist sie mit *Saccharum officinarum,* dem Zuckerrohr, verwandt, zu dessen Gattung sie auch früher zählte *(Saccharum paniceum).* Die Pflanze wird nicht übermäßig hoch, wächst aber buschig. Ihre Halme mit den etwa 7 cm langen Blättern hängen leicht bogig über. *Pogonatherum paniceum* ist erst seit etwa 1980 im Blumenhandel.
Standort: Ganzjährig hell bis sonnig, im Sommer auch im Freien, warm.
Pflege: Niemals austrocknen lassen, auch im Winter nicht. Ballentrokkenheit kann tödlich sein. Im Sommer reichlich gießen (Fußbäder erlaubt). Alle 2–3 Wochen düngen.
Vermehrung: Durch Teilung oder Wurzelausläufer.
Schädlinge, Krankheiten: Selten.
Verwendung: Topfpflanze für hellen, warmen Standort.

Polianthes tuberosa

POLIANTHES TUBEROSA
Tuberose

Familie: Agavengewächse, *Agavaceae.*
Heimat: Ursprünglich Mexiko.
Blütezeit: Juli bis Oktober oder später.

Betäubend duftende, einjährige Knollenpflanze. Tuberosen besitzen fleischige Knollen, bandförmige, grüne Blätter und in Ähren stehende, wachsweiße, meist gefüllte, trichterförmige und intensiv duftende Blüten an einem 50–100 cm hohen Schaft. Am häufigsten angeboten werden Knollen der gefülltblühenden, 40 cm hoch wachsenden Sorte 'The Pearl', die man antreiben muß.
Standort: Sehr hell, auch vollsonnig.
Pflege: Im März/April je drei Knollen in einen 15 cm-Topf legen und 2–3 cm hoch mit Erde bedecken. Danach Töpfe an einen geschützten Platz (z. B. Frühbeet) stellen. Nach dem Austrieb immer etwas mehr gießen und düngen. Bis zur Blüte dauert es fünf Monate. Man kann die Knollen in Zeitabständen bis Juli legen und erhält blühende Pflanzen zur Weihnachtszeit, die in kühlen Räumen weitergepflegt werden. Knollen nach dem Flor wegwerfen, sie reifen in unserem Klima nicht.
Vermehrung: Entfällt.
Schädlinge, Krankheiten: Selten.
Verwendung: Blühende Knollenpflanze für Topfkultur.

Polyscias scutellaria

POLYSCIAS
Fiederaralie

Familie: Araliengewächse, *Araliaceae.*
Heimat: Tropisches Asien, Polynesien.
Blütezeit: Blüht in Kultur selten.

Immergrüne kleine Bäume oder Sträucher mit mehrfach gefiederten, sehr vielgestaltigen Blättern. Blüten sehr klein, in zu Rispen zusammenstehenden Dolden, Köpfen oder Ähren. *P. cumingiana* (früher *Aralia filicolia)* besitzt farnwedelartig gefiederte Blätter, deren Fiedern nochmals tief eingeschnitten sind.
Die robusteste und verbreitetste Fiederaralie ist *P. scutellaria* syn. *P. balfouriana*, deren herz- bis nierenförmige Blätter ein schmaler, weißer Rand ziert. Von dieser Art gibt es eine schöne Zuchtform, 'Pennockii', mit gelbgeflecktem und marmoriertem Laub.
P. guilfoylei trägt einfach gefiederte, weißbuntgerandete Blätter und wächst sehr schnell.
Standort: Ganzjährig hell bis halbschattig, luftfeucht, bei mindestens 18° C.
Pflege: Mit zimmerwarmem, kalkarmem Wasser immer mäßig feucht halten. Von März bis August alle 14 Tage, im Winter monatlich düngen.
Vermehrung: Durch Kopfstecklinge bei 25–30° C. Schwierig.
Schädlinge: Blatt- und Schildläuse bei zu trockener Heizungsluft.
Verwendung: *P. scutellaria* für die Fensterbrettkultur, die anderen für geschlossene Blumenfenster oder warme Wintergärten. Für Hydrokultur geeignet.

Polystichum tsus-simense

POLYSTICHUM TSUS-SIMENSE
Schildfarn

Familie: Schildfarngewächse, *Aspidiaceae.*
Heimat: Japan, Korea, China.
Blütezeit: Keine Blütenpflanze.

Die Schildfarne sind bei uns vor allem als Freilandpflanzen bekannt. Im Zimmer wird meist nur *P. tsus-simense* kultiviert, ein kleiner Schildfarn mit dunkelgrünen, ledrigen Wedeln. Er erreicht einen Durchmesser von etwa 20 cm und eine Höhe von 30 cm. Die Blattstiele sind mit vielen dunkelbraunen Schuppen besetzt, die Sporenhäufchen auf der Unterseite der Blätter in zwei regelmäßigen Reihen angeordnet.
Standort: Hell bis halbschattig. Im Winter nicht unter 5° C.
Pflege: Gleichmäßig gießen, im Winter je nach Temperatur trockener halten. Von März bis September niedrig dosiert düngen. Nur bei Bedarf in lockere, humose und rindenhumushaltige Erde umtopfen.
Vermehrung: Durch Teilung oder Sporenaussaat.
Schädlinge: Schildläuse.
Verwendung: Entzückender, kleiner Farn für Fensterbrett und Flaschengärten.

Polyscias scutellaria ist viel robuster als die Arten mit gefiedertem oder stark eingeschnittenem Laub.

Außer *Polystichum tsus-simense* gibt es noch einige weitere, allerdings eher für das Warmhaus geeignete Arten wie etwa *Polystichum auriculatum* aus Ostasien.

TIP

Fiederaralien gedeihen sehr gut, wenn man sie in die mit Blähton gefüllte Pflanzwanne eines Zimmerspringbrunnens einsenkt.

Machen Sie doch einmal einen Versuch mit Portulakröschen an der Terrasse oder am Gartenweg; es wächst nämlich auch zwischen Steinplatten oder läßt sich für Einfassungen verwenden.

Ins Deutsche übertragen bedeutet *Primula* »Die erste im Jahr«, eine durchaus zutreffende Umschreibung für die Kissenprimel und ihre farbenfrohen Variationen.

TIP

Ich stelle Schalen mit Portulakröschen zwischen meine Kakteensammlung. Dann sieht es dort auch bunt aus, wenn gerade kein Kaktus blüht.

Portulaca grandiflora

PORTULACA GRANDIFLORA
Portulakröschen

Familie: Portulakgewächse, *Portulacaceae.*
Heimat: Argentinien, Brasilien, Uruguay.
Blütezeit: Frühsommer bis Sommer.

Das Portulakröschen ist eine teppichbildende, einjährige Pflanze mit stielrunden, fleischigen Blättern und endständigen, großen, einfachen oder gefüllten Blüten in kräftigen Farben. Die Farbpalette reicht von Weiß über Gelb, Orange und Pink bis Karminrot mit allen Zwischentönen. Die Blüten öffnen sich nur bei Sonnenschein. Im Handel gibt es meist nur Mischungen wie 'Einfache Prachtmischung', 'Gefüllte Prachtmischung' und 'Calypso-Mischung'.
Standort: Im Sommer sonnig im Freien, möglichst regengeschützt.
Pflege: Im März/April in sandig-humose Erde in Schalen oder direkt in Töpfe aussäen. Wenig gießen und kaum düngen.
Vermehrung: Durch Aussaat.
Schädlinge, Krankheiten: Selten.
Verwendung: Niedrige, polsterbildende Pflanze für Balkonkästen und Schalen.

Primula-Vulgaris-Hybride

PRIMULA
Primel

Familie: Primelgewächse, *Primulaceae.*
Heimat: Asien, Europa.
Blütezeit: Je nach Art verschieden.

Als Topfpflanzen haben folgende Primelarten Bedeutung:
Einjährig kultiviert wird *P. malacoides,* die Flieder- oder Brautprimel, aus China. Sie besitzt weiße, rote oder rosafarbene, einfache oder gefüllte Blüten, die über dem Laub stehen und von November bis März blühen. Schöne Sorten sind: 'Pink Panther' und 'Wädenswyler Typ'.
P. obconica, die Becherprimel, stammt ebenfalls aus China. Die Blüten in Weiß, Rot, Rosa und Lavendelblau stehen zu mehreren in kugeligen Dolden über großen, lappigen, dunkelgrünen Blättern. Diese Art kann weiterkultiviert werden. Die Becherprimel ruft bei manchen Personen Allergien hervor.
P. praenitens, die Chinesenprimel, besitzt flaumig behaarte, handförmig gelappte Blätter und blüht im Frühjahr in Weiß, Rosa, Rot oder Orange bis Blau. Eine Weiterkultur lohnt nicht.
P. vulgaris (syn. *P. acaulis),* die Kissenprimel, ist mit einer großen Anzahl von Hybriden vertreten. Sie hat kurzgestielte Blüten, meist mit Auge, und blüht in allen Regenbogenfarben. Sie eignet sich für die Balkonkasten- und Schalenbepflanzung im zeitigen Frühjahr. Nach dem Abblühen kann man die Kissenprimeln in den Garten setzen.
Standort: Hell bis halbschattig, keine pralle Mittagssonne. Während der Blütezeit zwischen 10–15° C, um so länger dauert der Flor. Bei höherer Temperatur für Luftfeuchtigkeit sorgen. Am meisten Wärme verträgt die Becherprimel.

Pflege: Gleichmäßig feucht halten, Staunässe vermeiden. Kurz vor und während der Blüte alle 14 Tage schwach konzentriert düngen, *P. obconica* bis September, sofern weiterkultiviert wird.
Vermehrung: Durch Aussaat, ist jedoch schwierig.
Schädlinge, Krankheiten: Blattläuse, Spinnmilben bei zu warmer, trockener Haltung; vergilbte Blätter sind Zeichen für Eisenmangel, der durch zu kalkhaltiges Wasser entsteht, Grauschimmel bei zu feuchter Haltung.
Verwendung: Topfpflanze für kühle Räume.

Primula malacoides

Psidium guajava

PSIDIUM
Guajavabaum

Familie: Myrtengewächse, *Myrtaceae.*
Heimat: Mittel- und Südamerika.
Blütezeit: April bis Mai.

Bäume oder Sträucher mit länglich-ovalen, glatten oder filzig behaarten, fiedernervigen Blättern. Blüten weiß, einzeln oder zu mehreren an achselständigen Stielen.

Der Guajavabaum, *P. guajava,* ist ein immergrüner Großstrauch mit ovalen, 15 cm langen, im Austrieb lachsfarbenen Blättern. Die Blattnerven sind stark eingedrückt, so daß die Blattfläche runzelig wirkt. Im Frühjahr erscheinen weiße Blüten mit herausragenden Staubgefäßen, aus denen sich innerhalb von fünf Monaten eßbare, gelbe, birnenförmige Früchte entwickeln (Vitamin-C-Bomben).
P. littorale (früher *P. cattleianum),* der Erdbeer-Guajavabaum, hat etwas kleinere Blätter und rote, eßbare Früchte, deren Geschmack sich aber in Grenzen hält. Ausgepflanzt im Wintergarten ist etwa ab dem dritten Jahr mit Früchten zu rechnen.
Ältere Guajaven fruchten regelmäßig. Es ist aber sicherer, mit dem Pinsel etwas nachzuhelfen, vor allem wenn die Guajavabäume nicht im Freien stehen.
Standort: Im Sommer vollsonnig und sehr warm, an geschützter Stelle auch im Freien, im Winter hell um 1° C.
Pflege: Mäßig feucht halten. Während der Vegetationszeit alle 14 Tage düngen. *P. guajava* verliert im Winter einen Teil seiner Blätter. Auch die Reifezeit der Früchte fällt in die Wintermonate. Im Winter also gleichmäßig gießen, damit die Früchte nicht abfallen.
Vermehrung: Durch Aussaat oder Stecklinge bei 22–25° C unter einer Plastikhaube.
Krankheiten: Zuviel Nässe im Winterquartier führt zu Fäulnis.
Verwendung: Kübelpflanze für Wintergärten und Gewächshaus. Jungpflanzen auch im Zimmer.

Die Brautprimel ist ein hübscher, einjähriger Blumenschmuck und wird nach dem Abblühen weggeworfen.

Ältere *Psidium*-Pflanzen fruchten regelmäßig, es ist aber sicherer, mit dem Pinsel etwas nachzuhelfen, vor allem, wenn die Guaven nicht im Freien stehen.

Pteris cretica

Saumfarne gehören in jeden Flaschengarten.

Granatäpfel vertragen bis zu –10° C und können daher spät ein- und früh wieder ausgeräumt werden.

TIP

Wenn der Saumfarn nicht eingefüttert wird, besser Kunststofftöpfe verwenden, in denen der Erdballen nicht so schnell austrocknet.

PTERIS
Saumfarn, Flügelfarn

Familie: Mangrovefarne, *Acrostichaceae.*
Heimat: Tropen und Subtropen der Welt.
Blütezeit: Keine Blütenpflanze.

Saumfarne sind buschig wachsende Zimmerfarne mit ein- oder zweifach gefiederten oder fiederspaltigen, manchmal an der Spitze gekrausten Wedeln. Dunkelbraune Sporenhäufchen (Sori) bilden durchgehende Linien auf den rückseitigen Blattfiedern.

P. cretica ist eine sehr robuste Art mit vielen Sorten wie z. B. 'Albo-Lineata' mit etwas breiteren Fiedern und einem grün-weißen Mittelband, 'Alexandreae' mit weißbunten, jedoch an der Spitze eingeschnittenen und gekrausten Wedeln, 'Major' mit stark eingeschnittenen, sehr breiten, am Grunde verwachsenen Fiedern, 'Parkeri' mit breiten, ungekrausten und rauhen Fiedern; 'Wimsettii' mit hellgrünen, unregelmäßig gefiederten Wedeln mit gekrausten Blattspitzen.

P. ensiformis ist ein ausgesprochen tropischer Farn, von dem es zwei hübsche Sorten gibt: 'Victoriae' mit weißlichen Streifen und 'Evergemensis' mit silbrigem Schimmer.

Bei *P. tremula* handelt es sich um eine starkwüchsige australische Art mit bis zu 1 m langen, doppelt gefiederten Wedeln.

Standort: Hell bis halbschattig und luftfeucht. Grünlaubige Arten und Sorten etwas dunkler und im Winter bei 12–14° C, buntlaubige heller und bei 16–18° C. Nie in Heizkörpernähe stellen!

Pflege: Gleichmäßig mit kalkarmem Wasser feucht halten. Der Ballen darf niemals austrocknen! Bei tieferen Temperaturen weniger gießen. Für direkte und indirekte Luftfeuchte sorgen. Wöchentlich sehr schwach düngen, da die Pflanzen salzempfindlich sind. Bei Bedarf in kalkarmes Substrat umtopfen.

Vermehrung: Durch Teilung älterer Pflanzen beim Umtopfen oder durch Aussaat der Sporen bei 25° C unter Glas.

Schädlinge: Schildläuse und Blattläuse bei zu trockener Haltung; schwarze Flecken deuten auf Blattälchenbefall hin.

Verwendung: Schöne Blattpflanzen für Kalthaus, Blumenfenster, Vitrinen, Flaschengärten oder kühle Räume.

Punica granatum

PUNICA GRANATUM
Granatapfelbaum

Familie: Granatapfelgewächse, *Punicaceae.*
Heimat: Vorderasien, im Mittelmeergebiet eingebürgert.
Blütezeit: Juli bis August.

Granatäpfel gehören zu den ältesten Kübelpflanzen überhaupt. Auf Abbildungen von Hieronymus Bosch sieht man schon 1539 kultivierte *Punica* in Deutschland. Da die fruchttragenden Sorten, selbst im Wintergarten, keine »Äpfel« ansetzen, seien hier nur die Zierformen erwähnt. Sie sind sehr starkwüchsig, blühen viel länger und haben kaum Dornen. Blühende Granatäpfel im Kübel haben ihren Preis, da der Flor erst ab dem 3. bis 5. Jahr einsetzt. Die wichtigste Sorte ist 'Flore Pleno', gelegentlich auch als 'Flore Rubro' bezeichnet. Als schönste gilt heute 'Legrelliae' mit handtellergroßen, gefüllten, gelbroten Blüten an den Triebenden. Bei 'Albo Pleno' und 'Flore Luteo' handelt es sich um weiße bzw. orangegelbe Sorten. Schon als Steckling bringt die nur meterhohe 'Nana' orangerote bis granatrote Blüten hervor und setzt auch gele-

gentlich Früchte an. Eine gefülltblühende Form wächst langsamer. 'Nana Racemosa' wird 1 m hoch und ist wohl die schönste, kleinbleibende Sorte.
Standort: Ganzjährig sonnig und warm, im Sommer auch im Freien. Im Winter bei 2–6° C.
Pflege: Für gleichmäßige Feuchtigkeit sorgen. Ab August weniger Wasser geben, damit das Holz besser ausreift. Bis Mitte August alle 14 Tage düngen. Vor dem Überwintern etwa um ein Drittel einkürzen. Im Winter sehr trocken halten.
Vermehrung: Durch Stecklinge im Hochsommer, Bewurzelung in etwa 6–8 Wochen, bei 'Nana'-Sorten auch durch Aussaat.
Schädlinge: Schildläuse, Spinnmilben.
Verwendung: Eine der schönsten Kübel- und Wintergartenpflanzen.

Punica granatum

Radermachera sinica

RADERMACHERA SINICA
Zimmeresche

Familie: Bignoniengewächse, *Bignoniaceae*.
Heimat: China.
Blütezeit: Blüht in Kultur kaum.

Die Zimmeresche, früher *Stereospermum sinicum*, besitzt doppeltgefiederte, glänzendgrüne Blätter und kann im Topf bald eine Höhe von 1,5 m erreichen. Es gibt verschiedene Sorten, die sowohl im Habitus als auch in der Blattgröße etwas voneinander abweichen.
Standort: Ganzjährig hell und luftig, im Sommer auch im Freien. Im Winter bei 12–15° C, luftfeucht.
Pflege: Mit enthärtetem Wasser mäßig feucht halten. Im Winter nur soviel gießen, daß die Blätter nicht abfallen. Öfter sprühen. Im Sommer alle 14 Tage düngen.
Vermehrung: Durch Aussaat (Lichtkeimer). Hobbygärtner berichten auch von Erfolgen bei der Stecklingsanzucht.
Schädlinge, Krankheiten: Blattläuse, Schildläuse; die Pflanze reagiert auf starken Zigarettenrauch mit Blattfall.
Verwendung: Sehr schöne Blattpflanze für hellen Standort. Für Hydrokultur geeignet.

Dieses Prachtexemplar von einem Granatapfel ist schon einige Jahre alt.

In ihrer Heimat blüht die immergrüne *Radermachera* mit großen, schwefelgelben Blütenglocken, auf die man bei Kulturpflanzen umsonst wartet. Eine schöne, im Handel angebotene Sorte ist 'Daniella'.

TIP

Der Granatapfel muß unbedingt kühl überwintert werden, um den Blütenansatz zu fördern.

Rebutien haben ihren Namen vom französischen Kakteenliebhaber Pierre Rebut, der eigentlich ein Weinbauer war. Die Pflanzen, hier *Rebutia (Aylostera) hoffmannii* und *R. krainziana*, können schon bei 1 cm Durchmesser blühen.

Außer der beschriebenen Art gibt es von *Rehmannia* noch weitere selten angebotene Arten, z. B. *R. angulata*, 75 cm hoch, mit purpurroten Blüten, und die 30 cm hohe, rosettenbildende *R. glutinosa* mit rotbraunen oder gelben Blüten.

TIP

Wichtig bei Rebutien ist viel frische Luft. Deshalb sind sie im Frühbeet besser aufgehoben als im Gewächshaus. Bei völliger Trockenheit standen meine Pflanzen schon bei -8° C draußen, ohne Schaden zu nehmen.

Rebutia (Aylostera) hoffmannii

REBUTIA
Rebutie

Familie: Kakteen, *Cactaceae*.
Heimat: Argentinien, Bolivien.
Blütezeit: Frühjahr, gelegentlich ein zweites Mal im Herbst.

Die selten über 10 cm hohen, gedrückt-kugeligen Kakteen bilden viele Sprosse. Statt Rippen weisen sie spiralig angeordnete Warzen auf, die mit kurzen, weißen Stacheln besetzt sind. Die farbenprächtigen Blüten erscheinen oft schon bei jungen Pflanzen. Das Farbspektrum liegt meist im roten Farbbereich, es gibt aber auch gelbe und weiße Blüten. Zu *Rebutia* zählen auch *Aylostera*- und *Mediolobivia*-Arten sowie Sulcorebutien.
Rotblühend sind z. B. *R. chrysacantha, R. minuscula* und *R. wessneriana*. Gelb blühen *R. marsoneri, R. einsteinii* und *R. kesselringiana*, orange *R. hoffmannii*.
Weiße Blüten tragen *R. albiflora, R. eos* und *R. krainziana*.

Rosa Blüten gibt es bei *R. narvaecense, R. perplexa* und *R. xanthocarpa* var. *salmonea*.
Standort: Sonnig, luftig, im Sommer auch im Freien. Im Winter hell und trocken bei 3–8° C.
Pflege: Im Frühjahr mit dem Gießen erst anfangen, wenn die Blütenknospen deutlich sichtbar sind. Alle 14 Tage mit Kakteendünger versorgen. Ab Ende September Gießen und Düngen ganz einstellen.
Vermehrung: Durch Sprosse oder Aussaat.
Verwendung: Pflegeleichte Kakteen, ideal für eine Sammlung.

Rebutia krainziana

Rehmannia elata

REHMANNIA ELATA
Rehmannie

Familie: Gesneriengewächse, *Gesneriaceae*.
Heimat: China.
Blütezeit: Mai bis Juni, im Wintergarten auch schon im März/April.

Dieses Gesneriengewächs hat 20 bis 30 cm lange, behaarte Blätter und dem Fingerhut ähnliche rosa- bis purpurfarbene Blüten mit gelbem, rotgepunktetem Schlund. Die Pflanze kann eine Höhe von 1,5 m erreichen. Obgleich es sich um eine Staude handelt, wird sie meist jedes Jahr neu ausgesät.
Standort: Sehr hell, aber keine pralle Mittagssonne, im Sommer auch im Freien. Im Winter hell, bei 5–10° C.
Pflege: Mäßig gießen und bis Mitte August alle 14 Tage düngen. Im Winter sparsam wässern.
Vermehrung: Durch Aussaat im März bei 22–25° C. Bis man blühfähige Pflanzen erhält, dauert es 14 Monate.
Schädlinge, Krankheiten: Selten.
Verwendung: Seltener Sommerblüher für Kübelkultur. Wer einen kühlen oder temperierten, aber frostfreien Wintergarten hat, kann auch durchkultivieren.

Reinwardtia indica

REINWARDTIA INDICA
Reinwardtie

Familie: Leingewächse, *Linaceae.*
Heimat: Indien.
Blütezeit: November bis März.

Reichblühender, kleiner Halbstrauch mit goldgelben Blüten, deren Kronblätter am Grunde zu einer kurzen Röhre zusammengewachsen sind und die an kurzen Trieben stehen. *R. indica* wird etwa 90 cm hoch.
Standort: Ganzjährig hell, jedoch keine volle Sonne, relativ kühl und luftig. Im Winter bei 10–12° C. Bei Sommeraufenthalt im Freien leicht schattig stellen.
Pflege: Während der Wachstumsphase reichlich, sonst mäßig gießen. Alle 14 Tage düngen. Jungpflanzen der besseren Verzweigung wegen öfter stutzen. Ältere Pflanzen verkahlen leicht und blühen auch nicht mehr so reich. Daher empfiehlt es sich, jährlich Nachwuchs heranzuziehen.
Vermehrung: Durch Aussaat oder Stecklinge von Bodentrieben, die schon bei 12–15° C bewurzeln.
Krankheiten: Vorsichtig gießen, damit es nicht zu Wurzelfäule kommt.
Verwendung: Sehr schöne Blütenpflanze für kühle, helle Räume.

Rhapis humilis

RHAPIS
Steckenpalme

Familie: Palmen, *Arecaceae.*
Heimat: China, Japan.
Blütezeit: Blüht in Kultur selten.

Immergrüne, bambusähnliche Palme, die buschförmig wächst und Ausläufer treibt.
R. humilis, die Niedrige Steckenpalme, zeigt zahlreiche rohrförmige, mit rotbraunen Fasern bedeckte Stämmchen, die dicht nebeneinander einem unterirdischen Rhizom entspringen. Diese Art wird in Zimmerkultur etwa 1 m hoch, im Kübel etwas mehr. Die Blätter sind fingerförmig und tief geschlitzt.
R. excelsa kann doppelt so groß werden, ist im ganzen Habitus etwas gröber und wirkt nicht so elegant. Sie bildet im Alter einen dichten Busch und ist viel robuster als *R. humilis.* Bei zusagenden Kulturbedingungen kann diese Palme als Kübelpflanze sogar weiße bis elfenbeinfarbige Blüten hervorbringen.
Standort: Hell bis halbschattig, im Sommer auch im Freien. im Winter hell bei 5–10° C (notfalls bis 16° C).
Pflege: Der Wasserbedarf ist im Sommer sehr hoch, im Winter dagegen sehr gering. Von Mai bis September einmal wöchentlich düngen.
Vermehrung: Durch Aussaat, Keimdauer 2–3 Monate, oder durch Teilen, wobei die abgetrennten Teilstücke längere Zeit zur Erholung brauchen.
Schädlinge, Krankheiten: Spinnmilben bei zu trockenem, warmem Stand; bei zu viel Sonne gelbe Blätter.
Verwendung: Schöne Blattpflanze für Wintergärten, Eingangshallen und Treppenhäuser.

Die *Reinwardtia* aus den Gebirgen Nordindiens wurde nach Caspar Georg Carl Reinwardt (1773–1854) benannt, der den berühmten botanischen Garten Bogor auf Java gründete.

Ausgepflanzte, gesunde Steckenpalmen können unter günstigen Bedingungen schon mal geringe Fröste überstehen, *R. excelsa* z. B. bis – 8° C.

Rhipsalidopsis-Hybriden

Die bisher zu *Rhipsalidopsis* gehörenden Arten des Osterkaktus sind jetzt in der Gattung *Hatiora* aufgegangen; da es jedoch dauern wird, bis sich diese Veränderung herumgesprochen hat, wurden die Pflanzen hier unter ihrer bekannten Gattungsbezeichnung *Rhipsalidopsis* aufgeführt.

Rhipsalis baccifera heißt übersetzt »der beerentragende Rutenkaktus«. Die Beeren entwickeln sich aus den weißen Blüten.

RHIPSALIDOPSIS

Osterkaktus

Familie: Kakteen, *Cactaceae.*
Heimat: Brasilien.
Blütezeit: März bis Mai.

Osterkakteen ähneln sehr dem Weihnachtskaktus, *Schlumbergera.* Die kleinen, flachen, etwa 2 cm langen Blattglieder bilden eine buschige Wuchsform. Die roten bis rosavioletten Blüten sitzen am Ende der Blattglieder. Wichtigste Arten und Sorten: *R. gaertneri, R. rosea* und *R.* x *graeseri* (jetzt alle unter *Hatiora*).

Standort: Ganzjährig hell bis halbschattig, luftfeucht und warm, im Sommer auch im Freien.

Pflege: Ganzjährig mit weichem, zimmerwarmem Wasser leicht feucht halten, nach Blütenansatz alle 14 Tage düngen. Im Winter kühler und trockener halten.

Vermehrung: Durch Sproßstücke.

Krankheiten: Wurzelfäule durch zu nasse Haltung, Knospenfall durch zu kühlen Stand.

Verwendung: Topf- oder Ampelpflanze.

Rhipsalis baccifera

RHIPSALIS

Binsenkaktus, Korallenkaktus, Rutenkaktus

Familie: Kakteen, *Cactaceae.*
Heimat: Brasilien.
Blütezeit: Winter.

Diese meist epiphytisch wachsenden Kakteen sind sehr vielgestaltig. Es gibt Pflanzen mit dünnen, röhrigen Sproßgliedern oder solche, deren Glieder abgeflacht oder kantig, zum Teil auch schuppentragend sind. Die kleinen Blütchen halten mehrere Tage und verwandeln sich in beerenartige Früchte in Weiß, Rot oder Schwarz.

R. baccifera besitzt hellgrüne, sehr lange Triebe und weißliche Blüten.

R. cereuscula hat dunkelgrüne Langtriebe und hellgrüne, elliptische Kurztriebe. Die Blütchen sind weiß.

R. clavata wächst anfangs aufrecht, später stark verzweigt, Blütchen weiß, rötlich angehaucht.

R. pachyptera hat elliptische, fast kreisrunde, gekerbte, bis 20 cm lange und 12 cm breite, grobgenervte Blätter, die auffallend dunkelgrün und purpurrot überhaucht sind. Die gelblichen Blüten verströmen einen starken Duft.

R. megalantha hieß früher *Lepismium, R. pilocarpa Erythrorhipsalis.*

Standort: Hell und luftfeucht, im Sommer auch im lichten Schatten eines Baumes. Im Winter bei 10–15° C.

Pflege: Häufig mit kalkarmem Wasser gießen, eventuell auch tauchen. Die Pflanze darf nie austrocknen.

Rhipsalis megalantha

Rhipsalis pilocarpa

Rhodochiton atrosanguineus

Rhipsalis megalantha wurde von Botanikern früher unter *Lepismium* geführt. *R. pilocarpa* ist, wie der Artname sagt, mit behaarten Früchten ausgestattet. Je nach Standort kann es erforderlich sein, *Rhipsalis* im Winter Zusatzlicht zu geben, da es die Pflanze zwar hell, aber nicht sonnig wünscht.

Das Rosenkleid war früher eine wenig bekannte, reine Liebhaberpflanze. Heute kann man sie im Blumenhandel häufiger antreffen.

Im Winter erst gießen, wenn das Substrat abgetrocknet ist. Alle 14 Tage mit normalem Blumendünger versorgen. Wegen der langen Triebe erhöht stellen oder hängen, Epiphytenstämme oder Orchideenkörbchen sind ideal.

Vermehrung: Durch Aussaat oder Stecklinge bei 25° C. Bei hoher Luftfeuchte werden häufig schon bald Luftwurzeln gebildet.

Schädlinge, Krankheiten: Selten.

Verwendung: Exotische Ampelpflanze.

RHODOCHITON ATROSANGUINEUS
Rosenkleid

Familie: Braunwurzgewächse, *Scrophulariaceae.*

Heimat: Mexiko.

Blütezeit: Juli bis August.

Immergrüne, bis 3 m hohe Kletterpflanze mit herzförmigen, spitz zulaufenden Blättern. Die eigenartige Blüte wird etwa 5 cm lang und präsentiert eine dunkelrote, röhrenförmige Krone, die von hellroten, fünfteiligen Kelchblättern umgeben ist.

Standort: Vollsonnig, warm, im Sommer auch im Freien. Im Winter hell bei 5-10° C. Ein optimaler Standort ist z. B. die Südwand eines Hauses.

Pflege: Im Sommer reichlich gießen und alle 14 Tage düngen. Im Winter nur soviel gießen, daß das Substrat nicht austrocknet. Etwas erhöhte Luftfeuchtigkeit wirkt sich günstig aus. Für Kletterhilfe sorgen. Pflanzen im Freien vor den ersten Frösten zurückschneiden und ins Haus holen. Bei über 15° C blüht sie weiter.

Vermehrung: Durch Aussaat oder Triebstecklinge.

Schädlinge: Blattläuse.

Verwendung: Kletterpflanze für Wintergarten und Kübel, auch als Ampelpflanze geeignet.

TIP

Bei zu intensivem Licht färben sich die Triebe der Binsenkakteen leicht rötlich, was ihrem Wohlbefinden jedoch keinen Abbruch tut.

Bei Zimmerazaleen gibt es eine Fülle von Sorten, deren Namen man sich nicht zu merken braucht. Das Angebot ist grenzenlos und jeder findet eine Blütenfarbe oder Wuchsform, die ihm gefällt. Es gibt Hochstämmchen in allen Größen, schlanke Wuchsformen, gedrungene, buschige Exemplare in den Farben Weiß, Rosa, Rot, Lila und zweifarbig, gefüllt oder ungefüllt blühend.

Nahaufnahme einer Rhododendron-Blüte

Weiße Rhododendron-Simsii-Hybride

RHODODENDRON
Azalee, Alpenrose

Familie: Heidekrautgewächse, *Ericaceae.*
Heimat: China, Japan.
Blütezeit: Je nach Art und Sorte zwischen November und Mai.

Zu den schönsten winterblühenden Topfpflanzen gehören die Azaleen. Für die Zimmerkultur kommen zwei Arten in Frage: *R. x obtusum,* die »Japan-Azalee«, und *R. simsii,* die »Indische Azalee«. Sie ist mit zahlreichen Hybriden die Stammform unserer Zimmerazaleen und nicht winterhart. Die »Japan-Azalee« kann man nach der Blüte in den Garten pflanzen und sich dort noch jahrelang an ihrem Flor erfreuen. Ihre Blüten sind meist etwas einfacher und ursprünglicher. Die gefüllten oder ungefüllten Blüten dieser kleinen, baumartigen Sträucher präsentieren sich in Weiß, Rosa, Rot oder auch zweifarbig. Die kleinen Blättchen sind lederig, grün und glänzend. Der Handel bietet eine Fülle von Sorten an.

Standort: Hell bis halbschattig, kühl, feucht, luftig.

Pflege: Im Sommer reichlich kalkfrei gießen. Wöchentlich Azaleendünger hinzufügen. Im Herbst zur Knospenbildung etwas trockener halten. Ab Ende September im Haus kühl und hell stellen und gelegentlich übersprühen. Wenn die Knospen dick genug sind bzw. sich die ersten Blüten öffnen, etwas wärmer halten. Abgeblühtes regelmäßig ausbrechen. Azaleen können in geheizten Räumen nur kurzfristig stehen. Abgeblühte Pflanzen ab Ende Mai bis zum Topf in den Garten einsenken. Triebe, die sich bei Azaleen während oder kurz nach der Blüte bilden, ausknipsen. Im Frühsommer die Pflanzen mehrfach stutzen. Zum Umtopfen nur Azaleenerde oder Rhododendronsubstrat verwenden.

Vermehrung: Durch Kopfstecklinge bei 25° C im Vermehrungsbeet. Schwierig.

Schädlinge, Krankheiten: Spinnmilben bei zu warmem, trockenem Stand. Bei Befall durch die Azaleenmotte kommt es zu Kräuselungen der Blattspitzen; die Knospen fallen gerne ab, wenn man Azaleen zu früh warm stellt.

Verwendung: Wunderschöner Winterblüher für kühlere Räume oder

Rosablühende Rhododendron-Hybride

Rhoicissus capensis

Draußen auf der Terrasse wie im Wintergarten gleichermaßen schön: eine Azalee im Kübel.

»Evergreen grapevine«, immergrüne Rebe, nennen die Amerikaner den Kapwein oder die Kapland-Klimme. Es ist eine verhältnismäßig »junge« Pflanze, weil sie erst 1960 in Kultur genommen wurde. In südlichen Ländern wird der wüchsige Kletterstrauch gern zum Begrünen von Hauswänden verwendet.

Wintergärten. Hervorragende Pflanze zur Erziehung von Hochstämmchen. Als Bonsai geeignet.
Übrigens: Immer mehr finden auch die für den Garten geeigneten, winterharten Rhododendren Verwendung als Kübelpflanze für Terrasse oder Balkon. Besonders geeignet sind hierfür die Rhododendron-Repens-Hybriden. Sie blühen oft schon Mitte/Ende April in verschiedenen Rot- und Rosanuancen und können bis zu 1 m hoch und breit werden.
Erhältlich sind diese Schönheiten, die den Winter über im Freien bleiben können, aber stets vor zu viel Sonne geschützt werden müssen, in guten Baumschulen. Standortansprüche und Pflege entsprechen den anderen hier vorgestellten Rhododendren.

RHOICISSUS CAPENSIS
Kapwein, Sumachwein

Familie: Weinrebengewächse, *Vitaceae.*
Heimat: Südafrika.
Blütezeit: Blüht in Kultur kaum.

Immergrüner, kräftiger Kletterstrauch mit 20 cm breiten, fast herzförmigen, gezähnten, dicklich-lederartigen Blättern, die oberseits metallisch-smaragdgrün, unterseits braunfilzig behaart sind und an langen Stielen sitzen.
Standort: Ganzjährig hell bis halbschattig, im Sommer schattig im Freien. Im Winter bei 8–12° C.
Pflege: Im Sommer mit weichem Wasser reichlich gießen und bei trockener Heizungsluft öfter sprühen. Stabiles Klettergerüst anbieten und Pflanzen aufbinden, da sie keine eigenen Haftorgane besitzen. Rückschnitt wird vertragen.
Vermehrung: Durch Triebstecklinge bei 18° C. Die Blätter einkürzen, um die Verdunstung herabzusetzen.
Schädlinge, Krankheiten: Wolläuse, Spinnmilben; braune oder abfallende Blätter deuten auf Gießfehler hin.
Verwendung: Robuste Kletterpflanze für kühle Flure, Eingangshallen, Treppenhäuser oder sehr helle, nicht sonnige Wintergärten.

TIP

Zum Umtopfen der *Rhoicissus capensis* große Gefäße verwenden, da neben normalen Wurzeln auch noch knollenartige Speicherorgane vorhanden sind.

Ricinus communis demonstriert eindrucksvoll, welche Wuchskräfte in Pflanzen stecken können. Es ist schon faszinierend, innerhalb eines Sommers aus einem Samenkorn einen 3 m hohen Riesen mit gewaltigen Blättern hervorgehen zu sehen. Bild unten: Die charakteristischen, ebenfalls giftigen Früchte.

Blüten von Ricinus communis

RICINUS COMMUNIS

Palma Christi, Wunderbaum

Familie: Wolfsmilchgewächse, *Euphorbiaceae.*
Heimat: Wahrscheinlich tropisches Afrika.
Blütezeit: Spätsommer.

Baumartige, bis 3 m hoch werdende Pflanze mit riesigen, fingerförmigen Blättern, die je nach Sorte dunkelrot, grün mit roten Blattnerven oder glänzenddunkelgrün sein können. Ab August erscheinen die ährenförmigen Blütenstände. Die Fruchtstände können vor der Reife getrocknet und floristisch verwendet werden. Empfehlenswerte Sorten sind: 'Gibsonii' (Blätter dunkelrot), 'Sanguineus' (Blätter grün mit roten Nerven), 'Zanzibarensis' (größte Sorte mit großen, glänzendgrünen Blättern).

Achtung: Der *Ricinus* ist eine tödlich giftige Pflanze, einschließlich der Fruchtstände und Samen!

Standort: Vollsonnig, warm, im Freien.

Pflege: Der bei uns nur einjährig gezogene Wunderbaum braucht wegen seines enormen Wachstums einen sehr großen Behälter, sehr viel Wasser und wöchentlich reichlich Dünger.

Vermehrung: Durch Aussaat, der Samen sollte jedoch vorgequollen werden.

Schädlinge, Krankheiten: Selten.

Verwendung: Dekorative, einjährige Kübelpflanze.

Ricinus communis

ROSA

Rose

Familie: Rosengewächse, *Rosaceae.*
Heimat: Nahezu weltweit in Kultur.
Blütezeit: Sommer bis Herbst.

Die Rose, die Königin der Blumen, ist ein Tiefwurzler und läßt sich nur schwer in einem Pflanzgefäß halten. Es gibt jedoch Zwergformen, sogenannte Miniaturrosen, die auch als Topfpflanzen angeboten werden. Unter diesem Begriff sind oft nur 20–30 cm hoch werdende Sorten zusammengefaßt wie: 'Minima', das Kußröschen (rotblühend), 'Babymaskerade' (in der Knospe rot, im Aufblühen gelb), 'Bubikopf' (hellrosa, große Blüten), 'Daniela' (leuchtendzartrosa, gefüllt), 'Guletta' (zitronengelb, gefüllt, sehr reichblühend), 'Zwergkönig 78' (dunkelrot, gefüllt, klein bleibend), 'Zwergkönigin 82' (kräftigrosa, großblütig gefüllt).
Hat man größere Kübel zur Verfügung, so kann ich aus eigener Erfahrung auf Hochstämme veredelte Bodendeckerrosen wie 'The Fairy' (rosa), 'Swany' (weiß) oder 'Pink Bells' (rosa) besonders empfehlen.

Standort: Hell, sonnig, luftig, im Sommer am besten im Freien. Miniaturrosen im Winter bei 10° C.

Pflege: Während der Vegetationszeit regelmäßig gießen. Staunässe durch gute Dränage vermeiden. Im Winter nur soviel anfeuchten, daß der Ballen nicht austrocknet. Bis Ende Juli alle 14 Tage düngen, damit das Holz gut ausreifen kann. Verblühtes regelmäßig abschneiden, sonst werden Hagebutten angesetzt, die der Rose die Kraft für weiteres Blühen nehmen. Hochstämme in genügend großen

Zwergrosen-Sorte

Kübeln draußen oder im Boden eingesenkt überwintern. Veredelungsstelle schützen. Als optimales Substrat gilt lockere, lehmig-sandige Gartenerde. Jedes Frühjahr obere Erdschicht erneuern. Zwergrosen ab Februar wärmer stellen und langsam antreiben.
Vermehrung: Durch Stecklinge oder Veredelung (was für den Laien nicht ganz einfach ist). Samenanzucht bereitet selten Probleme.
Schädlinge, Krankheiten: Blattläuse; Mehltau, Sternrußtau.
Verwendung: Nur bedingt als Zimmerpflanze geeignet, besser für Schalen oder Balkonkästen.

Gartenrose im Kübel

Rosmarinus officinalis

ROSMARINUS OFFICINALIS
Rosmarin, Brautkraut

Familie: Lippenblütler, *Labiatae.*
Heimat: Mittelmeergebiet, Spanien, Portugal.
Blütezeit: Mai bis Juli.

Immergrüner, etwa 1 m hoher Strauch mit nadeligen, graufilzigen Blättchen und blaßblauen Lippenblütchen. Charakteristische Pflanze im Mittelmeergebiet.
Standort: Im Sommer sonnig, heiß und geschützt im Freien. Im Winter hell bei 2–8° C.
Pflege: Wenig gießen, aber niemals ganz austrocknen lassen. Von April bis August monatlich möglichst organisch düngen. Nach der Blüte um ein Drittel zurückschneiden.
Vermehrung: Durch Stecklinge von Juli bis August. Die Anzucht aus Samen ist langwierig.
Schädlinge, Krankheiten: Selten.
Verwendung: Kübel-, Balkon- und Topfpflanze. Kann im Kübel uralt werden.

Im 19. Jahrhundert spielten Topfrosen eine weitaus größere Rolle als heute, und die Treiberei von Rosen galt als besondere Gärtnerkunst. Heute werden die Zwergrosen im Frühjahr in Massen angeboten, sogar im Super-Mini-Format.

Bei ausreichend tiefen Kübeln kann man auch schwachwüchsige Gartenrosen im Kübel halten.

Rosmarin sollte auf keinem Balkon fehlen. Man braucht ihn als verdauungsförderndes Würzkraut für die Küche und für die Gesundheit. Rosmarin wirkt anregend auf Herz und Kreislauf und eignet sich daher gut als Badezusatz. Mit Weißwein angesetzt, ist er ein belebender Trunk für Menschen mit niedrigem Blutdruck.

Der Mäusedorn verträgt etwas Frost, so daß man sich beim Einräumen nicht sonderlich zu beeilen braucht. Ausgepflanzt kann er milde Winter im Weinbauklima sogar draußen verbringen.

Sabal minor wird trotz des Namenszusatzes »minor« ziemlich groß. Gemessen an einer weiteren Art, die in Spezialgärtnereien für Kübelpflanzen manchmal angeboten wird – es handelt sich um *S. blackburniana* – kann man sie dennoch als Zwerg bezeichnen. Letztere kann bis zu 12 m hoch werden und an 2 m langen Stielen fast kreisrunde Blätter mit 2–3 m Durchmesser entwickeln.

Ruscus aculeatus

RUSCUS

Mäusedorn

Familie: Liliengewächse, *Liliaceae*.
Heimat: Mittelmeerraum, Orient.
Blütezeit: März bis April.

Der Mäusedorn ist eine etwa meterhohe, langlebige Kübelpflanze, die wegen ihres immergrünen, lederigen Laubes und ihrer dekorativen Früchte geschätzt wird. Die »Blätter« sind eigentlich abgeflachte Triebe, sogenannte Kladodien. Die Pflanze ist zweihäusig, d. h., es gibt männliche und weibliche Exemplare. *R. aculeatus*, der Stechende Mäusedorn, hat spitze, 3,5 cm lange, glänzenddunkelgrüne Flachsprossen. Die seltenere Art *R. hypoglossum* wird nur 40 cm hoch, hat aber 8–20 cm lange, lederige »Blätter« ohne Spitze. Die Blütchen sind gelblich, die Früchte rot.

Standort: Hell bis schattig, im Sommer im Freien. Im Winter hell und gerade frostfrei.

Pflege: Im Sommer ausreichend gießen und alle 14 Tage düngen. Im Winter wenig gießen. Rückschnitt ist möglich.

Vermehrung: Durch Teilung, bewurzelte Ausläufer oder Aussaat (Keimdauer ein Jahr).

Schädlinge, Krankheiten: Selten.

Verwendung: Kübelpflanze für schattige Plätze.

Sabal minor

SABAL

Sabal-Palme, Palmetto-Palme

Familie: Palmen, *Arecaceae*.
Heimat: Subtropisches Amerika.
Blütezeit: Blüht in Kultur selten.

Buschige oder baumartig wachsende Palmen mit langen Blattspindeln und tiefeingeschnittener Blattspreite. Die Blattnerven enden oft in Fäden. Blütenstand reichverzweigt, aufrecht oder hängend.

S. minor wächst buschig und wird bis 2 m hoch.

S. palmetto wird höher. Ihre Blattstiele platzen an der Basis auf und bedecken den Stamm mit einem eigenartigen Muster.

Standort: Ganzjährig sehr hell, aber nicht sonnig. Im Sommer warm, auch im Freien. Im Winter bei 10–15° C.

Pflege: Im Sommer reichlich gießen, im Winter nur dafür sorgen, daß der Wurzelballen nicht austrocknet. Von Mai bis August wöchentlich schwach dosiert düngen.

Vermehrung: Durch Aussaat oder Abtrennen von Ausläufern.

Schädlinge, Krankheiten: Selten.

Verwendung: Sehr schöne Grünpflanzen für Zimmer und Wintergarten.

Saintpaulia-Ionantha-Blüte

Saintpaulia-Ionantha-Hybriden

Obgleich von einem Deutschen entdeckt und in einer Gärtnerei in Hannover weitergezüchtet, erfreut sich das Usambaraveilchen vor allem in den USA besonderer Wertschätzung. »The African Violet Society of America« zählte schon 1955 mehr als 15000 Mitglieder, und auch die Zahl der dort gezüchteten Sorten ist fast unübersehbar groß. Die Fotos zeigen die ungeheure Vielfalt der Züchtungen deutlich.

SAINTPAULIA IONANTHA
Usambaraveilchen

Familie: Gesneriengewächse, *Gesneriaceae.*
Heimat: Ursprünglich Ostafrika.
Blütezeit: Ganzjährig.

Sehr schön blühende, kleine, rosettenförmig wachsende Pflanze mit fleischigen, oberseits dunkelgrünen, unterseits hellgrünen, filzigbehaarten Blättern und veilchenähnlichen Blüten in Violett, Rosa und Weiß. Im Jahre 1993 wurde in Hannover-Herrenhausen eine große Party zum 100. Geburtstag des Usambaraveilchens gefeiert. Welcher Pflanze wird schon soviel Ehre zuteil? Diakonissen einer deutschen Mission in Ostafrika haben das Usambaraveilchen vor 100 Jahren nach Europa gebracht. Entdeckt wurde *S. ionantha* 1892 vom Bezirkshauptmann von Usambara, W. von Saint Paul-Illaire. 1895 fand man die sehr ähnliche *S. confusa.* Beide können als Eltern der meisten Sorten angesehen werden. Die Farbskala des großen Sortiments reicht von allen Rosa-, Rot- und Blautönen bis zu reinem Weiß. Außerdem gibt es mehrfarbige Hybriden oder solche mit einfachen, gekrausten oder gewellten Blüten. Hinzugekommen sind die sogenannten Minis mit kleinen Blättern und Blüten.

Standort: Ganzjährig hell bis halbschattig und warm, keine pralle Sonne.

Pflege: Nur mit weichem Wasser gießen, Staunässe vermeiden. Blätter dabei nicht benetzen, sonst bekommen sie Flecken. Entweder mit einer dünnhalsigen Kanne direkt unter die Rosette gießen oder Wasser über den Untersetzer verabreichen, überstehendes Wasser nach einiger Zeit wegschütten. Im Winter kann man durch etwas trockenere Haltung und Kühle eine kleine Ruhepause einlegen. Alle 14 Tage schwach düngen. Bei zu starkem Wachstum Kakteendünger nehmen. Regelmäßig alles Verblühte und Welke auszupfen.

Vermehrung: Durch Blattstecklinge bei 20–25° C Bodenwärme. Jungpflanzen blühen schon nach sechs Monaten.

Schädlinge, Krankheiten: Bei trokkener Luft gelegentlich Befall mit Blatt- und Wolläusen; Mehltau, Grauschimmel, Wurzelfäule.

Verwendung: Blühende Zimmerpflanze. Besonders hübsch zu mehreren in einer großen Schale.

Die signalroten Blütentrauben des Feuersalbeis sind aus dem Balkonblumen-Sortiment nicht wegzudenken. Im übrigen wartet auch der Gewürzsalbei, *Salvia officinalis*, mit Farbigkeit auf. Die Sorte 'Tricolor' hat graugrün-violett und purpurrosa gezeichnetes Laub, 'Aurea' ist goldgelb panaschiert, 'Variegata' gelbgrün gefleckt.

Salvia splendens

TIP

Roter und Blauer Salbei zusammengepflanzt ergibt einen schönen Farbeffekt. Probieren Sie einmal, zum Feuersalbei die verwandte *Salvia farinacea* zu setzen. Ideale Sorten: 'Victoria' und 'Blue Bedder'.

SALVIA SPLENDENS

Feuersalbei, Prachtsalbei

Familie: Lippenblütler, *Labiatae.*
Heimat: Brasilien.
Blütezeit: Mai bis Oktober.

Der Feuersalbei gehört mit seinen scharlachroten Blütentrauben zu den auffälligsten Balkonpflanzen. Die buschige Staude besitzt hellgrüne, ovale, gesägte Blätter, vierkantige Stengel und wird bei uns nur einjährig gezogen.

Für die Balkongärtnerei sind niedrige, kompakt wachsende Sorten im Handel wie: 'Feuerzauber' (scharlachrot, 30 cm), 'Blaze of Fire' (leuchtendscharlachrot, 38 cm), 'Red Cardinal' (intensiv scharlachrot, 25 cm), 'Laser Purple' (dunkelviolett bis blau, 25 cm), 'Melba' (lachsrosa, 20 cm).

Zur selben Gattung gehört übrigens auch *Salvia officinalis,* der Gewürzsalbei. Er eignet sich sehr gut für Kübelkultur, kann im Winter im Freien bleiben und wirkt mit seinem silbriggrünen Laub besonders schön in Terrakottatöpfen.

Standort: Im Sommer sonnig, wenn möglich regengeschützt, im Freien.

Pflege: Gleichmäßig feucht halten, aber Staunässe vermeiden. Einmal pro Woche niedrig dosiert düngen. Verblühtes immer gleich abschneiden, damit die Pflanze neu austreiben kann.

Vermehrung: Durch Aussaat ab Anfang März. Pflänzchen einzeln in Töpfe setzen.

Schädlinge: Spinnmilben.

Verwendung: Zur Bepflanzung von Balkonkästen, Schalen und Rabatten.

SANSEVIERIA TRIFASCIATA

Bogenhanf, Sansevierie

Familie: Agavengewächse, *Agavaceae.*
Heimat: Tropisches Afrika.
Blütezeit: Meist März bis April.

Immergrüne Pflanze mit etwas fleischigen, aufrechtwachsenden, schwertförmigen, bis 1 m langen Blättern, die beiderseits mit hellgrünen oder dunkelgrünen Querbändern gezeichnet sind. Blüten klein, grünlichweiß, stark duftend, zu mehreren in 50 cm hohem, ährigrispigem Blütenstand.
In vielen Sorten erhältlich.

Standort: Ganzjährig sehr sonnig und warm, auch im Winter nicht unter 15° C.

Pflege: Nur gießen, wenn die Erde abgetrocknet ist, bei niedrigen Temperaturen im Winter noch weniger. Vorsicht: Ein Wasserüberschuß im Übertopf kann tödlich sein! Monatlich mit Kakteendünger versorgen. Die Blätter bleiben fester bei knappen Nährstoffgaben. Jedes Frühjahr in das nächst größere, flache Gefäß umtopfen. Sansevierien sind starkwüchsig und können ihre Töpfe sprengen.

Vermehrung: Durch Teilen oder etwa 5 cm lange Blattstecklinge. Stecklinge von gelbgestreiften Sorten fallen in die grüne Grundart zurück.

Krankheiten: Korkflecken auf den Blättern durch Staunässe, umfallende Blätter deuten ebenfalls auf zu nasse Haltung hin.

Verwendung: Ideale Pflanze für Anfänger.

Sansevieria trifasciata

Die langen, schmalen Blätter der Sansevierien sind von graphischer Schönheit und wirken in einer Gruppe etwas erhöht plaziert, zum Beispiel auf einem Beistelltisch, sehr edel. Eine häufig angebotene Sorte von *Sansevieria trifasciata* ist 'Laurentii' mit gelben Blatträndern; 'Craigii' hat mehrere gelblichweiße Längsstreifen, 'Hahnii' bildet eine kurztrichterförmige Rosette, die bei 'Golden Hahnii' mit breiten gelben Randstreifen versehen ist.

TIP

Bogenhanf lieber zweimal zuwenig als einmal zuviel gießen.

Sehr hübsch sieht es aus, wenn man von *Sanvitalia procumbens* die reichblühende Sorte 'Goldteppich' mit *Ageratum* oder einjährigen Ziergräsern zusammenpflanzt.

Saxifraga stolonifera bildet bei liebevoller Pflege bald einen Pulk von Kindeln, die an der Mutterpflanze herunterbaumeln.

Sanvitalia procumbens

SANVITALIA PROCUMBENS
Husarenknöpfchen

Familie: Korbblütler, *Compositae.*
Heimat: Mexiko, Guatemala.
Blütezeit: Mai bis Oktober.

Dieser einjährige Korbblütler wächst krautartig und breitverzweigt. Er erreicht eine Höhe von 15-20 cm und bildet dicke Polster. Die Blüte sieht aus wie die Miniaturausgabe einer Sonnenblume. Besonders hübsch sind die apfelsinenfarbige Sorte 'Mandarin Orange' oder die gefüllte, gelbe Sorte 'Plena'. Diese reich- und langblühende Pflanze enttäuscht selten und sollte viel mehr Beachtung finden.
Standort: Sonnig.
Pflege: Jungpflanzen im Abstand von 25 cm in nährstoffreiche, durchlässige Erde setzen. Mäßig gießen und alle 14 Tage schwach düngen. Abgeblühte Polster um die Hälfte zurückschneiden, um einen Neuaustrieb zu fördern.
Vermehrung: Durch Aussaat im März/April bei 15-18° C.
Schädlinge, Krankheiten: Selten.
Verwendung: Sehr schöne Hängepflanze für Schalen, Balkonkästen und Ampeln, zur Unterpflanzung in Kübeln und Trögen.

TIP

Der Hängesteinbrech wird nach 2-3 Jahren unansehnlich und sollte durch rechtzeitig gezogene Jungpflanzen ersetzt werden.

Saxifraga stolonifera

SAXIFRAGA STOLONIFERA
Judenbart, Hängesteinbrech

Familie: Steinbrechgewächse, *Saxifragaceae.*
Heimat: Japan, China.
Blütezeit: Mai bis August.

Der Hängesteinbrech besitzt in einer Rosette angeordnete, rundlich-nierenförmige, behaarte Blätter, die oberseits grün mit weißer Aderung, unterseits purpur gefärbt sind. Die Pflanze bildet an langen, fadenförmigen Ausläufern viele neue Pflänzchen (Kindel). Im Sommer erscheinen zahlreiche kleine, hellrosafarbene Blütchen, die in Rispen zusammenstehen. Die Sorte 'Tricolor' hat etwas kleinere, weißbunt gefärbte, in der Jugend rosa überhauchte Blätter.
Standort: Hell bis halbschattig, im Sommer auch im Freien, bei 13 bis 18° C. Im Winter bei 5° C. 'Tricolor' ganzjährig nicht unter 15° C.
Pflege: Mäßig feucht halten, besonders im Winter bei kühlem Stand. Von März bis August wöchentlich düngen.
Vermehrung: Durch Kindel, die oft schon kleine Würzelchen haben. Immer mehrere in einen Topf setzen.
Schädlinge, Krankheiten: Spinnmilben, Wolläuse; bei zu naßkaltem Winterstand Wurzelfäule, sparriger Wuchs und lange Blattstiele sind ein Zeichen mangelnder Nährstoffe.
Verwendung: Hübsche Ampelpflanze, auch als Bodendecker in Wintergärten geeignet.

SCHEFFLERA

Strahlenaralie, Lackblatt

Familie: Araliengewächse, *Araliaceae.*
Heimat: Taiwan, Australien, Neuguinea.
Blütezeit: Blüht in Kultur kaum.

Aralienähnliche, immergrüne Sträucher oder Bäume mit gestielten, handförmigen Blättern, die wie gelackt aussehen und sich in Jugendstadium und Alter unterscheiden. Die bekannteste Art, *Schefflera actinophylla,* manchmal auch unter dem Namen *Brassaia* geführt, hat bis 30 cm breite, zunächst viergeteilte, im Alter bis sechzehnfach geteilte Blätter.
In jüngster Zeit hat eine weitere Art von sich reden gemacht, die in Wuchs und Blattform zierlicher bleibt: *S. arboricola,* von der es auch einige panaschierte Spielarten wie 'Gold Capella' und 'Green Gold' gibt. Weitere Sorten mit verschiedenen Laubvarianten sind 'Renate', 'Henriette', 'Compacta'. Die Strahlenaralie enthält haut- und schleimhautreizende Stoffe.
Standort: Ganzjährig hell bis halbschattig, im Sommer auch im Freien, bei 15–21° C, luftfeucht. Wintertemperatur 12–16° C, panaschierte Pflanzen wärmer.
Pflege: Nur leicht feucht halten. Von März bis August alle 14 Tage düngen. Rückschnitt zu groß gewordener Pflanzen fördert die Verzweigung. An warmen Standorten öfter sprühen. Alle zwei Jahre umtopfen.
Vermehrung: Durch Kopfstecklinge bei 22° C, Abmoosen oder Aussaat.
Schädlinge, Krankheiten: Schildläuse bei zu warmem, trockenem Winterstand; verminderter Wuchs und Ausbleichen der Blätter weist auf Nährstoffmangel hin, Blattfall bei zu kühler Haltung.
Verwendung: Topf- und Kübelpflanze für kühle Treppenhäuser, Eingangshallen, Wintergärten. Für Hydrokultur geeignet.

Schefflera arboricola

Schizanthus-Wisetonensis-Hybride

SCHIZANTHUS-WISETONENSIS-HYBRIDEN

Spaltblume, »Orchidee des kleinen Mannes«

Familie: Nachtschattengewächse, *Solanaceae.*
Heimat: Ursprünglich Chile.
Blütezeit: Juli bis Oktober.

Einjährige, buschig wachsende Blütenpflanzen mit hellgrünen, gefiederten Blättern und zarten, großen, in Büscheln stehenden Blüten. Durch Kreuzungen verschiedener Wildarten, vor allem *S. grahamii* und *S. pinnatus,* entstanden Züchtungen mit Blüten in Weiß, Gelb, Rosa, Purpur bis Violett.
Die Pflanze ist giftig.
Standort: Hell bis sonnig, luftig und warm, ab Mitte Mai im Freien. Jungpflanzen im Winter sonnig, luftig, bei 10° C.
Pflege: Gleichmäßig feucht halten, wöchentlich düngen. Verblühtes regelmäßig entfernen, um Nachblüte anzuregen.
Vermehrung: Durch Aussaat ab Februar bei 16–18° C unter Glas.
Krankheiten: Bei einer zu feuchten Anzucht kann Fäulnis auftreten.
Verwendung: Für Balkonkästen, Schalen oder Zimmerkultur.

Schefflera arboricola ist heute eine unserer beliebtesten Blattschmuckpflanzen, vor allem auch deshalb, weil sie ganz hervorragend in Hydrokultur gedeiht.

Von *Schizanthus* gibt es einige Sorten-Mischungen wie 'Hitparade' und 'Starparade', beide nur 20 cm hoch, sowie eine riesenblütige Prachtmischung mit 40 cm hohen Exemplaren. Wer im Spätsommer aussät, hat bereits im Spätwinter oder Frühjahr blühende Pflanzen.

TIP

Meine Strahlenaralien wachsen im Kübel und verbringen die Sommerfrische unter hohen Bäumen, an die ich sie wegen ihres aufstrebenden Wuchses festgebunden habe.

Schlumbergera-Hybriden sind fröhlich-bunte Weihnachtsgeschenke, an denen man jahrelang Freude haben kann. Besonders viele neue Sproßglieder entwickeln die vitalen Pflanzen in der Sommerfrische.

Am wohlsten fühlt sich die tropische Efeutute im geschlossenen Blumenfenster, wo sie auf einem Epiphytenstamm wachsen kann; *Scindapsus* ist außerdem, bei genügend »warmem Fuß«, eine ausgezeichnete Hydropflanze.

Schlumbergera-Hybriden

SCHLUMBERGERA-HYBRIDEN
Weihnachtskaktus

Familie: Kakteen, *Cactaceae.*
Heimat: Ursprünglich Brasilien.
Blütezeit: November bis Januar.

Weihnachtskakteen werden häufig unter dem Namen *Epiphyllum* oder *Zygocactus* angeboten. Aus Wildarten dieser beiden epiphytisch wachsenden Kakteen haben Gärtner herrliche Hybriden in den Farben Weiß, Rosa, Rot und Violett gezüchtet. Die Sorte 'Gold Charm' besitzt sogar gelbe Blüten. Reine Arten sind kaum mehr im Handel.
Standort: Ganzjährig hell bis halbschattig, im Sommer auch im Freien. In der Ruhezeit bei 12–15° C.
Pflege: Etwa drei Monate vor der gewünschten Blühperiode die Pflanzen trocken und kühl halten. Nach einem Monat wieder etwas wärmer stellen. Sobald die Knospen erscheinen, die Wassergaben steigern und alle 14 Tage düngen. Gelegentlich sprühen, dabei Blüte nicht benetzen. Nach dem Flor wieder eine kurze Ruhepause einlegen.
Vermehrung: Durch mehrgliedrige Blattstecklinge bei etwa 20° C Bodentemperatur, vor dem Einpflanzen austrocknen lassen.
Krankheiten: Wurzelfäule bei naßkaltem Stand, bei sonnigem Stand können sich die Sproßglieder rötlich verfärben.
Verwendung: Schöne Blütenpflanze für Zimmer und Wintergarten, größere Exemplare sind hübsche Ampelpflanzen.

TIP

Wer schon etwas Erfahrung hat, kann durch Pfropfung auf *Pereskia aculeata, Selenicereus* oder *Hylocereus* attraktive Hochstämmchen vom Weihnachtskaktus ziehen.

Scindapsus pictus

SCINDAPSUS PICTUS
Gefleckte Efeutute

Familie: Aronstabgewächse, *Araceae.*
Heimat: Malaysia.
Blütezeit: Blüht in Kultur selten.

Kletterpflanze mit dunkelgrünen, fast herzförmigen Blättern, die weißgefleckt sind. Die Sorte 'Argyraeus' trägt tiefdunkelgrünes, mit silbrigen Sprenkeln und silbrigem Rand versehenes Laub. Oft wird im Handel unter *Scindapsus aureus* noch eine gelb-bunte Art angeboten, die botanisch jetzt jedoch *Epipremnum pinnatum* 'Aureum' heißt.
Standort: Ganzjährig hell bis halbschattig, luftfeucht und nie unter 16° C Luft- und Bodenwärme.
Pflege: Mit enthärtetem, zimmerwarmem Wasser gleichmäßig feucht halten. Viel sprühen und alle 14 Tage, im Winter monatlich, düngen.
Vermehrung: Im Frühjahr durch Triebstecklinge bei 25° C Bodentemperatur und hoher Luftfeuchtigkeit oder im Wasser.
Schädlinge, Krankheiten: Schildläuse; braunfleckige Blätter bei zu nasser, kühler Haltung.
Verwendung: Sehr schöne Kletter- oder Ampelpflanze.

Scirpus cernuus

SCIRPUS CERNUUS
Nickende Simse, Frauenhaar

Familie: Riedgrasgewächse, *Cyperaceae.*
Heimat: Mittelmeerraum, Tropen, Subtropen.
Blütezeit: Sommer.

Das Frauenhaar ist eine grasartige Pflanze mit dünnen, binsenartigen Halmen, die leicht überhängen. Sie wächst in ihrer Heimat an feuchten, sumpfigen Standorten. Die stecknadelgroßen, bräunlichen Blütchen sitzen an den Spitzen der fadenförmigen Halme und erscheinen oft sogar ganzjährig. In letzter Zeit wird diese Simse häufig in braune Plastikrollen gezwängt angeboten, was ihr das Aussehen einer »Graspalme« gibt.

Standort: Ganzjährig hell bis halbschattig, aber nicht pralle Sonne, bei Zimmertemperatur, luftfeucht.
Pflege: Stets gut feucht halten. Außer bei kühler Überwinterung sind »Fußbäder« erlaubt – aber nicht bis über den Topfrand ins Wasser stellen wie Zypergras! Für indirekte Luftfeuchte sorgen. Monatlich düngen.
Vermehrung: Durch Teilen oder Aussaat.
Schädlinge, Krankheiten: Blattläuse; trockene Blattspitzen durch zu trockene Haltung.
Verwendung: Ampelpflanze für luftfeuchte Umgebung. Sehr gut zur Bepflanzung von Terrarien. Für Hydrokultur geeignet.

Scutellaria costaricana

SCUTELLARIA COSTARICANA
Helmkraut

Familie: Lippenblütler, *Labiateae.*
Heimat: Costa Rica.
Blütezeit: Mai bis Juli.

Buschig wachsende Staude mit dunkelgrünen, zugespitzt-ovalen Blättern und endständigen, leuchtendroten Blütenähren. Die langröhrigen Blüten haben einen gelben Schlund. Insgesamt wird die Pflanze 30–40 cm hoch, wächst aber sparrig auf der Suche nach Licht. Gärtner behandeln sie daher mit Wuchshemmstoffen.

Standort: Ganzjährig sehr hell und luftig, aber keine direkte Sonne; im Sommer warm, im Winter nicht unter 15° C.
Pflege: Stets mäßig feucht halten. Von Frühjahr bis Herbst wöchentlich, im Winter monatlich düngen. Staksige Exemplare nach der Blüte zurückschneiden. Rechtzeitig für Jungpflanzen sorgen.
Vermehrung: Durch Kopfstecklinge im Herbst bei 25° C Bodentemperatur und hoher Luftfeuchte.
Schädlinge: Spinnmilben bei zu warmer, trockener Haltung.
Verwendung: Blütenpflanze für Gewächshaus und Blumenfenster.

Scirpus cernuus fühlt sich im zeitweilig luftfeuchten Bad sichtlich wohl und wird hier auch seltener von Blattläusen befallen. Übrigens: Vorsicht bei der Bekämpfung von Blattläusen: Die meisten zugelassenen Insektizide werden nur schlecht vertragen.

Das Helmkraut, *Scutellaria,* liebt es nicht, wenn die Bodentemperatur unter der Lufttemperatur liegt.

Häufig wird die Simse in Kunststoff-Manschetten eingezwängt angeboten (Bild unten). Dies ist keine artgerechte Haltung, sondern eine abstruse Vermarktungsidee, die man nicht unterstützen sollte.

Scirpus cernuus

Sedum – Selenicereus

Sedum morganianum

Frei hängend und aus dem Topf wachsend können die leicht brüchigen Triebe der »Affenschaukel«, *Sedum morganianum*, am wenigsten Schaden nehmen.

Sedum telephium, an sich eine Freilandpflanze, wirkt auch in Gefäßen dekorativ, besonders die Spielart 'Herbstfreude'.

Sedum rubrotinctum besitzt rosig überhauchte Blätter.

Sedum telephium 'Herbstfreude'

Sedum x rubrotinctum

SEDUM
Fetthenne

Familie: Dickblattgewächse, *Crassulaceae*.
Heimat: Weltweit verbreitet.
Blütezeit: Je nach Art verschieden.

Mit etwa 500 Arten in allen gemäßigten Zonen der Erde ist *Sedum* die umfangreichste Gattung unter den Dickblattgewächsen. Als Zimmer- oder Balkonpflanzen eignen sich vor allem:
S. morganianum, der Affenschwanz, der aus Mexiko stammt. Mit seinen fast meterlangen, weißblau bereiften Trieben, die dachziegelartig rundum mit kleinen, stielrunden, fleischigen Blättern besetzt sind, ist er wohl eine der schönsten Arten. Leider fallen die kleinen Blättchen bei der geringsten Berührung häufig ab. Die Sorte *S. morganianum* 'Buretti' hat kürzere Blätter, die besser haften.
S. pachyphyllum, die Schnapsnase, hat ihren Namen von der kräftig rotgefärbten Spitze der keuligen, 4 cm langen, dickfleischigen Blätter.
S. x rubrotinctum fällt durch die bei Sonneneinstrahlung prächtig rotgefärbten zylindrischen Blättchen auf, die besonders leicht abbrechen. Die Sorte 'Aurora' wächst kompakter, die Blätter sind lachsfarben mit silbrigem Schimmer.
S. sieboldii, im Badischen wegen seiner Blüte im Oktober liebevoll »Oktoberle« genannt, ist eine hübsche kleine Ampelpflanze für kühle Räume, kann aber genausogut auch den Winter bei uns ausgepflanzt im Freien bleiben.
S. bellum, S. griseum, S. platyphyllum, S. stahlii sind weitere interessante Arten.
S. telephium, das Purpurrote Sedum, wird bis 60 cm hoch. Es ist mit seinen üppigen Blütendolden eine beliebte winterharte Gartenstaude, wirkt aber auch im Kübel ungemein attraktiv.
Standort: Ganzjährig hell und sonnig, im Sommer auch im Freien, nicht zu warm. Im Winter bei 5–10° C. Einige Arten überstehen sogar Frost.
Pflege: Im Sommer wenig, im Winter fast gar nicht gießen. Während der Vegetationszeit monatlich mit Kakteendünger düngen.
Vermehrung: Durch Trieb- oder Blattstecklinge, die vor dem Einpflanzen antrocknen sollten.
Krankheiten: Bei naßkaltem Stand im Winter Fäulnis.
Verwendung: Schöne Blattpflanze für kühle, helle Räume, Gewächshäuser oder Wintergärten, auch als Ampelpflanze geeignet.

Verschiedene Selaginella-Arten

SELAGINELLA
Mooskraut, Moosfarn

Familie: Moosfarngewächse, *Selaginellaceae.*
Heimat: Tropische Regenwälder.
Blütezeit: Keine Blütenpflanze.

Ausdauernde, niederwüchsige Pflanzen mit einfachem oder gabeligem Stamm, der mit kleinen, relativ derben Blättern besetzt ist. *S. kraussiana* bildet Teppiche aus federartigen, kriechenden Trieben. Sehr schön ist auch *S. martiensii* 'Watsonia' mit silberweißen, überhängenden Triebspitzen.
Standort: Ganzjährig halbschattig, luftfeucht und warm. Im Winter mindestens 16° C.
Pflege: Reichlich mit zimmerwarmem, kalkfreiem Wasser gießen und sprühen. Monatlich mit halber Konzentration düngen. Bei Zimmerkultur in feuchten Torf oder Tongranulat einfüttern.
Vermehrung: Durch Teilung oder Zweigstecklinge.
Schädlinge: Schneckenfraß im Gewächshaus.
Verwendung: Bodendecker in geschlossenen Blumenfenstern, Gewächshäusern, warmen Wintergärten, Vitrinen und Flaschengärten.

Selenicereus grandiflorus

SELENICEREUS GRANDIFLORUS
Königin der Nacht, Schlangencereus

Familie: Kakteen, *Cactaceae.*
Heimat: Jamaika, Kuba, Haiti, Mexiko.
Blütezeit: Sommer bis Herbst.

Diese Kakteen entwickeln meterlange, rankende, graugrüne, vier- oder fünfrippige Triebe. Die Rippen sind mit nadelartigen Dornen besetzt. Die herrliche, große Blüte, die sich am späten Abend öffnet und am nächsten Morgen schon welkt, ist weiß und duftet stark nach Vanille. An größeren Exemplaren öffnen sich jährlich mehrere Blüten. *S. pteranthus,* die Prinzessin der Nacht, präsentiert große, aber duftlose Blüten.
Standort: Ganzjährig hell, jedoch vor praller Sommersonne geschützt. Im Winter bei 10–15° C.
Pflege: Im Sommer nur mit kalkarmem, zimmerwarmem Wasser gießen und bis zur Knospenbildung gelegentlich sprühen. Im Winter kaum gießen. Alle drei Wochen, große Exemplare wöchentlich, mit Kakteendünger versorgen. Die langen Triebe brauchen unbedingt eine Stütze und müssen regelmäßig hochgebunden werden.
Vermehrung: Durch etwa 15 cm lange Teilstücke bei 25° C Bodentemperatur.
Schädlinge: Wolläuse.
Verwendung: Pflegeleichte Kakteen mit großem Platzbedürfnis.

Eine hohe Luftfeuchte ist das Lebenselixier für alle *Selaginella*-Arten, die in Kultur sind.

Sollte die wüchsige »Königin der Nacht« nicht mehr zu bändigen sein, muß man schon mal zur Schere greifen und Unerwünschtes stutzen.

Sempervivum – Senecio

Alte Schuhe, ausgestattet mit den schönsten *Sempervivum*-Rosetten – auf dem Lande, vor allem in Süddeutschland und auch in Österreich – stößt man häufig auf derart originelle Bepflanzungsideen.

Senecio rowleyanus ist ein Beispiel für die bizarre Formenvielfalt dieser Gattung.

Wunder der Symmetrie: *Sempervivum*-Rosette (Bild unten).

Skurrile Sempervivum-Bepflanzung

SEMPERVIVUM
Hauswurz, Dachwurz, Donnerwurz

Familie: Dickblattgewächse, *Crassulaceae*.
Heimat: Gebirge des Mittelmeergebietes und Vorderasiens.
Blütezeit: Juli bis September.

Hauswurze sind dichte, polsterbildende Rosettenpflanzen mit fleischigen, grünen, roten oder bläulichen Blättern, die meist eine deutliche Spitze haben. Einige Arten sind auch mit einem spinnwebartigen Netz aus feinen Haarfäden überzogen. Ältere Pflanzen bilden verästelte Trugdolden mit sternförmigen, meist roten oder rosa, aber auch gelben oder weißen Blütchen. Nach der Blüte stirbt die Rosette ab, hat aber vorher schon für zahlreiche Kindel gesorgt. Einige schöne Arten: *S. arachnoideum*, (mit Spinnwebhaaren überzogen), *S. ciliosum* (ganz grün behaart), *S. soboliferum* (jetzt *Jovibarba soboliferum*, graugrün, rotüberhaucht). Die Sorte 'Commander Hay' fällt durch ihre dunkelrote Rosette besonders auf.
Von *S. tectorum* ssp. *tectorum*, der Gemeinen Dachwurz, gibt es inzwischen viele Hybriden, die sich in Blattform und -farbe unterscheiden.
Die Hauswurz galt auf dem Lande früher als sicherer Blitzschutz, wenn sie Dächer besiedelte, daher auch der Name Donnerwurz.
Standort: Sonnig, ganzjährig im Freien.
Pflege: Keine.
Vermehrung: Durch Aussaat oder Kindel.
Schädlinge, Krankheiten: Selten.
Verwendung: Für Schalen und Tröge auf der Terrasse, auf Garagen oder Hausdächern.

Sempervivum-Rosette

Senecio rowleyanus

SENECIO
Kreuzkraut

Familie: Korbblütler, *Compositae*.
Heimat: Afrika, Vorderindien, Mexiko.
Blütezeit: Blüht in Kultur selten.

Die Gattung *Senecio* enthält einige, zum Teil sehr bizarre kriechende oder aufrechtwachsende sukkulente Blattpflanzen.
S. haworthii besitzt dünne Triebe mit spitzen, fleischigen, weißfilzigen Blättern. Die Pflanze wird nur 20 cm hoch.
Bei *S. herreanus*, den »Erbsen am Bande«, sitzen die runden, graugrünen Blättchen wie Perlen aufgereiht an langen, herabhängenden Trieben.
S. kleinia, die Affenpalme, ist eine Stammsukkulente mit palmenartigem Blattschopf.
Die an Efeu erinnernde Kletterpflanze *S. macroglossus*, der Kapefeu, ist insbesondere in der panaschierten Form 'Variegatus' von Efeu nur durch die erfühlbare Blattcicke zu unterscheiden.
S. mikanioides, der Sommerefeu, bringt ebenfalls efeuähnliche Blätter und weiße oder rosafarbene Blätter hervor.

S. rowleyanus, die Erbsenpflanze, ist eine wuchernde Art mit langen, dünnen Trieben, die mit erbsenförmigen Blättern besetzt sind.
Standort: Hell, sonnig bis halbschattig, im Sommer auch im Freien. Im Winter bei 10–12° C, eventuell auch wärmer.
Pflege: Im Sommer nicht zu stark, im Winter bei Wärme etwas mehr gießen. Efeuähnliche Arten am Spalier ziehen und jährlich in Einheitserde mit etwas Lehmzusatz, die anderen in Kakteenerde umtopfen. Kräftigwachsende Arten alle 14 Tage düngen, langsamwachsende selten mit Kakteendünger versorgen.
Vermehrung: Durch Triebstecklinge.
Schädlinge: Blattläuse.
Verwendung: Kletter- und Ampelpflanze für Zimmer, Wintergarten und Gewächshaus.

Senecio herreanus

Senecio mikanioides

Senecio bicolor

SENECIO BICOLOR
Silberblatt, Kreuzkraut, Greiskraut

Familie: Korbblütler, *Compositae*.
Heimat: Mittelmeergebiete.
Blütezeit: Nur bei mehrjähriger Kultur im Frühjahr/Sommer.

Das Silberblatt wird bei uns meist einjährig kultiviert. Die immergrüne Pflanze mit dem tiefgeschlitzten, silberfilzigen Laub wird zunehmend auch im Herbst angeboten, da sie gut zu *Erica gracilis* und Tannengrün paßt und bedingt winterhart ist. 'Silverdust' ist eine nur 20 cm hohe Sorte mit zierlichem, weißsilbrigem Laub. 'Cirrus' hat große, gebuchtete, kohlähnliche Blätter, die bläulich schimmern und weißwollig behaart sind. Achtung: Die Pflanze enthält giftige Alkaloide.
Standort: Sonnig und regengeschützt im Freien.
Pflege: Nur leicht feucht halten und alle 14 Tage düngen.
Vermehrung: Durch Aussaat bei 18° C Bodenwärme.
Schädlinge, Krankheiten: Blattläuse, Echter und Falscher Mehltau.
Verwendung: Für die Sommer- und Winterbepflanzung von Kästen und Schalen.

Der Sommerefeu, *Senecio mikanioides*, klettert in seiner südafrikanischen Heimat bis in 5 m Höhe.

Senecio herreanus ist eine bizarre Ampelpflanze, die in jeder Sukkulentensammlung Aufsehen erregt.

Die gelben Blüten von *Senecio bicolor* erscheinen nur bei mehrjähriger Kultur, was aber wenig bringt, da der Strauch dann bis zu 80 cm hoch und sperrig wächst; außerdem lohnt der bescheidene Flor den Aufwand der wiederholten Überwinterung kaum.

Senecio-Cruentus-Hybriden verblüffen durch ihre Farbenvielfalt und -intensität.

Bei unschönem Wuchs und mangelnder Verzweigung kann *Sesbania punicea* bodengleich zurückgeschnitten werden, damit sich die Pflanze von unten her neu aufbaut.

TIP

Ich habe schon mehrfach einige Cinerarien im Frühjahr als Schmuck vor der Haustür gehalten. Eine kalte Nacht ab und zu macht ihnen nichts aus.

Senecio-Cruentus-Hybride

SENECIO-CRUENTUS-HYBRIDEN
Aschenblume, Läuseblume, Cinerarie

Familie: Korbblütler, *Compositae.*
Heimat: Kanarische Inseln.
Blütezeit: Frühjahr.

Krautige, etwa 30 cm hohe Pflanzen mit großen, weichen, unterseits graubehaarten Blättern und einer Fülle margeritenähnlicher Blüten, die in großen Dolden zusammen stehen. Die früher sehr kräftigen Farbtöne der Blüten sind heute einem sanfteren Farbspektrum gewichen. Die Blüten präsentieren sich teils gefüllt, teils mit weißem Ring. Im Angebot ist auch die nur 15 cm hohe Zwergsorte 'Scarlet'. Cinerarien werden bei uns einjährig gehalten.

Standort: Hell, luftig, bei 16–18° C, luftfeucht. Jungpflanzen im Winter bei 5–10° C.

Pflege: Reichlich gießen, denn auch nur kurzes Austrocknen verkürzt die Blühdauer. Für indirekte Luftfeuchte sorgen. Düngen ist nicht nötig.

Vermehrung: Durch Aussaat im Juli/August oder etwa 10 cm lange Kopfstecklinge im Frühjahr.

Schädlinge, Krankheiten: Blattläuse. Pflanzen vorbeugend weit auseinanderstellen und schon gleich nach dem Kauf Insektizidstäbchen in die Erde stecken; Mehltau, Grauschimmel.

Verwendung: Farbenfroher Frühlingsgruß für helle, jedoch nicht allzu warme Räume.

Sesbania punicea

SESBANIA PUNICEA
Sesbanie

Familie: Hülsenfrüchtler, *Leguminosae.*
Heimat: Argentinien, Brasilien.
Blütezeit: Frühjahr bis Herbst.

Im englischsprachigen Raum heißt diese Pflanze »Scharlachroter Glyzinenbaum«, womit das Aussehen zutreffend beschrieben wird. Der 3 m hohe Busch trägt dunkelgrünes, paarig gefiedertes Laub und bringt scharlachrote Blüten hervor, die jeweils zu zehnt in hängenden Rispen angeordnet sind.

Standort: Im Sommer sonnig und warm im Freien. Im Winter bei 4–10° C auch dunkel, da die Blätter ohnehin abfallen.

Pflege: Während der Vegetationszeit mäßig gießen, im Winter Staunässe unbedingt vermeiden! Bis August wöchentlich düngen. Bei dunkler Überwinterung fast trocken halten.

Vermehrung: Durch halbverholzte Triebstecklinge im Sommer.

Krankheiten: Mehltau oder Fäulnis bei zu nassem Stand im Winterquartier.

Verwendung: Kübel- oder Wintergartenpflanze. Leicht als Hochstämmchen zu ziehen.

Sinningia-Hybride

Großblumige *Sinningia*-Hybride mit kleinen Knollen. Hier lohnt sich eine Weiterkultur nicht.

SINNINGIA-HYBRIDEN
Gloxinie

Familie: Gesneriengewächse, *Gesneriaceae.*
Heimat: Brasilien.
Blütezeit: Zu allen Jahreszeiten.

Die Gloxinie ist eine auffallende, 20–30 cm hohe Knollenpflanze mit großen, glockenförmigen, samtigen Blüten und dunkelgrünen, zungenförmigen, weichen, behaarten Blättern.
Vorfahre aller *Sinningia*-Züchtungen ist *S. speciosa,* aus der durch Einkreuzungen anderer Arten wie z. B. *S. regina* eine unübersehbare Anzahl von Hybriden mit Blüten in Weiß, Blau, Rosa, Rot, Violett sowie Farbkombinationen und auch gefüllte Sorten entstanden.
Standort: Ganzjährig hell, aber keine direkte Sonne, luftfeucht und warm.
Pflege: Regelmäßig mit zimmerwarmem, enthärtetem Wasser feucht halten. Wöchentlich düngen. Für indirekte Luftfeuchte sorgen, die Blätter vertragen direktes Besprühen nicht! Nach dem Abblühen die Knollen bei etwa 13° C trocken lagern. Im Frühjahr in leicht saure Erde umtopfen, jedoch nicht zu tief legen. Nach dem Austrieb kräftig gießen.
Vermehrung: Durch Blatt- oder Triebstecklinge bei 20° C in feuchtem Sand.
Schädlinge, Krankheiten: Blattläuse, Spinnmilben, Blasenfüße; Einrollen der Blätter durch Lufttrockenheit, Fäulnis durch naßkalten Stand.
Verwendung: Herrlich blühende Zimmerpflanze.

Skimmia japonica

Schöne Sorten von *Skimmia japonica* sind u. a. 'Nymans', hellrote Früchte, 'Scarlet Queen', hochwachsend, Früchte rot oder 'Kew White' mit weißen Früchten.

SKIMMIA JAPONICA
Skimmie

Familie: Rautengewächse, *Rutaceae.*
Heimat: Japan, Riukiu-Inseln, Taiwan.
Blütezeit: April bis Mai.

Die Skimmie besitzt lorbeerähnliche, glänzenddunkelgrüne, immergrüne Blätter und fällt im Frühjahr durch weiße Blütenrispen, im Herbst durch haltbaren, rotgelackten Beerenschmuck auf. Der Strauch wird bis 1 m hoch.
Standort: Ganzjährig hell, nicht vollsonnig, im Sommer auch im Freien. Im Winter luftig und bei ca. 10° C. In milden Lagen kann die Skimmie auch im Garten ausgepflanzt werden.
Pflege: Den Sommer über mit kalkarmem Wasser gleichmäßig feucht halten. Alle 14 Tage düngen. Im Winter weniger gießen.
Vermehrung: Durch Kopfstecklinge im August, jedoch langwierig und schwierig. Stecklinge im September/Oktober in den Frühbeetkasten stecken. Die Bewurzelung kann jedoch fast ein Jahr dauern.
Schädlinge, Krankheiten: Selten.
Verwendung: Kübelpflanze.

Hat man genügend Rhizomstücke von *Smithianta* zur Verfügung, kann man die Blüte verlängern, indem die Stücke jeweils im Abstand von einer Woche in Töpfe gepflanzt werden.

Solandra braucht viel Platz und viel Licht in Form von direkter Sonne. Am besten entwickelt sie sich im Wintergarten frei ausgepflanzt.

Smithianta-Hybride

SMITHIANTA-HYBRIDEN
Smithiante

Familie: Gesneriengewächse, *Gesneriaceae.*
Heimat: Südamerika.
Blütezeit: Juli bis September.

Krautige Pflanzen mit kriechendem, schuppigem Erdstamm. Blätter herzförmig, weich, grün mit purpurfarbenen Mittel- und Seitennerven und purpurfarbener Zeichnung. Blüten glockenförmig, orangefarben, in Trauben am Ende blattloser Stengel. Reine Arten sind kaum im Handel, dafür zahlreiche Kreuzungen aus *S. multiflora* und *S. zebrina.* Die Pflanzen hießen früher *Naegelia.*
Standort: Im Sommer hell, warm und luftfeucht; im Winter trocken bei 12° C.
Pflege: Zur Wachstumszeit gleichmäßig mit weichem Wasser feucht halten. Alle 14 Tage schwach dosiert düngen. Im Winter trocken halten, nicht düngen.
Vermehrung: Durch Teilen der Rhizome oder Aussaat.
Schädlinge, Krankheiten: Vorsicht vor Staunässe.
Verwendung: Sehr schöne Blatt- und Blütenpflanze für warme, luftfeuchte Standorte.

Solandra guttata

SOLANDRA
Trompetenblume, Goldkelch

Familie: Nachtschattengewächse, *Solanaceae.*
Heimat: Mexiko, Jamaika.
Blütezeit: Sommer bis Herbst, auch zu anderen Zeiten.

Zur Gattung *Solandra* gehören zum Teil bis 10 m hoch kletternde Sträucher mit immergrünen, lederigen, glänzendgrünen Blättern, in deren Blattachseln große Trichterblüten sitzen, die nachts duften.
S. grandiflora besitzt große, elliptische Blätter und etwa 15 cm große, zunächst grünlichweiße, später bräunlichgelbe Blüten.
S. guttata hat 15 cm lange, unterseits weichbehaarte Blätter. Die Blüten sind gelb, innen purpur gestreift mit abstehendem, gekräuseltem Saum.
S. maxima bringt gelbe, trichterförmige Blüten hervor, die innen ebenfalls mit purpurfarbenen Streifen gezeichnet sind. Die Pflanze ist möglicherweise giftig.
Standort: Ganzjährig hell bis vollsonnig, im Wintergarten auch direkt hinter dem Glas, warm und luftig.
Pflege: Von Frühjahr bis Sommer regelmäßig gießen. Wöchentlich düngen. Bei Bedarf zurückschneiden.
Vermehrung: Durch Aussaat oder Triebstecklinge bei 25–30° C Bodenwärme.
Schädlinge: Blattläuse.
Verwendung: Kletterpflanze oder Bodendecker für warme, größere Gewächshäuser oder Wintergärten.

TIP

Die Blüte der *Solandra* läßt sich durch eine Trockenphase steuern. Dabei muß die Pflanze so trocken gehalten werden, daß die Blätter welken oder gar abfallen. Erst dann werden wieder viele neue Blütenknospen angesetzt. Danach wieder gießen.

Solanum rantonnetii

SOLANUM

Nachtschatten, Blauer Kartoffelbaum

Familie: Nachtschattengewächse, *Solanaceae.*
Heimat: Tropen und Subtropen.
Blütezeit: Mai bis Oktober, je nach Art auch länger.

Zur Gattung Nachtschatten, *Solanum,* gehören die interessantesten Pflanzen. Da wäre zunächst *S. tuberosum,* unsere gute alte Kartoffel, die übrigens bei näherem Hinsehen sehr hübsch blüht. Auch die Eierfrucht oder Aubergine, *S. melongena,* im tropischen Afrika, Arabien und Nordwestindien beheimatet, gehört zum *Solanum*-Clan, genauso wie die bei uns heimische »Hexenpflanze« *S. dulcamara,* auch Bittersüßer Nachtschatten genannt. Als Zimmer- und Kübelpflanzen haben sich besonders *S. pseudocapsicum, S. muricatum,* die hier extra behandelt werden, sowie weiß- oder blau blühende tropische Arten einen Namen gemacht.

Solanum jasminoides

S. jasminoides aus Brasilien, ein, je nach Überwinterung, immergrüner, schnellwachsender Strauch, der ausgepflanzt 10 m lange Triebe entwickeln kann. Die schmallanzettlichen Blätter sind etwa 8 cm lang. Die Blüten ähneln Kartoffelblüten.
S. rantonnetii aus Argentinien dagegen wirft das Laub ab und bringt eine Fülle von violett-blauen Blütchen mit gelber Mitte hervor. Besonders üppig blüht die Sorte 'Grandiflorum'. Sie läßt sich gut zum Hochstamm erziehen, wirkt aber ausgepflanzt im Wintergarten am Spalier am attraktivsten.
S. wendlandii, der Costa-Rica-Nachtschatten, gilt als schönste Art und klettert mit hakenartigen Stacheln bis 5 m hoch. Die Blätter sind bis 25 cm lang, die rosa- bis fliederfarbigen Blütchen stehen in großen Büscheln zusammen. Das Laub wird im Winter abgeworfen.
Alle *Solanum*-Arten sind in allen Teilen giftig.
Standort: Sonnig bis halbschattig, im Sommer auch im Freien. Im Winter hell, bei 4–10° C, *S. jasminoides* kann im Winter auch dunkel gehalten werden.
Pflege: Während des Wachstums reichlich gießen. Wöchentlich düngen. Bei dunkler Überwinterung kaum, bei heller Überwinterung sparsam gießen. Vor dem Überwintern etwa 50 cm über dem Topfrand abschneiden.
Vermehrung: Durch halbreife Kopfstecklinge im Frühjahr.
Schädlinge: Blattläuse, Weiße Fliege.
Verwendung: Schöne Kübel- bzw. Kletterpflanzen für Wintergärten und Terrassen.

Von allen exotischen *Solanum*-Arten hat sich *S. rantonnetii* am meisten durchgesetzt. Kein Wunder bei der Blütenfülle, die bis in den Herbst hinein anhält. Die biegsamen, bis zu 2 m langen Triebe können Kletterdrang entwickeln, wenn man sie läßt.

Solanum jasminoides zählt zu den am schnellsten wachsenden Kübelpflanzen, vor allem, wenn er gut gefüttert wird.

Während die Früchte von *Solanum pseudocapsicum* giftig sind, zieht man die der Kachuma, *S. muricatum* (Bild unten), wegen ihres Wohlgeschmacks. Die Früchte beginnen bei uns ab August zu reifen und schmecken nach Birne und Melone.

Das Bubiköpfchen fühlt sich als Beipflanze eines Zimmerbrunnens sichtbar wohl.

Solanum pseudocapsicum

Solanum muricatum

SOLANUM PSEUDOCAPSICUM
Korallenstrauch

Familie: Nachtschattengewächse, *Solanaceae.*
Heimat: Madeira.
Blütezeit: Mai bis Juli.

Kleine, strauchartig wachsende Pflanze mit kleinen, dunkelgrünen, lederigen Blättern und grünlich-weißen Blüten. Besonders auffällig sind die zunächst grünen, dann gelben und später korallenroten, kugeligen Früchte, die monatelang die Pflanze zieren.
Im Handel findet man 'Dwarf Red' und 'New Patterson' mit orangefarbenen, 'Goldball' mit großen goldgelben und 'Snowfire' mit weißen Früchten, die sich später rot färben. Die Früchte sind giftig. Eine neue Ampelpflanze ist die mehrjährige Birnenmelone, *Solanum muricatum* 'Pepino Gold'. Sie blüht violettblau, bildet eßbare goldgelbe Früchte mit violetten Streifen und wird wie der Korallenstrauch gepflegt.
Standort: Ganzjährig hell bis sonnig, luftig und nicht zu warm (etwa 15° C), im Sommer auch im Freien.
Pflege: Meist kauft man die Pflanzen mit Fruchtschmuck im Spätsommer und pflegt sie, bis die Beeren unansehnlich geworden sind. Je kühler der Raum, desto länger hält der Schmuck. Will man überwintern, schneidet man die Triebe im Herbst zurück, stellt die Pflanze hell und kühl und hält den Ballen gerade eben feucht. Ab Februar wieder antreiben. Im Sommer reichlich gießen und alle 14 Tage düngen. Mit etwas Mühe kann man sogar ein Hochstämmchen heranziehen. Obwohl Weiterkultur unüblich ist, habe ich schon von einem 10 Jahre alten Korallenbäumchen gehört.
Vermehrung: Durch Aussaat oder Stecklinge im Frühjahr. Jungpflanzen zweimal stutzen.
Schädlinge, Krankheiten: Blattläuse und Spinnmilben bei zu warmem Stand; vergilbende Blätter bei zu dunkler Haltung, Blattfall bei Zugluft oder Staunässe.
Verwendung: Zimmer- und Kübelpflanze für kühle Räume.

Soleirolia soleirolii

SOLEIROLIA SOLEIROLII
Bubiköpfchen, Heimglück

Familie: Nesselgewächse, *Urticaceae.*
Heimat: Mallorca, Korsika, Sardinien.
Blütezeit: Blüht in Kultur kaum.

Das Bubiköpfchen, manchmal noch unter dem alten Namen *Helxine soleirolii* im Handel, ist eine kleine, teppichbildende Pflanze mit fadendünnen Stengeln, an denen winzige, rundlich-ovale Blätter sitzen. Neben der reingrünen Art gibt es die Sorten 'Argentea' mit silbrigem und 'Aurea' mit goldgrünem Laub.
Standort: Ganzjährig hell bis halbschattig, kühl oder bei Zimmertemperatur.
Pflege: Gut feucht halten, jedoch nur über den Untersatz gießen und von März bis August monatlich düngen. Im Winter bei Wärme mehr, bei Kühle weniger Wasser geben. Bei wärmerer Haltung öfter sprühen.
Vermehrung: Durch Teilung.
Krankheiten: Vor Trockenheit und Staunässe schützen!
Verwendung: Bodendecker für Vitrinen, geschlossene Blumenfenster und Wintergärten. Problemlose Topfpflanze.

SPARMANNIA AFRICANA
Zimmerlinde

Familie: Lindengewächse, *Tiliaceae*.
Heimat: Südafrika.
Blütezeit: Januar bis März.

Dieser immergrüne Strauch mit seinen bis 25 cm großen, lindgrünen, weichbehaarten, herzförmigen Blättern blickt bei uns schon auf eine 200jährige Tradition zurück. Heute, im Zeitalter der Wintergärten, feiert die Zimmerlinde fröhliche Auferstehung und kann unter günstigen Bedingungen bis zu 2 m hoch werden. Bei günstigen Lichtverhältnissen erscheinen im Spätwinter große Trugdolden mit weißen, ungefüllten Blüten, die mit Büscheln gelber und brauner Staubgefäße ausgestattet sind.
Es gibt eine gefülltblühende Form 'Plena', die aber weniger schön als die Art ist.

Standort: Ganzjährig sehr hell und luftig, im Sommer auch im Freien. Im Winter bei 6–12° C oder etwas wärmer.

Pflege: Reichlich wässern, da die großen, beidseitig weich behaarten, samtweichen Blätter viel Feuchtigkeit verdunsten. Von Frühjahr bis Herbst wöchentlich düngen. Im Winter bei kühlem Stand weniger gießen. Bei wärmerem Stand öfter mit weichem Wasser sprühen. Bei Freilandaufenthalt oder starkem Wuchs ein- bis zweimal jährlich in einen größeren Topf umtopfen. Rückschnitt ist jederzeit möglich.

Vermehrung: Durch Stecklinge bei 20° C.

Schädlinge, Krankheiten: Thripse, Weiße Fliege, Blattläuse; gelbe Blätter durch Zigarettenrauch oder zu kaltes und feuchtes Substrat im Winterquartier; Blattfall durch Zugluft oder zu trockene Haltung.

Verwendung: Ansehnliche Topf- oder Kübelpflanze für große, helle, im Winter möglichst kühle Räume bzw. große Wintergärten, Veranden, Flure, Hallen. Ideale Solitärpflanze für Einzelstand, die bei rechtzeitigem Abknipsen der Seitentriebe auch zu einem »Zimmerbaum« erzogen werden kann. Für Hydrokultur geeignet.

Sparmannia africana

Zimmerlinden bilden sehr hübsche Blüten. Da die Blühfreudigkeit von Exemplar zu Exemplar unterschiedlich ausfällt, sollte man bei der Vermehrung Stecklinge nur von solchen Exemplaren schneiden, die schon reich geblüht haben.

Sparmannia-Blüten

TIP

Man kann Zimmerlinden auch in Drahtkörben im Freien auspflanzen und bekommt dann innerhalb einer Vegetationsperiode wahrhaft riesige Exemplare. Im Herbst die Wurzeln rings um die Drahtkörbe abstechen, die Pflanzen zurückschneiden und in ein helles, kühles Quartier einräumen.

Wer wenig Platz hat, ist mit Hybriden des kleinerbleibenden *Spathiphyllum wallisii* besser bedient als mit den großblumigen Spielarten.

Von *Stapelia variegata* gibt es zahlreiche Unterarten. Sie wird in der Züchtung häufig als Kreuzungspartner verwendet.

Spathiphyllum-wallisii-Hybriden

SPATHIPHYLLUM

Einblatt, Blattfahne

Familie: Aronstabgewächse, *Araceae.*
Heimat: Tropisches Amerika.
Blütezeit: Frühjahr bis Sommer.

Immergrüne Pflanze mit langgestielten, speerförmigen, glänzendgrünen Blättern. Der für Aronstabgewächse typische Blütenstand, ein weißer bis gelblicher Kolben, ist von einem großen, weißen Hüllblatt (Spatha) umgeben und ragt weit über die Blätter hinaus. Die Blüten halten oft wochenlang, das weiße Hochblatt vergrünt jedoch mit der Zeit. Schöne Sorten sind z. B. 'Mauna Loa', 'Marion Wagner', 'Cleveland' oder 'McCoy'.

Der Pflanzenhandel bietet fast nur Hybriden dieser exotischen Zimmerpflanze an.

Standort: Ganzjährig hell bis halbschattig, warm und luftfeucht.

Pflege: Im Sommer mäßig feucht halten und gelegentlich übersprühen; zimmerwarmes, weiches Wasser verwenden. Im Winter etwas weniger gießen. Von Frühjahr bis Herbst wöchentlich schwach düngen.

Vermehrung: Durch Teilung beim Umtopfen.

Schädlinge, Krankheiten: Blattläuse, Spinnmilben; braune Punkte auf den Blättern entstehen meist durch zu starke Düngerkonzentration, vergilbende Blätter durch pralle Sonneneinstrahlung, keine Blütenbildung wegen mangelnder Düngung.

Verwendung: Zimmerpflanze. Eine der besten Hydrokulturpflanzen!

Stapelia variegata

STAPELIA

Ordensstern, Aasblume, Stapelie

Familie: Seidenpflanzengewächse, *Asclepiadaceae.*
Heimat: Südafrika.
Blütezeit: Sommer.

Sukkulente Pflanze mit vierkantigen, fleischigen, manchmal behaarten Stämmchen, wird selten höher als 20 cm. Die meist großen, seesternförmigen, schön gezeichneten und mit langen Härchen bedeckten, fünfzipfeligen Blüten locken durch kurzfristigen, unangenehmen Aasgeruch Schmeißfliegen an, die für die Bestäubung sorgen. Schöne Arten sind:

S. gigantea besitzt mit 25–35 cm Durchmesser die größte Blüte. Sie ist hellgelb gefärbt mit roter Querbänderung.

S. grandiflora hat 15 cm große, braunrote Blüten mit rötlichen oder weißen Wimpernhaaren.

S. hirsuta trägt etwa 10 cm große Blüten, die bräunlichviolett gefärbt sind, gelbe Querstreifen tragen und mit violetten Haaren besetzt sind.

S. nobilis besitzt außen rote, innen ockergelbe, quergebänderte Blüten von 20–25 cm Durchmesser.

S. pillansii bildet dunkelpurpurbraune Blüten mit purpurnen »Wimpern«.
S. semota fällt durch schokoladenfarbige Blüten auf, die hell gezeichnet sind. Die Varietät *S. semota* var. *lutea* blüht gelb.
S. variegata, die heute zu *Orbea* gezählt wird, ist eine sehr variable Art. Ihre 8 cm großen, gelben Blüten zeigen dunkelbraune bis rote Flecken.

Standort: Ganzjährig hell bis sonnig, pralle Mittagssonne jedoch meiden, im Winter bei 10° C.

Pflege: Im Sommer nur sehr wenig gießen. Im Winter am kühlen Platz das Gießen ganz einstellen. Die Triebe dürfen aber nicht schrumpfen. Nur im Sommer monatlich Kakteendünger geben.

Vermehrung: Durch Teilung oder Stecklinge, die vor dem Einpflanzen gut abtrocknen müssen. Obwohl empfohlen wird, Stapelien wegen der großen Neigung zur Bastardisierung nur vegetativ zu vermehren, kann man die Sukkulenten auch generativ durch Samen vermehren. Allerdings muß man dann mit Überraschungen rechnen, denn die Nachkommen können völlig anders aussehen.

Krankheiten: Wurzelfäule bei Staunässe. Gefürchtet ist eine Pilzkrankheit, »Schwarzer Tod« genannt. Sie führt im Winter (auch bei Vermehrungen) zu schwarzen Flecken, vor allem an der Sproßbasis. Die Triebe sterben ab, eine Heilung ist nicht möglich.

Verwendung: Attraktiv blühende Sukkulente. Für Hydrokultur geeignet.

Stapelia grandiflora

Stapelia grandiflora

Stapelia grandiflora ist, wie der Name sagt, eine großblumige Art.

Der typische, penetrante Aasgeruch der Blüten dient als Lockmittel für Bestäuber und ist nicht bei allen Stapelien-Arten vorhanden.

TIP

Stapelien sind Flachwurzler und wachsen sehr gut in Schalen.

Stephanotis floribunda

Die Kranzschlinge will unbeengt durch Gardinen oder andere Gewächse frei und luftig stehen. Das Gießwasser muß unbedingt kalkfrei sein, sonst verfärben sich die jungen Blätter gelb (Chlorose).

In südlichen Ländern stehen Strelitzien oft etwas beschattet, da die Sonne dort viel intensiver ist.

STEPHANOTIS FLORIBUNDA

Kranzschlinge

Familie: Seidenpflanzengewächse, *Asclepiadaceae.*
Heimat: Madagaskar.
Blütezeit: Mai bis August.

Dieser immergrüne Schlinger mit lederigen, dunkelgrünen, gummibaumartigen Blättern erfreut durch herrlich duftende, weiße Sternblüten, die in lockeren Dolden den Blattachseln entspringen. Die Kranzschlinge bildet meterlange Triebe und braucht daher ein Spalier. Häufig läßt man sie aus Platzgründen an kreisförmig gebogenen Drähten wachsen. Im Wintergarten ausgepflanzt, kann sich die Kranzschlinge 4–6 m hoch und weit winden.

Standort: Sehr hell und luftig, aber nicht sonnig. Im Sommer bei 18 bis 22° C, im Winter bei 12–16° C.

Pflege: Von März bis Mitte August reichlich mit zimmerwarmem Wasser kalkfrei gießen, sprühen und alle 14 Tage düngen. In der Ruhezeit kühl und gerade eben feucht halten (wichtig für reichen Blütenansatz!). Nach dem Knospenansatz Pflanze nicht mehr bewegen, Lichtmarke anbringen. Triebe am Spalier hochbinden, zu lange Triebe zurückschneiden.

Vermehrung: Durch Kopfstecklinge bei 25–30° C.

Schädlinge, Krankheiten: Blattläuse bei zu warmer Überwinterung; gelbe Blätter bei Lichtmangel, Knospen welken vor dem Öffnen bei zu trockener Haltung.

Verwendung: Topfpflanze, auch zum Beranken größerer Blumenfenster, Kleingewächshäuser oder Wintergärten geeinget.

STRELITZIA REGINAE

Strelitzie, Paradiesvogelblume

Familie: Bananengewächse, *Musaceae.*
Heimat: Südafrika.
Blütezeit: Februar bis Juli.

Die Paradiesvogelblume, Wappenblume von Los Angeles, ist ein stammloses Bananengewächs mit immergrünen, etwa 40 cm langen, lederigen, langgestielten Blättern. Die langhaltende Blüte wird von einem kahnförmigen Hochblatt umgeben, die Blütenblätter sind leuchtendorange und himmelblau. Kein Wunder, daß *S. reginae* zu den kostbarsten Schnittblumen zählt und auch als Topfpflanze ihren Preis hat. Es dauert nämlich viele Jahre, bis die Pflanzen erstmals blühen.

Standort: Sonnig, den Sommer über windgeschützt auch im Freien. Im Winter hell bei 8–15° C.

Pflege: Das ganze Jahr über gleichmäßig feucht halten. Alle 14 Tage düngen. Im kühlen Winterquartier Vorsicht vor Vernässung. Nach der Blüte in schwere, aber gut dränierte Erde umtopfen.

Vermehrung: Durch Teilung älterer Pflanzen beim Umtopfen oder durch Aussaat. Sämlinge blühen aber erst nach drei bis vier Jahren.

Schädlinge: Schildläuse und Spinnmilben.

Verwendung: Auffallende Solitärpflanze für Wintergärten und Kübel.

Strelitzia reginae

Die anmutigen Drehfrucht-Hybriden wirken wie ein duftiger Blumenstrauß und sind daher ein ideales Mitbringsel.

Streptocarpus saxorum, das Stielveilchen, ist eine relativ neue, anmutige Ampelpflanze.

Streptocarpus-Hybride

STREPTOCARPUS
Drehfrucht, Kap-Primel

Familie: Gesneriengewächse, *Gesneriaceae*.
Heimat: Tropisches Afrika.
Blütezeit: Mai bis September.

Reichblühende Zimmerpflanze mit grundständigen, rosettenartig wachsenden, langen, weichen Blättern und langgestielten Röhrenblüten in Weiß, Rosa, Rot, Hellblau bis Dunkelblau und Violett, zum Teil mit andersfarbigem Schlund und gekraustem Rand.

Im Handel sind Hybriden mit aus einer Rosette wachsenden, stengellosen Blättern, wie die blaue 'Constant Nymph', eine Ausgangsform zahlreicher weiterer Sorten. Außerdem 'Rosa Nymph', eine rosablühende, 'Maassens Wit' eine weiße und 'Margaret' eine tiefblau-violette Sorte.

Bekannt und begehrt sind die Wiesmoor- und Wendlandii-Hybriden. Gelegentlich werden auch die sehr seltenen Arten *S. wendlandii* oder *S. grandis* angeboten. Sie bilden nur ein einziges Blatt, das bei *S. wendlandii* unterseits purpurrot gefärbt ist und das bei optimaler Kultur fast 1 m groß werden kann. Da die Pflanze keine weitere Assimilationsfläche besitzt, ist der Erhalt dieses Einzelblattes lebenswichtig. Es darf z. B. nicht dem Boden aufliegen, weil sonst Fäulnisgefahr droht.

Neu auf dem Markt ist das sogenannte Stielveilchen, *S. saxorum*, mit kleinen fast runden Blättchen und langgestielten Blüten. Es blüht von Frühjahr bis Herbst, ist eine gute Ampelpflanze und verträgt sogar trockene Heizungsluft.

Der deutsche Name Drehfrucht leitet sich von den spiralig gedrehten Samenkapseln ab.

Standort: Ganzjährig hell bis halbschattig bei 15–20° C.

Pflege: Stets mäßig feucht halten. Zimmerwarmes, kalkfreies Wasser verwenden und bei warmem Stand die Luftfeuchtigkeit erhöhen. Bei kühlem Stand im Winter weniger gießen. Von März bis August wöchentlich schwach düngen. Im Winter nur sehr selten. Da ältere Exemplare unansehnlich werden, immer wieder Jungpflanzen nachziehen, die im zweiten Jahr am schönsten sind.

Vermehrung: Durch Teilung, Aussaat oder Blattstecklinge.

Schädlinge, Krankheiten: Blattläuse, Spinnmilben, Blasenfüße durch zu trockene Luft; braune Blattränder durch zu feuchte Haltung, Chlorose durch kalkhaltiges Wasser.

Verwendung: Reichblühende Zimmerpflanze. Für Hydrokultur geeignet.

Streptocarpus saxorum

TIP

In einzelnen Fällen kann der Blattsaft der Drehfrucht bei empfindlichen Personen einen leicht juckenden Hautausschlag hervorrufen.

Attraktive Sorten von *Syngonium podophyllum* sind z. B. 'Albolineatum' mit weißen Blattnerven, 'Emerald Gem', glänzend grün, 'Imperial White', weißgrün gerandet und 'Trileaf Wonder', deren dunkelgrüne Blätter eine weiße Nervatur aufweisen.

Die niedrigen *Tagetes-Patula*-Hybriden eignen sich gut für die Bepflanzung von Kästen und Schalen.

Syngonium podophyllum

SYNGONIUM
Purpurtute

Familie: Aronstabgewächse, *Araceae*.
Heimat: Mittel- und Südamerika.
Blütezeit: Frühsommer.

Dieses Aronstabgewächs hat viel Ähnlichkeit mit *Philodendron*. Es gibt kriechende und kletternde Arten mit grünem und buntem Laub. Die Blätter machen eine erstaunliche Wandlung durch: In der Jugend sind sie pfeilförmig und ungeteilt, im Alter je nach Art geteilt oder gelappt. Bei uns wird meist nur die Jugendform angeboten. Purpurfarben ist nur das innere Hochblatt des grünen Blütenstandes, der aber erst im Alter erscheint. Am häufigsten kultiviert wird *S. podophyllum*, von der es einige Sorten mit schön gefärbten und gezeichneten Blättern gibt. Die Pflanze enthält haut- und schleimhautreizende Stoffe.

Standort: Ganzjährig hell bis halbschattig, warm und luftfeucht.

Pflege: Das ganze Jahr über mit kalkarmem, zimmerwarmem Wasser leicht feucht halten und sprühen. Alle 14 Tage düngen.

Vermehrung: Durch Kopf- oder Triebstecklinge bei 20-25° C Bodenwärme.

Schädlinge: Schildläuse.

Verwendung: Rank- oder Ampelpflanze für Zimmer oder Blumenfenster. Für Hydrokultur geeignet.

Tagetes-Patula-Hybride

TAGETES-HYBRIDEN
Studentenblume, Samtblume

Familie: Korbblütler, *Compositae*.
Heimat: Mexiko, Guatemala.
Blütezeit: Mai bis Oktober.

Die einjährige Studentenblume kam schon vor über 400 Jahren nach Europa und ist heute der wohl beliebteste Sommerblüher. Die fiedrigen Blätter sind dunkelgrün und bilden einen schönen Kontrast zur samtigen, gelben, gelbbraunen oder orangefarbenen Blüte. Der strenge Geruch hat der Pflanze in Süddeutschland den Namen »Stinkige Hoffart« eingetragen. Heute kennen wir vor allem Hybriden, z. B.: *Tagetes*-Erecta-Hybriden, *Tagetes*-Patula-Hybriden, *Tagetes-tenuifolia*-Sorten.

Standort: Sonnig bis halbschattig im Freien.

Pflege: Gleichmäßig feucht halten. Wöchentlich düngen, Verblühtes regelmäßig ausbrechen, um neuen Flor anzuregen.

Vermehrung: Durch Aussaat im Frühjahr. Jungpflanzen entspitzen, um buschigen Wuchs zu erzielen.

Schädlinge: Schnecken.

Verwendung: Sehr schöne Blütenpflanze für Kästen, Schalen und Tröge.

TIP

Tagetes scheiden einen Stoff aus, der Wurzelälchen (Nematoden) abtötet, so daß diese Pflanzen gerne in Mischkulturen verwendet werden.

Tecoma stans

TECOMA STANS
Gelbe Trompetenblume

Familie: Bignoniengewächse, *Bignoniaceae*.
Heimat: Florida, Texas, Mexiko, Zentralamerika.
Blütezeit: Juni bis August.

Die Gelbe Trompetenblume kann ausgewachsen 6 m hoch werden und blüht überreich mit regelrechten Sträußen aus hellgelben Blüten. Die Blätter des immergrünen Strauches oder kleinen Baumes sind gefiedert.
Standort: Vollsonnig, warm, im Sommer vor Regen geschützt auch im Freien. Im Winter hell bei mindestens 10–12° C.
Pflege: Im Sommer wöchentlich düngen und mäßig gießen, im Winter nur soviel, daß die Blätter nicht abfallen. Um eine Buschform zu erhalten, nach der Blüte stark zurückschneiden. Unbedingt die Samenkapseln entfernen.
Vermehrung: Durch Kopf- oder Stammstecklinge bei 20-25° C Bodenwärme.
Schädlinge: Spinnmilben, Weiße Fliege.
Verwendung: Schöne Kübel- und Wintergartenpflanze für Liebhaber, die etwas Neues suchen. Die Gelbe Trompetenblume läßt sich recht gut zu Bäumchen formen.

Tecomaria capensis

TECOMARIA CAPENSIS
Kap-Geißblatt

Familie: Bignoniengewächse, *Bignoniaceae*.
Heimat: Südafrika.
Blütezeit: Juli bis Oktober.

Am auffälligsten an diesem Kletterstrauch sind die leuchtenden, meist orangeroten, manchmal auch gelben Blüten, die endständig an den Trieben erscheinen. Die Blätter sind tiefgrün, fiederförmig und kleiner als bei anderen Bignoniengewächsen. In warmen, hellen Wintergärten behält die Pflanze ihr Laub und blüht zuweilen bis weit in den Winter hinein.
Standort: Vollsonnig und warm, auch im Freien. Im Winter bei 5–10° C, notfalls auch dunkel (dann bodeneben zurückschneiden).
Pflege: Im Sommer reichlich gießen und bis August wöchentlich düngen. Für stabile Kletterhilfe sorgen. Bei Bedarf kräftig zurückschneiden.
Vermehrung: Durch Aussaat oder Kopf- oder Triebstecklinge bei 20-25° C Bodenwärme. Auch Absenker bewurzeln.
Schädlinge: Blattläuse.
Verwendung: Kübel- und Wintergartenpflanze.

Die Gelbe Trompetenblume blüht, wenn sie es warm genug hat, fast das ganze Jahr über und steht deshalb im Wintergarten optimal. Wichtig ist auch, die Samenkapseln bei Ansatz sofort zu entfernen, da sonst die Blüte nachläßt.

Tecomaria capensis, das Kap-Geißblatt, läßt sich wunderbar als Hochstämmchen ziehen. Pflanzen, die im Winter und Frühjahr sehr hell und relativ kühl stehen, blühen oft um vier Wochen früher als solche in Gewächshäusern.

Tetrastigma voinierianum

Der Kastanienwein, *Tetrastigma voinierianum*, wird gern zur Begrünung von Schwimmhallen verwendet, wo er sich selbst in etwas dunkleren Ecken vital und ungestüm ausbreitet.

Thunbergia grandiflora wird wegen des einzigartigen Blaus ihrer Blüten auch Himmelsblume genannt und ist im Gegensatz zu ihrer Schwester, der Schwarzäugigen Susanne, seltener zu bekommen und schwieriger zu pflegen.

TETRASTIGMA VOINIERIANUM
Kastanienwein, Tonkingwein

Familie: Weinrebengewächse, *Vitaceae*.
Heimat: Tongking/Vietnam.
Blütezeit: Blüht in Kultur selten.

Dieser Riesenwein mit seinen fünffachgeteilten, am Rande gesägten und unterseits braunfilzigen Blättern hat eine für Wohnräume zu große Wuchskraft. Ein Längenzuwachs von mehreren Metern pro Jahr ist keine Seltenheit. Die handförmigen Blätter können bis 25 x 4 m groß werden! Das sollte man vor dem Kauf wissen.
Standort: Ganzjährig hell bis halbschattig und warm. Im Winter auch bei 10–15° C.
Pflege: Im Sommer reichlich, bei kühlem Stand weniger gießen und wöchentlich düngen. Jedes Frühjahr in ein sehr großes Gefäß umtopfen, besser noch: in Grundbeet auspflanzen. Bei Bedarf kräftig zurückschneiden. Für starke Spaliere sorgen.
Vermehrung: Durch Stecklinge mit mindestens einem Auge bei 25° C Bodenwärme.
Schädlinge, Krankheiten: Selten.
Verwendung: Ideal für große, nicht zu kalte, helle Treppenhäuser, Gewächshäuser, Wintergärten und Schwimmhallen.

Thunbergia grandiflora

Thunbergia alata

THUNBERGIA ALATA
Schwarzäugige Susanne

Familie: Akanthusgewächse, *Acanthaceae*.
Heimat: Südostafrika.
Blütezeit: Juni bis Oktober.

Eigentlich eine Staude, wird der bis 2 m hohe Kletterer in der Regel nur einjährig gezogen. Die meist gelben oder orangefarbenen, trichterförmigen Blüten mit schwarzer Mitte leuchten fast das ganze Jahr zwischen den langgestielten, dunkelgrünen, herzförmigen Blättern hervor. Es gibt aber auch einige Varianten wie 'Alba' (weiß mit dunkler Mitte), 'Fryeri' (hellgelb mit weißer Mitte), 'Lutea' (reingelb).
Standort: Hell bis sonnig im Freien, im Zimmer nur mit viel Frischluft.
Pflege: Im Sommer reichlich gießen, aber Staunässe vermeiden. Alle 14 Tage düngen. Klettergerüst nicht vergessen! Überwinterung lohnt nicht!
Vermehrung: Durch Aussaat ab Februar.
Schädlinge: Blattläuse, Spinnmilben, Weiße Fliege.
Verwendung: Beliebte einjährige Schlingpflanze für größere Töpfe, Kübel, Kästen oder als Unterpflanzung in Kübeln.

Thymophylla tenuiloba

THYMOPHYLLA TENUILOBA
Gelbes Gänseblümchen

Familie: Korbblütler, *Compositae*.
Heimat: Südliche USA, Mexiko.
Blütezeit: Juni bis Oktober.

Neuerdings wird das einjährige Gelbe Gänseblümchen unter dem Namen *Dyssodia tenuiloba* geführt. Es ist eine 15 cm hohe, aber sehr breit wachsende Novität im Balkonpflanzenangebot mit zierlichem, feingelapptem Laub. Die 2 cm großen, gänseblümchenartigen, goldgelben Blüten erscheinen sehr zahlreich.
Standort: Sonnig und warm im Freien.
Pflege: Während der Wachstumszeit mäßig feucht halten und wöchentlich niedrig dosiert düngen. Verblühtes regelmäßig entfernen, um Nachblüte zu fördern.
Vermehrung: Durch Aussaat ab Februar bei 18–20° C.
Schädlinge, Krankheiten: Blattläuse; Echter Mehltau.
Verwendung: Schöne, langblühende Ampelpflanze für Terrasse und Balkon. Auch für Kästen und als Unterpflanzung von Kübelpflanzen geeignet.

Tibouchina urvilleana

TIBOUCHINA URVILLEANA
Tibouchina

Familie: Schwarzmundgewächse, *Melastomataceae*.
Heimat: Brasilien.
Blütezeit: Juli bis Mai.

Das Schönste an der *Tibouchina* sind ihre von Hochsommer bis zum Frühjahr erscheinenden, bis 7,5 cm breiten, samtigen, violettblauen Blüten, die zu mehreren an den Zweigenden sitzen und erst nach und nach aufgehen. Auch die dunkelgrünen, bis 12 cm langen, auffällig genervten Blätter, die bei niedrigen Temperaturen rote Ränder bekommen, wirken wie mit Samt überzogen. Einziger Nachteil der *Tibouchina* ist der sparrige, unverzweigte Wuchs, den man aber durch mehrmaligen Rückschnitt etwas korrigieren kann.
Standort: Im Sommer hell, sonnig, auch im Freien, aber keine pralle Mittagssonne. Im Winter hell bei 10–15° C.
Pflege: Den Sommer über reichlich gießen. Im Winter trockener halten. Bis August wöchentlich düngen, im Winter, sofern durchkultiviert wird, nur monatlich. Im Sommer mehrmals entspitzen, um die Verzweigung zu fördern.
Vermehrung: Durch halbverholzte Stecklinge bei 25° C und hoher Luftfeuchte.
Schädlinge, Krankheiten: Selten.
Verwendung: Winterblüher für nicht allzu kalte Glasanbauten.

Wenn der Winter sehr milde war, sät sich das Gelbe Gänseblümchen gelegentlich auch selbst aus.

Wegen des etwas sperrigen Wuchses empfiehlt es sich, mehrere Stecklinge der *Tibouchina* zusammen in einen Topf zu setzen.

TIP

Blühende Tibouchinas nicht zuviel herumschieben. Die lockersitzenden Blüten fallen leicht ab.

Tillandsia lindenii gehört zu den grünen Tillandsien.

Die Holländer nennen *Tolmiea menziesii* »Kindchen in Mutters Schoß«.

Großes Foto ganz rechts: Epiphytenstamm üppig bepflanzt mit verschiedenen grauen Tillandsien.

TIP

Die in Supermärkten angebotenen, auf kleine Steine aufgeklebten, grauen Tillandsien (Bild unten) stammen nicht aus gärtnerischer Kultur, sondern werden containerweise aus ihrer Heimat ausgeführt. Diesen Raubbau an der Natur und die nicht artgerechte Haltung sollte man boykottieren.

Tillandsia lindenii

TILLANDSIA
Tillandsie, Luftnelke

Familie: Ananasgewächse, *Bromeliaceae.*
Heimat: Tropisches und subtropisches Amerika.
Blütezeit: Frühjahr oder Sommer, je nach Art.

Tillandsien sind in ganz unterschiedlichen Klimagebieten beheimatet: im tropischen Regenwald, in der trockenen Savanne und in den Bergregionen mit ihren Nebelwäldern bis fast hinauf zur Schneegrenze. Man unterscheidet graue und grüne Tillandsien. Die grauen wachsen als Aufsitzer auf Bäumen, Kakteen oder nackten Felsen, an denen sie sich durch Haftwurzeln festklammern. Wasser und Nährstoffe nehmen sie über Saugschuppen auf, die den Blättern auch die weißlich-graue Farbe geben. Bekannteste Arten: *T. usneoides,* das Louisiana-Moos, das einem dichten Bart aus dünnen, grauen Fäden ähnelt. Noch schöner sind *T. argentea, T. funckiana, T. ionantha, T. lorentziana.*
Grüne, in der Erde wurzelnde Tillandsien sind in Kultur selten. Häufigster Vertreter dieser Gruppe ist *T. cyanea,* deren grüne, schmale Blätter zu einer 40 cm breiten Rosette geformt sind. Der Blütenstand besteht aus dachziegelartig übereinanderliegenden, grünlichen bis roten Hochblättern, zwischen denen kurzlebige, blaue Blüten erscheinen.
T. lindenii sieht ihr sehr ähnlich, besitzt aber einen höheren Blütenstand.
Standort: Graue Tillandsien vollsonnig bis hell, im Sommer auch im Freien, im Winter bei 10–15° C. Grüne Tillandsien ganzjährig hell, warm und luftfeucht, nicht unter 15–18° C.
Pflege: Graue Tillandsien befestigt man auf Kork- oder Aststücken und nebelt sie von Frühling bis Spätsommer ein- bis zweimal täglich, im Winter ein- bis zweimal wöchentlich kalkarm ein. Zweimal im Monat mit Sprühwasser ganz schwach dosiert Dünger beigeben. Grüne Tillandsien stets leicht feucht halten und für indirekte Luftfeuchte sorgen. Monatlich mit Blumendünger in halber Konzentration versorgen. Bei Bedarf in Orchideensubstrat umtopfen.
Vermehrung: Durch Kindel. Louisiana-Moos durch beliebig lange Sprosse.
Schädlinge, Krankheiten: Selten. Grüne Tillandsien neigen bei zu viel Nässe zu Fäulnis.
Verwendung: Graue Tillandsien für Epiphytenstämme, grüne für geschlossene Blumenfenster und Vitrinen.

TOLMIEA MENZIESII
»Henne mit Küken«

Familie: Steinbrechgewächse, *Saxifragaceae.*
Heimat: Nordamerika bis Kalifornien.
Blütezeit: Blüht in Kultur selten.

20–30 cm hohe Staude mit herzförmigen, behaarten Blättern, die in der Ausbuchtung des Stielansatzes kleine Tochterpflanzen ausbilden. Triebe überhängend oder kriechend. Im Blumenhandel trifft man die Pflanze kaum noch an. Aber auf dem Land wird sie zum Teil noch von Haus zu Haus gereicht.
Standort: Ganzjährig hell bis halbschattig, im Sommer auch im Freien. Im Winter bei mindestens 10° C.
Pflege: Im Sommer reichlich gießen und alle 14 Tage düngen. Im Winter nur leicht feucht halten.
Vermehrung: Durch Brutpflänzchen oder Ausläufer.
Schädlinge: Blattläuse.
Verwendung: Grünpflanze für Töpfe und Ampeln.

Tolmiea menziesii

Hat man nur einen warmen Wintergarten und will dennoch nicht auf den Flor des Sternjasmins verzichten, kultiviert man ihn als Kübelpflanze, die bis Anfang Dezember im Freien bleibt. In diesem Fall ist Ende Dezember/Anfang Januar mit Blüten zu rechnen.

An ihren fernöstlichen Heimatstandorten erreichen Hanfpalmen bis zu 12 m Höhe.

Trachelospermum jasminoides

TRACHELOSPERMUM JASMINOIDES
Sternjasmin

Familie: Hundsgiftgewächse, *Apocynaceae*.
Heimat: Japan, Korea, China.
Blütezeit: Sommer, im Wintergarten auch sehr viel früher.

Immergrüner, langsam wachsender Strauch mit dunkelgrünen, lederig-glänzenden Blättern und jasminähnlichen, stark und angenehm duftenden, weißen Blüten. Der Sternjasmin ist in allen Teilen giftig. Der starke Duft kann Kopfschmerzen hervorrufen.
Standort: Sonnig bis schattig, im Sommer auch im Freien. Im Winter bei 5–10° C, notfalls auch dunkel.
Pflege: Während der Wachstumszeit mäßig gießen. Bis August einmal pro Woche düngen. Am Spalier ziehen oder zu einer Pyramide formen. Braucht winterliche Kühle, um sicher Blüten anzusetzen.
Vermehrung: Durch Kopfstecklinge.
Schädlinge: Schild- und Blattläuse, Spinnmilben, Weiße Fliege.
Verwendung: Kletterpflanze für kühle Wintergärten, auch als Bodendecker und Kübelpflanze. Für Bonsai geeignet.

TIP

Wegen des austretenden, giftigen Milchsaftes beim Schneiden des Sternjasmins Handschuhe anziehen!

Trachycarpus fortunei

TRACHYCARPUS FORTUNEI
Hanfpalme

Familie: Palmen, *Arecaceae*.
Heimat: China, Japan.
Blütezeit: Mai bis Juni.

Anspruchslose und relativ frostharte Fächerpalme, deren Charakteristika die feine Zähnung der Blattstiele und das zähe, braune Fasergewebe rings um den Stamm sind. Der Blattdurchmesser kann 90 cm, die Wuchshöhe im Kübel bis zu 3 m betragen. In Südengland oder der Südschweiz gehören Hanfpalmen zum Landschaftsbild. Auch bei uns kann man in klimamilden Gegenden (Kölner Bucht, Weinbaugebiete) die Hanfpalme auspflanzen, muß dann allerdings bei Temperaturen um –10° C Abdeckmaterial bereithalten.
Standort: Im Sommer sonnig bis halbschattig. Im Winter notfalls auch dunkler bei 0–5° C oder hell und warm.
Pflege: In der Wachstumszeit nur mäßig feucht halten und bis August wöchentlich düngen. Beim Ausräumen Pflanze nicht übergangslos aus dunkleren Räumen ins volle Licht stellen: Sonnenbrandgefahr!
Vermehrung: Durch Aussaat, Keimzeit ein bis vier Monate.
Schädlinge, Krankheiten: Spinnmilben und Schildläuse; Herzfäule in schlecht durchlüfteten Winterquartieren.
Verwendung: Als Jungpflanze im Zimmer, sonst Kübelpflanze.

TRADESCANTIA

Dreimasterblume, Tradeskantie

Familie: Commelinengewächse, *Commelinaceae*.
Heimat: Südamerika.
Blütezeit: Von Frühjahr bis Spätsommer.

Tradeskantien gehören zu den dankbarsten und anspruchslosesten Gewächsen für die Ampelpflanzung.
Am häufigsten anzutreffen sind *T. fluminensis* (früher *T. albiflora*) mit kleinen, spitz-ovalen Blättchen und ihre Zuchtformen 'Aureo-Vittata' mit gelblichen Längsstreifen, 'Rochford Silver' mit ausgeprägter schneeweißer Zeichnung, und die Zuchtform 'Tricolor' mit dreifarbigen Blättern.
T. cerinthoides (*T. blossfeldiana*) ist zottig behaart, Laub oberseits bräunlich, unterseits rot. Die Sorte 'Variegata' präsentiert cremefarben gestreifte Blätter.
T. navicularis (jetzt *Callisia navicularis*), die »Bootspflanze« ist etwas für Sammler.
T. pallida mit der Sorte 'Purple Heart' (früher *Setcreasea purpurea*) ist wohl der Star unter den Tradeskantien. Sie wird 40 cm hoch und trägt große, gewimperte, spitz zulaufende, purpurrote Blätter. Die schöne Farbe prägt sich am besten bei sehr viel Licht, aber wenig praller Sonne aus. Leider sind die Triebe etwas zerbrechlich. Blüten klein, weiß, in den Blattachseln stehend.
Bei *T. zebrina* (syn. *Zebrina pendula*), sind die unterseits roten Blätter auf der Oberseite mit breiten, silbrigen Längsstreifen durchzogen.
Standort: Ganzjährig hell, luftig und bei Zimmertemperatur. Buntblättrige Sorten heller, grünblättrige zur Not auch halbschattig.
Pflege: Stets leicht feucht halten. Von März bis August alle 14 Tage düngen. Im warmen Wohnzimmer öfter übersprühen. Jährlich neue Pflanzen nachziehen, da die Triebe gern verkahlen.
Vermehrung: Durch Kopfstecklinge in Erde oder Wasser. Immer mehrere Triebe in einen Topf setzen.
Schädlinge, Krankheiten: Blattläuse; braune Blattspitzen durch zu feuchte oder zu trockene Haltung.
Verwendung: Problemlose Hängepflanzen für das Zimmer, schöne Bodendecker für Wintergärten.

Tradescantia blossfeldiana

Tradescantia fluminensis

Tradeskantien sind problemlose, variantenreich gefärbte und gezeichnete Blattschönheiten. Bei näherer Sicht präsentieren sie wie die Schiffchen-Tradeskantie, *Tradescantia navicularis*, auch farblich interessante Blüten.

Blüte von Tradescantia navicularis

TIP

T. pallida (Setcreasea) wegen der etwas spröden Triebe etwas abseits stellen und die Blätter beim Gießen nicht benetzen, sonst gibt es unschöne Flecken.

Die kräftig orangefarbene Kapuzinerkresse harmoniert ganz vorzüglich mit einem satten Petunien-Lila. Was viele nicht wissen: Blätter und Blüten der Kapuzinerkresse sind eßbar. Man kann sie anderen Salaten beigeben oder die Knospen als Kapernersatz in Essig und Öl einlegen.

Tropaeolum-Hybriden

TROPAEOLUM-HYBRIDEN
Kapuzinerkresse

Familie: Kapuzinerkressegewächse, *Tropaeolaceae*.
Heimat: Ursprünglich Chile, Peru, Ekuador.
Blütezeit: Mai bis Oktober.

Die Große Kapuzinerkresse, *T. majus*, wird einjährig gezogen und zeigt schildförmige, ganzrandige Blätter. Das Farbspektrum ihrer Blüten reicht von Gelb, Orange und Samtigrot bis Mehrfarbiggeflammt und umfaßt einfache, aber auch gefüllte Blüten. Neben dieser Art mit 2 m langen, rankenden Trieben gibt es kompakt wachsende Sorten wie 'Nanum' und gefülltblühende wie 'Nanum Plenum' sowie zahlreiche Hybriden.
T. peregrinum, die Kanarische Kresse, ist eine bis 4 m hoch kletternde Art mit kanariengelben, gefransten Blüten und fünf- bis siebenlappigen Blättern.
Standort: Sonnig.
Pflege: Reichlich gießen. Nicht düngen. Kletternde Sorten brauchen eine Rankhilfe, am besten geeignet ist hierfür Maschendraht.
Vermehrung: Aussaat ab März im Zimmer oder ab Mai direkt in Balkonkästen oder Schalen.
Schädlinge: Blattläuse werden förmlich angezogen, Spinnmilben.
Verwendung: Rankpflanze für Sichtschutz oder bunte Blütenwände. Niedrige Sorten auch für Kästen und Schalen oder als Unterpflanzung.

Verschiedene, eher niedrige Tulpen in Töpfen

TULIPA
Tulpe, Gartentulpe

Familie: Liliengewächse, *Liliaceae.*
Heimat: Kleinasien, Asien.
Blütezeit: April bis Mai.

Für Balkon- und Schalenpflanzung kommen vor allem die einfach- und gefülltblühenden, frühen Tulpen in Frage, da sie nur 25–30, allenfalls bis 40 cm hoch werden und deshalb weniger windanfällig sind. Es gibt unzählige Hybriden und Sorten in allen Blütenfarben außer Blau, sowie mehrfarbige.
Ebenfalls für Gefäßpflanzung eignen sich die verschiedenen Wild- oder botanischen Tulpen wie *T. fosteriana, T. greigii* oder *T. kaufmanniana* mit ihren zahlreichen Hybriden.
Die aparte, mehrblütige *T. tarda* wird nur 10 cm hoch, ebenso *T. humilis* (syn. *T. pulchella, T. violacea*).
Schließlich besteht noch die Möglichkeit, Tulpenzwiebeln durch Vortreiben bereits um die Weihnachtszeit im Zimmer zur Blüte zu bringen. Auch hierfür eignen sich die schon erwähnten frühen Tulpen, außerdem Mendel- und Triumphtulpen sowie Wildtulpen.
Standort: Sonnig bis halbschattig, im Haus möglichst kühl, draußen frostfrei.
Pflege: Zwiebeln aus Gefäßkultur nach dem Einziehen der Blätter lagern und im Herbst in den Garten pflanzen. Abgeblühte Treibtulpen hell und kühl stellen und leicht feucht halten. Zwiebeln nach dem Verwelken des Laubes trocken lagern und im Herbst in den Garten setzen. Ab Austrieb bis zum Einziehen der Blätter stets leicht feucht halten. Während des Austriebs und zur Blüte ein- oder zweimal düngen.
Vortreiben für die Winterblüte im Zimmer: Zwiebeln ab Mitte September (für einen Flor zu Weihnachten, sonst auch später bis Anfang November) zu dritt oder viert so in Töpfe setzen, daß die Zwiebelspitze gerade noch herausschaut. Danach die Gefäße nach kräftigem Angießen im Garten etwa 20 cm hoch mit Erde bedecken. Mit lockerem Material zusätzlich abdecken, damit man die Töpfe auch bei Frost herausheben kann. Oder im kühlen Keller in einer mit Sand gefüllten Kiste einschlagen. Feuchthalten des Substrats nicht vergessen! Nach etwa zwei Monaten Töpfe aus dem Garten in einen kühlen und dunklen Raum stellen. Wenn die Triebe etwa 10 cm lang geworden sind, Gefäße hell bei Zimmerwärme aufstellen.
Gefäßpflanzung für Balkon und Terrasse: Zwiebeln im Herbst etwa 10 cm tief in die vorgesehenen Behälter pflanzen. Dunkel und kühl, aber frostfrei überwintern. Nicht austrocknen lassen. Nach dem Austrieb heller stellen, etwas mehr Wasser geben und einmal flüssig düngen.
Vermehrung: Durch Brutzwiebeln.
Krankheiten: Bei Nässe Zwiebelfäule während der Überwinterung.
Verwendung: Frühlingsschmuck für Zimmer, Balkon und Terrasse.

Tulipa tarda

Eingetopfte, vorgetriebene Tulpen sind in ihrer fröhlichen Buntheit ein willkommener Blumengruß nach dem langen Winter.

Tulipa tarda ist mit ihren zehn Zentimetern Höhe ein Zwerg unter den Tulpen, füllt aber durch ihre Mehrblütigkeit rasch ein Gefäß.

TIP

Gärtnereien bieten im Frühjahr bereits angetriebene Tulpen an, die man dann knospig oder blühend in Kästen, Schalen oder Tröge setzen kann.

Bei den auffällig langen und dicken Luftwurzeln der Vandeen handelt es sich um zusätzliche Versorgungsorgane, die von den in ihrer Heimat auf hohen Bäumen lebenden Epiphyten bis zum Boden geschickt werden.

Verbenen zählen zu den beliebtesten Balkonblumen. Entsprechend vielfältig ist das Angebot an Sorten.

Vanda coerulea

Verbena-Hybride

TIP

Neu auf dem Markt ist 'Imagination', eine blauviolette Verbene mit langen, reichverzweigten Trieben. Sie wird etwa 50 cm lang und eignet sich gut für Ampelbepflanzung. 'Imagination' wurde mehrfach preisgekrönt und wird im Samenhandel angeboten.

VANDA
Vanda

Familie: Orchideen, *Orchidaceae*.
Heimat: Tropisches Asien, Indien, China, Philippinen.
Blütezeit: Unterschiedlich, je nach Art.

Vandeen sind prachtvolle, nicht selten meterhohe, epiphytisch wachsende Orchideen mit zweizeilig angeordneten, derben, riemenförmigen, lederigen Blättern und dicken Luftwurzeln. Die aufrechten Blütenstände streben seitlich aus den Blattachseln. Die schönste Art ist wohl *V. coerulea* mit etwa 10 cm großen, blaßblauen und dunkel geaderten Blüten. *V. cristata* trägt etwa 5 cm große, wachsartige, duftende, gelbgrün und blutrot gefärbte Blüten. Großblumiger und etwas pflegeleichter sind *Vanda*-Hybriden. Für die Fensterbank empfehlen sich niedrigere Kreuzungen von *Vanda* mit *Ascocentrum*.
Standort: Ganzjährig hell bis sonnig, luftfeucht und bei 18–20° C. Bei Mittagshitze unbedingt schattieren.
Pflege: Im Sommer reichlich mit kalkarmem und zimmerwarmem Wasser gießen. Viel sprühen, auch die Luftwurzeln. Während der Wachstumsperiode alle 14 Tage mit Orchideendünger versorgen. Umtopfen nur alle drei Jahre, um die Wurzeln zu schonen. Wegen der langen Luftwurzeln am besten im Orchideenkörbchen aufhängen.
Vermehrung: Durch vorsichtiges Teilen.
Krankheiten: Knospenfall durch zu kühlen Winterstand. Wurzelfäulnis bei Verletzung.
Verwendung: Für große, geschlossene Blumenfenster, feuchtwarme Gewächshäuser oder Wintergärten.

VERBENA-HYBRIDEN
Verbene, Eisenkraut

Familie: Verbenengewächse, *Verbenaceae*.
Heimat: Südamerika.
Blütezeit: Mai bis Oktober.

Verbenen sind staudige bis halbstrauchige Pflanzen, die sehr reich blühen und bei uns einjährig gezogen werden. Zu den Eltern der modernen Hybriden zählen vor allem *Verbena peruviana*, die das kräftige Verbenen-Rot einbrachte, sowie V. *phlogifolia* und *V. incisa*, die für die Rosa- und Lilanuancen sorgten.
Den Duft verdanken die heutigen Züchtungen *Verbena platensis*. Bei den Hybriden erscheinen die Blüten in dichten, doldenartigen Ähren. Ihr Farbspektrum reicht von Weiß über Rosa, Rot, Purpur, Blau bis Violett, mit und ohne weißes Auge. Die meisten Sorten werden nicht höher als 25–30 cm.
Schöne Sorten sind: 'Kristall' (weiß), 'Blaze' (scharlachrot), 'Amethyst' (blau), 'Madame Dubarry' (weinrot), 'Defiance' (tiefrot mit Auge).
Es gibt auch Verbenen mit lang herunterhängenden Trieben, die von *V. tenera* abstammen, z. B. Kleopa-

tra-Verbenen oder Italienische Verbenen. Diese Hybriden zeichnen sich durch ausgezeichnete Regenfestigkeit aus und halten selbst Dauernässe lange stand.
Standort: Sonnig und windgeschützt im Freien.
Pflege: Reichlich gießen, jedoch Staunässe vermeiden. Wöchentlich niedrig dosiert düngen. Verblühtes regelmäßig entfernen, um Nachblüte anzuregen.
Vermehrung: Durch Aussaat. Der Samen besitzt keine hohe Keimkraft, so daß Mißerfolge nicht ausbleiben.
Schädlinge, Krankheiten: Blattläuse, Spinnmilben, Weiße Fliege; Echter Mehltau.
Verwendung: Sehr schöne Blütenpflanze für Balkon, Schalen und Ampeln.

Italienische Verbenen

Viola x wittrockiana 'Velour Bleu'

VIOLA-WITTROCKIANA-HYBRIDEN
Gartenstiefmütterchen

Familie: Veilchengewächse, *Violaceae*.
Heimat: Europa, Sibirien.
Blütezeit: Je nach Sorte Herbst bis Frühjahr.

Stiefmütterchen sind die beliebtesten Frühjahrsblüher. Über 100 Jahre Zuchtarbeit haben schön geformte und gezeichnete Blüten mit besserer Winterhärte und reicherem Flor hervorgebracht. Es gibt früh- und spätblühende, klein- und großblumige, ein- und mehrfarbige, geäugte oder nichtgeäugte Pflanzen. Die Sortenvielfalt ist so ungeheuer groß, daß man am besten beim Gärtner wählt, was einem gefällt oder sich nach dem Angebot des Samenhandels richtet. Neu im Angebot sind F_1-Miniatur-Stiefmütterchen mit vielen Sorten.
Standort: Sonnig bis halbschattig im Freien. Frosthart.
Pflege: Während des Wachstums nie austrocknen lassen. Alle 14 Tage düngen. Verblühtes regelmäßig entfernen. In milden Klimaten ist Herbstpflanzung möglich. Besser für die Kästen- und Schalenbepflanzung ist jedoch das Frühjahr, weil die Pflanzen dann früher blühen.
Vermehrung: Durch Aussaat im Juni bis Juli. Selbstgeernteter Samen fällt nicht sortenecht aus.
Verwendung: Entzückende altmodische Frühjahrsblüher für Kästen, Tröge, Schalen, Blumenbeete.

Italienische Verbenen bringen Kaskaden lang herabhängender Triebe hervor und sind für ihre Regenfestigkeit bekannt.

Als Elternteile unserer Gartenstiefmütterchen gelten *Viola tricolor*, das heimische Feldstiefmütterchen, *V. cornuta*, das Hornveilchen, *V. lutea*, das gelbe Galmei-Veilchen, und *V. altaica*, eine Wildart aus dem Altaigebirge.

Viola-Wittrockiana-Hybriden

TIP

Bei Herbstbepflanzung die Stiefmütterchen auch im Winter düngen, sobald der Boden nach einer Frostperiode aufnahmefähig ist.

Vriesea – Vuylstekeara

Grünlaubige *Vriesea*-Hybriden mit leuchtendroten Blütenähren werden neben der überall geläufigen *Vriesea splendens* am häufigsten angeboten. Es gibt aber auch Hybriden mit teils mehrfarbigen Blütenständen, die aus *V. carinata* oder *V. psittacina*, der Papageien-Bromelie, hervorgegangen sind.

VRIESEA
Vriesee

Familie: Ananasgewächse, *Bromeliaceae*.
Heimat: Mittel- bis Südamerika.
Blütezeit: Bei Hybriden ganzjährig.

Vrieseen sind meist epiphytisch wachsende, dichtrosettige Pflanzen mit einfarbig grünen, gebänderten, gefleckten oder marmorierten, langen, schmalen Blättern und ein- oder mehrfarbigen Blütenähren aus kleinen Blütchen und farbigen Hochblättern. Die kleinen Blütchen zwischen den Hochblättern sind schnell verblüht, während die rotgefärbten oder knallgelben Deckblätter monatelang erhalten bleiben. Die Pflanze stirbt nach der Blüte ab, hat aber bis dahin meist Kindel gebildet. Es kann allerdings Jahre dauern, bis diese blühen; einige Arten blühen gar nicht.

Vriesea splendens

Vriesea-Hybride

Die bekannteste Art ist die quergebänderte *V. splendens* mit glänzendroter, flacher Blütenähre. Besonders schöne Sorten sind 'Flammendes Schwert', 'Major', 'Meyers Favorite' und 'Splendide'.
Für Zimmerkultur eignen sich die zahlreichen *Vriesea*-Hybriden, die nicht so empfindlich sind wie die reinen Arten, z. B. 'Angelina', 'Chantrieri', 'Christiane', 'Favorite', 'Flame Gigant', 'Gnom', 'Illustris', 'Rex' oder 'Vigeri'.
Standort: Ganzjährig hell bis halbschattig, warm und luftfeucht. Wichtig: Bodenwärme über 18° C.
Pflege: Im Sommer mit zimmerwarmem, kalkarmem Wasser stets leicht feucht halten, alle 14 Tage schwach dosiert düngen. Viel sprühen. Außer im Winter darf auch der Blattrichter gefüllt sein. Im Winter sparsamer gießen, aber für indirekte Luftfeuchte sorgen.
Vermehrung: Durch Kindel, die man erst abtrennt, wenn sie halb so groß wie die Mutterpflanze sind.
Krankheiten: Blattschäden durch zuviel Nässe oder trockene Heizungsluft.
Verwendung: Für geschlossene Blumenfenster, Hybriden auch für die Fensterbank. Für Hydrokultur geeignet.

x Vuylstekeara Cambria

Die x *Vuylstekeara* soll 1912 das Licht der Orchideenwelt erblickt haben. Der unaussprechliche Name geht auf den belgischen Züchter Vuylsteke zurück. Die schönsten und bekanntesten Hybriden sind x *V.* Cambria und x *V.* Cambria 'Plush'.

x VUYLSTEKEARA
Vuylstekeara

Familie: Orchideen, *Orchidaceae.*
Heimat: Südamerika.
Blütezeit: Winter bis Frühjahr.

Die *x Vuylstekeara* ist eine der schönsten gärtnerisch gezüchteten Orchideen-Hybriden mit großen, sternartigen Blüten. Sie entstand bereits 1912 und errang mehrere internationale Auszeichnungen. Eltern waren *Miltoniopsis, Odontoglossum, Cochlioda.* Die wichtigste Sorte ist 'Plush', deren Blütenstand mit den dunkelroten Blüten und großen, rotweißen Lippen eine Höhe von 75 cm erreicht. Weitere schöne Sorten sind: Cambria 'Orange', Edna 'Stamperland', 'Estella Jewel'. Eine weitere Sorte, Cambria 'Lensings Favorit', entstand 1931 und verdankt das herrliche Rot in ihren Blüten der eingekreuzten *Cochlioda noezliana,* während die Lippen die Herkunft von *Odontoglossum harryanum* und *Miltoniopsis vexillaria* nicht verleugnen können. Welche Merkmale *Odontoglossum crispum* zu dieser Mehrgattungshybride beigetragen hat, ist in diesem Fall nicht auszumachen. Edna 'Stamperland' entstand genau zehn Jahre früher und wartet ebenfalls mit dem markanten Rot von *Cochlioda noezliana* auf.

Standort: Ganzjährig halbschattig bis schattig und luftfeucht, im Sommer auch im Freien bei 10–16° C.
Pflege: Im Sommer mit kalkarmem Wasser gleichmäßig feucht halten. Staunässe jedoch unbedingt vermeiden. Bei jedem dritten Gießen schwach dosiert Orchideendünger geben. Im Winter nur soviel gießen, daß die Bulben nicht austrocknen. Alle drei Jahre, wenn die Pseudobulben über den Topf gewachsen sind, in Orchideensubstrat umsetzen.
Vermehrung: Durch Teilung beim Umtopfen. Pro Topf drei bis vier Pseudobulben.
Schädlinge, Krankheiten: Selten.
Verwendung: Anspruchslose Orchidee für Zimmer und Wintergarten.

TIP

Die x *Vuylstekeara* kann den Sommer über auch in einem lichtdurchlässigen Baum hängen.

Beide Arten der *Washingtonia* sind ideale Kübelpflanzen, die leichten Frost vertragen, *W. filifera* ausgepflanzt bis -11° C, *W. robusta* trotz ihres Namens nur bis -3° C. Benannt wurde die Gattung nach dem amerikanischen Präsidenten George Washington (1732–1799).

Wirklich Freude wird man an *Xanthosoma lindenii* nur im geschlossenen Blumenfenster oder Warmhaus haben, bei Zimmerkultur sind die Wünsche der Tropenpflanze auf Dauer nicht zu erfüllen.

Frei ausgepflanzte Washingtonia an der Côte d'Azur

WASHINGTONIA
Washingtonie, Priesterpalme

Familie: Palmen, *Arecaceae*.
Heimat: Arizona, Kalifornien, Mexiko.
Blütezeit: Blüht in Kultur selten.

Von dieser Palmenart gibt es nur zwei Arten: In Kalifornien und Arizona beheimatet ist die fadentragende *W. filifera* mit eher graugrünen Blättern und herunterhängenden, auffälligen Bastfäden.
W. robusta stammt aus Mexiko und hat glänzendgrüne Blätter. Am Heimatstandort bleiben die nach unten geneigten, abgestorbenen Wedel am Stamm hängen und bilden einen dicken Mantel, der zu dem volkstümlichen Namen »Petticoat-Palme« geführt hat. Beide Fächerpalmen sind gut wachsende Kübelpflanzen.
Standort: Ganzjährig hell bis sonnig und luftig, im Sommer auch im Freien. Nicht in die Nähe von Heizkörpern stellen. Im Winter bei 5–8° C.
Pflege: Im Sommer mäßig gießen. Staunässe meiden. Im Winter weniger gießen. Von April bis August alle 14 Tage düngen. Abgestorbene Blattwedel abschneiden. Bei Bedarf in tiefe Töpfe oder Kübel umsetzen.
Vermehrung: Durch Aussaat, Keimzeit etwa zwei Monate.
Schädlinge, Krankheiten: Bei zu trockenem Winterstandort Spinnmilben und Thripse; bei Staunässe Fäulnis.
Verwendung: Sehr schöne Fächerpalme für geräumige Wintergärten.

Xanthosoma lindenii

XANTHOSOMA LINDENII
Xanthosoma

Familie: Aronstabgewächse, *Araceae*.
Heimat: Kolumbien.
Blütezeit: Blüht in Kultur selten.

Sehr schöne tropische Blattpflanze, heute zu *Caladium* gestellt, mit knollenartigem Rhizom, aus dem dunkelgrüne, weißgeaderte, pfeilförmige, langgestielte Blätter wachsen. Sehr reizvoll ist die Sorte 'Magnificum' mit besonders attraktiv gezeichneten, grün-weißen Blättern. Die Pflanze enthält haut- und schleimhautreizende Stoffe.
Standort: Ganzjährig halbschattig bis schattig, luftfeucht und warm (18–22° C).
Pflege: Zur Wachtumszeit von Frühjahr bis Herbst leicht feucht halten und alle 14 Tage düngen. Zur Ruhezeit im Winter etwas kühler stellen (nicht unter 18° C) und sparsamer gießen, Ballen jedoch nicht austrocknen lassen.
Vermehrung: Durch Teilung.
Schädlinge, Krankheiten: Spinnmilben bei zu trockener Luft; Fäulnis bei Staunässe.
Verwendung: Schöne Blattpflanze für dunkle, warme Standorte.

Yucca aloifolia

YUCCA

Yucca, Palmlilie

Familie: Agavengewächse, *Agavaceae*.
Heimat: USA, Mexiko.
Blütezeit: Blüht in Kultur selten.

Yuccas sind stammbildende Pflanzen mit hell- bis dunkelgrünen, festen Blättern, die in dichten Blattschöpfen stehen. Angeboten werden vor allem *Y. aloifolia* mit schmalen, spitzzulaufenden und *Y. elephantipes* mit breiteren, etwas überhängenden Blättern.
Y. aloifolia bildet hohe, oft eintriebige Stämme. Die Blätter sind etwa 50 cm lang, 3 cm breit und am Rand scharf gesägt. Die sehr scharfe Spitze ist verletzungsträchtig. Von dieser Art gibt es mehrere hübsche, buntlaubige Sorten wie 'Quadricolor', 'Tricolor' und 'Purpurea', die leider im Handel selten anzutreffen sind.
Y. elephantipes, die am häufigsten angebotene Art, bildet kürzere, aber im Grund knollig-verdickte Stämme. Sie verzweigt sich leichter, ihre schwertförmigen Blätter können 50–100 cm lang werden.
Standort: Ganzjährig vollsonnig und luftig, im Sommer auch im Freien. Im Winter nicht über 10° C.
Pflege: Von Frühjahr bis Herbst gleichmäßig, im Winter nur sporadisch gießen. Staunässe vermeiden. Den Topfballen immer wieder abtrocknen lassen. Von April bis August wöchentlich düngen.

Yucca gloriosa

Vermehrung: Durch Stammstücke, die keinesfalls kürzer als 10 cm sein sollten, Blattschöpfe oder Kindel.
Schädlinge, Krankheiten: Schildläuse; Vergilben der Blätter durch zu dunklen Stand, Stammfäule durch Staunässe.
Verwendung: Kübelpflanze oder Zimmerbaum für kühle Räume, Treppenhäuser, Wintergärten.

Yucca elephantipes

Ab und zu findet man noch die Art *Yucca gloriosa* mit nur kurzem Stamm. Es dauert viele Jahre, bis sich die gewaltigen Blütenschöpfe, bestehend aus zahlreichen weißen Glöckchen, entwickeln.

Palmlilien sind in der Regel nicht besonders frostempfindlich; *Yucca aloifolia* und *Yucca elephantipes* vertragen sogar erhebliche Minusgrade.

Zantedeschia – Zebrina

Zantedeschia aethiopica ist am häufigsten in Kultur, im Weinbaugebiet sogar im Freiland. *Z. elliothiana*, gelbblühend, und *Z. rehmannii*, rosablühend, entfalten ihren Flor im Sommer, sind aber nur selten im Handel zu finden.

Zebrina pendula ist auch als Bodendecker gut geeignet. Die Blütchen sind oberseits purpurrosa, unterseits weißlich.

Großes Foto ganz rechts:
Man sieht ihm die Verwandtschaft mit *Zantedeschia*, *Monstera* oder *Anthurium* an: *Amorphophallus titanum*, die Titanenwurz, entwickelt die größte Blüte im Pflanzenreich. Das Aronstabgewächs, 1878 in den Bergen Sumatras entdeckt, bildet je nach Jahr entweder ein einziges Riesenblatt oder eine Riesenblüte, die in wenigen Tagen zwei Meter hoch wird und entsetzlich stinkt. Eine Sensation der Pflanzenwelt, die mit vielen unserer Zimmerpflanzen eng verwandt ist.

ZANTEDESCHIA AETHIOPICA
Zimmerkalla, Schweinsohr

Familie: Aronstabgewächse, *Araceae.*
Heimat: Südafrika.
Blütezeit: Spätwinter bis Sommer.

Bis etwa 80 cm hohe Pflanze mit fleischigem, stammartigem Wurzelstock. Die saftiggrünen, pfeilförmigen Blätter stehen an aufrechten Stielen. Der Blütenstand besteht aus einem gelblichen Kolben, der von einem großen, weißen Hüllblatt umgeben ist und bis 1 m hoch werden kann. Es gibt einige Zuchtformen mit geringeren Wärmeansprüchen, z. B. 'Crowborough', eine duftende Sorte, die sich im Weinbauklima als winterhart erwiesen hat, dann aber erst im Sommer blüht. Niedrig bleiben 'Perle von Stuttgart' (30–40 cm, sehr reichblühend), und 'Little Gem'. 'Weißer Herkules' ist eine recht hochwachsende Sorte.
Standort: Ganzjährig hell bis halbschattig, im Sommer auch im Freien. Im Winter kühl, bei 10° C.
Pflege: Während des Wachstums reichlich gießen und bis zur Blüte düngen. Nach der Blüte nicht gießen und düngen. Ab Juli Ballen ausschütteln, neu eintopfen und ganz langsam antreiben.
Vermehrung: Durch Teilen der Wurzelstöcke im Sommer.
Schädlinge: Spinnmilben, Blattläuse.
Verwendung: Zimmerpflanze. Hydrokultur geeignet.

Zantedeschia aethiopica

Zebrina pendula

ZEBRINA
Zebrakraut

Familie: Commelinengewächse, *Commelinaceae.*
Heimat: Mittelamerika.
Blütezeit: Blüht in Kultur selten.

Mehrjährige, krautige Pflanze mit kriechenden Stengeln, an denen zugespitzte, ovale, fleischige Blätter sitzen, die oberseits grün-silbrig gestreift, unterseits rötlich gefärbt sind. Die Pflanzen ähneln sehr den Tradeskantien. *Z. flocculosa* ist weiß behaart. *Z. pendula* (jetzt *Tradescantia zebrina)* ist auch in einer vierfarbig gestreiften Sorte 'Quadricolor' im Handel. *Z. purpusii* ist insgesamt kräftiger und besitzt kein Streifenmuster auf den Blättern.
Standort: Ganzjährig hell, jedoch nicht sonnig, luftig und bei 15–20° C.
Pflege: Ganzjährig mäßig feucht halten, jedoch auf Staunässe achten. Von März bis August alle zwei Wochen düngen.
Vermehrung: Durch Stecklinge.
Schädlinge, Krankheiten: Blattläuse, Blattfall bei zu kühler Haltung, sparriger Wuchs durch Nahrungsmangel.
Verwendung: Ampelpflanze.

Bild rechts: Amorphophallus titanum

Anastatica hierochuntica

DER BESONDERE HINWEIS

Die Rose von Jericho heißt auch »Auferstehungspflanze«, denn in ihrer afrikanischen Heimat überdauert sie die Trockenzeiten als dürres Knäuel, das erst bei Feuchtigkeit wieder zu neuem Leben erwacht.

Auf den folgenden 28 Seiten finden Sie »Kurzsteckbriefe« zu 166 Pflanzen, die nicht unbedingt zum Standardsortiment des Zimmer- oder Kübelpflanzengärtners gehören. Einige von ihnen sind nur etwas für Liebhaber mit besonderen Einrichtungen, andere waren bereits einmal im Handel, verschwanden dann für einige Zeit und feiern nun ein Comeback. Oder sind noch nicht lange etabliert. Schließlich werden Sie hier auch jene Pflanzen entdecken, die sich als botanische Kuriosität einen Namen gemacht haben oder als seltene Kostbarkeit gelten, außerdem einige interessante Zier- oder Nutzpflanzen.
Kurze Hinweise auf Familie, Heimat und Pflege sollen Ihnen helfen, auch an diesen Spezialitäten und Raritäten lange Freude zu haben.

ACOKANTHERA OBLONGIFOLIA
Giftschön

Familie: Hundsgiftgewächse *(Apocynaceae).* **Heimat:** Südafrika. **Blütezeit:** Februar bis April. **Standort, Pflege, Vermehrung:** Sehr hell, auch sonnig; im Winter bei 12–15° C. Mit kalkarmem Wasser gießen und alle 14 Tage düngen. Möglichst im temperierten Warmhaus halten. Die Pflanze kann zurückgeschnitten werden. Vermehrung durch Kopfstecklinge bei 25–30° C unter Glas. **Die Pflanze ist hochgiftig!**

ACTINIOPTERIS AUSTRALIS
Strahlenfarn

Familie: Strahlenfarngewächse *(Actiniopteridaceae).* **Heimat:** Tropisches Afrika und Asien. **Standort, Pflege, Vermehrung:** Ganzjährig hell bis schattig, luftfeucht, bei Zimmertemperatur. Gleichmäßige Feuchtigkeit bei guter Dränage ist wichtig. Mit kalkarmem Wasser gießen. Alle vier Wochen schwach düngen. Vermehrung durch Sporen oder vorsichtiges Teilen im Frühjahr. Ideal für Flaschengärten.

ALSOBIA DIANTHIFLORA
Alsobia

Familie: Gesneriengewächse *(Gesneriaceae).* **Heimat:** Mexiko, Costa Rica. **Blütezeit:** Juni bis September. **Standort, Pflege, Vermehrung:** Halbschattig, keine volle Sonne, ganzjährig warm. Mit kalkarmem Wasser mäßig feucht halten und zur Wachstumszeit alle 14 Tage düngen. Kultur bei hoher Luftfeuchte im Warmhaus oder Tropenfenster. Vermehrung durch Ausläufer oder Stecklinge bei 20–25° C.

ALYOGYNE HUEGELII
Blauer Hibiskus

Familie: Malvengewächse *(Malvaceae).* **Heimat:** Australien. **Blütezeit:** Sommer. **Standort, Pflege, Vermehrung:** Vollsonnig im Freien, Überwinterung hell bei 5–10° C. Zur Wachstumszeit viel gießen und von April bis August alle 14 Tage düngen. Die Pflanze mit den typischen Malvenblüten sollte entspitzt werden, um einen kompakten Wuchs zu erzielen. Vermehrung durch Kopfstecklinge im Frühsommer.

ADROMISCHUS MACULATUS
Kurzstiel

Familie: Dickblattgewächse *(Crassulaceae)*. **Heimat:** Süd- und Südwestafrika. **Blütezeit:** Fast ganzjährig. **Standort, Pflege, Vermehrung:** Sehr sonnig und warm; im Winter hell und nicht unter 10° C. Im Sommer regelmäßig und reichlich, im Winter kaum gießen. Im Sommer monatlich Kakteendünger geben. Vermehrung leicht durch Blattstecklinge in Torf-Sand-Gemisch.

AERANGIS FASTUOSA
Aerangis

Familie: Orchideen *(Orchidaceae)*. **Heimat:** Madagaskar. **Blütezeit:** März bis April. **Standort, Pflege, Vermehrung:** Sehr hell, aber nicht vollsonnig, luftfeucht; im Winter nicht unter 15° C. Möglichst im Gewächshaus halten und wegen der langen Luftwurzeln in Gitterkörbe pflanzen oder auf Korkrinde binden. Im Sommer wöchentlich düngen. Die Vermehrung ist Sache des Fachmanns.

AERIDES MULTIFLORUM
Aerides

Familie: Orchideen *(Orchidaceae)*. **Heimat:** Himalaja bis Südvietnam. **Blütezeit:** Juni bis September. **Standort, Pflege, Vermehrung:** Ganzjährig sehr hell, aber nicht sonnig, warm (20–22° C), nachts etwas absenken. Mit kalkarmem Wasser mäßig feucht halten. Kultur im Warmhaus oder Tropenfenster in Gitterkörbchen. Wegen der brüchigen Wurzeln selten umpflanzen. Die Vermehrung ist Sache des Fachmanns.

ANASTATICA HIEROCHUNTICA
Rose von Jericho

Familie: Kreuzblütler *(Cruciferae)*. **Heimat:** Marokko bis Süd-Iran. **Blütezeit:** Juli. **Standort, Pflege, Vermehrung:** Die trockenen, eingerollten Rosetten werden in zimmerwarmes, kalkarmes Wasser gelegt, saugen sich voll, öffnen sich und nehmen alsbald eine grüne Farbe an. Gelegentlich gibt es Samen, der bei etwa 18° C keimt. Die einjährigen Pflanzen gedeihen auch an sonnigen Stellen im Freien.

ANGRAECUM EBURNEUM
Angraecum

Familie: Orchideen *(Orchidaceae)*. **Heimat:** Madagaskar. **Blütezeit:** November bis Januar. **Standort, Pflege, Vermehrung:** Ganzjährig sehr hell, aber nicht sonnig, warm, luftfeucht, im Tropenfenster oder Warmhaus. Mit kalkarmem Wasser mäßig gießen und alle 14 Tage mit Orchideendünger versorgen. Alle abstehenden Wurzeln aus dem Pflanzkörbchen hängen lassen. Vermehrung durch Teilen, schwierig.

ANSELLIA AFRICANA
Ansellia

Familie: Orchideen *(Orchidaceae)*. **Heimat:** Westafrika. **Blütezeit:** Dezember bis Januar. **Standort, Pflege, Vermehrung:** Ganzjährig sehr hell und warm. Am besten im Gewächshaus kultivieren. Während des Wachstums mäßig feucht (kalkarmes Wasser), in der Ruhezeit ab Spätsommer recht trocken halten. Von Mai bis August wöchentlich mit Orchideendünger versorgen. Vermehrung durch Teilen.

DER BESONDERE HINWEIS

Beim Strahlenfarn sollte die Gießkanne immer griffbereit sein; trocknen die Wedel erst einmal aus, färben sie sich silbriggrau und erholen sich meist nicht wieder.

ARACHIS HYPOGAEA
Erdnuß

Familie: Hülsenfrüchtler *(Leguminosae)*. **Heimat:** Brasilien. **Blütezeit:** Sommer. **Standort, Pflege, Vermehrung:** Sonnig im Freien. Die einjährige Pflanze reagiert empfindlich auf zuviel Feuchtigkeit, daher den Boden gut dränieren, alle 14 Tage düngen. Vermehrung durch Samen, auch durch ungeschälte Erdnüsse aus dem Gemüsehandel, die im Februar bei etwa 20° C in Töpfen ausgesät werden.

ARACHNIODES ARISTATA
Lederfarn, Schildfarn

Familie: Schildfarngewächse *(Aspidiaceae)*. **Heimat:** Asien, Australien. **Blütezeit:** Keine Blütenpflanze. **Standort, Pflege, Vermehrung:** Schattig, aber warm; auch im Winter nicht unter 16° C. Mit kalkarmem Wasser gleichmäßig feucht halten, bei trockener Heizungsluft ab und zu besprühen, wöchentlich schwach düngen. Vermehrung durch Teilen oder Sporenaussaat bei 18–20° C Bodentemperatur.

ARCHONTOPHOENIX CUNNINGHAMIANA
Archontophönixpalme

Familie: Palmen *(Arecaceae)*. **Heimat:** Australien. **Blütezeit:** Blüht in Kultur selten. **Standort, Pflege, Vermehrung:** Hell bis halbschattig, luftfeucht, im Sommer bei 15-18° C; im Winter bei 10-15° C. Ohne Staunässe gleichmäßig feucht halten. Von April bis August alle 14 Tage düngen. Vermehrung durch Aussaat, Keimdauer sechs Wochen bis drei Monate.

DER BESONDERE HINWEIS

Interessant ist bei der Erdnuß die Art der Fruchtbildung: Nach der Befruchtung der Blüte dringt der Fruchtträger (Blütenstiel) in den Boden ein, wächst nach Erreichen der erforderlichen Tiefe von 5–10 cm waagerecht weiter und entwickelt die Erdnüsse. Gelingt der enge Bodenkontakt nicht, unterbleibt die Fruchtbildung (siehe auch Seite 75).

BANKSIA COCCINEA
Banksie

Familie: Proteengewächse *(Proteaceae)*. **Heimat:** Australien. **Blütezeit:** Winter und Frühjahr. **Standort, Pflege, Vermehrung:** Ganzjährig hell, jedoch nicht vollsonnig, im Sommer auch im Freien; im Winter bei 10° C. Mit kalkarmem Wasser gleichmäßig feucht halten, Staunässe unbedingt vermeiden. Nur wenig und selten düngen. Vermehrung durch Stecklinge, jedoch schwierig.

BARKERIA SPECTABILIS
Barkerie

Familie: Orchideen *(Orchidaceae)*. **Blütezeit:** November bis Dezember. **Heimat:** Zentralamerika. **Standort, Pflege, Vermehrung:** Sehr hell, aber nicht sonnig, luftfeucht; im Winter nicht unter 12° C. Im geschlossenen Blumenfenster. Während des Wachstums gut feucht, im Spätsommer mehrere Monate fast trocken halten. Von Frühjahr bis Spätsommer alle 14 Tage Orchideendünger geben. Vermehrung durch Teilen.

BAUHINIA VARIEGATA
Orchideenbaum

Familie: Hülsenfrüchtler *(Leguminosae)*. **Heimat:** China, Indien, Subtropen. **Blütezeit:** Frühjahr und Sommer. **Standort, Pflege, Vermehrung:** Sehr hell, aber nicht vollsonnig; im Winter bei etwa 5° C. Im Sommer reichlich gießen und bis Herbst wöchentlich düngen. Vermehrung durch Aussaat oder Stecklinge bei hoher Bodenwärme, jedoch schwierig.

ARIOCARPUS FISSURATUS
Wollfruchtkaktus

Familie: Kakteen *(Cactaceae)*. **Heimat:** Mexiko. **Blütezeit:** Erst nach vielen Jahren, meist im Herbst. **Standort, Pflege, Vermehrung:** Warm und vollsonnig; im Winter bei 5–10° C. Im Sommer nur gelegentlich durchdringend gießen, danach Substrat wieder gut abtrocknen lassen, nur ganz selten düngen. Im Winter trocken halten. Vermehrung durch Aussaat.

ARISAEMA CANDIDISSIMUM
Feuerkolben

Familie: Aronstabgewächse *(Araceae)*. **Heimat:** Westchina. **Blütezeit:** Juni. **Standort, Pflege, Vermehrung:** Halbschattig und mäßig warm bei etwa 18° C. Im Sommer gleichmäßig feucht halten und bis zum Blühbeginn wöchentlich düngen. Knolle nach Einzug der Blätter kühl – nicht unter 10° C – und trocken überwintern. Vermehrung durch Nebenknollen.

ARISTOLOCHIA GIGANTEA
Pfeifenblume, Pfeifenwinde

Familie: Osterluzeigewächse *(Aristolochiaceae)*. **Heimat:** Südamerika. **Blütezeit:** Sommer. **Standort, Pflege, Vermehrung:** Ganzjährig halbschattig und warm (Wintergarten, Gewächshaus). Im Sommer wöchentlich düngen und mit kalkarmem Wasser gleichmäßig feucht, im Winter fast trocken halten. An einem Gestell hochbinden. Vermehrung durch Stecklinge.

BERTOLONIA HOUTTEANA
Bertolonie

Familie: Schwarzmundgewächse *(Melastomataceae)*. **Heimat:** Brasilien. **Blütezeit:** Blüht in Kultur selten. **Standort, Pflege, Vermehrung:** Ganzjährig hell bis halbschattig, keine direkte Sonne, warm (22-25° C) und luftfeucht (geschlossenes Blumenfenster). Mit weichem, temperiertem Wasser mäßig gießen und monatlich düngen. Vermehrung durch Kopfstecklinge oder Aussaat bei 30–35° C Bodenwärme.

BIDENS FERULIFOLIA
Zweizahn

Familie: Korbblütler *(Compositae)*. **Heimat:** Mexiko. **Blütezeit:** Sommer bis Spätherbst. **Standort, Pflege, Vermehrung:** Die ein- bis zweijährige Pflanze braucht einen sonnigen, warmen Standort im Freien. Im Sommer regelmäßig und reichlich gießen und wöchentlich düngen. Vermehrung durch Kopfstecklinge oder Aussaat.

BIFRENARIA HARRISONIAE
Bifrenaria

Familie: Orchideen *(Orchidaceae)*. **Heimat:** Brasilien. **Blütezeit:** Je nach Art verschieden. **Standort, Pflege, Vermehrung:** Ganzjährig sehr hell, aber nicht sonnig, warm und luftfeucht. Im temperierten Gewächshaus oder geschlossenen Blumenfenster. Während des Wachstums reichlich – ohne Vernässung – mit kalkarmem Wasser und alle drei Wochen mit Orchideendünger versorgen. Vermehrung durch Teilen.

DER BESONDERE HINWEIS

Die Blüten der tropischen Pfeifenwinde sind riesig! Alexander von Humboldt sah in Südamerika Kinder, die diese gigantischen Blüten als Mütze trugen. Bei *Aristolochia gigantea* bzw. *A. gigantea* var. *hookeri*, einer Varietät von *A. grandiflora*, messen sie etwa 30 mal 35 Zentimeter. Während die reine Art unbeschreiblich stark nach Aas riecht, ist die Varietät geruchlos.

BIGNONIA CAPREOLATA
Kreuzrebe

Familie: Bignoniengewächse *(Bignoniaceae)*. **Heimat:** USA. **Blütezeit:** Mai bis Juni, nur ältere Exemplare blühen. **Standort, Pflege, Vermehrung:** Hell bis sonnig, luftig, im Sommer auch im Freien; im Winter kühl. Zur Wachstumszeit reichlich gießen und wöchentlich düngen. Im Winter weniger gießen und nicht düngen. Vermehrung durch Stecklinge oder Aussaat.

BLOSSFELDIA LILIPUTANA
Blossfeldia

Familie: Kakteen *(Cactaceae)*. **Heimat:** Südamerika. **Blütezeit:** Sommer. **Standort, Pflege, Vermehrung:** Ganzjährig hell bis leicht besonnt, auch im Freien, nicht unter 8° C. Wurzelechte Pflanzen sind nicht lange haltbar, sollten daher auf *Selenicereus* gepfropft werden. Nur vorsichtig gießen, selten düngen. Ab Ende Oktober völlig trocken halten. Vermehrung durch Aussaat.

BOWIEA VOLUBILIS
Bowiea

Familie: Liliengewächse *(Liliaceae)*. **Heimat:** Südafrika. **Blütezeit:** Winter. **Standort, Pflege, Vermehrung:** Im Winter sonnig und warm. Zur Wachstumszeit nur sparsam gießen und monatlich schwach düngen. Im Sommer – zur Ruhezeit – nicht gießen. Vermehrung durch Teilen der Seitenzwiebeln oder Aussaat. Seltene Liebhaberpflanze für Kenner.

DER BESONDERE HINWEIS

Zwei Pflanzen wie David und Goliath: Während die *Blossfeldia* einen Durchmesser von maximal 1,6 cm erreicht, werden die Blätter der Geleepalme, *Butia capitata*, bis zu 3 m lang. Glücklicherweise wächst diese Palme im Kübel langsam.

BULBOPHYLLUM BINNENDIJEKI
Bulbophyllum

Familie: Orchideen *(Orchidaceae)*. **Heimat:** Afrika, Asien. **Blütezeit:** Je nach Art unterschiedlich. **Standort, Pflege, Vermehrung:** Ganzjährig hell, aber nicht sonnig, mäßig warm bis warm, luftfeucht (geschlossenes Blumenfenster); im Winter nicht unter 16° C. Mit weichem Wasser bis zur Ausbildung der Pseudobulben reichlich gießen, sparsam düngen. Vermehrung durch Teilen.

BUTIA CAPITATA
Geleepalme

Familie: Palmen *(Arecaceae)*. **Heimat:** Südamerika. **Blütezeit:** Blüht in Kultur selten. **Standort, Pflege, Vermehrung:** Sonnig, im Sommer im Freien, Überwinterung hell bei 8–12° C. Regelmäßig, im Winter nur mäßig, gießen und den Sommer über alle 14 Tage düngen. Vermehrung durch Aussaat. Samen vorher einritzen und in warmem Wasser einweichen. Keimdauer sehr lang, bis 24 Monate.

CAESALPINIA PULCHERRIMA
Pfauenstrauch

Familie: Hülsenfrüchtler *(Leguminosae)*. **Heimat:** Tropen und Subtropen Amerikas und Asiens. **Blütezeit:** Juni bis August. **Standort, Pflege, Vermehrung:** Vollsonnig und warm, im Sommer auch im Freien; im Winter bei mindestens 12° C. Zur Wachstumszeit alle 14 Tage düngen, stets leicht feucht, im Winter trockener halten. Vermehrung durch Aussaat, Kopfstecklinge oder Absenker bei 25–30° C Bodenwärme.

BRACHYCHITON RUPESTRIS
Flaschenbaum, »Glücksbaum«

Familie: Sterkuliengewächse *(Sterculiaceae)*. **Heimat:** Australien. **Blütezeit:** Blüht in Kultur selten. **Standort, Pflege, Vermehrung:** Hell bis sonnig, warm; im Winter kühler, aber nicht unter 12° C. Nur mäßig gießen, Staunässe unbedingt vermeiden, im Sommer alle 14 Tage düngen, im Winter fast trocken halten. Vermehrung durch Kopfstecklinge oder Aussaat.

BRASSAVOLA NODOSA
Brassavola

Familie: Orchideen *(Orchidaceae)*. **Heimat:** Mittel- und nördliches Südamerika. **Blütezeit:** Oktober bis Dezember. **Standort, Pflege, Vermehrung:** Sehr hell, jedoch im Sommer keine pralle Mittagssonne, warm und luftfeucht. Reichlich mit kalkarmem Wasser gießen und sprühen, alle 14 Tage kalibetont düngen, ab Spätsommer mehrwöchige Ruhezeit. Vermehrung durch Teilen.

BRASSIA VERRUCOSA
Spinnenorchidee

Familie: Orchideen *(Orchidaceae)*. **Heimat:** Tropisches Südamerika. **Blütezeit:** Frühjahr bis Spätsommer. **Standort, Pflege, Vermehrung:** Hell, warm und luftfeucht, zur Ruhezeit etwas kühler, jedoch nicht unter 14° C. Außer in der etwa zwei Wochen dauernden Ruhezeit nach der Blüte mäßig mit weichem, temperiertem Wasser gießen und alle 14 Tage düngen. Vermehrung durch Teilen.

CALANTHE VESTITA-HYBRIDE
Calanthe

Familie: Orchideen *(Orchidaceae)*. **Heimat:** Tropisches Afrika, Asien, Australien. **Blütezeit:** Herbst bis Frühjahr. **Standort, Pflege, Vermehrung:** Hell, warm und luftfeucht (geschlossenes Blumenfenster); im Winter bei 15° C. Zur Wachstumszeit reichlich mit weichem Wasser gießen und alle 14 Tage düngen. Nach dem Abblühen trocken halten. Vermehrung durch Teilen.

CAPPARIS SPINOSA
Echter Kapernstrauch

Familie: Kaperngewächse *(Capparaceae)*. **Heimat:** Südeuropa, Kleinasien, Asien. **Blütezeit:** Sommer. **Standort, Pflege, Vermehrung:** Im Sommer vollsonnig und warm, am besten in Ritzen einer Natursteinmauer im Wintergarten; im Winter hell bei 10-15° C. Sparsam gießen und nur gelegentlich schwach düngen. Vermehrung durch Kopfstecklinge.

CARALLUMA JOANNIS
Fliegenblume

Familie: Seidenpflanzengewächse *(Asclepiadaceae)*. **Heimat:** Südafrika, Asien. **Blütezeit:** Sommer. **Standort, Pflege, Vermehrung:** Hell, aber nicht sonnig, warm, im Sommer mäßig von unten gießen und für guten Wasserabzug sorgen, nur gelegentlich düngen; im Winter kühler - bis 10° C - und trocken stellen. Vermehrung durch abgeschnittene Triebspitzen in sandiger Erde oder durch Aussaat.

DER BESONDERE HINWEIS

Wußten Sie, daß die Blütenknospen des Kapernstrauches die gleichen Wirkstoffe enthalten wie Meerrettich, Senf und Kresse? Es handelt sich um ätherische Senföle. Zum Einlegen in Essig oder Öl verwendet man die nicht geöffneten Knospen. Man läßt sie vor dem Einlegen etwas anwelken. Dadurch entfalten sich die Aromastoffe optimal.

CARISSA MACROCARPA
Natalpflaume, Wachsbaum

Familie: Hundsgiftgewächse *(Apocynaceae)*. **Heimat:** Südafrika. **Blütezeit:** Frühjahr, Sommer. **Standort, Pflege, Vermehrung:** Vollsonnig, luftig, im Sommer auch im Freien; im Winter bei 5–10° C. Gleichmäßig gießen und alle vier Wochen düngen. Im Winter trockener halten. Vermehrung durch Kopfstecklinge bei hoher Bodenwärme.
Die Pflanze ist hochgiftig!

CARNEGIA GIGANTEA
Riesenkaktus, Saguaro-Kaktus

Familie: Kakteen *(Cactaceae)*. **Heimat:** Mittel- und Südamerika. **Blütezeit:** Nur Pflanzen ab 8 m Höhe blühen. **Standort, Pflege, Vermehrung:** Sonnig; im Winter kühl, mindestens jedoch 5° C. Im Sommer nur ganz wenig gießen und minimal düngen, im Winter ganz trocken halten. Vermehrung durch Aussaat.
Die Pflanze wächst nur wenig, in 30 Jahren etwa 1 m.

CARPOBROTUS ACINACIFORMIS
Pferdefeige

Familie: Mittagsblumengewächse *(Aizoaceae)*. **Heimat:** Südafrika. **Blütezeit:** Juli bis November. **Standort, Pflege, Vermehrung:** Warm und sonnig, regengeschützt im Sommer auch im Freien; im Winter hell und kühl, nicht unter 5° C. Sparsam gießen, im Winter fast trocken halten. Vermehrung durch Kopfstecklinge, die jedoch vor dem Einpflanzen eine Woche abtrocknen müssen.

DER BESONDERE HINWEIS

Ausgewachsen ist der bis 15 m hohe Saguaro-Kaktus jedem Westernfan bekannt. Er gilt als Wahrzeichen Arizonas, wo für diese streng geschützte Kakteenart ein eigenes Schutzgebiet, der bekannte Saguaro-Park, eingerichtet wurde.

CHRYSOTHEMIS PULCHELLA
Chrysothemis

Familie: Gesneriengewächse *(Gesneriaceae)*. **Heimat:** Mittelamerika. **Blütezeit:** Juni bis August. **Standort, Pflege, Vermehrung:** Sehr hell, aber nicht sonnig, warm, luftfeucht (im geschlossenen Blumenfenster oder warmen Gewächshaus). Mit kalkarmem Wasser mäßig gießen und alle 14 Tage düngen. Im Herbst Ruhepause, Knollen kühl und trocken überwintern. Vermehrung durch Stecklinge oder Brutknöllchen.

CHYSIS AUREA
Chysis

Familie: Orchideen *(Orchidaceae)*. **Heimat:** Mittel- und Südamerika. **Blütezeit:** Mai bis Juni. **Standort, Pflege, Vermehrung:** Sehr hell, im Sommer keine pralle Mittagssonne, warm; im Winter kühler, jedoch über 12° C. Im Sommer mit kalkarmem Wasser reichlich gießen und alle 14 Tage düngen. Nach Bildung neuer Pseudobulben Ruhepause bei 12–15° C einlegen. Vermehrung durch Teilen.

COCCOLOBA UVIFERA
Seetraube, Ufertraube

Familie: Knöterichgewächse *(Polygonaceae)*. **Heimat:** Florida, Mittelamerika. **Blütezeit:** Blüht in Kultur kaum. **Standort, Pflege, Vermehrung:** Ganzjährig hell, aber nicht sonnig, warm; im Winter mindestens 15° C. Im Sommer reichlich gießen und wöchentlich düngen, im Winter weniger gießen und nur monatlich düngen. Im Frühjahr in große Töpfe umsetzen. Vermehrung durch Kopfstecklinge bei 25° C Bodenwärme.

CARYOTA MITIS
Fischschwanzpalme

Familie: Palmen *(Arecaceae)*. **Heimat:** Südostasien, Malaischer Archipel. **Blütezeit:** Blüht in Kultur selten. **Standort, Pflege, Vermehrung:** Ganzjährig hell, aber nicht sonnig, warm bei etwa 22-25° C, luftfeucht (Warmhauspflanze). Stets mäßig feucht halten, Staunässe unbedingt vermeiden, im Sommer monatlich düngen. Vermehrung durch Aussaat oder Seitensprosse bei hoher Bodenwärme.

CEPHALOCEREUS SENILIS
Greisenhaupt

Familie: Kakteen *(Cactaceae)*. **Heimat:** Mexiko. **Blütezeit:** Blüht in Kultur selten, erst bei etwa 5 m Höhe. **Standort, Pflege, Vermehrung:** Sonnig, warm und luftfeucht; im Winter trotz Ruhezeit bei 15-18° C. Im Sommer mäßig gießen und alle 14 Tage düngen. Von November bis Februar nahezu trocken halten, nur gelegentlich fein sprühen. Vermehrung durch Aussaat.

CERATONIA SILIQUA
Johannisbrotbaum

Familie: Hülsenfrüchtler *(Leguminosae)*. **Heimat:** Mittelmeergebiet, Portugal. **Blütezeit:** Mai bis Oktober. **Standort, Pflege, Vermehrung:** Im Sommer sonnig bis halbschattig, warm, auch im Freien; im Winter hell bei 2-10° C, bei viel Licht auch wärmer. Nur zurückhaltend gießen und düngen, vorübergehende Trockenheit wird vertragen. Vermehrung durch Aussaat bei hoher Bodentemperatur.

COCHLIOSTEMA ODORATISSIMUM
Schneckenfaden

Familie: Commelinengewächse *(Commelinaceae)*. **Heimat:** Tropisches Mittelamerika. **Blütezeit:** Spätwinter, in Kultur aber auch zu anderen Zeiten. **Standort, Pflege, Vermehrung:** Ganzjährig sehr hell, aber nicht sonnig, warm und luftfeucht (Warmhauspflanze). Mit kalkarmem Wasser mäßig feucht halten und viel sprühen, alle 14 Tage düngen. Vermehrung durch frisch importierten Samen bei 20-22° C.

COELOGYNE CRISTATA
Hohlfee, Hohlnarbe

Familie: Orchideen *(Orchidaceae)*. **Heimat:** Südostasien, Himalaja, Burma. **Blütezeit:** Je nach Art ganzjährig. **Standort, Pflege, Vermehrung:** Ganzjährig hell und luftig, jedoch nicht sonnig, nicht zu warm (14-16° C); im Winter nicht zu warm. Zur Wachstumszeit mäßig feucht halten (weiches, temperiertes Wasser) und monatlich kalkarm düngen. Im Winter weniger gießen. Vermehrung durch Teilen.

CONOPHYTUM BILOBUM
Lebende Steine

Familie: Mittagsblumengewächse *(Aizoaceae)*. **Heimat:** Südafrika. **Blütezeit:** Spätsommer. **Standort, Pflege, Vermehrung:** Sonnig und luftig, im Sommer regengeschützt auch im Freien; im Winter nicht unter 5° C. In der sommerlichen Ruhezeit fast trocken halten, ab Herbst sparsam gießen und monatlich leicht düngen. Vermehrung durch Aussaat oder Abtrennen einzelner Pflanzenkörperchen.

DER BESONDERE HINWEIS

Früher wurden die 0,18 g schweren Samen des Johannisbrotbaumes als Juwelen- und Goldgewicht genutzt. Das Wort Karat leitet sich von *Ceratonia* ab. Heute verwendet man die Früchte vor allem zur Erzeugung von Ersatzkaffee (Karobkaffee) und Johannisbrotkernmehl, letzteres zum Andicken und als Stabilisator in der Nahrungsmittelindustrie

COPROSMA X KIRKII
Coprosma

Familie: Krappgewächse *(Rubiaceae)*. **Heimat:** Neuseeland. **Blütezeit:** Blüht in Kultur selten. **Standort, Pflege, Vermehrung:** Ganzjährig sehr hell, aber nicht sonnig, im Sommer auch im Freien; im Winter bei 5–10° C. Im Sommer mäßig feucht halten, Ballen vor dem nächsten Gießen stets abtrocknen lassen und wöchentlich düngen. Vermehrung durch halbreife Stecklinge. Jungpflanzen häufiger stutzen.

COROKIA COTONEASTER
Zickzackstrauch

Familie: Steinbrechgewächse *(Saxifragaceae)*. **Heimat:** Neuseeland. **Blütezeit:** Juni bis Juli. **Standort, Pflege und Vermehrung:** Sonnig bis halbschattig, im Sommer auch im Freien; im Winter nicht unter 5° C. Im Sommer alle 14 Tage düngen und mäßig feucht halten, Staunässe vermeiden, im Winter trockener halten. Vermehrung durch Stecklinge bei 16–20° C.

CORYNOCARPUS LAEVIGATUS
Neuseeländer Lorbeer, Karakabaum

Familie: Karakabaumgewächse *(Corynocarpaceae)*. **Heimat:** Neuseeland. **Blütezeit:** Blüht in Kultur selten. **Standort, Pflege, Vermehrung:** Ganzjährig hell bis sonnig, luftfeucht, im Sommer auch im Freien; im Winter bei 3–14° C. Im Sommer wöchentlich schwach düngen, mäßig feucht, im Winter noch trockener halten. Vermehrung durch Kopfstecklinge bei 18–20° C.
Der Samen der Pflanze ist sehr giftig.

DER BESONDERE HINWEIS

Der Samen des Karakabaumes ist bitter und sehr giftig. In seiner Heimat wird er nach einer Spezialbehandlung von den Maoris gegessen. Bei uns gilt der immergrüne Strauch als ideale Kübelpflanze, da er besonders dekorativ und überhaupt nicht krankheitsanfällig ist.

CRINODENDRON PATAGUA
Crinodendron

Familie: Ölfruchtgewächse *(Elaeocarpaceae)*. **Heimat:** Chile. **Blütezeit:** November bis Februar. **Standort, Pflege, Vermehrung:** Im Sommer luftig und halbschattig im Freien, Hitze wird nicht gut vertragen; im Winter hell, bei 5–10° C, unter Glas noch wärmer, dann beginnt der Flor im Juni. Kalkfrei gießen und alle 14 Tage düngen. Vermehrung durch Aussaat oder Stecklinge im Warmbeet.

CRINUM X POWELLII
Hakenlilie

Familie: Amaryllisgewächse *(Amaryllidaceae)*. **Heimat:** Südafrika. **Blütezeit:** Juli bis September. **Standort, Pflege, Vermehrung:** Im Sommer sonnig bis halbschattig; im Winter hell und kühl. Zwiebeln im Frühjahr eintopfen und wenig gießen. Zur Wachstumszeit mehr gießen und alle 14 Tage düngen. Vermehrung durch Brut- oder Nebenzwiebeln.
Die Pflanze ist giftig.

CUNONIA CAPENSIS
Cunonia

Familie: Cunoniagewächse *(Cunoniaceae)*. **Heimat:** Südafrika. **Blütezeit:** Sommer. **Standort, Pflege, Vermehrung:** Ganzjährig hell, aber nicht sonnig; im Winter bei 8–12° C. Ab Ende Mai ins Freie stellen, reichlich mit Wasser versorgen und wöchentlich düngen, im Winter nur wenig gießen. Vermehrung durch frischen, importierten Samen oder krautige Stecklinge bei 20° C unter Glas.

Spezialitäten und Raritäten

CORYPHANTHA VIVIPARA
Coryphante

Familie: Kakteen *(Cactaceae)*. **Heimat:** Nordamerika, Mexiko. **Blütezeit:** Sommer. **Standort, Pflege, Vermehrung:** Im Sommer hell, luftig und warm; im Winter hell und kühl bei etwa 5° C. Ab April sparsam gießen, im Winter völlig trocken halten. Im Sommer monatlich düngen. Vermehrung durch Abtrennen und Bewurzeln von Seitentrieben oder Aussaat (dann muß jedoch gepfropft werden).

COSTUS CUSPIDATUS
Kostus, Kostwurz

Familie: Ingwergewächse *(Zingiberaceae)*. **Heimat:** Brasilien. **Blütezeit:** Ganzjährig, meist Herbst und Winter. **Standort, Pflege, Vermehrung:** Ganzjährig sehr hell, aber nicht sonnig, warm. Mit kalkarmem Wasser mäßig feucht halten, alle 14 Tage düngen. Im Frühjahr zurückschneiden und frisch antreiben. Vermehrung durch Kopfstecklinge bei 25° C unter Glas, Aussaat oder Teilen.

COTYLEDON ORBICULATA
Cotyledon

Familie: Dickblattgewächse *(Crassulaceae)*. **Heimat:** Südafrika. **Blütezeit:** Sommer. **Standort, Pflege, Vermehrung:** Ganzjährig sonnig und warm. Mäßig und vorsichtig gießen, Wachsschicht nicht beschädigen. Wöchentlich mit Kakteendünger düngen. Vermehrung durch Stecklinge, die vor dem Einpflanzen gut antrocknen müssen, oder durch Aussaat.

CUSSONIA SPICATA
Cussonia

Familie: Araliengewächse *(Araliaceae)*. **Heimat:** Südafrika. **Blütezeit:** Blüht in Kultur selten. **Standort, Pflege, Vermehrung:** Ganzjährig hell bis schattig, im Sommer warm, auch wind- und regengeschützt im Freien; im Winter bei 5–10° C. Im Sommer mäßig gießen, alle 14 Tage düngen. Im Winter Wurzelballen nicht austrocknen lassen, aber nur wenig gießen. Vermehrung durch Aussaat.

CYPHOSTEMMA JUTTAE
Cyphostemma

Familie: Weinrebengewächse *(Vitaceae)*. **Heimat:** Namibia. **Blütezeit:** Sommer. **Standort, Pflege, Vermehrung:** Im Sommer sonnig und warm; im Winter bei 10–12° C. Zur Wachstumszeit mäßig gießen und monatlich düngen, im Winter kaum noch gießen, die Blätter fallen dann ab. Als Erdsubstrat am besten Kakteenerde mit 50% sandig-lehmigen Zusätzen. Vermehrung durch Aussaat.

DARLINGTONIA CALIFORNICA
Kobrapflanze, Darlingtonie

Familie: Schlauchpflanzengewächse *(Sarraceniaceae)*. **Heimat:** Kalifornien. **Blütezeit:** Mai bis Juli. **Standort, Pflege, Vermehrung:** Ganzjährig halbschattig bis schattig, kühl, luftig und luftfeucht, im Sommer, wenn möglich, luftig und kühl im Freien. Ballen stets feucht halten (weiches Wasser), nicht düngen, da insektenfangende Pflanze, die für ihre Ernährung selbst sorgt. Vermehrung durch Teilen oder Aussaat.

Der besondere Hinweis

Die Darlingtonie zeigt, wie raffiniert Pflanzen Insekten in den sicheren Tod treiben. Ihre smaragdgrünen Schlauchblätter sind gedreht und an der Spitze mit einem gewölbeähnlichen Deckel ausgestattet, der sich über die Mundöffnung wölbt. Angelockt von Honigdrüsen im Innern der Blätter, landen die Insekten im lichtdurchlässigen Gewölbe, fliegen sich, dem Licht nachgehend, müde und fallen schließlich ermattet durch den Schlauch in eine schleimige, zersetzende Flüssigkeit.

DER BESONDERE HINWEIS

Die Blüten der Dorstenie sind morphologisch einmalig, weil hier Blüten beiderlei Geschlechts auf einem ausgebreiteten, flachen Blütenboden sitzen und in einer Schicht verwachsen sind. Die männlichen Blüten mit den Staubblättern sind zahlreicher als die weiblichen, die auch kleiner sind. Die Frucht wird, wenn sie reif ist, weit von der Pflanze weggeschleudert.

DASYLIRION SERRATIFOLIUM
Rauhschopf

Familie: Agavengewächse *(Agavaceae)*. **Heimat:** Mexiko. **Blütezeit:** Sommer. **Standort, Pflege, Vermehrung:** Im Sommer sonnig, auch im Freien; im Winter möglichst hell und kühl bis zur Frostgrenze. Im Sommer mäßig gießen, im Winter relativ trocken halten. Von Mai bis September alle 14 Tage düngen. Vermehrung durch Aussaat bei 20–25° C Bodenwärme.

DICHORISANDRA THYRSIFLORA
Dichorisandra

Familie: Commelinengewächse *(Commelinaceae)*. **Heimat:** Brasilien. **Blütezeit:** September bis Oktober. **Standort, Pflege, Vermehrung:** Ganzjährig hell bis halbschattig, pralle Sonne meiden, warm und luftfeucht (Warmhaus). Im Sommer mäßig gießen und 14täglich düngen. Im Winter trockener halten, bei 15–18° C. In dieser Ruhezeit wird das Laub abgeworfen. Vermehrung durch Stecklinge oder Teilen.

DIONAEA MUSCIPULA
Venusfliegenfalle

Familie: Sonnentaugewächse *(Droseraceae)*. **Heimat:** Nordamerika. **Blütezeit:** Mai bis Juli. **Standort, Pflege, Vermehrung:** Ganzjährig luftfeucht. Im Sommer kühl und schattig, auch im Freien; im Winter hell bei 5–10° C. Mit weichem Wasser feucht halten, im Sommer monatlich schwach düngen. Vermehrung durch Teilen, Blattstecklinge oder Aussaat. Insektenfressende Pflanze.

Dorstenia-Blüte

DORSTENIA ELATA
Dorstenia

Familie: Maulbeerbaumgewächse *(Moraceae)*. **Heimat:** Tropisches Afrika und Amerika. **Blütezeit:** Sommer. **Standort, Pflege, Vermehrung:** Ganzjährig hell bis halbschattig, aber keine pralle Sonne, warm und luftfeucht (Warmhauspflanze). Mäßig gießen, häufig sprühen, alle 14 Tage düngen. Vermehrung durch Aussaat oder Kopfstecklinge bei 25–30° C unter Glas.

DORYANTHES PALMERI
Speerblume

Familie: Agavengewächse *(Agavaceae)*. **Heimat:** Australien. **Blütezeit:** Blüht in Kultur selten. **Standort, Pflege, Vermehrung:** Vollsonnig, im Sommer auch im Freien; im Winter hell bei 10° C. Im Sommer gut feucht halten, jedoch Staunässe vermeiden, alle 14 Tage düngen. Im Winter trockener halten. Vermehrung durch Schößlinge, die sich nach der Blüte bilden, oder Aussaat.

DIOSPYROS KAKI
Dattelpflaume, Kakipflaume

Familie: Ebenholzgewächse *(Ebenaceae)*. **Heimat:** Japan, China. **Blütezeit:** Juni. **Standort, Pflege, Vermehrung:** Den Sommer über hell und windgeschützt im Freien. Bei etwa 5° C überwintern. Mäßig mit kalkfreiem Wasser gießen, ab der Blüte alle 14 Tage stickstoffarm düngen. Vermehrung durch Aussaat (Kalt-Naß-Behandlung des Samens).

DISA UNIFLORA
Disa

Familie: Orchideen *(Orchidaceae)*. **Heimat:** Südafrika. **Blütezeit:** Juli bis August. **Standort, Pflege, Vermehrung:** Ganzjährig kühl und luftfeucht, luftig im schattierten Gewächshaus. Nichts für Anfänger! Im Sommer reichlich kalkarmes Wasser geben, monatlich düngen und für gute Dränage sorgen. Im Winter Ruhepause bei 5–10° C. Vermehrung durch Abtrennen von Tochterpflanzen.

DISCHIDIA PECTENOIDES
Urnenpflanze

Familie: Seidenpflanzengewächse *(Asclepiadaceae)*. **Heimat:** Philippinen. **Blütezeit:** Unterschiedlich. **Standort, Pflege, Vermehrung:** Ganzjährig sehr hell bis halbschattig, keinesfalls sonnig, warm und luftfeucht (im schattierten Warmhaus). Mit kalkarmem Wasser gießen (gelegentlich Dünger dazugeben) und öfter sprühen. Epiphyt, aber Erdkultur in Bromeliensubstrat möglich. Vermehrung durch Teilen.

DER BESONDERE HINWEIS

Wenn man die Waldbeeren ähnelnden, roten Früchte der *Duchesnea* ißt, wird zwar nichts passieren, es dürfte aber auch bei dem einen Versuch bleiben: Der Geschmack ist nämlich so fade, daß eine Wiederholung nicht lohnt.

DORYOPTERIS PALMATA
Speerfarn

Familie: Sinopterisgewächse *(Sinopteridaceae)*. **Heimat:** Tropisches Amerika. **Blütezeit:** Keine Blütenpflanze. **Standort, Pflege, Vermehrung:** Ganzjährig schattig, warm und luftfeucht, im Winter nicht unter 12° C. Mit kalkarmem Wasser gleichmäßig feucht halten, alle 14 Tage düngen. Umtopfen in lockere Erde mit brockigen Anteilen. Vermehrung durch Aussaat, Teilen oder Brutknospen.

DROSERA DIELSIANA
Sonnentau

Familie: Sonnentaugewächse *(Droseraceae)*. **Heimat:** Weltweit verbreitet. **Blütezeit:** Zwischen Mai und August. **Standort, Pflege, Vermehrung:** Hell, luftig und luftfeucht (Kleingewächshaus). Regelmäßig mit weichem Wasser gießen (im Untersatz kann Wasser stehen), düngen entfällt, da insektenfangende Pflanze. Vermehrung durch Aussaat (Lichtkeimer!) oder Adventivsprosse.

DUCHESNEA INDICA
Indische Erdbeere

Familie: Rosengewächse *(Rosaceae)*. **Heimat:** Ostasien, Indien. **Blütezeit:** Juni bis Herbst. **Standort, Pflege, Vermehrung:** Hell, aber nicht sonnig; im Winter Ruhepause bei 10–12° C. Im Sommer reichlich gießen und einmal wöchentlich düngen. Im Winter trockener halten. Ampelpflanze oder Bodendecker. Vermehrung durch bewurzelte Ausläufer oder Aussaat.

DUDLEYA PULVERULENTA
Nabelkraut

Familie: Dickblattgewächse *(Crassulaceae)*. **Heimat:** Kalifornien, Mexiko. **Blütezeit:** Frühsommer, Sommer. **Standort, Pflege, Vermehrung:** Im Sommer sonnig, regengeschützt auch im Freien; im Winter hell und kühl (nicht unter 15° C). Im Sommer mäßig gießen (bereifte Exemplare von unten gießen), einmal monatlich schwach düngen. Im Winter trocken halten. Vermehrung durch Blattstecklinge oder Aussaat.

DYCKIA MARNIERI-LAPOSTOLLEI
Dyckia

Familie: Ananasgewächse *(Bromeliaceae)*. **Heimat:** Südamerika. **Blütezeit:** Frühjahr bis Sommer. **Standort, Pflege, Vermehrung:** Im Sommer sonnig, auch geschützt im Freien; im Winter hell und kühl (nicht unter 5° C). Im Sommer sparsam gießen und alle 14 Tage düngen. Im Winter trocken halten. Abgestorbene Pflanzenteile entfernen. Vermehrung durch Abtrennen der Nebenrosetten.

ECHINOFOSSULOCACTUS PENTACANTHUS
Echinofossulocactus

Familie: Kakteen *(Cactaceae)*. **Heimat:** Mexiko. **Blütezeit:** Frühjahr. **Standort, Pflege, Vermehrung:** Sonnig bis halbschattig, im Sommer auch im Freien. Überwinterung bei 8–12° C. Im Sommer reichlich gießen, im Winter nahezu trocken halten. Bei jährlichem Umtopfen entfällt das Düngen. Vermehrung durch Aussaat.

DER BESONDERE HINWEIS

Der Artname *»edulis«* bedeutet, daß die Assaipalme Eßbares liefert. Tatsächlich verzehrt man in Brasilien die Sproßspitzen, »palmitos« genannt. Aus einer nahen Verwandten dieser Palme, *Euterpe oleracea*, gewinnt man in Südamerika ein beliebtes, nußartig schmeckendes Getränk.

ESCOBARIA TUBERCULOSA
Escobaria

Familie: Kakteen *(Cactaceae)*. **Heimat:** Texas, Neu-Mexiko. **Blütezeit:** Sommer. **Standort, Pflege, Vermehrung:** Im Sommer sonnig und warm, auch regengeschützt im Freien. Überwinterung bei 6–10° C. Im Sommer sparsam gießen, alle ein bis zwei Monate leicht düngen. Im Winter trocken halten. Vermehrung durch Aussaat oder Abtrennen von Seitensprossen.

ESPOSTOA LANATA
Espostoe

Familie: Kakteen *(Cactaceae)*. **Heimat:** Ekuador, Peru. **Blütezeit:** Blüht in Kultur nur selten. **Standort, Pflege, Vermehrung:** Ganzjährig unter Glas, vollsonnig, luftfeucht und warm. Nur bei hohen Temperaturen gießen, dafür öfter sprühen. Im Winter trocken und kühl halten. Bei Bedarf im Frühjahr in lockeres, nahrhaftes Substrat umtopfen. Vermehrung durch Aussaat. Sämlinge wachsen gut, aber langsam.

EUTERPE EDULIS
Assaipalme

Familie: Palmen *(Arecaceae)*. **Heimat:** Südamerika. **Blütezeit:** Blüht in Kultur selten. **Standort, Pflege, Vermehrung:** Ganzjährig sehr hell, luftfeucht und bei 20–25° C (für warme Gewächshäuser oder Wintergärten). Mäßig gießen und alle 14 Tage schwach düngen, für hohe Luftfeuchte sorgen. Vermehrung durch Aussaat bei 25° C Bodenwärme.

ELETTARIA CARDAMOMUM
Gewürzkardamom

Familie: Ingwergewächse *(Zingiberaceae)*. **Heimat:** Ceylon, Indien, Südostasien. **Blütezeit:** Blüht in Kultur selten. **Standort, Pflege, Vermehrung:** Ganzjährig so hell und warm wie möglich, jedoch vor praller Sonne geschützt. Den Ballen mäßig feucht halten, alle 14 Tage düngen. Vermehrung durch Aussaat oder Kopfstecklinge bei 20–25° C Bodenwärme.

EMBOTHRIUM COCCINEUM
Chilenischer Feuerbusch

Familie: Proteusgewächse *(Proteaceae)*. **Heimat:** Chile, Argentinien. **Blütezeit:** Hauptblüte Mai bis Juni. **Standort, Pflege, Vermehrung:** Im Sommer hell bis halbschattig, auch im Freien; im Winter hell und kühl. Ideal im kalten Gewächshaus. Mit enthärtetem Wasser gießen, alle 14 Tage düngen, auch das Substrat sollte keinen Kalk enthalten. Vermehrung durch Ableger oder Aussaat.

ERANTHEMUM PULCHELLUM
Eranthemum

Familie: Akanthusgewächse *(Acanthaceae)*. **Heimat:** Indien. **Blütezeit:** Dezember bis Februar. **Standort, Pflege, Vermehrung:** Ganzjährig hell bis halbschattig und nicht zu warm (um 16° C), im Sommer auch im Freien. Ganzjährig stets mäßig feucht halten und alle 14 Tage düngen. Vermehrung durch Kopfstecklinge bei 20–25° C Bodenwärme.

FASCICULARIA BICOLOR
Fascicularia

Familie: Ananasgewächse *(Bromeliaceae)*. **Heimat:** Chile. **Blütezeit:** Sommer. **Standort, Pflege, Vermehrung:** Ganzjährig hell bis sonnig, im Sommer auch regengeschützt im Freien; im Winter um 5° C. Im Sommer mäßig gießen (für gute Drainage sorgen) und alle 14 Tage düngen, im Winter fast trocken halten. Vermehrung durch Teilen im Frühjahr oder Abnehmen von Kindeln.

FAUCARIA TIGRINA
Tigerrachen

Familie: Mittagsblumengewächse *(Aizoaceae)*. **Heimat:** Südafrika. **Blütezeit:** Frühherbst. **Standort, Pflege, Vermehrung:** Im Sommer hell bis sonnig, auch im Freien; im Winter bei 10° C. Im Sommer mäßig gießen und monatlich Kakteendünger geben. Ab Beginn der winterlichen Ruhezeit das Gießen immer mehr einschränken und dann ganz einstellen. Vermehrung durch Teilen oder Aussaat.

FENESTRARIA AURANTIACA
Fensterblatt

Familie: Mittagsblumengewächse *(Aizoaceae)*. **Heimat:** Südafrika. **Blütezeit:** Spätsommer. **Standort, Pflege, Vermehrung:** Im Sommer sehr sonnig und warm, auch im Freien; nach der Blüte hell, bei 12–15° C. Im Sommer mäßig gießen und einmal monatlich Kakteendünger geben, im Winter trocken halten. Im Frühjahr in Kakteenerde umtopfen. Vermehrung durch Teilen.

DER BESONDERE HINWEIS

Das Fensterblatt ist nicht nur eine der interessantesten Sukkulenten, sondern auch ein Musterbeispiel für Mimikry – die Schutzanpassung der Pflanzen. Nach dem Motto Täuschen und Tarnen verbirgt die Pflanze ihre prall mit Saft gefüllten Blätter vor nachstellenden Tieren fast völlig im Sand. Nur das obere Ende schaut heraus und sieht im Licht wie ein glitzerndes Quarzstückchen aus. Erzielt wird dieser Effekt durch eine lichtdurchlässige Oberhaut, die wie eine Ansammlung von winzigen Fenstern wirkt.

Globba winitii ist mit botanisch interessanten und optisch attraktiven Blüten ausgestattet.

FEROCACTUS ACANTHODES
Ferokaktus

Familie: Kakteen *(Cactaceae)*. **Heimat:** USA, Mexiko. **Blütezeit:** Sommer. **Standort, Pflege, Vermehrung:** Im Sommer vollsonnig und warm, regengeschützt auch im Freien; im Winter hell, bei 10–14° C. Von März bis Oktober regelmäßig, aber sparsam gießen, Staunässe unbedingt vermeiden, und nur selten düngen. Danach trockene Ruhepause. Umtopfen in Kakteenerde. Vermehrung durch Aussaat.

FREMONTODENDRON CALIFORNICUM
Fremontodendron

Familie: Sterkuliengewächse *(Sterculiaceae)*. **Heimat:** Kalifornien, Arizona. **Blütezeit:** Frühjahr bis Herbst. **Standort, Pflege, Vermehrung:** Hell bis vollsonnig und luftig, im Sommer regengeschützt auch im Freien. Überwinterung bei 4–10° C. Im Sommer mäßig gießen (Staunässe vermeiden) und wöchentlich düngen. Vermehrung durch Stecklinge oder Aussaat.

DER BESONDERE HINWEIS

Die nach Goethe benannte *Goethea cauliflora* ist eine merkwürdige Pflanze: Ihre Blüten wachsen seitlich aus dem Stamm heraus. Diese seltene Erscheinung, Cauliflorie oder Stammblütigkeit genannt, kommt auch beim Kakaobaum, *Theobroma cacao,* vor. Charakteristisch ist, daß die Blütenbildung nicht an jungen Trieben, sondern am alten Holz erfolgt.

GOETHEA CAULIFLORA
Goethea

Familie: Malvengewächse *(Malvaceae)*. **Heimat:** Brasilien. **Blütezeit:** Juni bis Oktober. **Standort, Pflege, Vermehrung:** Ganzjährig halbschattig, warm und luftfeucht, am besten im Gewächshaus oder Blumenfenster. Im Sommer mit kalkarmem Wasser mäßig gießen, im Winter eher trocken halten. Umtopfen in saures Substrat. Vermehrung durch Kopfstecklinge unter Glas bei 30° C Bodenwärme.

GONGORA QUINQUENERVIS
Gongora

Familie: Orchideen *(Orchidaceae)*. **Heimat:** Mittelamerika. **Blütezeit:** April bis Juni. **Standort, Pflege, Vermehrung:** Ganzjährig halbschattig, warm und luftfeucht, nachts um 2–4° C absenken, am besten im Gewächshaus, das im Sommer leicht schattiert wird. Im Sommer mäßig, im Winter noch weniger gießen, für gute Drainage sorgen. Vermehrung durch Teilen. Keine Pflanze für Anfänger!

GRAPTOPETALUM BELLUM
Stille Schönheit

Familie: Dickblattgewächse *(Crassulaceae)*. **Heimat:** Mexiko. **Blütezeit:** Mai bis Juli. **Standort, Pflege, Vermehrung:** Ganzjährig sehr hell bis sonnig, mit Schutz vor praller Mittagssonne, im Sommer warm, auch im Freien; im Winter bei 5–10° C. Im Sommer mäßig gießen und insgesamt zweimal Kakteendünger geben. Im Winter trocken halten. Vermehrung durch Teilstücke bei 20–25° C Bodenwärme.

GIBBAEUM PUBESCENS
Gibbaeum

Familie: Mittagsblumengewächse *(Aizoaceae)*. **Heimat:** Südafrika. **Blütezeit:** Februar bis März. **Standort, Pflege, Vermehrung:** Ganzjährig sehr hell bis sonnig und warm, im Sommer vor Regen geschützt auch im Freien. Während der sommerlichen Ruhezeit völlig trocken halten, sonst nur wenig wässern und gelegentlich Kakteendünger geben. Vermehrung durch Teilen oder Aussaat.

GLOBBA WINITII
Globba

Familie: Ingwergewächse *(Zingiberaceae)*. **Heimat:** Asien, Ozeanien. **Blütezeit:** Sommer. **Standort, Pflege, Vermehrung:** Ganzjährig sehr hell, aber nicht sonnig, warm und luftfeucht. (Warmhauspflanze). Im Sommer mäßig feucht halten, auch im Winter trotz Laubfall nicht ganz austrocknen lassen, für Luftfeuchtigkeit sorgen. Vermehrung durch Teilung der Knollen oder Brutknöllchen.

GLOTTIPHYLLUM LINGUIFORME
Zungenblatt

Familie: Mittagsblumengewächse *(Aizoaceae)*. **Heimat:** Südafrika. **Blütezeit:** August bis Februar. **Standort, Pflege, Vermehrung:** Ganzjährig vollsonnig, im Sommer an geschützter Stelle auch im Freien; im Winter bei 8–12° C. Wenig gießen und von Juni bis August wöchentlich stickstoffarm düngen. Von November bis April völlig trocken halten. Vermehrung durch Blattstecklinge oder Teilen.

GREENOVIA AUREA
Greenovia

Familie: Dickblattgewächse *(Crassulaceae)*. **Heimat:** Kanarische Inseln. **Blütezeit:** März bis April. **Standort, Pflege, Vermehrung:** Im Sommer sonnig, warm, regengeschützt auch im Freien; im Winter hell, bei 5–10° C. Im Sommer sparsam gießen (Staunässe vermeiden), alle sechs Wochen schwach düngen, im Winter fast trocken halten. Vermehrung durch Tochterrosetten.

HAAGEOCEREUS VERSICOLOR
Haageocereus

Familie: Kakteen *(Cactaceae)*. **Heimat:** Peru, Chile. **Blütezeit:** Blüht in Kultur selten. **Standort, Pflege, Vermehrung:** Ganzjährig vollsonnig, im Sommer sehr warm; im Winter nicht unter 10° C. Im Sommer gleichmäßig mit kalkarmem, temperiertem Wasser gießen und monatlich mit Kakteendünger versorgen. Im Frühjahr in Kakteenerde mit Lehmzusatz umtopfen. Vermehrung durch Aussaat.

HAKEA OLEIFOLIA
Hakea

Familie: Proteusgewächse *(Proteaceae)*. **Heimat:** Australien. **Blütezeit:** Unterschiedlich. **Standort, Pflege, Vermehrung:** Ganzjährig sonnig, im Sommer regengeschützt im Freien; im Winter bei 5–10° C. Während des Wachstums mäßig gießen und alle 14 Tage düngen, im Winter trockener halten. Vermehrung durch halbreife Stecklinge im Sommer oder durch Aussaat.

DER BESONDERE HINWEIS

Globba winitii ist eine der zahlreichen Schönheiten, die aus der Familie der Ingwergewächse hervorgegangen sind. Die Gattung umfaßt mehr als 100 Arten. Wegen ihres herrlichen Blütenaufbaus und der Deckblätter, die häufig Brutknöllchen – also Vermehrungsmaterial – tragen, wird *Globba* gern als Schaupflanze in botanischen Gärten herangezogen.

HARDENBERGIA VIOLACEA
Hardenbergia

Familie: Hülsenfrüchtler *(Leguminosae)*. **Heimat:** Australien, Tasmanien. **Blütezeit:** März bis April. **Standort, Pflege, Vermehrung:** Ganzjährig leicht schattig bis sonnig, im Sommer warm, geschützt auch im Freien; im Winter kühler, nicht mehr als 10° C. Substrat nach jedem Gießen wieder abtrocknen lassen. Im Sommer alle vier Wochen düngen. Vermehrung durch Aussaat oder Kopfstecklinge im Frühjahr.

HECHTIA
Hechtie

Familie: Ananasgewächse *(Bromeliaceae)*. **Heimat:** Mexiko. **Blütezeit:** Blüht in Kultur selten. **Standort, Pflege, Vermehrung:** Ganzjährig vollsonnig, im Sommer auch im Freien; im Winter nicht unter 5° C. Im Sommer ausreichend mit enthärtetem Wasser gießen (Staunässe vermeiden) und alle 14 Tage düngen. Im Winter fast trocken halten. Vermehrung durch Abtrennen von Kindeln.

HEDYCHIUM GARDNERIANUM
Kahili-Ingwer

Familie: Ingwergewächse *(Zingiberaceae)*. **Heimat:** Ost-Himalaya, Nepal, Silekim. **Blütezeit:** Juli bis September. **Standort, Pflege, Vermehrung:** Im Sommer sonnig, auch im Freien; im Winter dunkel, bei 8–10° C. Während der Vegetationszeit reichlich gießen und wöchentlich düngen. Im Herbst bodeneben zurückschneiden. Im Frühjahr umtopfen. Hell und warm antreiben. Vermehrung durch Rhizomteilung.

DER BESONDERE HINWEIS

Die hochwachsende, kräftige *Hedychium*-Staude besitzt dicke, fleischige Triebe und cannaähnliche Knollen, bis 45 cm lange Blätter und große aufrechtstehende, goldgelbe Blütenkerzen, die angenehm duften. Leider erscheinen die Blüten etwas spät im Jahr, was aber für Wintergartenbesitzer eher ein Vorteil ist.

HOHENBERGIA STELLATA
Hohenbergie

Familie: Ananasgewächse *(Bromeliaceae)*. **Heimat:** Mittel- und Südamerika. **Blütezeit:** Februar. **Standort, Pflege, Vermehrung:** Großer Platzbedarf. Ganzjährig sehr hell bis sonnig, im Sommer auch ins Freie, im Winter nicht unter 5° C, stellen. Im Sommer gleichmäßig mit weichem Wasser feucht halten, im Winter mehr sprühen als gießen. Vermehrung durch Kindel.

HOMALOCLADIUM PLATYCLADUM
Bandbusch

Familie: Knöterichgewächse *(Polygonaceae)*. **Heimat:** Salomon-Inseln. **Blütezeit:** Sommer. **Standort, Pflege, Vermehrung:** Ganzjährig sehr hell bis vollsonnig (Kalt- oder Lauwarmhaus), im Sommer auch geschützt im Freien; im Winter bei 8–16° C. Im Sommer mäßig gießen, alle 14 Tage düngen, im Winter weniger gießen. Vermehrung durch krautige Stecklinge bei 20° C Bodenwärme unter Glas.

HOODIA GORDONII
Hoodia

Familie: Seidenpflanzengewächse *(Asclepiadaceae)*. **Heimat:** Südafrika. **Blütezeit:** Sommer bis Herbst. **Standort, Pflege, Vermehrung:** Ganzjährig vollsonnig, im Sommer warm; im Winter bei 10–15° C. Im Sommer sparsam gießen und nur gelegentlich Kakteendünger geben, im Winter fast trocken halten. Vermehrung durch Aussaat oder Stecklinge, die Bewurzelung kann aber bis zu einem Jahr auf sich warten lassen.

HELICONIA WAGNERIANA
Heliconie

Familie: Bananengewächse *(Musaceae).* **Heimat:** Tropisches Amerika. **Blütezeit:** Das ganze Jahr über mit Ruhepausen. **Standort, Pflege, Vermehrung:** Ganzjährig sehr hell, luftfeucht und nicht unter 18° C (Warmhauspflanze). Stets mit zimmerwarmem, kalkarmem Wasser gießen und wöchentlich düngen. Jährlich in Einheitserde umtopfen. Vermehrung durch Rhizomteilung.

HEMIGRAPHIS REPANDA
Hemigraphis

Familie: Akanthusgewächse *(Acanthaceae).* **Heimat:** Südost- und Ostasien. **Blütezeit:** Sommer. **Standort, Pflege, Vermehrung:** Ganzjährig warm und luftfeucht, im Sommer hell bis halbschattig, im Winter hell (für geschlossene Blumenfenster und Vitrinen). Mäßig, aber gleichmäßig gießen, viel sprühen und alle 14 Tage düngen. Jährlich umtopfen. Vermehrung durch Kopfstecklinge bei etwa 25° C Bodenwärme.

HEMIONITIS ARIFOLIA
Hemionitis

Familie: Hemionitisgewächse *(Hemionitidaceae).* **Heimat:** Tropisches Asien. **Blütezeit:** Blüht in Kultur selten. **Standort, Pflege, Vermehrung:** Ganzjährig hell bis halbschattig, warm und luftfeucht (für Warmhaus, Vitrine, Tropenfenster). Gleichmäßig feucht halten, sehr selten düngen. Wegen geringer Wurzelbildung nur selten umtopfen. Vermehrung durch Bulbillen in den Achseln der Fiedern.

HUERNIA MACROCARPA
Huernie, Aasblume

Familie: Seidenpflanzengewächse *(Asclepiadaceae).* **Heimat:** Südafrika, Kenia, Äthiopien. **Blütezeit:** Sommer und Herbst. **Standort, Pflege, Vermehrung:** Ganzjährig hell und sonnig, vor praller Mittagssonne geschützt und warm. Im Sommer sparsam gießen und einmal monatlich Kakteendünger geben. Im Winter fast trocken halten. Vermehrung durch abgetrennte Triebe in sandiger Erde bei 20–25° C.

ILLICIUM VERUM
Echter Sternanis

Familie: Sternanisgewächse *(Illiciaceae).* **Heimat:** Japan, Korea, China. **Blütezeit:** März bis Mai. **Standort, Pflege, Vermehrung:** Ganzjährig hell, im Sommer warm; im Winter bei mindestens 5° C (Kalthaus, Wintergarten). Topfballen mit kalkfreiem Wasser immer mäßig feucht halten. Während der Wachstumszeit bis Mitte August wöchentlich düngen. Vermehrung durch Kopfstecklinge oder Aussaat.

JUANULLOA AURANTIACA
Juanulloe

Familie: Nachtschattengewächse *(Solanaceae).* **Heimat:** Peru. **Blütezeit:** Juni bis Oktober. **Standort, Pflege, Vermehrung:** Ganzjährig hell, nicht zu sonnig, warm. Wachsen am besten ausgepflanzt im schattierten Warmhaus. Mäßig gießen und düngen. Um die Verzweigung zu fördern öfter stutzen. Vermehrung durch halbreife Stecklinge bei hoher Bodenwärme unter Glas.
Die Pflanze ist giftig.

DER BESONDERE HINWEIS

Huernien sind sukkulente, niedrige, häufig rasenbildende Pflanzen mit kantigen, meist gezähnten Stämmchen. So wunderschön gezeichnet die großen Blüten sind, so unangenehm riechen sie leider auch.

KOHLERIA-HYBRIDE
Kohlerie

Familie: Gesneriengewächse *(Gesneriaceae).* **Heimat:** Vor allem Kolumbien. **Blütezeit:** Frühjahr, Sommer und Herbst. **Standort, Pflege, Vermehrung:** Ganzjährig hell, aber nicht vollsonnig, luftfeucht, im Sommer warm; im Winter bei 10–12° C. Im Sommer mäßig, im Winter nur soviel gießen, daß das Laub nicht abstirbt. Während des Wachstums monatlich düngen. Vermehrung durch Teilen oder Kopfstecklinge.

LACHENALIA ALOIDES
Kaphyazinthe, Lachenalie

Familie: Liliengewächse *(Liliaceae).* **Heimat:** Südafrika. **Blütezeit:** Spätsommer bis Frühjahr. **Standort, Pflege, Vermehrung:** Im Sommer sonnig und luftig, auch im Freien; im Winter hell, bei 6–10° C. Zwiebeln im September in sandige Blumenerde legen. Den Winter über mäßig, bei Austrieb mehr gießen und bis zur Blüte wöchentlich düngen. Vermehrung durch Brutzwiebeln.

LOCKHARTIA OERSTEDII
Lockhartia

Familie: Orchideen *(Orchidaceae).* **Heimat:** Mexiko, Panama. **Blütezeit:** Juni bis August. **Standort, Pflege, Vermehrung:** Ganzjährig sehr hell, aber nicht sonnig, nicht allzu warm, luftig und luftfeucht. Mäßig ohne Vernässung mit kalkarmem Wasser gießen, für hohe Luftfeuchtigkeit sorgen und monatlich Orchideendünger geben. Die Vermehrung ist Sache des Fachmanns.

DER BESONDERE HINWEIS

Masdevallien sind botanische Juwelen und lassen Sammlerherzen höher schlagen. Sie sind so klein, daß eine stattliche Gesellschaft auf einem Tablett leicht Platz hätte, aber ein wenig anspruchsvoll in der Pflege.

MALVAVISCUS ARBOREUS
Beerenmalve

Familie: Malvengewächse *(Malvaceae).* **Heimat:** Mexiko, Peru, Brasilien. **Blütezeit:** Dezember bis Februar. **Standort, Pflege, Vermehrung:** Sonnig und warm, ab Ende Mai auch vor Regen geschützt im Freien; im Winter bei mindestens 12° C. Mäßig feucht halten und alle 14 Tage düngen. Im Frühjahr Triebe zurückschneiden. Vermehrung durch Aussaat oder Stecklinge bei 25° C Bodenwärme.

MASDEVALLIA KIMBALLIANA
Masdevallie

Familie: Orchideen *(Orchidaceae).* **Heimat:** Südamerika. **Blütezeit:** Je nach Art unterschiedlich. **Standort, Pflege, Vermehrung:** Ganzjährig temperiert, schattig, luftfeucht; im Winter nicht über 17° C, nachts bei 12–13° C. Mit weichem Wasser gleichmäßig feucht halten, im Winter etwas weniger, für Luftfeuchtigkeit sorgen. Von März bis Oktober monatlich düngen. Vermehrung durch Teilen.

MATUCANA WEBERBAUERI
Matucana

Familie: Kakteen *(Cactaceae).* **Heimat:** Peru. **Blütezeit:** Sommer. **Standort, Pflege, Vermehrung:** Ganzjährig hell, sonnig, im Sommer vor Regen geschützt auch im Freien; im Winter kühl bei 5–10° C. Während der Vegetationszeit mäßig gießen und gelegentlich mit Kakteendünger versorgen. Das Substrat sollte leicht sauer und durchlässig sein. Vermehrung durch Aussaat.

LOPOPHORA WILLIAMSII
Rauschgiftkaktus, Schnapskopf

Familie: Kakteen *(Cactaceae)*. **Heimat:** Mexiko, Texas. **Blütezeit:** Sommer. **Standort, Pflege, Vermehrung:** Im Sommer sehr sonnig und warm, vor Wind und Regen geschützt auch im Freien; im Winter um 5° C. Während des Wachstums reichlich gießen und alle 1-2 Monate düngen. Ab Oktober völlig trocken halten. Braucht hohe Töpfe (Rübenwurzeln). Vermehrung durch Aussaat.

LYCASTE SKINNERI
Lycaste

Familie: Orchideen *(Orchidaceae)*. **Heimat:** Mexiko bis Honduras. **Blütezeit:** November bis März. **Standort, Pflege, Vermehrung:** Ganzjährig hell, aber nicht vollsonnig, im Sommer warm; nach Blattabwurf bei 5-12° C. Im Sommer wöchentlich schwach düngen, mit weichem Wasser gleichmäßig feucht halten, im Winter nur soviel Wasser geben, daß die Pseudobulben nicht eintrocknen. Vermehrung durch Teilen.

LYSIMACHIA CONGESTIFLORA
Felberich

Familie: Primelgewächse *(Primulaceae)*. **Heimat:** China. **Blütezeit:** Mai bis Oktober. **Standort, Pflege, Vermehrung:** Im Sommer sonnig in Ampeln und Kästen im Freien. Reichlich gießen und wöchentlich düngen. Die nicht winterharte Staude wird bei uns einjährig gezogen. Abgeblühtes ständig entfernen, um Nachblüte anzuregen. Vermehrung durch Kopfstecklinge im Sommer.

MAXILLARIA SANDERIANA
Maxillaria

Familie: Orchideen *(Orchidaceae)*. **Heimat:** Ekuador, Peru. **Blütezeit:** August bis Oktober. **Standort, Pflege, Vermehrung:** Ganzjährig halbschattig, warm (15-18° C) und luftfeucht. Eher sparsam gießen, Sprühen nach Knospenbildung einstellen, während des Wachstums einmal pro Monat Orchideendünger geben. Über Sommer auch im Orchideenkörbchen in einem lichten Baum. Vermehrung durch Teilen.

MELOCACTUS MAXONII
Melonenkaktus

Familie: Kakteen *(Cactaceae)*. **Heimat:** Mittel- und Südamerika. **Blütezeit:** Mai bis September. In Kultur erst nach vielen Jahren. **Standort, Pflege, Vermehrung:** Ganzjährig sonnig, feuchtwarm. Im Sommer mehr, im Winter nur sehr selten mit weichem Wasser gießen, viel sprühen. In der Vegetationszeit alle vier Wochen düngen. Vermehrung durch Aussaat bei 28-30° C Bodenwärme.

METROSIDEROS EXCELSA
Eisenholzbaum

Familie: Myrtengewächse *(Myrtaceae)*. **Heimat:** Neuseeland, Australien, Polynesien. **Blütezeit:** Frühjahr, erst nach etwa 10 Jahren. **Standort, Pflege, Vermehrung:** Ab Mitte Mai vollsonnig und geschützt ins Freie, ab September hell und bei 5-10° C. Den Sommer über reichlich mit weichem Wasser gießen. Bis August wöchentlich düngen. Vermehrung durch Stecklinge bei 25° C oder Aussaat.

DER BESONDERE HINWEIS

Der Rauschgiftkaktus oder Schnapskopf ist ein interessanter, aber nicht ganz ungefährlicher Vertreter der Kakteenfamilie. Für die südamerikanischen Indios verkörperte der Kaktus, Peyotl genannt, eine Gottheit. Die in ihm enthaltenen, starken Rauschgifte rufen Halluzinationen mit schlimmen Begleitumständen hervor, weshalb die Kultur in Kalifornien und Mexiko unter Strafe steht. Bei unseren Klimabedingungen kommt das Gift kaum zum Zuge.

MICROLEPIA SPELUNCAE
Microlepia

Familie: Dennstaedtiagewächse *(Dennstaedtiaceae)*. **Heimat:** Tropen der Alten Welt, Südafrika. **Blütezeit:** Keine Blütenpflanze. **Standort, Pflege, Vermehrung:** Ganzjährig schattig, warm und luftfeucht. Reichlich mit temperiertem, kalkfreiem Wasser gießen, jedoch Staunässe unbedingt vermeiden. Monatlich schwach düngen. Vermehrung durch Teilen oder Aussaat der Sporen bei 20° C Bodentemperatur.

MIKANIA TERNATA
Mikanie

Familie: Korbblütler *(Compositae)*. **Heimat:** Brasilien. **Blütezeit:** Blüht in Kultur selten. **Standort, Pflege, Vermehrung:** Ganzjährig sehr hell bis sonnig, luftfeucht, im Sommer auch im Freien; im Winter bei mindestens 12° C. Mäßig feucht halten, jedoch für hohe Luftfeuchtigkeit sorgen, monatlich düngen. Vermehrung durch Teilen oder Kopfstecklinge bei 20–25° C.

MURRAYA PANICULATA
Orangenraute

Familie: Rautengewächse *(Rutaceae)*. **Heimat:** Asien, Australien. **Blütezeit:** Je nach Standort ganzjährig. **Standort, Pflege, Vermehrung:** Ganzjährig hell bis halbschattig, luftfeucht; im Winter bei mindestens 12° C. Mit kalkarmem Wasser gießen, im Winter trockener halten, ohne daß die Blätter abfallen. Während des Wachstums alle 14 Tage düngen. Vermehrung durch Aussaat oder Kopfstecklinge bei 30° C Bodenwärme.

DER BESONDERE HINWEIS

Der Artname *»aureum«* beim Tüpfelfarn kommt von den mit goldenen Schuppen besetzten Rhizomen, den gelben Sporenhäufchen und den bei älteren Exemplaren gelben Stielen.

PHAEDRANTHUS BUCCINATORIUS
Roter Trompetenwein

Familie: Bignoniengewächse *(Bignoniaceae)*. **Heimat:** Mexiko. **Blütezeit:** Juli bis August. **Standort, Pflege, Vermehrung:** Im Sommer sonnig und warm; im Winter hell bei 5–10° C (im Wintergarten auch mehr). Viel gießen und düngen, im kühlen Winterquartier beides reduzieren. Kletterhilfe anbieten. Vermehrung durch Aussaat oder krautige Stecklinge.

PHAIUS TANKERVILLEAE
Phaius

Familie: Orchideen *(Orchidaceae)*. **Heimat:** Asien, Australien. **Blütezeit:** Februar bis Juni. **Standort, Pflege, Vermehrung:** Ganzjährig sehr hell, pralle Mittagssonne im Sommer etwas abschirmen, warm, luftfeucht; im Winter bei mindestens 15° C. Reichlich mit kalkarmem Wasser gießen, monatlich Orchideendünger geben. Vermehrung durch Pseudobulben.

PHLEBODIUM AUREUM
Tüpfelfarn, Goldfarn

Familie: Tüpfelfarngewächse *(Polypodiaceae)*. **Heimat:** Tropisches Südamerika. **Standort, Pflege, Vermehrung:** Ganzjährig hell, aber nicht sonnig, warm und luftfeucht. Reichlich mit weichem Wasser gießen, jedoch Staunässe vermeiden. Von Frühjahr bis Herbst wöchentlich schwach düngen. Vermehrung durch Teilen oder Sporenaussaat bei 20° C Bodenwärme.

NEMATANTHUS STRIGILLOSUS
Nematanthus

Familie: Gesneriengewächse *(Gesneriaceae)*. **Heimat:** Brasilien. **Blütezeit:** März bis Mai. **Standort, Pflege, Vermehrung:** Ganzjährig hell, aber nicht sonnig; im Winter kühler, aber mindestens 12° C, das fördert die Blütenbildung. Alle 14 Tage düngen und mit kalkarmem Wasser mäßig feucht, im Winter trockener halten. Vermehrung durch Trieb- oder Kopfstecklinge bei 20–25° C Bodenwärme.

OCHNA SERRULATA
Ochna

Familie: Orchideen *(Orchidaceae)*. **Heimat:** Tropisches Afrika. **Blütezeit:** Februar bis April, teilweise auch bis Sommer. **Standort, Pflege, Vermehrung:** Ganzjährig hell bis sonnig, im Sommer auch im Freien; im Winter bei 5–10° C. Mäßig feucht halten und alle 14 Tage düngen. Bei Bedarf stutzen. Vermehrung durch Aussaat oder Stecklinge bei 25° C Bodenwärme.

PERILEPTA DYERIANA
Zapfenblume

Familie: Akanthusgewächse *(Acanthaceae)*. **Heimat:** Burma. **Blütezeit:** Sommer. **Standort, Pflege, Vermehrung:** Ganzjährig halbschattig und warm, im Sommer auch geschützt im Freien, luftfeucht. Stets mäßig feucht halten und für hohe Luftfeuchtigkeit sorgen. Ideal für geschlossene Blumenfenster und Vitrinen geeignet. Jährlich neue Stecklinge heranziehen. Jungpflanzen gelegentlich stutzen.

PHYLLANTHUS ANGUSTIFOLIUS
Phyllanthus

Familie: Wolfsmilchgewächse *(Euphorbiaceae)*. **Heimat:** Jamaika, Florida. **Blütezeit:** Sommer. **Standort, Pflege, Vermehrung:** Ganzjährig hell bis halbschattig, keine pralle Sonne, warm und luftfeucht (Warmhauspflanze). Eher sparsam gießen, monatlich düngen, selten umtopfen. Vermehrung durch Aussaat oder Stecklinge bei 30° C Bodenwärme im geschlossenen Vermehrungsbeet.

PINGUICULA MEXICANA
Fettkraut

Familie: Wasserschlauchgewächse *(Lentibulariaceae)*. **Heimat:** Mexiko. **Blütezeit:** Unterschiedlich. **Standort, Pflege, Vermehrung:** Halbschattig, kühl und luftfeucht, z. B. in einer Vitrine oder im beschatteten Kalthaus. Im Winter bei 8–12° C etwas trockener halten. Insektenfangende Pflanze, Düngen erübrigt sich. Vermehrung durch Aussaat oder Blattstecklinge.

DER BESONDERE HINWEIS

Beim Fettkraut, *Pinguicula*, gibt es einen botanischen Widerspruch. Obwohl die kleine, insektenfressende Pflanze zu den zweikeimblättrigen Pflanzen zählt, keimt sie bei Vermehrung durch Aussaat nur mit einem Keimblatt. Wenn man sie aus einzelnen Blättern generativ vermehrt, muß man darauf achten, diese möglichst nicht zu verletzen. Als Vermehrungssubstrat eignet sich Sand. Wenn die Blätter bewurzelt und Adventivsprossen gebildet haben, ist die Vermehrung gelungen.

Pinguicula mexicana

PISONIA UMBELLIFERA

Pisonie

Familie: Wunderblumengewächse *(Nyctaginaceae)*. **Heimat:** Neuseeland, Norfolkinseln, Queensland. **Blütezeit:** Blüht in Kultur selten. **Standort, Pflege, Vermehrung:** Ganzjährig hell, aber nicht sonnig, nicht unter 18° C. Stets mäßig feucht halten und öfters sprühen. Im Sommer alle 1-2 Wochen düngen, im Winter monatlich einmal. Vermehrung durch Kopfstecklinge.

PITYROGRAMMA ASTROAMERICANA

Goldfarn, Silberfarn

Familie: Gold- und Silberfarne *(Hemionitidaceae)*. **Heimat:** Tropisches Amerika. **Standort, Pflege, Vermehrung:** Sehr hell, aber nicht sonnig, luftig und ganzjährig bei 12–18° C. Je heller der Standort, desto mehr Silber- oder Goldpuder wird gebildet. Ballen stets nur ganz leicht feucht halten. Nicht sprühen! Pflanze altert schnell, daher jährlich neu heranziehen. Vermehrung durch Sporenaussaat.

PLUMERIA ALBA

Frangipani

Familie: Hundsgiftgewächse *(Apocynaceae)*. **Heimat:** Puerto Rico, Kleine Antillen. **Blütezeit:** Juni bis September. **Standort, Pflege, Vermehrung:** Ganzjährig vollsonnig, warm und luftfeucht (Warmhauspflanze). Von März bis November mäßig gießen. Wöchentlich düngen. Im Winter trocken halten. Vermehrung durch blattlose Stecklinge bei 25° C oder durch Aussaat.

Die Pflanze ist giftig.

DER BESONDERE HINWEIS

Im Wintergarten erscheinen die Blüten der Frangipani von April bis November. Wer einmal blühende Frangipani-Bäume in den Tropen gesehen hat, den läßt das Bild nicht mehr los, und er möchte sie selbst besitzen. Schon 1770 soll die Art in den kaiserlichen Gärten zu Wien jährlich geblüht haben.

PSEUDERANTHEMUM ATROPURPUREUM

Schein-Eranthemum

Familie: Akanthusgewächse *(Acanthaceae)*. **Heimat:** Polynesien. **Blütezeit:** Juni bis September. **Standort, Pflege, Vermehrung:** Ganzjährig halbschattig, luftfeucht und warm, auch im Winter nicht unter 16–18° C Luft- und Bodenwärme. Nur mit kalkarmem, zimmerwarmem Wasser gießen. Während der Vegetationszeit alle zwei Wochen schwach düngen. Vermehrung durch Stecklinge.

PTYCHOSPERMA ELEGANS

Faltenpalme

Familie: Palmen *(Arecaceae)*. **Heimat:** Australien. **Blütezeit:** Blüht in Kultur selten. **Standort, Pflege, Vermehrung:** Hell, keine direkte Sonne, ganzjährig bei 20–25° C und luftfeucht, am besten im warmen Wintergarten aufgehoben. Reichlich gießen und während des Wachstums wöchentlich düngen. Vermehrung durch Aussaat, Keimdauer 2-3 Monate.

RHOEO SPATHACEA

Bootspflanze, Rhoeo

Familie: Commelinengewächse *(Commelinaceae)*. **Heimat:** Mexiko, Guatemala. **Blütezeit:** Mai bis Juli. **Standort, Pflege, Vermehrung:** Hell, aber nicht sonnig, ganzjährig Zimmertemperatur und luftfeucht. Mit kalkarmem Wasser mäßig gießen, wöchentlich düngen. Vermehrung durch Aussaat oder Kopf- und Triebstecklinge. Die Pflanze wird jetzt als *Tradescantia spathacea* geführt.

PODOCARPUS MACROPHYLLUS
Steineibe

Familie: Steineibengewächse *(Podocarpaceae)*. **Heimat:** Ostasien. **Blütezeit:** Sommer. **Standort, Pflege, Vermehrung:** Sonnig bis leicht beschattet, ab Mitte Mai auch vor Regen geschützt im Freien; im Winter heller, bei 5–10° C im Kalt- oder Treppenhaus. Mäßig gießen, im Winter trockener halten, alle 14 Tage düngen. Vermehrung durch Aussaat oder Kopfstecklinge.
Die Pflanze ist giftig.

PORPHYROCOMA LANCEOLATA
Purpurschopf

Familie: Akanthusgewächse *(Acanthaceae)*. **Heimat:** Brasilien. **Blütezeit:** März. **Standort, Pflege, Vermehrung:** Ganzjährig hell, aber nicht sonnig, warm und luftfeucht. Im Sommer reichlich gießen, im Winter weniger, stets für hohe Luftfeuchtigkeit sorgen. Während des Wachstums wöchentlich düngen. Vermehrung durch Kopfstecklinge bei 20–25° C Bodenwärme, Jungpflanzen öfter stutzen.

PORTULACARIA AFRA
Speckbaum, Strauchportulak

Familie: Portulakgewächse *(Portulacaceae)*. **Heimat:** Südafrika. **Blütezeit:** Sommer. **Standort, Pflege, Vermehrung:** Ganzjährig vollsonnig, im Sommer auch wind- und regengeschützt im Freien, warm. Sparsam gießen, alle vier Wochen düngen, im Winter trocken halten. Vermehrung durch Kopfstecklinge, die jedoch erst zwei bis drei Wochen abtrocknen müssen. Ideale Bonsaipflanze.

DER BESONDERE HINWEIS

Der Dickstengel ist eine der merkwürdigsten Gestalten im Pflanzenreich und ein Musterbeispiel für Genügsamkeit. Er ist in den extremsten Trockenzonen Südwestafrikas anzutreffen und kann dort oft jahrelang ohne Wasser blattlos im Ruhezustand verharren.

RUSSELIA EQUISETIFORMIS
Russelie

Familie: Braunwurzgewächse *(Scrophulariaceae)*. **Heimat:** Mittel- und Südamerika. **Blütezeit:** Mai bis Oktober. **Standort, Pflege, Vermehrung:** Ganzjährig hell, aber nicht prallsonnig, im Sommer auch im Freien, bei 15–18° C (Wintergartenpflanze). Reichlich mit Wasser und wöchentlich mit Dünger versorgen. Ab und zu alte – nie junge – Zweige entfernen. Vermehrung durch Ausläufer oder Stecklinge.

SANCHEZIA PARVIBRACTEATA
Sanchezie

Familie: Akanthusgewächse *(Acanthaceae)*. **Heimat:** Südamerika. **Blütezeit:** Blüht in Kultur selten. **Standort, Pflege, Vermehrung:** Ganzjährig hell bis halbschattig, warm und luftfeucht, am besten in Vitrine oder geschlossenem Blumenfenster zu halten. Mäßig gießen und während der Vegetationszeit alle 14 Tage düngen. Vermehrung durch Kopfstecklinge bei mindestens 20° C.

SARCOCAULON PATERSONII
Dickstengel, Buschmannskerze

Familie: Storchschnabelgewächse *(Geraniaceae)*. **Heimat:** Südwestafrika. **Blütezeit:** Herbst bis Winter. **Standort, Pflege, Vermehrung:** Ganzjährig vollsonnig und warm. Nur zur Vegetationszeit (ab August/September) mäßig gießen und monatlich ganz schwach düngen, sonst völlig trocken halten. Vermehrung durch Aussaat oder Stecklinge, die vor dem Pflanzen gut antrocknen müssen.

Getriebene Knollen der Eidechsenwurz

SAUROMATUM VENOSUM
Eidechsenwurz

Familie: Aronstabgewächse *(Araceae).* **Heimat:** Subtropisches Asien, Sudan. **Blütezeit:** Winter bis Frühjahr. **Standort, Pflege, Vermehrung:** Die Knolle im Dezember oder Januar antreiben. Blütenstand leicht feucht halten und gelegentlich düngen. Wenn das Blatt eingezogen hat, Knolle bis zum nächsten Antreiben frostfrei und trocken aufbewahren. Vermehrung durch Brutknollen.

SARRACENIA-HYBRIDE
Schlauchpflanze

Familie: Schlauchpflanzengewächse *(Sarraceniaceae).* **Heimat:** Nordamerika. **Blütezeit:** Mai bis Juni. **Standort, Pflege, Vermehrung:** Ganzjährig hell bis sonnig, luftig, luftfeucht und mäßig warm. Stets kalkfrei gießen. Ganz selten mit Hydrodünger versorgen, da die insektenfangende Pflanze sich meist selbst versorgt. Vermehrung durch Teilen oder Aussaat.

DER BESONDERE HINWEIS

Sauromatum venosum, die Eidechsenwurz, treibt aus einer Knolle völlig trocken, z. B. auf einem Teller liegend, den typischen Aronstabkolben. Dieser Blütenstand kann innerhalb von zwei bis vier Wochen 35–40 cm hoch werden, verströmt aber einen unangenehmen Aasgeruch.

SONERILA MARGARITACEA
Sonerile

Familie: Schwarzmundgewächse *(Melastomataceae).* **Heimat:** Java. **Blütezeit:** Oktober bis November. **Standort, Pflege, Vermehrung:** Ganzjährig sehr hell, luftfeucht und warm (geschlossenes Blumenfenster). Mäßig mit kalkarmem, zimmerwarmem Wasser gießen, im Sommer wöchentlich düngen, für hohe Luftfeuchtigkeit sorgen. Vermehrung durch Kopfstecklinge bei 20–25° C Bodenwärme.

SOPHRONITIS FLORALIA
Sophronitis

Familie: Orchideen *(Orchidaceae).* **Heimat:** Brasilien. **Blütezeit:** Winter. **Standort, Pflege, Vermehrung:** Ganzjährig hell bis halbschattig und luftig, im Sommer tags warm, nachts kühler; im Winter tags um 17° C, nachts um 14° C. Gleichmäßig nur leicht feucht halten, doch nie austrocknen lassen. Stets kalkfrei gießen und alle 2–3 Monate mit Orchideendünger versorgen. Vermehrung durch Teilen.

SPREKELIA FORMOSISSIMA
Jakobslilie

Familie: Amaryllisgewächse *(Amaryllidaceae).* **Heimat:** Mexiko, Guatemala. **Blütezeit:** April bis Mai. **Standort, Pflege, Vermehrung:** Zur Blütezeit hell und warm, in der Ruhezeit trocken, dunkel, bei etwa 15° C. Zu Beginn des Austriebs mäßig, später reichlich gießen und wöchentlich düngen. Vermehrung durch Brutzwiebeln.
Die Pflanze ist giftig.

SERISSA FOETIDA
Baum der tausend Sterne

Familie: Krappgewächse *(Rubiaceae)*. **Heimat:** Südostasien. **Blütezeit:** Frühsommer. **Standort, Pflege, Vermehrung:** Ganzjährig sehr hell, aber vor Mittagssonne geschützt und luftfeucht. Im Sommer auch im Freien; im Winter bei 10–15° C. Reichlich und nur mit weichem Wasser gießen, Staunässe vermeiden. Im Sommer alle 14 Tage düngen. Vermehrung durch Kopfstecklinge im heizbaren Vermehrungsbeet.

SETARIA PALMIFOLIA
Borstengerste, Palmengras

Familie: Gräser *(Gramineae)*. **Heimat:** Tropisches Asien. **Blütezeit:** Blüht in Kultur selten. **Standort, Pflege, Vermehrung:** Hell und ganzjährig bei Zimmertemperatur, im Sommer auch im Freien. Gleichmäßig leicht feucht halten und im Sommer alle 14 Tage düngen. Im Frühjahr in lehmige Erde umtopfen. Vermehrung durch Abtrennen der Nebentriebe oder durch Aussaat im heizbaren Vermehrungsbeet.

SIDERASIS FUSCATA
Siderasie

Familie: Commelinengewächse *(Commelinaceae)*. **Heimat:** Brasilien. **Blütezeit:** Blüht in Kultur selten. **Standort, Pflege, Vermehrung:** Ganzjährig hell bis schattig, nicht unter 16° C und luftfeucht (Warmhauspflanze). Topfballen gleichmäßig leicht feucht halten, aber für indirekte Luftfeuchtigkeit sorgen. Monatlich düngen. Vermehrung durch Teilen und Anzucht im warmen Vermehrungsbeet.

STANHOPEA TIGRINA
Stanhopea

Familie: Orchideen *(Orchidaceae)*. **Heimat:** Mexiko, Brasilien, Guatemala. **Blütezeit:** Sommer. **Standort, Pflege, Vermehrung:** Ganzjährig hell bis halbschattig, im Sommer auch im Freien; im Winter bei 13–17° C. Im Sommer mit enthärtetem Wasser reichlich sprühen. Bei jedem dritten Gießen Orchideendünger zugeben. Ab Spätsommer bis Winter weniger gießen. Vermehrung durch Teilen.

SYNADENIUM GRANTII
Milchbaum

Familie: Wolfsmilchgewächse *(Euphorbiaceae)*. **Heimat:** Uganda, Tansania. **Blütezeit:** Blüht in Kultur selten. **Standort, Pflege, Vermehrung:** Hell bis vollsonnig, warm; im Winter bei 8–10° C. Im Sommer gleichmäßig, im Winter nur ganz wenig gießen. Von April bis September alle 14 Tage düngen. Vermehrung durch Stecklinge im Frühjahr oder Sommer bei über 22° C Bodenwärme. **Der austretende Pflanzensaft ist hochgiftig.**

TACCA INTEGRIFOLIA
Tacca

Familie: Taccagewächse *(Taccaceae)*. **Heimat:** Nordostindien, Malaysia, Sumatra, Borneo, Java, Thailand. **Blütezeit:** Frühjahr. **Standort, Pflege, Vermehrung:** Ganzjährig hell bis halbschattig, luftfeucht und warm. Mit enthärtetem, handwarmem Wasser gleichmäßig leicht feucht halten. Während der Wachstumszeit monatlich Orchideendünger geben. Vermehrung durch Teilen.

DER BESONDERE HINWEIS

Die epiphytisch wachsenden Stanhopeen sind die wohl merkwürdigsten, bei uns in Kultur befindlichen Orchideen. Ihre relativ großen, fast unangenehm stark duftenden Blüten sind fleischig und mit komplizierten Kriechgängen für die bestäubenden Insekten ausgestattet.

TESTUDINARIA ELEPHANTIPES
Elefantenfuß

Familie: Yamswurzelgewächse *(Dioscoreaceae)*. **Heimat:** Südafrika. **Blütezeit:** Winter. **Standort, Pflege, Vermehrung:** Ganzjährig sonnig bis halbschattig und ganzjährig nicht zu warm. Im Sommer und im beblätterten Zustand mäßig feucht halten und alle 14 Tage Kakteendünger geben. Sonst nur ab und zu sprühen. Skurrile Kletterpflanze, zuerst *Dioscorea*, danach *Testudinaria*, jetzt wieder *Dioscorea* benannt.

TETRANEMA ROSEUM
Tetraneme

Familie: Braunwurzgewächse *(Scrophulariaceae)*. **Heimat:** Mexiko, Guatemala. **Blütezeit:** Februar bis Oktober. **Standort, Pflege, Vermehrung:** Hell, aber nicht sonnig und ganzjährig bei Zimmertemperatur. Nur leicht feucht halten und während der Wachstumszeit alle 14 Tage düngen. Vermehrung im Frühjahr durch Aussaat oder durch Teilung älterer Pflanzen.

THEVETIA PERUVIANA
Gelber Oleander

Familie: Hundsgiftgewächse *(Apocynaceae)*. **Heimat:** Tropisches Amerika. **Blütezeit:** Juni bis August. **Standort, Pflege, Vermehrung:** Ganzjährig sehr hell bis sonnig,im Sommer warm, auch im Freien; im Winter nicht unter 15° C. Im Sommer wenig, im Winter kaum gießen. Staunässe unbedingt vermeiden. Im Sommer alle 14 Tage düngen. Vermehrung durch Aussaat oder Stecklinge. **Die Pflanze ist sehr giftig.**

DER BESONDERE HINWEIS

An ihren südafrikanischen Heimatstandorten entwickelt die mit meterlangen, schlingenden Zweigen ausgestattete *Testudinaria* Knollen, die bis zu einem Meter Durchmesser erreichen können. Die harte, mit kantigen Höckern versehene Knolle ähnelt einem Schildkrötenpanzer.

VALLOTA SPECIOSA
Vallote, Sommeramaryllis

Familie: Amaryllisgewächse *(Amaryllidaceae)*. **Heimat:** Südafrika. **Blütezeit:** Juli/August. **Standort, Pflege, Vermehrung:** Im Sommer sonnig und warm; im Winter hell bei 8–10° C. Zwiebeln im Frühjahr antreiben und nach und nach mehr gießen. Nach der Blüte etwas weniger gießen. Vermehrung durch Brutzwiebeln oder Aussaat. Heißt heute *Cyrtanthus purpureus*.
Die Pflanze ist sehr giftig.

VANILLA PLANIFOLIA
Echte Vanille

Familie: Orchideen *(Orchidaceae)*. **Heimat:** Tropisches Amerika. **Blütezeit:** Juli bis August. **Standort, Pflege, Vermehrung:** Ganzjährig sehr hell, aber nicht sonnig, luftfeucht und warm, ideal für feuchtwarme Wintergärten. In der Wachstumsphase reichlich, im Winter weniger gießen. Wöchentlich kräftiger als andere Orchideenarten düngen. Für Kletterhilfe sorgen. Vermehrung durch Wurzelstecklinge.

VIBURNUM TINUS
Mittelmeerschneeball

Familie: Geißblattgewächse *(Caprifoliaceae)*. **Heimat:** Südeuropa, Mittelmeergebiet. **Blütezeit:** Frühjahr bis Sommer. **Standort, Pflege, Vermehrung:** Im Sommer sonnig bis halbschattig, im Winter hell bei 4–8° C. Zur Wachstumszeit gleichmäßig feucht halten und bis August wöchentlich düngen. Im Winter weniger gießen. Vermehrung durch halbreife Stecklinge im Sommer.

TRICHODIADEMA DENSUM
Trichodiadema

Familie: Mittagsblumengewächse *(Aizoaceae)*. **Heimat:** Kap. **Blütezeit:** Januar bis März. **Standort, Pflege, Vermehrung:** Sehr sonnig und luftig halten, im Sommer auch im Freien. Während der Wachstumszeit reichlich gießen. Trocken, hell und bei mehr als 8° C überwintern. Vermehrung aus Samen oder Stecklingen.

TURNERA SUBULATA
Turnera

Familie: Turneragewächse *(Turneraceae)*. **Heimat:** Tropisches Amerika. **Blütezeit:** Frühjahr bis Herbst. **Standort, Pflege, Vermehrung:** Sehr hell, aber nicht vollsonnig, ganzjährig luftfeucht und warm; auch im Winter nicht unter 16–18° C. Mäßig feucht halten und alle 14 Tage düngen. Im Frühjahr bei Bedarf Triebe zurückschneiden. Vermehrung aus Samen oder krautigen Stecklingen bei 20–25° C Bodenwärme.

UEBELMANNIA PECTINIFERA
Uebelmannia

Familie: Kakteen *(Cactaceae)*. **Heimat:** Brasilien. **Blütezeit:** Blüht in Kultur selten. **Standort, Pflege, Vermehrung:** Im Sommer vollsonnig und heiß; im Winter hell, kühl, aber nie unter 10° C, hinter Glas bei Sonne öfter sprühen. Mit kalkarmem, zimmerwarmem Wasser vorsichtig gießen, für gute Drainage sorgen und Staunässe unbedingt vermeiden. Öfter sprühen. Vermehrung durch Aussaat.

WHITFIELDIA LATERITIA
Whitfieldie

Familie: Akanthusgewächse *(Acanthaceae)*. **Heimat:** Westafrika, Sierra Leone. **Blütezeit:** Januar bis Mai, in Kultur von Oktober bis März. **Standort, Pflege, Vermehrung:** Hell bis halbschattig und ganzjährig warm, nicht unter 18° C. Mäßig feucht halten. Von März bis August alle 14 Tage düngen. Vermehrung durch krautige Stecklinge im heizbaren Vermehrungsbeet. Jungpflanzen zwei- bis dreimal entspitzen.

ZAMIA PUMILA
Zamie

Familie: Palmfarngewächse *(Cycadaceae)*. **Heimat:** Florida, Bahamas, Westindien. **Blütezeit:** Blüht in Kultur selten. **Standort, Pflege, Vermehrung:** Sehr hell, aber nicht sonnig und luftfeucht, im Sommer auch geschützt im Freien; im Winter nicht unter 12° C. Mäßig gießen, im Winter noch trockener halten. Vermehrung aus frischem Samen bei 30–35° C Bodenwärme. Lange Keimdauer.

ZYGOPETALON CRINITUM
Zygopetalon

Familie: Orchideen *(Orchidaceae)*. **Heimat:** Brasilien. **Blütezeit:** Meist im Winter. **Standort, Pflege, Vermehrung:** Ganzjährig hell bis halbschattig, luftfeucht, luftig, bei 15–18° C. Mit kalkfreiem Wasser feucht halten. Von Frühjahr bis Herbst alle 14 Tage niedrig dosiert düngen. Die schweren Blütenstände rechtzeitig stützen. Vermehrung durch Abtrennen beblätterter Pseudobulben.

DER BESONDERE HINWEIS

Eine Eigenart der zu den Urweltpflanzen gehörenden Zamien sind die dicht unter oder über der Erdoberfläche befindlichen »Korallenwurzeln«, die von einer Blaualge besiedelt werden.

Bezugsquellen, Adressen

Die meisten der in diesem Buch vorgestellten Pflanzen sind in Blumenläden, Gärtnereien, Spezialgärtnereien, Gartencentern, Supermärkten oder auf Bau- und Wochenmärkten erhältlich. Außerdem können Sie über Versandgärtnereien Pflanzen beziehen. Das gleiche gilt auch für Kulturhilfen, Pflanzenpflegemittel, Gefäße, Accessoires. Falls Sie dennoch nicht fündig werden, nachstehend einige weitere Bezugsquellen sowie zusätzliche interessante Adressen.

Gartenversandfirmen

Ahrens + Sieberz, 53721 Siegburg-Seligenthal
Bakker, Kremerbergweg 1, Postfach 1180, 22926 Ahrensburg
Baur Versand, Postfach, 96224 Burgkunstadt
Dehner GmbH & Co. KG, Postfach 86640, 86641 Rain/Lech
Garten Shop, Büttgener Str. 50 a, 47877 Willich
Keller GmbH & Co., Konradstr. 17, 79100 Freiburg
Natur & Garten, Riesenbecker Str. 12, 48369 Saerbeck
Gärtner Pötschke, Postfach 20 22 20, 41553 Kaarst
Garten Quelle, 90750 Fürth
Gustav Schlüter, 25335 Bokholt-Hanredder
Willemse, Bahnhofstr. 6–12, 47559 Kranenburg

Starkl, A-3430 Frauenhofen/Tulln, N.Ö.
Starkl, Konsumstr. 6–8, A-2331 Vösendorf
Starkl, Paul-Heyse-Gasse 5, A-1110 Simmering-Schwechat
Starkl, A-3361 Aschbach, N.Ö.

Kakteen und andere Sukkulenten

Bleicher-Kakteen, Mühlweg 9, 97525 Schwebheim
Th. Brückl, Sommerstr. 20, 82008 Unterhaching
Kakteen Diederich, Wittkulerstr. 138, 42719 Solingen-Wald
E. Epple Erben, Im Schwenning 1, 71726 Benningen
Kakteen-Haage, Blumenstr. 68, 99092 Erfurt
Klein Mexico O.P. Hellwag, Heckrathen 2, 23858 Reinfeld
Lüneburger Kakteengarten, Klaus Hirdina, 21379 Rullstorf
Kakteen-Katze, Grefrather Str. 26, 47669 Wachtendonk-Wankum
Kriechel-Kakteen, Heinrich Heine Straße, 56743 Mendig
Kakteengärtnerei Richard Leibe, Goetheplatz, 09119 Chemnitz
Marga Leue, Ilmesmühle, 36166 Haunetal
Kakteen-Martin, Steinbergstr. 61, 31139 Hildesheim
Mexiko-Kakteenzentrum, Bachstr. 40 a, 56727 Mayen/Eifel
Il Cacto, Joachim Rauschenbach, Kantstr. 23, 10623 Berlin
Max Schleipfer, Sedlweg 71, 86356 Neusäß b. Augsburg
Kakteen Siebert, Schloßweg 6, 04229 Leipzig
Gisela Treuheit, Sörnewitzer Str. 36, 01689 Weinböhla
Karlheinz Uhlig, Lilienstr. 5, 71394 Kernen i. R.

Samen, Samenraritäten

Renate Bucher, Wingertsweg 6, 64342 Seeheim-Jugenheim (Raritäten)
N. L. Chrestensen, Postfach 10 00, 99001 Erfurt/Thüringen
G. Köhres, Bahnstr. 101, 64390 Erzhausen (Kakteen, Tillandsien)
Manfred Meyer, Eckenheimer Landstr. 334, 60435 Frankfurt/Main
A. Schenkel, Postfach 55 09 27, 22569 Hamburg (exotische Sämereien)
Lothar Seik, Postfach 13 48, 72003 Tübingen (Palmen)
Thysanotus-Samen-Versand, Postfach 44-8109, 28281 Bremen
Gerhard Wißmann, Arndtstr. 26, 49080 Osnabrück (Raritäten)
Palmira Palmensamen, M. K. Steeb, Postfach 100255, 70746 Leinfelden-Echterdingen

Palmen und andere Kübelpflanzen

Klara Baum, Scheffelrain 1, 71229 Leonberg (Fuchsien, Passionsblumen)
Bambus-Centrum Wolfgang Eberts, Saarstr. 3, 76532 Baden-Baden (Bambus)
Blumen Steckrot, Stettiner Hauptstr. 95, 70771 Leinfelden-Echterdingen
Der Palmengarten, Fritz-Niewald-Weg 27, 32107 Bad Salzuflen
Peter Fischer, Höden 16, 21789 Wingst (Kamelien)
Flora Mediterranea, Königsgütler 5, 84072 Au/Hallertau
Ibero-Import, Bahnhofstr. 12, 37249 Neu-Eichenberg
Peter Klock, Stutsmoor 42, 22607 Hamburg (exotische Nutzpflanzen, großes Citrus-Sortiment)
Mittmann, Eichenweg 21, 48499 Salzbergen
G. Koitzsch, Arheilger Str. 16, 64390 Erzhausen/Darmstadt (Raritäten)
Palme per Paket, Tobias W. Spanner, Tizianstr. 44, 80638 München
Otmar Rösch, Am Achernsee 2, 77855 Achern
Simon, Staudenweg 2, 97828 Marktheidenfeld
Max Schleipfer, Sedlweg 71, 86356 Neusäß b. Augsburg
Dieter Stegmeier, Unteres Dorf 7, 73457 Essingen, (Duftpelargonien)
R. Wiedemann, 73312 Geislingen-Aufhausen (Duftpelargonien)

Silvia Trunkl, Hauptplatz 8, A-2242 Prottes (Samen, Versand möglich)

Bonsai

Bonsai Centrum, Mannheimer Str. 102, 69123 Heidelberg
Jochen Pfisterer, Bonsai-Studio, Friesenbergstr. 27, 76530 Baden-Baden
Bonsai-Jürgens, Bredkamp 64 a, 22589 Hamburg
Otmar Rösch, Am Achernsee 2, 77855 Achern

Orchideen

Wilhelm Hennis, Inh. Kurt Hennis, Gr. Venedig 4, 31134 Hildesheim
Burkhard Holm, Behrnenweg 19, 47546 Kalkar
Kaiser-Orchideen, 97453 Löffelsterz Landkreis Schweinfurt

Joachim Karge, Bahnhofstr. 22, 21368 Dahlenburg
Emil Münz, Heinrich-Küderli-Str. 51, 71332 Waiblingen
Hubert Nothelfer, Gottfried-Renn-Weg 4, 67346 Speyer
Lemförder Orchideenzucht Erika Reuter, Am Rauhen Berge 3, 49448 Lemförde
Röhl, Post Paradiese, 59494 Soest
Tropica-Orchideen, Wanheimer Str. 223–225, 47053 Duisburg
W. Valerius & Söhne, Putenweg 68, 12355 Berlin
Wichmann, Bahnhofstr. 34, 29221 Celle

Kulturhilfen, Accessoires
G. Beckmann KG, Simoniusstr. 10, 88239 Wangen/Allgäu (Regenschutz)
Die Gartengalerie, Seidlstr. 25, 82418 Murnau, (Gartenaccesoires)
Gartenbedarf Versand Richard Ward, Fuggerring 10, 87733 Markt Rettenbach (Pflanzenstützen)
Hesperiden Thomas Fleischmann GmbH, Kraftshofer Hauptstr. 156, 90427 Nürnberg
Dr. Leffler, Provert-Rebus Gartenbedarf, Bernsbachstr. 13, 98599 Brotterode (Pflanzenstützen, Pomeranzenkübel)
Manfred Meyer, Eckenheimer Landstr. 334, 60435 Frankfurt/Main (alles zur Anzucht tropischer und subtropischer Pflanzen)
Günter Ortmann, Uhlandstr. 31a, 40723 Hilden (Docht- und Dochtmattenbewässerung)
Ossenberg GmbH & Co. KG, Postfach 1468, 46446 Emmerich (Kletterhilfen, Anzuchtplatten)
Christel Plasa, Country Garden, Auf den Beeten 12, 72119 Ammerbuch 4 (Rankgerüste)
pot-art, Galerie & Versand, K. Harders & I. Kuhlmann, Wedeler Landstr. 98, 22559 Hamburg
Wohngarten Möbelelemente, Postfach 1361, 32794 Horn-Bad Meinberg (Pflanzenmöbel)

Urlaubsbewässerungen
Erdipol, Essener Str. 91, 22419 Hamburg
Gardena GmbH, Postfach 2747, 89017 Ulm
Gerex Neugebauer GmbH, Postfach 1848, 74008 Heilbronn
Willi Goebel Kunststoff GmbH, Industriestr. 4, 59929 Brilon-Scharfenberg
Marley-Werke GmbH, Postfach 1140, 31515 Wunstorf
Günter Ortmann, Uhlandstr. 31 a, 40723 Hilden
Platener Ausstattungs-Systeme, Am Tonwerk, 82256 Fürstenfeldbruck
Regnerbau Calw GmbH, Industriestraße 2, 75382 Althengstett
Tropf-Blumat Weniger KG, 7 a, A- 6410 Telfs

Pflanzengesellschaften und Vereine
Internationale Kameliengesellschaft, Dr. Ingrid Batzenschlager, Altstadt 28, 84028 Landshut
Europäische Bambus-Gesellschaft, John-Wesly-Str. 4, 63584 Gründau Rbn.
Bonsai-Club, Verein europäischer Miniaturbaumfreunde, Trifelsstr. 15, 67269 Grünstadt
Deutsche Bromeliengesellschaft, Siesmayerstr. 61, 60323 Frankfurt
Deutsche Citrus-Gesellschaft per Adresse Peter Klock, Stutsmoor 42, 22607 Hamburg
Deutsche Dahlien-, Fuchsien- und Gladiolengesellschaft, Drachenfelsstr. 9 a, 53177 Bonn-Bad Godesberg
Deutsche Fuchsiengesellschaft, Pankratiusstr. 10, Großförste, 31180 Gießen
Gesellschaft für Fleischfressende Pflanzen, Marktstr. 15, 44866 Bochum
Deutsche Kakteengesellschaft, Nordstr. 18, 26939 Övelgönne
Deutsche Orchideengesellschaft, Arndtstr. 8, 27367 Sottrum
Interessengesellschaft Passiflora M. Müller, Hauptstr. 145/1, 75334 Straubenhardt
Verein europäischer Miniaturbaumfreunde e.V., Weiherstr. 9, 69168 Wiesloch
Vereinigung deutscher Orchideenfreunde, Herderstr. 12 a, 85055 Ingolstadt

Österreichische Gartenbaugesellschaft, Parkring 12, A-1010 Wien
Gesellschaft Österreichischer Kakteenfreunde, Dornbach 63, A-2392 Sulz/Wienerwald
Gesellschaft Österreichischer Kakteenfreunde, Nikolaus-Heidstr. 35, A-2000 Stockerau
Österr. Bonsai-Club, Prechtlerstr. 27, A-4300 Linz
Österreichische Fuchsienfreunde in der ÖGG, Parkring 12/3/1, A-1010 Wien
Österreichische Miniaturbaumfreunde, Latschauerstr. 64, A-6774 Tschagguns
Österreichische Orchideengesellschaft, Postfach 300, A-1222 Wien

Zeitschriften
FLORA. Gruner + Jahr AG & Co., Am Baumwall 11, 20459 Hamburg
Gartenpraxis. Eugen Ulmer Verlag, Wollgrasweg 41, 70599 Stuttgart
Kraut & Rüben. BLV Verlagsgesellschaft mbH, Lothstr. 29, 80797 München
Mein schöner Garten. Burda Verlag, Hauptstr. 130, 77652 Offenburg

Die Adressenliste enthält nur Vorschläge und erhebt keinen Anspruch auf Vollständigkeit. Auf telefonische oder schriftliche Anfrage ist man sicher gern bereit, Sie über das spezielle Angebot oder Sortiment aufzuklären und sagt Ihnen auch, ob Sie direkt beziehen können bzw. nennt Ihnen (bei Herstellern) eine Bezugsquelle in Ihrer näheren Umgebung. Legen Sie Ihrem Brief stets Rückporto bei!

Arten- und Sachregister

Deutsche Namen sind **halbfett**, **halbfett** gesetzte Seitenzahlen verweisen auf Abbildungen.

Arten- und Sachregister

Arten- und Sachregister

Arten- und Sachregister

Arten- und Sachregister

Arten- und Sachregister

Arten- und Sachregister